बिहार शिक्षक भर्ती

BILINGUAL

(हिन्दी और अंग्रेजी के साथ)

BPSC TRE

सम्पूर्ण

GS

SACHIN ACADEMY

SACHIN ACADEMY

GET IT ON Google Play

YOUTUBE

SACHIN ACADEMY

INVINCIBLE
Publication Private Limited

Published by
Invincible Publication Pvt. Ltd.
1103-A, 11th Floor SAS Tower, Sector 38, Gurugram, Haryana - 122003
Email: sales@i-publish.in
www.invinciblepublishers.com

First Edition 2026
Book Name: BPSC TRE
Author: SACHIN CHOUDHARY

ISBN: 978-93-5886-542-4

Invincible Publication Pvt. Ltd.
Sales Office: 4760-61/23, Basement, Pratap Street, Ansari Road,
Daryaganj, New Delhi- 110002
Email: invinciblepublishers@gmail.com

Contents

History of India
(भारत का इतिहास)

आधुनिक भारत का इतिहास

(Modern Indian History)

यूरोपीय वाणिज्यिक कंपनियों का भारत आगमन

1. Which European trading company was the first to establish a factory at Surat in 1612 after defeating the Portuguese in the Battle of Swally?

स्वाली के युद्ध (1612) में पुर्तगालियों को हराने के बाद सूरत में पहला कारखाना किस यूरोपीय कंपनी ने स्थापित किया?

(a) Portuguese East India Company / पुर्तगाली ईस्ट इंडिया कंपनी
(b) Dutch East India Company / डच ईस्ट इंडिया कंपनी
(c) English East India Company / अंग्रेजी ईस्ट इंडिया कंपनी
(d) More than one of the above / उपर्युक्त में से एक से अधिक
(e) None of the above / उपर्युक्त में से कोई नहीं

NCERT: Class 8 – Chapter 2

Answer: (c) English East India Company / अंग्रेजी ईस्ट इंडिया कंपनी

Explanation:

- 1612 में स्वाली के युद्ध में अंग्रेजों ने पुर्तगालियों को हराया।
- इसके बाद अंग्रेजों को सूरत में व्यापार करने की अनुमति मिली।
- सूरत अंग्रेजों का भारत में पहला प्रमुख व्यापारिक केंद्र बना।
- यहीं से भारत में अंग्रेजी व्यापारिक विस्तार शुरू हुआ

2. Which European power established the first factory at Pulicat (Pazhaverkadu) in South India?

दक्षिण भारत के पुलिकट (पझावेर्काडु) में पहला कारखाना किस यूरोपीय शक्ति ने स्थापित किया?

(a) Portuguese / पुर्तगाली
(b) Dutch / डच
(c) French / फ्रांसीसी
(d) More than one of the above / उपर्युक्त में से एक से अधिक
(e) None of the above / उपर्युक्त में से कोई नहीं

NCERT: Class 8–Chapter 2

Answer: (b) Dutch / डच

Explanation:

- डच ईस्ट इंडिया कंपनी ने दक्षिण भारत में पुलिकट में अपना प्रमुख कारखाना बनाया।
- पुलिकट डचों की भारत में मुख्य व्यापारिक राजधानी बन गया।
- यहाँ से वे मसाले और वस्त्र व्यापार करते थे।
- यह डच व्यापार का महत्वपूर्ण केंद्र था।

3. Who among the following Mughal emperors granted the English East India Company the right to trade duty-free in Bengal through the Farman of 1717?

1717 के फ़रमान के द्वारा बंगाल में अंग्रेजी ईस्ट इंडिया कंपनी को शुल्क मुक्त व्यापार की अनुमति किस मुगल सम्राट ने दी?

(a) Aurangzeb / औरंगज़ेब
(b) Bahadur Shah I / बहादुर शाह प्रथम
(c) Farrukhsiyar / फर्रुखसियर
(d) More than one of the above / उपर्युक्त में से एक से अधिक
(e) None of the above / उपर्युक्त में से कोई नहीं

NCERT: Class 8 – Chapter 2

Answer: (c) Farrukhsiyar / फर्रुखसियर

Explanation:

- 1717 में मुगल सम्राट फर्रुखसियर ने अंग्रेजों को विशेष व्यापारिक अधिकार दिए।
- इस फ़रमान से कंपनी को बंगाल में शुल्क मुक्त व्यापार की

अनुमति मिली।
- इससे कंपनी की आर्थिक शक्ति बहुत बढ़ गई।
- आगे चलकर यही अंग्रेजी सत्ता के विस्तार का आधार बना।

4. Which European power established Pondicherry as its main settlement in India?

भारत में पांडिचेरी को मुख्य केंद्र किस यूरोपीय शक्ति ने बनाया?

(a) Portuguese / पुर्तगाली
(b) French / फ्रांसीसी
(c) Dutch / डच
(d) More than one of the above / उपर्युक्त में से एक से अधिक
(e) None of the above / उपर्युक्त में से कोई नहीं

NCERT: Class 8 - Chapter 2

Answer: (b) French / फ्रांसीसी

Explanation:
- फ्रांसीसी ईस्ट इंडिया कंपनी ने पांडिचेरी को अपना मुख्य केंद्र बनाया।
- यह दक्षिण भारत में फ्रांसीसी शक्ति का प्रमुख आधार था।
- फ्रांसीसी और अंग्रेजों के बीच कई युद्ध हुए।
- अंततः अंग्रेजों ने भारत में फ्रांसीसी प्रभाव को कम कर दिया।

5. Which of the following European powers first reached India by sea route in 1498?

1498 में समुद्री मार्ग से भारत पहुँचने वाली पहली यूरोपीय शक्ति कौन थी?

(a) Dutch / डच
(b) Portuguese / पुर्तगाली
(c) English / अंग्रेज
(d) More than one of the above / उपर्युक्त में से एक से अधिक
(e) None of the above / उपर्युक्त में से कोई नहीं

NCERT: Class 8 – Chapter 2

Answer: (b) Portuguese / पुर्तगाली

Explanation:
- 1498 में वास्को-डी-गामा भारत पहुँचा।
- वह समुद्री मार्ग से कालीकट पहुँचा था।
- इससे यूरोप और भारत के बीच समुद्री व्यापार शुरू हुआ।
- इसके बाद कई यूरोपीय कंपनियाँ भारत आईं।

6. In which year did the Dutch East India Company establish its factory in Patna?

डच ईस्ट इंडिया कंपनी ने किस वर्ष पटना में अपना कारखाना स्थापित किया?

(a) 1635
(b) 1632
(c) 1643
(d) 1648

Answer: (b) 1632

Explanation:
- डच ईस्ट इंडिया कंपनी ने भारत में व्यापारिक केंद्र स्थापित किए।
- वर्ष 1632 में उन्होंने पटना में अपना factory (trading centre) स्थापित किया।
- पटना उस समय saltpetre trade और वस्त्र व्यापार का प्रमुख केंद्र था।
- यह क्षेत्र यूरोपीय व्यापारियों के लिए आर्थिक दृष्टि से महत्वपूर्ण था।

ब्रिटिश शासन का भारतीय अर्थव्यवस्था पर प्रभाव

7. Which Governor-General introduced the Permanent Settlement in Bengal in 1793?

1793 में बंगाल में स्थायी बंदोबस्त किस गवर्नर-जनरल ने लागू किया?

(a) Lord Cornwallis / लॉर्ड कॉर्नवालिस
(b) Lord Wellesley / लॉर्ड वेलेजली
(c) Lord Hastings / लॉर्ड हेस्टिंग्स
(d) More than one of the above / उपर्युक्त में से एक से अधिक
(e) None of the above / उपर्युक्त में से कोई नहीं

NCERT: Class 8 – Chapter 3

Answer: (a) Lord Cornwallis / लॉर्ड कॉर्नवालिस

Explanation:
- स्थायी बंदोबस्त 1793 में लागू किया गया।
- इसे लॉर्ड कॉर्नवालिस ने लागू किया था।

- इसमें जमींदारों को भूमि का मालिक बना दिया गया।
- किसानों से कर वसूलने की जिम्मेदारी जमींदारों की थी।

8. Which land revenue system was introduced by Thomas Munro and Alexander Read in South India?

दक्षिण भारत में थॉमस मुनरो और अलेक्जेंडर रीड द्वारा कौन-सी भूमि राजस्व व्यवस्था लागू की गई?

(a) Permanent Settlement / स्थायी बंदोबस्त

(b) Ryotwari System / रैयतवाड़ी व्यवस्था

(c) Mahalwari System / महालवाड़ी व्यवस्था

(d) More than one of the above / उपर्युक्त में से एक से अधिक

(e) None of the above / उपर्युक्त में से कोई नहीं

NCERT: Class 8 – Chapter 3

Answer: (b) Ryotwari System / रैयतवाड़ी व्यवस्था

Explanation:

- रैयतवाड़ी व्यवस्था मद्रास और बॉम्बे क्षेत्रों में लागू की गई।
- इसमें किसानों (रैयत) से सीधे कर वसूला जाता था।
- इस व्यवस्था को थॉमस मुनरो ने विकसित किया।
- इसमें जमींदारों की भूमिका नहीं थी।

9. Which colonial policy led to the decline of Indian handicraft industries in the 19th century?

19वीं सदी में भारतीय कुटीर उद्योगों के पतन का प्रमुख कारण कौन-सी औपनिवेशिक नीति थी?

(a) Import of machine-made British goods / ब्रिटेन से मशीन निर्मित वस्तुओं का आयात

(b) High tariffs on Indian textiles in Britain / ब्रिटेन में भारतीय वस्त्रों पर ऊँचा कर

(c) Free trade policy imposed by the British / ब्रिटिशों की मुक्त व्यापार नीति

(d) More than one of the above / उपर्युक्त में से एक से अधिक

(e) None of the above / उपर्युक्त में से कोई नहीं

NCERT: Class 8 – Chapter 6

Answer: (d) More than one of the above / उपर्युक्त में से एक से अधिक

Explanation:

- ब्रिटेन से मशीन से बने सस्ते कपड़े भारत आए।
- भारतीय वस्त्रों पर ब्रिटेन में भारी कर लगाया गया।
- ब्रिटिशों ने मुक्त व्यापार नीति लागू की।
- इन कारणों से भारतीय कुटीर उद्योगों का पतन हुआ।

10. Which revenue system was introduced in North-Western Provinces by Holt Mackenzie in 1822?

1822 में होल्ट मैकेंज़ी द्वारा उत्तर-पश्चिमी प्रांतों में कौन-सी राजस्व व्यवस्था लागू की गई?

(a) Permanent Settlement / स्थायी बंदोबस्त

(b) Ryotwari System / रैयतवाड़ी व्यवस्था

(c) Mahalwari System / महालवाड़ी व्यवस्था

(d) More than one of the above / उपर्युक्त में से एक से अधिक

(e) None of the above / उपर्युक्त में से कोई नहीं

NCERT: Class 8 – Chapter 3

Answer: (c) Mahalwari System / महालवाड़ी व्यवस्था

Explanation:

- महालवाड़ी व्यवस्था 1822 में शुरू हुई।
- इसे होल्ट मैकेंज़ी ने लागू किया।
- इसमें गांव या महाल को कर निर्धारण की इकाई माना गया।
- यह व्यवस्था उत्तर भारत के कई क्षेत्रों में लागू हुई।

11. Which of the following crops expanded rapidly under British rule due to commercialization of agriculture?

ब्रिटिश शासन में व्यावसायिक कृषि (Commercialization of Agriculture) के कारण निम्नलिखित में से कौन-सी फसलें तेजी से बढ़ीं?

1. Indigo / नील

2. Cotton / कपास

3. Jute / जूट

(a) 1 and 2 only / केवल 1 और 2

(b) 2 and 3 only / केवल 2 और 3

(c) 1 and 3 only / केवल 1 और 3

(d) More than one of the above / उपर्युक्त में से एक से अधिक

(e) None of the above / उपर्युक्त में से कोई नहीं

NCERT: Class 8 – Chapter 3

Answer: (d) More than one of the above / उपर्युक्त में से एक से अधिक

Explanation:

- ब्रिटिश शासन में व्यावसायिक कृषि को बढ़ावा दिया गया।
- नील, कपास और जूट जैसी नकदी फसलें अधिक उगाई जाने लगीं।
- इनका उपयोग ब्रिटिश उद्योगों में किया जाता था।
- इससे पारंपरिक खाद्य फसलों का उत्पादन प्रभावित हुआ।

12. Who became India's unofficial ambassador to England?

इंग्लैंड में भारत के अनाधिकारिक दूत किसे कहा जाता है?

(a) Surendranath Banerjee / सुरेन्द्रनाथ बनर्जी
(b) Dadabhai Naoroji / दादाभाई नौरोजी
(c) Swami Vivekananda / स्वामी विवेकानंद
(d) More than one of the above / उपर्युक्त में से एक से अधिक
(e) None of the above / उपर्युक्त में से कोई नहीं

Answer: (b) Dadabhai Naoroji / दादाभाई नौरोजी

Explanation:

- दादाभाई नौरोजी को इंग्लैंड में भारत का अनौपचारिक राजदूत कहा जाता था।
- उन्होंने पूर्वी भारत संघ की स्थापना 1866 में की।
- उन्होंने ब्रिटिश संसद में भारत की समस्याओं को उठाया।
- उन्हें सम्मानपूर्वक भारत के महान वृद्ध भी कहा जाता है।

13. What did the Indian Emigration Act of 1859 provide?

1859 के भारतीय प्रव्रजन अधिनियम में क्या निर्धारित किया गया था?

(a) Plantation workers were not allowed to leave tea gardens without permission / बागान श्रमिकों को बिना अनुमति के चाय बागान छोड़ने की अनुमति नहीं थी
(b) Plantation workers were not allowed to leave forests without permission / बागान श्रमिकों को बिना अनुमति के जंगल छोड़ने की अनुमति नहीं थी
(c) Plantation workers were not allowed to marry / बागान श्रमिकों को शादी करने की अनुमति नहीं थी
(d) More than one of the above / उपर्युक्त में से एक से अधिक
(e) None of the above / उपर्युक्त में से कोई नहीं

Answer: (a) Plantation workers were not allowed to leave tea gardens without permission / बागान श्रमिकों को बिना अनुमति के चाय बागान छोड़ने की अनुमति नहीं थी

Explanation:

- ब्रिटिश सरकार ने भारतीय प्रव्रजन अधिनियम 1859 श्रमिकों के आंदोलन को नियंत्रित करने के लिए बनाया।
- इस कानून के तहत बागान श्रमिकों को बिना मालिक की अनुमति के चाय बागान छोड़ने की अनुमति नहीं थी।
- इसका उद्देश्य श्रमिकों को बागानों में काम करने के लिए बाध्य करना था।
- यह कानून औपनिवेशिक काल में श्रमिकों के शोषण का उदाहरण माना जाता है।

14. Who among the following is also known as the "Grand Old Man of India"?

निम्नलिखित में से किसे 'ग्रैंड ओल्ड मैन ऑफ इंडिया' के नाम से जाना जाता है?

(a) Dadabhai Naoroji / दादाभाई नौरोजी
(b) Bal Gangadhar Tilak / बाल गंगाधर तिलक
(c) Gopal Krishna Gokhale / गोपाल कृष्ण गोखले
(d) More than one of the above / उपर्युक्त में से एक से अधिक
(e) None of the above / उपर्युक्त में से कोई नहीं

Answer: (a) Dadabhai Naoroji / दादाभाई नौरोजी

Explanation:

- दादाभाई नौरोजी भारतीय राष्ट्रीय आंदोलन के प्रारंभिक नेताओं में से एक थे।
- उन्हें सम्मानपूर्वक भारत के महान वृद्ध कहा जाता है।

- उन्होंने निष्कासन सिद्धांत के माध्यम से भारत से ब्रिटेन में धन के शोषण को स्पष्ट किया।
- उनकी प्रसिद्ध पुस्तक "भारत में गरीबी और अभारतीय शासन" है।

15. Which of the following was the main reason for deforestation in India during British rule?

निम्नलिखित में से ब्रिटिश शासन के दौरान भारत में वनों की कटाई का मुख्य कारण क्या था?

(a) Demand for sleepers for railway tracks and timber for the Royal Navy / रेलवे के स्लीपरों और शाही नौसेना के लिए लकड़ी की मांग

(b) Demand for regulated forests and plantation of tea and coffee / नियोजित वनों की मांग तथा चाय और कॉफी के बागानों का विस्तार

(c) Clearing land for expansion of agriculture / विस्तारित खेती के लिए भूमि को साफ करना

(d) More than one of the above / उपर्युक्त में से एक से अधिक

(e) None of the above / उपर्युक्त में से कोई नहीं

Answer: (d) More than one of the above / उपर्युक्त में से एक से अधिक

Explanation:

- ब्रिटिश काल में रेलवे के विस्तार के लिए रेलवे स्लीपरों के लिए बड़ी मात्रा में लकड़ी की आवश्यकता हुई।
- शाही नौसेना के जहाजों के निर्माण के लिए भी लकड़ी की मांग बढ़ी।
- चाय और कॉफी के बागान स्थापित करने के लिए जंगलों को साफ किया गया।
- साथ ही कृषि भूमि बढ़ाने के लिए भी बड़े पैमाने पर वनों की कटाई हुई।

1857 का विद्रोह (Revolt of 1857)

16. Which place is associated with the immediate outbreak of the Revolt of 1857 on 10 May 1857?

10 मई 1857 को 1857 के विद्रोह के तत्काल प्रारंभ से जुड़ा स्थान कौन-सा है?

(a) Barrackpore / बैरकपुर

(b) Meerut / मेरठ

(c) Kanpur / कानपुर

(d) More than one of the above / उपर्युक्त में से एक से अधिक

(e) None of the above / उपर्युक्त में से कोई नहीं

NCERT: Class 8 – Chapter 5

Answer: (b) Meerut / मेरठ

Explanation:

- 10 मई 1857 को मेरठ में सैनिकों ने विद्रोह शुरू किया।
- विद्रोही सैनिक दिल्ली की ओर बढ़े।
- उन्होंने बहादुर शाह जफर को अपना नेता घोषित किया।
- यहीं से विद्रोह तेजी से उत्तर भारत में फैल गया।

17. Which of the following leaders led the revolt in Bihar during 1857?

1857 के विद्रोह के दौरान बिहार में विद्रोह का नेतृत्व किसने किया?

(a) Kunwar Singh / कुँवर सिंह

(b) Tantia Tope / तात्या टोपे

(c) Begum Hazrat Mahal / बेगम हजरत महल

(d) More than one of the above / उपर्युक्त में से एक से अधिक

(e) None of the above / उपर्युक्त में से कोई नहीं

NCERT: Class 12 - Chapter 11

Answer: (a) Kunwar Singh / कुँवर सिंह

Explanation:

- कुँवर सिंह बिहार के जगदीशपुर के जमींदार थे।
- उन्होंने 1857 के विद्रोह में अंग्रेजों के खिलाफ नेतृत्व किया।
- उस समय उनकी आयु लगभग 80 वर्ष थी।
- वे विद्रोह के प्रमुख सैन्य नेताओं में से एक थे।

18. Which of the following leaders led the revolt in Lucknow during 1857?

1857 के विद्रोह के दौरान लखनऊ में विद्रोह का नेतृत्व किसने किया?

(a) Begum Hazrat Mahal / बेगम हजरत महल

(b) Nana Sahib / नाना साहेब

(c) Rani Lakshmi Bai / रानी लक्ष्मीबाई

(d) More than one of the above / उपर्युक्त में से एक से अधिक

(e) None of the above / उपर्युक्त में से कोई नहीं

NCERT: Class 7 – Chapter 10

Answer: (a) Begum Hazrat Mahal / बेगम हजरत महल

Explanation:

- बेगम हजरत महल अवध के नवाब वाजिद अली शाह की पत्नी थीं।
- उन्होंने लखनऊ में अंग्रेजों के विरुद्ध विद्रोह का नेतृत्व किया।
- उन्होंने अपने पुत्र बिरजिस कादर को शासक घोषित किया।
- वे 1857 के विद्रोह की प्रमुख महिला नेताओं में से थीं।

19. Which of the following events triggered the resentment among Indian soldiers before the Revolt of 1857?
1857 के विद्रोह से पहले भारतीय सैनिकों में असंतोष किस घटना से बढ़ा?

(a) Introduction of Enfield rifle cartridges / एनफील्ड राइफल कारतूस का प्रयोग

(b) Doctrine of Lapse policy / लैप्स की नीति

(c) Annexation of Awadh / अवध का विलय

(d) More than one of the above / उपर्युक्त में से एक से अधिक

(e) None of the above / उपर्युक्त में से कोई नहीं

NCERT: Class 10 – Chapter 1

Answer: (d) More than one of the above / उपर्युक्त में से एक से अधिक

Explanation:

- एनफील्ड राइफल के कारतूस में गाय और सूअर की चर्बी होने की अफवाह थी।
- लैप्स की नीति से कई भारतीय राज्यों का विलय हुआ।
- अवध के विलय से सैनिकों और जनता में असंतोष बढ़ा।
- इन कारणों ने मिलकर विद्रोह को भड़काया।

20. Which Mughal emperor was proclaimed as the leader of the Revolt of 1857 by the rebels?
1857 के विद्रोह में विद्रोहियों द्वारा किस मुगल सम्राट को नेता घोषित किया गया?

(a) Bahadur Shah I / बहादुर शाह प्रथम

(b) Bahadur Shah II / बहादुर शाह द्वितीय

(c) Shah Alam II / शाह आलम द्वितीय

(d) More than one of the above / उपर्युक्त में से एक से अधिक

(e) None of the above / उपर्युक्त में से कोई नहीं

NCERT: Class 12 – Chapter 11

Answer: (b) Bahadur Shah II / बहादुर शाह द्वितीय

Explanation:

- बहादुर शाह द्वितीय को बहादुर शाह जफर भी कहा जाता है।
- विद्रोही सैनिकों ने उन्हें भारत का सम्राट घोषित किया।
- वे विद्रोह का प्रतीकात्मक नेता बन गए।
- विद्रोह के बाद अंग्रेजों ने उन्हें रंगून निर्वासित कर दिया।

21. During the Revolt of 1857, Nana Sahib declared himself what under the Mughal emperor?

1857 के विद्रोह के दौरान नाना साहेब ने स्वयं को मुगल सम्राट के अधीन क्या घोषित किया?

(a) Naib / नाइब

(b) Peshwa / पेशवा

(c) Wazir / वज़ीर

(d) More than one of the above / उपर्युक्त में से एक से अधिक

(e) None of the above / उपर्युक्त में से कोई नहीं

Answer: (a) Naib / नाइब

Explanation:

- नाना साहेब 1857 के विद्रोह के प्रमुख नेताओं में से एक थे।
- उन्होंने कानपुर में अंग्रेजों के खिलाफ विद्रोह का नेतृत्व किया।
- उन्होंने मुगल सम्राट बहादुर शाह जफर को भारत का बादशाह स्वीकार किया।
- इसके बाद उन्होंने स्वयं को सम्राट का नाइब घोषित किया।

22. Queen Victoria's Proclamation was issued on which of the following dates?

निम्नलिखित में से किस तिथि को रानी विक्टोरिया की उद्घोषणा जारी हुई?

(a) 1 November, 1857 / 1 नवम्बर, 1857
(b) 27 March, 1858 / 27 मार्च, 1858
(c) 1 November, 1858 / 1 नवम्बर, 1858
(d) More than one of the above / उपर्युक्त में से एक से अधिक
(e) None of the above / उपर्युक्त में से कोई नहीं

Answer: (c) 1 November, 1858 / 1 नवम्बर, 1858

Explanation:
- रानी विक्टोरिया की घोषणा 1 नवम्बर 1858 को जारी की गई।
- यह घोषणा इलाहाबाद दरबार में लॉर्ड कैनिंग द्वारा पढ़ी गई थी।
- इसके द्वारा भारत में ईस्ट इंडिया कंपनी का शासन समाप्त कर दिया गया।
- इसके बाद भारत का शासन सीधे ब्रिटिश राजसत्ता के अधीन कर दिया गया।

23. Which of the following assisted Rani Laxmi Bai to capture Gwalior?

निम्नलिखित में से किसने रानी लक्ष्मीबाई को ग्वालियर पर अधिकार करने में सहायता की?

(a) Afghans / अफगान
(b) Iranians / ईरानी
(c) Mughals / मुगल
(d) More than one of the above / उपर्युक्त में से एक से अधिक
(e) None of the above / उपर्युक्त में से कोई नहीं

Answer: (a) Afghans / अफगान

Explanation:
- 1857 के विद्रोह के दौरान रानी लक्ष्मीबाई ने अंग्रेजों के विरुद्ध संघर्ष किया।
- ग्वालियर पर अधिकार करने में उन्हें अफगान सैनिकों का सहयोग मिला।
- बांदा के नवाब अली बहादुर द्वितीय ने भी उनकी सहायता की।
- यह संघर्ष 1857 के विद्रोह के महत्वपूर्ण सैन्य अभियानों में से एक था।

24. Who first described the Revolt of 1857 as the "First Indian War of Independence"?

1857 के विद्रोह को सबसे पहले 'प्रथम भारतीय स्वतंत्रता संग्राम' किसने कहा?

(a) V.D. Savarkar / वी. डी. सावरकर
(b) Bal Gangadhar Tilak / बाल गंगाधर तिलक
(c) R. C. Majumdar / आर. सी. मजूमदार
(d) More than one of the above / उपर्युक्त में से एक से अधिक
(e) None of the above / उपर्युक्त में से कोई नहीं

Answer: (a) V.D. Savarkar / वी. डी. सावरकर

Explanation:
- वी. डी. साबरकर ने 1857 के विद्रोह को First War of Indian Independence कहा।
- उन्होंने इस विषय पर प्रसिद्ध पुस्तक "The Indian War of Independence – 1857" लिखी।
- इस पुस्तक में उन्होंने 1857 के विद्रोह को राष्ट्रीय स्वतंत्रता संग्राम के रूप में प्रस्तुत किया।
- इससे पहले कई ब्रिटिश इतिहासकार इसे केवल Sepoy Mutiny कहते थे।

25. Which of the following were reasons for the failure of the Revolt of 1857?
1857 के विद्रोह की विफलता के निम्नलिखित में से कौन-से कारण थे?

1. **Military superiority of the British / अंग्रेजों की सैन्य श्रेष्ठता**
2. **Lack of unified ideology and program among rebels / विद्रोहियों के पास कोई एकीकृत कार्यक्रम एवं विचारधारा नहीं थी**
3. **Lack of support from all sections of society / समाज के सभी वर्गों से समर्थन का अभाव था**

(a) Only 1 and 2 / केवल 1 और 2
(b) Only 2 and 3 / केवल 2 और 3
(c) All of the above / उपर्युक्त सभी
(d) None of the above / उपर्युक्त में से कोई नहीं

Answer: (c) All of the above / उपर्युक्त सभी

Explanation:
- अंग्रेजों की सैन्य श्रेष्ठता और बेहतर संगठन के कारण विद्रोहियों को पराजय का सामना करना पड़ा।

- विद्रोहियों के पास कोई unified leadership और स्पष्ट कार्यक्रम नहीं था।
- समाज के कई वर्गों जैसे जमींदार, व्यापारी और कुछ शासक वर्ग ने विद्रोह का समर्थन नहीं किया।
- विद्रोह पूरे देश में nationwide movement के रूप में नहीं फैल पाया।

26. Which British officer paid tribute to the Rani of Jhansi by saying "Here lies the woman who was the only man among the rebels"?

किस अंग्रेज सैन्य अधिकारी ने झाँसी की रानी को यह कहते हुए श्रद्धांजलि दी कि "यहाँ वह औरत सोई हुई है जो विद्रोहियों में एकमात्र मर्द थी"?

(a) Hugh Rose / ह्यू रोज

(b) Campbell / कैंपबेल

(c) Hudson / हडसन

(d) More than one of the above / उपर्युक्त में से एक से अधिक

(e) None of the above / उपर्युक्त में से कोई नहीं

Answer: (a) Hugh Rose / ह्यू रोज

Explanation:

- ह्यूग रोज ब्रिटिश सेना के अधिकारी थे जिन्होंने झाँसी के विरुद्ध अभियान का नेतृत्व किया।
- उन्होंने रानी लक्ष्मीबाई के साहस की प्रशंसा करते हुए उन्हें "the only man among the rebels" कहा।
- रानी लक्ष्मीबाई की मृत्यु 17 जून 1858 को ग्वालियर के पास कोटा-की-सराय (Kotah-ki-Serai) में हुई।
- उन्हें 1857 के विद्रोह की सबसे वीर freedom fighters में माना जाता है।

अन्य जन आंदोलन (1757–1857 तक)

27. Who resisted the new system of taxation against the exploitative forces?

किसने कर की नई व्यवस्था के विरुद्ध शोषणकारी शक्तियों का विरोध किया?

(a) Tribes of Khandesh in 1856 / 1856 में खानदेश की जनजातियाँ

(b) Santhals of Bihar in 1855–56 / 1855–56 में बिहार के संथाल

(c) Tribes of Chotanagpur in 1850 / 1850 में छोटानागपुर की जनजातियाँ

(d) More than one of the above / उपर्युक्त में से एक से अधिक

(e) None of the above / उपर्युक्त में से कोई नहीं

Answer: (b) Santhals of Bihar in 1855–56 / 1855–56 में बिहार के संथाल

Explanation:

- 1855–56 में बिहार और झारखंड क्षेत्र में संथाल विद्रोह हुआ।
- यह विद्रोह ब्रिटिश सरकार की new taxation policy और जमींदारों के शोषण के विरुद्ध था।
- इस विद्रोह का नेतृत्व सिद्धू और कान्हू सहित चार भाइयों ने किया।
- यह विद्रोह लगभग एक वर्ष तक चला और ब्रिटिश शासन के विरुद्ध एक बड़ा tribal movement था।

28. Under whose leadership did the Santhal Rebellion of 1855–1856 take place?

किसके नेतृत्व में संथाल विद्रोह (1855–1856) हुआ?

(a) Raj Kumar Shukla / राजकुमार शुक्ल

(b) S. N. Sinha / एस. एन. सिन्हा

(c) Sahajanand Saraswati / सहजानंद सरस्वती

(d) More than one of the above / उपर्युक्त में से एक से अधिक

(e) None of the above / उपर्युक्त में से कोई नहीं

Answer: (e) None of the above / उपर्युक्त में से कोई नहीं

Explanation:

- संथाल विद्रोह का नेतृत्व सिद्धू, कान्हू, चाँद और भैरव ने किया था।
- दिए गए विकल्पों में इन नेताओं का नाम नहीं है, इसलिए सही उत्तर उपर्युक्त में से कोई नहीं है।
- यह विद्रोह ब्रिटिश शासन, महाजनों और जमींदारों के शोषण के विरुद्ध था।
- यह भारत के सबसे महत्वपूर्ण tribal uprisings में से एक माना जाता है।

29. Which revolt is mentioned in Bankim Chandra Chatterjee's novel Anandamath?

बंकिम चन्द्र चटर्जी के उपन्यास आनन्दमठ में किस विद्रोह का उल्लेख है?

(a) Sannyasi / संन्यासी
(b) Pagalpanthi / पागलपंथी
(c) Indigo / नील
(d) More than one of the above / उपर्युक्त में से एक से अधिक
(e) None of the above / उपर्युक्त में से कोई नहीं

Answer: (a) Sannyasi / संन्यासी

Explanation:
- बंकिम चंद्र चट्टोपाध्याय के प्रसिद्ध उपन्यास आनंदमठ में सन्यासी विद्रोह का उल्लेख मिलता है।
- यह विद्रोह 18वीं शताब्दी में बंगाल क्षेत्र में हुआ था।
- इस उपन्यास में प्रसिद्ध गीत "वंदे मातरम्" भी शामिल है।
- यह उपन्यास भारतीय राष्ट्रवाद की भावना को प्रोत्साहित करता है।

30. Bankim Chandra Chattopadhyay's novel Anandamath refers to which revolt?

बंकिम चन्द्र चट्टोपाध्याय के उपन्यास आनन्दमठ में किस विद्रोह का उल्लेख है?

(a) Sannyasi / संन्यासी
(b) Santhal / संथाल
(c) Indigo / नील
(d) More than one of the above / उपर्युक्त में से एक से अधिक
(e) None of the above / उपर्युक्त में से कोई नहीं

Answer: (a) Sannyasi / संन्यासी

Explanation:
- आनंदमठ उपन्यास में सन्यासी विद्रोह की पृष्ठभूमि दिखाई गई है।
- यह विद्रोह बंगाल में अंग्रेजी शासन और आर्थिक शोषण के विरुद्ध हुआ था।
- उपन्यास में संन्यासियों को स्वतंत्रता के लिए संघर्ष करते हुए दिखाया गया है।
- यह कृति भारतीय राष्ट्रीय जागरण का एक महत्वपूर्ण साहित्यिक उदाहरण है।

31. Bankim Chandra Chatterjee's novel Anandamath was published in:

बंकिम चन्द्र चटर्जी के उपन्यास आनन्दमठ का प्रकाशन कब हुआ था?

(a) 1881 / 1881
(b) 1882 / 1882
(c) 1880 / 1880
(d) More than one of the above / उपर्युक्त में से एक से अधिक
(e) None of the above / उपर्युक्त में से कोई नहीं

Answer: (b) 1882

Explanation:
- आनंदमठ का प्रकाशन वर्ष 1882 में हुआ था।
- इसके लेखक बंकिम चंद्र चट्टोपाध्याय बंगाली साहित्य के प्रमुख लेखक थे।
- इसी उपन्यास में भारत का प्रसिद्ध राष्ट्रगीत "वंदे मातरम्" शामिल है।
- यह कृति भारतीय राष्ट्रवादी साहित्य की महत्वपूर्ण रचना मानी जाती है।

32. Which of the following events happened first?

निम्नलिखित में से कौन-सी घटना सबसे पहले हुई?

(a) Santhal Rebellion / संथाल विद्रोह
(b) Rebellion of Birsa Munda / बिरसा मुंडा का विद्रोह
(c) Tana Bhagat Movement / ताना भगत आंदोलन
(d) More than one of the above / उपर्युक्त में से एक से अधिक
(e) None of the above / उपर्युक्त में से कोई नहीं

Answer: (a) Santhal Rebellion / संथाल विद्रोह

Explanation:
- संथाल विद्रोह (1855) उपर्युक्त घटनाओं में सबसे पहले हुआ था।
- इसका नेतृत्व सिद्धू और कान्हू ने किया था।
- बिरसा मुंडा आंदोलन (1895–1900) बाद में छोटानागपुर क्षेत्र में हुआ।
- ताना भगत आंदोलन (1914–1920) झारखंड क्षेत्र का एक धार्मिक-सामाजिक आंदोलन था।

33. Tana Bhagat Movement was related to:

'ताना भगत आंदोलन' किससे संबंधित था?

(a) Dalit Movement / दलित आंदोलन
(b) Tribal Movement / आदिवासी आंदोलन
(c) Peasant Movement / किसान आंदोलन
(d) More than one of the above / उपर्युक्त में से एक से अधिक
(e) None of the above / उपर्युक्त में से कोई नहीं

Answer: (b) Tribal Movement / आदिवासी आंदोलन

Explanation:
- 'ताना भगत आंदोलन एक प्रमुख जनजातीय आंदोलन था।
- यह आंदोलन 1914 से 1919 तक छोटानागपुर (Chotanagpur) क्षेत्र में चला।
- इसका नेतृत्व जतरा भगत (Jatra Bhagat) ने किया।
- यह आंदोलन ब्रिटिश शासन और सामाजिक कुरीतियों के विरोध से जुड़ा था।

34. Which revolt/movement occurred due to the imposition of tax on keeping a long beard?

निम्नलिखित में से कौन-सा विद्रोह/आंदोलन लंबी दाढ़ी रखने पर कर लगाए जाने के कारण हुआ था?

(a) Faraizi Movement / फरैजी आंदोलन
(b) Pagalpanthi Revolt / पागलपंथी विद्रोह
(c) Wahabi Movement / वहाबी आंदोलन
(d) More than one of the above / उपर्युक्त में से एक से अधिक
(e) None of the above / उपर्युक्त में से कोई नहीं

Answer: (c) Wahabi Movement / वहाबी आंदोलन

Explanation:
- वहाबी आंदोलन (1831) धार्मिक सुधार और ब्रिटिश विरोध से जुड़ा आंदोलन था।
- इस आंदोलन से जुड़े लोगों पर लंबी दाढ़ी लगाया गया था।
- इससे मुस्लिम समाज में असंतोष फैल गया।
- इस आंदोलन से जुड़े प्रमुख नेता सैयद अहमद बरेलवी (Syed Ahmad Barelvi) थे।

भारत में शिक्षा का विकास
(Development of Education in India)

35. Who introduced the English Education Act of 1835 which promoted English as the medium of instruction in higher education in India?

भारत में उच्च शिक्षा में अंग्रेजी माध्यम को बढ़ावा देने वाला (English Education Act, 1835) किसने लागू किया?

(a) Lord William Bentinck / लॉर्ड विलियम बेंटिंक
(b) Lord Dalhousie / लॉर्ड डलहौज़ी
(c) Lord Ripon / लॉर्ड रिपन
(d) More than one of the above / उपर्युक्त में से एक से अधिक
(e) None of the above / उपर्युक्त में से कोई नहीं

NCERT: Class 8 – Chapter 6

Answer: (a) Lord William Bentinck / लॉर्ड विलियम बेंटिंक

Explanation:
- 1835 में अंग्रेज़ी शिक्षा अधिनियम लागू किया गया।
- यह नीति लॉर्ड विलियम बेंटिंक के शासन में लागू हुई।
- इसने अंग्रेज़ी को उच्च शिक्षा का माध्यम बनाया।
- यह मैकाले के प्रसिद्ध "शिक्षा संबंधी मिनट (1835)" से प्रभावित थी।

36. Which education commission of 1882 focused mainly on primary education in India?

1882 का कौन-सा शिक्षा आयोग भारत में प्राथमिक शिक्षा पर मुख्य रूप से केंद्रित था?

(a) Hunter Commission / हंटर आयोग
(b) Sadler Commission / सैडलर आयोग
(c) Raleigh Commission / रैले आयोग
(d) More than one of the above / उपर्युक्त में से एक से अधिक
(e) None of the above / उपर्युक्त में से कोई नहीं

NCERT: Class 12 – Part III, Chapter 8

Answer: (a)

Hunter Commission / हंटर आयोग

Explanation:
- 1882 में हंटर आयोग की स्थापना हुई।
- इसका उद्देश्य भारत में शिक्षा की स्थिति की समीक्षा करना था।
- इसने प्राथमिक शिक्षा के विस्तार पर जोर दिया।
- स्थानीय निकायों को शिक्षा की जिम्मेदारी देने की सिफारिश की।

37. Which institution was established in 1857 as one of the first modern universities in India?

1857 में स्थापित भारत के पहले आधुनिक विश्वविद्यालयों में से कौन-सा है?

(a) University of Calcutta / कलकत्ता विश्वविद्यालय
(b) University of Bombay / बॉम्बे विश्वविद्यालय
(c) University of Madras / मद्रास विश्वविद्यालय
(d) More than one of the above / उपर्युक्त में से एक से अधिक
(e) None of the above / उपर्युक्त में से कोई नहीं

NCERT: Class 8 – Chapter 6

Answer: (d) More than one of the above / उपर्युक्त में से एक से अधिक

Explanation:
- 1857 में तीन आधुनिक विश्वविद्यालय स्थापित हुए।
- कलकत्ता, बॉम्बे और मद्रास विश्वविद्यालय।
- ये ब्रिटिश मॉडल (University of London) पर आधारित थे।
- इनका उद्देश्य प्रशासन के लिए शिक्षित वर्ग तैयार करना था।

38. Who founded the Aligarh Movement to promote modern scientific education among Muslims in India?

भारत में मुसलमानों के बीच आधुनिक वैज्ञानिक शिक्षा को बढ़ावा देने के लिए अलीगढ़ आंदोलन किसने शुरू किया?

(a) Sir Syed Ahmad Khan / सर सैयद अहमद खान
(b) Maulana Abul Kalam Azad / मौलाना अबुल कलाम आज़ाद
(c) Badruddin Tyabji / बदरुद्दीन तैयबजी
(d) More than one of the above / उपर्युक्त में से एक से अधिक
(e) None of the above / उपर्युक्त में से कोई नहीं

NCERT: Class 8 –Chapter 7

Answer: (a) Sir Syed Ahmad Khan / सर सैयद अहमद खान

Explanation:
- सर सैयद अहमद खान ने अलीगढ़ आंदोलन शुरू किया।
- इसका उद्देश्य मुसलमानों को आधुनिक शिक्षा देना था।
- 1875 में उन्होंने मोहम्मडन एंग्लो-ओरिएंटल कॉलेज की स्थापना की।
- बाद में यही अलीगढ़ मुस्लिम विश्वविद्यालय बना।

39. Which reformer started the Young Bengal Movement promoting rational thinking and modern education?

किस सुधारक ने यंग बंगाल आंदोलन शुरू किया जिसने तर्कवाद और आधुनिक शिक्षा को बढ़ावा दिया?

(a) Raja Ram Mohan Roy / राजा राममोहन राय
(b) Henry Vivian Derozio / हेनरी विवियन डेरोजियो
(c) Ishwar Chandra Vidyasagar / ईश्वर चंद्र विद्यासागर
(d) More than one of the above / उपर्युक्त में से एक से अधिक
(e) None of the above / उपर्युक्त में से कोई नहीं

NCERT: Class 8 – Chapter 8

Answer: (b) Henry Vivian Derozio / हेनरी विवियन डेरोजियो

Explanation:
- हेनरी विवियन डेरोजियो हिंदू कॉलेज के शिक्षक थे।
- उन्होंने यंग बंगाल आंदोलन की शुरुआत की।
- यह आंदोलन तर्कवाद, स्वतंत्र चिंतन और सामाजिक सुधार पर आधारित था।
- इस आंदोलन ने बंगाल के शिक्षित युवाओं को प्रभावित किया।

40. Who founded Hindu College at Calcutta in 1817?

1817 में कलकत्ता में हिन्दू कॉलेज की स्थापना किसने की?

(a) Henry Vivian Derozio / हेनरी विवियन डेरोजियो
(b) David Hare / डेविड हेयर
(c) Jonathan Duncan / जोनाथन डंकन

(d) More than one of the above / उपर्युक्त में से एक से अधिक

(e) None of the above / उपर्युक्त में से कोई नहीं

Answer: (b) David Hare / डेविड हेयर

Explanation:

- हिंदू कॉलेज (1817) की स्थापना डेविड हेयर और अन्य शिक्षाविदों के सहयोग से हुई।
- यह कॉलेज बाद में प्रेसीडेंसी कॉलेज, कलकत्ता के रूप में विकसित हुआ।
- इस संस्थान ने आधुनिक शिक्षा के प्रसार में महत्वपूर्ण भूमिका निभाई।
- हेनरी विवियन डेरोजियो बाद में यहाँ शिक्षक बने और यंग बंगाल आंदोलन से जुड़े।

41. Which of the following Indians qualified the Indian Civil Service exam for the first time in 1863?

1863 में इंडियन सिविल सर्विस परीक्षा पास करने वाले प्रथम भारतीय कौन थे?

(a) Debendranath Thakur / देवेन्द्रनाथ ठाकुर

(b) Satyendranath Thakur / सत्येन्द्रनाथ ठाकुर

(c) Surendranath Banerjee / सुरेन्द्रनाथ बनर्जी

(d) More than one of the above / उपर्युक्त में से एक से अधिक

(e) None of the above / उपर्युक्त में से कोई नहीं

Answer: (b) Satyendranath Thakur / सत्येन्द्रनाथ ठाकुर

Explanation:

- सत्येन्द्रनाथ टैगोर पहले भारतीय थे जिन्होंने भारतीय सिविल सेवा (आई.सी.एस.) परीक्षा उत्तीर्ण की।
- उन्होंने 1863 में परीक्षा पास की और बाद में प्रशासनिक सेवा में कार्य किया।
- वे प्रसिद्ध कवि रवीन्द्रनाथ टैगोर के बड़े भाई थे।
- उनकी सफलता ने भारतीयों के लिए सिविल सेवाओं में प्रवेश का मार्ग प्रशस्त किया।

42. With reference to Wood's Despatch (1854), consider the following statements:

वुड के 1854 के प्रेषण (Despatch) के संबंध में निम्नलिखित कथनों पर विचार कीजिए:

1. It recommended English as the medium for higher education. / इसने उच्च शिक्षा के लिए अंग्रेजी को माध्यम बनाने की सिफारिश की।

2. It emphasized women's education and vocational training. / इसने महिला शिक्षा और व्यावसायिक प्रशिक्षण पर जोर दिया।

(a) Only 1 / केवल 1

(b) Only 2 / केवल 2

(c) Both 1 and 2 / 1 और 2 दोनों

(d) Neither 1 nor 2 / न तो 1 और न ही 2

Answer: (c) Both 1 and 2 / 1 और 2 दोनों

Explanation:

- Wood's Despatch (1854) को भारत में आधुनिक शिक्षा का Magna Carta कहा जाता है।
- इसमें उच्च शिक्षा के लिए English medium की सिफारिश की गई।
- प्रत्येक प्रांत में Department of Public Instruction स्थापित करने का सुझाव दिया गया।
- इसमें women education और vocational education के विकास पर भी जोर दिया गया

भारतीय समाचार पत्रों का इतिहास एवं पुस्तकें

43. Who was the editor of the newspaper "Vande Mataram"?
'वन्दे मातरम्' समाचार पत्र के संपादक कौन थे?

(a) Bankim Chandra Chatterjee / बंकिम चन्द्र चटर्जी

(b) Aurobindo Ghosh / अरविन्द घोष

(c) Bipin Chandra Pal / बिपिन चन्द्र पाल

(d) More than one of the above / उपर्युक्त में से एक से अधिक

(e) None of the above / उपर्युक्त में से कोई नहीं

Answer: (b) Aurobindo Ghosh / अरविन्द घोष

Explanation:

- "वंदे मातरम्" समाचार पत्र का संपादन अरविंद घोष ने किया था।
- इसका प्रकाशन 1906 में प्रारंभ हुआ।
- यह एक राष्ट्रवादी साप्ताहिक समाचार पत्र था।
- इस पत्र के माध्यम से ब्रिटिश शासन के विरुद्ध राष्ट्रवादी विचारों का प्रचार किया गया।

44. Which newspaper propagated strong nationalist views during India's freedom struggle?

भारत के स्वतंत्रता आंदोलन के दौरान गहन राष्ट्रवादी विचारों का प्रचार किस समाचार-पत्र द्वारा किया जाता था?

(a) Amrit Bazar Patrika / अमृत बाजार पत्रिका
(b) Pioneer / पायनियर
(c) Statesman / स्टेट्समैन
(d) More than one of the above / उपर्युक्त में से एक से अधिक
(e) None of the above / उपर्युक्त में से कोई नहीं

Answer: (a) Amrit Bazar Patrika / अमृत बाजार पत्रिका

Explanation:

- अमृत बाजार पत्रिका (Amrit Bazar Patrika) एक प्रमुख राष्ट्रवादी समाचार-पत्र (Nationalist Newspaper) था।
- इसकी स्थापना शिशिर कुमार घोष (Sisir Kumar Ghosh) और मोतीलाल घोष (Motilal Ghosh) ने की थी।
- इस समाचार-पत्र ने ब्रिटिश सरकार की नीतियों की कड़ी आलोचना (Criticism of British Policies) की।
- 1878 का वर्नाक्युलर प्रेस एक्ट (Vernacular Press Act) मुख्यतः ऐसे राष्ट्रवादी पत्रों को नियंत्रित करने के लिए लाया गया था।

45. The book "The Wheels of History" was written by whom?

'द व्हील्स ऑफ हिस्ट्री' (The Wheels of History) नामक पुस्तक किसने लिखी?

(a) Lokmanya Bal Gangadhar Tilak / लोकमान्य बाल गंगाधर तिलक
(b) Ram Manohar Lohia / राम मनोहर लोहिया
(c) Jayaprakash Narayan / जयप्रकाश नारायण
(d) More than one of the above / उपर्युक्त में से एक से अधिक
(e) None of the above / उपर्युक्त में से कोई नहीं

Answer: (b) Ram Manohar Lohia / राम मनोहर लोहिया

Explanation:

- द व्हील्स ऑफ हिस्ट्री (The Wheels of History) पुस्तक राम मनोहर लोहिया (Ram Manohar Lohia) द्वारा लिखी गई।
- लोहिया एक प्रसिद्ध समाजवादी नेता (Socialist Leader) और स्वतंत्रता सेनानी थे।
- इस पुस्तक में समाज और इतिहास के विकास (Historical Development) की व्याख्या की गई है।
- उनकी अन्य प्रसिद्ध कृति मार्क्स, गांधी एंड सोशलिज्म (Marx, Gandhi and Socialism) भी है।

46. Which paper was edited by Abul Kalam Azad?

अबुल कलाम आजाद के द्वारा किस पत्रिका का संपादन किया गया था?

(a) Zamindar / जमींदार
(b) Comrade / कॉमरेड
(c) Al-Hilal / अल-हिलाल
(d) More than one of the above / उपर्युक्त में से एक से अधिक
(e) None of the above / उपर्युक्त में से कोई नहीं

Answer: (c) Al-Hilal / अल-हिलाल

Explanation:

- अल-हिलाल (Al-Hilal) एक प्रसिद्ध उर्दू साप्ताहिक पत्रिका (Urdu Weekly Newspaper) थी।
- इसका संपादन मौलाना अबुल कलाम आजाद (Maulana Abul Kalam Azad) ने किया।
- इसका प्रकाशन 1912 में कलकत्ता (Calcutta) से प्रारंभ हुआ।
- इस पत्रिका ने भारतीय राष्ट्रवाद (Indian Nationalism) और स्वतंत्रता आंदोलन (Freedom Movement) को बढ़ावा दिया।

47. The nationalist daily newspaper "The Indian Nation" started its publication in:

राष्ट्रवादी दैनिक समाचार-पत्र 'द इंडियन नेशन' का प्रकाशन कब प्रारम्भ हुआ?

(a) 1930 / 1930
(b) 1931 / 1931
(c) 1940 / 1940

(d) More than one of the above / उपर्युक्त में से एक से अधिक

(e) None of the above / उपर्युक्त में से कोई नहीं

Answer: (b) 1931

Explanation:

- द इंडियन नेशन (The Indian Nation) एक राष्ट्रवादी दैनिक समाचार-पत्र (Nationalist Daily Newspaper) था।
- इसका प्रकाशन 1931 में पटना (Patna) से प्रारंभ हुआ।
- यह बिहार का एक महत्वपूर्ण समाचार-पत्र (Important Newspaper of Bihar) था।
- इसने स्वतंत्रता आंदोलन (Freedom Movement) के विचारों को जनता तक पहुँचाने में महत्वपूर्ण भूमिका निभाई।

48. Who wrote the play Neel Darpan describing the plight of Indigo cultivators of Bengal and Bihar?

बंगाल व बिहार के नील कृषकों की दशा का वर्णन करते हुए 'नील दर्पण' नाटक किसके द्वारा लिखा गया?

(a) Mahatma Gandhi / महात्मा गांधी

(b) Acharya Kripalani / आचार्य कृपलानी

(c) Dinabandhu Mitra / दीनबंधु मित्र

(d) More than one of the above / उपर्युक्त में से एक से अधिक

(e) None of the above / उपर्युक्त में से कोई नहीं

Answer: (c) Dinabandhu Mitra / दीनबंधु मित्र

Explanation:

- नील दर्पण (Neel Darpan) एक प्रसिद्ध बंगाली नाटक (Bengali Play) है।
- इसके लेखक दीनबंधु मित्र (Dinabandhu Mitra) थे।
- इसमें बंगाल और बिहार के नील किसानों की स्थिति (Plight of Indigo Cultivators) का वर्णन किया गया है।
- यह नाटक नील विद्रोह (Indigo Revolt) की सामाजिक परिस्थितियों को दर्शाता है।

49. Who wrote the book "India Divided"?
'इंडिया डिवाइडेड' पुस्तक किसने लिखी?

(a) B. G. Tilak / बी. जी. तिलक

(b) Rajendra Prasad / राजेन्द्र प्रसाद

(c) Penderel Moon / पेंडरेल मून

(d) More than one of the above / उपर्युक्त में से एक से अधिक

(e) None of the above / उपर्युक्त में से कोई नहीं

Answer: (b) Rajendra Prasad / राजेन्द्र प्रसाद

Explanation:

- इंडिया डिवाइडेड (India Divided) पुस्तक डॉ. राजेन्द्र प्रसाद (Dr. Rajendra Prasad) द्वारा लिखी गई।
- इसमें भारत के विभाजन (Partition of India) का विरोध किया गया है।
- इस पुस्तक में विभाजन के राजनीतिक प्रभाव (Political Consequences) का विश्लेषण किया गया है।
- डॉ. राजेन्द्र प्रसाद भारत के प्रथम राष्ट्रपति (First President of India) थे।

50. Who edited the magazine "Young India"?

'यंग इंडिया' पत्रिका का संपादन किसने किया?

(a) Mrs. Annie Besant / श्रीमती एनी बेसेंट

(b) Mahatma Gandhi / महात्मा गांधी

(c) Motilal Nehru / मोतीलाल नेहरू

(d) More than one of the above / उपर्युक्त में से एक से अधिक

(e) None of the above / उपर्युक्त में से कोई नहीं

Answer: (b) Mahatma Gandhi / महात्मा गांधी

Explanation:

- यंग इंडिया (Young India) एक प्रसिद्ध साप्ताहिक पत्रिका (Weekly Journal) थी।
- इसका संपादन महात्मा गांधी (Mahatma Gandhi) द्वारा किया गया।
- इस पत्रिका के माध्यम से गांधीजी ने सत्याग्रह (Satyagraha) और अहिंसा (Ahimsa) के विचारों का प्रचार किया।
- यह पत्रिका भारतीय स्वतंत्रता आंदोलन (Indian Freedom Movement) का महत्वपूर्ण माध्यम थी।

51. Who was associated with the publication of the Hindi weekly magazine "Hunkar"?

'हुंकार' हिंदी साप्ताहिक पत्रिका के प्रकाशन से कौन संबंधित थे?

(a) Yamuna Karjee / यमुना कारजी
(b) Rahul Sankrityayan / राहुल सांकृत्यायन
(c) Swami Sahajanand Saraswati / सहजानंद सरस्वती
(d) More than one of the above / उपर्युक्त में से एक से अधिक
(e) None of the above / उपर्युक्त में से कोई नहीं

Answer: (d) More than one of the above / उपर्युक्त में से एक से अधिक

Explanation:

- वर्ष 1940 में 'हुंकार' नामक हिंदी साप्ताहिक पत्रिका (Hindi Weekly Magazine) का प्रकाशन प्रारंभ हुआ।
- इससे यमुना कारजी (Yamuna Karjee), राहुल सांकृत्यायन (Rahul Sankrityayan) और स्वामी सहजानंद सरस्वती (Swami Sahajanand Saraswati) जुड़े थे।
- राहुल सांकृत्यायन इस पत्रिका के संपादक (Editor) थे।
- स्वामी सहजानंद सरस्वती इसके प्रमुख संरक्षक और प्रकाशक (Patron and Publisher) थे।

52. Who wrote the book "Pakistan and the Partition of India"?

'पाकिस्तान एंड द पार्टीशन ऑफ इंडिया' पुस्तक किसने लिखी?

(a) Muhammad Iqbal / मुहम्मद इकबाल
(b) Muhammad Ali Jinnah / मुहम्मद अली जिन्ना
(c) Dr. B. R. Ambedkar / डॉ. बी. आर. अम्बेडकर
(d) More than one of the above / उपर्युक्त में से एक से अधिक
(e) None of the above / उपर्युक्त में से कोई नहीं

Answer: (c) Dr. B. R. Ambedkar / डॉ. बी. आर. अम्बेडकर

Explanation:

- Pakistan and the Partition of India पुस्तक डॉ. बी. आर. अम्बेडकर (Dr. B. R. Ambedkar) द्वारा लिखी गई।
- इस पुस्तक में भारत के विभाजन (Partition of India) से जुड़ी राजनीतिक परिस्थितियों (Political Conditions) का विश्लेषण किया गया है।
- इसमें उस समय की साम्प्रदायिक राजनीति (Communal Politics) और हिंदू-मुस्लिम संबंधों (Hindu-Muslim Relations) पर चर्चा की गई है।
- डॉ. अम्बेडकर भारतीय संविधान के मुख्य निर्माता (Architect of the Indian Constitution) थे।

53. With reference to the Vernacular Press Act, which of the following statements are correct?

वर्नाक्युलर प्रेस एक्ट के बारे में निम्नलिखित में से कौन-से कथन सही हैं?

1. **It was enacted by Lord Lytton. / इसे लॉर्ड लिटन द्वारा अधिनियमित किया गया था।**
2. **It came to be known as the "Gagging Act". / इसे 'गैगिंग एक्ट' कहा जाने लगा।**
3. **It was repealed by Lord Ripon. / इसे लॉर्ड रिपन ने निरस्त कर दिया।**

(a) Only 1 and 2 / केवल 1 और 2
(b) Only 2 and 3 / केवल 2 और 3
(c) Only 1 / केवल 1
(d) 1, 2 and 3 / 1, 2 और 3

Answer: (d) 1, 2 and 3 / 1, 2 और 3

Explanation:

- वर्नाक्युलर प्रेस एक्ट (Vernacular Press Act) वर्ष 1878 में लॉर्ड लिटन (Lord Lytton) द्वारा लागू किया गया।
- इसे गैगिंग एक्ट (Gagging Act) कहा गया क्योंकि यह प्रेस की स्वतंत्रता (Freedom of Press) को सीमित करता था।
- इसका मुख्य उद्देश्य भारतीय भाषाओं के समाचार पत्रों (Vernacular Newspapers) को नियंत्रित करना था।
- बाद में लॉर्ड रिपन (Lord Ripon) ने वर्ष 1882 में इस अधिनियम को समाप्त (Repealed) कर दिया।

54. Who is the author of "Biography of Kunwar Singh and Amar Singh"?

"Biography of Kunwar Singh and Amar Singh" के लेखक कौन हैं?

(a) M. N. Roy / एम. एन. रॉय
(b) Kalikinkar Dutta / कालीकिंकर दत्त
(c) Jawaharlal Nehru / जवाहरलाल नेहरू
(d) More than one of the above / उपर्युक्त में से एक से अधिक
(e) None of the above / उपर्युक्त में से कोई नहीं

Answer: (b) Kalikinkar Datta / कालीकिंकर दत्त

Explanation:
- कुँवर सिंह और अमर सिंह की जीवनी" के लेखक कालीकिंकर दत्त हैं।
- इसका प्रकाशन 1957 में के. पी. जायसवाल अनुसंधान संस्थान, पटना द्वारा किया गया।
- कुँवर सिंह 1857 के विद्रोह के प्रमुख नेताओं में से एक थे।
- उन्होंने बिहार के जगदीशपुर क्षेत्र में अंग्रेजों के विरुद्ध विद्रोह का नेतृत्व किया।

55. Who was associated with the newspaper "New India"?

"न्यू इंडिया" समाचार पत्र से कौन संबंधित थे?

(a) Mahatma Gandhi / महात्मा गांधी
(b) Annie Besant / एनी बेसेंट
(c) Surendranath Banerjee / सुरेन्द्रनाथ बनर्जी
(d) More than one of the above / उपर्युक्त में से एक से अधिक
(e) None of the above / उपर्युक्त में से कोई नहीं

Answer: (b) Annie Besant / एनी बेसेंट

Explanation:
- New India समाचार पत्र एनी बेसेंट (Annie Besant) द्वारा प्रकाशित किया गया था।
- यह पत्र होम रूल आंदोलन (Home Rule Movement) के प्रचार का महत्वपूर्ण माध्यम था।
- एनी बेसेंट ने 1916 में ऑल इंडिया होम रूल लीग (All India Home Rule League) की स्थापना की।
- इस पत्र के माध्यम से राष्ट्रवादी विचार (Nationalist Ideas) जनता तक पहुँचाए गए।

56. Who wrote the book "The Beautiful Tree: Indigenous Indian Education in the Eighteenth Century"?

"The Beautiful Tree: Indigenous Indian Education in the Eighteenth Century" पुस्तक किसने लिखी?

(a) Dharampal / धर्मपाल
(b) Tilak / तिलक
(c) Gandhi / गांधी
(d) More than one of the above / उपर्युक्त में से एक से अधिक
(e) None of the above / उपर्युक्त में से कोई नहीं

Answer: (a) Dharampal / धर्मपाल

Explanation:
- The Beautiful Tree पुस्तक धर्मपाल (Dharampal) द्वारा लिखी गई।
- इसमें भारत की पारंपरिक शिक्षा व्यवस्था (Traditional Indian Education System) का वर्णन किया गया है।
- यह पुस्तक ब्रिटिश शासन से पहले की स्वदेशी शिक्षा प्रणाली (Indigenous Education) को दर्शाती है।
- धर्मपाल एक प्रसिद्ध गांधीवादी विचारक (Gandhian Thinker) और इतिहासकार (Historian) थे।

57. In which book did Montesquieu propose the theory of Separation of Powers?

मॉन्टेस्क्यू ने शक्तियों के विभाजन का सिद्धांत अपनी किस पुस्तक में प्रस्तुत किया?

(a) The Spirit of the Laws / द स्पिरिट ऑफ द लॉज
(b) My Thoughts / माई थॉट्स
(c) Lettres Persanes / लेटर्स पर्सेन्स
(d) More than one of the above / उपर्युक्त में से एक से अधिक
(e) None of the above / उपर्युक्त में से कोई नहीं

Answer: (a) The Spirit of the Laws / द स्पिरिट ऑफ द लॉज

Explanation:
- द स्पिरिट ऑफ द लॉज पुस्तक मॉन्टेस्क्यू (Montesquieu) द्वारा लिखी गई।
- इसमें शक्तियों के विभाजन का सिद्धांत (Separation of Powers) प्रस्तुत किया गया।
- इस सिद्धांत के अनुसार शासन को विधायिका

(Legislature), कार्यपालिका (Executive) और न्यायपालिका (Judiciary) में विभाजित होना चाहिए।
- यह सिद्धांत आधुनिक लोकतांत्रिक शासन (Modern Democratic Government) की आधारशिला माना जाता है।

58. Who wrote the book "Mahatma Gandhi and Bihar: Some Reminiscences"?

"महात्मा गांधी एंड बिहार: सम रेमिनिसेन्सेस" पुस्तक के लेखक कौन हैं?

(a) Syed Ali Zaheer / सैयद अली जहीर
(b) Dr. Rajendra Prasad / डॉ. राजेन्द्र प्रसाद
(c) J. B. Kripalani / जे. बी. कृपलानी
(d) More than one of the above / उपर्युक्त में से एक से अधिक
(e) None of the above / उपर्युक्त में से कोई नहीं

Answer: (b) Dr. Rajendra Prasad / डॉ. राजेन्द्र प्रसाद

Explanation:
- महात्मा गांधी और बिहार: कुछ संस्मरण" पुस्तक डॉ. राजेन्द्र प्रसाद द्वारा लिखी गई है।
- इसमें गांधीजी के बिहार से जुड़े अनुभवों का वर्णन किया गया है।
- डॉ. राजेन्द्र प्रसाद भारत के प्रथम राष्ट्रपति थे।
- उनकी अन्य प्रसिद्ध पुस्तकों में "इंडिया डिवाइडेड" और "सत्याग्रह इन चंपारण" भी शामिल हैं।

59. Which of the following pairs is not correctly matched?

निम्नलिखित युग्मों में से कौन-सा सही सुमेलित नहीं है?

(a) Advocate of India — Dadabhai Naoroji / एडवोकेट ऑफ इंडिया — दादाभाई नौरोजी
(b) Young India — Mahatma Gandhi / यंग इंडिया — महात्मा गांधी
(c) Indian Spectator — Surendranath Banerjee / इंडियन स्पेक्टेटर — सुरेन्द्रनाथ बनर्जी
(d) More than one of the above / उपर्युक्त में से एक से अधिक
(e) None of the above / उपर्युक्त में से कोई नहीं

Answer: (d) More than one of the above / उपर्युक्त में से एक से अधिक

Explanation:
- एडवोकेट ऑफ इंडिया" के लेखक दुर्गा दास बसु थे।
- "इंडियन स्पेक्टेटर" का संपादन बी. एम. मालाबारी ने किया था।
- "यंग इंडिया" का संपादन महात्मा गांधी ने किया था।
- इसलिए एक से अधिक युग्म गलत हैं।

60. Which of the following statements is correct?

निम्नलिखित कथनों में से कौन-सा सही है?

(a) A Bunch of Old Letters was written by Dr. Rajendra Prasad / ए बंच ऑफ ओल्ड लेटर्स का लेखन डॉ. राजेन्द्र प्रसाद ने किया था
(b) Brahmadatta was the second Satyagrahi in Individual Satyagraha / व्यक्तिगत सत्याग्रह में ब्रह्मदत्त दूसरे सत्याग्रही थे
(c) Subhas Chandra Bose wrote The Indian Struggle / सुभाष चन्द्र बोस ने द इंडियन स्ट्रगल का लेखन किया था
(d) More than one of the above / उपर्युक्त में से एक से अधिक
(e) None of the above / उपर्युक्त में से कोई नहीं

Answer: (c) Subhas Chandra Bose wrote The Indian Struggle / सुभाष चन्द्र बोस ने द इंडियन स्ट्रगल का लेखन किया था

Explanation:
- द इंडियन स्ट्रगल पुस्तक सुभाष चन्द्र बोस (Subhas Chandra Bose) द्वारा लिखी गई।
- इस पुस्तक में 1920 से 1942 तक के राष्ट्रीय आंदोलन (National Movement) का वर्णन है।
- A Bunch of Old Letters पुस्तक जवाहरलाल नेहरू (Jawaharlal Nehru) द्वारा लिखी गई थी।
- व्यक्तिगत सत्याग्रह (Individual Satyagraha) में प्रथम सत्याग्रही विनोबा भावे (Vinoba Bhave) थे।

19वीं शताब्दी में सामाजिक एवं सांस्कृतिक जागरण

61. Brahmo Samaj's influence was confined mostly to the:

ब्रह्म समाज का प्रभाव मुख्यतः सीमित था:

(a) Rural Bengal / ग्रामीण बंगाल

(b) Both rural and urban educated groups / ग्रामीण और शहरी शिक्षित वर्ग
(c) Urban educated groups / शहरी शिक्षित वर्ग
(d) More than one of the above / उपर्युक्त में से एक से अधिक
(e) None of the above / उपर्युक्त में से कोई नहीं

Answer: (c) Urban educated groups / शहरी शिक्षित वर्ग

Explanation:
- ब्रह्म समाज (Brahmo Samaj) की स्थापना राजा राममोहन राय (Raja Ram Mohan Roy) ने 1828 में की।
- यह एक महत्वपूर्ण सामाजिक-धार्मिक सुधार आंदोलन (Social Reform Movement) था।
- इसका प्रभाव मुख्यतः शहरी शिक्षित वर्ग (Urban Educated Class) तक सीमित रहा।
- ग्रामीण क्षेत्रों में इसका प्रभाव अपेक्षाकृत कम था।

62. The spiritual side of nationalism was voiced by:

राष्ट्रवाद को आध्यात्मिक दिशा किसके द्वारा दी गई?

(a) Swami Shraddhanand / स्वामी श्रद्धानन्द
(b) Raja Ram Mohan Roy / राजा राममोहन राय
(c) Swami Vivekananda / स्वामी विवेकानन्द
(d) More than one of the above / उपर्युक्त में से एक से अधिक
(e) None of the above / उपर्युक्त में से कोई नहीं

Answer: (c) Swami Vivekananda / स्वामी विवेकानन्द

Explanation:
- स्वामी विवेकानन्द (Swami Vivekananda) ने भारतीय राष्ट्रवाद को आध्यात्मिक आधार (Spiritual Foundation) प्रदान किया।
- उन्होंने भारतीय संस्कृति (Indian Culture) और धर्म (Religion) को राष्ट्रीय जागरण से जोड़ा।
- उनके विचारों ने युवा पीढ़ी में राष्ट्रभक्ति (Nationalism) की भावना को मजबूत किया।
- सुभाष चन्द्र बोस (Subhas Chandra Bose) ने उन्हें भारतीय राष्ट्रवाद का आध्यात्मिक प्रेरक माना।

63. Who established the Arya Samaj?

आर्य समाज की स्थापना किसने की?

(a) Swami Vivekananda / स्वामी विवेकानन्द
(b) Swami Dayananda Saraswati / स्वामी दयानन्द सरस्वती
(c) Aurobindo Ghose / अरविन्द घोष
(d) More than one of the above / उपर्युक्त में से एक से अधिक
(e) None of the above / उपर्युक्त में से कोई नहीं

Answer: (b) Swami Dayananda Saraswati / स्वामी दयानन्द सरस्वती

Explanation:
- आर्य समाज (Arya Samaj) की स्थापना स्वामी दयानन्द सरस्वती (Swami Dayananda Saraswati) ने 1875 में मुंबई (Bombay) में की।
- इसका उद्देश्य वैदिक धर्म (Vedic Religion) की शुद्ध शिक्षाओं का प्रचार करना था।
- इस आंदोलन ने सामाजिक सुधार (Social Reforms) और शिक्षा के प्रसार पर बल दिया।
- बाद में इसका मुख्यालय लाहौर (Lahore) में स्थापित किया गया।

64. Who began the Self-Respect Movement in India?

भारत में 'सेल्फ-रिस्पेक्ट मूवमेंट' किसने प्रारम्भ किया?

(a) Jyotiba Phule / ज्योतिबा फुले
(b) Narayan Swami / नारायण स्वामी
(c) B. R. Ambedkar / बी. आर. अम्बेडकर
(d) More than one of the above / उपर्युक्त में से एक से अधिक
(e) None of the above / उपर्युक्त में से कोई नहीं

Answer: (e) None of the above / उपर्युक्त में से कोई नहीं

Explanation:
- सेल्फ-रिस्पेक्ट आंदोलन की शुरुआत ई. वी. रामास्वामी नायकर (पेरियार) ने 1925 में की।
- यह आंदोलन मुख्यतः तमिलनाडु में चला।
- इसका उद्देश्य जाति व्यवस्था और सामाजिक असमानता का विरोध करना था।

- यह आंदोलन पिछड़े वर्गों और महिलाओं के अधिकारों के लिए भी महत्वपूर्ण था।

65. Who formulated the powerful slogan "India for Indians"?

'इंडिया फॉर इंडियन्स' प्रसिद्ध नारा किसने दिया?

(a) Raja Ram Mohan Roy / राजा राम मोहन राय
(b) Swami Dayananda Saraswati / स्वामी दयानन्द सरस्वती
(c) Swami Vivekananda / स्वामी विवेकानन्द
(d) More than one of the above / उपर्युक्त में से एक से अधिक
(e) None of the above / उपर्युक्त में से कोई नहीं

Answer: (b) Swami Dayananda Saraswati / स्वामी दयानन्द सरस्वती

Explanation:
- इंडिया फॉर इंडियन्स" का नारा स्वामी दयानन्द सरस्वती ने दिया।
- उन्होंने भारतीयों को स्वदेशी और राष्ट्रीय चेतना के लिए प्रेरित किया।
- 1875 में उन्होंने आर्य समाज की स्थापना की।
- उनके विचारों ने भारतीय राष्ट्रीय आंदोलन को प्रेरित किया।

66. Which of the following statements is/are correct?

निम्नलिखित में से कौन-सा कथन सही है?

(a) Raja Rammohan Roy was the pioneer of modern education. / राजा राममोहन राय नवीन शिक्षा के अग्रणी थे।
(b) Swami Dayanand proclaimed "India for Indians." / स्वामी दयानन्द ने 'भारत भारतीयों के लिए' का नारा दिया।
(c) Vivekananda participated in the Parliament of World Religions. / विवेकानन्द ने विश्व धर्म संसद में भाग लिया।
(d) More than one of the above / उपर्युक्त में से एक से अधिक
(e) None of the above / उपर्युक्त में से कोई नहीं

Answer: (d) More than one of the above / उपर्युक्त में से एक से अधिक

Explanation:
- राजा राममोहन राय (Raja Rammohan Roy) को भारतीय नवजागरण (Indian Renaissance) का अग्रदूत माना जाता है और वे आधुनिक शिक्षा (Modern Education) के समर्थक थे।
- उन्होंने डेविड हेयर (David Hare) के सहयोग से हिंदू कॉलेज (Hindu College), 1817 तथा वेदांत कॉलेज (Vedanta College), 1825 की स्थापना में योगदान दिया।
- स्वामी दयानन्द सरस्वती (Swami Dayanand Saraswati) ने 'India for Indians' का नारा दिया और आर्य समाज (Arya Samaj), 1875 की स्थापना की।
- स्वामी विवेकानन्द (Swami Vivekananda) ने 1893 में शिकागो (Chicago) में आयोजित Parliament of World Religions में भाग लिया और भारतीय आध्यात्मिक विचारों का प्रचार किया।

67. What was the initial objective of the Kuka Movement in Punjab?

पंजाब में 'कूका आंदोलन' का प्रारंभिक उद्देश्य क्या था?

(a) To purify the Sikh religion / सिख धर्म को परिष्कृत करना
(b) To gain political power in Punjab / पंजाब में राजनीतिक शक्ति प्राप्त करना
(c) To organise a peasant movement / कृषक आंदोलन का संगठन
(d) More than one of the above / उपर्युक्त में से एक से अधिक
(e) None of the above / उपर्युक्त में से कोई नहीं

Answer: (a) To purify the Sikh religion / सिख धर्म को परिष्कृत करना

Explanation:
- कूका आंदोलन (Kuka Movement) का प्रारंभिक उद्देश्य सिख धर्म का शुद्धिकरण (Purification of Sikh Religion) था।
- यह आंदोलन पंजाब में एक धार्मिक-सामाजिक सुधार आंदोलन (Religious Reform Movement) के रूप में शुरू हुआ।

- इस आंदोलन की शुरुआत राम सिंह (Ram Singh Kuka) ने 1872 में की।
- बाद में यह आंदोलन ब्रिटिश शासन के विरोध (Anti-British Movement) से भी जुड़ गया।

68. Who is called the "Prophet of New India"?

'नवभारत का पैगम्बर' किसे कहा जाता है?

(a) Raja Ram Mohan Roy / राजा राममोहन राय
(b) Dayanand Saraswati / दयानन्द सरस्वती
(c) Dadabhai Naoroji / दादाभाई नौरोजी
(d) More than one of the above / उपर्युक्त में से एक से अधिक
(e) None of the above / उपर्युक्त में से कोई नहीं

Answer: (a) Raja Ram Mohan Roy/ राजा राममोहन राय

Explanation:
- राजा राममोहन राय (Raja Ram Mohan Roy) को "नवभारत का पैगम्बर (Prophet of New India)" कहा जाता है।
- उन्हें भारतीय नवजागरण (Indian Renaissance) का अग्रदूत भी माना जाता है।
- उन्होंने 1828 में ब्रह्म समाज (Brahmo Samaj) की स्थापना की।
- उन्होंने सामाजिक सुधार (Social Reforms) जैसे सती प्रथा उन्मूलन (Abolition of Sati) और आधुनिक शिक्षा (Modern Education) को बढ़ावा दिया।

69. Which social reformer was called Lokhitwadi?

किस समाज सुधारक को 'लोकहितवादी' के नाम से पुकारते थे?

(a) M. G. Ranade / एम. जी. रानाडे
(b) G. K. Gokhale / जी. के. गोखले
(c) G. H. Deshmukh / जी. एच. देशमुख
(d) More than one of the above / उपर्युक्त में से एक से अधिक
(e) None of the above / उपर्युक्त में से कोई नहीं

Answer: (c) G. H. Deshmukh / जी. एच. देशमुख

Explanation:
- गोपाल हरि देशमुख (Gopal Hari Deshmukh) को 'लोकहितवादी (Lokhitwadi)' कहा जाता था।
- वे महाराष्ट्र के एक प्रमुख समाज सुधारक (Social Reformer) और विचारक थे।
- उन्होंने समाज में व्याप्त कुरीतियों (Social Evils) के विरुद्ध लेख लिखे।
- उन्होंने शिक्षा, सामाजिक सुधार और प्रगतिशील विचारों (Progressive Ideas) का समर्थन किया।

70. In which year was the All India Women's Conference founded?

ऑल इंडिया वूमेन्स कॉन्फ्रेंस की स्थापना किस वर्ष की गई?

(a) 1923
(b) 1925
(c) 1927
(d) More than one of the above / उपर्युक्त में से एक से अधिक
(e) None of the above / उपर्युक्त में से कोई नहीं

Answer: (c) 1927

Explanation:
- All India Women's Conference (AIWC) की स्थापना 1927 में की गई।
- यह महिलाओं के अधिकारों (Women's Rights) और शिक्षा (Women's Education) को बढ़ावा देने के लिए बनाई गई संस्था थी।
- यह एक प्रमुख गैर-सरकारी संगठन (Non-Governmental Organization) है।
- इस संगठन ने महिला शिक्षा और सामाजिक सुधार (Social Reforms) में महत्वपूर्ण भूमिका निभाई।

किसान विद्रोह एवं आंदोलन

71. Who intervened in the dispute between the workers and mill owners of Ahmedabad in 1918?

1918 में अहमदाबाद के मिल मालिकों और मजदूरों के बीच विवाद में किसने हस्तक्षेप किया?

(a) Mahatma Gandhi / महात्मा गांधी
(b) Vallabhbhai Patel / वल्लभभाई पटेल
(c) Jamshedji Tata / जमशेदजी टाटा
(d) More than one of the above / उपर्युक्त में से एक से अधिक

(e) None of the above / उपर्युक्त में से कोई नहीं

Answer: (a) Mahatma Gandhi / महात्मा गांधी

Explanation:

- 1918 का अहमदाबाद मिल मजदूर आंदोलन (Ahmedabad Mill Strike) महात्मा गांधी के नेतृत्व में हुआ।
- गांधीजी ने मजदूरों और मिल मालिकों के बीच विवाद में मध्यस्थता (Mediation) की।
- मजदूरों के समर्थन में गांधीजी ने भूख हड़ताल (Hunger Strike) भी की।
- यह गांधीजी के प्रारंभिक श्रमिक आंदोलनों (Labour Movements) में से एक था।

72. In which movement did Mahatma Gandhi first use hunger strike as a weapon?
महात्मा गांधी ने सबसे पहले किस आंदोलन में भूख हड़ताल को हथियार के रूप में प्रयोग किया?

(a) Non-Cooperation Movement / असहयोग आंदोलन
(b) Bardoli Satyagraha / बारडोली सत्याग्रह
(c) Ahmedabad Strike / अहमदाबाद हड़ताल
(d) Rowlatt Satyagraha / रॉलेट सत्याग्रह

Answer: (c) Ahmedabad Strike / अहमदाबाद हड़ताल

Explanation:

- अहमदाबाद हड़ताल (Ahmedabad Strike, 1918) के दौरान गांधीजी ने पहली बार भूख हड़ताल (Hunger Strike) का प्रयोग किया।
- यह आंदोलन मिल मजदूरों (Mill Workers) के वेतन वृद्धि (Wage Increase) की मांग से जुड़ा था।
- गांधीजी ने मजदूरों को सत्याग्रह (Satyagraha) के माध्यम से संघर्ष करने के लिए प्रेरित किया।
- इस आंदोलन ने भारतीय श्रमिक आंदोलन (Indian Labour Movement) को नई दिशा दी।

73. Who supported Gandhiji in Champaran Satyagraha (1917) in support of farmers?

किसानों के हित में गाँधीजी ने 1917 में चंपारण सत्याग्रह किसके सहयोग से किया था?

(a) Rajendra Prasad / राजेन्द्र प्रसाद
(b) Birsa Munda / बिरसा मुंडा
(c) Satya Narayan Sinha / सत्यनारायण सिन्हा
(d) More than one of the above / उपर्युक्त में से एक से अधिक
(e) None of the above / उपर्युक्त में से कोई नहीं

Answer: (a) Rajendra Prasad / राजेन्द्र प्रसाद

Explanation:

- चंपारण सत्याग्रह (Champaran Satyagraha) 1917 में बिहार के नील किसानों की समस्याओं के समाधान के लिए शुरू किया गया था।
- इस आंदोलन में डॉ. राजेन्द्र प्रसाद (Dr. Rajendra Prasad) ने गाँधीजी का महत्वपूर्ण सहयोग किया।
- चंपारण जाने के क्रम में गाँधीजी की मुलाकात मुजफ्फरपुर में राजेन्द्र प्रसाद से हुई।
- इस आंदोलन में ब्रजकिशोर प्रसाद (Braj Kishore Prasad), महादेव देसाई (Mahadev Desai), जे.बी. कृपलानी (J. B. Kripalani) आदि ने भी सहयोग दिया।

74. Who accompanied Mahatma Gandhi during the Champaran Indigo Movement?

चंपारण नील आंदोलन के दौरान महात्मा गांधी के साथ कौन थे?

(a) Narhari Parikh / नरहरी पारिख
(b) Mahadev Desai / महादेव देसाई
(c) Abdul Bari / अब्दुल बारी
(d) More than one of the above / उपर्युक्त में से एक से अधिक
(e) None of the above / उपर्युक्त में से कोई नहीं

Answer: (d) More than one of the above / उपर्युक्त में से एक से अधिक

Explanation:

- चंपारण आंदोलन (Champaran Movement) में कई राष्ट्रीय नेताओं ने गाँधीजी का साथ दिया।
- इनमें नरहरी पारिख (Narhari Parikh) भी शामिल थे।
- महादेव देसाई (Mahadev Desai) गाँधीजी के निजी सचिव और सहयोगी थे।
- इसलिए एक से अधिक व्यक्ति इस आंदोलन में गाँधीजी के साथ थे।

75. Who requested Gandhiji to come to Champaran to see the miserable condition of the peasants?

गांधी जी को चंपारण आने और वहाँ के कृषकों की दयनीय स्थिति देखने हेतु किसने अनुरोध किया था?

(a) Brajkishore Prasad / ब्रजकिशोर प्रसाद
(b) Rajkumar Shukla / राजकुमार शुक्ल
(c) Sukhram Ganesh / सुखराम गणेश
(d) More than one of the above / उपर्युक्त में से एक से अधिक
(e) None of the above / उपर्युक्त में से कोई नहीं

Answer: (b) Rajkumar Shukla / राजकुमार शुक्ल

Explanation:

- राजकुमार शुक्ल (Rajkumar Shukla) चंपारण के एक किसान नेता थे।
- उन्होंने गाँधीजी से नील किसानों की समस्या देखने के लिए चंपारण आने का आग्रह किया।
- गाँधीजी 1917 में चंपारण पहुँचे और किसानों की समस्याओं की जाँच की।
- इसी से चंपारण सत्याग्रह (Champaran Satyagraha) की शुरुआत हुई।

76. Who was the leader of the Bardoli Satyagraha?

बारदोली सत्याग्रह का नेता कौन था?

(a) Bal Gangadhar Tilak / बाल गंगाधर तिलक
(b) Sardar Vallabhbhai Patel / सरदार वल्लभभाई पटेल
(c) Jawaharlal Nehru / जवाहरलाल नेहरू
(d) More than one of the above / उपर्युक्त में से एक से अधिक
(e) None of the above / उपर्युक्त में से कोई नहीं

Answer: (b) Sardar Vallabhbhai Patel / सरदार वल्लभभाई पटेल

Explanation:

- बारदोली सत्याग्रह (Bardoli Satyagraha) 1928 में गुजरात में हुआ।
- इसका नेतृत्व सरदार वल्लभभाई पटेल (Sardar Vallabhbhai Patel) ने किया।
- यह आंदोलन किसानों पर बढ़ाए गए भूमि कर (Land Revenue) के विरोध में था।
- इसी आंदोलन के बाद वल्लभभाई पटेल को "सरदार" की उपाधि मिली।

77. Which of the following movements led by Sardar Vallabhbhai Patel was successful?

निम्नलिखित आंदोलनों में से किसका नेतृत्व सरदार वल्लभभाई पटेल ने किया और वह सफल रहा?

(a) Satyagraha in support of Khadi weavers, Gujarat / खादी बुनकरों के समर्थन में सत्याग्रह, गुजरात
(b) Satyagraha of cotton mill workers, Ahmedabad / कपास मिल कर्मचारियों का सत्याग्रह, अहमदाबाद
(c) Bardoli Satyagraha, Gujarat / बारदोली सत्याग्रह, गुजरात
(d) More than one of the above / उपर्युक्त में से एक से अधिक
(e) None of the above / उपर्युक्त में से कोई नहीं

Answer: (c) Bardoli Satyagraha, Gujarat / बारदोली सत्याग्रह, गुजरात

Explanation:

- बारदोली सत्याग्रह (Bardoli Satyagraha) 1928 में गुजरात के किसानों द्वारा किया गया आंदोलन था।
- इसका नेतृत्व सरदार वल्लभभाई पटेल (Sardar Vallabhbhai Patel) ने किया।
- यह आंदोलन बढ़े हुए भू-राजस्व (Land Revenue) के विरोध में था।
- अंततः ब्रिटिश सरकार को कर वृद्धि वापस लेनी पड़ी।

78. Who presided over the first session of the All India Kisan Sabha?

ऑल इंडिया किसान सभा के पहले अधिवेशन में कौन अध्यक्ष थे?

(a) Narendra Dev / नरेंद्र देव
(b) Sahajanand Saraswati / सहजानंद सरस्वती
(c) Sampurnanand / सम्पूर्णानन्द
(d) More than one of the above / उपर्युक्त में से एक से अधिक
(e) None of the above / उपर्युक्त में से कोई नहीं

Answer: (b)

Sahajanand Saraswati / सहजानंद सरस्वती

Explanation:

- All India Kisan Sabha की स्थापना 1936 में हुई।
- इसका पहला अधिवेशन लखनऊ (Lucknow) में हुआ।
- इसके प्रथम अध्यक्ष स्वामी सहजानंद सरस्वती (Swami Sahajanand Saraswati) थे।
- इस संगठन ने किसानों के अधिकारों और जमींदारी उन्मूलन (Abolition of Zamindari) की मांग उठाई।

79. What step did the British Government take to resolve the issue during the Champaran Movement?

चंपारण आंदोलन की प्रतिक्रिया में ब्रिटिश सरकार ने समस्या के समाधान के लिए कौन-सा कदम उठाया?

(a) Appointed Gandhi as Governor of Champaran / महात्मा गांधी को चंपारण का राज्यपाल नियुक्त किया

(b) Imposed martial law in the region / क्षेत्र में मार्शल लॉ लागू किया

(c) Set up the Champaran Agrarian Committee / चंपारण कृषि समिति की स्थापना की

(d) Declared Champaran an independent state / चंपारण को एक स्वतंत्र राज्य घोषित किया

Answer: (c)

Set up the Champaran Agrarian Committee / चंपारण कृषि समिति की स्थापना की

Explanation:

- चंपारण आंदोलन के बाद ब्रिटिश सरकार ने समस्या की जाँच के लिए चंपारण कृषि समिति का गठन किया।
- इस समिति के अध्यक्ष एफ. जी. स्लाई (F. G. Sly) थे।
- इसमें महात्मा गांधी (Mahatma Gandhi) भी सदस्य थे।
- इस समिति की सिफारिशों के आधार पर किसानों को राहत मिली।

80. In which month of 1918 was the Champaran Agrarian Act passed against the European indigo planters?

1918 में चंपारण कृषि कानून यूरोपीय नील बागान मालिकों के विरुद्ध किस महीने पारित किया गया?

(a) February / फरवरी

(b) May / मई

(c) November / नवम्बर

(d) More than one of the above / उपर्युक्त में से एक से अधिक

(e) None of the above / उपर्युक्त में से कोई नहीं

Answer: (e) None of the above / उपर्युक्त में से कोई नहीं

Explanation:

- चंपारण कृषि कानून 1918 में चंपारण आंदोलन के बाद पारित किया गया।
- इस कानून ने नील किसानों को जबरन नील की खेती (Tinkathia System) से राहत दी।
- किसानों को अपनी भूमि पर स्वतंत्र खेती (Freedom of Cultivation) का अधिकार मिला।
- यह कानून चंपारण सत्याग्रह की एक बड़ी सफलता (Major Success) माना जाता है।

81. Where did the first example of organized non-cooperation in the history of Indian peasants occur?

भारतीय किसानों के इतिहास में संगठित असहयोग का प्रथम उदाहरण कहाँ घटित हुआ था?

(a) Bihar and Bengal / बिहार एवं बंगाल

(b) Madras Presidency / मद्रास प्रेसिडेंसी

(c) Punjab Province / पंजाब प्रांत

(d) More than one of the above / उपर्युक्त में से एक से अधिक

(e) None of the above / उपर्युक्त में से कोई नहीं

Answer: (a) Bihar and Bengal / बिहार एवं बंगाल

Explanation:

- भारतीय किसानों के इतिहास में संगठित असहयोग (Organized Non-Cooperation) का पहला उदाहरण बिहार और बंगाल (Bihar and Bengal) क्षेत्र में देखा गया।
- नील विद्रोह (Indigo Revolt, 1859–62) इसका प्रमुख उदाहरण था।

- इसके बाद पाबना आंदोलन (Pabna Movement, 1870–80) भी किसानों के संगठित संघर्ष का महत्वपूर्ण उदाहरण बना।
- इन आंदोलनों का मुख्य उद्देश्य जमींदारों और अंग्रेज नील बागान मालिकों के अत्याचारों के खिलाफ विरोध करना था।

82. Match List-I with List-II and choose the correct answer.

List-I (Movements)

a. Indigo planters' movement

b. Kheda Satyagraha

c. Cotton mill workers' Satyagraha

d. Movement leading to withdrawal of Non-Cooperation Movement

List-II (Important Centres)

1. Ahmedabad

2. Champaran

3. Kheda

4. Chauri-Chaura

Code

(a) a-1 b-2 c-3 d-4
(b) a-3 b-4 c-2 d-1
(c) a-2 b-3 c-1 d-4
(d) More than one of the above
(e) None of the above

सूची-I (आंदोलन)

a. नील के पौधे लगाने वालों का आंदोलन

b. खेड़ा सत्याग्रह

c. कपास मिल मजदूरों का सत्याग्रह

d. असहयोग आंदोलन को बंद करने के लिए आंदोलन

सूची-II (महत्वपूर्ण केन्द्र)

1. अहमदाबाद

2. चंपारण

3. खेड़ा

4. चौरी-चौरा

कोड:

(a) a-1 b-2 c-3 d-4
(b) a-3 b-4 c-2 d-1
(c) a-2 b-3 c-1 d-4
(d) उपर्युक्त में से एक से अधिक
(e) उपर्युक्त में से कोई नहीं

Answer: (c) a-2 b-3 c-1 d-4

Explanation:

- नील आंदोलन (Indigo Movement) का प्रमुख केन्द्र चंपारण (Champaran) था।
- खेड़ा सत्याग्रह (Kheda Satyagraha) गुजरात के खेड़ा (Kheda) में हुआ।
- कपास मिल मजदूर सत्याग्रह (Ahmedabad Mill Strike) का केन्द्र अहमदाबाद (Ahmedabad) था।
- चौरी-चौरा (Chauri-Chaura) की घटना के बाद असहयोग आंदोलन (Non-Cooperation Movement) वापस ले लिया गया।

83. During the Champaran Satyagraha (1917), who was behind the first attempt on Gandhiji's life in India?

1917 में चंपारण सत्याग्रह के दौरान भारत में गांधीजी के जीवन पर पहले ज्ञात प्रयास के पीछे कौन था?

(a) Dr. Grant / डॉ. ग्रांट
(b) H. S. Pollock / एच. एस. पोलक
(c) Irwin / इरविन
(d) More than one of the above / उपर्युक्त में से एक से अधिक
(e) None of the above / उपर्युक्त में से कोई नहीं

Answer: (c)

Irwin / इरविन

Explanation:

- चंपारण सत्याग्रह के दौरान एक ब्रिटिश बागान प्रबंधक इरविन (Irwin) ने गांधीजी को नुकसान पहुँचाने की योजना बनाई।
- उसने गांधीजी को रात के भोजन (Dinner Invitation) पर बुलाया था।
- इस निमंत्रण के पीछे गांधीजी की हत्या का षड्यंत्र रचा गया था।

- रसोइया बटलर मियाँ (Butler Mian) ने गांधीजी की जान बचाई।

कांग्रेस की पूर्ववर्ती संस्थाएँ

84. Who founded the Poona Sarvajanik Sabha in 1870?

1870 में पूना सर्वजनिक सभा की स्थापना किसने की?

(a) M.G. Ranade / एम.जी. रानाडे
(b) Bal Gangadhar Tilak / बाल गंगाधर तिलक
(c) Gopal Krishna Gokhale / गोपाल कृष्ण गोखले
(d) More than one of the above / उपर्युक्त में से एक से अधिक
(e) None of the above / उपर्युक्त में से कोई नहीं

NCERT: Class 8– Chapter 8

Answer: (a) M.G. Ranade / एम.जी. रानाडे

Explanation:
- पूना सर्वजनिक सभा की स्थापना 1870 में हुई।
- इसके प्रमुख संस्थापकों में एम.जी. रानाडे शामिल थे।
- यह संस्था जनता और सरकार के बीच संवाद का माध्यम थी।
- इसने भारतीयों की राजनीतिक भागीदारी बढ़ाने में भूमिका निभाई।

85. Which organization was founded in 1885 in Bombay by Pherozeshah Mehta, K.T. Telang and Badruddin Tyabji?

1885 में बॉम्बे में फिरोजशाह मेहता, के.टी. तेलंग और बदरुद्दीन तैयबजी द्वारा कौन-सी संस्था स्थापित की गई?

(a) Bombay Presidency Association / बॉम्बे प्रेसिडेंसी एसोसिएशन
(b) Indian Association / इंडियन एसोसिएशन
(c) Madras Mahajan Sabha / मद्रास महाजन सभा
(d) More than one of the above / उपर्युक्त में से एक से अधिक
(e) None of the above / उपर्युक्त में से कोई नहीं

NCERT: Class 8 – Chapter 8

Answer: (a) Bombay Presidency Association / बॉम्बे प्रेसिडेंसी एसोसिएशन

Explanation:
- बॉम्बे प्रेसिडेंसी एसोसिएशन की स्थापना 1885 में हुई।
- इसके संस्थापक फिरोजशाह मेहता, के.टी. तेलंग और बदरुद्दीन तैयबजी थे।
- यह संस्था भारतीयों के राजनीतिक अधिकारों की मांग करती थी।
- यह भारतीय राष्ट्रीय कांग्रेस से पहले की प्रमुख राजनीतिक संस्था थी।

86. Which of the following organizations was established earlier than the Indian National Congress and aimed to promote nationalist ideas in Bengal?

निम्नलिखित में से कौन-सी संस्था भारतीय राष्ट्रीय कांग्रेस से पहले स्थापित हुई और बंगाल में राष्ट्रवादी विचारों को बढ़ावा देने का उद्देश्य रखती थी?

(a) Landholders' Society / लैंडहोल्डर्स सोसाइटी
(b) British Indian Association / ब्रिटिश इंडियन एसोसिएशन
(c) Indian Association / इंडियन एसोसिएशन
(d) More than one of the above / उपर्युक्त में से एक से अधिक
(e) None of the above / उपर्युक्त में से कोई नहीं

NCERT: Class 12 (Part III) – Chapter 4

Answer: (d) More than one of the above / उपर्युक्त में से एक से अधिक

Explanation:
- लैंडहोल्डर्स सोसाइटी की स्थापना 1838 में हुई।
- ब्रिटिश इंडियन एसोसिएशन की स्थापना 1851 में हुई।
- इंडियन एसोसिएशन की स्थापना 1876 में हुई।
- इन सभी संस्थाओं ने राष्ट्रवादी राजनीतिक चेतना को बढ़ावा दिया।

87. Who founded the East India Association in London in 1866 to discuss Indian political issues?

1866 में लंदन में भारतीय राजनीतिक मुद्दों पर चर्चा के लिए ईस्ट इंडिया एसोसिएशन की स्थापना किसने की?

(a) Dadabhai Naoroji / दादाभाई नौरोजी
(b) W.C. Bonnerjee / डब्ल्यू.सी. बनर्जी
(c) Surendranath Banerjee / सुरेन्द्रनाथ बनर्जी

(d) More than one of the above / उपर्युक्त में से एक से अधिक

(e) None of the above / उपर्युक्त में से कोई नहीं

NCERT: Class 12 (Part III) – Chapter 4

Answer: (a) Dadabhai Naoroji/ दादाभाई नौरोजी

Explanation:

- ईस्ट इंडिया एसोसिएशन की स्थापना 1866 में लंदन में हुई।
- इसके संस्थापक दादाभाई नौरोजी थे।
- इसका उद्देश्य ब्रिटेन में भारतीय समस्याओं को उठाना था।
- इसने ब्रिटिश संसद में भारतीय मुद्दों पर जागरूकता बढ़ाई।

88. Which early political organization merged with the British Indian Association in 1851?

निम्नलिखित में से कौन-सी प्रारंभिक राजनीतिक संस्था 1851 में British Indian Association में विलय हो गई?

(a) Landholders' Society / लैंडहोल्डर्स सोसाइटी

(b) Bengal British India Society / बंगाल ब्रिटिश इंडिया सोसाइटी

(c) Both (a) and (b) / (a) और (b) दोनों

(d) More than one of the above / उपर्युक्त में से एक से अधिक

(e) None of the above / उपर्युक्त में से कोई नहीं

NCERT: Class 12 (Part III) – Chapter 4

Answer: (c) Both (a) and (b) / (a) और (b) दोनों

Explanation:

- लैंडहोल्डर्स सोसाइटी की स्थापना 1838 में हुई।
- बंगाल ब्रिटिश इंडिया सोसाइटी की स्थापना 1843 में हुई।
- 1851 में इन दोनों संस्थाओं का विलय हुआ।
- इसके परिणामस्वरूप ब्रिटिश इंडियन एसोसिएशन का गठन हुआ।

89. Who established the Indian Association in 1876?

1876 में इंडियन एसोसिएशन की स्थापना किसने की?

(a) W. C. Bonnerjee/डब्ल्यू. सी. बनर्जी

(b) Sisir Kumar Ghosh/शिशिर कुमार घोष

(c) Surendranath Banerjee/सुरेन्द्रनाथ बनर्जी

(d) More than one of the above/उपर्युक्त में से एक से अधिक

(e) None of the above/उपर्युक्त में से कोई नहीं

Answer: (c) Surendranath Banerjee/सुरेन्द्रनाथ बनर्जी

Explanation:

- इंडियन एसोसिएशन की स्थापना सुरेन्द्रनाथ बनर्जी (Surendranath Banerjee) ने 1876 में की।
- इसका मुख्यालय कलकत्ता (Calcutta) में था।
- इसका उद्देश्य भारतीयों में राजनीतिक चेतना (Political Awareness) फैलाना था।
- यह संस्था भारतीय राष्ट्रीय कांग्रेस (Indian National Congress) की पूर्ववर्ती संस्थाओं में से एक थी।

90. In which year was the Madras Mahajan Sabha formed?

मद्रास महाजन सभा की स्थापना किस वर्ष हुई थी?

(a) 1879

(b) 1881

(c) 1883

(d) More than one of the above/उपर्युक्त में से एक से अधिक

(e) None of the above/उपर्युक्त में से कोई नहीं

Answer: (e) None of the above/उपर्युक्त में से कोई नहीं

Explanation:

- मद्रास महाजन सभा की स्थापना 1884 में हुई।
- इसके संस्थापक एम. वीर राघवाचार्य (M. Viraraghavachari), पी. आनंद चार्लू (P. Anand Charlu) और जी. सुब्रमण्यम अय्यर (G. Subramania Iyer) थे।
- इसका मुख्यालय मद्रास (Madras / Chennai) में था।
- यह संस्था भारतीय राष्ट्रीय कांग्रेस के गठन से पहले की प्रमुख राजनीतिक संस्थाओं में से एक थी।

91. Who organized the Hindu Mela?

हिंदू मेला' किसने संगठित किया?

(a) Rajnarayan Bose/राजनारायण बोस

(b) Nabagopal Mitra/नवगोपाल मित्र

(c) Aurobindo Ghosh/अरविन्द घोष

(d) More than one of the above/उपर्युक्त में से एक से अधिक

(e) None of the above/उपर्युक्त में से कोई नहीं

Answer: (a) Rajnarayan Bose/राजनारायण बोस

Explanation:

- हिंदू मेला (Hindu Mela) की स्थापना 1867 में हुई।
- इसका आयोजन राजनारायण बोस (Rajnarayan Bose) ने किया।
- इसमें नवगोपाल मित्र (Nabagopal Mitra) और देवेन्द्रनाथ ठाकुर (Debendranath Tagore) का भी सहयोग था।
- इसका उद्देश्य राष्ट्रीय भावना (Nationalism) और स्वदेशी भावना (Swadeshi Spirit) को बढ़ावा देना था।

92. Asiatic Society of Bengal was founded by:

एशियाटिक सोसाइटी ऑफ बंगाल की स्थापना किसके द्वारा की गई थी?

(a) Sir William Jones / सर विलियम जोन्स

(b) Sir William Bentinck / सर विलियम बेंटिंक

(c) Sir James Todd / सर जेम्स टॉड

(d) More than one of the above / उपर्युक्त में से एक से अधिक

(e) None of the above / उपर्युक्त में से कोई नहीं

Answer: (a) Sir William Jones / सर विलियम जोन्स

Explanation:

- एशियाटिक सोसाइटी ऑफ बंगाल की स्थापना 15 जनवरी 1784 में सर विलियम जोन्स (Sir William Jones) द्वारा की गई थी।
- इसकी स्थापना कलकत्ता (Calcutta) में की गई थी, जो उस समय ब्रिटिश भारत का प्रमुख प्रशासनिक और बौद्धिक केंद्र था।
- इस संस्था का मुख्य उद्देश्य एशियाई इतिहास, संस्कृति, भाषाओं और साहित्य के अध्ययन (Oriental Studies) को बढ़ावा देना था।
- यह संस्था भारत में प्राच्य अध्ययन (Indology) और ऐतिहासिक शोध के विकास में महत्वपूर्ण केंद्र बन गई।

93. Who started the Asiatic Society of Bengal in 1784?

1784 ई. में एशियाटिक सोसाइटी ऑफ बंगाल का आरम्भ किसने किया था?

(a) Max Muller / मैक्स मूलर

(b) Charles William / चार्ल्स विलियम

(c) William Jones / विलियम जोन्स

(d) More than one of the above / उपर्युक्त में से एक से अधिक

(e) None of the above / उपर्युक्त में से कोई नहीं

Answer: (c) William Jones / विलियम जोन्स

Explanation:

- विलियम जोन्स (William Jones) एक प्रसिद्ध ब्रिटिश न्यायाधीश और विद्वान थे जिन्होंने एशियाई संस्कृति के अध्ययन में महत्वपूर्ण योगदान दिया।
- उन्होंने 1784 में फोर्ट विलियम (Fort William), कलकत्ता में एशियाटिक सोसाइटी की स्थापना की।
- इस संस्था के माध्यम से संस्कृत (Sanskrit) सहित कई भारतीय भाषाओं और ग्रंथों का अध्ययन किया गया।
- यह संस्था एशिया में ज्ञान और शोध का सबसे पुराना संगठित केंद्र मानी जाती है।

भारतीय राष्ट्रीय कांग्रेस (Indian National Congress)

94. Which of the following mocked the Indian National Congress saying that "it represents a very microscopic minority"?

इनमें से किसने यह कहते हुए भारतीय राष्ट्रीय कांग्रेस की हँसी उड़ाई कि "यह एक बहुत सूक्ष्म भाग (अल्पसंख्यक) का प्रतिनिधित्व करता है"?

(a) Dufferin / डफरिन

(b) Curzon / कर्जन

(c) Minto / मिन्टो

(d) More than one of the above / उपर्युक्त में से एक से अधिक

(e) None of the above / उपर्युक्त में से कोई नहीं

Answer: (a) Dufferin / डफरिन

Explanation:

- लॉर्ड डफरिन (Lord Dufferin) उस समय भारत के

वायसराय (Viceroy) थे जब भारतीय राष्ट्रीय कांग्रेस की स्थापना हुई थी।
- उन्होंने कांग्रेस की आलोचना करते हुए कहा कि यह "एक बहुत छोटे या सूक्ष्म अल्पसंख्यक (Microscopic Minority)" का प्रतिनिधित्व करती है।
- ब्रिटिश सरकार का मानना था कि कांग्रेस केवल शिक्षित भारतीयों (Educated Indians) के हितों की बात करती है, पूरे भारत का नहीं।
- इस प्रकार ब्रिटिश शासकों ने कांग्रेस के प्रारम्भिक प्रभाव को कम दिखाने के लिए उसकी राजनीतिक महत्ता (Political Importance) को कम करके प्रस्तुत किया।

95. Where was the First Session of the Indian National Congress held?
भारतीय राष्ट्रीय कांग्रेस का पहला अधिवेशन कहाँ हुआ था?

(a) Calcutta / कलकत्ता
(b) Bombay / बंबई
(c) Madras / मद्रास
(d) More than one of the above / उपर्युक्त में से एक से अधिक
(e) None of the above / उपर्युक्त में से कोई नहीं

Answer: (b) Bombay / बंबई

Explanation:
- भारतीय राष्ट्रीय कांग्रेस की स्थापना 1885 में ए.ओ. ह्यूम (A.O. Hume) ने की थी।
- कांग्रेस का पहला अधिवेशन दिसंबर 1885 में बंबई (Bombay) में आयोजित किया गया था।
- इस अधिवेशन में 72 प्रतिनिधियों (Delegates) ने भाग लिया था।
- इस अधिवेशन की अध्यक्षता व्योमेश चंद्र बनर्जी (W.C. Bonnerjee) ने की थी।

96. Who founded the Indian National Congress in 1885?
1885 में भारतीय राष्ट्रीय कांग्रेस की स्थापना किसने की थी?

(a) Surendranath Banerjee / सुरेन्द्रनाथ बनर्जी
(b) Gopal Krishna Gokhale / गोपाल कृष्ण गोखले
(c) Dadabhai Naoroji / दादाभाई नौरोजी
(d) More than one of the above / उपर्युक्त में से एक से अधिक
(e) None of the above / उपर्युक्त में से कोई नहीं

Answer: (e) None of the above / उपर्युक्त में से कोई नहीं

Explanation:
- भारतीय राष्ट्रीय कांग्रेस की स्थापना ए.ओ. ह्यूम (Allan Octavian Hume) ने 1885 में की थी।
- ए.ओ. ह्यूम एक ब्रिटिश सिविल सर्वेंट (British Civil Servant) थे जिन्होंने भारतीय नेताओं को संगठित करने में भूमिका निभाई।
- कांग्रेस की स्थापना का उद्देश्य भारतीयों को राजनीतिक मंच प्रदान करना था।
- दिए गए विकल्पों में ए.ओ. ह्यूम का नाम नहीं है, इसलिए सही उत्तर None of the above है।

97. The first President of the Indian National Congress was:
भारतीय राष्ट्रीय कांग्रेस के पहले अध्यक्ष थे—

(a) W. C. Bonnerjee / डब्ल्यू. सी. बनर्जी
(b) Dadabhai Naoroji / दादाभाई नौरोजी
(c) Badruddin Tyabji / बदरुद्दीन तैयबजी
(d) More than one of the above / उपर्युक्त में से एक से अधिक
(e) None of the above / उपर्युक्त में से कोई नहीं

Answer: (a) W. C. Bonnerjee / डब्ल्यू. सी. बनर्जी

Explanation:
- भारतीय राष्ट्रीय कांग्रेस के पहले अधिवेशन (1885) के अध्यक्ष डब्ल्यू. सी. बनर्जी (W.C. Bonnerjee) थे।
- वे एक प्रसिद्ध भारतीय वकील (Lawyer) और राजनीतिक नेता थे।
- कांग्रेस के पहले अधिवेशन में भारत के विभिन्न क्षेत्रों से प्रतिनिधि शामिल हुए थे।
- यह अधिवेशन भारतीय स्वतंत्रता आंदोलन के लिए एक महत्वपूर्ण राजनीतिक मंच साबित हुआ।

98. Who was the first woman President of the Indian National Congress?
भारतीय राष्ट्रीय कांग्रेस की प्रथम महिला अध्यक्ष कौन थीं?

(a) Kasturba Gandhi / कस्तूरबा गांधी
(b) Annie Besant / एनी बेसेंट
(c) Kamala Nehru / कमला नेहरू

(d) More than one of the above / उपर्युक्त में से एक से अधिक

(e) None of the above / उपर्युक्त में से कोई नहीं

Answer: (b) Annie Besant / एनी बेसेंट

Explanation:

- एनी बेसेंट (Annie Besant) भारतीय राष्ट्रीय कांग्रेस की पहली महिला अध्यक्ष थीं।
- उन्हें 1917 में कलकत्ता अधिवेशन (Calcutta Session) में अध्यक्ष बनाया गया था।
- एनी बेसेंट एक प्रमुख थियोसोफिस्ट (Theosophist) और समाज सुधारक थीं।
- उन्होंने भारत में होम रूल आंदोलन (Home Rule Movement) का भी नेतृत्व किया था।

99. Who was the President of the Patna Session of Indian National Congress held in 1912?

1912 में पटना में होने वाले भारतीय राष्ट्रीय कांग्रेस के अधिवेशन के अध्यक्ष कौन थे?

(a) R. N. Mudholkar / आर. एन. मुद्होलकर

(b) A. C. Majumdar / ए. सी. मजूमदार

(c) Madan Mohan Malaviya / मदन मोहन मालवीय

(d) More than one of the above / उपर्युक्त में से एक से अधिक

(e) None of the above / उपर्युक्त में से कोई नहीं

Answer: (a) R. N. Mudholkar / आर. एन. मुद्होलकर

Explanation:

- 1912 में भारतीय राष्ट्रीय कांग्रेस का अधिवेशन पटना (Patna) में आयोजित किया गया था।
- इस अधिवेशन के अध्यक्ष आर. एन. मुद्होलकर (R. N. Mudholkar) थे।
- वे एक प्रमुख कांग्रेस नेता और विधिवेत्ता (Jurist) थे।
- इस अधिवेशन में भारतीय राजनीति में राष्ट्रीय आंदोलन की रणनीतियों पर चर्चा की गई।

100. The Lucknow Pact took place in

लखनऊ समझौता हुआ था

(a) 1915 / 1915 में

(b) 1916 / 1916 में

(c) 1917 / 1917 में

(d) More than one of the above / उपर्युक्त में से एक से अधिक

(e) None of the above / उपर्युक्त में से कोई नहीं

Answer: (b) 1916 / 1916 में

Explanation:

- लखनऊ समझौता (Lucknow Pact) दिसंबर 1916 में लखनऊ में हुआ था।
- यह समझौता भारतीय राष्ट्रीय कांग्रेस (Indian National Congress) और मुस्लिम लीग (Muslim League) के बीच हुआ था।
- इसका उद्देश्य ब्रिटिश सरकार के विरुद्ध राष्ट्रीय आंदोलन को मजबूत करना और हिंदू-मुस्लिम एकता (Hindu-Muslim Unity) स्थापित करना था।
- इस समझौते में दोनों संगठनों ने संवैधानिक सुधारों (Constitutional Reforms) और प्रतिनिधित्व के मुद्दों पर सहमति बनाई।

101. Gaya Session of Indian National Congress was held in which year?

भारतीय राष्ट्रीय कांग्रेस का गया अधिवेशन किस वर्ष में हुआ?

(a) 1922

(b) 1933

(c) 1946

(d) More than one of the above / उपर्युक्त में से एक से अधिक

(e) None of the above / उपर्युक्त में से कोई नहीं

Answer: (a) 1922

Explanation:

- भारतीय राष्ट्रीय कांग्रेस का गया अधिवेशन (Gaya Session) दिसंबर 1922 में आयोजित हुआ था।
- इस अधिवेशन की अध्यक्षता चित्तरंजन दास (Chittaranjan Das) ने की थी।
- इसी अधिवेशन में विधान परिषदों (Legislative Councils) में प्रवेश के प्रश्न पर बहस हुई।
- बाद में चित्तरंजन दास और मोतीलाल नेहरू (Motilal Nehru) ने 1923 में स्वराज पार्टी (Swaraj Party) की स्थापना की।

102. Who was the President of the Indian National Congress at the Gaya Session of 1922?

1922 में आयोजित भारतीय राष्ट्रीय कांग्रेस के गया अधिवेशन के अध्यक्ष कौन थे?

(a) Chittaranjan Das / चित्तरंजन दास
(b) Hakim Ajmal Khan / हकीम अजमल खाँ
(c) Mahatma Gandhi / महात्मा गांधी
(d) More than one of the above / उपर्युक्त में से एक से अधिक
(e) None of the above / उपर्युक्त में से कोई नहीं

Answer: (a) Chittaranjan Das / चित्तरंजन दास

Explanation:
- 1922 के गया अधिवेशन की अध्यक्षता चित्तरंजन दास (C.R. Das) ने की थी।
- वे कांग्रेस के प्रमुख नेता और प्रसिद्ध स्वतंत्रता सेनानी थे।
- इस अधिवेशन में काउंसिल प्रवेश (Council Entry) के प्रश्न पर गंभीर मतभेद सामने आए।
- इसी मुद्दे के कारण बाद में स्वराज पार्टी (Swaraj Party) का गठन किया गया।

103. At which of the following Sessions of the Indian National Congress did the Champaran trouble come up for discussion?

भारतीय राष्ट्रीय कांग्रेस के किस अधिवेशन में चंपारण समस्या चर्चा का विषय बनी?

(a) Calcutta, 1911 / कलकत्ता, 1911
(b) Patna, 1912 / पटना, 1912
(c) Ramgarh, 1940 / रामगढ़, 1940
(d) More than one of the above / उपर्युक्त में से एक से अधिक
(e) None of the above / उपर्युक्त में से कोई नहीं

Answer: (e) None of the above / उपर्युक्त में से कोई नहीं

Explanation:
- चंपारण समस्या (Champaran Problem) कांग्रेस के लखनऊ अधिवेशन (1916) में चर्चा का विषय बनी थी।
- इस अधिवेशन में राजकुमार शुक्ल (Raj Kumar Shukla) ने गांधीजी को चंपारण की समस्या के बारे में बताया।
- गांधीजी ने किसानों की स्थिति का अध्ययन करने के लिए 1917 में चंपारण (Champaran) का दौरा किया।
- इसके परिणामस्वरूप गांधीजी ने भारत में अपना पहला सफल सत्याग्रह आंदोलन (Satyagraha Movement) शुरू किया।

104. In which session of the Indian National Congress were resolutions regarding Fundamental Rights passed for the first time?

निम्नलिखित में से भारतीय राष्ट्रीय कांग्रेस के किस अधिवेशन में पहली बार मौलिक अधिकारों से संबंधित प्रस्ताव पारित किए गए थे?

(a) Surat Session, 1907 / सूरत अधिवेशन, 1907
(b) Gaya Session, 1922 / गया अधिवेशन, 1922
(c) Karachi Session, 1931 / कराची अधिवेशन, 1931
(d) None of the above / उपर्युक्त में से कोई नहीं

Answer: (c) Karachi Session, 1931 / कराची अधिवेशन, 1931

Explanation:
- 1931 के कराची अधिवेशन (Karachi Session) में पहली बार मौलिक अधिकारों से संबंधित प्रस्ताव पारित किए गए।
- इस अधिवेशन में राष्ट्रीय आर्थिक कार्यक्रम (National Economic Programme) भी प्रस्तुत किया गया।
- कराची अधिवेशन भारतीय राष्ट्रीय कांग्रेस का 45वाँ अधिवेशन था।
- इस अधिवेशन में नागरिक स्वतंत्रता, समानता और श्रमिक अधिकारों (Civil Liberties and Labour Rights) पर जोर दिया गया।

105. "The Indian National Congress was founded on the basis of the Safety Valve Theory to save the British Government from dangers." Whose view was this?

"सुरक्षा वाल्व सिद्धांत के आधार पर भारतीय राष्ट्रीय कांग्रेस की स्थापना ब्रिटिश सरकार को खतरों से बचाने के लिए की गई थी।" यह विचार किस नेता का था?

(a) C. Rajagopalachari/सी. राजगोपालाचारी
(b) Lala Lajpat Rai/लाला लाजपत राय
(c) Bipin Chandra Pal/बिपिन चन्द्र पाल
(d) None of the above/इनमें से कोई नहीं

Answer: (b) Lala Lajpat Rai/लाला लाजपत राय

Explanation:

- सुरक्षा वाल्व सिद्धांत (Safety Valve Theory) के अनुसार कांग्रेस की स्थापना अंग्रेजों ने असंतोष को नियंत्रित करने के लिए की थी।
- यह विचार प्रमुख राष्ट्रवादी नेता लाला लाजपत राय (Lala Lajpat Rai) ने व्यक्त किया था।
- उन्होंने अपनी पुस्तक "Young India" में इस सिद्धांत का उल्लेख किया।
- उनके अनुसार कांग्रेस की स्थापना का उद्देश्य भारतीयों के असंतोष को नियंत्रित और शांत करना (Control Public Discontent) था।

106. In which session of the Indian National Congress was the principle of 'Purna Swaraj' adopted?

भारतीय राष्ट्रीय कांग्रेस के किस अधिवेशन में 'पूर्ण स्वराज' का सिद्धांत स्वीकार किया गया?

(a) Kanpur Session, 1925/कानपुर अधिवेशन, 1925
(b) Lahore Session, 1929/ लाहौर अधिवेशन, 1929
(c) Karachi Session, 1931/कराची अधिवेशन, 1931
(d) More than one of the above/उपर्युक्त में से एक से अधिक
(e) None of the above/उपर्युक्त में से कोई नहीं

Answer: (b) Lahore Session, 1929/ लाहौर अधिवेशन, 1929

Explanation:

- 1929 के लाहौर अधिवेशन (Lahore Session) में कांग्रेस ने पूर्ण स्वराज (Complete Independence) का लक्ष्य स्वीकार किया।
- इस अधिवेशन की अध्यक्षता जवाहरलाल नेहरू (Jawaharlal Nehru) ने की थी।
- इसी अधिवेशन में पूर्ण स्वराज का घोषणा पत्र (Declaration of Independence) तैयार किया गया।
- कांग्रेस ने 26 जनवरी 1930 को स्वतंत्रता दिवस (Independence Day) के रूप में मनाने का निर्णय लिया।

107. Subhash Chandra Bose became the President of the Indian National Congress at the Tripuri Session by defeating whom?

सुभाष चन्द्र बोस भारतीय राष्ट्रीय कांग्रेस के त्रिपुरी अधिवेशन में किसको हराकर अध्यक्ष बने थे?

(a) Pattabhi Sitaramayya/ पट्टाभि सीतारमैया
(b) Rasbihari Bose / रासबिहारी बोस
(c) Jawaharlal Nehru/ जवाहरलाल नेहरू
(d) More than one of the above / उपर्युक्त में से एक से अधिक
(e) None of the above /उपर्युक्त में से कोई नहीं

Answer: (a) Pattabhi Sitaramayya

Explanation:

- 1939 के त्रिपुरी अधिवेशन (Tripuri Session) में सुभाष चन्द्र बोस कांग्रेस के अध्यक्ष चुने गए।
- उन्होंने पट्टाभि सीतारमैया (Pattabhi Sitaramayya) को चुनाव में पराजित किया था।
- पट्टाभि सीतारमैया को महात्मा गांधी (Mahatma Gandhi) का समर्थन प्राप्त था।
- बाद में कांग्रेस कार्यसमिति के साथ मतभेद होने के कारण सुभाष चन्द्र बोस ने अध्यक्ष पद से इस्तीफा दे दिया।

108. During the Indian freedom struggle, the 'Swadesh Bandhab Samiti' was formed by

भारतीय स्वतंत्रता संग्राम के दौरान 'स्वदेश बान्धव समिति' की स्थापना

(a) Ashwini Kumar Dutta / अश्विनी कुमार दत्त
(b) Batukeshwar Dutt / बटुकेश्वर दत्त
(c) Surya Sen / सूर्य सेन
(d) More than one of the above / उपर्युक्त में से एक से अधिक
(e) None of the above / उपर्युक्त में से कोई नहीं

Answer: (a) Ashwini Kumar Dutta / अश्विनी कुमार दत्त

Explanation:

- 6 अगस्त 1905 को अश्विनी कुमार दत्त (Ashwini Kumar Dutta) ने स्वदेश बान्धव समिति (Swadesh Bandhab Samiti) की स्थापना की।
- इसका मुख्य उद्देश्य स्वदेशी वस्तुओं (Swadeshi Goods) के उपयोग को बढ़ावा देना था।

- यह संगठन बंगाल विभाजन (Partition of Bengal) के विरोध से जुड़ा हुआ था।
- अश्विनी कुमार दत्त ने "बारिसाल हितैषी" (Barisal Hitoishi) नामक साप्ताहिक पत्र का भी प्रकाशन किया।

109. The first All India Congress Socialist Conference was held at

प्रथम अखिल भारतीय कांग्रेस समाजवादी सम्मेलन कहाँ हुआ था?

(a) Patna / पटना
(b) Bhagalpur / भागलपुर
(c) Muzaffarpur / मुजफ्फरपुर
(d) More than one of the above / उपर्युक्त में से एक से अधिक
(e) None of the above / उपर्युक्त में से कोई नहीं

Answer: (a) Patna / पटना

Explanation:

- पहला अखिल भारतीय कांग्रेस समाजवादी सम्मेलन (All India Congress Socialist Conference) 1934 में पटना में आयोजित हुआ था।
- इस सम्मेलन की अध्यक्षता आचार्य नरेंद्र देव (Acharya Narendra Dev) ने की थी।
- इसी सम्मेलन से कांग्रेस सोशलिस्ट पार्टी (Congress Socialist Party) के संगठन को मजबूती मिली।
- इस संगठन का उद्देश्य कांग्रेस के भीतर समाजवादी विचारधारा (Socialist Ideology) को बढ़ावा देना था।

बंगाल विभाजन एवं स्वदेशी आंदोलन

110. Who wrote the famous nationalist song "Amar Sonar Bangla" during the Swadeshi Movement?

स्वदेशी आंदोलन के दौरान प्रसिद्ध राष्ट्रवादी गीत "आमार सोनार बांग्ला" किसने लिखा?

(a) Bankim Chandra Chattopadhyay / बंकिम चंद्र चट्टोपाध्याय
(b) Rabindranath Tagore / रवीन्द्रनाथ टैगोर
(c) Dwijendralal Ray / द्विजेंद्रलाल राय
(d) More than one of the above / उपर्युक्त में से एक से अधिक
(e) None of the above / उपर्युक्त में से कोई नहीं

NCERT: Class 8 – Chapter 9

Answer: (b) Rabindranath Tagore / रवीन्द्रनाथ टैगोर

Explanation:

- "मद्रास महाजन सभा" स्वदेशी आंदोलन के दौरान लिखा गया था।
- इसे रवीन्द्रनाथ टैगोर ने 1905 में लिखा।
- यह बंगाल विभाजन के विरोध में लिखा गया गीत था।
- बाद में यह बांग्लादेश का राष्ट्रीय गान बना।

111. Which nationalist leader organized bonfires of foreign cloth during the Swadeshi Movement?

स्वदेशी आंदोलन के दौरान विदेशी कपड़ों की होली किस राष्ट्रवादी नेता ने संगठित की?

(a) Bal Gangadhar Tilak / बाल गंगाधर तिलक
(b) Surendranath Banerjee / सुरेन्द्रनाथ बनर्जी
(c) Aurobindo Ghosh / अरविन्द घोष
(d) More than one of the above / उपर्युक्त में से एक से अधिक
(e) None of the above / उपर्युक्त में से कोई नहीं

NCERT: Class 10 – Chapter 3

Answer: (b) Surendranath Banerjee / सुरेन्द्रनाथ बनर्जी

Explanation:

- सुरेन्द्रनाथ बनर्जी स्वदेशी आंदोलन के प्रमुख नेता थे।
- उन्होंने विदेशी वस्त्रों के बहिष्कार का समर्थन किया।
- कई स्थानों पर विदेशी कपड़ों की सार्वजनिक होली जलाई गई।
- इसका उद्देश्य ब्रिटिश आर्थिक प्रभुत्व का विरोध करना था।

112. Which of the following was a major method used during the Swadeshi Movement?
स्वदेशी आंदोलन के दौरान निम्नलिखित में से कौन-सा प्रमुख तरीका अपनाया गया?

1. Promotion of indigenous industries / स्वदेशी उद्योगों को बढ़ावा
2. National education movement / राष्ट्रीय शिक्षा आंदोलन
3. Boycott of foreign goods / विदेशी वस्तुओं का बहिष्कार

(a) Only 1 and 2 / केवल 1 और 2
(b) Only 2 and 3 / केवल 2 और 3
(c) Only 1 and 3 / केवल 1 और 3
(d) More than one of the above / उपर्युक्त में से एक से अधिक
(e) None of the above / उपर्युक्त में से कोई नहीं

NCERT: Class 12 –Chapter 13

Answer: (d)

More than one of the above / उपर्युक्त में से एक से अधिक

Explanation:

- स्वदेशी आंदोलन में स्वदेशी उद्योगों को बढ़ावा दिया गया।
- विदेशी वस्तुओं का बहिष्कार किया गया।
- राष्ट्रीय शिक्षा संस्थानों की स्थापना की गई।
- इस आंदोलन ने भारतीय राष्ट्रीय आंदोलन को नई दिशा दी।

113. Which educational institution was founded during the Swadeshi Movement to promote national education?

राष्ट्रीय शिक्षा को बढ़ावा देने के लिए स्वदेशी आंदोलन के दौरान कौन-सी शैक्षणिक संस्था स्थापित की गई?

(a) National Council of Education / नेशनल काउंसिल ऑफ एजुकेशन
(b) Banaras Hindu University / बनारस हिंदू विश्वविद्यालय
(c) Aligarh Muslim University / अलीगढ़ मुस्लिम विश्वविद्यालय
(d) More than one of the above / उपर्युक्त में से एक से अधिक
(e) None of the above / उपर्युक्त में से कोई नहीं

NCERT: Class 7 – Chapter 10

Answer: (a) National Council of Education / नेशनल काउंसिल ऑफ एजुकेशन

Explanation:

- स्वदेशी आंदोलन के दौरान राष्ट्रीय शिक्षा आंदोलन शुरू हुआ।
- 1906 में नेशनल काउंसिल ऑफ एजुकेशन की स्थापना हुई।
- इसका उद्देश्य भारतीयों के लिए राष्ट्रीय शिक्षा प्रणाली विकसित करना था।
- इससे बाद में जादवपुर विश्वविद्यालय की स्थापना का मार्ग प्रशस्त हुआ।

114. Which revolutionary organization emerged in Bengal during the Swadeshi Movement?

स्वदेशी आंदोलन के दौरान बंगाल में कौन-सा क्रांतिकारी संगठन उभरा?

(a) Anushilan Samiti / अनुशीलन समिति
(b) Abhinav Bharat / अभिनव भारत
(c) Ghadar Party / गदर पार्टी
(d) More than one of the above / उपर्युक्त में से एक से अधिक
(e) None of the above / उपर्युक्त में से कोई नहीं

NCERT: Class 12 – Chapter 13

Answer: (a) Anushilan Samiti / अनुशीलन समिति

Explanation:

- अनुशीलन समिति एक क्रांतिकारी संगठन था।
- इसका गठन बंगाल में स्वदेशी आंदोलन के दौरान हुआ।
- यह ब्रिटिश शासन के खिलाफ सशस्त्र क्रांति का समर्थन करता था।
- इसके सदस्य कई क्रांतिकारी गतिविधियों में शामिल थे।

115. The reversal of the Partition of Bengal was carried out during the time of

बंगाल के विभाजन को किसके कार्यकाल में वापस लिया गया?

(a) Lord Minto / लॉर्ड मिंटो
(b) Lord Hardinge / लॉर्ड हार्डिंग
(c) Lord Curzon / लॉर्ड कर्जन
(d) More than one of the above / उपर्युक्त में से एक से अधिक
(e) None of the above / उपर्युक्त में से कोई नहीं

Answer: (b) Lord Hardinge / लॉर्ड हार्डिंग

Explanation:

- 1911 में लॉर्ड हार्डिंग (Lord Hardinge) के समय बंगाल विभाजन को समाप्त किया गया।
- यह निर्णय दिल्ली दरबार (Delhi Durbar) में घोषित किया गया था।

- इसी समय भारत की राजधानी (Capital of India) को कलकत्ता से दिल्ली स्थानांतरित किया गया।
- बंगाल विभाजन 1905 में लॉर्ड कर्जन (Lord Curzon) ने किया था।

116. The day of Bengal Partition—16th October, 1905 was observed as the day of

बंगाल विभाजन 16 अक्टूबर, 1905 को किस दिवस के रूप में मनाया गया था

(a) Boycott / बॉयकॉट
(b) Hartal (strike) / हड़ताल
(c) Shok (mourning) / शोक
(d) More than one of the above / उपर्युक्त में से एक से अधिक
(e) None of the above / उपर्युक्त में से कोई नहीं

Answer: (c) Shok (mourning) / शोक

Explanation:

- 16 अक्टूबर 1905 को बंगाल विभाजन लागू किया गया था।
- इस दिन को पूरे भारत में शोक दिवस (Day of Mourning) के रूप में मनाया गया।
- लोगों ने राखी बाँधकर हिंदू-मुस्लिम एकता (Hindu-Muslim Unity) का प्रदर्शन किया।
- इसी आंदोलन से स्वदेशी और बहिष्कार आंदोलन (Swadeshi and Boycott Movement) की शुरुआत हुई।

117. The Partition of Bengal was made effective on

बंगाल का विभाजन प्रभावी हुआ

(a) 14 October, 1905 / 14 अक्टूबर, 1905
(b) 15 October, 1905 / 15 अक्टूबर, 1905
(c) 16 October, 1905 / 16 अक्टूबर, 1905
(d) More than one of the above / उपर्युक्त में से एक से अधिक
(e) None of the above / उपर्युक्त में से कोई नहीं

Answer: (c) 16 October, 1905 / 16 अक्टूबर, 1905

Explanation:

- बंगाल विभाजन (Partition of Bengal) की घोषणा 19 जुलाई 1905 को की गई थी।
- इसे 16 अक्टूबर 1905 से प्रभावी किया गया।
- यह निर्णय तत्कालीन वायसराय लॉर्ड कर्जन (Lord Curzon) ने लिया था।
- इसके विरोध में स्वदेशी आंदोलन (Swadeshi Movement) शुरू हुआ।

118. When were 'Swadeshi' and 'Boycott' first adopted as forms of struggle in India?
प्रथम बार संघर्ष के तरीकों के रूप में 'स्वदेशी' एवं 'बहिष्कार' भारत में कब अपनाया गया?

(a) Partition of Bengal / बंगाल विभाजन
(b) Home Rule Movement / होम रूल आंदोलन
(c) Non-Cooperation Movement / असहयोग आंदोलन
(d) More than one of the above / उपर्युक्त में से एक से अधिक
(e) None of the above / उपर्युक्त में से कोई नहीं

Answer: (a) Partition of Bengal / बंगाल विभाजन

Explanation:

- 1905 के बंगाल विभाजन (Partition of Bengal) के विरोध में स्वदेशी आंदोलन शुरू हुआ।
- इस आंदोलन में विदेशी वस्तुओं के बहिष्कार (Boycott of Foreign Goods) का आह्वान किया गया।
- लोगों को स्वदेशी वस्तुओं (Swadeshi Goods) के उपयोग के लिए प्रेरित किया गया।
- यह आंदोलन भारतीय स्वतंत्रता संघर्ष का एक महत्वपूर्ण चरण बना।

119. Who was the writer of 'Banglar Mati, Banglar Jal'?

'बांग्लार माटी, बांग्लार जल' के लेखक कौन थे?

(a) Kazi Nazrul Islam / काजी नजरुल इस्लाम
(b) Rabindranath Tagore / रवीन्द्रनाथ टैगोर
(c) Sukanta Bhattacharya / सुकांत भट्टाचार्य
(d) More than one of the above / उपर्युक्त में से एक से अधिक
(e) None of the above / उपर्युक्त में से कोई नहीं

Answer: (b) Rabindranath Tagore / रवीन्द्रनाथ टैगोर

Explanation:

- 'बांग्लार माटी, बांग्लार जल' गीत के लेखक रवीन्द्रनाथ टैगोर (Rabindranath Tagore) थे।
- यह गीत 1905 के बंगाल विभाजन के विरोध में लिखा गया था।
- यह गीत स्वदेशी आंदोलन (Swadeshi Movement) का प्रेरणादायक गीत बन गया।
- हाल ही में पश्चिम बंगाल विधानसभा (West Bengal Assembly) ने इसे राज्य गीत के रूप में स्वीकार किया।

मुस्लिम लीग एवं होमरूल लीग आंदोलन

120. In which year was the All India Muslim League founded?

ऑल इंडिया मुस्लिम लीग की स्थापना किस वर्ष हुई थी?

(a) 1905
(b) 1906
(c) 1907
(d) More than one of the above / उपर्युक्त में से एक से अधिक
(e) None of the above / उपर्युक्त में से कोई नहीं

NCERT: Class 8 – Chapter 9

Answer: (b) 1906

Explanation:

- All India Muslim League की स्थापना 30 दिसम्बर 1906 को हुई।
- यह ढाका (Dacca / Dhaka) में स्थापित की गई थी।
- इसके गठन में नवाब सलीमुल्लाह खान की महत्वपूर्ण भूमिका थी।
- प्रारंभ में इसका उद्देश्य मुसलमानों के राजनीतिक अधिकारों की रक्षा करना था।

121. Who presided over the first session of the All India Muslim League in 1906?

1906 में ऑल इंडिया मुस्लिम लीग के पहले अधिवेशन की अध्यक्षता किसने की?

(a) Aga Khan III / आगा खान तृतीय
(b) Nawab Salimullah Khan / नवाब सलीमुल्लाह खान
(c) Muhammad Ali Jinnah / मोहम्मद अली जिन्ना
(d) More than one of the above / उपर्युक्त में से एक से अधिक
(e) None of the above / उपर्युक्त में से कोई नहीं

NCERT: Class 10 – Chapter 3

Answer:(a)

Aga Khan III / आगा खान तृतीय

Explanation:

- मुस्लिम लीग के प्रारंभिक अधिवेशन में आगा खान तृतीय प्रमुख नेता थे।
- उन्होंने संगठन को राजनीतिक दिशा देने में भूमिका निभाई।
- मुस्लिम लीग का उद्देश्य मुसलमानों के हितों की रक्षा करना था।
- बाद में मोहम्मद अली जिन्ना इसके प्रमुख नेता बने।

122. Which of the following leaders initially opposed the formation of the Home Rule League?

निम्नलिखित में से किस नेता ने प्रारंभ में होम रूल लीग के गठन का विरोध किया था?

(a) Gopal Krishna Gokhale / गोपाल कृष्ण गोखले
(b) Mahatma Gandhi / महात्मा गांधी
(c) Dadabhai Naoroji / दादाभाई नौरोजी
(d) More than one of the above / उपर्युक्त में से एक से अधिक
(e) None of the above / उपर्युक्त में से कोई नहीं

NCERT: Class 12 – Chapter 13

Answer: (b) Mahatma Gandhi / महात्मा गांधी

Explanation:

- होम रूल आंदोलन 1916 के आसपास तेज हुआ।
- उस समय गांधीजी दक्षिण अफ्रीका से लौटे ही थे।
- उन्होंने शुरुआत में इस आंदोलन में सक्रिय भाग नहीं लिया।
- बाद में वे राष्ट्रीय आंदोलन के प्रमुख नेता बने।

123. Which of the following areas were mainly under the influence of Tilak's Home Rule League?

निम्नलिखित में से कौन-से क्षेत्र मुख्यत: तिलक की होम रूल लीग के प्रभाव में थे?

1. **Maharashtra / महाराष्ट्र**
2. **Karnataka / कर्नाटक**

3. Central Provinces / मध्य प्रांत

(a) Only 1 and 2 / केवल 1 और 2
(b) Only 2 and 3 / केवल 2 और 3
(c) Only 1 and 3 / केवल 1 और 3
(d) More than one of the above / उपर्युक्त में से एक से अधिक
(e) None of the above / उपर्युक्त में से कोई नहीं

NCERT: Class 7 –Chapter 10

Answer: (d) More than one of the above / उपर्युक्त में से एक से अधिक

Explanation:

- तिलक की होम रूल लीग मुख्यतः पश्चिम और मध्य भारत में सक्रिय थी।
- इसमें महाराष्ट्र, कर्नाटक और मध्य प्रांत शामिल थे।
- इस लीग का उद्देश्य भारत में स्वशासन की मांग करना था।
- इस आंदोलन ने राष्ट्रीय आंदोलन को नया उत्साह दिया।

124. Which pact in 1916 brought the Congress and the Muslim League together?

1916 में कौन-सा समझौता कांग्रेस और मुस्लिम लीग को एक साथ लाया?

(a) Lucknow Pact / लखनऊ समझौता
(b) Gandhi-Irwin Pact / गांधी-इरविन समझौता
(c) Poona Pact / पूना समझौता
(d) More than one of the above / उपर्युक्त में से एक से अधिक
(e) None of the above / उपर्युक्त में से कोई नहीं

NCERT: Class 10 –Chapter 3

Answer: (a) Lucknow Pact / लखनऊ समझौता

Explanation:

- 1916 में कांग्रेस और मुस्लिम लीग के बीच लखनऊ समझौता हुआ।
- इस समझौते ने दोनों संगठनों को एक साथ लाया।
- इसमें मुसलमानों के लिए अलग निर्वाचन क्षेत्र (Separate Electorates) की मांग स्वीकार की गई।
- यह भारतीय राष्ट्रीय आंदोलन के इतिहास की महत्वपूर्ण घटना थी।

125. Who among the following is not associated with the Home Rule Movement?

निम्नलिखित में से कौन होम रूल आंदोलन से सम्बद्ध नहीं था?

(a) Bal Gangadhar Tilak / बाल गंगाधर तिलक
(b) Annie Besant / एनी बेसेंट
(c) Sarojini Naidu / सरोजिनी नायडू
(d) More than one of the above / उपर्युक्त में से एक से अधिक
(e) None of the above / उपर्युक्त में से कोई नहीं

Answer: (e) None of the above / उपर्युक्त में से कोई नहीं

Explanation:

- होम रूल आंदोलन (Home Rule Movement) की शुरुआत एनी बेसेंट (Annie Besant) और बाल गंगाधर तिलक (Bal Gangadhar Tilak) ने की थी।
- इसका उद्देश्य भारत को स्वशासन (Self Government) दिलाना था।
- सरोजिनी नायडू (Sarojini Naidu) भी इस आंदोलन से जुड़ी थीं।
- इसलिए दिए गए सभी व्यक्ति इस आंदोलन से संबंधित थे।

126. Which of the following is correct about the attitude of Muslim League regarding the independence of India?

भारत की स्वतंत्रता के प्रति मुस्लिम लीग के दृष्टिकोण के बारे में कौन-सा सही है?

(a) Rejected Cripps Mission proposals (1942) / क्रिप्स मिशन 1942 को अस्वीकार किया
(b) Rejected Wavell Plan (1945) / वेवेल योजना 1945 को अस्वीकार किया
(c) Rejected Cabinet Mission proposals and took direct action (1946) / कैबिनेट मिशन को अस्वीकार कर 1946 में सीधी कार्रवाई की
(d) More than one of the above / उपर्युक्त में से एक से अधिक
(e) None of the above / उपर्युक्त में से कोई नहीं

Answer: (d) More than one of the above / उपर्युक्त में से एक से अधिक

Explanation:

- मुस्लिम लीग (Muslim League) ने क्रिप्स मिशन (Cripps Mission) 1942 के प्रस्तावों को अस्वीकार किया।

- उसने वेवेल योजना (Wavell Plan) 1945 को भी स्वीकार नहीं किया।
- 1946 में मुस्लिम लीग ने कैबिनेट मिशन (Cabinet Mission) प्रस्तावों को अस्वीकार कर दिया।
- इसके बाद 16 अगस्त 1946 को 'सीधी कार्रवाई दिवस' (Direct Action Day) की घोषणा की गई।

127. In which year did 'All India Muslim League' table the demand of Separate Pakistan?

'ऑल इंडिया मुस्लिम लीग' ने किस वर्ष अलग पाकिस्तान की मांग का प्रस्ताव रखा?

(a) 22 December, 1939 / 22 दिसम्बर, 1939
(b) 23 March, 1940 / 23 मार्च, 1940
(c) 8 August, 1940 / 8 अगस्त, 1940
(d) More than one of the above / उपर्युक्त में से एक से अधिक
(e) None of the above / उपर्युक्त में से कोई नहीं

Answer: (b) 23 March, 1940 / 23 मार्च, 1940

Explanation:

- 23 मार्च 1940 को मुस्लिम लीग ने लाहौर अधिवेशन (Lahore Session) में पाकिस्तान की मांग रखी।
- इस प्रस्ताव को लाहौर प्रस्ताव (Lahore Resolution) कहा जाता है।
- इसे मोहम्मद अली जिन्ना (Muhammad Ali Jinnah) के नेतृत्व में पारित किया गया।
- बाद में यही प्रस्ताव पाकिस्तान निर्माण (Creation of Pakistan) का आधार बना।

128. Who started the Home Rule League in 1915?

1915 में होम रूल लीग किसने प्रारम्भ की थी?

(a) Gopal Krishna Gokhale / गोपाल कृष्ण गोखले
(b) Annie Besant / एनी बेसेंट
(c) G. S. Khaparde / जी. एस. खापर्डे
(d) More than one of the above / उपर्युक्त में से एक से अधिक
(e) None of the above / उपर्युक्त में से कोई नहीं

Answer: (b) Annie Besant / एनी बेसेंट

Explanation:

- भारत में होम रूल आंदोलन (Home Rule Movement) की शुरुआत एनी बेसेंट (Annie Besant) ने की।
- इसका उद्देश्य भारत को ब्रिटिश साम्राज्य के भीतर स्वशासन (Self Government) दिलाना था।
- बाल गंगाधर तिलक (Bal Gangadhar Tilak) ने भी इस आंदोलन को समर्थन दिया।
- यह आंदोलन आयरलैंड के होम रूल आंदोलन (Irish Home Rule Movement) से प्रेरित था।

129. On which date did the Muslim League observe 'Deliverance Day'?

मुस्लिम लीग द्वारा 'मुक्ति दिवस' किस तिथि को मनाया गया था?

(a) 22 December, 1939 / 22 दिसम्बर, 1939
(b) 17 October, 1939 / 17 अक्टूबर, 1939
(c) 22 December, 1940 / 22 दिसम्बर, 1940
(d) More than one of the above / उपर्युक्त में से एक से अधिक
(e) None of the above / उपर्युक्त में से कोई नहीं

Answer: (a) 22 December, 1939 / 22 दिसम्बर, 1939

Explanation:

- 22 दिसम्बर 1939 को मुस्लिम लीग ने मुक्ति दिवस (Deliverance Day) मनाया।
- यह दिन कांग्रेस मंत्रिमंडलों के इस्तीफे (Resignation of Congress Ministries) के बाद मनाया गया।
- इसका नेतृत्व मोहम्मद अली जिन्ना (Muhammad Ali Jinnah) ने किया।
- इस दिन मुस्लिम लीग ने कांग्रेस सरकारों के अंत को 'मुक्ति' (Deliverance) के रूप में प्रस्तुत किया।

130. Where did B. G. Tilak established the Home Rule League in 1916?

किस स्थान पर बी. जी. तिलक ने 'होम रूल लीग' की स्थापना 1916 में की थी?

(a) Poona / पूना
(b) Bombay / बम्बई
(c) Nagpur / नागपुर
(d) More than one of the above / उपर्युक्त में से एक से अधिक
(e) None of the above / उपर्युक्त में से कोई नहीं

Answer: (a) Poona / पूना

Explanation:

- बाल गंगाधर तिलक (Bal Gangadhar Tilak) ने अप्रैल 1916 में पूना (Poona) में होम रूल लीग (Home Rule League) की स्थापना की।
- इसका उद्देश्य भारत में स्वशासन (Self Government) की प्राप्ति था।
- इसी वर्ष एनी बेसेंट (Annie Besant) ने भी मद्रास (Madras) से होम रूल लीग शुरू की।
- तिलक की लीग मुख्यतः महाराष्ट्र, कर्नाटक, मध्य प्रांत और बरार में सक्रिय थी।

क्रांतिकारी गतिविधियाँ / साम्यवादी आंदोलन

131. Who assassinated Sir Curzon-Wyllie in London?

लंदन में सर कर्जन-वायली की हत्या किसने की थी?

(a) V. D. Savarkar / वी. डी. सावरकर
(b) Udham Singh / उधम सिंह
(c) Madan Lal Dhingra / मदन लाल ढींगरा
(d) More than one of the above / उपर्युक्त में से एक से अधिक
(e) None of the above / उपर्युक्त में से कोई नहीं

Answer: (c) Madan Lal Dhingra / मदन लाल ढींगरा

Explanation:

- 1 जुलाई 1909 को लंदन में भारतीय क्रांतिकारी मदन लाल ढींगरा (Madan Lal Dhingra) ने सर कर्जन-वायली (Curzon-Wyllie) की हत्या की।
- यह घटना इंडिया हाउस (India House), लंदन से जुड़े क्रांतिकारियों के प्रभाव में हुई।
- बाद में ढींगरा को 17 अगस्त 1909 को फाँसी दी गई।
- इस घटना ने भारतीय क्रांतिकारी आंदोलन को अंतरराष्ट्रीय स्तर पर प्रसिद्ध किया।

132. Who mistakenly killed Lieutenant Ayerst?

किसने/किन्होंने गलती से लेफ्टिनेंट एयर्स्ट की हत्या कर दी?

(a) Damodar and Balkrishna / दामोदर एवं बालकृष्ण
(b) Madan Lal Dhingra / मदन लाल ढींगरा
(c) Khudiram Bose and Prafulla Chaki / खुदीराम बोस एवं प्रफुल्ल चाकी
(d) More than one of the above / उपर्युक्त में से एक से अधिक
(e) None of the above / उपर्युक्त में से कोई नहीं

Answer: (a) Damodar and Balkrishna / दामोदर एवं बालकृष्ण

Explanation:

- चापेकर बंधुओं (Chapekar Brothers) ने 22 जून 1897 को प्लेग कमिश्नर रैंड (Rand) पर हमला किया।
- इस हमले में गलती से लेफ्टिनेंट एयर्स्ट (Lt. Ayerst) की भी हत्या हो गई।
- इस घटना को दामोदर चापेकर और बालकृष्ण चापेकर ने अंजाम दिया था।
- यह घटना ब्रिटिश शासन के खिलाफ प्रारंभिक क्रांतिकारी गतिविधियों (Revolutionary Activities) में से एक थी।

133. Who proceeded to organise the Provisional Government of Free India outside the country?

देश के बाहर स्वतंत्र भारत की अस्थायी सरकार को संगठित करने में कौन आगे बढ़ा?

(a) Rash Behari Bose / रास बिहारी बोस
(b) Raja Mahendra Pratap / राजा महेन्द्र प्रताप
(c) Subhash Chandra Bose / सुभाष चन्द्र बोस
(d) More than one of the above / उपर्युक्त में से एक से अधिक
(e) None of the above / उपर्युक्त में से कोई नहीं

Answer: (b) Raja Mahendra Pratap / राजा महेन्द्र प्रताप

Explanation:

- राजा महेन्द्र प्रताप (Raja Mahendra Pratap) ने 1915 में अफगानिस्तान में स्वतंत्र भारत की अस्थायी सरकार (Provisional Government of India) की स्थापना की।
- यह प्रथम विश्व युद्ध के समय ब्रिटिश शासन के विरुद्ध अंतरराष्ट्रीय समर्थन प्राप्त करने का प्रयास था।
- बाद में सुभाष चन्द्र बोस (Subhash Chandra Bose) ने 1943 में सिंगापुर में आज़ाद हिन्द सरकार की स्थापना की।

- इस सरकार को जर्मनी और जापान जैसे देशों का समर्थन प्राप्त हुआ।

134. Who threw harmless bombs in the Central Legislative Assembly?

केन्द्रीय विधान सभा में हानिरहित बम किसने फेंके?

(a) Batukeshwar Dutt / बटुकेश्वर दत्त
(b) Jatin Das / जतिन दास
(c) Chandrashekhar Azad / चन्द्रशेखर आजाद
(d) More than one of the above / उपर्युक्त में से एक से अधिक
(e) None of the above / उपर्युक्त में से कोई नहीं

Answer: (a) Batukeshwar Dutt / बटुकेश्वर दत्त

Explanation:

- 8 अप्रैल 1929 को भगत सिंह (Bhagat Singh) और बटुकेश्वर दत्त (Batukeshwar Dutt) ने केंद्रीय विधान सभा में बम फेंके।
- इन बमों का उद्देश्य किसी को नुकसान पहुँचाना नहीं बल्कि ब्रिटिश सरकार का विरोध दर्ज कराना था।
- यह विरोध पब्लिक सेफ्टी बिल (Public Safety Bill) और ट्रेड डिस्प्यूट्स बिल (Trade Disputes Bill) के खिलाफ था।
- बम फेंकने के बाद दोनों ने स्वयं को गिरफ्तार (Arrest) होने दिया।

135. Where was the Ghadar Party established?

'गदर पार्टी' की स्थापना कहाँ पर हुई थी?

(a) France / फ्रांस
(b) Germany / जर्मनी
(c) United States of America / संयुक्त राज्य अमेरिका
(d) More than one of the above / उपर्युक्त में से एक से अधिक
(e) None of the above / उपर्युक्त में से कोई नहीं

Answer: (c) United States of America / संयुक्त राज्य अमेरिका

Explanation:

- गदर पार्टी (Ghadar Party) की स्थापना 1913 में अमेरिका के सैन फ्रांसिस्को में हुई थी।
- इसका उद्देश्य भारत में ब्रिटिश शासन को समाप्त करना था।
- इसके प्रमुख नेता लाला हरदयाल (Lala Hardayal) और सोहन सिंह भकना (Sohan Singh Bhakna) थे।
- गदर पार्टी ने विदेशों में रह रहे भारतीयों को क्रांतिकारी आंदोलन (Revolutionary Movement) से जोड़ा।

136. Who established the branch of Anushilan Samiti at Patna in 1913?

किसने 1913 में अनुशीलन समिति की एक शाखा की स्थापना पटना में की?

(a) Sachindra Nath Sanyal / सचिन्द्र नाथ सान्याल
(b) Bankim Chandra Mitra / बंकिम चन्द्र मित्र
(c) Raghubir Singh / रघुबीर सिंह
(d) More than one of the above / उपर्युक्त में से एक से अधिक
(e) None of the above / उपर्युक्त में से कोई नहीं

Answer: (a) Sachindra Nath Sanyal / सचिन्द्र नाथ सान्याल

Explanation:

- सचिन्द्र नाथ सान्याल (Sachindra Nath Sanyal) ने 1913 में पटना में अनुशीलन समिति की शाखा स्थापित की।
- अनुशीलन समिति (Anushilan Samiti) एक क्रांतिकारी संगठन था।
- इसकी स्थापना 1902 में कलकत्ता में की गई थी।
- इस संगठन का उद्देश्य ब्रिटिश शासन के विरुद्ध क्रांतिकारी गतिविधियों को संगठित करना था।

137. At which of the following places did Chisti Khan and Dunde Khan revolt under the influence of the Ghadar Party?

गदर पार्टी से प्रभावित होकर चिश्ती खान एवं डुंडे खान ने निम्नलिखित में से किस स्थान पर विद्रोह किया था?

(a) San Francisco / सैन फ्रांसिस्को
(b) Vancouver / वैंकूवर
(c) Singapore / सिंगापुर
(d) More than one of the above / उपर्युक्त में से एक से अधिक
(e) None of the above / उपर्युक्त में से कोई नहीं

Answer: (c) Singapore / सिंगापुर

Explanation:

- गदर पार्टी (Ghadar Party) से प्रेरित होकर चिश्ती खान और डुंडे खान ने सिंगापुर (Singapore) में विद्रोह किया।
- यह विद्रोह 1915 के सिंगापुर विद्रोह (Singapore Mutiny) से जुड़ा हुआ था।
- गदर पार्टी का मुख्यालय सैन फ्रांसिस्को में था।
- इसका उद्देश्य भारत में ब्रिटिश शासन के विरुद्ध सशस्त्र क्रांति करना था।

138. In which year did the Muzaffarpur Bomb Case happen?

किस वर्ष मुजफ्फरपुर बम काण्ड की घटना घटी?

(a) 1906
(b) 1907
(c) 1908
(d) More than one of the above / उपर्युक्त में से एक से अधिक
(e) None of the above / उपर्युक्त में से कोई नहीं

Answer: (c) 1908

Explanation:

- 30 अप्रैल 1908 को बिहार के मुजफ्फरपुर में बम कांड हुआ।
- इस घटना को खुदीराम बोस (Khudiram Bose) और प्रफुल्ल चाकी (Prafulla Chaki) ने अंजाम दिया।
- उनका लक्ष्य ब्रिटिश जज किंग्सफोर्ड (Kingsford) था।
- बाद में खुदीराम बोस को फाँसी (Execution) दी गई।

139. Who was the founder of 'Abhinav Bharat' in London?

लंदन में 'अभिनव भारत' का संस्थापक कौन था?

(a) Vinayak Damodar Savarkar / विनायक दामोदर सावरकर
(b) P. M. Bapat / पी. एम. बापट
(c) Shyamji Krishna Varma / श्यामजी कृष्ण वर्मा
(d) More than one of the above / उपर्युक्त में से एक से अधिक
(e) None of the above / उपर्युक्त में से कोई नहीं

Answer: (a) Vinayak Damodar Savarkar / विनायक दामोदर सावरकर

Explanation:

- विनायक दामोदर सावरकर (V. D. Savarkar) ने अभिनव भारत (Abhinav Bharat) की स्थापना की।
- यह एक क्रांतिकारी गुप्त संगठन (Revolutionary Secret Society) था।
- इसकी स्थापना पहले 1904 में भारत में हुई और बाद में गतिविधियाँ लंदन तक फैल गई।
- सावरकर ने इंडिया हाउस (India House) में रहकर क्रांतिकारी आंदोलन को मजबूत किया।

140. Who first raised the National Flag outside India?

विदेश में भारतीय राष्ट्रीय ध्वज प्रथम बार किसने फहराया?

(a) Lala Lajpat Rai / लाला लाजपत राय
(b) Madam Bhikaji Cama / मैडम भीकाजी कामा
(c) Rash Behari Bose / रास बिहारी बोस
(d) More than one of the above / उपर्युक्त में से एक से अधिक
(e) None of the above / उपर्युक्त में से कोई नहीं

Answer: (b) Madam Bhikaji Cama / मैडम भीकाजी कामा

Explanation:

- मैडम भीकाजी कामा (Madam Bhikaji Cama) ने 1907 में पहली बार विदेश में भारतीय ध्वज फहराया।
- यह ध्वज जर्मनी के स्टुटगार्ट (Stuttgart) में आयोजित समाजवादी सम्मेलन में फहराया गया था।
- उन्हें भारतीय क्रांति की जननी (Mother of Indian Revolution) भी कहा जाता है।
- उन्होंने विदेशों में भारत की स्वतंत्रता के लिए समर्थन (Support for Indian Independence) जुटाने का कार्य किया।

141. In which conspiracy case were three Englishmen imprisoned for plotting?

किस षड्यंत्र के मामले में तीन अंग्रेजों को साजिश करने के लिए कारागार में अवबद्ध किया गया था?

(a) Nasik Conspiracy Case / नासिक षड्यंत्र मामला
(b) Kanpur Conspiracy Case / कानपुर षड्यंत्र मामला

(c) Meerut Conspiracy Case / मेरठ षड्यंत्र मामला

(d) More than one of the above / उपर्युक्त में से एक से अधिक

(e) None of the above / उपर्युक्त में से कोई नहीं

Answer: (c) Meerut Conspiracy Case / मेरठ षड्यंत्र मामला

Explanation:

- मेरठ षड्यंत्र केस (Meerut Conspiracy Case) 1929 में शुरू हुआ था।
- इसमें ब्रिटिश सरकार ने कम्युनिस्ट नेताओं और मजदूर संगठनों पर मुकदमा चलाया।
- इस मामले में तीन ब्रिटिश नागरिकों को भी गिरफ्तार किया गया।
- यह केस भारत में साम्यवादी आंदोलन (Communist Movement) से जुड़ा महत्वपूर्ण मुकदमा था।

जलियांवाला बाग हत्याकांड

142. Who was the Viceroy of India during the Jallianwala Bagh massacre?

जलियांवाला बाग कांड के दौरान भारत का वायसराय कौन था?

(a) Lord Chelmsford / लॉर्ड चेम्सफोर्ड

(b) Lord Curzon / लॉर्ड कर्जन

(c) Lord Irwin / लॉर्ड इरविन

(d) More than one of the above / उपर्युक्त में से एक से अधिक

(e) None of the above / उपर्युक्त में से कोई नहीं

Answer: (a) Lord Chelmsford / लॉर्ड चेम्सफोर्ड

Explanation:

- जलियांवाला बाग हत्याकांड (Jallianwala Bagh Massacre) 13 अप्रैल 1919 को हुआ था।
- उस समय भारत के वायसराय लॉर्ड चेम्सफोर्ड (Lord Chelmsford) थे।
- इस नरसंहार का आदेश जनरल डायर (General Dyer) ने दिया था।
- यह घटना रॉलेट एक्ट (Rowlatt Act) के विरोध के दौरान हुई।

रॉलेट एक्ट, खिलाफत एवं असहयोग आंदोलन

143. Which Muslim freedom fighter was given the keys of the Golden Temple to show brotherhood and unity?

किस मुस्लिम स्वतंत्रता सेनानी को भाईचारा एवं एकता दर्शाने हेतु गोल्डन टेम्पल की चाबियाँ सौंपी गई थीं?

(a) Hakim Ajmal Khan / हकीम अजमल खान

(b) Saifuddin Kitchlew / सैफुद्दीन किचलू

(c) Badruddin Tyabji / बदरुद्दीन तैयबजी

(d) More than one of the above / उपर्युक्त में से एक से अधिक

(e) None of the above / उपर्युक्त में से कोई नहीं

Answer: (b) Saifuddin Kitchlew / सैफुद्दीन किचलू

Explanation:

- खिलाफत आंदोलन (Khilafat Movement) के समय हिंदू-मुस्लिम एकता को मजबूत करने का प्रयास किया गया।
- डॉ. सैफुद्दीन किचलू (Saifuddin Kitchlew) को अमृतसर के स्वर्ण मंदिर (Golden Temple) की चाबियाँ दी गईं।
- यह कदम राष्ट्रीय एकता (National Unity) का प्रतीक माना गया।
- किचलू जलियांवाला बाग आंदोलन से जुड़े प्रमुख स्वतंत्रता सेनानी थे।

144. Which of the following movements was started by M. K. Gandhi?

निम्नलिखित में से कौन-से आंदोलन एम. के. गांधी द्वारा शुरू किए गए थे?

(a) Non-Cooperation Movement / असहयोग आंदोलन

(b) Quit India Movement / भारत छोड़ो आंदोलन

(c) Swadeshi Movement / स्वदेशी आंदोलन

(d) More than one of the above / उपर्युक्त में से एक से अधिक

(e) None of the above / उपर्युक्त में से कोई नहीं

Answer: (d) More than one of the above / उपर्युक्त में से एक से अधिक

Explanation:

- असहयोग आंदोलन (Non-Cooperation Movement) 1920-22 में गांधीजी ने शुरू किया।
- भारत छोड़ो आंदोलन (Quit India Movement) 1942 में गांधीजी के नेतृत्व में शुरू हुआ।
- स्वदेशी आंदोलन (Swadeshi Movement) 1905 में बंगाल विभाजन के विरोध में शुरू हुआ था।
- इसलिए दिए गए विकल्पों में एक से अधिक आंदोलन गांधीजी से जुड़े हैं।

145. The Non-Cooperation Movement was suspended in

असहयोग आन्दोलन को निलंबित किया गया था

(a) 1921
(b) 1922
(c) 1923
(d) More than one of the above/ उपर्युक्त में से एक से अधिक
(e) None of the above/ उपर्युक्त में से कोई नहीं

Answer: (b) 1922

Explanation:

- असहयोग आंदोलन (Non-Cooperation Movement) को 1922 में स्थगित किया गया।
- इसका कारण चौरी-चौरा घटना (Chauri Chaura Incident) था।
- इस घटना में भीड़ ने पुलिस थाने को आग लगा दी और कई पुलिसकर्मी मारे गए।
- हिंसा के कारण महात्मा गांधी (Mahatma Gandhi) ने आंदोलन वापस लेने का निर्णय लिया।

146. Which of the following was the major demand of peasants participating in the Non-Cooperation Movement?

निम्नलिखित में से असहयोग आंदोलन में भाग लेने वाले खेतिहर किसानों की प्रमुख मांग कौन-सी थी?

(a) Reduction in land revenue / राजस्व में कमी
(b) Abolition of forced labour (Begar) / बेगार का उन्मूलन
(c) Right to graze cattle and collect fuel wood in forests / वन क्षेत्रों में पशु चराने, ईंधन की लकड़ी तथा फल इकट्ठा करने हेतु प्रवेश की अनुमति
(d) More than one of the above / उपर्युक्त में से एक से अधिक
(e) None of the above / उपर्युक्त में से कोई नहीं

Answer: (d) More than one of the above / उपर्युक्त में से एक से अधिक

Explanation:

- असहयोग आंदोलन में किसानों की प्रमुख मांग भूमि राजस्व में कमी (Reduction of Land Revenue) थी।
- वे बेगार प्रथा (Forced Labour/Begar) को समाप्त करना चाहते थे।
- आदिवासी और किसान वनों में प्रवेश और संसाधनों के उपयोग (Forest Rights) की मांग करते थे।
- इन सभी मांगों के कारण सही उत्तर उपर्युक्त में से एक से अधिक है।

147. At the time of the First Round Table Conference, the Governor-General of India was:

प्रथम गोल मेज सम्मेलन के समय भारत का गवर्नर-जनरल था

(a) Lord Reading / लॉर्ड रीडिंग
(b) Lord Linlithgow / लॉर्ड लिनलिथगो
(c) Lord Irwin / लॉर्ड इरविन
(d) More than one of the above / उपर्युक्त में से एक से अधिक
(e) None of the above / उपर्युक्त में से कोई नहीं

Answer: (c) Lord Irwin / लॉर्ड इरविन

Explanation:

- प्रथम गोलमेज सम्मेलन (First Round Table Conference) 1930 में लंदन में आयोजित हुआ था।
- उस समय भारत के वायसराय/गवर्नर-जनरल लॉर्ड इरविन (Lord Irwin) थे।
- उनका कार्यकाल 1926–1931 तक रहा।
- इसी समय भारत में सविनय अवज्ञा आंदोलन (Civil Disobedience Movement) भी चल रहा था।

148. Who established the 'All India Harijan Sangh' in 1932?

'ऑल इंडिया हरिजन संघ' की स्थापना 1932 में किसके द्वारा की गई थी?

(a) Dr. B. R. Ambedkar / डॉ. बी. आर. अम्बेडकर
(b) Jagjivan Ram / जगजीवन राम
(c) Mahatma Gandhi / महात्मा गांधी
(d) More than one of the above / उपर्युक्त में से एक से अधिक
(e) None of the above / उपर्युक्त में से कोई नहीं

Answer: (c) Mahatma Gandhi / महात्मा गांधी

Explanation:

- ऑल इंडिया हरिजन संघ (All India Harijan Sangh) की स्थापना 1932 में महात्मा गांधी ने की।
- इसका उद्देश्य अस्पृश्यता (Untouchability) को समाप्त करना था।
- इस संगठन का लक्ष्य हरिजन/दलित समाज का उत्थान (Upliftment of Dalits) करना था।
- यह संगठन बाद में हरिजन सेवक संघ (Harijan Sevak Sangh) के रूप में प्रसिद्ध हुआ।

149. Who led the movement of Khudai Khidmatgar?

खुदाई खिदमतगार आंदोलन का नेतृत्व किसने दिया?

(a) Khwaja Moinuddin Chishti / ख्वाजा मोइनुद्दीन चिश्ती
(b) Khan Abdul Ghaffar Khan / खान अब्दुल गफ्फार खान
(c) Sir Syed Ahmad Khan / सर सैयद अहमद खान
(d) More than one of the above / उपर्युक्त में से एक से अधिक
(e) None of the above / उपर्युक्त में से कोई नहीं

Answer: (b) Khan Abdul Ghaffar Khan / खान अब्दुल गफ्फार खान

Explanation:

- खुदाई खिदमतगार आंदोलन (Khudai Khidmatgar Movement) का नेतृत्व खान अब्दुल गफ्फार खान ने किया।
- उन्हें सीमांत गांधी (Frontier Gandhi) भी कहा जाता है।
- यह आंदोलन 1929 में उत्तर-पश्चिम सीमांत प्रांत (NWFP) में शुरू हुआ।
- इसका उद्देश्य अहिंसक तरीके से ब्रिटिश शासन का विरोध (Non-violent struggle against British rule) करना था।

150. When was the Poona Pact signed?

पूना समझौते पर हस्ताक्षर कब किए गए?

(a) 24th September, 1932 / 24 सितम्बर, 1932
(b) 24th September, 1930 / 24 सितम्बर, 1930
(c) 26th September, 1930 / 26 सितम्बर, 1930
(d) More than one of the above / उपर्युक्त में से एक से अधिक
(e) None of the above / उपर्युक्त में से कोई नहीं

Answer: (a) 24th September, 1932 / 24 सितम्बर, 1932

Explanation:

- पूना समझौता (Poona Pact) 24 सितम्बर 1932 को हुआ था।
- यह समझौता महात्मा गांधी (Mahatma Gandhi) और डॉ. भीमराव अम्बेडकर (Dr. B. R. Ambedkar) के बीच हुआ।
- यह समझौता ब्रिटिश सरकार के कम्युनल अवार्ड (Communal Award) के विरोध के संदर्भ में हुआ था।
- इसके तहत दलितों को विधानसभाओं में आरक्षित सीटें (Reserved Seats in Legislatures) देने की व्यवस्था की गई।

151. What was the objective of the Poona Pact?
पूना पैक्ट का उद्देश्य था

(a) Formation of union with princely states / रियासतों के साथ संघ का निर्माण
(b) Representation of women in the Indian National Congress / भारतीय राष्ट्रीय कांग्रेस में महिलाओं का प्रतिनिधित्व
(c) Political representation of the Dalit class / दलित वर्ग का राजनीतिक प्रतिनिधित्व
(d) More than one of the above / उपर्युक्त में से एक से अधिक
(e) None of the above / उपर्युक्त में से कोई नहीं

Answer: (c)

Political representation of the Dalit class / दलित वर्ग का राजनीतिक प्रतिनिधित्व

Explanation:

- पूना पैक्ट (Poona Pact) 24 सितम्बर 1932 को हुआ था।

- यह समझौता महात्मा गांधी और डॉ. बी. आर. अम्बेडकर के बीच हुआ।
- इसमें दलितों के लिए विधानसभाओं में आरक्षित सीटों (Reserved Seats) की व्यवस्था की गई।
- इसका उद्देश्य दलित वर्ग को राजनीतिक प्रतिनिधित्व (Political Representation) प्रदान करना था।

152. The formation of Simon Commission was announced on:

साइमन कमीशन के गठन की घोषणा कब की गई थी?

(a) 8th November 1928 / 8 नवम्बर 1928
(b) 8th November 1929 / 8 नवम्बर 1929
(c) 8th December 1927 / 8 दिसम्बर 1927
(d) More than one of the above / उपर्युक्त में से एक से अधिक
(e) None of the above / उपर्युक्त में से कोई नहीं

Answer: (c) 8th December 1927 / 8 दिसम्बर 1927

Explanation:

- ब्रिटिश सरकार ने 8 दिसम्बर 1927 को साइमन कमीशन के गठन की घोषणा की।
- इसके अध्यक्ष सर जॉन साइमन (Sir John Simon) थे।
- आयोग के सभी 7 सदस्य ब्रिटिश (All British Members) थे।
- भारत में इसका व्यापक विरोध हुआ और "Simon Go Back" का नारा दिया गया।

153. Which important event took place on 5th March, 1931?

5 मार्च 1931 को कौन-सी महत्वपूर्ण घटना घटी?

(a) Gandhi–Irwin Pact / गांधी-इरविन समझौता
(b) Gandhi attended the Round Table Conference / गांधी का गोलमेज सम्मेलन में भाग लेना
(c) Karachi Congress / कराची कांग्रेस
(d) More than one of the above / उपर्युक्त में से एक से अधिक
(e) None of the above / उपर्युक्त में से कोई नहीं

Answer: (a) Gandhi–Irwin Pact / गांधी-इरविन समझौता

Explanation:

- गांधी–इरविन समझौता (Gandhi-Irwin Pact) 5 मार्च 1931 को हुआ।
- यह समझौता महात्मा गांधी और वायसराय लॉर्ड इरविन के बीच हुआ था।
- इसके तहत सविनय अवज्ञा आंदोलन (Civil Disobedience Movement) को स्थगित किया गया।
- कांग्रेस ने दूसरे गोलमेज सम्मेलन (Second Round Table Conference) में भाग लेने पर सहमति दी।

भारत छोड़ो आंदोलन तथा स्वतंत्रता एवं विभाजन

154. Who gave the famous slogan "Do or Die" during the Quit India Movement?

भारत छोड़ो आंदोलन के दौरान "करो या मरो (Do or Die)" का नारा किसने दिया?

(a) Jawaharlal Nehru / जवाहरलाल नेहरू
(b) Mahatma Gandhi / महात्मा गांधी
(c) Subhas Chandra Bose / सुभाष चन्द्र बोस
(d) More than one of the above / उपर्युक्त में से एक से अधिक
(e) None of the above / उपर्युक्त में से कोई नहीं

NCERT: Class 8 – Chapter 8

Answer: (b) Mahatma Gandhi / महात्मा गांधी

Explanation:

- "Do or Die" का नारा महात्मा गांधी ने दिया।
- यह नारा 8 अगस्त 1942 को दिया गया।
- यह गोवालिया टैंक मैदान (Bombay) में दिया गया था।
- यह नारा भारत छोड़ो आंदोलन का प्रतीक बन गया।

155. Which of the following leaders was not arrested immediately after the Quit India Resolution?

भारत छोड़ो प्रस्ताव के तुरंत बाद निम्नलिखित में से किस नेता को तुरंत गिरफ्तार नहीं किया गया?

(a) Mahatma Gandhi / महात्मा गांधी
(b) Jawaharlal Nehru / जवाहरलाल नेहरू
(c) Subhas Chandra Bose / सुभाष चन्द्र बोस
(d) More than one of the above / उपर्युक्त में से एक से अधिक
(e) None of the above / उपर्युक्त में से कोई नहीं

NCERT: Class 12– Chapter 5

Answer: (c) Subhas Chandra Bose / सुभाष चन्द्र बोस

Explanation:

- 9 अगस्त 1942 को ब्रिटिश सरकार ने कांग्रेस के प्रमुख नेताओं को गिरफ्तार कर लिया।
- गांधीजी, नेहरू और अन्य नेताओं को जेल भेज दिया गया।
- सुभाष चन्द्र बोस उस समय भारत में नहीं थे।
- वे उस समय विदेश में आज़ाद हिंद फौज के संगठन में लगे थे।

156. Which committee was formed to determine the boundaries between India and Pakistan in 1947?

1947 में भारत और पाकिस्तान के बीच सीमा निर्धारित करने के लिए कौन-सी समिति बनाई गई थी?

(a) Radcliffe Commission / रेडक्लिफ आयोग
(b) Hunter Commission / हंटर आयोग
(c) Simon Commission / साइमन आयोग
(d) More than one of the above / उपर्युक्त में से एक से अधिक
(e) None of the above / उपर्युक्त में से कोई नहीं

NCERT: Class 12 – Chapter 5

Answer: (a) Radcliffe Commission / रेडक्लिफ आयोग

Explanation:

- 1947 में भारत और पाकिस्तान के बीच सीमा निर्धारित करने के लिए रेडक्लिफ आयोग बनाया गया।
- इसकी अध्यक्षता सर सायरिल रेडक्लिफ ने की।
- इस आयोग ने पंजाब और बंगाल को विभाजित किया।
- इसे रेडक्लिफ लाइन कहा जाता है।

157. Which of the following regions witnessed the parallel government during the Quit India Movement?

भारत छोड़ो आंदोलन के दौरान निम्नलिखित में से किस क्षेत्र में समानांतर सरकार (Parallel Government) स्थापित हुई?

1. **Satara / सतारा**
2. **Ballia / बलिया**
3. **Tamluk / तमलुक**

(a) Only 1 and 2 / केवल 1 और 2
(b) Only 2 and 3 / केवल 2 और 3
(c) Only 1 and 3 / केवल 1 और 3
(d) More than one of the above / उपर्युक्त में से एक से अधिक
(e) None of the above / उपर्युक्त में से कोई नहीं

NCERT: Class 10 – Chapter 3

Answer: (d) More than one of the above / उपर्युक्त में से एक से अधिक

Explanation:

- भारत छोड़ो आंदोलन के दौरान कई स्थानों पर समानांतर सरकारें स्थापित हुईं।
- सतारा में "प्रति सरकार" स्थापित हुई।
- बलिया (उत्तर प्रदेश) में अस्थायी राष्ट्रीय सरकार बनी।
- तमलुक (बंगाल) में "तम्रलिप्त राष्ट्रीय सरकार" स्थापित हुई।

158. Who was the last Viceroy of British India?

ब्रिटिश भारत का अंतिम वायसराय कौन था?

(a) Lord Wavell / लॉर्ड वेवेल
(b) Lord Mountbatten / लॉर्ड माउंटबेटन
(c) Lord Linlithgow / लॉर्ड लिनलिथगो
(d) More than one of the above / उपर्युक्त में से एक से अधिक
(e) None of the above / उपर्युक्त में से कोई नहीं

NCERT: Class 12 – Chapter 15

Answer: (b) Lord Mountbatten / लॉर्ड माउंटबेटन

Explanation:

- लॉर्ड माउंटबेटन ब्रिटिश भारत के अंतिम वायसराय थे।
- उन्हें 1947 में भारत भेजा गया।
- उन्होंने भारत के विभाजन की योजना लागू की।
- 15 अगस्त 1947 को भारत स्वतंत्र हुआ।

159. Who was the first Viceroy of British India?

ब्रिटिश भारत का अंतिम वायसराय कौन था?

(a) Lord Wavell / लॉर्ड वेवेल
(b) Lord Canning / लॉर्ड कैनिंग
(c) Lord Linlithgow / लॉर्ड लिनलिथगो
(d) More than one of the above / उपर्युक्त में से एक से अधिक

(e) None of the above / उपर्युक्त में से कोई नहीं

NCERT: Class 8 – Chapter 6

Answer: (b) Lord Canning / लॉर्ड कैनिंग

Explanation:

- प्रथम वायसराय: 1858 के भारत सरकार अधिनियम के तहत लॉर्ड कैनिंग भारत के पहले वायसराय बने।
- क्राउन का शासन: इनके कार्यकाल में ईस्ट इंडिया कंपनी का शासन समाप्त हुआ और सत्ता सीधे ब्रिटिश राजशाही (ब्रिटिश क्राउन) के पास चली गई।
- व्यपगत का सिद्धांत (Doctrine of Lapse): इन्होंने डलहौजी द्वारा शुरू की गई 'हड़प नीति' को पूरी तरह समाप्त कर दिया।
- विद्रोह का दमन: 1857 के प्रथम स्वतंत्रता संग्राम (सैनिक विद्रोह) के समय कैनिंग ही भारत के गवर्नर-जनरल थे।

160. Which event occurred first?

कौन-सी घटना सबसे पहले हुई?

(a) Proposal of Quit India Movement / भारत छोड़ो आंदोलन का प्रस्ताव

(b) Arrival of Cripps Mission / क्रिप्स मिशन का आगमन

(c) Arrival of Lord Wavell as Governor-General / गवर्नर जनरल के रूप में लॉर्ड वेवेल का आगमन

(d) More than one of the above / उपर्युक्त में से एक से अधिक

(e) None of the above / उपर्युक्त में से कोई नहीं

Answer: (b) Arrival of Cripps Mission / क्रिप्स मिशन का आगमन

Explanation:

- क्रिप्स मिशन (Cripps Mission) मार्च 1942 में भारत आया।
- इसके प्रस्तावों को कांग्रेस ने अस्वीकार कर दिया।
- इसके बाद 8 अगस्त 1942 को भारत छोड़ो आंदोलन का प्रस्ताव पारित किया गया।
- लॉर्ड वेवेल 1944 में वायसराय बने, इसलिए यह घटना बाद में हुई।

161. The Quit India Resolution was adopted by the Congress in Bombay on

बम्बई में कांग्रेस द्वारा भारत छोड़ो प्रस्ताव पास किया गया

(a) 7 August 1942 / 7 अगस्त 1942

(b) 8 August 1942 / 8 अगस्त 1942

(c) 9 August 1942 / 9 अगस्त 1942

(d) More than one of the above / उपर्युक्त में से एक से अधिक

(e) None of the above / उपर्युक्त में से कोई नहीं

Answer: (b) 8 August 1942 / 8 अगस्त 1942

Explanation:

- भारत छोड़ो प्रस्ताव (Quit India Resolution) 8 अगस्त 1942 को पारित हुआ।
- यह प्रस्ताव बॉम्बे के गोवालिया टैंक मैदान (Gowalia Tank Maidan) में पास किया गया।
- गांधीजी ने इसी समय "करो या मरो (Do or Die)" का नारा दिया।
- इसके बाद पूरे देश में भारत छोड़ो आंदोलन शुरू हो गया।

162. What was the main cause of the Quit India Movement, 1942?

निम्नलिखित में से भारत छोड़ो आंदोलन, 1942 का मुख्य कारण क्या था?

(a) Failure of the Cripps Mission / क्रिप्स मिशन की असफलता

(b) Harmful effects of the Second World War / द्वितीय विश्वयुद्ध के हानिकारक प्रभाव

(c) Gandhi–Irwin Pact / गांधी-इरविन समझौता

(d) More than one of the above / उपर्युक्त में से एक से अधिक

(e) None of the above / उपर्युक्त में से कोई नहीं

Answer: (a) Failure of the Cripps Mission / क्रिप्स मिशन की असफलता

Explanation:

- क्रिप्स मिशन (Cripps Mission) 1942 में भारत आया था।
- इसके प्रस्तावों को भारतीय नेताओं ने अस्वीकार कर दिया।
- इससे भारतीयों में ब्रिटिश शासन के प्रति असंतोष (Discontent against British rule) बढ़ गया।
- इसके परिणामस्वरूप भारत छोड़ो आंदोलन (Quit India Movement) शुरू किया गया।

163. On which date did Clement Attlee announce that Britain would leave India by June 1948?

किस तिथि को क्लेमेंट एटली ने घोषणा की कि जून 1948 तक ब्रिटेन भारत को छोड़ देगा?

(a) 20 January, 1947 / 20 जनवरी, 1947
(b) 20 February, 1947 / 20 फरवरी, 1947
(c) 10 January, 1947 / 10 जनवरी, 1947
(d) More than one of the above / उपर्युक्त में से एक से अधिक
(e) None of the above / उपर्युक्त में से कोई नहीं

Answer: (b) 20 February, 1947 / 20 फरवरी, 1947

Explanation:

- 20 फरवरी 1947 को ब्रिटेन के प्रधानमंत्री क्लेमेंट एटली ने ब्रिटिश संसद में घोषणा की।
- उन्होंने कहा कि ब्रिटिश सरकार जून 1948 तक भारत को स्वतंत्रता दे देगी।
- इसके बाद लॉर्ड माउंटबेटन को भारत का अंतिम वायसराय बनाकर भेजा गया।
- इसी प्रक्रिया के परिणामस्वरूप 15 अगस्त 1947 को भारत स्वतंत्र हुआ।

164. Who organized the 'Azad Dasta'?

'आजाद दस्ता' की स्थापना किसने की?

(a) Vinoba Bhave / विनोबा भावे
(b) Jayaprakash Narayan / जयप्रकाश नारायण
(c) Jwala Prasad / ज्वाला प्रसाद
(d) More than one of the above / उपर्युक्त में से एक से अधिक
(e) None of the above / उपर्युक्त में से कोई नहीं

Answer: (b) Jayaprakash Narayan / जयप्रकाश नारायण

Explanation:

- आजाद दस्ता (Azad Dasta) एक क्रांतिकारी संगठन था।
- इसकी स्थापना 1942 में भारत छोड़ो आंदोलन (Quit India Movement) के दौरान हुई।
- इसे जयप्रकाश नारायण (Jayaprakash Narayan) ने संगठित किया।
- यह संगठन विशेष रूप से बिहार के क्षेत्रों में ब्रिटिश शासन के विरुद्ध गतिविधियों में सक्रिय था।

सुभाषचन्द्र बोस एवं आई.एन.ए.

165. The famous Indian National Army trials took place at the Red Fort, Delhi in

दिल्ली के लाल किले में आजाद हिन्द फौज का प्रसिद्ध मुकदमा हुआ

(a) 1945
(b) 1946
(c) 1944
(d) More than one of the above / उपर्युक्त में से एक से अधिक
(e) None of the above / उपर्युक्त में से कोई नहीं

Answer: (a) 1945

Explanation:

- आजाद हिन्द फौज (Indian National Army – INA) के सैनिकों पर मुकदमा 1945 में चलाया गया।
- यह मुकदमा दिल्ली के लाल किले (Red Fort) में हुआ था।
- प्रमुख अभियुक्त थे गुरबख्श सिंह ढिल्लों, प्रेम कुमार सहगल और शाहनवाज खान।
- इस मुकदमे ने पूरे भारत में राष्ट्रीय आंदोलन को और तेज कर दिया।

166. On 21 October 1943, where did Subhas Chandra Bose form the Provisional Government of Free India?

21 अक्टूबर 1943 को किस स्थान पर सुभाषचन्द्र बोस ने स्वतंत्र भारत की अंतरिम सरकार का गठन किया था?

(a) Malaya / मलाया
(b) Singapore / सिंगापुर
(c) Berlin / बर्लिन
(d) More than one of the above / उपर्युक्त में से एक से अधिक
(e) None of the above / उपर्युक्त में से कोई नहीं

Answer: (b) Singapore / सिंगापुर

Explanation:

- 21 अक्टूबर 1943 को सुभाषचन्द्र बोस ने आज़ाद हिन्द सरकार (Provisional Government of Free India) की स्थापना की।
- यह सरकार सिंगापुर (Singapore) में स्थापित की गई थी।

- बोस ने "दिल्ली चलो" (Delhi Chalo) का नारा दिया।
- उन्होंने सैनिकों को प्रेरित करते हुए कहा "तुम मुझे खून दो, मैं तुम्हें आजादी दूँगा"।

167. Subhas Chandra Bose was President of Indian National Congress in the year/s.

सुभाषचन्द्र बोस किस वर्ष भारतीय राष्ट्रीय कांग्रेस के अध्यक्ष थे?

(a) 1938
(b) 1939
(c) 1937
(d) More than one of the above / उपर्युक्त में से एक से अधिक
(e) None of the above / उपर्युक्त में से कोई नहीं

Answer: (d) More than one of the above / उपर्युक्त में से एक से अधिक

Explanation:

- सुभाषचन्द्र बोस पहली बार 1938 में हरिपुरा अधिवेशन (Haripura Session) में कांग्रेस अध्यक्ष बने।
- दूसरी बार 1939 में त्रिपुरी अधिवेशन (Tripuri Session) में अध्यक्ष चुने गए।
- उन्होंने पट्टाभि सीतारमैया (Pattabhi Sitaramayya) को हराकर चुनाव जीता था।
- बाद में गांधीजी से मतभेद के कारण उन्होंने अध्यक्ष पद से इस्तीफा दे दिया।

168. Who was the founder of Indian National Army (INA)?

भारतीय राष्ट्रीय सेना (आई.एन.ए.) के संस्थापक कौन थे?

(a) Subhash Chandra Bose / सुभाष चन्द्र बोस
(b) Mohan Singh / मोहन सिंह
(c) Lala Lajpat Rai / लाला लाजपत राय
(d) More than one of the above / उपर्युक्त में से एक से अधिक
(e) None of the above / उपर्युक्त में से कोई नहीं

Answer: (b) Mohan Singh / मोहन सिंह

Explanation:

- भारतीय राष्ट्रीय सेना (INA) की स्थापना सबसे पहले कैप्टन मोहन सिंह ने की।
- यह स्थापना 1942 में सिंगापुर में की गई।
- इसमें जापान द्वारा बंदी बनाए गए भारतीय सैनिकों को शामिल किया गया।
- बाद में सुभाषचन्द्र बोस ने इसका नेतृत्व संभाला और इसे पुनर्गठित किया।

भारत के गवर्नर जनरल / वायसराय

169. During British rule, who laid the foundation of Delhi as the capital?

ब्रिटिश शासन के दौरान दिल्ली राजधानी की नींव किसने रखी?

(a) Queen Elizabeth / महारानी एलिजाबेथ
(b) King George V / किंग जॉर्ज पंचम
(c) Queen Victoria / महारानी विक्टोरिया
(d) More than one of the above / उपर्युक्त में से एक से अधिक
(e) None of the above / उपर्युक्त में से कोई नहीं

Answer: (b) King George V / किंग जॉर्ज पंचम

Explanation:

- 1911 के दिल्ली दरबार (Delhi Durbar) में राजधानी को कलकत्ता से दिल्ली स्थानांतरित करने की घोषणा हुई।
- यह घोषणा किंग जॉर्ज पंचम (King George V) ने की थी।
- नई दिल्ली की योजना एडविन लुटियंस और हर्बर्ट बेकर ने बनाई।
- इससे पहले ब्रिटिश भारत की राजधानी कलकत्ता (Calcutta) थी।

170. Muddiman Committee was appointed to report on the working of the

मुडिमन समिति को किसकी कार्यप्रणाली पर रिपोर्ट देने के लिए नियुक्त किया गया था?

(a) Communal representation / साम्प्रदायिक प्रतिनिधित्व
(b) Dyarchy / द्वैध-प्रणाली
(c) Federalism / संघवाद
(d) More than one of the above / उपर्युक्त में से एक से अधिक
(e) None of the above / उपर्युक्त में से कोई नहीं

Answer: (b) Dyarchy / द्वैध-प्रणाली

Explanation:

- मुडिमन समिति (Muddiman Committee) का गठन 1924 में किया गया था।
- इसके अध्यक्ष सर अलेक्जेंडर मुडिमन (Sir Alexander Muddiman) थे।
- इसका उद्देश्य भारत सरकार अधिनियम 1919 (Government of India Act 1919) की दैध-प्रणाली की समीक्षा करना था।
- इस समिति ने प्रांतीय प्रशासन में Dyarchy की कार्यप्रणाली का अध्ययन किया।

171. Who said: "Congress is tottering to its fall and one of my great ambitions in India is to assist it to a peaceful demise"?

किसने कहा था – "कांग्रेस का महल लड़खड़ा रहा है और भारत में रहते हुए मेरी एक बड़ी महत्वाकांक्षा यह है कि शांति के साथ इसे मरने में सहायता दूँ"?

(a) Dufferin / डफरिन

(b) Minto / मिंटो

(c) Curzon / कर्जन

(d) More than one of the above / उपर्युक्त में से एक से अधिक

(e) None of the above / उपर्युक्त में से कोई नहीं

Answer: (c) Curzon / कर्जन

Explanation:

- यह कथन लॉर्ड कर्जन (Lord Curzon) ने कहा था।
- वह 1899–1905 तक भारत के वायसराय रहे।
- कर्जन भारतीय राष्ट्रीय कांग्रेस के कट्टर आलोचक थे।
- उनके शासनकाल में 1905 में बंगाल विभाजन (Partition of Bengal) हुआ।

172. Lord Lytton is not associated with which of the following?

लॉर्ड लिटन निम्नलिखित में से किससे सम्बंधित नहीं हैं?

(a) Strachey Commission / स्ट्रेची कमीशन

(b) Arms Act / शस्त्र अधिनियम

(c) Vernacular Press Act / वर्नाक्युलर प्रेस एक्ट

(d) Ilbert Bill / इल्बर्ट बिल

Answer: (d) Ilbert Bill / इल्बर्ट बिल

Explanation:

- इल्बर्ट बिल (Ilbert Bill) 1883 में प्रस्तावित किया गया था।
- इसे लॉर्ड रिपन (Lord Ripon) के समय लाया गया था।
- लॉर्ड लिटन का संबंध वर्नाक्युलर प्रेस एक्ट (1878) और आर्म्स एक्ट (1878) से था।
- उनके समय स्ट्रेची आयोग (Strachey Commission) भी गठित किया गया था।

173. Who described the Government of India Act, 1935 as a "Charter of Slavery"?

भारत सरकार अधिनियम, 1935 को किसने 'गुलामी का चार्टर' कहा?

(a) Jawaharlal Nehru / जवाहरलाल नेहरू

(b) Netaji Subhas Chandra Bose / नेताजी सुभाष चन्द्र बोस

(c) Maulana Hasrat Mohani / मौलाना हसरत मोहानी

(d) More than one of the above / उपर्युक्त में से एक से अधिक

(e) None of the above / उपर्युक्त में से कोई नहीं

Answer: (a) Jawaharlal Nehru / जवाहरलाल नेहरू

Explanation:

- जवाहरलाल नेहरू (Jawaharlal Nehru) ने भारत सरकार अधिनियम 1935 को "Charter of Slavery" कहा।
- उन्होंने इसे "ब्रेक वाला इंजन नहीं" (A machine with strong brakes but no engine) भी कहा।
- कांग्रेस ने इस अधिनियम की कड़ी आलोचना की।
- इसी अधिनियम के तहत प्रांतीय स्वायत्तता (Provincial Autonomy) लागू की गई।

174. Which of the following statements about Lord Mayo's Resolution of 1870 are correct?

लॉर्ड मेयो के 1870 के संकल्प के बारे में निम्नलिखित में से कौन-से कथन सही हैं?

1. **It was the first step to divide central and provincial finance. / केंद्रीय और प्रांतीय वित्त को विभाजित करने वाला यह पहला कदम था।**
2. **Provincial governments were given authority to administer some services. /**

प्रांतीय सरकारों को कुछ सेवाएँ प्रशासित करने का अधिकार दिया गया।

3. **It attempted to correct existing inequalities. / इसने मौजूदा असमानताओं को सुधारने का प्रयास किया।**
4. **It focused on the real needs of provinces. / इसने प्रांतों की वास्तविक आवश्यकताओं पर ध्यान केंद्रित किया।**

(a) Only 1 and 2 / केवल 1 और 2
(b) Only 1, 3 and 4 / केवल 1, 3 और 4
(c) Only 2, 3 and 4 / केवल 2, 3 और 4
(d) 1, 2, 3 and 4 / 1, 2, 3 और 4

Answer: (d) 1, 2, 3 and 4 / 1, 2, 3 और 4

Explanation:

- लॉर्ड मेयो का वित्तीय संकल्प (1870) ब्रिटिश भारत में वित्तीय विकेंद्रीकरण की दिशा में पहला कदम था।
- इसमें केंद्र और प्रांतों के बीच वित्त का विभाजन शुरू किया गया।
- प्रांतीय सरकारों को कुछ प्रशासनिक सेवाओं के संचालन का अधिकार दिया गया।
- इसका उद्देश्य प्रांतों की आवश्यकताओं के अनुसार प्रशासन को अधिक प्रभावी बनाना था।

175. During the August Revolution of 1942, on which date did Linlithgow order firing on the crowd in Patna and nearby areas?

अगस्त क्रांति, 1942 के दौरान लिनलिथगो ने पटना एवं इसके आसपास की भीड़ पर गोली चलाने का आदेश किस तिथि को दिया था?

(a) 5 August / 5 अगस्त
(b) 15 August / 15 अगस्त
(c) 25 August / 25 अगस्त
(d) More than one of the above / उपर्युक्त में से एक से अधिक
(e) None of the above / उपर्युक्त में से कोई नहीं

Answer:(e) None of the above / उपर्युक्त में से कोई नहीं

Explanation:

- 11 अगस्त 1942 को पटना में प्रदर्शनकारियों पर गोली चलाई गई।
- यह घटना भारत छोड़ो आंदोलन (Quit India Movement) के दौरान हुई।
- इस घटना को "पटना गोली कांड (Patna Firing Incident)" कहा जाता है।
- इसमें कई छात्र और आंदोलनकारी शहीद हुए।

176. "He was a great unifier in India who taught us not only the bare tolerance of others but the willing acceptance of them as our friends and comrades in common undertakings." Who said it?

"भारत में वह महान एकता कर्ता था जिसने केवल दूसरों को सहिष्णु ही नहीं बनाया बल्कि उनको अपने मित्रों और साथियों के रूप में स्वीकार करवाया।" यह किसने कहा?

(a) Bal Gangadhar Tilak / बाल गंगाधर तिलक
(b) Subhash Chandra Bose / सुभाष चंद्र बोस
(c) Rajendra Prasad / राजेन्द्र प्रसाद
(d) More than one of the above / उपर्युक्त में से एक से अधिक
(e) None of the above / उपर्युक्त में से कोई नहीं

Answer: (e) None of the above / उपर्युक्त में से कोई नहीं

Explanation:

- यह कथन जवाहरलाल नेहरू ने महात्मा गांधी के बारे में कहा था।
- इसमें गांधीजी को भारत का महान एकता स्थापित करने वाला नेता बताया गया है।
- गांधीजी ने लोगों को केवल सहिष्णुता ही नहीं बल्कि आपसी सहयोग और मित्रता की भावना सिखाई।
- दिए गए विकल्पों में जवाहरलाल नेहरू का नाम नहीं है, इसलिए सही उत्तर None of the above है।

177. In South Africa, from where to where did Mahatma Gandhi lead the march of workers?

दक्षिण अफ्रीका में महात्मा गांधी किस स्थान से कार्यकर्ताओं की मार्च यात्रा का नेतृत्व कर रहे थे?

(a) Durban to Transvaal / डरबन से ट्रांसवाल तक
(b) Newcastle to Durban / न्यूकैसल से डरबन तक
(c) Newcastle to Transvaal / न्यूकैसल से ट्रांसवाल तक
(d) More than one of the above / उपर्युक्त में से एक से अधिक
(e) None of the above / उपर्युक्त में से कोई नहीं

Answer: (e) None of the above / उपर्युक्त में से कोई नहीं

Explanation:

- वर्ष 1913 में दक्षिण अफ्रीका में भारतीय विवाहों को अवैध घोषित करने वाले कानून के विरोध में आंदोलन हुआ।
- 6 नवम्बर 1913 को गांधीजी ने मजदूरों के साथ ग्रेट मार्च (Great March) का नेतृत्व किया।
- यह मार्च नटाल (Natal) से ट्रांसवाल (Transvaal) की ओर हुआ।
- दिए गए विकल्पों में यह सही संयोजन नहीं है, इसलिए उत्तर None of the above है।

178. National Library of India started its journey with the opening of

भारत के राष्ट्रीय पुस्तकालय ने अपनी यात्रा किसके उद्घाटन से शुरू की?

(a) Calcutta Public Library in March 1837 / मार्च 1837 में कलकत्ता पब्लिक लाइब्रेरी
(b) Calcutta Public Library in March 1838 / मार्च 1838 में कलकत्ता पब्लिक लाइब्रेरी
(c) Calcutta Public Library in March 1836 / मार्च 1836 में कलकत्ता पब्लिक लाइब्रेरी
(d) More than one of the above / उपर्युक्त में से एक से अधिक
(e) None of the above / उपर्युक्त में से कोई नहीं

Answer: (c) Calcutta Public Library in March 1836 / मार्च 1836 में कलकत्ता पब्लिक लाइब्रेरी

Explanation:

- राष्ट्रीय पुस्तकालय, कोलकाता की शुरुआत 21 मार्च 1836 को हुई।
- इसकी शुरुआत कलकत्ता पब्लिक लाइब्रेरी से मानी जाती है।
- बाद में इसे इम्पीरियल लाइब्रेरी के साथ मिला दिया गया।
- स्वतंत्रता के बाद 1948 में इसका नाम "भारत का राष्ट्रीय पुस्तकालय" रखा गया।

179. The British ruled India for a long period due to

अंग्रेजों ने भारत पर लंबे समय तक राज्य कैसे किया?

(a) Liberal policies of the Congress / कांग्रेस की उदारवादी नीतियों के कारण
(b) Imprisonment of Indian leaders / भारतीय नेताओं की गिरफ्तारी के कारण
(c) Policy of Divide and Rule / 'बाँटो और राज करो' की नीति के कारण
(d) More than one of the above / उपर्युक्त में से एक से अधिक
(e) None of the above / उपर्युक्त में से कोई नहीं

Answer: (c) Policy of Divide and Rule / 'बाँटो और राज करो' की नीति के कारण

Explanation:

- अंग्रेजों ने भारत में शासन बनाए रखने के लिए ('Divide and Rule') नीति अपनाई।
- इस नीति के तहत हिंदू-मुस्लिम तथा विभिन्न जातियों के बीच विभाजन पैदा किया गया।
- मॉर्ले-मिंटो सुधार (1909) में अलग निर्वाचन क्षेत्र इसका उदाहरण है।
- इससे भारतीय समाज में एकता कमजोर हुई और अंग्रेजों का शासन लंबे समय तक चला।

180. In which year Mohammedan Anglo-Oriental College at Aligarh was established?

किस वर्ष मोहम्मडन एंग्लो-ओरिएंटल कॉलेज की स्थापना अलीगढ़ में की गई?

(a) 1870
(b) 1880
(c) 1890
(d) More than one of the above / उपर्युक्त में से एक से अधिक
(e) None of the above / उपर्युक्त में से कोई नहीं

Answer:(e) None of the above / उपर्युक्त में से कोई नहीं

Explanation:

- मोहम्मडन एंग्लो-ओरिएंटल कॉलेज की स्थापना 1877 में हुई।
- इसके संस्थापक सर सैयद अहमद खान थे।
- इसका उद्देश्य मुस्लिम समाज को आधुनिक शिक्षा प्रदान करना था।
- बाद में यही संस्था अलीगढ़ मुस्लिम विश्वविद्यालय (AMU) में परिवर्तित हुई।

181. Who was the 'political guru' of Mahatma Gandhi?

महात्मा गांधी का 'राजनीतिक गुरु' कौन था?

(a) Dadabhai Naoroji / दादाभाई नौरोजी
(b) M. G. Ranade / एम.जी. रानाडे
(c) Surendranath Banerjea / सुरेन्द्रनाथ बनर्जी
(d) More than one of the above / उपर्युक्त में से एक से अधिक
(e) None of the above / उपर्युक्त में से कोई नहीं

Answer: (e) None of the above / उपर्युक्त में से कोई नहीं

Explanation:

- महात्मा गांधी के राजनीतिक गुरु गोपाल कृष्ण गोखले थे।
- गोखले भारतीय राष्ट्रीय कांग्रेस के उदारवादी नेता थे।
- गांधीजी ने उन्हें राजनीतिक मार्गदर्शक माना।
- उनके विचारों ने गांधीजी की राजनीति और सार्वजनिक जीवन को प्रभावित किया।

182. Who gave the famous slogan 'Inquilab Zindabad'?

मशहूर नारा 'इंकलाब जिंदाबाद' किसने दिया?

(a) Hakim Ajmal Khan / हकीम अजमल खान
(b) Chandra Shekhar Azad / चंद्रशेखर आजाद
(c) Hasrat Mohani / हसरत मोहानी
(d) More than one of the above / उपर्युक्त में से एक से अधिक
(e) None of the above / उपर्युक्त में से कोई नहीं

Answer:(c) Hasrat Mohani / हसरत मोहानी

Explanation:

- 'इंकलाब जिंदाबाद' का नारा मौलाना हसरत मोहानी ने दिया।
- उन्होंने इसे 1921 में लोकप्रिय बनाया।
- बाद में भगत सिंह और बटुकेश्वर दत्त ने इस नारे को व्यापक रूप से प्रयोग किया।
- यह नारा क्रांतिकारी आंदोलन का प्रतीक बन गया।

183. Which one of the following was associated with the 'Ahrar Movement'?

'अहरार आंदोलन' से कौन संबंधित थे?

(a) Hasan Imam / हसन इमाम
(b) Badruddin Tyabji / बदरुद्दीन तैयबजी
(c) Mahmud-ul-Hasan / महमूद-उल-हसन
(d) More than one of the above / उपर्युक्त में से एक से अधिक
(e) None of the above / उपर्युक्त में से कोई नहीं

Answer: (a) Hasan Imam / हसन इमाम

Explanation:

- अहरार आंदोलन की स्थापना 1910 के आसपास हुई।
- इसके प्रमुख नेताओं में मौलाना मुहम्मद अली, हकीम अजमल खान, हसन इमाम आदि शामिल थे।
- यह आंदोलन ब्रिटिश शासन और कुछ राजनीतिक समझौतों के विरोध से जुड़ा था।
- इस आंदोलन का संबंध लखनऊ समझौते (1916) के विरोध से भी था।

184. In 1953, a States Reorganization Commission was appointed under the Chairmanship of

1953 में राज्य पुनर्गठन आयोग का गठन किसकी अध्यक्षता में हुआ?

(a) Tej Bahadur Sapru / तेज बहादुर सप्रू
(b) Sir Fazl Ali / सर फजल अली
(c) Vallabhbhai Patel / वल्लभभाई पटेल
(d) More than one of the above / उपर्युक्त में से एक से अधिक
(e) None of the above / उपर्युक्त में से कोई नहीं

Answer: (b) Sir Fazl Ali / सर फजल अली

Explanation:

- राज्य पुनर्गठन आयोग (States Reorganisation Commission) का गठन 1953 में किया गया।
- इसके अध्यक्ष सर फजल अली थे।
- इसके अन्य सदस्य के.एम. पनिक्कर और एच.एन. कुंजरू थे।
- इस आयोग की सिफारिशों के आधार पर 1956 में राज्यों का पुनर्गठन हुआ।

185. Which ideology is not related to the National Movement?

किस विचारधारा का राष्ट्रीय आंदोलन से कोई संबंध नहीं है?

(a) Gandhian / गांधीवादी
(b) Moderate / उदारवादी
(c) Communist / साम्यवादी
(d) More than one of the above / उपर्युक्त में से एक से अधिक
(e) None of the above / उपर्युक्त में से कोई नहीं

Answer: (e) None of the above / उपर्युक्त में से कोई नहीं

Explanation:
- भारतीय राष्ट्रीय आंदोलन में उदारवादी (Moderates) की प्रमुख भूमिका रही।
- बाद में आंदोलन पर गांधीवादी विचारधारा का प्रभाव बढ़ा।
- कई क्रांतिकारी और नेता साम्यवादी विचारधारा से भी प्रभावित थे।
- इसलिए तीनों विचारधाराएँ राष्ट्रीय आंदोलन से संबंधित हैं।

186. Which woman freedom fighter was known as the 'Old Lady' of the freedom movement?

स्वतंत्रता आंदोलन की 'वयोवृद्ध महिला' के रूप में प्रसिद्ध महिला स्वतंत्रता सेनानी कौन थीं?

(a) Aruna Asaf Ali / अरुणा आसफ अली
(b) Gulab Kaur / गुलाब कौर
(c) Bishni Devi Shah / बिश्नी देवी शाह
(d) More than one of the above / उपर्युक्त में से एक से अधिक
(e) None of the above / उपर्युक्त में से कोई नहीं

Answer: (a) Aruna Asaf Ali / अरुणा आसफ अली

Explanation:
- अरुणा आसफ अली स्वतंत्रता आंदोलन की प्रमुख महिला नेता थीं।
- उन्हें आंदोलन की 'वयोवृद्ध महिला (Grand Old Lady of Freedom Movement)' कहा जाता है।
- उन्होंने 1942 के भारत छोड़ो आंदोलन में महत्वपूर्ण भूमिका निभाई।
- मुंबई के ग्वालिया टैंक मैदान में कांग्रेस का झंडा फहराया।

187. Match List-I with List-II

List-I

a. Bharat Sevak Samaj

b. Tattwabodhini Sabha

c. Atmiya Sabha

List-II

1. Debendranath Tagore

2. Gopal Krishna Gokhale

3. Raja Ram Mohan Roy

Options

(a) 2 – 1 – 3
(b) 1 – 2 – 3
(c) 3 – 2 – 4
(d) 1 – 4 – 3

सूची-I को सूची-II से सुमेलित कीजिए

सूची-I

a. भारत सेवक समाज

b. तत्वबोधिनी सभा

c. आत्मीय सभा

सूची-II

1. देवेंद्रनाथ टैगोर

2. गोपाल कृष्ण गोखले

3. राजा राममोहन राय

विकल्प

(a) 2 – 1 – 3
(b) 1 – 2 – 3
(c) 3 – 2 – 4
(d) 1 – 4 – 3

Answer: (a) 2 – 1 – 3

Explanation:
- भारत सेवक समाज (Bharat Sevak Samaj) की स्थापना गोपाल कृष्ण गोखले ने की थी, जिसका उद्देश्य समाज सेवा और राष्ट्रीय जागरूकता फैलाना था।
- तत्वबोधिनी सभा की स्थापना देवेंद्रनाथ टैगोर ने 1839 में की थी, जो ब्रह्म समाज से जुड़ा एक बौद्धिक-धार्मिक सुधार आंदोलन था।

- आत्मीय सभा की स्थापना राजा राममोहन राय ने 1815 में की थी, जिसका उद्देश्य सामाजिक और धार्मिक सुधार करना था।

188. Anabai, a freedom fighter, belonged to which state of India?

अंबाबाई, एक स्वतंत्रता सेनानी, भारत के किस राज्य की थीं?

(a) Kerala / केरल
(b) Andhra Pradesh / आंध्र प्रदेश
(c) Karnataka / कर्नाटक
(d) Madhya Pradesh / मध्य प्रदेश

Answer: (c) Karnataka / कर्नाटक

Explanation:

- अंबाबाई कर्नाटक राज्य की एक प्रसिद्ध महिला स्वतंत्रता सेनानी थीं।
- उन्होंने उडुपी क्षेत्र में शराब और विदेशी वस्त्रों की दुकानों के विरोध में आंदोलन किया।
- उनका विवाह 12 वर्ष की आयु में हो गया था और 16 वर्ष की आयु में वे विधवा हो गई।
- इसके बाद उन्होंने स्वयं को भारतीय स्वतंत्रता आंदोलन के लिए समर्पित कर दिया।

189. Arrange the following events of the Indian freedom struggle in correct chronological order

1. **Home Rule Movement**
2. **Surat Split**
3. **Kheda Satyagraha**
4. **Morley–Minto Reforms**

(a) 1 – 3 – 2 – 4
(b) 2 – 4 – 1 – 3
(c) 1 – 4 – 2 – 3
(d) 2 – 3 – 1 – 4

भारत के स्वतंत्रता संग्राम के दौरान निम्नलिखित घटनाओं का सही कालानुक्रमिक क्रम क्या है?

1. **होम रूल आंदोलन**
2. **सूरत विभाजन**
3. **खेड़ा सत्याग्रह**
4. **मॉर्ले–मिंटो सुधार**

(a) 1 – 3 – 2 – 4
(b) 2 – 4 – 1 – 3
(c) 1 – 4 – 2 – 3
(d) 2 – 3 – 1 – 4

Answer: (b) 2 – 4 – 1 – 3

Explanation:

- सूरत विभाजन (1907) – कांग्रेस में उदारवादियों और उग्रवादियों के बीच मतभेद के कारण हुआ।
- मॉर्ले–मिंटो सुधार (1909) – भारतीय परिषद अधिनियम 1909 के तहत लागू किए गए।
- होम रूल आंदोलन (1916) – बाल गंगाधर तिलक और एनी बेसेंट द्वारा शुरू किया गया।
- खेड़ा सत्याग्रह (1918) – महात्मा गांधी के नेतृत्व में गुजरात में किसानों का आंदोलन।

190. Which of the following is not a UNESCO World Heritage Site?

निम्नलिखित में से कौन-सा यूनेस्को का विश्व धरोहर स्थल नहीं है?

(a) Qutub Minar / कुतुब मीनार
(b) Red Fort / लाल किला
(c) India Gate / इंडिया गेट
(d) None of the above / उपर्युक्त में से कोई नहीं

Answer: (c) India Gate / इंडिया गेट

Explanation:

- कुतुब मीनार को 1993 में यूनेस्को विश्व धरोहर सूची में शामिल किया गया।
- लाल किला (Red Fort) को 2007 में विश्व धरोहर स्थल घोषित किया गया।
- इंडिया गेट राष्ट्रीय स्मारक है, लेकिन यह यूनेस्को विश्व धरोहर स्थल नहीं है।
- भारत में वर्तमान में 40+ से अधिक विश्व धरोहर स्थल हैं।

191. Which of the following statements about Dr. B. R. Ambedkar is correct?

डॉ. बी. आर. अंबेडकर के विषय में निम्नलिखित में से कौन-सा कथन सही है?

(a) He published the newspaper "Mooknayak" / उन्होंने 'मूकनायक' का प्रकाशन किया
(b) He founded the "Bahishkrit Hitakarini

Sabha" / उन्होंने 'बहिष्कृत हितकारिणी सभा' की स्थापना की

(c) He died in 1956 / उनका 1956 में देहांत हुआ

(d) More than one of the above / उपर्युक्त में से एक से अधिक

(e) None of the above / उपर्युक्त में से कोई नहीं

Answer: (d) More than one of the above / उपर्युक्त में से एक से अधिक

Explanation:

- डॉ. बी. आर. अंबेडकर ने 1920 में 'मूकनायक' समाचार पत्र का प्रकाशन शुरू किया।
- उन्होंने 1924 में 'बहिष्कृत हितकारिणी सभा' की स्थापना की।
- उनका जन्म 14 अप्रैल 1891 को महू (मध्य प्रदेश) में हुआ था।
- उनका निधन 6 दिसंबर 1956 को नई दिल्ली में हुआ।

192. Match List-I with List-II and choose the correct code.

List-I (Slogans)

A. Garibi Hatao

B. Loktantra Bachao

C. Land to the Tiller

D. Protection of the self-respect of Telugus

List-II (Political party/Leader)

1. Left Front

2. Indira Congress

3. Janata Dal

4. N. T. Rama Rao

Codes

(a) 2 – 1 – 3 – 4

(b) 2 – 3 – 1 – 4

(c) 1 – 4 – 3 – 2

(d) More than one of the above

(e) None of the above

सूची-I को सूची-II से सुमेलित कीजिए और नीचे दिए गए कूट से सही उत्तर चुनिए।

सूची-I (नारों के नाम)

A. गरीबी हटाओ

B. लोकतंत्र बचाओ

C. जोतने वालों की भूमि

D. तेलुगुओं के स्वाभिमान की रक्षा

सूची-II (संबंधित राजनीतिक दल/राजनेता)

1. वाम मोर्चा

2. इंदिरा कांग्रेस

3. जनता दल

4. एन. टी. रामाराव

कूट

(a) 2 – 1 – 3 – 4

(b) 2 – 3 – 1 – 4

(c) 1 – 4 – 3 – 2

(d) उपर्युक्त में से एक से अधिक

(e) उपर्युक्त में से कोई नहीं

Answer: (b) 2 – 3 – 1 – 4

Explanation:

- गरीबी हटाओ का नारा इंदिरा गांधी ने 1971 के आम चुनाव के समय दिया था, इसलिए इसका संबंध इंदिरा कांग्रेस से है।
- लोकतंत्र बचाओ का नारा आपातकाल के विरोध के समय जनता दल और विपक्षी दलों से जुड़ा था।
- जोतने वालों की भूमि भूमि सुधार और किसानों के अधिकार से संबंधित नारा था, जो वाम मोर्चा (Left Front) की नीति से जुड़ा था।
- तेलुगुओं के स्वाभिमान की रक्षा का नारा एन. टी. रामाराव और उनकी पार्टी तेलुगु देशम से संबंधित था।

193. In 1938, under whose chairmanship was the National Planning Committee formed?

1938 में किसकी अध्यक्षता में राष्ट्रीय योजना समिति की स्थापना की गई थी?

(a) Dr. Rajendra Prasad / डॉ. राजेंद्र प्रसाद

(b) Subhash Chandra Bose / सुभाष चंद्र बोस

(c) Jawaharlal Nehru / जवाहरलाल नेहरू

(d) More than one of the above / उपर्युक्त में से एक से अधिक

(e) None of the above / उपर्युक्त में से कोई नहीं

Answer: (c) Jawaharlal Nehru / जवाहरलाल नेहरू

Explanation:

- राष्ट्रीय योजना समिति (National Planning Committee) की स्थापना 1938 में की गई।
- इसके अध्यक्ष जवाहरलाल नेहरू थे।
- इसकी स्थापना सुभाष चंद्र बोस की पहल पर की गई थी।
- इस समिति का उद्देश्य स्वतंत्र भारत के आर्थिक विकास की योजना बनाना था।

विविध

194. Which of the following sites of the Indus Valley Civilization shows clear evidence of a dockyard used for maritime trade?

निम्नलिखित में से सिंधु घाटी सभ्यता के किस स्थल पर समुद्री व्यापार के लिए प्रयुक्त गोदी (Dockyard) का स्पष्ट प्रमाण मिलता है?

(a) Harappa / हड़प्पा
(b) Mohenjo-daro / मोहनजोदड़ो
(c) Lothal / लोथल
(d) More than one of the above / उपर्युक्त में से एक से अधिक
(e) None of the above / उपर्युक्त में से कोई नहीं

NCERT: Class 12 – Chapter 1

Answer: (c) Lothal / लोथल

Explanation:

- लोथल गुजरात में स्थित एक महत्वपूर्ण हड़प्पाई नगर था, जो समुद्री व्यापार का प्रमुख केंद्र था।
- यहाँ एक आयताकार विशाल संरचना मिली है, जिसे पुरातत्वविदों ने गोदी (डॉकयार्ड) के रूप में पहचाना है।
- यह संरचना समुद्र से जुड़ी नहर के माध्यम से जहाजों के आवागमन के लिए बनाई गई थी।
- इससे यह सिद्ध होता है कि हड़प्पा सभ्यता के लोग समुद्री व्यापार और नौवहन तकनीक से परिचित थे।

195. Which of the following principles are central to Jain philosophy?

निम्नलिखित में से कौन-से सिद्धांत जैन दर्शन के मुख्य सिद्धांत हैं?

(a) Ahimsa / अहिंसा
(b) Aparigraha / अपरिग्रह
(c) Anekantavada / अनेकांतवाद
(d) More than one of the above / उपर्युक्त में से एक से अधिक
(e) None of the above / उपर्युक्त में से कोई नहीं

NCERT: Class 6 – Chapter 6

Answer: (d) More than one of the above / उपर्युक्त में से एक से अधिक

Explanation:

- जैन धर्म का सबसे महत्वपूर्ण सिद्धांत अहिंसा है।
- अपरिग्रह का अर्थ है – भौतिक वस्तुओं का त्याग।
- अनेकांतवाद का अर्थ है – सत्य को अनेक दृष्टिकोणों से समझना।
- ये सभी जैन दर्शन के मूल सिद्धांत हैं।

196. The Bhagavata religion was primarily associated with the worship of which deity?

भागवत धर्म मुख्यतः किस देवता की उपासना से संबंधित था?

(a) Shiva / शिव
(b) Vishnu / विष्णु
(c) Indra / इंद्र
(d) More than one of the above / उपर्युक्त में से एक से अधिक
(e) None of the above / उपर्युक्त में से कोई नहीं

NCERT: Class 12 – Chapter 4

Answer: (b) Vishnu / विष्णु

Explanation:

- भागवत धर्म में मुख्य रूप से विष्णु और उनके अवतार कृष्ण की पूजा की जाती थी।
- यह भक्ति पर आधारित धार्मिक परंपरा थी।
- आगे चलकर यह वैष्णव धर्म के रूप में विकसित हुआ।
- इसमें व्यक्तिगत भक्ति को महत्व दिया गया।

197. Which of the following was the capital of the Mauryan Empire?

निम्नलिखित में से कौन-सा नगर मौर्य साम्राज्य की राजधानी था?

(a) Taxila / तक्षशिला
(b) Pataliputra / पाटलिपुत्र

(c) Ujjain / उज्जैन
(d) More than one of the above / उपर्युक्त में से एक से अधिक
(e) None of the above / उपर्युक्त में से कोई नहीं

NCERT: Class 6 – Chapter 7

Answer: (b) Pataliputra / पाटलिपुत्र

Explanation:

- पाटलिपुत्र मौर्य साम्राज्य की राजधानी थी।
- यह गंगा और सोन नदियों के संगम के पास स्थित था।
- यह प्रशासनिक, राजनीतिक और व्यापारिक दृष्टि से महत्वपूर्ण केंद्र था।
- मेगस्थनीज ने अपनी पुस्तक इंडिका में इस नगर का वर्णन किया है।

198. Who wrote the famous Sanskrit play 'Mudrarakshasa'?

प्रसिद्ध संस्कृत नाटक 'मुद्राराक्षस' किसने लिखा?

(a) Kalidasa / कालिदास
(b) Vishakhadatta / विशाखदत्त
(c) Bhasa / भास
(d) More than one of the above / उपर्युक्त में से एक से अधिक
(e) None of the above / उपर्युक्त में से कोई नहीं

NCERT: Class 12 – Chapter 2

Answer: (b) Vishakhadatta / विशाखदत्त

Explanation:

- 'मुद्राराक्षस' संस्कृत का एक प्रसिद्ध ऐतिहासिक नाटक है।
- इसके लेखक विशाखदत्त माने जाते हैं।
- इस नाटक में चाणक्य और चंद्रगुप्त मौर्य की राजनीतिक रणनीतियों का वर्णन मिलता है।
- यह प्राचीन भारतीय नाट्य साहित्य का महत्वपूर्ण उदाहरण है।

199. Who was the first Peshwa under Shivaji?

शिवाजी के अधीन पहला पेशवा कौन था?

(a) Moropant Pingle / मोरोपंत पिंगले
(b) Balaji Vishwanath / बालाजी विश्वनाथ
(c) Baji Rao I / बाजीराव प्रथम
(d) More than one of the above / उपर्युक्त में से एक से अधिक
(e) None of the above / उपर्युक्त में से कोई नहीं

NCERT: Class 7 – Chapter 8

Answer: (a) Moropant Pingle / मोरोपंत पिंगले

Explanation:

- मोरोपंत पिंगले शिवाजी के पहले पेशवा थे।
- वे प्रशासनिक मामलों के प्रमुख अधिकारी थे।
- उन्होंने मराठा प्रशासन को संगठित किया।
- वे अष्टप्रधान परिषद के सदस्य थे।

200. Which Maratha leader defeated the Nizam in the Battle of Palkhed (1728)?

1728 के पालखेड़ के युद्ध में निजाम को किसने हराया?

(a) Baji Rao I / बाजीराव प्रथम
(b) Balaji Vishwanath / बालाजी विश्वनाथ
(c) Shivaji / शिवाजी
(d) More than one of the above / उपर्युक्त में से एक से अधिक
(e) None of the above / उपर्युक्त में से कोई नहीं

NCERT: Class 7 – Chapter 8

Answer: (a) Baji Rao I / बाजीराव प्रथम

Explanation:

- पालखेड़ का युद्ध 1728 में हुआ।
- इसमें बाजीराव प्रथम ने निजाम को पराजित किया।
- यह मराठा सैन्य रणनीति की बड़ी सफलता थी।
- इससे मराठा शक्ति दक्कन में मजबूत हुई।

201. Which of the following Nawabs made Awadh an autonomous state during the decline of the Mughal Empire?

मुगल साम्राज्य के पतन के दौरान अवध को स्वायत्त राज्य किस नवाब ने बनाया?

(a) Alivardi Khan / अलीवर्दी खान
(b) Saadat Khan Burhan-ul-Mulk / सआदत खान बुरहान-उल-मुल्क
(c) Shuja-ud-Daula / शुजा-उद-दौला
(d) More than one of the above / उपर्युक्त में से एक से अधिक
(e) None of the above / उपर्युक्त में से कोई नहीं

NCERT: Class 7 – Chapter 8

Answer: (b) Saadat Khan Burhan-ul-Mulk / सआदत खान बुरहान-उल-मुल्क

Explanation:

- सआदत खान को अवध का पहला नवाब माना जाता है।
- उसने 1722 ई. में अवध में अपनी सत्ता स्थापित की।
- उसने मुगल प्रशासन से काफी हद तक स्वतंत्र शासन चलाया।
- अवध धीरे-धीरे एक शक्तिशाली क्षेत्रीय राज्य बन गया।

202. Which ruler made Bengal virtually independent from the Mughal Empire in 1717?

1717 ई. में बंगाल को लगभग मुगल साम्राज्य से स्वतंत्र किस शासक ने बनाया?

(a) Murshid Quli Khan / मुर्शिद कुली खान

(b) Alivardi Khan / अलीवर्दी खान

(c) Siraj-ud-Daulah / सिराज-उद-दौला

(d) More than one of the above / उपर्युक्त में से एक से अधिक

(e) None of the above / उपर्युक्त में से कोई नहीं

NCERT: Class 7 – Chapter 8

Answer: (a) Murshid Quli Khan / मुर्शिद कुली खान

Explanation:

- मुर्शिद कुली खान बंगाल का शक्तिशाली सूबेदार था।
- उसने मुगल नियंत्रण से लगभग स्वतंत्र शासन स्थापित किया।
- उसने राजधानी को ढाका से मुर्शिदाबाद स्थानांतरित किया।
- उसके शासन में बंगाल एक समृद्ध प्रांत बन गया।

WORLD GEOGRAPHY (विश्व का भूगोल)

ब्रह्माण्ड एवं सौर मण्डल

1. The distance between the earth and the sun is greater during

पृथ्वी एवं सूर्य के बीच अधिकतम दूरी होती है –

(a) Aphelion / अपसौर में
(b) Perihelion / उपसौर में
(c) Summer solstice / ग्रीष्म संक्रांति में
(d) More than one of the above / उपर्युक्त में से एक से अधिक
(e) None of the above / उपर्युक्त में से कोई नहीं

Exam: BPSC TRE 3.0 (1–5) Re-exam 20/07/2024

Answer: (a) Aphelion / अपसौर में

Explanation:

- अपसौर (Aphelion) वह स्थिति होती है जब पृथ्वी सूर्य से सबसे अधिक दूर होती है।
- यह स्थिति सामान्यतः 4 जुलाई के आसपास होती है।
- पृथ्वी सूर्य के चारों ओर दीर्घवृत्ताकार कक्षा (Elliptical orbit) में परिक्रमा करती है।
- इसी कारण वर्ष में पृथ्वी और सूर्य के बीच की दूरी घटती-बढ़ती रहती है।

2. Which of the following is not a giant planet?

निम्नलिखित में से कौन-सा वृहद ग्रह नहीं है?

(a) Mars / मंगल
(b) Jupiter / बृहस्पति
(c) Saturn / शनि
(d) More than one of the above / उपर्युक्त में से एक से अधिक
(e) None of the above / उपर्युक्त में से कोई नहीं

Exam: BPSC TRE 3.0 (1–5) Exam-2024 (Cancelled)

Answer: (a) Mars / मंगल

Explanation:

- सौरमंडल के चार प्रमुख वृहद ग्रह (Giant planets) हैं — बृहस्पति, शनि, अरुण और वरुण।
- ये ग्रह आकार में बहुत बड़े होते हैं और इन्हें गैस दानव (Gas giants) भी कहा जाता है।
- मंगल ग्रह एक स्थलीय ग्रह (Terrestrial planet) है।
- इसलिए मंगल वृहद ग्रहों की श्रेणी में नहीं आता।

3. Which is the moon-like planet?

चंद्रमा सदृश्य ग्रह कौन-सा है?

(a) Mars / मंगल
(b) Mercury / बुध
(c) Earth / पृथ्वी
(d) More than one of the above / उपर्युक्त में से एक से अधिक
(e) None of the above / उपर्युक्त में से कोई नहीं

Exam: BPSC TRE 3.0 (11-12) Exam 22/07/2024

Answer: (b) Mercury / बुध

Explanation:

- बुध ग्रह (Mercury) की सतह चंद्रमा की तरह गड्ढों (Craters) से भरी हुई है।
- इसमें भी चंद्रमा की तरह वायुमंडल बहुत कम पाया जाता है।
- इसकी सतह का स्वरूप और बनावट चंद्रमा से मिलती-जुलती है।
- इसलिए बुध को चंद्रमा सदृश्य ग्रह (Moon-like planet) कहा जाता है।

4. The Sun is a

सूर्य है एक –

(a) Yellow star / पीला तारा
(b) Red star / लाल तारा
(c) White star / श्वेत तारा
(d) More than one of the above / उपर्युक्त में से एक से अधिक
(e) None of the above / उपर्युक्त में से कोई नहीं

Exam: BPSC TRE 2.0 (Paper-I) 14/12/2023

Answer: (a) Yellow star / पीला तारा

Explanation:

- सूर्य एक मध्यम आकार का तारा (Medium sized star) है।
- इसे पीला तारा (Yellow star) कहा जाता है क्योंकि इसकी सतह का तापमान लगभग 6000°C होता है।
- सूर्य से आने वाला प्रकाश वायुमंडल में प्रकीर्णन (Scattering) के कारण पीला दिखाई देता है।
- इसी कारण पृथ्वी से देखने पर सूर्य पीले रंग का तारा प्रतीत होता है।

5. What is a Pulsar in the universe?

ब्रह्मांड में, पल्सर क्या है?

(a) A group of stars / तारों का एक समूह
(b) Rotating neutron stars / घूमते न्यूट्रॉन तारे
(c) Explosion of a star / किसी तारे का विस्फोट
(d) More than one of the above / उपर्युक्त में से एक से अधिक
(e) None of the above / उपर्युक्त में से कोई नहीं

Exam: 69th BPSC (Pre) 2023

Answer: (b) Rotating neutron stars / घूमते न्यूट्रॉन तारे

Explanation:

- पल्सर (Pulsar) तेजी से घूमने वाले न्यूट्रॉन तारे (Neutron stars) होते हैं।
- ये अपने ध्रुवों से नियमित रूप से रेडियो तरंगें (Radio waves) उत्सर्जित करते हैं।
- इन तरंगों के पृथ्वी तक नियमित अंतराल पर पहुँचने के कारण इन्हें पल्सर कहा जाता है।
- न्यूट्रॉन तारे अत्यंत घने होते हैं और यह सुपरनोवा विस्फोट के बाद बनते हैं।

6. Which planet is considered the twin of Earth due to similarity in size and shape?

आकार और माप में समानता के कारण किस ग्रह को पृथ्वी की जुड़वां ग्रह माना जाता है?

(a) Mars / मंगल
(b) Jupiter / बृहस्पति
(c) Venus / शुक्र
(d) More than one of the above / उपर्युक्त में से एक से अधिक
(e) None of the above / उपर्युक्त में से कोई नहीं

Exam: BPSC School Teacher 2023 (Paper-II) Shift-1

Answer: (c) Venus / शुक्र

Explanation:

- शुक्र ग्रह (Venus) का आकार और द्रव्यमान पृथ्वी के बहुत समान है।
- इसलिए इसे पृथ्वी का जुड़वां ग्रह (Twin planet of Earth) कहा जाता है।
- इसे भोर का तारा (Morning star) और सांझ का तारा (Evening star) भी कहा जाता है।
- शुक्र के वायुमंडल में लगभग 90–95% कार्बन डाइऑक्साइड (CO_2) पाई जाती है।

7. What is the average distance between the Earth and the Sun in Astronomical Unit?

खगोलीय (एस्ट्रोनॉमिकल) इकाई में सूर्य से दूरी कितनी है, अर्थात पृथ्वी की औसत माध्य दूरी क्या है?

(a) 598,149,000 kilometers / 598,149,000 किलोमीटर
(b) 149,598,000 kilometers / 149,598,000 किलोमीटर
(c) 1,149,598,000 kilometers / 1,149,598,000 किलोमीटर
(d) More than one of the above / उपर्युक्त में से एक से अधिक
(e) None of the above / उपर्युक्त में से कोई नहीं

Ncert Class-6 Chapter 2

Answer: (b) 149,598,000 kilometers / 149,598,000 किलोमीटर

Explanation:

- पृथ्वी और सूर्य के बीच की औसत दूरी को खगोलीय इकाई (Astronomical Unit – AU) कहा जाता है।
- 1 AU लगभग 149.6 मिलियन किलोमीटर के बराबर होती है।
- सूर्य के प्रकाश को पृथ्वी तक पहुँचने में लगभग 8 मिनट 20 सेकंड (लगभग 499 सेकंड) लगते हैं।
- सूर्य के वायुमंडल का सबसे बाहरी भाग कोरोना (Corona) कहलाता है, जो बहुत दूर तक फैला होता है।
- सूर्य की दृश्यमान सतह फोटोस्फीयर (Photosphere) कहलाती है और इसका तापमान लगभग 6000°C होता है।

8. What are 'Magnetic Storms'?

'चुंबकीय तूफान' क्या है?

(a) Disturbances in magnetic fields of celestial bodies / खगोलीय पिंडों के चुंबकीय क्षेत्रों में गड़बड़ी
(b) Change of North and South poles / उत्तर और दक्षिण ध्रुवों का परिवर्तन
(c) Storms generated in the oceans due to high magnetic currents / उच्च चुंबकीय धाराओं के कारण महासागरों में उत्पन्न तूफान
(d) More than one of the above / उपर्युक्त में से एक से अधिक
(e) None of the above / उपर्युक्त में से कोई नहीं

Ncert Class-6 Chapter 2

Answer: (a) Disturbances in magnetic fields of celestial bodies / खगोलीय पिंडों के चुंबकीय क्षेत्रों में गड़बड़ी

Explanation:

- सूर्य की सतह से अत्यधिक ऊर्जा युक्त सौर वायु (Solar Wind) निकलती है।
- यह सौर वायु पृथ्वी के चुंबकीय क्षेत्र (Magnetosphere) से टकराती है।
- इस टकराव से पृथ्वी के चुंबकीय क्षेत्र में अचानक गड़बड़ी उत्पन्न होती है।
- इस घटना को चुंबकीय तूफान (Magnetic Storm) कहा जाता है।
- इससे उपग्रह संचार, नेविगेशन प्रणाली और विद्युत ग्रिड प्रभावित हो सकते हैं।

9. A solar pond is a combination of which of the following combinations?

सौर कुंड निम्न में किस संयोजन का संयोजन है?

(a) Solar energy collection and heat storage / सौर ऊर्जा संग्रहण और ऊष्मा संचयन
(b) Solar energy storage and heat collection / सौर ऊर्जा संचयन और ऊष्मा संग्रहण
(c) Solar energy collection and energy storage / सौर ऊर्जा संग्रहण और ऊर्जा संचयन
(d) More than one of the above / उपर्युक्त में से एक से अधिक
(e) None of the above / इनमें से कोई नहीं

Ncert Class-6 Chapter 2

Answer: (a) Solar energy collection and heat storage / सौर ऊर्जा संग्रहण और ऊष्मा संचयन

Explanation:

- सौर कुंड (Solar Pond) सौर ऊर्जा को संग्रहित और संचयित करने की एक तकनीक है।
- इसमें सूर्य की किरणों से प्राप्त ऊर्जा को ऊष्मा के रूप में संग्रहित किया जाता है।
- सौर कुंड एक बड़े तालाब जैसा दिखाई देता है जिसमें नमक की परतें बनाई जाती हैं।
- ये परतें ऊष्मा को नीचे की परत में फँसाकर संचयित रखती हैं।
- इस प्रकार सौर कुंड सौर ऊर्जा संग्रहण और ऊष्मा संचयन का संयोजन होता है।

विश्व का भूगोल – अक्षांश एवं देशांतर रेखाएँ

10. The Indian Standard Time (IST) remains how much ahead of Greenwich Mean Time (GMT)?

ग्रीनिच माध्य समय (GMT) से भारतीय मानक समय (IST) कितना आगे रहता है?

(a) 5½ hours / 5½ घंटे
(b) 6 hours / 6 घंटे
(c) 5 hours / 5 घंटे
(d) More than one of the above / उपर्युक्त में से एक से अधिक
(e) None of the above / उपर्युक्त में से कोई नहीं

Exam: BPSC TRE 3.0 (1–5) Re-exam 20/07/2024

Answer: (a) 5½ hours / 05½ घंटे

Explanation:

- भारतीय मानक समय ग्रीनिच माध्य समय से 5 घंटे 30 मिनट आगे है।
- भारत का मानक समय 82°30' पूर्व देशांतर के आधार पर निर्धारित किया गया है।
- यह देशांतर मिर्जापुर (उत्तर प्रदेश) के पास से गुजरता है।
- पूरे भारत में एक ही समय (IST) लागू किया जाता है।

11. How much equatorial diameter is larger than polar diameter?

विषुवतीय व्यास ध्रुवीय व्यास से कितना अधिक है?

(a) 43 km / 43 किमी
(b) 36 km / 36 किमी
(c) 49 km / 49 किमी
(d) More than one of the above / उपर्युक्त में से एक से अधिक
(e) None of the above / उपर्युक्त में से कोई नहीं

Exam: BPSC TRE 3.0 Exam 21/07/2024

Answer: (a) 43 km / 43 किमी

Explanation:

- पृथ्वी का आकार चपटा गोलाभ (Oblate spheroid) है।
- इसके कारण विषुवतीय व्यास (Equatorial diameter) ध्रुवीय व्यास से अधिक होता है।
- पृथ्वी का विषुवतीय व्यास लगभग 12,756 km है।
- ध्रुवीय व्यास लगभग 12,714 km है, इसलिए अंतर लगभग 43 km है।

12. How many latitudes are drawn at an interval of 1° on the globe?

ग्लोब पर 1 डिग्री के अन्तराल पर खींची गई अक्षांश रेखाएँ कितनी हैं?

(a) 180
(b) 178
(c) 179
(d) More than one of the above / उपर्युक्त में से एक से अधिक
(e) None of the above / उपर्युक्त में से कोई नहीं

Exam: 69th BPSC (Pre) 2023
BPSC TRE 2.0, 2023 (Paper-I)

Answer: (c) 179

Explanation:

- अक्षांश रेखाएँ भूमध्य रेखा के समानांतर खींची जाती हैं।
- उत्तरी गोलार्ध में 89°N तक कुल 89 अक्षांश होते हैं।
- दक्षिणी गोलार्ध में 89°S तक कुल 89 अक्षांश होते हैं।
- भूमध्य रेखा (0°) को मिलाकर कुल 179 अक्षांश रेखाएँ होती हैं।

13. Determine the local time of Thimphu (Bhutan) at 90°E when it is 12:00 noon at Greenwich (0°)?

90° पूर्व देशांतर पर स्थित थिम्फू (भूटान) का स्थानीय समय ज्ञात कीजिए, जब ग्रीनिच (0°) में दोपहर 12 बजे का समय हो।

(a) 6:00 p.m.
(b) 4:00 p.m.
(c) 7:00 p.m.
(d) More than one of the above / उपर्युक्त में से एक से अधिक
(e) None of the above / उपर्युक्त में से कोई नहीं

Exam: 69th BPSC (Pre) 2023

Answer: (a) 6:00 p.m.

Explanation:

- पृथ्वी 360° देशांतर को 24 घंटे में घूर्णन करती है।
- इसलिए 1° देशांतर = 4 मिनट का समय होता है।
- 90° × 4 मिनट = 360 मिनट = 6 घंटे।
- इसलिए ग्रीनिच के 12 बजे होने पर 90°E पर समय 6:00 p.m. होगा।

14. Which of the following comes under the 'Frigid Zone'?

निम्नलिखित में से कौन-सा 'शीत कटिबंध' में आता है?

(a) Area between 66½° N latitude and North Pole / 66½° उत्तरी अक्षांश और उत्तरी ध्रुव के बीच स्थित क्षेत्र
(b) Area between 23½° and 66½° latitudes in both hemispheres / दोनों गोलार्द्धों में 23½° और 66½° अक्षांशों के बीच स्थित क्षेत्र
(c) Area between Antarctic Circle and South Pole / दक्षिणी ध्रुववृत्त और दक्षिणी ध्रुव के बीच स्थित क्षेत्र
(d) More than one of the above / उपर्युक्त में से एक से अधिक
(e) None of the above / उपर्युक्त में से कोई नहीं

Exam: BPSC School Teacher 2023 (Paper-II) Shift-2

Answer: (d) None of the above / उपर्युक्त में से कोई नहीं

Explanation:

- शीत कटिबंध (Frigid Zone) का विस्तार 66½° से 90° अक्षांश के बीच होता है।
- यह क्षेत्र दोनों गोलार्द्धों में पाया जाता है।
- उत्तरी गोलार्ध में यह आर्कटिक वृत्त और उत्तरी ध्रुव के बीच स्थित होता है।
- दक्षिणी गोलार्ध में यह अंटार्कटिक वृत्त और दक्षिणी ध्रुव के बीच स्थित होता है।

15. If it is 12 noon at Greenwich, what will be the time at 30°E?

यदि ग्रीनिच में दोपहर के 12 बजे हैं, तो ग्रीनिच के 30° पूर्व में क्या समय होगा?

(a) 2:00 p.m. / दोपहर 2 बजे

(b) 1:00 p.m. / दोपहर 1 बजे

(c) 10:00 a.m. / सुबह 10 बजे

(d) More than one of the above / उपर्युक्त में से एक से अधिक

(e) None of the above / उपर्युक्त में से कोई नहीं

Exam: BPSC School Teacher 2023 (Paper-II) Shift-1

Answer: (a) 2:00 p.m.

Explanation:

- पृथ्वी के प्रत्येक 1° देशांतर पर समय 4 मिनट बदलता है।
- 30° × 4 मिनट = 120 मिनट = 2 घंटे।
- पूर्व दिशा में जाने पर समय बढ़ता है।
- इसलिए ग्रीनिच में 12 बजे होने पर 30°E पर 2:00 p.m. होगा।

16. When the Sun is shining vertically over the Tropic of Capricorn?

जब सूर्य मकर रेखा में ऊर्ध्वाधर दिशा में चमकते हैं तो

(a) Days and nights are equal over the entire globe / रात और दिन पूरे विश्व में समान होते हैं

(b) Nights are longer than days in the Northern Hemisphere / उत्तरी गोलार्द्ध में रातें दिन से लंबी होती हैं

(c) Nights are equal to 24 hours over the Arctic region / आर्कटिक प्रदेश में रातें 24 घंटों के लिए बराबर होती हैं

(d) More than one of the above / उपर्युक्त में से एक से अधिक

(e) None of the above / उपर्युक्त में से कोई नहीं

Ncert Class - 6 Chapter 2

Answer: (c) Nights are equal to 24 hours over the Arctic region / आर्कटिक प्रदेश में रातें 24 घंटों के लिए बराबर होती हैं

Explanation:

- लगभग 22 दिसंबर को सूर्य की किरणें मकर रेखा (Tropic of Capricorn) पर लंबवत पड़ती हैं।
- इस समय दक्षिणी गोलार्द्ध में ग्रीष्म ऋतु और उत्तरी गोलार्द्ध में शीत ऋतु होती है।
- उत्तरी ध्रुवीय क्षेत्र (आर्कटिक) में सूर्य क्षितिज से नीचे रहता है, जिससे लगभग 24 घंटे की रात होती है।
- वहीं दक्षिणी ध्रुवीय क्षेत्र (अंटार्कटिका) में लगभग 24 घंटे का दिन होता है।
- इस घटना को शीत अयनांत (Winter Solstice) कहा जाता है।

17. Which of the following is incorrect about the Earth?

पृथ्वी के बारे में कौन-सा कथन सही नहीं है?

(a) The Earth is slightly closer to the Sun in early January than it is in early July / जुलाई के आरंभ की अपेक्षा जनवरी के आरंभ में पृथ्वी थोड़ी सूर्य के निकट होती है

(b) The Earth is farthest from the Sun during the Northern Hemisphere summer / उत्तरी गोलार्द्ध के ग्रीष्म में पृथ्वी सूर्य से सबसे अधिक दूर होती है

(c) The Earth is farthest from the Sun during the Northern Hemisphere winter / उत्तरी गोलार्द्ध के शीतकाल में पृथ्वी सूर्य से सबसे अधिक दूर होती है

(d) More than one of the above / उपर्युक्त में से एक से अधिक

(e) None of the above / इनमें से कोई नहीं

Ncert Class- 6 Chapter2

Answer: (d) The Earth is farthest from the Sun during the Northern Hemisphere winter / उत्तरी गोलार्द्ध के शीतकाल में पृथ्वी सूर्य से सबसे अधिक दूर होती है

Explanation:

- पृथ्वी की कक्षा दीर्घवृत्ताकार होती है, इसलिए सूर्य से दूरी वर्ष भर थोड़ी बदलती रहती है।
- लगभग 3 जनवरी को पृथ्वी सूर्य के सबसे निकट होती है, जिसे उपसौर (Perihelion) कहा जाता है।
- लगभग 4 जुलाई को पृथ्वी सूर्य से सबसे दूर होती है, जिसे अपसौर (Aphelion) कहा जाता है।
- इस समय उत्तरी गोलार्द्ध में ग्रीष्म ऋतु और दक्षिणी गोलार्द्ध में शीत ऋतु होती है।
- पृथ्वी की दूरी में यह परिवर्तन पृथ्वी की कक्षा की दीर्घवृत्ताकार प्रकृति के कारण होता है।

विश्व के महाद्वीप, देश, राजधानी एवं सीमाएँ

18. On which mountain is Tehran situated?

तेहरान किस पर्वत पर स्थित है?

(a) Zagros / जोग्रोस

(b) Alburz / एल्बुर्ज

(c) Makran / मकरान

(d) More than one of the above / उपर्युक्त में से एक से अधिक

(e) None of the above / उपर्युक्त में से कोई नहीं

Exam: BPSC TRE 3.0 (11–12) Exam 22/07/2024

Answer: (b) Alburz / एल्बुर्ज

Explanation:

- तेहरान (Tehran) ईरान की राजधानी है।
- यह एल्बुर्ज पर्वत श्रेणी (Alburz Mountains) के तल पर स्थित है।
- यह शहर ईरान का सबसे बड़ा और महत्वपूर्ण शहर है।
- एल्बुर्ज पर्वत कैस्पियन सागर के दक्षिण में फैला हुआ है।

19. Assertion (a): Rich placer deposits of gold are found on the coast of Ghana and gold veins are found in Brazil.

अभिकथन (a): घाना तट पर सोने के समृद्ध प्लेसर जमाव पाए जाते हैं और ब्राजील में सोने की शिराएँ पाई जाती हैं।

Reason (R): These continents were once joined with the Atlantic coast.

कारण (R): किसी समय ये महाद्वीप अटलांटिक तट के साथ एकसाथ संयुक्त थे।

(a) Both A and R are true and R is the correct explanation of A / A और R दोनों सही हैं और R, A की सही Explanation: है

(b) Both A and R are true but R is not the correct explanation of A / A और R दोनों सही हैं पर R, A की सही Explanation: नहीं है

(c) A is false but R is true / A गलत है पर R सही है

(d) A is true but R is false / A सही है पर R गलत है

Exam: 69th BPSC (Pre) 2023

Answer: (a) Both A and R are true and R is the correct explanation of A / A और R दोनों सही हैं और R, A की सही Explanation: है

Explanation:

- घाना के तट पर सोने के प्लेसर जमाव (Placer deposits) पाए जाते हैं तथा ब्राजील में सोने की खनिज शिराएँ (Gold veins) मिलती हैं।
- यह समानता महाद्वीपीय विस्थापन सिद्धांत (Continental Drift Theory) से समझाई जाती है।
- पहले अफ्रीका (Africa) और दक्षिण अमेरिका (South America) एक ही भू-भाग गोंडवाना भूमि (Gondwana Land) का हिस्सा थे।
- बाद में प्लेट विवर्तनिकी (Plate Tectonics) की प्रक्रिया से ये महाद्वीप अलग हो गए।

20. The constituent states of UAE are

यू.ए.ई. के संघीय राज्य हैं

(a) Abu Dhabi, Dubai, Sharjah, Ajman, Umm Al-Quwain, Fujairah, Ras Al-Khaimah / अबू धाबी, दुबई, शारजाह, अजमान, उम्म अल-कैवैन, फुजैराह, रस अल-खैमाह

(b) Dubai, Sharjah, Ajman, Jeddah, Kuwait, Bahrain, Umm Al-Quwain / दुबई, शारजाह, अजमान, जेद्दा, कुवैत, बहरीन, उम्म अल-कैवैन

(c) Umm Al-Quwain, Fujairah, Ras Al-Khaimah, Riyadh, Dammam, Taif, Dubai/ उम्म अल-कैवैन, फुजैराह, रस अल-खैमाह, रियाद, दम्माम, ताइफ, दुबई

(d) More than one of the above / उपर्युक्त में से एक से अधिक

(e) None of the above / उपर्युक्त में से कोई नहीं

Exam: 69th BPSC (Pre) 2023

Answer: (a) Abu Dhabi, Dubai, Sharjah, Ajman, Umm Al-Quwain, Fujairah, Ras Al-Khaimah /अबू धाबी, दुबई, शारजाह, अजमान, उम्म अल-कैवैन, फुजैराह, रस अल-खैमाह

Explanation:

- संयुक्त अरब अमीरात (United Arab Emirates – UAE) सात अमीरातों का संघ है।
- ये हैं — अबू धाबी (Abu Dhabi), दुबई (Dubai), शारजाह (Sharjah), अजमान (Ajman), उम्म अल-कैवैन (Umm Al-Quwain), फुजैराह (Fujairah) और रस अल-खैमाह (Ras Al-Khaimah)।
- इनमें अबू धाबी (Abu Dhabi) UAE की राजधानी (Capital) है।
- UAE की स्थापना 2 दिसम्बर 1971 (2 December 1971) को हुई थी।

21. What is the total length of the coastline of India's mainland, including Andaman and Nicobar?

अंडमान तथा निकोबार सहित भारत की मुख्य भूमि की तटरेखा की कुल लंबाई कितनी है?

(a) 11,290.7 km / 11,290.7 कि.मी.
(b) 7,516.6 km / 7,516.6 कि.मी.
(c) 7,520.8 km / 7,520.8 कि.मी.
(d) More than one of the above / उपर्युक्त में से एक से अधिक
(e) None of the above / इनमें से कोई नहीं

Ncert class-11 Chapter 4

Answer: (b) 7,516.6 km / 7,516.6 कि.मी.

Explanation:

- भारत की स्थलीय सीमा रेखा लगभग 15,200 किमी है।
- अंडमान और निकोबार द्वीप समूह सहित भारत की मुख्य भूमि की कुल तटरेखा लगभग 7,516.6 किमी लंबी है।
- भारत का कुल क्षेत्रफल लगभग 32,87,263 वर्ग किमी है।
- क्षेत्रफल की दृष्टि से भारत विश्व का सातवाँ सबसे बड़ा देश है।
- अंडमान और निकोबार द्वीप समूह में लगभग 572 छोटे-बड़े द्वीप हैं, जो 10° चैनल द्वारा अलग किए जाते हैं।

22. The McMahon Line is a borderline between ______.

मैकमोहन रेखा ______ के बीच की सीमा रेखा है।

(a) North America and South America / उत्तरी अमेरिका तथा दक्षिण अमेरिका
(b) India and China / भारत तथा चीन
(c) North Korea and South Korea / उत्तर कोरिया तथा दक्षिण कोरिया
(d) More than one of the above / उपर्युक्त में से एक से अधिक
(e) None of the above / इनमें से कोई नहीं

Ncert class-11 Chapter 4

Answer: (b) India and China / भारत तथा चीन

Explanation:

- मैकमोहन रेखा (McMahon Line) भारत और चीन के बीच की सीमा रेखा मानी जाती है।
- यह रेखा 1914 के शिमला समझौते के दौरान निर्धारित की गई थी।
- यह मुख्य रूप से अरुणाचल प्रदेश और तिब्बत के बीच सीमा निर्धारित करती है।
- चीन इस सीमा रेखा को आधिकारिक रूप से स्वीकार नहीं करता।
- भारत के अनुसार यह रेखा भारत-चीन की पूर्वी सीमा को दर्शाती है।

23. Which is the only state that touches Sikkim?

सिक्किम को छूने वाला कौन-सा एक राज्य है?

(a) Assam / असम
(b) West Bengal / पश्चिम बंगाल
(c) Arunachal Pradesh / अरुणाचल प्रदेश
(d) More than one of the above / उपर्युक्त में से एक से अधिक
(e) None of the above / इनमें से कोई नहीं

Ncert class-11 Chapter 4

Answer: (b) West Bengal / पश्चिम बंगाल

Explanation:

- सिक्किम भारत का एक छोटा हिमालयी राज्य है।

- सिक्किम की सीमाएँ तीन देशों नेपाल, भूटान और चीन (तिब्बत) से मिलती हैं।
- भारत में केवल पश्चिम बंगाल ही ऐसा राज्य है जिसकी सीमा सिक्किम से मिलती है।
- पश्चिम बंगाल और सिक्किम के बीच सिलीगुड़ी कॉरिडोर (चिकन नेक) क्षेत्र महत्वपूर्ण है।
- सिक्किम की राजधानी गंगटोक है और यह पूर्वोत्तर हिमालय क्षेत्र में स्थित है।

24. Why has the Indian Ocean been named after India?

हिंद महासागर का नाम भारत के नाम पर क्यों रखा गया?

(a) Because Indians discovered it / क्योंकि भारतीयों ने इसकी खोज की है।

(b) Because it is near to India / क्योंकि यह भारत के पास है।

(c) Because no other country has a long coastline on it / क्योंकि इस महासागर में किसी भी देश की तटीय सीमा भारत जैसी नहीं है।

(d) More than one of the above / उपर्युक्त में से एक से अधिक

(e) None of the above / इनमें से कोई नहीं

Ncert class-11 Chapter 4

Answer: (c) Because no other country has a long coastline on it / क्योंकि इस महासागर में किसी भी देश की तटीय सीमा भारत जैसी नहीं हहै।

Explanation:

- हिंद महासागर विश्व का एकमात्र महासागर है जिसका नाम किसी देश के नाम पर रखा गया है।
- भारत की तटरेखा इस महासागर के साथ लंबे क्षेत्र में फैली हुई है।
- प्राचीन काल में भारत का समुद्री व्यापार और सांस्कृतिक प्रभाव इस क्षेत्र में बहुत व्यापक था।
- इसी कारण इस महासागर को Indian Ocean (हिंद महासागर) कहा गया।
- भारत की भौगोलिक स्थिति इस महासागर के उत्तरी भाग के केंद्र में स्थित है।

भूगर्भिक इतिहास एवं शैलतंत्र

25. Which of the following areas has the lower snow line?

निम्नलिखित क्षेत्रों में से किसकी न्यून हिम रेखा है?

(a) Equatorial region / भूमध्यरेखीय क्षेत्र

(b) Himalayan region / हिमालयी क्षेत्र

(c) Alps region / आल्प्स क्षेत्र

(d) More than one of the above / उपर्युक्त में से एक से अधिक

(e) None of the above / उपर्युक्त में से कोई नहीं

Exam: BPSC TRE 2.0 (Paper-II) 09/12/2023

Answer: (c) Alps region / आल्प्स क्षेत्र

Explanation:

- हिम रेखा (Snow line) वह ऊँचाई है जिसके ऊपर वर्षभर बर्फ जमी रहती है।
- उच्च अक्षांशों (High latitudes) में हिम रेखा अपेक्षाकृत नीचे होती है।
- आल्प्स पर्वत (Alps Mountains) में हिम रेखा लगभग 2700 मीटर (2700 m) की ऊँचाई पर मिलती है।
- जबकि हिमालय (Himalayas) में यह लगभग 4500 मीटर (4500 m) के आसपास पाई जाती है।

26. Minerals are deposited and accumulated in the strata of which rocks?

खनिज निम्नलिखित में से किस चट्टान के स्तर में जमा होता है?

(a) Sedimentary rocks / अवसादी चट्टान

(b) Metamorphic rocks / रूपांतरित चट्टान

(c) Igneous rocks / आग्नेय चट्टान

(d) More than one of the above / उपर्युक्त में से एक से अधिक

(e) None of the above / उपर्युक्त में से कोई नहीं

Exam: BPSC TRE 2.0 (Paper-III) 08/12/2023

Answer: (d) More than one of the above / उपर्युक्त में से एक से अधिक

Explanation:

- खनिज विभिन्न प्रकार की चट्टानों (Rocks) में पाए जाते हैं।

- आग्नेय चट्टानों (Igneous rocks) में लोहा, निकेल, तांबा जैसे खनिज मिलते हैं।
- अवसादी चट्टानों (Sedimentary rocks) में कोयला, पेट्रोलियम और प्राकृतिक गैस मिलते हैं।
- रूपांतरित चट्टानों (Metamorphic rocks) में संगमरमर (Marble) और ग्रेफाइट (Graphite) जैसे खनिज मिलते हैं।

27. The pieces of crust continuously move slowly due to motion in the mantle. This theory is called

"भूपटल के टुकड़े मेंटल में गति द्वारा निरंतर, धीमी गति से प्रवाहित होते हैं" इस सिद्धांत को क्या कहा जाता है?

(a) Continental drift theory / महाद्वीपीय बहाव सिद्धांत
(b) Pangaea theory / पैंजिया सिद्धांत
(c) Plate tectonic theory / प्लेट विवर्तनिकी सिद्धांत
(d) More than one of the above / उपर्युक्त में से एक से अधिक
(e) None of the above / उपर्युक्त में से कोई नहीं

Exam: 69th BPSC (Pre) 2023

Answer: (c) Plate tectonic theory / प्लेट विवर्तनिकी सिद्धांत

Explanation:

- पृथ्वी की बाहरी परत स्थलमंडल (Lithosphere) कई प्लेटों में विभाजित है।
- ये प्लेटें नीचे स्थित मेंटल (Mantle) की गति के कारण धीरे-धीरे चलती रहती हैं।
- इस सिद्धांत को प्लेट विवर्तनिकी सिद्धांत (Plate Tectonics Theory) कहा जाता है।
- इसके कारण भूकंप (Earthquake), ज्वालामुखी (Volcano) और पर्वत निर्माण (Mountain building) जैसी घटनाएँ होती हैं।

28. The type of rocks which contain fossils are called

शैल, जिनमें जीवाश्म पाए जाते हैं, हैं

(a) Sedimentary rocks / अवसादी शैल
(b) Metamorphic rocks / कायांतरित शैल
(c) Igneous rocks / आग्नेय शैल
(d) More than one of the above / उपर्युक्त में से एक से अधिक
(e) None of the above / उपर्युक्त में से कोई नहीं

Exam: BPSC TRE 2.0 14/12/2023 (Paper-I)

Answer: (a) Sedimentary rocks / अवसादी शैल

Explanation:

- अवसादी चट्टानें (Sedimentary rocks) परतों के रूप में जमने वाली चट्टानें होती हैं।
- इन चट्टानों में प्राचीन जीवों के अवशेष जीवाश्म (Fossils) के रूप में संरक्षित रहते हैं।
- अवसादी चट्टानों का निर्माण अवसादन प्रक्रिया (Sedimentation process) से होता है।
- पृथ्वी की सतह का लगभग 75% भाग (Earth surface) अवसादी चट्टानों से ढका हुआ है।

29. Archean rocks cover about two-thirds of Peninsular India. Which of the following are types of Archean rocks?

आर्कियन चट्टानें प्रायद्वीपीय भारत के दो-तिहाई हिस्से को कवर करती हैं। निम्नलिखित में से कौन आर्कियन चट्टानों का एक प्रकार है?

I. Bengal Gneiss / बंगाल नाइस

II. Nilgiri Gneiss / नीलगिरि नाइस

(a) Only II / केवल II
(b) Neither I nor II / ना ही I ना ही II
(c) I and II both / I तथा II दोनों
(d) More than one of the above / उपर्युक्त में से एक से अधिक
(e) None of the above / इनमें से कोई नहीं

Ncert Class-7 Chapter 3

Answer: (c) I and II both / I तथा II दोनों

Explanation:

- आर्कियन चट्टानें भारत की सबसे प्राचीन भूवैज्ञानिक संरचनाओं में से एक हैं।
- ये चट्टानें प्रायद्वीपीय भारत के लगभग दो-तिहाई भाग में पाई जाती हैं।
- बंगाल नाइस और नीलगिरि नाइस दोनों आर्कियन चट्टानों के प्रमुख उदाहरण हैं।
- इन चट्टानों का विस्तार मुख्यतः कर्नाटक, तमिलनाडु,

आंध्र प्रदेश, ओडिशा, झारखंड और राजस्थान के भागों में मिलता है।
- नाइस चट्टानें सामान्यतः कठोर, रूपांतरित (Metamorphic) और खनिज संसाधनों से समृद्ध होती हैं।

30. Ancient crystalline and highly metamorphosed gneiss of the Archean system is not found in which of the following groups of states?

पुरातन क्रिस्टलीय और पुरातन प्राणाली की अत्यधिक रूपांतरित उत्पत्ति निम्नलिखित में से किस राज्यों के समूह में नहीं पाई जाती है?

(a) Tamil Nadu, Karnataka, Andhra Pradesh / तमिलनाडु, कर्नाटक, आंध्र प्रदेश
(b) Chhattisgarh, Madhya Pradesh, Jharkhand / छत्तीसगढ़, मध्य प्रदेश, झारखंड
(c) Uttar Pradesh, Punjab, Jammu and Kashmir / उत्तर प्रदेश, पंजाब, जम्मू और कश्मीर
(d) More than one of the above / उपर्युक्त में से एक से अधिक
(e) None of the above / इनमें से कोई नहीं

Ncert Class-7 Chapter 3

Answer: (c) Uttar Pradesh, Punjab, Jammu and Kashmir / उत्तर प्रदेश, पंजाब, जम्मू और कश्मीर

Explanation:

- आर्कियन चट्टानें पृथ्वी की सबसे प्राचीन क्रिस्टलीय और रूपांतरित चट्टानें मानी जाती हैं।
- ये मुख्यतः प्रायद्वीपीय भारत के क्षेत्रों में व्यापक रूप से पाई जाती हैं।
- तमिलनाडु, कर्नाटक, आंध्र प्रदेश, छत्तीसगढ़, मध्य प्रदेश, झारखंड, पश्चिम बंगाल, ओडिशा और राजस्थान में इनका विस्तार मिलता है।
- उत्तर भारत के मैदानों और हिमालयी क्षेत्रों में इनका वितरण बहुत कम या नहीं के बराबर है।
- इसलिए उत्तर प्रदेश, पंजाब और जम्मू-कश्मीर के समूह में ये चट्टानें सामान्यतः नहीं पाई जाती हैं।

पर्वत, पठार तथा मरुस्थल

31. The rocky surface found on the mountain summit is called

पर्वत शिखर पर मिलने वाली चट्टानी सतह कहलाती है

(a) Felsenmeer / फेल्सेनमीर
(b) Fella / फेल्ला
(c) Felt / फेल्ट
(d) More than one of the above / उपर्युक्त में से एक से अधिक
(e) None of the above / उपर्युक्त में से कोई नहीं

Exam: BPSC TRE 3.0 (1-5) Exam-2024 (Cancelled)

Answer: (a) Felsenmeer / फेल्सेनमीर

Explanation:

- फेल्सेनमीर (Felsenmeer) जर्मन शब्द है जिसका अर्थ "पत्थरों का समुद्र" होता है।
- यह पर्वत शिखरों पर पाई जाने वाली चट्टानों की विस्तृत सतह (Rocky surface) को दर्शाता है।
- इसका निर्माण अपक्षय (Weathering) और भौतिक विघटन (Mechanical disintegration) से होता है।
- यह सामान्यतः ठंडे पर्वतीय क्षेत्रों में पाया जाता है।

32. Sahara is which type of desert?

सहारा किस प्रकार का रेगिस्तान है?

(a) Cold / ठंडा
(b) Hot / गर्म
(c) Mild / मृदु
(d) More than one of the above / उपर्युक्त में से एक से अधिक
(e) None of the above / उपर्युक्त में से कोई नहीं

Exam: BPSC TRE 3.0 (1-5) Exam-2024 (Cancelled)

Answer: (b) Hot / गर्म

Explanation:

- सहारा मरुस्थल (Sahara Desert) दुनिया का सबसे बड़ा गर्म मरुस्थल (Hot desert) है।
- यह अफ्रीका महाद्वीप (Africa continent) के उत्तरी भाग में स्थित है।
- इसका क्षेत्रफल लगभग 9.2 मिलियन वर्ग किमी (9.2 million sq km) है।
- यह लगभग 10 देशों (Countries) में फैला हुआ है जैसे अल्जीरिया, लीबिया, मिस्र आदि।

33. Which of the following is not a young fold mountain?

निम्नलिखित में से कौन-सा युवा वलित पर्वत नहीं है?

(a) Aravallis / अरावली
(b) Andes / एंडीज
(c) Appalachians / अप्लेशियन
(d) More than one of the above / उपर्युक्त में से एक से अधिक
(e) None of the above / उपर्युक्त में से कोई नहीं

Exam: BPSC TRE 2.0 09/12/2023 (Paper-II)

Answer: (d) None of the above / उपर्युक्त में से कोई नहीं

Explanation:

- युवा वलित पर्वत (Young Fold Mountains) हाल ही में बने ऊँचे और तीखे पर्वत होते हैं जैसे एंडीज (Andes) और हिमालय (Himalayas)।
- अरावली (Aravalli) और अप्लेशियन (Appalachian) बहुत पुराने पर्वत हैं।
- इन्हें प्राचीन वलित पर्वत (Old Fold Mountains) कहा जाता है।
- इसलिए दिए गए विकल्पों में एंडीज को छोड़कर अरावली और अप्लेशियन युवा वलित पर्वत नहीं हैं।

34. Which of the following is the youngest series of the Lower Gondwana system?

निम्नलिखित में से कौन सी निचली गोंडवाना प्रणाली की सबसे नवीन श्रृंखला है?

(a) Jharian series / झरिया श्रृंखला
(b) Panchet series / पंचेत श्रृंखला
(c) Talchir series / तलचर श्रृंखला
(d) More than one of the above / उपर्युक्त में से एक से अधिक
(e) None of the above / इनमें से कोई नहीं

Ncert Class-11 Chapter 5

Answer: (b) Panchet series / पंचेत श्रृंखला

Explanation:

- गोंडवाना प्रणाली भारत की महत्वपूर्ण अवसादी शैल श्रृंखला है।
- निचली गोंडवाना में प्रमुख रूप से तलचर, दामुदा और पंचेत श्रृंखलाएँ पाई जाती हैं।
- इनमें पंचेत श्रृंखला निचली गोंडवाना की सबसे नवीन (सबसे बाद में बनी) श्रृंखला मानी जाती है।
- इसका नाम पश्चिम बंगाल के पंचेत क्षेत्र के नाम पर रखा गया है।
- ऊपरी गोंडवाना में उमरिया, जबलपुर, राजमहल तथा महादेव उपक्रम पाए जाते हैं।

35. Which of the following is one of the biodiversity hotspots found in India?

निम्नलिखित में से कौन से भारत में पाए जाने वाले जैव विविधता हॉटस्पॉट में से एक है?

(a) Eastern Ghats / पूर्वी घाट
(b) Western Ghats / पश्चिमी घाट
(c) Deccan Plateau / दक्कन का पठार
(d) More than one of the above / उपर्युक्त में से एक से अधिक
(e) None of the above / इनमें से कोई नहीं

Ncert Class-11 Chapter 5

Answer: (b) Western Ghats / पश्चिमी घाट

Explanation:

- जैव विविधता हॉटस्पॉट ऐसे क्षेत्र होते हैं जहाँ अत्यधिक जैव विविधता पाई जाती है।
- इन क्षेत्रों में अनेक स्थानिक (Endemic) प्रजातियाँ पाई जाती हैं।
- भारत में प्रमुख जैव विविधता हॉटस्पॉट में पश्चिमी घाट, पूर्वी हिमालय, इंडो-बर्मा क्षेत्र और सुंडा लैंड शामिल हैं।
- पश्चिमी घाट भारत के सबसे महत्वपूर्ण जैव विविधता क्षेत्रों में से एक है।
- यहाँ अनेक दुर्लभ वनस्पति और जीव-जंतुओं की प्रजातियाँ पाई जाती हैं।

36. Karewas in India are the deposits of ______ period/era.

भारत में क्रेवास ______ काल के निक्षेप हैं।

(a) Cenozoic / सेनोज़ोइक महाकल्प
(b) Cretaceous / क्रेटेशस काल
(c) Pleistocene / प्लाइस्टोसीन काल
(d) More than one of the above / उपर्युक्त में से एक

से अधिक

(e) None of the above / इनमें से कोई नहीं

Ncert Class-11 Chapter 5

Answer: (c) Pleistocene / प्लाइस्टोसीन काल

Explanation:

- क्रेवास (Karewas) प्लाइस्टोसीन काल के अवसादी निक्षेप हैं।
- ये मुख्य रूप से कश्मीर घाटी में पाए जाते हैं।
- केरेवा निक्षेपों में मिट्टी, बालू, कंकड़ और झीलों के अवसाद पाए जाते हैं।
- यह क्षेत्र विशेष रूप से केसर (Saffron) की खेती के लिए प्रसिद्ध है।
- इन निक्षेपों का निर्माण हिमनदों द्वारा लाए गए मोरेन (Moraines) और झीलों के अवसाद से हुआ है।

37. The highest peak of the Aravalli mountains is ______.

अरावली पर्वत की सबसे ऊँची चोटी ____ है।

(a) Dilwara / दिलवाड़ा

(b) Guru Shikhar / गुरु शिखर

(c) Dhoniya / धोणिया

(d) More than one of the above / उपर्युक्त में से एक से अधिक

(e) None of the above / इनमें से कोई नहीं

Ncert Class-11 Chapter 5

Answer: (b) Guru Shikhar / गुरु शिखर

Explanation:

- गुरु शिखर अरावली पर्वत श्रृंखला की सबसे ऊँची चोटी है।
- इसकी ऊँचाई लगभग 1722 मीटर है।
- यह राजस्थान के सिरोही जिले में स्थित है।
- गुरु शिखर माउंट आबू के पास स्थित है, जो अरावली पर्वतमाला का प्रमुख पर्वतीय क्षेत्र है।
- अरावली पर्वतमाला भारत की सबसे प्राचीन पर्वत श्रृंखलाओं में से एक मानी जाती है।

ज्वालामुखी एवं भूकम्प

38. Which one of the following earthquakes is very severe and disastrous?

निम्न में से कौन-सा एक भूकम्प गंभीर और विध्वंसकारी है?

(a) Volcanic earthquake / ज्वालामुखीय भूकम्प

(b) Tectonic earthquake / भ्रंशमूलक भूकम्प

(c) Plutonic earthquake / प्लूटोनिक भूकम्प

(d) More than one of the above / उपर्युक्त में से एक से अधिक

(e) None of the above / उपर्युक्त में से कोई नहीं

Exam: BPSC TRE 3.0 (1-5) Re-exam 20/07/2024

Answer: (b) Tectonic earthquake / भ्रंशमूलक भूकम्प

Explanation:

- भ्रंशमूलक भूकम्प (Tectonic earthquakes) प्लेटों के खिसकने से उत्पन्न होते हैं।
- यह प्लेट विवर्तनिकी (Plate tectonics) से जुड़े होते हैं।
- इनमें अत्यधिक ऊर्जा (Energy) निकलती है जिससे भारी विनाश होता है।
- इसलिए ये सबसे अधिक विध्वंसकारी भूकम्प (Disastrous earthquakes) माने जाते हैं।

39. What are the last signs of the activities of a volcano?

ज्वालामुखी क्रिया की अंतिम प्रतीक क्या है?

(a) Geysers / गीजर

(b) Craters / क्रेटर

(c) Fumaroles / धुआँरे (वातिमुख)

(d) More than one of the above / उपर्युक्त में से एक से अधिक

(e) None of the above / उपर्युक्त में से कोई नहीं

Exam: BPSC TRE 3.0 (1-5) Re-exam 20/07/2024

Answer: (c) Fumaroles / धुआँरे

Explanation:

- धुआँरे (Fumaroles) ज्वालामुखी के अंतिम चरण की गतिविधि होते हैं।
- इनमें से गर्म गैसें और भाप (Gases and steam) निकलती हैं।
- यह ज्वालामुखी के धीरे-धीरे शांत होने (Cooling stage) का संकेत है।
- इसलिए इन्हें ज्वालामुखी क्रिया का अंतिम प्रतीक (Last stage of volcanic activity) माना जाता है।

40. 'Tuff' is related to

'टफ' किससे संबंधित है?

(a) Transportation by running water / बहते जल से परिवहन
(b) Volcanic ash / ज्वालामुखी राख
(c) Sedimentary layer / अवसादी परत
(d) More than one of the above / उपर्युक्त में से एक से अधिक
(e) None of the above / उपर्युक्त में से कोई नहीं

Exam: BPSC TRE 3.0 (6-8) Exam-2024 (Cancelled)

Answer: (b) Volcanic ash / ज्वालामुखी राख

Explanation:

- टफ (Tuff) ज्वालामुखी राख से बना एक प्रकार का आग्नेय शैल (Igneous rock) है।
- यह ज्वालामुखी विस्फोट के दौरान निकली राख (Volcanic ash) के जमने से बनता है।
- इसे निर्माण सामग्री के रूप में भी उपयोग किया जाता है।
- जब किसी शैल में टफ की मात्रा अधिक होती है तो उसे टफयुक्त शैल (Tuffaceous rock) कहा जाता है।

41. Fault scarp is

भ्रंश स्कार्प होता है

(a) Structural / संरचनात्मक
(b) Erosional / अपरदनात्मक
(c) Tectonic / विवर्तनिक
(d) More than one of the above / उपर्युक्त में से एक से अधिक
(e) None of the above / उपर्युक्त में से कोई नहीं

Exam: BPSC TRE 3.0 (1-5) Exam-2024 (Cancelled)

Answer: (c) Tectonic / विवर्तनिक

Explanation:

- भ्रंश स्कार्प (Fault scarp) विवर्तनिक गतिविधि से बनने वाला ढालदार क्षेत्र होता है।
- यह पृथ्वी की सतह पर भ्रंश (Fault) के कारण बनता है।
- इसमें चट्टानों के खिसकने से ऊँचाई में अंतर बन जाता है।
- यह अक्सर भूकम्प (Earthquake) से जुड़ा होता है।

42. Which machine is used to measure earthquake intensity?

भूकम्प की तीव्रता का मापन किस मशीन द्वारा किया जाता है?

(a) Barometer / बैरोमीटर
(b) Manometer / मैनोमीटर
(c) Seismograph / सिस्मोग्राफ
(d) More than one of the above / उपर्युक्त में से एक से अधिक
(e) None of the above / उपर्युक्त में से कोई नहीं

Exam: BPSC TRE 3.0 (1-5) Exam-2024 (Cancelled)

Answer: (c) Seismograph / सिस्मोग्राफ

Explanation:

- सिस्मोग्राफ (Seismograph) भूकम्प मापने वाला उपकरण है।
- यह पृथ्वी की कंपन (Seismic waves) को रिकॉर्ड करता है।
- इससे भूकम्प की तीव्रता (Intensity) और परिमाण (Magnitude) का पता लगाया जाता है।
- यह भूकम्प विज्ञान (Seismology) में उपयोग किया जाता है।

43. Which machine is used to measure earthquake intensity?

भूकम्प की तीव्रता का मापन किस मशीन द्वारा किया जाता है?

(a) Barometer / बैरोमीटर
(b) Manometer / मैनोमीटर
(c) Seismograph / सिस्मोग्राफ
(d) More than one of the above / उपर्युक्त में से एक से अधिक
(e) None of the above / उपर्युक्त में से कोई नहीं

Exam: BPSC TRE-3.0 (1-5) Exam-2024 (Cancelled)

Answer: (c) Seismograph / सिस्मोग्राफ

Explanation:

- सिस्मोग्राफ (Seismograph) भूकम्प मापने वाला प्रमुख उपकरण है।
- यह पृथ्वी की कंपन या भूकंपीय तरंगों (Seismic waves) को रिकॉर्ड करता है।
- इससे भूकम्प की तीव्रता (Intensity) और परिमाण (Magnitude) का अध्ययन किया जाता है।

- यह उपकरण भूकम्प विज्ञान (Seismology) में प्रयोग किया जाता है।

44. Richter scale is used to measure

रिक्टर स्केल किस मापक का पैमाना है?

(a) Volcano eruption / ज्वालामुखी उद्गार

(b) Flood intensity / बाढ़ की तीव्रता

(c) Earthquake / भूकम्प

(d) More than one of the above / उपर्युक्त में से एक से अधिक

(e) None of the above / उपर्युक्त में से कोई नहीं

Exam: BPSC TRE-2.0 7/12/2023 (Paper-III)

Answer: (c) Earthquake / भूकम्प

Explanation:

- रिक्टर स्केल (Richter Scale) भूकम्प की परिमाण (Magnitude) मापने का पैमाना है।
- इसका विकास चार्ल्स रिक्टर (Charles Richter) ने किया था।
- यह भूकम्प से निकलने वाली ऊर्जा (Energy) को दर्शाता है।
- रिक्टर स्केल एक लघुगणकीय पैमाना (Logarithmic scale) है।

45. Which of the following is used to measure the intensity of earthquake?

निम्नलिखित में से कौन-सा भूकम्प की गहनता नापने हेतु उपयोग में लाया जाता है?

(a) Richter scale / रिक्टर पैमाना

(b) Mercalli scale / मरकेली पैमाना

(c) Great harbour wave / महान हार्बर तरंग

(d) More than one of the above / उपर्युक्त में से एक से अधिक

(e) None of the above / उपर्युक्त में से कोई नहीं

Exam: BPSC TRE-2.0 10/12/2023 (Paper-III)

Answer: (b) Mercalli scale / मरकेली पैमाना

Explanation:

- मरकेली पैमाना (Mercalli scale) भूकम्प की तीव्रता (Intensity) मापने के लिए उपयोग किया जाता है।
- यह भूकम्प के प्रभाव जैसे क्षति (Damage) और मानवीय अनुभव (Human perception) पर आधारित होता है।
- इसमें I से XII तक 12 स्तर (12 levels) होते हैं।
- जबकि रिक्टर स्केल (Richter scale) भूकम्प के परिमाण (Magnitude) को मापता है।

46. Which of the following statements is true regarding earthquake?

भूकम्प के संबंध में निम्नलिखित में से कौन-सा कथन सत्य है?

(a) P-waves are transverse waves / P-तरंगें अनुप्रस्थ तरंगें हैं

(b) The place on the surface just above the focus is called epicenter / धरातल पर उद्गम केंद्र के ऊपर के स्थान को अधिकेन्द्र कहते हैं

(c) Study of animal behaviour is one method of earthquake prediction / जानवरों के व्यवहार का अध्ययन भूकम्प की भविष्यवाणी का एक तरीका है

(d) More than one of the above / उपर्युक्त में से एक से अधिक

(e) None of the above / उपर्युक्त में से कोई नहीं

Exam: BPSC School Teacher 2023 (Paper-II) Shift-1

Answer: (d) More than one of the above / उपर्युक्त में से एक से अधिक

Explanation:

- भूकम्प के उद्गम केंद्र के ठीक ऊपर धरातल पर स्थित स्थान को अधिकेन्द्र (Epicenter) कहते हैं।
- जानवरों के असामान्य व्यवहार से भूकम्प की पूर्व चेतावनी (Prediction) के संकेत मिल सकते हैं।
- भूकम्प के दौरान तीन मुख्य तरंगें उत्पन्न होती हैं — P-waves, S-waves और L-waves (Primary, Secondary, Surface waves)।
- P-waves (Primary waves) अनुदैर्ध्य तरंगें होती हैं और सबसे पहले दर्ज की जाती हैं।

47. Where is Merapi volcano located?

मेरापी ज्वालामुखी कहाँ स्थित है?

(a) Japan / जापान में

(b) China / चीन में

(c) Indonesia / इंडोनेशिया में

(d) More than one of the above / उपर्युक्त में से एक से अधिक

(e) None of the above / इनमें से कोई नहीं

Ncert Class-7 Chapter 3

Answer: (c) Indonesia / इंडोनेशिया में

Explanation:

- मेरापी ज्वालामुखी (Mount Merapi) इंडोनेशिया में स्थित एक सक्रिय ज्वालामुखी है।
- यह जावा द्वीप (Java Island) पर स्थित है।
- मेरापी विश्व के सबसे सक्रिय ज्वालामुखियों में से एक माना जाता है।
- यह ज्वालामुखी प्रशांत महासागर के 'रिंग ऑफ फायर' क्षेत्र में स्थित है।
- इसके विस्फोट से आसपास के क्षेत्रों में लावा, राख और गैसें निकलती हैं।

48. What is the main reason for the decrease in the speed of seismic waves in the asthenosphere?
दुर्बलता मंडल में भूकंपीय तरंगों की गति में कमी का मुख्य कारण निम्नलिखित में कौन सा है?

(a) Decrease in pressure / दाब में कमी
(b) Increase in pressure / दाब में वृद्धि
(c) Change in the state of matter / पदार्थ की अवस्था में परिवर्तन
(d) More than one of the above / उपर्युक्त में से एक से अधिक
(e) None of the above / इनमें से कोई नहीं

Ncert Class-7 Chapter 3

Answer: (d) Change in the state of matter / पदार्थ की अवस्था में परिवर्तन

Explanation:

- पृथ्वी की पर्पटी के नीचे का भाग मेंटल (Mantle) कहलाता है।
- मेंटल का ऊपरी कमजोर भाग दुर्बलता मंडल (Asthenosphere) कहलाता है।
- यहाँ चट्टानें अर्ध-द्रव (semi-molten) अवस्था में होती हैं।
- पदार्थ की इस अवस्था के कारण भूकंपीय तरंगों की गति कम हो जाती है।
- यह क्षेत्र लगभग 100 से 400 किमी की गहराई तक पाया जाता है और प्लेट विवर्तनिकी में महत्वपूर्ण भूमिका निभाता है।

अपवाह एवं नदियों के स्थित नगर, झीलें एवं जलप्रपात

49. Which of the following is a shallow lake?
निम्नलिखित में से कौन-सी उथली झील है?

(a) Khari lake / खारी झील
(b) Suposhan lake / सुपोषण झील
(c) Alp-poshi lake / अल्पोषी झील
(d) More than one of the above / उपर्युक्त में से एक से अधिक
(e) None of the above / उपर्युक्त में से कोई नहीं

Exam: BPSC TRE-3.0 6-8 Exam-2024 (Cancelled)

Answer: (a) Khari lake / खारी झील

Explanation:

- उथली झीलों को प्लाया झील (Playa lake) भी कहा जाता है।
- इसका प्रमुख उदाहरण खारी झील (Salt lake) है।
- यह शुष्क क्षेत्रों में वर्षा के बाद अस्थायी रूप से बनती है।
- इसमें पानी सूखने पर नमक (Salt deposits) रह जाते हैं।

50. Which of the following volcanoes is not found in the Circum-Pacific Belt?
निम्नलिखित में से कौन सा ज्वालामुखी सर्कम-पैसिफिक बेल्ट में नहीं पाया जाता है?

(a) Mount Pinatubo / माउंट पिनातुबो
(b) Mount St. Helens / माउंट सेंट हेलेंस
(c) Mount Vesuvius / माउंट विसुवियस
(d) More than one of the above / उपर्युक्त में से एक से अधिक
(e) None of the above / इनमें से कोई नहीं

Ncert Class-7 Chapter 3

Answer: (c) Mount Vesuvius / माउंट विसुवियस

Explanation:

- सर्कम-पैसिफिक बेल्ट को "रिंग ऑफ फायर" भी कहा जाता है।
- यह क्षेत्र प्रशांत महासागर के चारों ओर सक्रिय ज्वालामुखियों और भूकंपों के लिए प्रसिद्ध है।
- माउंट पिनातुबो (फिलीपींस) और माउंट सेंट हेलेंस (अमेरिका) इसी बेल्ट में स्थित हैं।
- माउंट विसुवियस इटली में स्थित है और यह भूमध्यसागरीय ज्वालामुखीय क्षेत्र का भाग है।
- इसलिए यह सर्कम-पैसिफिक बेल्ट में शामिल नहीं है।

51. Which of the following earthquake waves are most destructive?
भूकम्प की निम्न में से कौन-सी लहर सबसे विध्वंसक होती है?

(a) S-waves / S-लहरें
(b) P-waves / P-लहरें
(c) L-waves / L-लहरें
(d) More than one of the above / उपर्युक्त में से एक से अधिक
(e) None of the above / इनमें से कोई नहीं

Ncert Class-7 Chapter 3

Answer: (c) L-waves / L-लहरें

Explanation:

- L-लहरें (Love waves) भूकंप की सबसे अधिक विनाशकारी तरंगें होती हैं।
- इन्हें धरातलीय तरंगें (Surface waves) भी कहा जाता है क्योंकि ये पृथ्वी की सतह पर चलती हैं।
- इन तरंगों का प्रभाव भूकंप के केंद्र के निकट क्षेत्रों में अधिक होता है।
- ये तरंगें भूमि को क्षैतिज दिशा में हिलाती हैं, जिससे इमारतों को अधिक नुकसान होता है।
- इसी कारण L-लहरें भूकंप के दौरान सबसे अधिक विनाश का कारण बनती हैं।

52. Which of the following is a shallow lake?
निम्नलिखित में से कौन-सी उथली झील है?

(a) Khari lake / खारी झील
(b) Suposhan lake / सुपोषण झील
(c) Alp-poshi lake / अल्पोषी झील
(d) More than one of the above / उपर्युक्त में से एक से अधिक
(e) None of the above / उपर्युक्त में से कोई नहीं

Exam: BPSC TRE-3.0 6-8 Exam-2024 (Cancelled)

Answer: (a) Khari lake / खारी झील

Explanation:

- उथली झील को सामान्यतः प्लाया झील (Playa Lake) कहा जाता है।
- इसका प्रमुख उदाहरण खारी झील (Salt lake) है।
- यह प्रायः शुष्क या मरुस्थलीय क्षेत्रों (Arid regions) में पाई जाती है।
- वर्षा के बाद जल भरने पर अस्थायी झील बनती है और बाद में नमक जमाव (Salt deposition) रह जाता है।

53. Consider the following statements about Lake Victoria

विक्टोरिया झील के संबंध में निम्नलिखित कथनों पर विचार कीजिए

1. **By surface area it is the third largest freshwater lake in the world / सतह क्षेत्रफल के अनुसार यह विश्व की तीसरी सबसे बड़ी मीठे पानी की झील है**
2. **It is one of the African Great Lakes / यह अफ्रीका की महान झीलों में से एक है**
3. **It borders Tanzania, Uganda, Rwanda and Kenya / इसकी सीमा तंजानिया, युगांडा, रवांडा और केन्या से लगती है**
4. **The only river flowing out is the Nile at Jinja in Uganda / इससे निकलने वाली एकमात्र नदी नील है, जो युगांडा के जिन्जा से निकलती है**

Which statements are incorrect?

उपर्युक्त में से कौन-से कथन गलत हैं?

(a) 1 and 2 / 1 और 2
(b) 2 and 4 / 2 और 4
(c) 3 and 4 / 3 और 4
(d) 1 and 3 / 1 और 3

Exam: 69th BPSC (Pre) 2023

Answer: (d) 1 and 3

Explanation:

- विक्टोरिया झील अफ्रीका की सबसे बड़ी झील (Largest lake of Africa) है।
- यह विश्व की दूसरी सबसे बड़ी मीठे पानी की झील (Second largest freshwater lake) है।
- इसकी सीमा केन्या, युगांडा और तंजानिया (Kenya, Uganda, Tanzania) से लगती है, रवांडा से नहीं।
- इससे निकलने वाली नदी नील नदी (Nile River) है जो जिन्जा (Jinja) से निकलती है।

54. Which statement is correct about Lake Superior?

लेक सुपीरियर के संबंध में कौन-सा कथन सही है?

(a) It is the largest freshwater lake in the world/ यह विश्व की सबसे बड़ी मीठे पानी की झील है

(b) It forms boundary between Canada and USA/ यह कनाडा और अमेरिका के बीच सीमा बनाती है

(c) It forms about 1700 km long boundary/ यह लगभग 1700 किमी लंबी सीमा बनाती है

(d) More than one of the above/ उपर्युक्त में से एक से अधिक

(e) None of the above / उपर्युक्त में से कोई नहीं

Exam: BPSC School Teacher 2023 (Paper-II Shift-1)

Answer: (b) It forms boundary between Canada and USA/ यह कनाडा और अमेरिका के बीच सीमा बनाती है

Explanation:

- लेक सुपीरियर कनाडा और संयुक्त राज्य अमेरिका (Canada–USA) के बीच सीमा बनाती है।
- यह ग्रेट लेक्स (Great Lakes) प्रणाली का हिस्सा है।
- ग्रेट लेक्स में पाँच झीलें हैं — Superior, Michigan, Huron, Erie, Ontario।
- सुपीरियर झील सतह क्षेत्रफल (Surface area) के आधार पर विश्व की सबसे बड़ी मीठे पानी की झील है।

55. Which country is part of the Amazon River basin?

निम्नलिखित में से कौन-सा देश अमेजन नदी बेसिन का हिस्सा है?

(a) Argentina / अर्जेंटीना

(b) Chile / चिली

(c) Venezuela / वेनेजुएला

(d) More than one of the above / उपर्युक्त में से एक से अधिक

(e) None of the above / उपर्युक्त में से कोई नहीं

Exam: BPSC School Teacher 2023 (Paper-II Shift-1)

Answer: (c) Venezuela / वेनेजुएला

Explanation:

- अमेजन नदी विश्व की सबसे विशाल जलप्रणाली (Largest drainage basin) वाली नदी है।
- यह एंडीज पर्वत (Andes Mountains) से निकलती है।
- यह ब्राज़ील सहित कई देशों से होकर बहती है।
- अंत में अटलांटिक महासागर (Atlantic Ocean) में गिरती है।

56. Which is INCORRECT about rivers and their origin?

नदियों और उनकी उत्पत्ति के बारे में कौन सा गलत है?

(a) The Jhelum rises from Sheshnag / झेलम शेषनाग से निकलती है।

(b) The Beas rises on the mountains of the Bangahal basin in Himachal Pradesh / हिमाचल प्रदेश में बांगाहल बेसिन के पहाड़ों से व्यास नदी निकलती है।

(c) The Chenab rises near Baralacha Pass in Lahaul / चेनाब लाहौल में बारालाचा दर्रे के पास से निकलती है।

(d) More than one of the above / उपर्युक्त में से एक से अधिक

(e) None of the above / इनमें से कोई नहीं

Ncert Class-6 Chapter 7

Answer: (b) The Beas rises on the mountains of the Bangahal basin in Himachal Pradesh / हिमाचल प्रदेश में बांगाहल बेसिन के पहाड़ों से व्यास नदी निकलती है।

Explanation:

- व्यास नदी सिंधु की एक महत्वपूर्ण सहायक नदी है।
- इसका वास्तविक उद्गम रोहतांग दर्रे के निकट 'व्यास कुंड' से माना जाता है।
- यह नदी कुल्लू घाटी से होकर बहती है और हिमाचल प्रदेश में महत्वपूर्ण भूमिका निभाती है।
- आगे चलकर यह पंजाब में सतलुज नदी से मिल जाती है।
- इसलिए बांगाहल बेसिन के पहाड़ों को इसका उद्गम बताना गलत है।

57. "Son river" flowing across Khaijuwa ridges in the southern part of Rewa is a fine example of:

रीवा के दक्षिणी भाग में खैन्जुआ पहाड़ी-श्रृंखलाओं में "सोन नदी" का बहना ______ का एक उत्तम उदाहरण है।

(a) Antecedent river / पूर्ववर्ती नदी

(b) Anteconsequent river / परिणामी नदी

(c) Superimposed river / अध्यारोपित नदी

(e) More than one of the above / उपर्युक्त में से एक

से अधिक

(e) None of the above / इनमें से कोई नहीं

Ncert Class-7 Chapter 3

Answer: (c) Superimposed river / अध्यारोपित नदी

Explanation:

- सोन नदी गंगा की एक प्रमुख दाहिनी तट की सहायक नदी है।
- इसका उद्गम अमरकंटक पठार से माना जाता है।
- इसकी कुल लंबाई लगभग 784–811 किमी के बीच मानी जाती है।
- रीवा के दक्षिणी भाग में खैन्जुआ पर्वत-श्रृंखलाओं को काटते हुए इसका प्रवाह अध्यारोपित नदी का उदाहरण है।
- अध्यारोपित नदियाँ अपनी प्रारंभिक प्रवाह दिशा को बनाए रखते हुए नई भू-आकृतिक संरचनाओं को काटकर आगे बढ़ती हैं।

58. The Krishna river originates near which of the following places?

कृष्णा नदी का उद्गम निम्नलिखित स्थानों में से किसके पास है?

(a) Nashik / नासिक

(b) Pravara / प्रवरा

(c) Mahabaleshwar / महाबलेश्वर

(d) More than one of the above / उपर्युक्त में से एक से अधिक

(e) None of the above / इनमें से कोई नहीं

Ncert Class-6 Chapter 7

Answer: (c) Mahabaleshwar / महाबलेश्वर

Explanation:

- कृष्णा नदी प्रायद्वीपीय भारत की एक प्रमुख नदी है।
- इसका उद्गम महाराष्ट्र के सतारा जिले में महाबलेश्वर के निकट होता है।
- यह नदी मुख्य रूप से पूर्व दिशा में बहती हुई बंगाल की खाड़ी में गिरती है।
- इसकी कुल लंबाई लगभग 1400 किमी है।
- इसकी प्रमुख सहायक नदियों में कोयना, भीमा, तुंगभद्रा, घाटप्रभा और मालप्रभा शामिल हैं।

महासागरीय जलधाराएँ एवं महासागर

59. El Nino current flows in

एल नीनो धारा कहाँ प्रवाहित होती है?

(a) Pacific Ocean / प्रशांत महासागर

(b) Indian Ocean / हिंद महासागर

(c) Bay of Bengal / बंगाल की खाड़ी

(d) More than one of the above / उपर्युक्त में से एक से अधिक

(e) None of the above / उपर्युक्त में से कोई नहीं

Exam: 69th BPSC (Pre) 2023

Answer: (a) Pacific Ocean / प्रशांत महासागर

Explanation:

- एल नीनो प्रशांत महासागर (Pacific Ocean) में होने वाली जलवायु घटना है।
- इसमें समुद्र की सतह का तापमान असामान्य रूप से बढ़ जाता है (Sea surface warming)।
- यह वैश्विक मौसम प्रणाली जलवायु परिवर्तन (Climate variability) को प्रभावित करती है।
- इसका प्रभाव मानसून और वर्षा (Monsoon rainfall) पर पड़ता है।

60. Which process leads to the formation of continental shelves?

निम्नलिखित में से किस प्रक्रिया के कारण महाद्वीपीय मग्नतट की उत्पत्ति होती है?

(a) Deposition of black soil near the sea / समुद्र के पास काली मिट्टी का जमाव

(b) Gradual subsidence along the continental margin / महाद्वीपीय सीमांत के साथ साधारण भ्रंश

(c) Positive change in sea floor / समुद्र तल में सकारात्मक परिवर्तन

(d) More than one of the above / उपर्युक्त में से एक से अधिक

(e) None of the above / इनमें से कोई नहीं

Ncert Class-6 Chapter 5

Answer: (b) Gradual subsidence along the continental margin / महाद्वीपीय सीमांत के साथ साधारण भ्रंश

Explanation:

- महाद्वीपीय मग्नतट (Continental Shelf) महाद्वीपों के किनारे का उथला समुद्री भाग होता है।
- इसका निर्माण मुख्यतः महाद्वीपीय सीमांत के धीरे-धीरे धँसने (subsidence) से होता है।
- इस प्रक्रिया के कारण तट के पास समुद्र का उथला क्षेत्र बन जाता है।
- महाद्वीपीय मग्नतट समुद्री संसाधनों जैसे मछली, तेल और प्राकृतिक गैस के लिए महत्वपूर्ण है।
- यह महासागर और महाद्वीप के बीच संक्रमण क्षेत्र का कार्य करता है।

61. Which one of the following is a low island found in the tropical oceans with brackish water?

खारा जल वाले उष्ण कटिबंधीय महासागरों में निम्न ऊँचाई वाले द्वीप निम्नलिखित में से कौन से हैं?

(a) Atoll / एटोल द्वीप
(b) Oceanic / महासागरीय कटक
(c) Guyot / निम्न द्वीप
(d) More than one of the above / उपर्युक्त में से एक से अधिक
(e) None of the above / इनमें से कोई नहीं

Ncert Class-7 Chapter 3

Answer: (c) Guyot / निम्न द्वीप

Explanation:

- गयोट (Guyot) समुद्र के भीतर स्थित समतल शीर्ष वाला ज्वालामुखीय पर्वत होता है।
- इसका शीर्ष भाग अक्सर समुद्र तल से नीचे या बहुत कम ऊँचाई पर होता है।
- ये मुख्यतः उष्णकटिबंधीय महासागरों में पाए जाते हैं।
- समय के साथ इनके ऊपरी भाग का कटाव (erosion) होकर समतल हो जाता है।
- इन्हें कभी-कभी निम्न द्वीप या समतल शीर्ष समुद्री पर्वत भी कहा जाता है।

जलसंधियाँ एवं महासागरीय गर्त

62. Which oceans are connected by Panama Canal?

पनामा नहर किन महासागरों को जोड़ती है?

(a) Atlantic Ocean and Pacific Ocean/ अटलांटिक महासागर और प्रशांत महासागर
(b) Pacific Ocean and Indian Ocean / प्रशांत महासागर और हिंद महासागर
(c) Atlantic Ocean and Yellow Sea / अटलांटिक महासागर और पीला सागर
(d) More than one of the above / उपर्युक्त में से एक से अधिक
(e) None of the above / उपर्युक्त में से कोई नहीं

Exam: BPSC TRE-2.0 18/12/2023 (Paper-II)

Answer: (a) Atlantic Ocean and Pacific Ocean

Explanation:

- पनामा नहर अटलांटिक और प्रशांत महासागर (Atlantic–Pacific Ocean) को जोड़ती है।
- यह मानव निर्मित जलमार्ग (Man-made waterway) है।
- यह पनामा देश (Panama) में स्थित है।
- इससे समुद्री व्यापार मार्ग (Global shipping routes) छोटा हो जाता है।

वायुमंडल का संघटन

63. Atmosphere receives most of its energy from

वायुमंडल अपनी अधिकतम ऊर्जा प्राप्त करता है

(a) Long wave terrestrial radiation / दीर्घ पार्थिव विकिरण तरंगें
(b) Short wave terrestrial radiation / लघु पार्थिव विकिरण तरंगें
(c) Sun / सूर्य
(d) More than one of the above / उपर्युक्त में से एक से अधिक
(e) None of the above / उपर्युक्त में से कोई नहीं

Exam: BPSC TRE 3.0 (1-5) Re-exam 20/07/2024

Answer: (a) Long wave terrestrial radiation / दीर्घ पार्थिव विकिरण

Explanation:

- वायुमंडल को सबसे अधिक ऊर्जा पृथ्वी से निकलने वाले दीर्घ पार्थिव विकिरण (Long wave terrestrial radiation) से मिलती है।

- सूर्य से आने वाली ऊर्जा लघु तरंग विकिरण (Short wave radiation) के रूप में पृथ्वी तक पहुँचती है।
- पृथ्वी इस ऊर्जा को अवशोषित करके पुनः दीर्घ तरंग विकिरण (Long wave radiation) के रूप में छोड़ती है।
- यही विकिरण वायुमंडल को गर्म करता है और ऊष्मा संतुलन (Heat balance) बनाए रखता है।

64. The major and top source of oxygen in the atmosphere is

वायुमंडल में ऑक्सीजन का मुख्य एवं सबसे बड़ा स्रोत है

(a) Photosynthesis by forest plants / जंगल के पौधों का प्रकाश संश्लेषण

(b) Photosynthesis by oceanic plants / समुद्री पौधों का प्रकाश संश्लेषण

(c) Photosynthesis by grassland ecosystem / घास के मैदानों का प्रकाश संश्लेषण

(d) More than one of the above / उपर्युक्त में से एक से अधिक

(e) None of the above / उपर्युक्त में से कोई नहीं

Exam: BPSC TRE 3.0 (1-5) Re-exam 20/07/2024

Answer: (b) Photosynthesis by oceanic plants / समुद्री पौधों का प्रकाश संश्लेषण

Explanation:

- वायुमंडल की अधिकांश ऑक्सीजन समुद्री पौधों (Oceanic plants) से उत्पन्न होती है।
- विशेष रूप से फाइटोप्लैंकटन (Phytoplankton) सबसे अधिक ऑक्सीजन बनाते हैं।
- यह प्रक्रिया प्रकाश संश्लेषण (Photosynthesis) के माध्यम से होती है।
- पृथ्वी की कुल ऑक्सीजन का लगभग 50–70% महासागरों (Oceans) से मिलता है।

65. Some facts about Ozone (O_3) are

ओजोन (O_3) के बारे में कुछ तथ्य हैं

(a) It absorbs high wavelength radiation / यह उच्च तरंगदैर्ध्य विकिरण को अवशोषित करती है

(b) It is most stable gas of atmosphere / यह वायुमंडल की सबसे स्थायी गैस है

(c) It is found in mesosphere / यह मध्य मंडल में पाई जाती है

(d) More than one of the above / उपर्युक्त में से एक से अधिक

(e) None of the above / उपर्युक्त में से कोई नहीं

Exam: BPSC TRE 3.0 (1-5) Re-exam 20/07/2024

Answer: (e) None of the above / उपर्युक्त में से कोई नहीं

Explanation:

- ओजोन पराबैंगनी विकिरण (Ultraviolet radiation) को अवशोषित करती है।
- यह समताप मंडल (Stratosphere) में पाई जाती है।
- यह स्थायी नहीं बल्कि परिवर्तनशील गैस (Unstable gas) है।
- ओजोन परत पृथ्वी को हानिकारक UV-B radiation से बचाती है।

66. Percentage of oxygen in air is

वायु में ऑक्सीजन का प्रतिशत है

(a) 0.04%

(b) 0.93%

(c) 21%

(d) More than one of the above / उपर्युक्त में से एक से अधिक

(e) None of the above / उपर्युक्त में से कोई नहीं

Exam: BPSC TRE-3.0 (1-5) Exam-2024

Answer: (c) 21%

Explanation:

- वायुमंडल में लगभग 78% नाइट्रोजन (Nitrogen) पाई जाती है।
- लगभग 21% ऑक्सीजन (Oxygen) होती है।
- अन्य गैसों में आर्गन (Argon), कार्बन डाइऑक्साइड (CO_2) आदि शामिल हैं।
- ये सभी मिलकर वायुमंडलीय संरचना (Atmospheric composition) बनाते हैं।

67. In which layer of atmosphere do aeroplanes fly?

वायुमंडल की किस परत में हवाई जहाज उड़ते हैं?

(a) Troposphere / क्षोभमंडल

(b) Stratosphere / समतापमंडल

(c) Mesosphere / मध्यमंडल

(d) More than one of the above / उपर्युक्त में से एक से अधिक
(e) None of the above / उपर्युक्त में से कोई नहीं

Exam: BPSC TRE-3.0 (1-5) Exam-2024

Answer: (b) Stratosphere / समतापमंडल

Explanation:

- हवाई जहाज प्रायः समतापमंडल (Stratosphere) में उड़ते हैं।
- यहाँ मौसम संबंधी घटनाएँ बहुत कम होती हैं।
- इसलिए उड़ान अधिक स्थिर (Stable) और सुरक्षित रहती है।
- इसी परत में ओजोन परत (Ozone layer) पाई जाती है।

68. Which atmospheric layer has the lowest temperature?

वायुमंडल की किस परत का तापमान सबसे कम होता है?

(a) Stratosphere / समतापमंडल
(b) Troposphere / क्षोभमंडल
(c) Mesosphere / मध्यमंडल
(d) More than one of the above / उपर्युक्त में से एक से अधिक
(e) None of the above / उपर्युक्त में से कोई नहीं

Exam: BPSC School Teacher 2023

Answer: (c) Mesosphere / मध्यमंडल

Explanation:

- मध्यमंडल का तापमान सबसे कम होता है।
- यहाँ तापमान लगभग -90°C तक पहुँच सकता है।
- यह परत लगभग 50–85 km ऊँचाई (Altitude) तक फैली होती है।
- इसी परत में उल्काएँ जलकर नष्ट (Meteor burning) हो जाती हैं।

69. Correct order of atmospheric layers from earth surface

पृथ्वी की सतह से वायुमंडल की परतों का सही क्रम

(a) Troposphere → Stratosphere → Mesosphere → Ionosphere → Exosphere / क्षोभमंडल → समतापमंडल → मध्यमंडल → आयनमंडल (→ बहिर्मंडल
(b) Troposphere → Mesosphere → Stratosphere → Ionosphere → Exosphere / क्षोभमंडल → मध्यमंडल → समतापमंडल → आयनमंडल (Ionosphere) → बहिर्मंडल
(c) Troposphere → Mesosphere → Ionosphere → Stratosphere → Exosphere / क्षोभमंडल → मध्यमंडल → आयनमंडल → समतापमंडल → समतापमंडल → बहिर्मंडल
(d) More than one of the above / उपर्युक्त में से एक से अधिक
(e) None of the above / उपर्युक्त में से कोई नहीं

Exam: BPSC School Teacher 2023

Answer: (a) Troposphere ⟶ Stratosphere ⟶ Mesosphere ⟶ Ionosphere ⟶ Exosphere

Explanation:

- पृथ्वी से ऊपर क्रम इस प्रकार है –
- क्षोभमंडल (Troposphere)
- समतापमंडल (Stratosphere)
- मध्यमंडल (Mesosphere)
- आयनमंडल (Ionosphere)
- बहिर्मंडल (Exosphere)

70. The Dobson unit is defined as the unit used for measuring ______.

डॉब्सन इकाई के मापन के लिए उपयोग की जाने वाली इकाई के रूप में परिभाषित किया गया है

(a) Normal temperature of air / वायु का सामान्य तापमान
(b) Relative pressure / सापेक्ष दबाव
(c) Ozone concentration / ओजोन संकेंद्रण
(d) More than one of the above / उपर्युक्त में से एक से अधिक
(e) None of the above / इनमें से कोई नहीं

Ncert Class-7 Chapter 4

Answer: (c) Ozone concentration / ओजोन संकेंद्रण

Explanation:

- वायुमंडलीय ओजोन का मापन डॉब्सन स्पेक्ट्रोमीटर द्वारा किया जाता है।

- इस इकाई से डॉब्सन यूनिट (DU) में ओजोन परत की मात्रा व्यक्त की जाती है।
- एक डॉब्सन यूनिट शुद्ध ओजोन की 0.01 मिमी मोटाई के बराबर होती है।
- इसका उपयोग मुख्यतः समताप मंडल में ओजोन की कुल मात्रा मापने के लिए किया जाता है।
- ओजोन परत पृथ्वी को हानिकारक पराबैंगनी (UV) किरणों से बचाती है।

71. Identify the layer of Earth's atmosphere with this statement: One important feature of it is that it contains a layer of ozone gas.
इस कथन के साथ पृथ्वी के वायुमंडल की परत को पहचानें जिसकी एक महत्वपूर्ण विशेषता ओजोन गैस की परत होती है।

(a) Troposphere / क्षोभमंडल
(b) Stratosphere / समतापमंडल
(c) Thermosphere / तापमंडल
(d) More than one of the above / उपर्युक्त में से एक से अधिक
(e) None of the above / इनमें से कोई नहीं

Ncert Class-7 Chapter 4

Answer: (b) Stratosphere / समतापमंडल

Explanation:

- वायुमंडल की दूसरी परत समतापमंडल (Stratosphere) कहलाती है।
- इसी परत में ओजोन परत (Ozone layer) पाई जाती है।
- ओजोन परत सूर्य से आने वाली हानिकारक पराबैंगनी (UV) किरणों को अवशोषित करती है।
- यह परत लगभग 15 से 35 किमी की ऊँचाई के बीच पाई जाती है।
- इस परत में तापमान ऊँचाई के साथ धीरे-धीरे बढ़ता है।

72. If there is no atmosphere then the Earth's average temperature will be:
यदि कोई वायुमंडल न हो, तो पृथ्वी का औसत तापमान क्या होगा?

(a) Below the boiling temperature of water / पानी के क्वथनांक से कम
(b) Below the freezing temperature of water / पानी के हिमांक से कम
(c) Above the boiling temperature of water / पानी के क्वथनांक से अधिक
(d) More than one of the above / उपर्युक्त में से एक से अधिक
(e) None of the above / इनमें से कोई नहीं

Ncert Class-7 Chapter 4

Answer: (b) Below the freezing temperature of water / पानी के हिमांक से कम

Explanation:

- पृथ्वी के चारों ओर वायुमंडल गैसों का आवरण होता है।
- वायुमंडल में उपस्थित गैसें, विशेषकर कार्बन डाइऑक्साइड, ऊष्मा को बनाए रखने में मदद करती हैं।
- यह प्रक्रिया ग्रीनहाउस प्रभाव (Greenhouse Effect) कहलाती है।
- यदि वायुमंडल न हो तो पृथ्वी की सतह से ऊष्मा अंतरिक्ष में तेजी से निकल जाएगी।
- इसलिए पृथ्वी का औसत तापमान पानी के हिमांक से भी नीचे चला जाएगा।

वायुदाब, आर्द्रता एवं पवन

73. Match the following winds

सूची-I को सूची-II से सुमेलित कीजिए

List-I / सूची-I

A. Foehn / फॉन

B. Chinook / चिनूक

C. Mistral / मिस्ट्रल

D. Valley breeze / घाटी हवा

List-II / सूची-II

1. Daily wind / दैनिक हवा

2. Cold local wind / ठंडी स्थानीय हवा

3. Snow-eating wind / बर्फ खाने वाली हवा

4. Warm local wind / गर्म स्थानीय हवा

Codes / कूट

(a) A-4, B-3, C-2, D-1
(b) A-2, B-1, C-4, D-3
(c) A-1, B-2, C-3, D-4

(d) More than one of the above / उपर्युक्त में से एक से अधिक
(e) None of the above / उपर्युक्त में से कोई नहीं

Exam: BPSC TRE-3.0 (6-8) Exam-2024 (Cancelled)

Answer: (a) A-4, B-3, C-2, D-1

Explanation:

- फॉन (Foehn) आल्प्स पर्वत में बहने वाली गर्म और शुष्क स्थानीय हवा (Warm local wind) है।
- चिनूक (Chinook) रॉकी पर्वत क्षेत्र में चलने वाली हवा है जिसे बर्फ खाने वाली हवा (Snow-eating wind) कहा जाता है क्योंकि यह बर्फ को तेजी से पिघलाती है।
- मिस्ट्रल (Mistral) फ्रांस के रोन घाटी क्षेत्र में चलने वाली ठंडी और तेज स्थानीय हवा (Cold local wind) है।
- घाटी हवा (Valley breeze) दिन में घाटी से पर्वत की ओर बहने वाली दैनिक हवा (Daily wind) होती है।

74. Wind blowing from Mediterranean Sea to NW India

भूमध्य सागर से भारत के उत्तर-पश्चिम भाग की ओर चलने वाली हवा

(a) Western Disturbance / पश्चिमी विक्षोभ
(b) Norwester / कालबैसाखी
(c) Mango shower / आम वर्षा
(d) More than one of the above / उपर्युक्त में से एक से अधिक
(e) None of the above / उपर्युक्त में से कोई नहीं

Exam: BPSC TRE-2.0 09/12/2023

Answer: (a) Western Disturbance / पश्चिमी विक्षोभ

Explanation:

- पश्चिमी विक्षोभ भूमध्य सागर (Mediterranean Sea) क्षेत्र से उत्पन्न होते हैं।
- ये शीतकाल में उत्तर-पश्चिम भारत (North-West India) में वर्षा लाते हैं।
- इससे हिमालय क्षेत्र में हिमपात (Snowfall) भी होता है।
- यह एक उष्णकटिबंधीय चक्रवातीय प्रणाली (Extratropical cyclone) है।

75. Origin of Western Disturbance

पश्चिमी विक्षोभ का उत्पत्ति क्षेत्र

(a) Asia Minor / एशिया माइनर
(b) Western Asia / पश्चिमी एशिया
(c) Mediterranean coastal region of West Asia / पश्चिमी एशिया का भूमध्यसागरीय तटीय क्षेत्र
(d) More than one of the above / उपर्युक्त में से एक से अधिक
(e) None of the above / उपर्युक्त में से कोई नहीं

Exam: BPSC School Teacher 2023 (Paper-II Shift-2)

Answer: (c) Mediterranean coastal region of West Asia / पश्चिमी एशिया का भूमध्यसागरीय तटीय क्षेत्र

Explanation:

- पश्चिमी विक्षोभ का उद्गम भूमध्यसागरीय क्षेत्र (Mediterranean region) में होता है।
- यह एक प्रकार का बहिर्उष्णकटिबंधीय चक्रवात (Extratropical cyclone) होता है।
- ये हवाएँ पश्चिम से पूर्व की ओर चलकर उत्तर-पश्चिम भारत (North-West India) तक पहुँचती हैं।
- इनके कारण शीतकाल में वर्षा और हिमपात (Winter rainfall and snowfall) होता है, विशेषकर पंजाब, हरियाणा, हिमाचल और जम्मू-कश्मीर में।

76. Air density at standard conditions is about ______.

मानक स्थितियों में हवा का घनत्व ____ तक रहता है।

(a) 1.885 kg/m^3 / 1.885 किग्रा/मी^{3}
(b) 2.55 kg/m^3 / 2.55 किग्रा/मी^{3}
(c) 1.226 kg/m^3 / 1.226 किग्रा/मी^{3}
(d) More than one of the above / उपर्युक्त में से एक से अधिक
(e) None of the above / इनमें से कोई नहीं

Ncert Class-7 Chapter 4

Answer: (c) 1.226 kg/m^3 / 1.226 किग्रा/मी^{3}

Explanation:

- वायु का घनत्व किसी निश्चित आयतन में वायु के द्रव्यमान को दर्शाता है।
- मानक तापमान और दाब (STP) पर वायु का घनत्व लगभग 1.226 किग्रा/मी^{3} होता है।

- वायु का घनत्व मुख्यतः तापमान, दाब और आर्द्रता से प्रभावित होता है।
- तापमान बढ़ने पर वायु का घनत्व कम हो जाता है।
- घनत्व को सामान्यतः r (rho) प्रतीक द्वारा दर्शाया जाता है।

77. The temperature zone called "Temperate Zone" extends between ______ in both hemispheres.

"शीतोष्ण क्षेत्र" नामक तापमान क्षेत्र दोनों गोलार्द्धों में ______ के बीच विस्तृत होता है।

(a) 0° and 23.5° latitude / 0° और 23.5° अक्षांश
(b) 0° and 66.5° latitude / 0° और 66.5° अक्षांश
(c) 23.5° and 66.5° latitude / 23.5° और 66.5° अक्षांश
(d) More than one of the above / उपर्युक्त में से एक से अधिक
(e) None of the above / इनमें से कोई नहीं

Ncert Class-7 Chapter 4

Answer: (c) 23.5° and 66.5° latitude / 23.5° और 66.5° अक्षांश

Explanation:

- शीतोष्ण कटिबंध दोनों गोलार्द्धों में 23.5° अक्षांश से 66.5° अक्षांश के बीच पाया जाता है।
- यह क्षेत्र कर्क रेखा/मकर रेखा और आर्कटिक/अंटार्कटिक वृत्त के बीच स्थित होता है।
- इस क्षेत्र में सूर्य की किरणें न तो बिल्कुल सीधी और न ही अत्यधिक तिरछी पड़ती हैं।
- यहाँ का तापमान सामान्यतः मध्यम रहता है।
- इस कारण इस क्षेत्र को समशीतोष्ण या शीतोष्ण कटिबंध कहा जाता है।

78. What is an area in which two or ______ air masses meet?

दो या दो से अधिक हवा द्रव्यमान के मिलने के क्षेत्र को ______ कहते हैं।

(a) Front / अग्रभाग
(b) Tornado / जलस्तंभ
(c) Air mass / हवा का द्रव्यमान
(d) More than one of the above / उपर्युक्त में से एक से अधिक
(e) None of the above / इनमें से कोई नहीं

Ncert Class-7 Chapter 4

Answer: (a) Front / अग्रभाग

Explanation:

- दो या दो से अधिक वायु द्रव्यमानों के मिलने के क्षेत्र को वाताग्र (Front) कहा जाता है।
- इस प्रक्रिया को फ्रंटोजेनेसिस (Frontogenesis) कहा जाता है।
- वाताग्र मुख्यतः चार प्रकार के होते हैं – शीत वाताग्र, ऊष्ण वाताग्र, अवरुद्ध वाताग्र और स्थिर वाताग्र।
- शीत वाताग्र में ठंडी वायु गर्म वायु को ऊपर उठाती है।
- इस क्षेत्र में प्रायः बादल, वर्षा और तूफानी मौसम उत्पन्न होते हैं।

जलवायु एवं घास के मैदान

79. Grassland with scattered trees is called

बिखरे हुए वृक्षों वाले घास के मैदान कहलाते हैं

(a) Savanna / सवाना
(b) Agroforest / कृषि वन
(c) Rain forest / वर्षा वन
(d) More than one of the above / उपर्युक्त में से एक से अधिक
(e) None of the above / उपर्युक्त में से कोई नहीं

Exam: BPSC TRE 3.0 Re-exam 2024

Answer: (a) Savanna / सवाना

Explanation:

- सवाना उष्णकटिबंधीय घास का मैदान (Tropical grassland) है।
- इसमें घास के साथ छिटपुट वृक्ष (Scattered trees) पाए जाते हैं।
- यह मुख्यतः अफ्रीका (Africa) में पाया जाता है।
- यहाँ वर्षा मौसमी (Seasonal rainfall) होती है।

80. Which biome is known as Chaparral?

किस जीवोम को 'चैपेरल' कहा जाता है?

(a) Tropical savanna / उष्णकटिबंधीय सवाना
(b) Taiga / टैगा
(c) Mediterranean shrub forest / भूमध्यसागरीय झाड़ी वन

(d) More than one of the above / उपर्युक्त में से एक से अधिक

(e) None of the above / उपर्युक्त में से कोई नहीं

Exam: BPSC TRE-3.0 (6-8) Exam-2024

Answer: (c) Mediterranean shrub forest

Explanation:

- चैपेरल एक भूमध्यसागरीय जैवम (Mediterranean biome) है।
- यहाँ झाड़ीदार वनस्पति Shrub vegetation पाई जाती है।
- इसकी जलवायु गर्म शुष्क ग्रीष्म (Hot dry summer) और हल्की सर्दियाँ (Mild winter) होती है।
- प्रमुख क्षेत्र – California, Chile, South Africa, Australia।

81. In soil profile conditions, the R horizon represents ______.

मृदा संस्तर-स्थितियों में, R परत ______ का प्रतिनिधित्व करती है।

(a) Organic matter / कार्बनिक पदार्थ

(b) Silicate soil materials / सिलिकेट मिट्टी सामग्री

(c) Consolidated rocks / सघनित चट्टानें

(d) More than one of the above / उपर्युक्त में से एक से अधिक

(e) None of the above / इनमें से कोई नहीं

Ncert Class-7 Chapter 8

Answer: (c) Consolidated rocks / सघनित चट्टानें

Explanation:

- मृदा प्रोफ़ाइल में विभिन्न परतों को O, A, B, C और R संस्तर के रूप में दर्शाया जाता है।
- R संस्तर सबसे नीचे की परत होती है।
- यह परत ठोस और सघन मूल चट्टान (Bedrock) का प्रतिनिधित्व करती है।
- इस परत के ऊपर C संस्तर होता है जिसमें अपक्षयित जनक सामग्री पाई जाती है।
- मृदा का निर्माण मुख्यतः जनक चट्टान के अपक्षय से होता है।

82. Which of the following grasslands is found in New Zealand?

निम्नलिखित में से कौन सा घास का मैदान न्यूज़ीलैंड में पाया जाता है?

(a) Downs / डाउन्स

(b) Pampas / पम्पास

(c) Canterbury / कैंटरबरी

(d) More than one of the above / उपर्युक्त में से एक से अधिक

(e) None of the above / इनमें से कोई नहीं

Ncert Class-7 Chapter 8

Answer: (c) Canterbury / कैंटरबरी

Explanation:

- कैंटरबरी घासभूमि न्यूज़ीलैंड में पाई जाने वाली प्रसिद्ध घासभूमि है।
- यह मुख्यतः न्यूज़ीलैंड के दक्षिणी द्वीप में स्थित है।
- विश्व के विभिन्न क्षेत्रों में घासभूमियाँ अलग-अलग नामों से जानी जाती हैं।
- जैसे पम्पास – अर्जेंटीना, प्रेयरी – उत्तरी अमेरिका, वेल्ड – दक्षिण अफ्रीका।
- इसी प्रकार डाउन्स – ऑस्ट्रेलिया में पाए जाने वाले घास के मैदान हैं।

83. Prairies grassland is found in ______.

प्रेयरी घास का मैदान ______ पाया जाता है—

(a) North America / उत्तरी अमेरिका

(b) Australia / ऑस्ट्रेलिया

(c) Africa / अफ्रीका

(d) More than one of the above / उपर्युक्त में से एक से अधिक

(e) None of the above / इनमें से कोई नहीं

Ncert Class-7 Chapter 8

Answer: (a) North America / उत्तरी अमेरिका

Explanation:

- प्रेयरी (Prairies) समशीतोष्ण घासभूमि का प्रमुख उदाहरण है।
- यह मुख्यतः उत्तरी अमेरिका में पाई जाती है।
- इन घासभूमियों की मिट्टी अत्यंत उपजाऊ होती है, इसलिए यहाँ कृषि व्यापक रूप से की जाती है।
- विश्व के विभिन्न क्षेत्रों में घासभूमियाँ अलग-अलग नामों से जानी जाती हैं।
- जैसे पम्पास – दक्षिण अमेरिका, वेल्ड – दक्षिण अफ्रीका, स्टेपी – मध्य एशिया।

वन एवं मृदा

84. Xerophytes are found in which forest?

मरुद्भिद निम्नलिखित में से किस वन में पाए जाते हैं?

(a) Desert forest / मरुस्थलीय वन
(b) Mountain forest / पर्वतीय वन
(c) Moist deciduous forest / आर्द्र पर्णपाती वन
(d) More than one of the above / उपर्युक्त में से एक से अधिक
(e) None of the above / उपर्युक्त में से कोई नहीं

Exam: BPSC TRE-3.0 (6-8) Exam-2024 (Cancelled)

Answer: (a) Desert forest / मरुस्थलीय वन

Explanation:

- मरुद्भिद (Xerophytes) वे पौधे हैं जो शुष्क वातावरण (Dry environment) में जीवित रहने के लिए अनुकूलित होते हैं।
- ये मुख्यतः मरुस्थलीय क्षेत्रों (Desert regions) और जल की कमी वाले स्थानों में पाए जाते हैं।
- इनमें जल संरक्षण के लिए विशेष संरचनाएँ होती हैं जैसे कांटे (Spines) और मोटे तने (Thick stems)।
- ये पौधे दीर्घकालीन सूखे (Long drought) को भी सहन करने की क्षमता रखते हैं।

85. When running water cuts through clayey soil and makes deep channels, they lead to

जब बहता पानी चिकनी मिट्टी को काटता है और गहरे चैनल बनाता है, तो क्या होता है?

(a) Gully erosion / गली कटाव
(b) Sheet erosion / शीट क्षरण
(c) Deforestation / वनों की कटाई
(d) More than one of the above / उपर्युक्त में से एक से अधिक
(e) None of the above / उपर्युक्त में से कोई नहीं

Exam: BPSC TRE-2.0 15/12/2023 (Paper-IV)

Answer: (a) Gully erosion / गली कटाव

Explanation:

- जब वर्षा का पानी तेज गति से बहता है तो मिट्टी को काटकर गहरी नालियाँ (Deep channels) बना देता है।
- इस प्रक्रिया को गली कटाव (Gully erosion) कहा जाता है।
- यह सामान्यतः चिकनी मिट्टी (Clayey soil) और ढाल वाले क्षेत्रों में अधिक होता है।
- इससे भूमि ऊसर या बंजर (Bad land) बन सकती है और कृषि के लिए अनुपयुक्त हो जाती है।

86. 'Leaching' process is related to

'निक्षालन' प्रक्रिया संबंधित है

(a) Regions of heavy rainfall / भारी वर्षा क्षेत्र
(b) Minerals and soil / खनिज और मिट्टी
(c) Roots of plants / पौधों की जड़ों
(d) More than one of the above / उपर्युक्त में से एक से अधिक
(e) None of the above / उपर्युक्त में से कोई नहीं

Exam: BPSC TRE-2.0 10/12/2023 (Paper-III)

Answer: (d) More than one of the above / उपर्युक्त में से एक से अधिक

Explanation:

- निक्षालन (Leaching) वह प्रक्रिया है जिसमें घुलनशील पदार्थ मिट्टी की ऊपरी परत (Top soil) से नीचे की परत में चले जाते हैं।
- यह प्रक्रिया मुख्यतः अधिक वर्षा वाले क्षेत्रों (Heavy rainfall regions) में होती है।
- इससे मिट्टी के खनिज तत्व (Minerals) नीचे चले जाते हैं और पौधों की जड़ों को कम उपलब्ध होते हैं।
- इस कारण ऐसी भूमि में अक्सर लेटेराइट मिट्टी (Laterite soil) पाई जाती है।

87. Soil is formed by the process of

मिट्टी का निर्माण किस प्रक्रिया द्वारा होता है?

(a) Denudation / अनाच्छादन
(b) Gradation / उन्नयन
(c) Weathering / अपक्षय
(d) More than one of the above / उपर्युक्त में से एक से अधिक
(e) None of the above / उपर्युक्त में से कोई नहीं

Exam: BPSC TRE-2.0 18/12/2023 (Paper-II)

Answer: (c) Weathering / अपक्षय

Explanation:

- मिट्टी (Soil) का निर्माण चट्टानों के अपक्षय (Weathering) से होता है।

- अपक्षय में चट्टानें भौतिक, रासायनिक और जैविक प्रक्रियाओं (Physical, chemical, biological processes) से टूटती हैं।
- टूटे हुए कणों में खनिज (Minerals) और जैविक पदार्थ (Organic matter) मिलकर मिट्टी बनाते हैं।
- समय के साथ यह प्रक्रिया मृदा निर्माण (Soil formation) को विकसित करती है।

88. Reserved forests are forests that are:
आरक्षित वन वे वन होते हैं जो:

(a) Reserved for humans / मनुष्यों के लिए आरक्षित
(b) Where hunting and grazing is banned / जहाँ शिकार करना और पशुओं को चराना प्रतिबंधित है।
(c) Reserved for commercial use and prohibited for animal grazing / वाणिज्यिक उपयोग के लिए आरक्षित और पशु चराने के लिए निषिद्ध
(d) More than one of the above / उपर्युक्त में से एक से अधिक
(e) None of the above / इनमें से कोई नहीं

Ncert Class-10 Unit II Chapter 2

Answer: (b) Where hunting and grazing is banned / जहाँ शिकार करना और पशुओं को चराना प्रतिबंधित है।

Explanation:

- आरक्षित वन भारत में वन संरक्षण की सबसे महत्वपूर्ण श्रेणी माने जाते हैं।
- इन वनों में शिकार और पशुओं को चराना प्रतिबंधित होता है।
- भारत में अधिकांश वन और वन्य जीव सरकार के नियंत्रण में होते हैं।
- वन संरक्षण के लिए वनों को मुख्यतः आरक्षित वन, संरक्षित वन और अवर्गीकृत वन में विभाजित किया गया है।
- आरक्षित वनों का उद्देश्य वन और वन्य जीवों का संरक्षण करना है।

89. In which type of forests are Mahogany trees found?

किस प्रकार के जंगलों में महोगनी के पेड़ पाए जाते हैं?

(a) Tropical rain forests / उष्णकटिबंधीय वर्षा वन
(b) Tropical dry deciduous forests / उष्णकटिबंधीय शुष्क पर्णपाती वन
(c) Tropical deciduous forests / उष्णकटिबंधीय पर्णपाती वन
(d) More than one of the above / उपर्युक्त में से एक से अधिक
(e) None of the above / इनमें से कोई नहीं

Ncert Class-10 Unit II Chapter 2

Answer: (a) Tropical rain forests / उष्णकटिबंधीय वर्षा वन

Explanation:

- महोगनी (Mahogany) एक महत्वपूर्ण कठोर लकड़ी देने वाला वृक्ष है।
- यह मुख्यतः उष्णकटिबंधीय वर्षा वनों में पाया जाता है।
- इन वनों में वर्षभर अधिक वर्षा और उच्च तापमान पाया जाता है।
- महोगनी की लकड़ी मजबूत, टिकाऊ और चमकदार होती है।
- इसका उपयोग मुख्यतः फर्नीचर, सजावटी वस्तुएँ और जहाज निर्माण में किया जाता है।

खनिज एवं ऊर्जा संसाधन

90. Which of the following is the source of renewable energy?
निम्न में से कौन-सा नवीकरणीय ऊर्जा का स्रोत है?

(a) Coal / कोयला
(b) Nuclear fuel / नाभिकीय ईंधन
(c) Petroleum / पेट्रोलियम
(d) More than one of the above / उपर्युक्त में से एक से अधिक
(e) None of the above / उपर्युक्त में से कोई नहीं

Exam: BPSC TRE-3.0 (1-5) Re-exam 20/07/2024

Answer: (e) None of the above / उपर्युक्त में से कोई नहीं

Explanation:

- नवीकरणीय ऊर्जा (Renewable energy) वे स्रोत हैं जो प्राकृतिक रूप से पुनः उपलब्ध होते हैं।
- जैसे सौर ऊर्जा (Solar energy), पवन ऊर्जा (Wind energy), जलविद्युत (Hydropower) आदि।

- कोयला, पेट्रोलियम और नाभिकीय ईंधन अनवीकरणीय ऊर्जा (Non-renewable energy) के स्रोत हैं।
- इसलिए दिए गए विकल्पों में कोई भी नवीकरणीय स्रोत नहीं है।

91. Which is the major component of biogas?

बायोगैस का प्रमुख घटक कौन-सा है?

(a) Hydrogen sulphide / हाइड्रोजन सल्फाइड
(b) Methane / मीथेन
(c) Hydrogen / हाइड्रोजन
(d) More than one of the above / उपर्युक्त में से एक से अधिक
(e) None of the above / उपर्युक्त में से कोई नहीं

Exam: BPSC TRE-3.0 (1-5) Re-exam 20/07/2024

Answer: (b) Methane / मीथेन

Explanation:

- बायोगैस (Biogas) का मुख्य घटक मीथेन (Methane) होता है।
- इसमें लगभग 50–70% मीथेन (Methane) पाई जाती है।
- इसके अलावा इसमें कार्बन डाइऑक्साइड (Carbon dioxide) और अन्य गैसें भी होती हैं।
- बायोगैस जैविक पदार्थों के अपघटन (Anaerobic decomposition) से बनती है।

92. Non-conventional source of energy is
ऊर्जा का गैर-पारंपरिक स्रोत है

(a) Atomic energy / परमाणु ऊर्जा
(b) Biogas / बायोगैस
(c) Geothermal energy / भू-तापीय ऊर्जा
(d) More than one of the above / उपर्युक्त में से एक से अधिक
(e) None of the above / उपर्युक्त में से कोई नहीं

Exam: BPSC TRE-3.0 (1-5) Exam-2024 (Cancelled)

Answer: (d) More than one of the above / उपर्युक्त में से एक से अधिक

Explanation:

- गैर-पारंपरिक ऊर्जा (Non-conventional energy) वे स्रोत हैं जो आधुनिक और पर्यावरण-अनुकूल होते हैं।
- इनमें बायोगैस (Biogas), भू-तापीय ऊर्जा (Geothermal energy), सौर ऊर्जा (Solar energy) आदि शामिल हैं।
- ये स्रोत नवीकरणीय (Renewable) और प्रदूषण कम करने वाले होते हैं।
- इसलिए दिए गए विकल्पों में एक से अधिक सही हैं।

93. The largest bauxite producer is
बॉक्साइट का सर्वाधिक उत्पादक है

(a) Africa / अफ्रीका
(b) Brazil / ब्राजील
(c) Australia / ऑस्ट्रेलिया
(d) More than one of the above / उपर्युक्त में से एक से अधिक
(e) None of the above / उपर्युक्त में से कोई नहीं

Exam: BPSC TRE 2.0 14/12/2023 (Paper-I)

Answer: (c) Australia / ऑस्ट्रेलिया

Explanation:

- ऑस्ट्रेलिया (Australia) विश्व का सबसे बड़ा बॉक्साइट उत्पादक (Bauxite producer) देश है।
- बॉक्साइट एल्युमिनियम (Aluminium) का मुख्य अयस्क होता है।
- इसके प्रमुख भंडार ऑस्ट्रेलिया, चीन, ब्राजील और भारत (India) में पाए जाते हैं।
- भारत में ओडिशा (Odisha) बॉक्साइट का सबसे बड़ा उत्पादक राज्य है।

94. Fossil fuels are examples of which type of resources?

जीवाश्म ईंधन किस प्रकार के संसाधनों के उदाहरण हैं?

(a) Renewable / नवीकरणीय
(b) Biological / जैविक
(c) Non-renewable / गैर-नवीकरणीय
(d) More than one of the above / उपर्युक्त में से एक से अधिक
(e) None of the above / उपर्युक्त में से कोई नहीं

Exam: BPSC TRE 2.0 7/12/2023 Shift-II (Paper-III)

Answer: (c) Non-renewable / गैर-नवीकरणीय

Explanation:

- जीवाश्म ईंधन (Fossil fuels) जैसे कोयला, पेट्रोलियम और प्राकृतिक गैस सीमित मात्रा में पाए जाते हैं।
- इनका निर्माण लाखों वर्षों में जैविक अवशेषों (Organic remains) से होता है।

- निरंतर उपयोग से ये समाप्त हो सकते हैं इसलिए इन्हें गैर-नवीकरणीय संसाधन (Non-renewable resources) कहा जाता है।
- ऊर्जा उत्पादन में इनका व्यापक उपयोग होता है।

95. What are the main mineral components of the oceanic crust?

महासागरीय पर्पटी के मुख्य खनिज घटक क्या हैं?

(a) Silica and Alumina / सिलिका और एलुमिना
(b) Silica and Nickel / सिलिका और निकेल
(c) Silica and Magnesium / सिलिका और मैग्नीशियम
(d) More than one of the above / उपर्युक्त में से एक से अधिक
(e) None of the above / उपर्युक्त में से कोई नहीं

Exam: BPSC School Teacher 2023 (Paper-II Shift-1)

Answer: (c) Silica and Magnesium / सिलिका और मैग्नीशियम

Explanation:

- महासागरीय पर्पटी को सिमा (SIMA) भी कहा जाता है।
- इसका मुख्य संघटन सिलिका (Silica) और मैग्नीशियम (Magnesium) से होता है।
- इसकी मोटाई लगभग 5–10 किमी (5–10 km) होती है।
- इसके विपरीत महाद्वीपीय पर्पटी सियाल (SIAL) कहलाती है जिसमें सिलिका और एलुमिनियम प्रमुख होते हैं।

96. Dalli-Rajhara iron ore mines are located in which one of the following states?

दल्ली-राजहरा लौह अयस्क खदानें निम्नलिखित किस राज्य में स्थित हैं?

(a) Odisha / ओडिशा
(b) Chhattisgarh / छत्तीसगढ़
(c) Karnataka / कर्नाटक
(d) More than one of the above / उपर्युक्त में से एक से अधिक
(e) None of the above / इनमें से कोई नहीं

Ncert Class-10 Unit II Chapter 5

Answer: (b) Chhattisgarh / छत्तीसगढ़

Explanation:

- दल्ली-राजहरा लौह अयस्क खदानें छत्तीसगढ़ राज्य में स्थित हैं।
- ये खदानें मुख्यतः दुर्ग–बालोद क्षेत्र में पाई जाती हैं।
- यहाँ से प्राप्त लौह अयस्क का उपयोग भिलाई इस्पात संयंत्र में किया जाता है।
- छत्तीसगढ़ में लौह अयस्क के भंडार दुर्ग, दंतेवाड़ा और बस्तर क्षेत्रों में पाए जाते हैं।
- भारत में प्रमुख लौह अयस्क उत्पादक राज्यों में ओडिशा, छत्तीसगढ़, झारखंड और कर्नाटक शामिल हैं।

97. The Koderma–Gaya–Hazaribagh belt of Jharkhand is a leading producer of ______.
झारखंड के कोडरमा–गया–हजारीबाग बेल्ट ______ खनिज के प्रमुख उत्पादक भाग हैं।

(a) Copper / तांबा
(b) Manganese / मैंगनीज
(c) Mica / माइका
(d) More than one of the above / उपर्युक्त में से एक से अधिक
(e) None of the above / इनमें से कोई नहीं

Ncert Class-10 Unit II Chapter 5

Answer: (c) Mica / माइका

Explanation:

- कोडरमा–गया–हजारीबाग बेल्ट माइका उत्पादन के लिए प्रसिद्ध क्षेत्र है।
- यह क्षेत्र झारखंड और बिहार की सीमा के आसपास स्थित है।
- भारत पहले विश्व का प्रमुख माइका उत्पादक देश रहा है।
- माइका का उपयोग मुख्यतः विद्युत उद्योग, इलेक्ट्रॉनिक्स और इन्सुलेशन में किया जाता है।
- कोडरमा को कभी-कभी "माइका की राजधानी" भी कहा जाता है।

मानव प्रजातियाँ

98. What are non-permanent settlements called?

अनधिवासी बस्तियाँ किस नाम से जानी जाती हैं?

(a) Informal settlements / अनौपचारिक बस्ती
(b) Waste land / अगली कड़ी भूमि
(c) Dead city / मृत नगर
(d) More than one of the above / उपर्युक्त में से एक से अधिक
(e) None of the above / उपर्युक्त में से कोई नहीं

Exam: BPSC TRE-3.0 6-8 Exam-2024 (Cancelled)

Answer: (a) Informal settlements / अनौपचारिक बस्ती

Explanation:

- अनौपचारिक बस्तियाँ (Informal settlements) वे बस्तियाँ होती हैं जो आधिकारिक योजना के बिना विकसित होती हैं।
- इनमें अक्सर कानूनी स्वामित्व (Legal ownership) या उचित आधारभूत सुविधाएँ नहीं होतीं।
- इन्हें सामान्यतः झुग्गी-झोपड़ी क्षेत्र (Slums) भी कहा जाता है।
- विश्व के अनेक बड़े शहरों में ऐसी बस्तियाँ पाई जाती हैं।

99. On the basis of fossils, which is the origin place of man?

जीवाश्म के आधार पर मानव उत्पत्ति केंद्र कौन-सा है?

(a) Central Asia / मध्य एशिया
(b) Rift valley of Africa / अफ्रीका की रिफ्ट घाटी
(c) Jerusalem / जेरूसलम
(d) More than one of the above / उपर्युक्त में से एक से अधिक
(e) None of the above / उपर्युक्त में से कोई नहीं

Exam: BPSC TRE 3.0 (11-12) Exam 22/07/2024

Answer: (b) Rift valley of Africa / अफ्रीका की रिफ्ट घाटी

Explanation:

- मानव के प्रारंभिक जीवाश्म पूर्वी अफ्रीका (East Africa) में पाए गए हैं।
- विशेष रूप से रिफ्ट घाटी (Rift Valley) क्षेत्र में कई महत्वपूर्ण खोजें हुई हैं।
- यहाँ ऑस्ट्रालोपिथेकस (Australopithecus) जैसे प्रारंभिक मानव पूर्वजों के जीवाश्म मिले हैं।
- इसलिए अफ्रीका को मानव जाति का उद्गम स्थल (Cradle of humankind) माना जाता है।

100. With decreasing population, the man-land ratio

जनसंख्या घटने से मानव-भूमि अनुपात

(a) Decreases / घटता है
(b) Increases / बढ़ता है
(c) Remains constant / स्थिर रहता है
(d) More than one of the above / उपर्युक्त में से एक से अधिक
(e) None of the above / उपर्युक्त में से कोई नहीं

Exam: BPSC TRE-2.0 14/12/2023 (Paper-I)

Answer: (b) Increases / बढ़ता है

Explanation:

- मानव-भूमि अनुपात (Man-land ratio) भूमि के मुकाबले जनसंख्या की उपलब्धता को दर्शाता है।
- जब जनसंख्या (Population) घटती है और भूमि समान रहती है तो प्रति व्यक्ति भूमि बढ़ जाती है।
- इसलिए मानव-भूमि अनुपात बढ़ जाता है (Increases)।
- यह अनुपात संसाधनों के उपयोग और जनसंख्या घनत्व (Population density) के अध्ययन में महत्वपूर्ण होता है।

101. The earliest arrival in India were Negrito. At which of the following places they are found now?

भारत में सबसे पहले नेग्रिटो आए थे। वे अब निम्नलिखित में से किन स्थानों पर पाए जाते हैं?

(a) Chhattisgarh / छत्तीसगढ़
(b) Arunachal Pradesh / अरुणाचल प्रदेश
(c) Andaman Islands / अंडमान द्वीप समूह
(d) More than one of the above / उपर्युक्त में से एक से अधिक
(e) None of the above / इनमें से कोई नहीं

Ncert Class-10 Unit II Chapter 4

Answer: (c) Andaman Islands / अंडमान द्वीप समूह

Explanation:

- भारत में सबसे प्राचीन मानव समूहों में नेग्रिटो जाति को माना जाता है।
- वर्तमान में ये मुख्यतः अंडमान द्वीप समूह में पाए जाते हैं।
- मानवविज्ञानी बी. एस. गुहा (1944) के अनुसार भारत में कई प्रमुख मानव प्रजातियाँ पाई जाती हैं।
- नेग्रिटो लोगों की शारीरिक विशेषताओं में छोटा कद, घुंघराले बाल और गहरी त्वचा शामिल हैं।
- अंडमान द्वीपों में जरावा, ओंगे और सेंटिनली जैसे जनजातीय समूह नेग्रिटो वंश से संबंधित माने जाते हैं।

102. Bharmour tehsil of Chamba district of Himachal Pradesh is dominated by which one of the following tribes?

हिमाचल प्रदेश के चंबा जिले के भरमौर तहसील में निम्नलिखित में से कौन-सी जनजाति की बहुलता है?

(a) Gaddi / गद्दी
(b) Bhil / भील
(c) Santhal / संथाल
(d) More than one of the above / उपर्युक्त में से एक से अधिक
(e) None of the above / इनमें से कोई नहीं

Ncert Class-10 Unit II Chapter 4

Answer: (a) Gaddi / गद्दी

Explanation:

- भरमौर क्षेत्र हिमाचल प्रदेश के चंबा जिले में स्थित एक जनजातीय क्षेत्र है।
- यहाँ मुख्य रूप से गद्दी जनजाति निवास करती है।
- गद्दी समुदाय अर्ध-घुमंतू (semi-nomadic) जीवन शैली के लिए जाना जाता है।
- ये लोग मुख्यतः पशुपालन और ऊन उत्पादन से जुड़े होते हैं।
- गद्दी लोग अपनी गद्दियाली भाषा और विशिष्ट संस्कृति के लिए प्रसिद्ध हैं।

कृषि एवं पशुपालन

103. Golden fibre refers to

'सुनहरा रेशा' अभिप्राय है

(a) Tea / चाय
(b) Cotton / कपास
(c) Jute / पटसन
(d) More than one of the above / उपर्युक्त में से एक से अधिक
(e) None of the above / उपर्युक्त में से कोई नहीं

Exam: BPSC TRE-2.0 14/12/2023 (Paper-I)

Answer: (c) Jute / पटसन

Explanation:

- जूट (Jute) को सुनहरा रेशा (Golden fibre) कहा जाता है।
- इसका रंग हल्का सुनहरा और चमकदार होता है।
- जूट से बोरी, रस्सी, कालीन और कपड़ा (Bags, ropes, carpets) बनाए जाते हैं।
- भारत में पश्चिम बंगाल (West Bengal) जूट उत्पादन का प्रमुख राज्य है।

104. Tent of nomads in Baluchistan is called

बलूचिस्तान में चलवासी का तम्बू कहलाता है

(a) Kizashi / किज़ाशी
(b) Klong / क्लोंग
(c) Kloof / क्लूफ
(d) More than one of the above / उपर्युक्त में से एक से अधिक
(e) None of the above / उपर्युक्त में से कोई नहीं

Exam: BPSC TRE 2.0 14/12/2023 (Paper-I)

Answer: (a) Kizashi / किज़ाशी

Explanation:

- बलूचिस्तान क्षेत्र में घुमंतू लोगों को खानाबदोश (Nomads) कहा जाता है।
- इनके तम्बू को किज़ाशी (Kizashi) कहा जाता है।
- खानाबदोश लोग स्थायी निवास नहीं रखते और एक स्थान से दूसरे स्थान पर स्थानांतरण (Migration) करते रहते हैं।
- उनका जीवन मुख्यतः पशुपालन (Pastoralism) पर आधारित होता है।

105. Correct pair of local name of shifting cultivation and country

स्थानांतरणशील कृषि के स्थानीय नाम और संबंधित देश का सही युग्म

(a) Chena – Bangladesh / चेना – बांग्लादेश
(b) Milpa – Rhodcsia (Zimbabwe) / मिल्पा – रोडेशिया (ज़िम्बाब्वे)
(c) Ladang – Malaysia / लदांग – मलेशिया
(d) More than onc of the above / उपर्युक्त में से एक से अधिक
(e) None of the above / उपर्युक्त में से कोई नहीं

Exam: BPSC School Teacher 2023 (Paper-II Shift-1)

Answer: (c) Ladang – Malaysia / लदांग – मलेशिया

Explanation:

- स्थानांतरणशील कृषि (Shifting cultivation) में भूमि को कुछ समय उपयोग करने के बाद छोड़ दिया जाता है।
- मलेशिया और जावा में इसे लदांग (Ladang) कहा जाता है।

- भारत में इसे झूम कृषि (Jhum cultivation) के नाम से जाना जाता है।
- इस प्रकार की कृषि उष्णकटिबंधीय वनों (Tropical forests) में प्रचलित है।

106. Identify the state in which the three paddy crops, Aus, Aman and Boro, are grown.

उस राज्य की पहचान करें, जिसमें धान की तीनों किस्में—आस, अमन तथा बोरो—उगाई जाती हैं।

(a) Uttar Pradesh / उत्तर प्रदेश
(b) Haryana / हरियाणा
(c) Assam / असम
(d) More than one of the above / उपर्युक्त में से एक से अधिक
(e) None of the above / इनमें से कोई नहीं

Ncert Class-10 Unit II Chapter 4

Answer: (d) Assam / असम

Explanation:

- आस (Aus), अमन (Aman) और बोरो (Boro) धान की तीन प्रमुख फसलें हैं।
- ये मुख्य रूप से असम, पश्चिम बंगाल और ओडिशा में उगाई जाती हैं।
- आस धान की बुवाई प्रायः गर्मी के मौसम में की जाती है।
- अमन धान वर्षा ऋतु की मुख्य धान की फसल होती है।
- बोरो धान की खेती सर्दी के मौसम में सिंचाई की सहायता से की जाती है।

107. Which one of the following is NOT essential for the success of the Green Revolution?

हरित क्रांति की सफलता के लिए निम्नलिखित में से कौन-सा आवश्यक नहीं है?

(a) Assured irrigation / सुनिश्चित सिंचाई
(b) Availability of chemical fertilizers / रासायनिक उर्वरकों की उपलब्धता
(c) Availability of cheap labour / सस्ते मजदूरों की उपलब्धता
(d) More than one of the above / उपर्युक्त में से एक से अधिक
(e) None of the above / इनमें से कोई नहीं

Ncert Class-10 Unit II Chapter 4

Answer: (c) Availability of cheap labour / सस्ते मजदूरों की उपलब्धता

Explanation:

- हरित क्रांति की शुरुआत 1960 के दशक में भारत में हुई।
- इसका मुख्य उद्देश्य खाद्यान्न उत्पादन में वृद्धि करना था।
- इसके लिए उच्च उत्पादकता वाली किस्मों (HYV) के बीज, रासायनिक उर्वरक और सिंचाई सुविधाएँ आवश्यक थीं।
- यह तकनीक विशेष रूप से पंजाब, हरियाणा और पश्चिमी उत्तर प्रदेश में सफल रही।
- सस्ते मजदूरों की उपलब्धता हरित क्रांति की सफलता के लिए आवश्यक शर्त नहीं थी।

108. Stalactite and stalagmite structures are formed by

स्टैलेकटाइट एवं स्टैलेग्माइट स्थलाकृतियाँ बनती हैं

(a) Wind action / पवन द्वारा
(b) Underground water / भूमिगत जल द्वारा
(c) Snow action / बर्फ द्वारा
(d) More than one of the above / उपर्युक्त में से एक से अधिक
(e) None of the above / उपर्युक्त में से कोई नहीं

Exam: BPSC TRE 2.0 8/12/2023 (Paper-III)

Answer: (b) Underground water / भूमिगत जल द्वारा

Explanation:

- ये संरचनाएँ मुख्यतः चूना पत्थर की गुफाओं (Limestone caves) में बनती हैं।
- जब चूना मिश्रित जल छत से टपकता (Dripping water) है तो ऊपर की ओर स्टैलेकटाइट (Stalactite) बनती है।
- नीचे फर्श पर जमाव से स्टैलेग्माइट (Stalagmite) बनती है।
- दोनों के मिल जाने पर स्तंभ (Pillar/Column) बन जाता है।

109. Match the explorers with their birthplaces

खोजकर्ताओं को उनके जन्मस्थान से मिलाइए

List-I / सूची-I (Explorers)

a. Christopher Columbus / क्रिस्टोफर कोलंबस

b. James Cartier / जेम्स कार्टियर

c. Sir Francis Drake / सर फ्रांसिस ड्रेक

d. Ferdinand Magellan / फर्डिनेंड मैगलन

List-II / सूची-II (Birthplace)

1. **Portugal / पुर्तगाल**
2. **United Kingdom / यूनाइटेड किंगडम**
3. **Italy / इटली**
4. **France / फ्रांस**

Codes / कूट

(a) 3 4 2 1
(b) 1 2 4 3
(c) 3 4 1 2
(d) More than one of the above / उपर्युक्त में से एक से अधिक
(e) None of the above / उपर्युक्त में से कोई नहीं

Exam: 69th BPSC (Pre) 2023

Answer: (a) 3-4-2-1

Explanation:

- क्रिस्टोफर कोलंबस (Christopher Columbus) का जन्म इटली (Italy) में हुआ था।
- जेम्स कार्टियर (Jacques Cartier) फ्रांस के प्रसिद्ध अन्वेषक थे।
- सर फ्रांसिस ड्रेक (Sir Francis Drake) इंग्लैंड अर्थात यूनाइटेड किंगडम (UK) से थे।
- फर्डिनेंड मैगलन (Ferdinand Magellan) पुर्तगाल के समुद्री अन्वेषक थे।

110. The three-day 'Thadingyut' festival is celebrated in which country?

थाडिंग्यूट महोत्सव का तीन-दिवसीय उत्सव किस देश में मनाया जाता है?

(a) Chile / चिली
(b) Nepal / नेपाल
(c) Myanmar / म्यांमार
(d) More than one of the above / उपर्युक्त में से एक से अधिक
(e) None of the above / उपर्युक्त में से कोई नहीं

Exam: 69th BPSC (Pre) 2023

Answer: (c) Myanmar / म्यांमार

Explanation:

- थाडिंग्यूट महोत्सव (Thadingyut Festival) म्यांमार का प्रसिद्ध प्रकाश उत्सव (Festival of Lights) है।
- यह बौद्ध धर्म में वर्षावास (Buddhist Lent) की समाप्ति पर मनाया जाता है।
- इस दौरान लोग घरों और मंदिरों में दीपक और लाइटें (Lights and lamps) जलाते हैं।
- यह उत्सव सामाजिक मेल-मिलाप और धार्मिक परंपरा (Religious tradition) का प्रतीक है।

111. Which process continuously adds new layers?

लगातार नई परत जोड़ने वाली प्रक्रिया कौन-सी है?

(a) Subduction / निम्नस्खलन
(b) Earthquake / भूकंप
(c) Sea-floor spreading / समुद्रतल का फैलाव
(d) More than one of the above / उपर्युक्त में से एक से अधिक
(e) None of the above / उपर्युक्त में से कोई नहीं

Exam: 69th BPSC (Pre) 2023

Answer: (c) Sea-floor spreading / समुद्रतल का फैलाव

Explanation:

- समुद्रतल का फैलाव (Sea-floor spreading) सिद्धांत को हैरी हेरा (Harry Hess) ने प्रतिपादित किया।
- मध्य महासागरीय पर्वतमालाओं से मैग्मा (Magma) निकलकर नई महासागरीय पर्पटी बनाता है।
- इससे समुद्र तल में लगातार नई परतें (New layers) जुड़ती रहती हैं।
- यह प्रक्रिया प्लेट विवर्तनिकी (Plate tectonics) से संबंधित है।

GEOGRAPHY OF INDIA (भारत का भूगोल)

सामान्य परिचय

1. The country India shares longest international boundary with:
भारत देश की अधिकतम अंतरराष्ट्रीय सीमा है

(a) Pakistan / पाकिस्तान
(b) Nepal / नेपाल
(c) Bangladesh / बांग्लादेश
(d) More than one of the above / उपर्युक्त में से एक से अधिक
(e) None of the above / उपर्युक्त में से कोई नहीं

Exam: BPSC TRE 3.0 (1-5) Re-exam 20/07/2024
BPSC TRE 2.0 7/12/2023 Shift-II (Paper-III)

Answer: (c) Bangladesh / बांग्लादेश

Explanation:

- भारत की सबसे लंबी अंतरराष्ट्रीय सीमा बांग्लादेश के साथ लगती है।
- यह सीमा लगभग 4096 किमी लंबी है।
- इसके बाद भारत की सीमा नेपाल से लगभग 1751 किमी है।
- भारत कुल 7 देशों के साथ स्थलीय सीमा साझा करता ह◌ै।

2. The Indian Standard Time (IST) is taken at which longitude?

किस रेखांश पर भारतीय मानक समय अपनाया जाता है?

(a) 78.5° E / 78.5° पूर्व
(b) 82.5° E / 82.5° पूर्व
(c) 87.5° E / 87.5° पूर्व
(d) More than one of the above / उपर्युक्त में से एक से अधिक
(e) None of the above / उपर्युक्त में से कोई नहीं

Exam: BPSC TRE 3.0 Exam 21/07/2024

Answer: (b)

82.5°E/82.5° पूर्व

Explanation:

- भारत में मानक समय 82.5° पूर्व देशांतर से लिया जाता है।
- यह रेखांश उत्तर प्रदेश के मिर्जापुर के पास से गुजरता है।
- भारतीय मानक समय ग्रीनविच समय से $5\frac{1}{2}$ घंटे आगे है।
- यह रेखांश कई राज्यों जैसे उत्तर प्रदेश, मध्य प्रदेश, छत्तीसगढ़, ओडिशा और आंध्र प्रदेश से गुजरता है।

3. Indian continent was earlier part of:
भारतीय उपमहाद्वीप पूर्व में मूलतः एक भाग था-

(a) Tethys / टेथिस
(b) Gondwanaland / गोंडवाना लैंड
(c) Pangea / पैंजिया
(d) More than one of the above / उपर्युक्त में से एक से अधिक
(e) None of the above / उपर्युक्त में से कोई नहीं

Exam: BPSC TRE 3.0 Exam 21/07/2024

Answer: (b) Gondwanaland / गोंडवाना लैंड

Explanation:

- प्राचीन काल में भारतीय उपमहाद्वीप गोंडवाना लैंड का हिस्सा था।
- यह एक विशाल महाद्वीपीय भूभाग था।
- बाद में प्लेट विवर्तनिकी के कारण यह अलग होकर उत्तर की ओर बढ़ा।
- इसी प्रक्रिया से हिमालय पर्वत का निर्माण हुआ।

4. Southern Peninsular Plateau is a part of:
दक्षिण प्रायद्वीपीय उच्चभूमि _______ का भाग है।

(a) Gondwanaland / गोंडवाना लैंड
(b) Laurasia Land / लॉरेशिया लैंड
(c) Antarctica Continent / अंटार्कटिका महाद्वीप
(d) More than one of the above / उपर्युक्त में से एक से अधिक
(e) None of the above / उपर्युक्त में से कोई नहीं

Exam: BPSC School Teacher 2023 (Paper-IV)

Answer: (a) Gondwanaland / गोंडवाना लैंड

Explanation:

- दक्षिण प्रायद्वीपीय पठार प्राचीन भूभाग गोंडवाना लैंड का हिस्सा था।
- यह पृथ्वी के सबसे पुराने स्थिर भू-खंड में से एक है।
- भारत का दक्कन पठार क्रिस्टलीय चट्टानों से बना है।
- गोंडवाना लैंड में भारत के साथ अफ्रीका, ऑस्ट्रेलिया और अंटार्कटिका भी शामिल थे।

5. **What is the distance between the Sun and Earth?**
सूर्य से पृथ्वी की कितनी दूरी है?
(a) 93 million miles / 93 मिलियन मील
(b) 103 million miles / 103 मिलियन मील
(c) 83 million miles / 83 मिलियन मील
(d) More than one of the above / उपर्युक्त में से एक से अधिक
(e) None of the above / उपर्युक्त में से कोई नहीं
Exam: BPSC TRE 2.0 7/12/2023 Shift-II (Paper-III)

Answer: (a) 93 million miles / 93 मिलियन मील

Explanation:

- सूर्य और पृथ्वी के बीच औसत दूरी लगभग 93 मिलियन मील (150 मिलियन किमी) है।
- इसे खगोलीय इकाई कहा जाता है।
- पृथ्वी सूर्य से दूरी के क्रम में तीसरा ग्रह है।
- सौरमंडल में कुल 8 ग्रह हैं।

6. **Which of the following cities is located in the North of the Tropic of Cancer?**
निम्नलिखित नगरों में से कौन-सा नगर कर्क रेखा के उत्तर में स्थित है?
(a) Bhopal / भोपाल
(b) Aizawl / आइजोल
(c) Ranchi / रांची
(d) More than one of the above / उपर्युक्त में से एक से अधिक
(e) None of the above / उपर्युक्त में से कोई नहीं
Exam: BPSC TRE 2.0 7/12/2023 Shift-II (Paper-III)

Answer: (b) Aizawl / आइजोल

Explanation:

- भारत में कर्क रेखा लगभग 23°30° उत्तरी अक्षांश से गुजरती है।
- आइजोल कर्क रेखा के उत्तर में स्थित है।
- भोपाल और रांची कर्क रेखा के दक्षिण में स्थित हैं।
- कर्क रेखा भारत के 8 राज्यों से होकर गुजरती है।

7. **The driest place in India is**
भारत का सबसे शुष्क स्थान है
(a) Leh / लेह (b) Bikaner / बीकानेर
(c) Jaisalmer / जैसलमेर
(d) More than one of the above / उपर्युक्त में से एक से अधिक
(e) None of the above / उपर्युक्त में से कोई नहीं
Exam: BPSC TRE 2.0 10/12/2023 (Paper-III)

Answer: (c) Jaisalmer / जैसलमेर

Explanation:

- भारत का सबसे शुष्क स्थान जैसलमेर है।
- यह राजस्थान के थार मरुस्थल में स्थित है।
- यहाँ वार्षिक वर्षा लगभग 10 सेमी होती है।
- इसे स्वर्ण नगरी भी कहा जाता है।

8. **How many States of India have a common border with Pakistan and Bangladesh?**
भारत के कितने राज्यों की सामान्य सीमा पाकिस्तान एवं बांग्लादेश दोनों से है?
(a) 6 (b) 5
(c) 7
(d) More than one of the above / उपर्युक्त में से एक रो अधिक
(e) None of the above / उपर्युक्त में से कोई नहीं
Exam: BPSC TRE 2.0 10/12/2023 (Paper-III)

Answer: (e) None of the above / उपर्युक्त में से कोई नहीं

Explanation:

- भारत की सीमा कुल 9 देशों से लगती है।
- पाकिस्तान की सीमा जम्मू-कश्मीर, लद्दाख, पंजाब, राजस्थान और गुजरात से लगती है।
- बांग्लादेश की सीमा पश्चिम बंगाल, असम, मेघालय, मिजोरम और त्रिपुरा से लगती है।
- भारत का कोई भी राज्य ऐसा नहीं है जिसकी सीमा दोनों देशों से एक साथ लगे।

9. The Tropic of Cancer covers the maximum area of

कर्क रेखा द्वारा सर्वाधिक क्षेत्र आच्छादित है

(a) Ranchi Plateau / राँची पठार
(b) Malwa Plateau / मालवा पठार
(c) Chota Nagpur Plateau / छोटा नागपुर पठार
(d) More than one of the above / उपर्युक्त में से एक से अधिक
(e) None of the above / उपर्युक्त में से कोई नहीं

Exam: BPSC TRE 2.0 09/12/2023 (Paper-II)

Answer: (b) Malwa Plateau / मालवा पठार

Explanation:

- कर्क रेखा भारत के मध्य भाग से गुजरती है।
- यह मुख्य रूप से मालवा पठार के मध्य से होकर गुजरती है।
- राँची पठार और छोटा नागपुर पठार के छोटे हिस्से को ही यह छूती है।
- इसलिए कर्क रेखा द्वारा सर्वाधिक क्षेत्र मालवा पठार में आता है।

10. Which district of Uttarakhand does not touch the Tibet border?

उत्तराखंड का कौन-सा जिला तिब्बत सीमा से नहीं लगता है?

(a) Uttarkashi / उत्तरकाशी
(b) Chamoli / चमोली
(c) Almora / अल्मोड़ा
(d) More than one of the above / उपर्युक्त में से एक से अधिक
(e) None of the above / उपर्युक्त में से कोई नहीं

Exam: 69th BPSC (Pre) 2023

Answer: (c) Almora / अल्मोड़ा

Explanation:

- उत्तराखंड का अल्मोड़ा जिला तिब्बत सीमा से नहीं लगता।
- यह कुमाऊँ क्षेत्र में स्थित है।
- इसका मुख्यालय अल्मोड़ा नगर है।
- इसकी औसत ऊँचाई लगभग 1638 मीटर है।

11. On which plateau do the Tropic of Cancer and IST line intersect?

किस पठार पर कर्क रेखा और भारतीय मानक समय रेखा एक-दूसरे को काटती हैं?

(a) Bundelkhand Plateau / बुंदेलखंड पठार
(b) Baghelkhand Plateau / बघेलखंड पठार
(c) Malwa Plateau / मालवा पठार
(d) More than one of the above / उपर्युक्त में से एक से अधिक
(e) None of the above / उपर्युक्त में से कोई नहीं

Exam: 69th BPSC (Pre) 2023

Answer: (b) Baghelkhand Plateau / बघेलखंड पठार

Explanation:

- कर्क रेखा और 82.5° पूर्व देशांतर बघेलखंड पठार पर मिलते हैं।
- यह क्षेत्र मध्य प्रदेश और छत्तीसगढ़ में फैला है।
- छत्तीसगढ़ के भैंसामुंडा क्षेत्र के पास यह स्थान माना जाता है।
- यहाँ भारत की दो प्रमुख भौगोलिक रेखाएँ मिलती हैं।

12. The share of mountains in total land area of India is

भारत के कुल भूमि-क्षेत्र में पर्वतों का हिस्सा है

(a) 30 percent / 30 प्रतिशत
(b) 27 percent / 27 प्रतिशत
(c) 40 percent / 40 प्रतिशत
(d) More than one of the above / उपर्युक्त में से एक से अधिक
(e) None of the above / उपर्युक्त में से कोई नहीं

Exam: BPSC TRE 2.0 7/12/2023 Shift-II (Paper-III)

Answer: (a) 30 percent / 30 प्रतिशत

Explanation:

- भारत के कुल भू-भाग का लगभग 30% भाग पर्वतीय क्षेत्र है।
- हिमालय भारत की प्रमुख पर्वत प्रणाली है।
- हिमालय से कई महत्वपूर्ण नदियाँ जैसे गंगा और यमुना निकलती हैं।
- पर्वतीय क्षेत्र जलवायु और जलस्रोत के लिए महत्वपूर्ण हैं।

13. As per geographical area, arrange the following physiographic units of India in ascending order

भौगोलिक क्षेत्रफल के अनुसार निम्नलिखित भौतिक इकाइयों को आरोही क्रम में व्यवस्थित कीजिए

1. Central Highlands / केंद्रीय उच्चभूमि
2. Great Plains / महान मैदान

3. **Coastal Plains / तटीय मैदान**
4. **Northern Mountains / उत्तरी पर्वत**

(a) 3, 1, 2, 4
(b) 1, 2, 3, 4
(c) 2, 4, 1, 3
(d) More than one of the above / उपर्युक्त में से एक से अधिक
(e) None of the above / उपर्युक्त में से कोई नहीं

Exam: BPSC TRE 2.0 15/12/2023 (Paper-IV)

Answer: (e) None of the above / उपर्युक्त में से कोई नहीं

Explanation:

- भारत के कुल भूगोलिक क्षेत्रफल में महान मैदान लगभग 43.2% है।
- केंद्रीय उच्चभूमि लगभग 27.7% क्षेत्र में फैली है।
- पहाड़ियाँ लगभग 18.5% क्षेत्र में हैं।
- उत्तरी पर्वत लगभग 10.6% क्षेत्र में हैं।

14. Which of the following statements about Central Highlands is correct? '

केंद्रीय उच्चभूमि' के संबंध में निम्नलिखित में से कौन-सा कथन सही है?

(a) Its western part is Malwa Plateau / इसका पश्चिमी भाग मालवा पठार है
(b) It is part of Deccan Plateau / यह दक्कन पठार का भाग है
(c) It is surrounded by Aravali / यह अरावली से घिरा है
(d) More than one of the above / उपर्युक्त में से एक से अधिक
(e) None of the above / उपर्युक्त में से कोई नहीं

Exam: BPSC TRE-3.0 6-8 Exam 2024 (Cancelled)

Answer: (d) More than one of the above / उपर्युक्त में से एक से अधिक

Explanation:

- केंद्रीय उच्चभूमि का पश्चिमी भाग मालवा पठार कहलाता है।
- यह क्षेत्र अरावली पर्वतमाला से प्रभावित है।
- इसका विस्तार राजस्थान से मध्य प्रदेश तक है।
- इसे प्रायद्वीपीय पठार का उत्तरी भाग माना जाता है।

15. Highest mountain peak of India is known as भारत की सबसे ऊँची पर्वत चोटी कहलाती है

(a) Kanchenjunga / कंचनजंगा
(b) Everest / एवरेस्ट
(c) K-2 / के- 2
(d) More than one of the above / उपर्युक्त में से एक से अधिक
(e) None of the above / उपर्युक्त में से कोई नहीं

Exam: BPSC TRE 3.0 Exam 21/07/2024

Answer: (c) K-2 / के-2

Explanation:

- भारत का सर्वोच्च पर्वत शिखर के-2 है।
- यह काराकोरम पर्वतमाला में स्थित है।
- इसकी ऊँचाई लगभग 8611 मीटर है।
- भारत में स्थित हिमालय की सबसे ऊँची चोटी कंचनजंगा है।

16. The highest peak in the Eastern Ghats of India is

भारत के पूर्वी घाट की सबसे ऊँची चोटी है

(a) Kanchenjunga / कंचनजंगा
(b) Anai Mudi / अनाई मुडी
(c) Mahendragiri / महेंद्रगिरि
(d) More than one of the above / उपर्युक्त में से एक से अधिक
(e) None of the above / उपर्युक्त में से कोई नहीं

Exam: BPSC TRE 3.0 (11-12) Exam 22/07/2024

Answer: (c) Mahendragiri / महेंद्रगिरि

Explanation:

- पूर्वी घाट की सबसे ऊँची चोटी महेंद्रगिरि है।
- यह ओडिशा के गजपति जिले में स्थित है।
- इसकी ऊँचाई लगभग 1501 मीटर है।
- पूर्वी घाट का उच्चतम बिंदु जिंदागड़ा चोटी माना जाता है।

17. Arrange the following ranges from North to South in sequence

निम्नलिखित पर्वत श्रेणियों को उत्तर से दक्षिण की ओर क्रम में व्यवस्थित कीजिए

1. **Ladakh / लद्दाख**
2. **Karakoram / काराकोरम**
3. **Pir Panjal / पीर पंजाल**
4. **Zanskar / जांस्कर**

(a) 1, 3, 2, 4
(b) 2, 1, 4, 3
(c) 3, 4, 1, 2
(d) More than one of the above / उपर्युक्त में से एक से अधिक
(e) None of the above / उपर्युक्त में से कोई नहीं

Exam: BPSC TRE 2.0 15/12/2023 (Paper-IV)

Answer: (b) 2, 1, 4, 3

Explanation:
- उत्तर से दक्षिण क्रम है काराकोरम लद्दाख जांस्कर पीर पंजाल।
- काराकोरम श्रेणी सबसे उत्तर में स्थित है।
- लद्दाख और जांस्कर श्रेणियाँ इसके दक्षिण में हैं।
- पीर पंजाल श्रेणी लघु हिमालय का भाग है।

18. Which sequence of Himalayan ranges from south to north is correct?

दक्षिण से उत्तर की ओर हिमालय पर्वतमालाओं का सही क्रम कौन-सा है?

(a) Ladakh - Zaskar - Pir Panjal - Karakoram / लद्दाख - जांस्कर - पीर पंजाल - काराकोरम
(b) Pir Panjal - Zaskar - Ladakh - Karakoram / पीर पंजाल - जांस्कर - लद्दाख - काराकोरम
(c) Karakoram - Ladakh - Zaskar - Pir Panjal / काराकोरम - लद्दाख - जांस्कर - पीर पंजाल
(d) More than one of the above / उपर्युक्त में से एक से अधिक
(e) None of the above / उपर्युक्त में से कोई नहीं

Exam: BPSC TRE 3.0 (1-5) Re-exam 20/07/2024

Answer: (b) Pir Panjal - Zaskar - Ladakh - Karakoram / पीर पंजाल - जांस्कर - लद्दाख काराकोरम

Explanation:
- दक्षिण से उत्तर क्रम है पीर पंजाल → जांस्कर → लद्दाख → काराकोरम।
- पीर पंजाल लघु हिमालय का भाग है।
- जांस्कर और लद्दाख ट्रांस हिमालय में आते हैं।
- काराकोरम सबसे उत्तर की पर्वत श्रेणी है।

19. 'Malnad' region is related to which plateau of India?

'माल्नाड' क्षेत्र का संबंध भारत के किस पठार से है?

(a) Telangana Plateau / तेलंगाना पठार
(b) Maharashtra Plateau / महाराष्ट्र पठार
(c) Karnataka Plateau / कर्नाटक पठार
(d) More than one of the above / उपर्युक्त में से एक से अधिक
(e) None of the above / उपर्युक्त में से कोई नहीं

Exam: BPSC School Teacher 2023 (Paper-IV)

Answer: (c) Karnataka Plateau / कर्नाटक पठार

Explanation:
- माल्नाड क्षेत्र कर्नाटक पठार से संबंधित है।
- यह पश्चिमी घाट के पास स्थित अधिक वर्षा वाला क्षेत्र है।
- इसका निर्माण मुख्यतः ग्रेनाइट चट्टानों से हुआ है।
- कर्नाटक शब्द का अर्थ काली मिट्टी की भूमि से जुड़ा माना जाता है।

20. The part of Himalaya lying between Satluj and Kali rivers is known as

सतलुज और काली नदियों के बीच स्थित हिमालय का भाग कहलाता है

(a) Kumaon Himalaya / कुमाऊँ हिमालय
(b) Assam Himalaya / असम हिमालय
(c) Nepal Himalaya / नेपाल हिमालय
(d) More than one of the above / उपर्युक्त में से एक से अधिक
(e) None of the above / उपर्युक्त में से कोई नहीं

Exam: BPSC School Teacher 2023 (Paper-II) Shift-2

Answer: (a) Kumaon Himalaya / कुमाऊँ हिमालय

Explanation:
- सतलुज और काली नदियों के बीच का हिमालय कुमाऊँ हिमालय कहलाता है।
- इसका पश्चिमी भाग गढ़वाल हिमालय है।
- यहाँ कई प्रमुख चोटियाँ जैसे नंदा देवी, केदारनाथ स्थित हैं।
- गंगा और यमुना नदियों के उद्गम स्थल इसी क्षेत्र में हैं।

21. Which Indian river flows entirely within a single state?

भारत की कौन सी नदी पूरी तरह से एक ही राज्य के भीतर बहती है?

(a) Sabarmati / साबरमती
(b) Godavari / गोदावरी
(c) Krishna / कृष्णा
(d) More than one of the above / उपर्युक्त में से एक से अधिक
(e) None of the above / उपर्युक्त में से कोई नहीं

NCERT - Class 8, Chapter 5 (Major Rivers of India)

Answer: (a) Sabarmati / साबरमती

Explanation:

- साबरमती नदी राजस्थान और गुजरात में बहती है, लेकिन उसका मुख्य प्रवाह गुजरात में है।
- गोदावरी और कृष्णा कई राज्यों से होकर बहती हैं।
- इसलिए सही उत्तर साबरमती है।

22. Which plateau in India is known for rich mineral deposits?
भारत का कौन सा पठार समृद्ध खनिज संपदा के लिए जाना जाता है?

(a) Chota Nagpur Plateau / छोटा नागपुर पठार
(b) Malwa Plateau / मालवा पठार
(c) Deccan Plateau / दक्कन पठार
(d) More than one of the above / उपर्युक्त में से एक से अधिक
(e) None of the above / उपर्युक्त में से कोई नहीं

NCERT - Class 9, Chapter 1 (India: Physical Features)

Answer: (a) Chota Nagpur Plateau / छोटा नागपुर पठार

Explanation:

- छोटा नागपुर पठार लौह, कोयला, बॉक्साइट, ताबा जैसे खनिजों के लिए प्रसिद्ध है।
- दक्कन और मालवा पठार में खनिज कम पाए जाते हैं।
- इसलिए सही उत्तर छोटा नागपुर पठार है।

23. Which of the following islands belong to India?
निम्नलिखित में से कौन-से द्वीप भारत के हैं?

(a) Andaman & Nicobar Islands / अंडमान एवं निकोबार द्वीप
(b) Lakshadweep Islands / लक्षद्वीप द्वीप
(c) Maldives / मालदीव
(d) More than one of the above / उपर्युक्त में से एक से अधिक
(e) None of the above / उपर्युक्त में से कोई नहीं

NCERT - Class 6, Chapter 2 (The Earth and the Universe)

Answer: (d) More than one of the above / उपर्युक्त में से एक से अधिक

Explanation:

- भारत के अंडमान-निकोबार और लक्षद्वीप द्वीप हैं।
- मालदीव एक स्वतंत्र देश है।
- इसलिए सही उत्तर एक से अधिक है।

24. Which Indian state is touched by both Tropic of Cancer and IST line?

कौन सा भारतीय राज्य कर्क रेखा और भारतीय मानक समय रेखा दोनों से गुज़रता है?

(a) Chhattisgarh / छत्तीसगढ़
(b) Madhya Pradesh / मध्य प्रदेश
(c) Odisha / ओडिशा
(d) More than one of the above / उपर्युक्त में से एक से अधिक
(e) None of the above / उपर्युक्त में से कोई नहीं

NCERT - Class 7, Chapter 2 (India: Physical Features)

Answer: (d) More than one of the above / उपर्युक्त में से एक से अधिक

Explanation:

- कर्क रेखा भारत के मध्य भाग से गुजरती है।
- IST 82°30' पूर्व देशांतर से मध्य प्रदेश, छत्तीसगढ़, ओडिशा से गुजरती है।
- इसलिए सही उत्तर एक से अधिक राज्यों को दर्शाता है।

25. Which Indian state has the highest population density among all states?

भारत के सभी राज्यों में सबसे अधिक जनसंख्या घनत्व किस राज्य का है?

(a) Bihar / बिहार
(b) Uttar Pradesh / उत्तर प्रदेश
(c) West Bengal / पश्चिम बंगाल
(d) More than one of the above / उपर्युक्त में से एक से अधिक
(e) None of the above / उपर्युक्त में से कोई नहीं

NCERT - Class 12, Chapter 1 (India: Size and Location)

Answer: (a) Bihar / बिहार

Explanation:

- बिहार में लगभग 1102 लोग प्रति वर्ग किलोमीटर के हिसाब से सबसे अधिक जनसंख्या घनत्व है।
- उत्तर प्रदेश जनसंख्या संख्या में अधिक है लेकिन घनत्व में बिहार से कम।
- पश्चिम बंगाल उच्च घनत्व वाले राज्यों में है पर बिहार के पीछे।
- बिहार की सीमित भौगोलिक क्षेत्रफल और कृषि-केंद्रित जनसंख्या इसे सबसे घनी बनाती है।

26. Which state is known as the "Land of Five Rivers"?

कौन सा राज्य «पाँच नदियों की भूमि» के नाम से जाना जाता है?

(a) Punjab / पंजाब
(b) Haryana / हरियाणा
(c) Uttar Pradesh / उत्तर प्रदेश
(d) More than one of the above / उपर्युक्त में से एक से अधिक
(e) None of the above / उपर्युक्त में से कोई नहीं

NCERT - Class 8, Chapter 5 (Major Rivers of India)

Answer: (a) Punjab / पंजाब

Explanation:

- पंजाब में सात प्रमुख नदियाँ हैं, जिनमें से पाँच मुख्य नदियाँ ब्यास, सतलुज, रावी, चिनाब और झेलम हैं।
- ये नदियाँ भारत और पाकिस्तान के क्षेत्र में बहती हैं।
- राज्य का नाम 'पंजाब' भी इन पाँच नदियों के कारण पड़ा है।
- पंजाब की कृषि और सिंचाई व्यवस्था में इन नदियों का विशेष महत्व है।

27. Which Indian state experiences both tropical and subtropical climatic conditions due to its latitudinal extent?

कौन सा भारतीय राज्य अपनी अक्षांशीय स्थिति के कारण उष्णकटिबंधीय और उपोष्णकटिबंधीय दोनों जलवायु का अनुभव करता है?

(a) Maharashtra / महाराष्ट्र
(b) Uttar Pradesh / उत्तर प्रदेश
(c) Madhya Pradesh / मध्य प्रदेश
(d) More than one of the above / उपर्युक्त में से एक से अधिक
(e) None of the above / उपर्युक्त में से कोई नहीं

NCERT - Class 12, Chapter 1 (India: Size and Location)

Answer: (c) Madhya Pradesh / मध्य प्रदेश

Explanation:

- मध्य प्रदेश उत्तर में उपोष्णकटिबंधीय और दक्षिण में उष्णकटिबंधीय क्षेत्र में आता है।
- इसका भौगोलिक विस्तार 21°N से 26°N तक है।
- विभिन्न मौसमों में तापमान और वर्षा में अंतर आता है।
- कृषि और वनस्पति के लिए यह भौगोलिक विविधता महत्वपूर्ण है।

28. Which Indian river flows through three different states and also forms an inter-state boundary for a short stretch?

कौन सी भारतीय नदी तीन अलग-अलग राज्यों से होकर बहती है और थोड़ी दूरी के लिए राज्य सीमा भी बनाती है?

(a) Godavari / गोदावरी
(b) Narmada / नर्मदा
(c) Mahanadi / महानदी
(d) More than one of the above / उपर्युक्त में से एक से अधिक
(e) None of the above / उपर्युक्त में से कोई नहीं

NCERT - Class 11, Chapter 4 (Drainage System of India)

Answer: (b) Narmada / नर्मदा

Explanation:

- नर्मदा नदी मध्य प्रदेश, महाराष्ट्र और गुजरात से होकर बहती है।
- यह कुछ किलोमीटर के लिए मध्य प्रदेश और महाराष्ट्र की सीमा बनाती है।
- इसका बहाव पश्चिम की ओर अरब सागर में समाप्त होता है।
- नर्मदा नदी को भारत की पश्चिमी बहाव वाली प्रमुख नदी माना जाता है।

29. Which Indian plateau is older than the Himalayas and mainly composed of crystalline rocks?

भारत का कौन सा पठार हिमालय से पुराना है और मुख्य रूप से क्रिस्टलीय चट्टानों से बना है?

(a) Deccan Plateau / दक्कन पठार
(b) Chota Nagpur Plateau / छोटा नागपुर पठार
(c) Malwa Plateau / मालवा पठार
(d) More than one of the above / उपर्युक्त में से एक से अधिक
(e) None of the above / उपर्युक्त में से कोई नहीं

NCERT - Class 11, Chapter 2 (Physical Features of India)

Answer: (a) Deccan Plateau / दक्कन पठार

Explanation:

- दक्कन पठार प्राचीन गोंडवाना ब्लॉकों का हिस्सा है।
- यह क्रिस्टलीय बेसाल्टिक और ग्रेनाइटिक चट्टानों से बना है।
- हिमालय इसके मुकाबले भूवैज्ञानिक दृष्टि से नया है।
- पठार का प्रमुख भाग महाराष्ट्र, कर्नाटक, आंध्र प्रदेश और तमिलनाडु में फैला है।

30. Which Indian desert experiences the phenomenon of extreme temperature variations and sand storms?
कौन सा भारतीय मरुस्थल अत्यधिक तापमान भिन्नता और रेतीले तूफानों का अनुभव करता है?

(a) Thar Desert / थार मरुस्थल
(b) Rann of Kutch / कच्छ का रण
(c) Cholistan Desert / चोलिस्तान मरुस्थल
(d) More than one of the above / उपर्युक्त में से एक से अधिक
(e) None of the above / उपर्युक्त में से कोई नहीं

NCERT - Class 8, Chapter 5 (Major Natural Regions of India)

Answer: (a) Thar Desert / थार मरुस्थल

Explanation:

- थार मरुस्थल में दिन और रात का तापमान अंतर 20–25°C तक हो सकता है।
- वार्षिक वर्षा लगभग 100-500 mm होती है।
- यहाँ अक्सर रेत के तूफान आते हैं।
- यह भारत-पाक सीमा के आसपास राजस्थान में स्थित है।

31. Which state has the maximum number of longitudinal extremes, influencing its sunrise and sunset timings significantly?
कौन सा राज्य अक्षांशीय लंबाई में सबसे अधिक विस्तारित है, जिससे सूर्य उदय और सूर्यास्त के समय में अंतर अधिक होता है?

(a) Arunachal Pradesh / अरुणाचल प्रदेश
(b) Gujarat / गुजरात
(c) Rajasthan / राजस्थान
(d) More than one of the above / उपर्युक्त में से एक से अधिक
(e) None of the above / उपर्युक्त में से कोई नहीं

NCERT - Class 12, Chapter 1 (India: Size and Location)

Answer: (a) Arunachal Pradesh / अरुणाचल प्रदेश

Explanation:

- अरुणाचल प्रदेश में पूर्व से पश्चिम का लंबा विस्तार है।
- इसका सूर्योदय और सूर्यास्त का समय देश के अन्य हिस्सों से अलग होता है।
- यह पूर्वोत्तर भारत में हिमालयीय क्षेत्र का हिस्सा है।
- राज्य का भौगोलिक फैलाव, मौसम और जलवायु में विविधता लाता है।
- अपवाह तंत्र, प्रमुख घाटियाँ, प्रपात एवं झीलें

32. Which of the following is the largest south bank tributary of the river Ganga?
गंगा नदी के दक्षिणी किनारे से मिलने वाली सबसे बड़ी सहायक नदी कौन-सी है?

(a) Kosi / कोसी
(b) Gandak / गंडक
(c) Son / सोन
(d) More than one of the above / उपर्युक्त में से एक से अधिक
(e) None of the above / उपर्युक्त में से कोई नहीं

Exam: BPSC TRE 2.0 18/12/2023 (Paper-II)

Answer: (c) Son / सोन

Explanation:

- गंगा की दक्षिणी ओर से मिलने वाली सबसे बड़ी सहायक नदी सोन नदी है।
- सोन नदी की लंबाई लगभग 780 किमी है।
- गंगा की सबसे बड़ी दाहिनी सहायक नदी यमुना है।
- गंगा-ब्रह्मपुत्र मिलकर विश्व का सबसे बड़ा डेल्टा बनाते हैं।

33. Silent Valley is situated in which State?
'शांत घाटी' किस राज्य में स्थित है?

(a) West Bengal / पश्चिम बंगाल
(b) Assam / असम
(c) Kerala / केरल

(d) More than one of the above / उपर्युक्त में से एक से अधिक
(e) None of the above / उपर्युक्त में से कोई नहीं

Exam: BPSC TRE 2.0 7/12/2023 Shift-II (Paper-III)

Answer: (c) Kerala / केरल

Explanation:

- साइलेंट वैली केरल राज्य में स्थित है।
- यह पश्चिमी घाट में स्थित एक प्रसिद्ध राष्ट्रीय उद्यान है।
- यहाँ अत्यधिक जैव विविधता पाई जाती है।
- इसे उष्णकटिबंधीय सदाबहार वन के लिए जाना जाता है।

34. Kargil is located on the bank of:
कारगिल किस नदी के किनारे स्थित है?

(a) Suru river / सुरु नदी
(b) Jhelum river / झेलम नदी
(c) Indus river / सिंधु नदी
(d) More than one of the above / उपर्युक्त में से एक से अधिक
(e) None of the above / उपर्युक्त में से कोई नहीं

Exam: BPSC TRE 3.0 (1-5) Re-exam 20/07/2024

Answer: (a) Suru river / सुरु नदी

Explanation:

- कारगिल सुरु नदी के किनारे स्थित है।
- सुरु नदी सिंधु नदी की सहायक नदी है।
- यह नदी लद्दाख क्षेत्र से होकर बहती है।
- कारगिल लद्दाख का एक महत्वपूर्ण सीमावर्ती नगर है।

35. The banks of which river is planned to be developed as West Bengal Government Tea Park?

किस नदी के किनारे को पश्चिम बंगाल सरकार टी पार्क के रूप में विकसित करने की योजना है?

(a) Hooghly / हुगली
(b) Brahmaputra / ब्रह्मपुत्र
(c) Ganga / गंगा
(d) More than one of the above / उपर्युक्त में से एक से अधिक
(e) None of the above / उपर्युक्त में से कोई नहीं

Exam: BPSC TRE 3.0 (1-5) Re-exam 20/07/2024

Answer: (a) Hooghly / हुगली

Explanation:

- पश्चिम बंगाल सरकार हुगली नदी के किनारे टी पार्क विकसित कर रही है।
- हुगली नदी गंगा की प्रमुख वितरिका है।
- कोलकाता इसी नदी के किनारे स्थित है।
- यह नदी बंगाल की खाड़ी में गिरती है।

36. 'Baltoro' glacier is located in

'बाल्टोरो' हिमनद स्थित है

(a) Pir Panjal
(b) Zanskar
(c) Karakoram
(d) More than one of the above / उपर्युक्त में से एक से अधिक
(e) None of the above / उपर्युक्त में से कोई नहीं

Exam: BPSC TRE-3.0 6-8 Exam-2024 (Cancelled)

Answer: (c) Karakoram

Explanation:

- बाल्टोरो हिमनद काराकोरम पर्वतमाला में स्थित है।
- यह विश्व के सबसे बड़े गैर-ध्रुवीय हिमनद में से एक है।
- इसकी लंबाई लगभग 63 किमी है।
- यह पाकिस्तान के गिलगित-बाल्टिस्तान क्षेत्र में स्थित है।

37. Son river originates from Amarkantak which is located in:
सोन नदी का उद्गम-स्थल अमरकंटक कहाँ स्थित है?

(a) Maikal Range / मैकाल श्रेणी
(b) Makalu Range / मकालू श्रेणी
(c) Rajmahal Hills / राजमहल पहाड़ियाँ
(d) More than one of the above / उपर्युक्त में से एक से अधिक
(e) None of the above / उपर्युक्त में से कोई नहीं

Exam: BPSC TRE-3.0 1-5 Exam-2024 (Cancelled)

Answer: (a) Maikal Range / मैकाल श्रेणी

Explanation:

- अमरकंटक मैकाल पर्वत श्रेणी में स्थित है।
- यह मध्य प्रदेश के अनूपपुर जिले में है।
- यहाँ से नर्मदा और सोन नदी का उद्गम होता है।
- यह स्थान विंध्य और सतपुड़ा पर्वतों के बीच स्थित है।

38. Which city is situated on the bank of river Ganga?

गंगा नदी के तट पर स्थित शहर है

(a) Prayagraj / प्रयागराज

(b) Kolkata / कोलकाता

(c) Bhopal / भोपाल

(d) More than one of the above / उपर्युक्त में से एक से अधिक

(e) None of the above / उपर्युक्त में से कोई नहीं

Exam: BPSC TRE-3.0 1-5 Exam-2024 (Cancelled)

Answer: (a) Prayagraj / प्रयागराज

Explanation:

- प्रयागराज गंगा नदी के तट पर स्थित प्रमुख शहर है।
- यहाँ गंगा, यमुना और सरस्वती का संगम माना जाता है।
- गंगा नदी का उद्गम गंगोत्री हिमनद से होता है।
- यह नदी अंत में बंगाल की खाड़ी में गिरती है।

39. Which river makes the boundary between India and Nepal?

कौन-सी नदी भारत और नेपाल के बीच सीमा बनाती है?

(a) Gandak / गंडक

(b) Kosi / कोसी

(c) Kali / काली

(d) More than one of the above / उपर्युक्त में से एक से अधिक

(e) None of the above / उपर्युक्त में से कोई नहीं

Exam: BPSC TRE 3.0 (6-8) Re-exam 19/07/2024

Answer: (c) Kali / काली

Explanation:

- काली नदी भारत और नेपाल की सीमा बनाती है।
- इसे महाकाली नदी भी कहा जाता है।
- यह नदी उत्तराखंड के कुमाऊँ क्षेत्र में बहती है।
- 1816 की सुगौली संधि में इसे सीमा माना गया।

40. Oxbow lakes are found in

चापाकार (ऑक्सबो) झील पायी जाती है

(a) glaciers / हिमनदों में

(b) river valleys / नदी घाटियों में

(c) deserts / रेगिस्तानों में

(d) More than one of the above / उपर्युक्त में से एक से अधिक

(e) None of the above / उपर्युक्त में से कोई नहीं

Exam: BPSC TRE 2.0 14/12/2023 Paper-I

Answer: (b) river valleys / नदी घाटियों में

Explanation:

- ऑक्सबो झील नदी के घुमावदार मोड़ों से बनती है।
- नदी के तीव्र मोड़ को विसर्प कहा जाता है।
- जब नदी पुराना मार्ग छोड़ देती है तो अलग हुआ भाग झील बन जाता है।
- इसे चापाकार झील भी कहा जाता है।

41. Where does the Chenab River finally join the Indus River?

चिनाब नदी अंततः सिंधु नदी में कहाँ मिलती है?

(a) Mithankot / मिथनकोट

(b) Tandi / तांदी

(c) Ahmedpur Sial / अहमदपुर सियाल

(d) More than one of the above / उपर्युक्त में से एक से अधिक

(e) None of the above / उपर्युक्त में से कोई नहीं

Exam: BPSC TRE 2.0 18/12/2023 (Paper-III)

Answer: (a) Mithankot / मिथनकोट

Explanation:

- चिनाब नदी सिंधु नदी की प्रमुख सहायक नदी है।
- इसका निर्माण चंद्र और भागा नदियों के संगम से होता है।
- यह हिमाचल प्रदेश के लाहौल-स्पीति में तांदी के पास मिलती हैं।
- अंततः यह पाकिस्तान के मिथनकोट के पास सिंधु नदी में मिलती है।

42. Which river has the largest catchment area?

निम्नलिखित नदियों में से सबसे बड़ा जलग्रहण क्षेत्र किसका है?

(a) Kalinadi / काली नदी

(b) Ponnani / पोनानी

(c) Periyar / पेरियार

(d) More than one of the above / उपर्युक्त में से एक से अधिक

(e) None of the above / उपर्युक्त में से कोई नहीं

Exam: BPSC TRE 2.0 7/12/2023 Shift-II (Paper-III)

Answer: (b) Ponnani / पोनानी

Explanation:

- दी गई नदियों में पोनानी नदी का जलग्रहण क्षेत्र सबसे बड़ा है।
- इसका जलग्रहण क्षेत्र लगभग 5397 वर्ग किमी है।
- पेरियार नदी का जलग्रहण क्षेत्र लगभग 5243 वर्ग किमी है।
- जलग्रहण क्षेत्र वह क्षेत्र होता है जहाँ का पानी नदी में एकत्र होता है।

43. Average height of Kosi plain from sea level is
कोसी मैदान की समुद्र तल से औसत ऊँचाई है

(a) 300 m
(b) 150 m
(c) 30 m
(d) More than one of the above / उपर्युक्त में से एक से अधिक
(e) None of the above / उपर्युक्त में से कोई नहीं

Exam: 69th BPSC (Pre) 2023 / BPSC TRE 2.02023 (Paper-I)

Answer: (c) 30 m

Explanation:

- कोसी मैदान की औसत ऊँचाई लगभग 30 मीटर है।
- यह बिहार के उत्तर-पूर्वी भाग में स्थित जलोढ़ मैदान है।
- कोसी नदी को बिहार का शोक कहा जाता है।
- यह नदी हिमालय से निकलकर बिहार में बार-बार मार्ग परिवर्तन करती है।

44. What is the other name of Gandak River?
गंडक नदी का दूसरा नाम है

(a) Badi Gandak / बड़ी गंडक
(b) Mahananda / महानंदा
(c) Narayani / नारायणी
(d) More than one of the above / उपर्युक्त में से एक से अधिक
(e) None of the above / उपर्युक्त में से कोई नहीं

Exam: 69th BPSC (Pre) 2023

Answer: (c) Narayani / नारायणी

Explanation:

- गंडक नदी को नारायणी नदी भी कहा जाता है।
- इसका उद्गम तिब्बत के हिमालय क्षेत्र में होता है।
- यह नदी नेपाल और भारत से होकर बहती है।
- इसकी कुल लंबाई लगभग 630 किमी है, जिसमें 185 किमी नेपाल और 445 किमी भारत में है।

45. Subarnarekha river originates near which village?
सुवर्णरिखा नदी निम्नलिखित में से किस गाँव के पास से निकलती है?

(a) Ormanjhi / ओरमांझी
(b) Mandar / मंदर
(c) Nagri / नगड़ी
(d) More than one of the above / उपर्युक्त में से एक से अधिक
(e) None of the above / उपर्युक्त में से कोई नहीं

Exam: 69th BPSC (Pre) 2023

Answer: (c) Nagri / नगड़ी

Explanation:

- सुवणरिखा नदी का उद्गम झारखंड में राँची के नगड़ी क्षेत्र से होता है।
- यह नदी झारखंड, ओडिशा और पश्चिम बंगाल से होकर बहती है।
- अंत में यह बंगाल की खाड़ी में गिरती है।
- इसकी प्रमुख सहायक नदियाँ कांची, खरकई और राढ़ू हैं।

46. Which of the following pairs of waterfall and river is not correctly matched?

जलप्रपात और नदी के निम्नलिखित जोड़ों में से कौन-सा सही सुमेलित नहीं है?

(a) Jog - Sharavati / जोग - शरावती
(b) Kapildhara - Kaveri / कपिलधारा - कावेरी
(c) Dhuandhar - Godavari / धुआंधार - गोदावरी
(d) More than one of the above / उपर्युक्त में से एक से अधिक
(e) None of the above / उपर्युक्त में से कोई नहीं

Exam: BPSC School Teacher 2023 (Paper-III)

Answer: (d) More than one of the above / उपर्युक्त में से एक से अधिक

Explanation:

- धुआंधार जलप्रपात मध्य प्रदेश के जबलपुर में नर्मदा नदी पर स्थित है, न कि गोदावरी पर।

- कपिलधारा जलप्रपात भी नर्मदा नदी पर स्थित है, न कि कावेरी पर।
- जोग जलप्रपात कर्नाटक में शरावती नदी पर स्थित है।
- जोग जलप्रपात भारत का दूसरा सबसे ऊँचा जलप्रपात माना जाता है।

47. Likhapani glacier in India is located in which state?

लिखापानी हिमनद भारत के निम्नलिखित में से किस राज्य में स्थित है?

(a) Arunachal Pradesh / अरुणाचल प्रदेश
(b) Himachal Pradesh / हिमाचल प्रदेश
(c) Sikkim / सिक्किम
(d) More than one of the above / उपर्युक्त में से एक से अधिक
(e) None of the above / उपर्युक्त में से कोई नहीं

Exam: BPSC School Teacher 2023 (Paper-III)

Answer: (a) Arunachal Pradesh / अरुणाचल प्रदेश

Explanation:

- लिखापानी हिमनद अरुणाचल प्रदेश में स्थित है।
- यह हिमनद उच्च हिमालय क्षेत्र में भारत-म्यांमार सीमा के पास स्थित है।
- यह स्थान पूर्वोत्तर भारत के महत्वपूर्ण हिमनद क्षेत्रों में आता है।
- लिखापानी नाम असम के तिनसुकिया जिले के एक प्रसिद्ध नगर से भी जुड़ा है।

48. Which of the following tributaries does not join Brahmaputra from the north?

निम्नलिखित में से कौन-सी सहायक नदी ब्रह्मपुत्र से उत्तर दिशा से नहीं मिलती है?

(a) Subansiri / सुबनसिरी
(b) Belsiri / बेलसिरी
(c) Manas / मानस
(d) More than one of the above / उपर्युक्त में से एक से अधिक
(e) None of the above / उपर्युक्त में से कोई नहीं

Exam: BPSC School Teacher 2023 (Paper-III)
BPSC TRE 2.0 7.12.2023 Shift-II (Paper-III)

Answer: (e) None of the above / उपर्युक्त में से कोई नहीं

Explanation:

- ब्रह्मपुत्र नदी का उद्गम मानसरोवर झील के पास तिब्बत में होता है।
- तिब्बत में इसे सांगपो कहा जाता है।
- भारत में प्रवेश करने के बाद इसे ब्रह्मपुत्र कहा जाता है।
- सुबनसिरी, मानस, तीस्ता, लोहित आदि नदियाँ इसकी प्रमुख सहायक नदियाँ हैं।

49. The best method to prevent flood is

बाढ़ को रोकने के लिए सबसे उत्तम विधि है

(a) Grazing / चराई
(b) Afforestation / वनीकरण
(c) Deforestation / वनोन्मूलन
(d) More than one of the above / उपर्युक्त में से एक से अधिक
(e) None of the above / उपर्युक्त में से कोई नहीं

Exam: BPSC TRE 3.0 (1-5) Re-exam 20/07/2024
BPSC School Teacher 2023 (Paper-II) Shift-I

Answer: (b) Afforestation / वनीकरण

Explanation:

- बाढ़ नियंत्रण के लिए वनीकरण सबसे प्रभावी उपाय माना जाता है।
- पेड़ों की जड़ें मिट्टी को स्थिर करती हैं।
- इससे वर्षा का जल धीरे-धीरे भूमि में अवशोषित होता है।
- इससे सतही बहाव कम होता है और बाढ़ की संभावना घटती है।

50. What is India's position in the world on the basis of per capita water availability per year?
प्रति व्यक्ति प्रति वर्ष जल उपलब्धता के आधार पर भारत का विश्व में कौन-सा स्थान है?

(a) 123rd / 123वाँ
(b) 133rd / 133वाँ
(c) 140th / 140 वाँ
(d) More than one of the above / उपर्युक्त में से एक से अधिक
(e) None of the above / उपर्युक्त में से कोई नहीं

Exam: BPSC TRE 3.0 (6-8) Re-exam 19/07/2024

Answer: (b) 133rd / 133वाँ

Explanation:

- विश्व संसाधन संस्थान के अनुसार भारत का स्थान 133 वाँ है।
- भारत में प्रति व्यक्ति वार्षिक जल उपलब्धता लगभग 1544 घन मीटर है।
- यह वैश्विक औसत लगभग 3000 घन मीटर से काफी कम है।
- इसलिए भारत जल तनाव वाले देशों में गिना जाता है।

51. Which of the following receives heavy rainfall in October and November?

निम्नलिखित में से कहाँ अक्टूबर और नवम्बर में भारी वर्षा होती है?

(a) Hills of Garo, Khasi and Jaintia / गारो, खासी और जैंतिया की पहाड़ियाँ
(b) Coromandel Coast / कोरोमंडल तट
(c) Plateau of Chota Nagpur / छोटानागपुर पठार
(d) More than one of the above / उपर्युक्त में से एक से अधिक
(e) None of the above / उपर्युक्त में से कोई नहीं

Exam: BPSC TRE 2.0 15/12/2023 (Paper-IV)

Answer: (b) Coromandel Coast / कोरोमंडल तट

Explanation:

- अक्टूबर-नवंबर में लौटते मानसून के कारण वर्षा होती है।
- बंगाल की खाड़ी से नमी लेकर हवाएँ तमिलनाडु के कोरोमंडल तट पर वर्षा करती हैं।
- यह वर्षा मुख्यतः उत्तर-पूर्वी मानसून से होती है।
- इसलिए इस समय दक्षिण-पूर्वी तट पर अधिक वर्षा होती है।

52. Tamil Nadu Coast receives rainfall during winter season due to

शीत ऋतु में तमिलनाडु के तटीय क्षेत्रों में वर्षा होने का कारण है

(a) Retreating South-West Monsoon / लौटते हुए दक्षिण-पश्चिम मानसून
(b) South-West Monsoon / दक्षिण-पश्चिम मानसून
(c) Western Disturbance / पश्चिमी विक्षोभ
(d) More than one of the above / उपर्युक्त में से एक से अधिक
(e) None of the above / उपर्युक्त में से कोई नहीं

Exam: BPSC TRE 3.0 (1-5) Re-exam 20/07/2024

Answer: (a) Retreating South-West Monsoon / लौटते हुए दक्षिण-पश्चिम मानसून

Explanation:

- अक्टूबर-दिसंबर के बीच लौटता मानसून सक्रिय होता है।
- यह बंगाल की खाड़ी से नमी लेकर तमिलनाडु तट पर वर्षा करता है।
- इसे उत्तर-पूर्वी मानसून भी कहा जाता है।
- तमिलनाडु की अधिकांश वार्षिक वर्षा इसी मौसम में होती है।

53. During the monsoon season in India, most of the cyclones have their origin

भारत में मानसून सीजन में अधिकांश चक्रवातों की उत्पत्ति होती है

(a) between 8°N and 13°N latitude /8° उ. और 13° उ. अक्षांश के बीच
(b) between 10°N and 15°N latitude /10° उ. और 15° उ. अक्षांश के बीच
(c) between 16°N and 21°N latitude /16° उ. और 21° उ. अक्षांश के बीच
(d) More than one of the above / उपर्युक्त में से एक से अधिक
(e) None of the above / उपर्युक्त में से कोई नहीं

Exam: BPSC TRE 2.0 15/12/2023 (Paper-IV)

Answer: (e) None of the above / उपर्युक्त में से कोई नहीं

Explanation:

- भारत में अधिकांश चक्रवात 8° से 15° उत्तरी अक्षांश के बीच बनते हैं।
- ये अधिकतर बंगाल की खाड़ी में उत्पन्न होते हैं।
- अक्टूबर-नवंबर में चक्रवातों की संख्या अधिक होती है।
- अरब सागर की तुलना में बंगाल की खाड़ी में अधिक शक्तिशाली चक्रवात बनते हैं।

54. What is the normal date of retreat of South-West Monsoon from Hyderabad?

हैदराबाद में दक्षिण-पश्चिम मानसून की वापसी की सामान्य तिथि क्या है?

(a) 1 October / 1 अक्टूबर
(b) 15 October / 15 अक्टूबर

(c) 1 November / 1 नवम्बर
(d) More than one of the above / उपर्युक्त में से एक से अधिक
(e) None of the above / उपर्युक्त में से कोई नहीं

Exam: BPSC School Teacher 2023 (Paper-IV)

Answer: (b) 15 October / 15 अक्टूबर

Explanation:

- दक्षिण-पश्चिम मानसून भारत में जून से सितंबर तक वर्षा करता है।
- इसके बाद यह धीरे-धीरे वापस लौटता है।
- हैदराबाद से इसकी वापसी की सामान्य तिथि 15 अक्टूबर मानी जाती है।
- इस प्रक्रिया को मानसून का निवर्तन कहते हैं।

55. According to Trewartha, India's climate belongs to which type?

ट्रिवार्था के अनुसार भारत की जलवायु किस प्रकार की है?

(a) Savanna type / सवाना प्रकार
(b) Subtropical monsoon climate / उपोष्ण मानसूनी जलवायु
(c) Mediterranean type / भूमध्यसागरीय प्रकार
(d) More than one of the above / उपर्युक्त मंे से एक से अधिक
(e) None of the above / उपर्युक्त में से कोई नहीं

Exam: BPSC School Teacher 2023 (Paper-IV)

Answer: (b) Subtropical monsoon climate / उपोष्ण मानसूनी जलवायु

Explanation:

- ट्रिवार्था वर्गीकरण के अनुसार भारत की जलवायु उपोष्ण मानसूनी है।
- यहाँ वर्षा मुख्यतः मानसून पवनों से होती है।
- गर्मी के मौसम में अधिक वर्षा होती है।
- भारत की जलवायु पर हिमालय, मानसून और समुद्र का गहरा प्रभाव है।

56. The river which originates from the Maikal range, forms a major south bank tributary of the Ganga, and is known for depositing fertile alluvium that supports intensive agriculture in Bihar, is:

वह नदी जो मैकाल पर्वत श्रेणी से निकलती है, गंगा की दक्षिणी ओर की प्रमुख सहायक नदी बनाती है और बिहार में घनीकृत कृषि के लिए उपजाऊ जलोढ़ मिट्टी जमा करती है, कौन-सी है?

(a) Ghagra / घटाघर
(b) Gandak / गंडक
(c) Son / सोन
(d) Kosi / कोसी
(e) None of the above / उपर्युक्त में से कोई नहीं

NCERT - Class 11, Chapter 4 (Drainage System of India)

Answer: (c) Son / सोन

Explanation:

- सोन नदी का उद्गम अमरकंटक और मैकाल रेंज में होता है।
- यह गंगा की दक्षिणी सहायक नदी के रूप में शामिल होती है।
- नदी द्वारा जमा किया गया जलोढ़ मिट्टी बिहार में घनीकृत कृषि और खेती को समर्थ बनाता है।
- इसकी लंबाई लगभग 780 km है और यह गंगा की सबसे बड़ी दक्षिणी सहायक नदी मानी जाती है।

57. Silent Valley National Park is part of which forest type?

साइलेंट वैली राष्ट्रीय उद्यान किस वन प्रकार का हिस्सा है?

(a) Tropical Deciduous / उष्णकटिबंधीय पतझड़ी वन
(b) Tropical Evergreen / उष्णकटिबंधीय सदाबहार वन
(c) Temperate Coniferous / समशीतोष्ण शंकुधारी वन
(d) More than one of the above / उपर्‌युक्त में से एक से अधिक
(e) None of the above / उपर्युक्त में से कोई नहीं

NCERT - Class 12, Chapter 2 (Forest and Wildlife)

Answer: (b) Tropical Evergreen / उष्णकटिबंधीय सदाबहार वन

Explanation:

- साइलेंट वैली केरल के पश्चिमी घाट में स्थित है।
- यहाँ अत्यधिक जैव विविधता पाई जाती है।
- यह वन सदाबहार पेड़ों से घिरा हुआ है।
- पर्यावरणीय दृष्टि से यह भारत के महत्वपूर्ण बायोस्फीयर रिजर्व में शामिल है।

58. Which glacier is located in the Karakoram range and is among the largest non-polar glaciers in the world?

कौन सा हिमनद काराकोरम श्रृंखला में स्थित है और विश्व के सबसे बड़े गैर-ध्रुवीय हिमनदों में आता है?

(a) Siachen / सियाचिन
(b) Baltoro / बाल्टोरो
(c) Gangotri / गंगोत्री
(d) More than one of the above / उपर्युक्त में से एक से अधिक
(e) None of the above / उपर्युक्त में से कोई नहीं

NCERT - Class 11, Chapter 2 (Physical Features)

Answer: (b) Baltoro / बाल्टोरो

Explanation:

- बाल्टोरो हिमनद काराकोरम पर्वतमाला में स्थित है।
- इसकी लंबाई लगभग 63 km है।
- यह विश्व के सबसे बड़े गैर-ध्रुवीय हिमनदों में गिना जाता है।
- पाकिस्तान के गिलगित-बाल्टिस्तान क्षेत्र के पास फैला है।

वन क्षेत्र

59. Which of the following is not a feature of the Middle Ganga Plain agro-climatic region?

निम्नलिखित में से कौन-सी मध्यवर्ती गंगा के मैदानी कृषि-जलवायु प्रदेश की विशेषता नहीं है?

(a) It lies in the drainage basin of the Ganga and its tributaries / यह गंगा और उसकी सहायक नदियों के अपवाह क्षेत्र में स्थित है
(b) It extends in more than two states / इसका दो से अधिक राज्यों में विस्तार है
(c) Annual rainfall here is more than 100 cm / यहाँ प्रति वर्ष 100 सेमी से अधिक वर्षा होती है
(d) More than one of the above / उपर्युक्त में से एक से अधिक
(e) None of the above / उपर्युक्त में से कोई नहीं

Exam: BPSC School Teacher 2023 (Paper-II) Shift-2

Answer: (e) None of the above / उपर्युक्त में से कोई नहीं

Explanation:

- मध्य गंगा का मैदान पूर्वी उत्तर प्रदेश और बिहार में फैला है।
- यह गंगा तथा उसकी सहायक नदियों द्वारा निर्मित उपजाऊ जलोढ़ मैदान है।
- यहाँ वार्षिक वर्षा लगभग 75-150 सेमी के बीच होती है।
- दिए गए सभी कथन इसकी विशेषताएँ हैं, इसलिए सही उत्तर कोई नहीं है।

60. According to G. T. Trewartha, Am type climate region in India is

जी. टी. ट्रिवार्था के अनुसार भारत में Am प्रकार की जलवायु का क्षेत्र है

(a) Meghalaya Plateau / मेघालय का पठार
(b) Western Coast / पश्चिमी तट
(c) Coromandel Coastal Region / कोरोमंडल तटीय क्षेत्र
(d) More than one of the above / उपर्युक्त में से एक से अधिक
(e) None of the above / उपर्युक्त में से कोई नहीं

Exam: BPSC School Teacher 2023 (Paper-II) Shift-2

Answer: (b) Western Coast / पश्चिमी तट

Explanation:

- ट्रिवार्था ने 1966 में जलवायु वर्गीकरण प्रस्तुत किया।
- Am प्रकार की जलवायु उष्णकटिबंधीय मानसूनी जलवायु है।
- भारत में यह मुख्यतः पश्चिमी तटीय मैदान में पाई जाती है।
- यहाँ वर्षा मुख्यतः दक्षिण-पश्चिम मानसून से होती है।

61. In which state of India is the maximum teak forest found?

भारत के किस राज्य में सर्वाधिक सागवान के जंगल पाए जाते हैं?

(a) Bihar / बिहार
(b) Karnataka / कर्नाटक
(c) Madhya Pradesh / मध्य प्रदेश
(d) More than one of the above / उपर्युक्त में से एक से अधिक
(e) None of the above / उपर्युक्त में से कोई नहीं

Exam: BPSC TRE 3.0 (1-5) Re-exam 20/07/2024

Answer: (c) Madhya Pradesh / मध्य प्रदेश

Explanation:

- भारत में सर्वाधिक सागवान मध्य प्रदेश में पाए जाते हैं।
- क्षेत्रफल की दृष्टि से मध्य प्रदेश में देश का सबसे बड़ा वन क्षेत्र है

- सागवान मुख्यतः उष्णकटिबंधीय पर्णपाती वन में पाया जाता है।
- इसका उपयोग भवन निर्माण और फर्नीचर में होता है।

62. Mangrove forest of Ganga Delta is called

गंगा डेल्टा के सहाबहार वन क्षेत्र को क्या कहते हैं?

(a) Sundergarh / सुन्दरगढ़
(b) Sunderban / सुंदरवन
(c) Surendranagar / सुरेन्द्रनगर
(d) More than one of the above / उपर्युक्त में से एक से अधिक
(e) None of the above / उपर्युक्त में से कोई नहीं

Exam: BPSC TRE 3.0 Exam 21/07/2024

Answer: (b) Sunderban / सुंदरवन

Explanation:

- ग ा-ब्रह्मपुत्र डेल्टा के मैंग्रोव वन सुंदरवन कहलाते हैं।
- यहाँ सुंदरी वृक्ष अधिक मात्रा में पाए जाते हैं।
- यह विश्व का सबसे बड़ा मैंग्रोव वन है।
- यह क्षेत्र भारत और बांग्लादेश दोनों देशों में फैला है।

63. Thorn forests are not found in

काँटेदार जंगल नहीं पाए जाते हैं

(a) Karnataka / कर्नाटक
(b) Andhra Pradesh / आंध्र प्रदेश
(c) Tamil Nadu / तमिलनाडु
(d) More than one of the above / उपर्युक्त में से एक से अधिक
(e) None of the above / उपर्युक्त में से कोई नहीं

Exam: BPSC TRE 2.0 09/12/2023 (Paper-II)

Answer: (c) Tamil Nadu / तमिलनाडु

Explanation:

- काँटेदार वन कम वर्षा वाले क्षेत्रों में पाए जाते हैं।
- सामान्यतः जहाँ वर्षा 70 सेमी से कम होती है वहाँ ये वन मिलते हैं।
- तमिलनाडु में दक्षिण-पश्चिम और उत्तर-पूर्व मानसून दोनों से वर्षा होती है।
- इसलिए यहाँ काँटेदार वन के लिए अनुकूल परिस्थितियाँ कम मिलती हैं।

64. Grassland, scrub, forest and wastelands belonging to government, private individuals and communities are called

घास के मैदान, झाड़-झंखाड़, वन तथा बंजर भूमि जो सरकार, निजी व्यक्तियों और समुदाय से संबंधित हों उन्हें कहा जाता है

(a) Reserved forests / आरक्षित वन
(b) Protected forests / संरक्षित वन
(c) Unclassified forests / अवर्ग ीकृत वन
(d) More than one of the above / उपर्युक्त में से एक से अधिक
(e) None of the above / उपर्युक्त में से कोई नहीं

Exam: BPSC TRE 2.0 18/12/2023 (Paper-II)

Answer: (c) Unclassified forests / अवर्गीकृत वन

Explanation:

- ऐसे वन जो सरकार, निजी व्यक्ति या समुदाय के स्वामित्व में हों उन्हें अवर्गीकृत वन कहा जाता है।
- इनमें घास के मैदान, झाड़-झंखाड़ और बंजर भूमि शामिल हो सकती हैं।
- आरक्षित वन सरकार के कड़े नियंत्रण में होते हैं।
- संरक्षित वन में लोगों को कुछ सीमित अधिकार दिए जाते हैं।

65. Tropical rain forests in India are found in

भारत में उष्णकटिबंधीय वर्षा वन पाए जाते हैं

(a) Karnataka / कर्नाटक
(b) Himachal Pradesh / हिमाचल प्रदेश
(c) Kerala / केरल
(d) More than one of the above / उपर्युक्त में से एक से अधिक
(e) None of the above / उपर्युक्त में से कोई नहीं

Exam: BPSC School Teacher 2023 (Paper-II) Shift-2

Answer: (d) More than one of the above / उपर्युक्त में से एक से अधिक

Explanation:

- उष्णकटिबंधीय वर्षा वन अधिक वर्षा वाले क्षेत्रों में पाए जाते हैं।
- भारत में ये मुख्यतः पश्चिमी घाट और उत्तर-पूर्व भारत में मिलते हैं।
- केरल, कर्नाटक के पश्चिमी घाट तथा असम के ऊपरी क्षेत्र में ये वन पाए जाते हैं।

- अंडमान-निकोबार और लक्षद्वीप द्वीप समूह में भी ऐसे वन मिलते हैं।

66. According to the National Forest Policy (1952), what should be the desired percentage of forest area in the total geographical area of India?

भारत में 1952 की राष्ट्रीय वन नीति के अनुसार देश के कुल भौगोलिक क्षेत्र में वन क्षेत्र का वांछित प्रतिशत कितना होना चाहिए?

(a) 25

(b) 33

(c) 39

(d) More than one of the above / उपर्युक्त में से एक से अधिक

(e) None of the above / उपर्युक्त में से कोई नहीं

Exam: BPSC School Teacher 2023 (Paper-II) Shift-2

Answer: (b) 33

Explanation:

- 1952 की राष्ट्रीय वन नीति में वन क्षेत्र का लक्ष्य 33% निर्धारित किया गया था।
- इसका उद्देश्य पर्यावरण संतुलन बनाए रखना था।
- पहाड़ी क्षेत्रों में वन क्षेत्र का लक्ष्य लगभग 60% रखा गया था।
- यह स्वतंत्र भारत की पहली राष्ट्रीय वन नीति थी।

67. Which of the following statements about Joint Forest Management (JFM) in India is not correct?

निम्नलिखित में से कौन-सा कथन भारत में संयुक्त वन प्रबंधन के संबंध में सही नहीं है?

(a) It involves local communities in the protection and management of forests / इसमें स्थानीय समुदायों को वनों के संरक्षण और प्रबंधन में शामिल किया जाता है

(b) Local communities receive a share in forest products as an incentive for conservation / संरक्षण के प्रोत्साहन के रूप में स्थानीय समुदायों को वन उत्पादों में हिस्सा मिलता है

(c) The programme was first initiated in Arabari forest range of West Bengal in the 1970s / यह कार्यक्रम सबसे पहले 1970 के दशक में पश्चिम बंगाल के अरबारी वन क्षेत्र में शुरू किया गया था

(d) More than one of the above / उपर्युक्त में से एक से अधिक

(e) None of the above / उपर्युक्त में से कोई नहीं

NCERT - Class 10, Chapter 2 (Forest and Wildlife Resources)

Answer: (e) None of the above / उपर्युक्त में से कोई नहीं

Explanation:

- संयुक्त वन प्रबंधन (JFM) कार्यक्रम में स्थानीय समुदायों को वन संरक्षण और प्रबंधन में भागीदार बनाया जाता है।
- इस व्यवस्था में ग्रामीणों को लकड़ी, चारा तथा अन्य वन उत्पादों मे◌ं हिस्सा मिलता है जिससे वे संरक्षण में रुचि लेते हैं।
- इसका प्रसिद्ध उदाहरण पश्चिम बंगाल के अरबार◌ी वन क्षेत्र में 1970 के दशक में शुरू हुआ था।
- इसलिए दिए गए सभी कथन सही हैं, अतः सही उत्तर «उपर्युक्त में से कोई नहीं» है।

68. Which of the following is not a correct statement about the distribution of forests in India?

निम्नलिखित में से कौन-सा कथन भारत में वनों के वितरण के संबंध में सही नहीं है?

(a) The northeastern states have the highest percentage of forest cover in India / भारत में उत्तर-पूर्वी राज्यों में वन आवरण का प्रतिशत सबसे अधिक है

(b) Madhya Pradesh has the largest area under forests among the states / मध्य प्रदेश में राज्यों में सबसे अधिक वन क्षेत्र पाया जाता है

(c) Forest cover is very dense in the north-western part of India due to very high rainfall / अत्यधिक वर्षा के कारण भारत के उत्तर-पश्चिमी भाग में वन बहुत घने हैं

(d) More than one of the above / उपर्युक्त में से एक से अधिक

(e) None of the above / उपर्युक्त में से कोई नहीं

NCERT - Class 12, Chapter 3 (Land Resources and Agriculture)

Answer: (c) Forest cover is very dense in the north-western part of India due to very high rainfall / अत्यधिक वर्षा के कारण भारत के उत्तर-पश्चिमी भाग में वन बहुत घने हैं

Explanation:

- भारत में वन वितरण मुख्यतः वर्षा, जलवायु और स्थलाकृति पर निर्भर करता है।
- उत्तर-पूर्वी राज्यों में वर्षा अधिक होने के कारण वन आवरण का प्रतिशत बहुत अधिक है।
- मध्य प्रदेश में भारत का सबसे बड़ा वन क्षेत्र पाया जाता है।
- उत्तर-पश्चिमी भारत (राजस्थान आदि) शुष्क क्षेत्र है जहाँ वर्षा कम होती है, इसलिए वहाँ घने वन नहीं पाए जाते।

69. Which of the following is not correctly matched with the major types of natural vegetation in India?

निम्नलिखित में से कौन-सा भारत की प्रमुख प्राकृतिक वनस्पति के प्रकारों के साथ सही सुमेलित नहीं है?

(a) Tropical Evergreen Forests - Western Ghats and Andaman & Nicobar Islands / उष्णकटिबंधीय सदाबहार वन - पश्चिमी घाट और अंडमान-निकोबार द्वीप

(b) Tropical Thorn Forests - Rajasthan and parts of Gujarat / उष्णकटिबंधीय कांटेदार वन राजस्थान और गुजरात के कुछ भाग

(c) Montane Forests - Coastal plains of eastern India / पर्वतीय वन - पूर्वी भारत के तटीय मैदान

(d) More than one of the above / उपर्युक्त में से एक से अधिक

(e) None of the above / उपर्युक्त में से कोई नहीं

NCERT - Class 11, Chapter 5 (Natural Vegetation)

Answer: (c) Montane Forests - Coastal plains of eastern India / पर्वतीय वन - पूर्वी भारत के तटीय मैदान

Explanation:

- भारत की प्राकृतिक वनस्पति का वितरण मुख्यतः जलवायु, स्थलाकृति और मिट्टी पर निर्भर करता है।
- उष्णकटिबंधीय सदाबहार वन अधिक वर्षा वाले क्षेत्रों जैसे पश्चिमी घाट और अंडमान-निकोबार द्वीपों में पाए जाते हैं।
- कांटेदार वन कम वर्षा वाले शुष्क क्षेत्रों जैसे राजस्थान और गुजरात में पाए जाते हैं।
- पर्वतीय वन हिमालयी ऊँचाई वाले क्षेत्रों में पाए जाते हैं, न कि तटीय मैदानों में।

70. Which of the following is not a correct feature of reserved forests in India?

निम्नलिखित में से कौन-सी भारत में आरक्षित वनों की सही विशेषता नहीं है?

(a) Reserved forests are regarded as the most valuable forests for conservation / आरक्षित वन संरक्षण के लिए सबसे मूल्यवान वन माने जाते हैं

(b) More than half of the total forest area in India has been declared as reserved forests 1 भारत के कुल वन क्षेत्र के आधे से अधिक भाग को आरक्षित वन घोषित किया गया है

(c) Local people are completely free to exploit forest resources without restriction / स्थानीय लोगों को वन संसाधनों का बिना किसी प्रतिबंध के पूर्ण दोहन करने की स्वतंत्रता होती है

(d) More than one of the above / उपर्युक्त में से एक से अधिक

(e) None of the above / उपर्युक्त में से कोई नहीं

Answer: (c) Local people are completely free to exploit forest resources without restriction / स्थानीय लोगों को वन संसाधनों का बिना किसी प्रतिबंध के पूर्ण दोहन करने की स्वतंत्रता होती है

Explanation:

- भारत में वनों को आरक्षित वन, संरक्षित वन और अवर्गीकृत वन में विभाजित किया गया है।
- आरक्षित वन संरक्षण की दृष्टि से सबसे महत्वपूर्ण माने जाते हैं।
- भारत के कुल वन क्षेत्र का आधे से अधिक भाग आरक्षित वन के अंतर्गत आता है।
- इन वनों में संसाधनों के उपयोग पर कड़े सरकारी प्रतिबंध होते हैं, इसलिए पूर्ण स्वतंत्रता वाला कथन गलत है।

71. Which of the following is not correctly matched with the altitude-wise distribution of vegetation in the Himalayas?

निम्नलिखित में से कौन-सा हिमालय में ऊँचाई के अनुसार वनस्पति के वितरण के साथ सही सुमेलित नहीं है?

(a) Sub-tropical forests - Found roughly between 500 and 1,500 metres / उपोष्णकटिबंधीय वन - लगभग 500 से 1500 मीटर की ऊँचाई पर पाए जाते हैं

(b) Temperate forests - Found roughly between 1,500 and 3,000 metres / समशीतोष्ण वन - लगभग 1500 से 3000 मीटर की ऊँचाई पर पाए जाते हैं

(c) Alpine vegetation - Found mainly below 1,000 metres / अल्पाइन वनस्पति - मुख्यतः 1000 मीटर से नीचे पाई जाती है

(d) More than one of the above / उपर्युक्त में से एक से अधिक

(e) None of the above / उपर्युक्त में से कोई नहीं

NCERT - Class 11, Chapter 5 (Natural Vegetation)

Answer: (c) Alpine vegetation - Found mainly below 1,000 metres / अल्पाइन वनस्पति मुख्यतः 1000 मीटर से नीचे पाई जाती है

Explanation:

- हिमालय में प्राकृतिक वनस्पति का वितरण ऊँचाई के साथ क्रमिक रूप से बदलता है।
- उपोष्णकटिबंधीय वन लगभग 500-1500 मीटर की ऊँचाई तक पाए जाते हैं।
- 1500-3000 मीटर की ऊँचाई पर समशीतोष्ण वन जैसे ओक, पाइन और देवदार पाए जाते हैं।
- अल्पाइन वनस्पति सामान्यतः 3600 मीटर से अधिक ऊँचाई पर पाई जाती है, इसलिए 1000 मीटर वाला कथन गलत है।

72. Which of the following is not a feature of forest resources in India?

निम्नलिखित में से कौन-सी भारत के वन संसाधनों की विशेषता नहीं है?

(a) Tropical evergreen forests are found in areas receiving more than 200 cm rainfall / उष्णकटिबंधीय सदाबहार वन उन क्षेत्रों में पाए जाते हैं जहाँ 200 सेमी से अधिक वर्षा होती है

(b) Mangrove forests are mainly found in the delta regions of large rivers / मैंग्रोव वन मुख्यतः बड़ी नदियों के डेल्टा क्षेत्रों में पाए जाते हैं

(c) Thorn forests are found in areas with very high rainfall / कांटेदार वन अत्यधिक वर्षा वाले क्षेत्रों में पाए जाते हैं

(d) More than one of the above / उपर्युक्त में से एक से अधिक

(e) None of the above / उपर्युक्त में से कोई नहीं

NCERT - Class 9, Chapter 5

(Natural Vegetation and Wildlife)

Answer: (c) Thorn forests are found in areas with very high rainfall / कांटेदार वन अत्यधिक वर्षा वाले क्षेत्रों में पाए जाते हैं

Explanation:

- भारत में प्राकृतिक वनस्पति का वितरण मुख्यतः तापमान और वर्षा पर निर्भर करता है।
- उष्णकटिबंधीय सदाबहार वन 200 सेमी से अधिक वर्षा वाले क्षेत्रों जैसे पश्चिमी घाट और उत्तर-पूर्व भारत में पाए जाते हैं।
- मैंग्रोव वन बड़ी नदियों के डेल्टा क्षेत्रों जैसे गंगा-ब्रह्मपुत्र डेल्टा में पाए जाते हैं।
- कांटेदार वन कम वर्षा (लगभग 70 सेमी से कम) वाले शुष्क क्षेत्रों में पाए जाते हैं, इसलिए अत्यधिक वर्षा वाला कथन गलत है।

प्राकृतिक आपदाएँ

73. Which of the following areas is not landslide-prone area?

निम्नलिखित क्षेत्रों में से कौन-सा भूस्खलन-प्रवण क्षेत्र नहीं है?

(a) Western Ghats / पश्चिमी घाट

(b) Eastern Ghats / पूर्वी घाट

(c) Himalayan Regions / हिमालयी क्षेत्र

(d) More than one of the above / उपर्युक्त में से एक से अधिक

(e) None of the above / उपर्युक्त में से कोई नहीं

Exam: BPSC TRE 2.0 15/12/2023 (Paper-IV)

Answer: (e) None of the above / उपर्युक्त में से कोई नहीं

Explanation:

- भारत में भूस्खलन मुख्यतः हिमालय, पश्चिमी घाट और

पूर्वी घाट में होता है।
- इन क्षेत्रों में ढलान अधिक तथा चट्टानें अपेक्षाकृत कमजोर होती हैं।
- भारी वर्षा और भूकंप भी भूस्खलन का कारण बनते हैं।
- भारत के लगभग 15% भूभाग भूस्खलन से प्रभावित माने जाते हैं।

74. Which coast of India is most affected by violent tropical cyclones?

निम्नलिखित में से भारत का कौन-सा तट उष्णकटिबंधीय चक्रवातों से सबसे अधिक प्रभावित है?

(a) Malabar Coast / मालाबार तट
(b) Coromandel Coast / कोरोमंडल तट
(c) Konkan Coast / कोंकण तट
(d) More than one of the above / उपर्युक्त में से एक से अधिक
(e) None of the above / उपर्युक्त में से कोई नहीं

Exam: BPSC TRE 2.0 15/12/2023 (Paper-IV)

Answer: (b) Coromandel Coast / कोरोमंडल तट

Explanation:
- भारत का पूर्वी तट चक्रवातों से अधिक प्रभावित होता है।
- विशेष रूप से कोरोमंडल तट सबसे अधिक प्रभावित क्षेत्र है।
- अधिकांश चक्रवात बंगाल की खाड़ी में बनते हैं।
- अक्टूबर-नवंबर में चक्रवातों की संख्या अधिक होती है।

75. Consider the following statements regarding 'Heat Wave'

'हीट वेव' के सम्बन्ध में निम्नलिखित कथनों पर विचार कीजिए

1. **If the maximum temperature of a plain area reaches at least 30°C or more / यदि किसी मैदानी क्षेत्र का अधिकतम तापमान कम-से-कम 30°C या इससे अधिक तक पहुँच जाता है, तो उसे हीट वेव माना जाता है।**
2. **If the maximum temperature of a hilly area reaches at least 40°C or more / यदि किसी पहाड़ी क्षेत्र का अधिकतम तापमान कम-से-कम 40°C या इससे अधिक तक पहुँच जाता है, तो उसे हीट वेव माना जाता है।**

Which of the above statement(s) is/are correct? उपर्युक्त में से कौन-सा/से कथन सही है/हैं?

(a) Both 1 and 2 / 1 और 2 दोनों
(b) Only 1 / केवल 1
(c) Neither 1 nor 2 / न तो 1 और न ही 2
(d) More than one of the above / उपर्युक्त में से एक से अधिक
(e) None of the above / उपर्युक्त में से कोई नहीं

Exam: 69th BPSC (Pre) 2023

Answer: (c) Neither 1 nor 2 / न तो 1 और न ही 2

Explanation:
- मैदानी क्षेत्रों में हीट वेव तब मानी जाती है जब तापमान लगभग 40°C या उससे अधिक हो।
- पहाड़ी क्षेत्रों में हीट वेव लगभग 30°C या उससे अधिक तापमान पर मानी जाती है।
- प्रश्न में दोनों कथनों में तापमान की सीमा उलटी दी गई है, इसलिए दोनों कथन गलत हैं।
- भारत में हीट वेव की घटनाएँ प्रायः मई-जून में अधिक देखी जाती हैं।

76. Which of the following statements regarding cyclone-prone regions in India is not correct?

निम्नलिखित में से कौन-सा कथन भारत के चक्रवात-प्रवण क्षेत्रों के संबंध में सही नहीं है?

(a) The eastern coast of India is more prone to cyclones than the western coast / भारत का पूर्वी तट पश्चिमी तट की तुलना में चक्रवातों के प्रति अधिक संवेदनशील है
(b) The Bay of Bengal generates more cyclones than the Arabian Sea / बंगाल की खाड़ी अरब सागर की तुलना में अधिक चक्रवात उत्पन्न करती है
(c) Cyclones mainly originate in the interior plateau region of central India / चक्रवात मुख्यतः मध्य भारत के आंतरिक पठारी क्षेत्र में उत्पन्न होते हैं
(d) More than one of the above / उपर्युक्त में से एक से अधिक
(e) None of the above / उपर्युक्त में से कोई नहीं

NCERT - Class 11, Chapter 10
(Atmospheric Circulation and Weather Systems)

Answer: (c) Cyclones mainly originate in the interior plateau region of central India / चक्रवात मुख्यतः मध्य भारत के आंतरिक पठारी क्षेत्र में उत्पन्न होते हैं

Explanation:

- भारत में चक्रवात मुख्यत◌ः उष्णकटिबंधीय महासागरों में बनते हैं।
- बंगाल की खाड़ी में अरब सागर की तुलना में अधिक चक्रवात उत्पन्न होते हैं।
- इसलिए भारत का पूर्वी तट अधिक प्रभावित होता है।
- चक्रवात स्थल के अंदरूनी पठारी क्षेत्रों में नहीं बल्कि समुद्र के ऊपर उत्पन्न होते हैं।

77. Which of the following statements regarding the spatial distribution of earthquakes in India is not correct?

निम्नलिखित में से कौन-सा कथन भारत में भूकंप के स्थानिक वितरण के संबंध में सही नहीं है?

(a) The Himalayan region is highly prone to earthquakes due to active tectonic movements / सक्रिय टेक्टोनिक गतिविधियों के कारण हिमालयी क्षेत्र भूकंप के लिए अत्यधिक संवेदनशील है

(b) The Peninsular Plateau is considered relatively stable but may still experience earthquakes occasionally / प्रायद्वीपीय पठार अपेक्षाकृत स्थिर माना जाता है, लेकिन कभी-कभी यहाँ भी भूकंप आ सकते हैं

(c) The Indo-Gangetic plain is completely free from earthquake hazards because it is composed of alluvial deposits / इंडो-गंगा का मैदान पूरी तरह भूकंप के खतरे से मुक्त है क्योंकि यह जलोढ़ निक्षेपों से बना है

(d) More than one of the above / उपर्युक्त में से एक से अधिक

(e) None of the above / उपर्युक्त में से कोई नहीं

NCERT - Class 11, Chapter 7 (Natural Hazards and Disasters)

Answer: (c) The Indo-Gangetic plain is completely free from earthquake hazards because it is composed of alluvial deposits / इंडो-गंगा का मैदान पूरी तरह भूकंप के खतरे से मुक्त है क्योंकि यह जलोढ़ निक्षेपों से बना है

Explanation:

- भारत में भूकंप का वितरण मुख्यतः टेक्टोनिक प्लेटों की गतिविधियों से संबंधित है।
- हिमालयी क्षेत्र भारतीय और यूरेशियन प्लेटों के टकराव के कारण अत्यधिक भूकंपीय सक्रिय है।
- प्रायद्वीपीय भारत अपेक्षाकृत स्थिर है, लेकिन यहाँ भी कभी-कभी भूकंप आ सकते हैं।
- इंडो-गंगा का मैदान जलोढ़ मिट्टी से बना होने के कारण झटकों को अधिक महसूस कर सकता है, इसलिए यह पूरी तरह सुरक्षित नहीं है।

78. Which of the following statements regarding drought-prone regions in India is not correct?

निम्नलिखित में से कौन-सा कथन भारत के सूखा-प्रवण क्षेत्रों के संबंध में सही नहीं है?

(a) Western Rajasthan is one of the most drought-prone regions of India due to very low and highly variable rainfall / बहुत कम और अनियमित वर्षा के कारण पश्चिमी राजस्थान भारत के सबसे अधिक सूखा-प्रवण क्षेत्रों में से एक है

(b) Interior parts of the Deccan Plateau such as parts of Maharashtra and Karnataka frequently experience droughts / दक्कन पठार के आंतरिक भाग जैसे महाराष्ट्र और कर्नाटक के कुछ हिस्सों में अक्सर सूखे की स्थिति बनती है

(c) The Brahmaputra valley is the most drought-prone region of India because it receives extremely low rainfall / ब्रह्मपुत्र घाटी भारत का सबसे अधिक सूखा-प्रवण क्षेत्र है क्योंकि यहाँ अत्यंत कम वर्षा होती है

(d) More than one of the above / उपर्युक्त में से एक से अधिक

(e) None of the above / उपर्युक्त में से कोई नही◌ं

NCERT - Class 9, Chapter 4 (Climate)

Answer: (c) The Brahmaputra valley is the most drought-prone region of India because it receives extremely low rainfall / ब्रह्मपुत्र घाटी भारत का सबसे अधिक सूखा-प्रवण क्षेत्र है क्योंकि यहाँ

अत्यंत कम वर्षा होती है

Explanation:

- भारत में सूखा मुख्यतः उन क्षेत्रों में आता है जहाँ वर्षा कम और अनिश्चित होती है।
- पश्चिमी राजस्थान म ें अत्यंत कम वर्षा होने के कारण यह क्षेत्र सूखा-प्रवण है।
- दक्कन पठार के आंतरिक भाग ों में मानसूनी वर्षा की अनिश्चितता के कारण सूखे की स्थिति बनती है।
- ब्रह्मपुत्र घाटी में अत्यधिक वर्षा होती है और वहाँ बाढ़ अधिक आती है, इसलिए यह सूखा-प्रवण क्षेत्र नहीं है।

79. Which of the following regions of India are highly vulnerable to flood hazards?

निम्नलिखित में से भारत के कौन-से क्षेत्र बाढ़ के खतरों के प्रति अत्यधिक संवेदनशील हैं?

(a) The Brahmaputra valley in Assam / असम की ब्रह्मपुत्र घाटी

(b) The Ganga plains of Bihar and eastern Uttar Pradesh / बिहार और पूर्वी उत्तर प्रदेश के गंगा के मैदान

(c) The coastal plains of Kerala / केरल के तटीय मैदान

(d) More than one of the above / उपर्युक्त में से एक से अधिक

(e) None of the above / उपर्युक्त में से कोई नहीं

NCERT - Class 11, Chapter 7
(Natural Hazards and Disasters)

Answer: (d) More than one of the above / उपर्युक्त में से एक से अधिक

Explanation:

- असम की ब्रह्मपुत्र घाटी में भारी वर्षा और विशाल जलग्रहण क्षेत्र के कारण बाढ़ की समस्या बार-बार उत्पन्न होती है।
- बिहार और पूर्वी उत्तर प्रदेश के गंगा के मैदान में कम ढाल और अवसाद निक्षेपण के कारण बाढ़ की संभावना अधिक रहती है।
- केरल के तटीय मैदानों में भी भारी मानसूनी वर्षा के कारण बाढ़ की स्थिति उत्पन्न हो सकती है।
- इसलिए इन क्षेत्रों में बाढ़ का खतरा एक से अधिक स्थानों पर पाया जाता है।

चट्टान, शैल एवं मृदा

80. Mulching of the soil is associated with

मृदा का पलवार करना सम्बंधित है

(a) Reducing weed growth / खरपतवार को रोकने से

(b) Improving soil fertility / मृदा की उर्वरता बढ़ाने से

(c) Conservation of soil moisture / मृदा की नमी बनाए रखने से

(d) More than one of the above / उपर्युक्त में से एक से अधिक

(e) None of the above / उपर्युक्त में से कोई नहीं

Exam: BPSC TRE 3.0 (1-5) Re-exam 20/07/2024

Answer: (c) Conservation of soil moisture / मृदा की नमी बनाए रखने से

Explanation:

- पलवार में मिट्टी को पत्तों, घास या पुआल से ढक दिया जाता है।
- इससे मिट्टी की नमी बनी रहती है।
- इससे पानी का वाष्पीकरण कम होता है।
- यह तकनीक कृषि में मृदा संरक्षण के लिए उपयोगी है।

81. Ganga plain is full of which type of soil?

गंगा का मैदान किस प्रकार की मिट्टी से भरा है?

(a) Black soil / काली मिट्टी

(b) Red soil / लाल मिट्टी

(c) Alluvial soil / जलोढ़ मिट्टी

(d) More than one of the above / उपर्युक्त में से एक से अधिक

(e) None of the above / उपर्युक्त में से कोई नहीं

Exam: BPSC TRE 2.0 18/12/2023 (Paper-III)

Answer: (c) Alluvial soil / जलोढ़ मिट्टी

Explanation:

- गंगा का मैदान मुख्यतः जलोढ़ मिट्टी से बना है।
- यह मिट्टी नदियों द्वारा लाई गई गाद और अवसाद से बनती है।
- जलोढ़ मिट्टी भारत की सबसे उपजाऊ मिट्टी मानी जाती है।

- इसे दो भागों में बाँटा जाता है - भांगर (पुरानी जलोढ़) और खादर (नई जलोढ़)।

82. In which of the following states is black soil found?
निम्नलिखित में से किस राज्य में काली मिट्टी पाई जाती है?

(a) Karnataka / कर्नाटक
(b) Gujarat / गुजरात
(c) Uttarakhand / उत्तराखण्ड
(d) More than one of the above / उपर्युक्त में से एक से अधिक
(e) None of the above / उपर्युक्त में से कोई नहीं

Exam: BPSC TRE 2.0 8/12/2023 (Paper-III)

Answer: (d) More than one of the above / उपर्युक्त में से एक से अधिक

Explanation:

- काली मिट्टी को रेगुर मिट्टी या कॉटन सॉइल भी कहा जाता है।
- यह मुख्यतः दक्कन पठार के क्षेत्रों में पाई जाती है।
- महाराष्ट्र, कर्नाटक, गुजरात, मध्य प्रदेश, आंध्र प्रदेश और तमिलनाडु में इसका व्यापक विस्तार है।
- इस मिट्टी में चूना, लोहा, मैग्नीशियम अधिक होता है तथा यह कपास की खेती के लिए बहुत उपयुक्त होती है।

83. Which State has maximum laterite soil?
किस राज्य में सबसे अधिक लेटराइट मिट्टी है?

(a) Uttar Pradesh / उत्तर प्रदेश
(b) Bihar / बिहार
(c) Meghalaya / मेघालय
(d) More than one of the above / उपर्युक्त में से एक से अधिक
(e) None of the above / उपर्युक्त में से कोई नहीं

Exam: BPSC TRE 2.0 09/12/2023 (Paper-II)

Answer: (c) Meghalaya / मेघालय

Explanation:

- लेटराइट मिट्टी उच्च तापमान और अधिक वर्षा वाले क्षेत्रों में बनती है।
- इसमें लौह ऑक्साइड की अधिकता के कारण इसका रंग लाल होता है।
- भारत में यह मिट्टी मेघालय, केरल, कर्नाटक, महाराष्ट्र और ओडिशा में पाई जाती है।
- दिए गए विकल्पों में मेघालय में इसका सर्वाधिक विस्तार है।

84. Which of the following statements is correct?
निम्नलिखित में से कौन-सा कथन सही है?

(a) Natural gas is found in Dharwar rock system / धारवाड़ चट्टान संरचना में प्राकृतिक गैस पाई जाती है
(b) Mica is found in Koderma / अभ्रक कोडरमा में पाया जाता है
(c) Kuddappa range is famous for diamonds / कुदप्पा श्रृंखला हीरों के लिए प्रसिद्ध है
(d) More than one of the above / उपर्युक्त में से एक से अधिक
(e) None of the above / उपर्युक्त में से कोई नहीं

Exam: 69th BPSC (Pre) 2023

Answer: (b) Mica is found in Koderma / अभ्रक कोडरमा में पाया जाता है

Explanation:

- झारखंड के कोडरमा को भारत की अभ्रक राजधानी कहा जाता था।
- यहाँ पहले विश्व के सबसे बड़े अभ्रक भंडार पाए जाते थे।
- इसलिए कथन (b) सही है।

85. When soil becomes alkaline and plants do not grow, what should be added to improve soil quality?

जब मृदा क्षारीय हो जाए तथा उसमें पौधे पैदा न हों, तब मृदा की गुणवत्ता सुधारने के लिए क्या मिलाना चाहिए?

(a) Organic matter / कार्बनिक पदार्थ
(b) Unslaked lime / बिना बुझा चूना
(c) Potassium solution / कैलामाइन का घोल
(d) More than one of the above / उपर्युक्त में से एक से अधिक
(e) None of the above / उपर्युक्त में से कोई नहीं

Exam: BPSC School Teacher 2023 (Paper-II) Shift-2

Answer: (a) Organic matter / कार्बनिक पदार्थ

Explanation:

- क्षारीय मिट्टी में सोडियम की मात्रा अधिक होती है जिससे पौधों की वृद्धि बाधित होती है।
- मिट्टी की गुणवत्ता सुधारने के लिए कार्बनिक पदार्थ मिलाया जाता है।

- इससे मिट्टी की संरचना, उर्वरता और जलधारण क्षमता बढ़ती है।

86. Which of the following soils of India are generally rich in iron oxide and poor in nitrogen, phosphorus and humus?

निम्नलिखित में से भारत की कौन-सी मिट्टियाँ सामान्यतः लौह ऑक्साइड से समृद्ध तथा नाइट्रोजन, फॉस्फोरस और ह्यूमस में गरीब होती हैं?

(a) Red soil / लाल मिट्टी
(b) Laterite soil / लैटराइट मिट्टी
(c) Alluvial soil / जलोढ़ मिट्टी
(d) More than one of the above / उपर्युक्त में से एक से अधिक
(e) None of the above / उपर्युक्त में से कोई नहीं

NCERT - Class 10, Chapter 1 (Resources and Development)

Answer: (d) More than one of the above / उपर्युक्त में से एक से अधिक

Explanation:

- लाल मिट्टी में लौह ऑक्साइड की मात्रा अधिक होती है जिससे इसका रंग लाल दिखाई देता है।
- लैटराइट मिट्टी भी लौह और एल्युमिनियम ऑक्साइड से समृद्ध होती है तथा पोषक तत्वों में गरीब होती है।
- जलोढ़ मिट्टी अपेक्षाकृत अधिक उपजाऊ होती है और इसमें विभिन्न पोषक तत्व पाए जाते हैं।
- इसलिए लौह ऑक्साइड से समृद्ध और पोषक तत्वों में गरीब मिट्टियाँ एक से अधिक प्रकार की हैं।

87. Which of the following rock types in India are primarily formed by the cooling and solidification of molten magma?

निम्नलिखित में से भारत में कौन-सी चट्टानें मुख्यतः पिघले हुए मैग्मा के ठंडा होकर ठोस बनने से बनती हैं?

(a) Basalt / बेसाल्ट
(b) Granite / ग्रेनाइट
(c) Sandstone / बलुआ पत्थर
(d) More than one of the above / उपर्युक्त में से एक से अधिक
(e) None of the above / उपर्युक्त में से कोई नहीं

NCERT - Class 7, Chapter 2 (Inside Our Earth)

Answer: (d) More than one of the above / उपर्युक्त में से एक से अधिक

Explanation:

- आग्रेय चट्टानें मैग्मा या लावा के ठंडा होने से बनती हैं।
- बेसाल्ट और ग्रेनाइट दोनों आग्रेय चट्टानों के प्रमुख उदाहरण हैं।
- बलुआ पत्थर अवसादी चट्टान है जो अवसादों के जमाव और संघनन से बनती है।
- इसलिए मैग्मा के ठंडा होने से बनने वाली चट्टानें एक से अधिक हैं।

88. Which of the following processes is mainly responsible for the formation of black soil (Regur soil) in India?

भारत में काली मिट्टी (रेगर मिट्टी) का निर्माण मुख्य रूप से किस प्रक्रिया से होता है?

(a) Mechanical weathering of granite rocks / ग्रेनाइट चट्टानों का यांत्रिक अपक्षय
(b) Weathering of basaltic lava rocks of the Deccan Plateau / दक्कन पठार की बेसाल्टिक लावा चट्टानों का अपक्षय
(c) Deposition by Himalayan rivers / हिमालयी नदियों द्वारा निक्षेपण
(d) More than one of the above / उपर्युक्त में से एक से अधिक
(e) None of the above / उपर्युक्त में से कोई नहीं

NCERT - Class 10, Chapter 1 (Resources and Development)

Answer: (b) Weathering of basaltic lava rocks of the Deccan Plateau / दक्कन पठार की बेसाल्टिक लावा चट्टानों का अपक्षय

Explanation:

- काली मिट्टी मुख्यतः दक्कन ट्रैप के बेसाल्टिक लावा के अपक्षय से बनती है।
- यह महाराष्ट्र, गुजरात, मध्य प्रदेश, तेलंगाना और आंध्र प्रदेश में पाई जाती है।
- इसमें चिकनी बनावट और नमी को बनाए रखने की क्षमता अधिक होती है।
- इसलिए यह कपास की खेती के लिए बहुत उपयुक्त मानी जाती है।

सिंचाई एवं नदी घाटी परियोजना

89. Which is the longest irrigation canal in India?

भारत की सबसे लम्बी सिंचाई नहर कौन-सी है?

(a) Yamuna Canal / यमुना नहर
(b) Eastern Kosi Canal / पूर्वी कोसी नहर
(c) Indira Gandhi Canal / इंदिरा गांधी नहर
(d) More than one of the above / उपर्युक्त में से एक से अधिक
(e) None of the above / उपर्युक्त में से कोई नहीं

Exam: BPSC TRE-3.0 (1-5) Exam-2024

Answer: (c) Indira Gandhi Canal / इंदिरा गांधी नहर

Explanation:

- इंदिरा गांधी नहर भारत की सबसे लंबी सिंचाई नहर है।
- इसकी लंबाई लगभग 645 किमी है।
- यह सतलुज नदी के हरिके बैराज से निकलकर राजस्थान के थार मरुस्थल तक जाती है।
- इससे राजस्थान, पंजाब और हरियाणा के क्षेत्रों में सिंचाई होती है।

90. Which of the following is known as the longest canal in India?

निम्नलिखित में से कौन-सी भारत की सबसे लंबी नहर कहलाती है?

(a) Setu Samudram Shipping Canal / सेतु समुद्रम जलयात्रा नहर
(b) Sharda Canal / शारदा नहर
(c) Indira Gandhi Canal / इंदिरा गांधी नहर
(d) More than one of the above / उपर्युक्त में से एक से अधिक
(e) None of the above / उपर्युक्त में से कोई नहीं

Exam: BPSC TRE 3.0 (1-5) Re-exam 20/07/2024

Answer: (c) Indira Gandhi Canal / इंदिरा गांधी नहर

Explanation:

- इंदिरा गांधी नहर को पहले राजस्थान नहर कहा जाता था।
- यह भारत की सबसे बड़ी और लंबी नहर परियोजना है।
- इसका उद्देश्य मरुस्थलीय क्षेत्रों में सिंचाई और कृषि विकास करना है।

91. For what purpose is water used the most in India?

भारत में पानी का सर्वाधिक उपयोग किस प्रयोजन के लिए किया जाता है?

(a) Industries / उद्योग
(b) Domestic / घरेलू
(c) Irrigation / सिंचाई
(d) More than one of the above / उपर्युक्त में से एक से अधिक
(e) None of the above / उपर्युक्त में से कोई नहीं

Exam: BPSC TRE 3.0 (6-8) Re-exam 19/07/2024

Answer: (c) More than one of the above / उपर्युक्त में से एक से अधिक

Explanation:

- भारत में कुल जल उपयोग का लगभग
- 85% कृषि में ◦ लगभग 10% उद्योग में
- लगभग 5% घरेलू उपयोग में होता है।
- इसलिए सबसे अधिक जल उपयोग सिंचाई में होता है।

92. Tehri Dam Project is associated with

टिहरी बाँध परियोजना संबंधित है

(a) Determinism / नियतिवाद
(b) Possibilism / सम्भाववाद
(c) Scientific determinism / वैज्ञानिक नियतिवाद
(d) More than one of the above / उपर्युक्त में से एक से अधिक
(e) None of the above / उपर्युक्त में से कोई नहीं

Exam: BPSC TRE 2.0 14/12/2023 (Paper-I)

Answer: (b) Possibilism / सम्भाववाद

Explanation:

- सम्भाववाद के अनुसार मानव अपनी तकनीक और बुद्धि से प्रकृति को नियंत्रित कर सकता है।
- टिहरी बाँध परियोजना इसी सिद्धांत का उदाहरण है जहाँ मनुष्य ने नदी पर बाँध बनाकर ऊर्जा और सिंचाई के लिए उपयोग किया।

93. Which of the following is not a traditional irrigation method?

निम्नलिखित में से कौन-सी पारंपरिक सिंचाई पद्धति नहीं है?

(a) Moat system / खंदक प्रणाली
(b) Chain pump system / चेन पंप प्रणाली
(c) Drip system / ड्रिप प्रणाली
(d) More than one of the above / उपर्युक्त में से एक से अधिक
(e) None of the above / उपर्युक्त में से कोई नहीं

Exam: BPSC TRE 2.0 14/12/2023 (Paper-I)

Answer: (c) Drip system / ड्रिप प्रणाली

Explanation:

- खंदक प्रणाली, चेन पंप, ढेंकली, रहट आदि पारंपरिक सिंचाई विधियाँ हैं।
- ड्रिप सिंचाई आधुनिक सिंचाई पद्धति है।
- इसमें पाइप के माध्यम से पौधों की जड़ों तक धीरे-धीरे पानी पहुँचाया जाता है।

94. Damodar Valley Project is situated in which State?

दामोदर घाटी परियोजना किस राज्य में स्थित है?

(a) Bihar / बिहार
(b) Jharkhand and West Bengal / झारखंड और पश्चिम बंगाल
(c) Odisha / ओडिशा
(d) More than one of the above / उपर्युक्त में से एक से अधिक
(e) None of the above / उपर्युक्त में से कोई नहीं

Exam: BPSC TRE 2.0 18/12/2023 (Paper-II)

Answer: (b) Jharkhand and West Bengal / झारखंड और पश्चिम बंगाल

Explanation:

- दामोदर घाटी परियोजना झारखंड और पश्चिम बंगाल में स्थित है।
- इसकी स्थापना 1948 में Damodar Valley Corporation (DVC) द्वारा की गई।
- इसका उद्देश्य बाढ़ नियंत्रण, सिंचाई, जलविद्युत उत्पादन और औद्योगिक विकास है।

95. In 1954, between which two countries was the Kosi Irrigation and Hydroelectric Project agreement signed?

1954 में किन दो देशों के बीच कोसी सिंचाई एवं जलविद्युत परियोजना समझौता हस्ताक्षरित हुआ था?

(a) India and Bangladesh / भारतवर्ष और बांग्लादेश
(b) India and China / भारतवर्ष और चीन
(c) India and Nepal / भारतवर्ष और नेपाल
(d) More than one of the above / उपर्युक्त में से एक से अधिक
(e) None of the above / उपर्युक्त में से कोई नहीं

Exam: BPSC School Teacher 2023 (Paper-III)

Answer: (c) India and Nepal / भारतवर्ष और नेपाल

Explanation:

- कोसी परियोजना भारत और नेपाल की संयुक्त परियोजना है।
- इसका समझौता 1954 में हुआ था।
- इस परियोजना का उद्देश्य बाढ़ नियंत्रण, सिंचाई और जलविद्युत उत्पादन है।
- कोसी नदी नेपाल से निकलकर बिहार में प्रवेश करती है और कुर्सेला के पास गंगा में मिलती है।
- बार-बार बाढ़ आने के कारण इसे «बिहार का शोक» कहा जाता है।

96. Which of the following dams is situated on the Mahanadi?

निम्नलिखित में से कौन-सा बाँध महानदी पर स्थित है?

(a) Hirakud Dam / हीराकुंड बाँध
(b) Dudhwa Dam / दूधवा बाँध
(c) Dhumrapadar Dam / धुमरापदर बाँध
(d) More than one of the above / उपर्युक्त में से एक से अधिक
(e) None of the above / उपर्युक्त में से कोई नहीं

Exam: BPSC School Teacher 2023 (Paper-II) Shift-2

Answer: (d) More than one of the above / उपर्युक्त में से एक से अधिक

Explanation:

- महानदी छत्तीसगढ़ से निकलकर ओडिशा होते हुए बंगाल की खाड़ी में गिरती है।

- महानदी पर प्रमुख बाँध -
- हीराकुंड बाँध
- दूधवा बाँध
- हीराकुंड बाँध भारत के सबसे लंबे बाँधों में से एक है और ओडिशा में स्थित है।

97. Which of the following multipurpose river valley projects in India is built on the river Mahanadi and is one of the longest dams in the world?

निम्नलिखित में से भारत की कौन-सी बहुउद्देशीय नदी घाटी परियोजना महानदी पर बनी है और विश्व के सबसे लंबे बांधों में से एक है?

(a) Hirakud Project / हीराकुंड परियोजना

(b) Bhakra-Nangal Project / भाखड़ा-नांगल परियोजना

(c) Nagarjuna Sagar Project / नागार्जुन सागर परियोजना

(d) More than one of the above / उपर्युक्त में से एक से अधिक

(e) None of the above / उपर्युक्त में से कोई नहीं

NCERT - Class 9 , Chapter 3 (Drainage)

Answer: (a) Hirakud Project / हीराकुंड परियोजना

Explanation:

- हीराकुंड बांध महानदी पर बनाया गया है।
- यह ओडिशा में स्थित है।
- यह विश्व के सबसे लंबे earthen dams में से एक है
- इसका उपयोग बाढ़ नियंत्रण, सिंचाई और जलविद्युत उत्पादन के लिए किया जाता है।

98. Which of the following irrigation projects in India was primarily designed to provide water for both irrigation and hydroelectric power in the Godavari basin?

निम्नलिखित में से भारत की कौन-सी सिंचाई परियोजना मुख्य रूप से गोदावरी नदी बेसिन में सिंचाई और जलविद्युत उत्पादन के लिए बनाई गई थी?

(a) Polavaram Project / पोलावरम परियोजना

(b) Sardar Sarovar Project / सरदार सरोवर परियोजना

(c) Nagarjuna Sagar Project / नागार्जुन सागर परियोजना

(d) More than one of the above / उपर्युक्त में से एक से अधिक

(e) None of the above / उपर्युक्त में से कोई नहीं

NCERT - Class 12, Chapter 4 (Water Resources)

Answer: (c) Nagarjuna Sagar Project / नागार्जुन सागर परियोजना

Explanation:

- नागार्जुन सागर परियोजना गोदावरी नदी पर बना है।
- यह परियोजना सिंचाई और जलविद्युत उत्पादन दोनों के लिए विकसित की गई।
- इसका निर्माण आंध्र प्रदेश में हुआ और यह भारत की पहली बहुउद्देशीय नदी घाटी परियोजना में से एक है।
- इस परियोजना से कई जिलों में कृषि और ग्रामीण विकास को समर्थन मिलता है।

99. Which of the following multipurpose projects in India uses lift irrigation extensively to irrigate arid regions?

भारत में निम्नलिखित में से कौन-सी बहुउद्देश्यीय परियोजना शुष्क क्षेत्रों में सिंचाई के लिए लिफ्ट इरिगेशन का व्यापक रूप से उपयोग करती है?

(a) Indira Gandhi Canal Project / इंदिरा गांधी नहर परियोजना

(b) Sardar Sarovar Project / सरदार सरोवर परियोजना

(c) Polavaram Project / पोलावरम परियोजना

(d) More than one of the above / उपर्युक्त में से एक से अधिक

(e) None of the above / उपर्युक्त में से कोई नहीं

NCERT - Class 11, Chapter 3 (Water Resources)

Answer: (d) More than one of the above / उपर्युक्त में से एक से अधिक

Explanation:

- इंदिरा गांधी नहर राजस्थान के शुष्क मरुस्थलीय क्षेत्रों में लिफ्ट इरिगेशन करती है।
- सरदार सरोवर परियोजना भी गुजरात और महाराष्ट्र में उच्च भूमि क्षेत्रों को सिंचाई प्रदान करती है।
- इसलिए सही उत्तर एक से अधिक कथन सही हैं।

खनिज एवं ऊर्जा संसाधन

100. Ghatsila of Jharkhand is famous for which mineral production?

झारखंड का घाटशिला किस खनिज उत्पादन के लिए प्रसिद्ध है?

(a) Bauxite / बॉक्साइट
(b) Mica / अभ्रक
(c) Copper / तांबा
(d) More than one of the above / उपर्युक्त में से एक से अधिक
(e) None of the above / उपर्युक्त में से कोई नहीं

Exam: BPSC TRE 3.0 (6-8) Re-exam 19/07/2024

Answer: (c) Copper / तांबा

Explanation:

- घाटशिला झारखंड के पूर्वी सिंहभूम जिले में स्थित है।
- यह क्षेत्र तांबा खनन के लिए प्रसिद्ध है।
- यहाँ हिंदुस्तान कॉपर लिमिटेड की खदानें हैं।
- घाटशिला क्षेत्र में तांबा और यूरेनियम के भंडार भी पाए जाते हैं।

101. What is manganese used for?

मैंगनीज का उपयोग कहाँ किया जाता है?

(a) Photography industry / फोटोग्राफी उद्योग
(b) Matchbox industry / माचिस उद्योग
(c) Battery production / बैटरी उत्पादन
(d) More than one of the above / उपर्युक्त में से एक से अधिक
(e) None of the above / उपर्युक्त में से कोई नहीं

Exam: BPSC TRE 3.0 (6-8) Re-exam 19/07/2024

Answer: (e) None of the above / उपर्युक्त में से कोई नहीं

Explanation:

- मैंगनीज एक महत्वपूर्ण खनिज है।
- इसका मुख्य उपयोग इस्पात उद्योग में मिश्र धातु बनाने के लिए होता है।
- यह स्टील को मजबूत और कठोर बनाता है।
- इसलिए दिए गए विकल्पों में से कोई भी सही नहीं है।

102. Where are more favorable conditions found in India for tidal and wave energy production?

भारत में ज्वारीय एवं तरंग ऊर्जा उत्पादन के लिए अधिक अनुकूल परिस्थितियाँ कहाँ पाई जाती हैं?

(a) Khambhat Bay / खंभात की खाड़ी
(b) Ganga River / गंगा नदी
(c) Gulf of Kutch / कच्छ की खाड़ी
(d) More than one of the above / उपर्युक्त में से एक से अधिक
(e) None of the above / उपर्युक्त में से कोई नहीं

Exam: BPSC TRE 3.0 (6-8) Re-exam 19/07/2024

Answer: (a) Khambhat Bay / खंभात की खाड़ी

Explanation:

- भारत में ज्वारीय ऊर्जा की सबसे अधिक संभावना गुजरात के खंभात की खाड़ी में है।
- यहाँ ज्वार-भाटा का अंतर बहुत अधिक होता है।
- अनुमानित क्षमता लगभग 7000 मेगावाट मानी जाती है।
- अन्य संभावित क्षेत्र - कच्छ की खाड़ी और सुंदरबन डेल्टा।

103. Which of the following is not a conventional source of energy?

निम्नलिखित में से कौन-सा ऊर्जा का पारंपरिक स्रोत नहीं है?

(a) Coal / कोयला
(b) Natural gas / प्राकृतिक गैस
(c) Wind energy / पवन ऊर्जा
(d) More than one of the above / उपर्युक्त में से एक से अधिक
(e) None of the above / उपर्युक्त में से कोई नहीं

Exam: BPSC TRE 2.0 7/12/2023 Shift-II (Paper-III)

Answer: (c) Wind energy / पवन ऊर्जा

Explanation:

- ऊर्जा के दो प्रकार के स्रोत होते हैं:
- पारंपरिक स्रोत: कोयला, पेट्रोलियम, प्राकृतिक गैस
- गैर-पारंपरिक स्रोत: सौर ऊर्जा, पवन ऊर्जा, बायोमास, ज्वारीय ऊर्जा
- इसलिए पवन ऊर्जा पारंपरिक स्रोत नहीं है।

104. Which one of the following minerals is contained in monazite sand?
मोनोजाइट रेत में निम्नलिखित में से कौन-सा खनिज पाया जाता है?

(a) Oil / खनिज तेल
(b) Uranium / यूरेनियम
(c) Thorium / थोरियम
(d) More than one of the above / उपर्युक्त में से एक से अधिक
(e) None of the above / उपर्युक्त में से कोई नहीं

Exam: BPSC TRE 2.0 18/12/2023 (Paper-II)

Answer: (c) Thorium / थोरियम

Explanation:

- मोनोजाइट रेत में मुख्यतः थोरियम पाया जाता है।
- यह भारत के केरल, तमिलनाडु और ओडिशा के तटीय क्षेत्रों में मिलता है।
- भारत के परमाणु ऊर्जा कार्यक्रम में थोरियम का विशेष महत्व है।

105. Arrange the following thermal power projects of India from east to west
भारत के निम्नलिखित थर्मल पावर प्रोजेक्टों को पूर्व से पश्चिम क्रम में व्यवस्थित कीजिए

1. Kota / कोटा
2. Namrup / नामरूप
3. Obra / ओबरा
4. Paricha / परीछा

Options

(a) 1, 2, 3, 4
(b) 1, 2, 3, 4
(c) 2, 3, 4, 1
(d) More than one of the above / उपर्युक्त में से एक से अधिक
(e) None of the above / उपर्युक्त में से कोई नहीं

Exam: BPSC School Teacher 2023 (Paper-IV)

Answer: (c) 2,3,4,1

Explanation:

पूर्व से पश्चिम क्रम इस प्रकार है -

1. Namrup (Assam)
2. Obra (Uttar Pradesh)
3. Paricha (Uttar Pradesh)
4. Kota (Rajasthan)

106. In which city was the first pure green hydrogen plant started?
किस शहर में प्रथम शुद्ध हरित हाइड्रोजन संयंत्र चालू किया गया था?

(a) Hyderabad / हैदराबाद
(b) Mumbai / मुंबई
(c) Pune / पुणे
(d) More than one of the above / उपर्युक्त में से एक से अधिक
(e) None of the above / उपर्युक्त में से कोई नहीं

Exam: BPSC School Teacher 2023 (Paper-IV)

Answer: (e) None of the above / उपर्युक्त में से कोई नहीं

Explanation:

- भारत का पहला ग्रीन हाइड्रोजन प्लांट असम के जोरहाट में स्थापित किया गया।
- इसे ऑयल इंडिया लिमिटेड ने शुरू किया।
- इसलिए दिए गए विकल्पों में सही उत्तर नहीं है।

107. Which place is known as the City of Coal?
'कोयला नगरी' किस स्थान को कहते हैं?

(a) Sohagpur / सोहागपुर
(b) Raniganj / रानीगंज
(c) Dhanbad / धनबाद
(d) More than one of the above / उपर्युक्त में से एक से अधिक
(e) None of the above / उपर्युक्त में से कोई नहीं

Exam: BPSC TRE 2.0 7/12/2023 Shift-II (Paper-III)

Answer: (c) Dhanbad / धनबाद

Explanation:

- झारखंड का धनबाद भारत का प्रमुख कोयला क्षेत्र है।
- यहाँ झरिया कोलफील्ड स्थित है।
- कोयले के बड़े भंडार और खनन के कारण इसे «भारत की कोयला राजधानी» कहा जाता है।

108. Correct pair of petroleum producing region and its location in India

भारत के खनिज तेल (पेट्रोलियम) उत्पादक क्षेत्र और उसकी अवस्थिति का सही युग्म है

(a) Surma Valley - Assam / सुरमा घाटी - असम
(b) Lunej region - Gujarat / लुनेज क्षेत्र - गुजरात
(c) Krishna-Godavari Basin - Bay of Bengal / के.जी. बेसिन - बंगाल की खाड़ी
(d) More than one of the above / उपर्युक्त में से एक से अधिक
(e) None of the above / उपर्युक्त में से कोई नहीं

Exam: BPSC School Teacher 2023 (Paper-II) Shift-1

Answer: (d) More than one of the above / उपर्युक्त में से एक से अधिक

Explanation:

भारत के प्रमुख पेट्रोलियम क्षेत्र -

- असम: डिगबोई, नहरकटिया, मोरान, सुरमा घाटी
- गुजरात: अंकलेश्वर, लुनेज, कालोल, मेहसाणा
- कृष्णा-गोदावरी बेसिन: आंध्र प्रदेश के तटीय क्षेत्र और बंगाल की खाड़ी
- इसलिए एक से अधिक विकल्प सही हैं।

उद्योग एवं व्यापार

109. In which district of Bihar silk textile production is maximum?

बिहार के किस जिले में रेशमी वस्त्र का उत्पादन सर्वाधिक होता है?

(a) Madhubani / मधुबनी
(b) Bhagalpur / भागलपुर
(c) Aurangabad / औरंगाबाद
(d) More than one of the above / उपर्युक्त में से एक से अधिक
(e) None of the above / उपर्युक्त में से कोई नहीं

Exam: BPSC TRE 2.0 14/12/2023 (Paper-I)

Answer: (b) Bhagalpur / भागलपुर

Explanation:

- बिहार में भागलपुर रेशम उद्योग का सबसे प्रमुख केंद्र है।
- यह तसर रेशम और भागलपुरी साड़ी के लिए प्रसिद्ध है।
- इसलिए भागलपुर को भारत का रेशम नगर भी कहा जाता है।
- यहाँ रेशम बुनाई और वस्त्र निर्माण का बड़ा उद्योग विकसित है

110. Barauni Oil Refinery Plant is situated in which district of Bihar?

बरौनी तेलशोधन संयंत्र बिहार के किस जिले में स्थित है?

(a) Saharsa / सहरसा
(b) Begusarai / बेगूसराय
(c) Madhubani / मधुबनी
(d) More than one of the above / उपर्युक्त में से एक से अधिक
(e) None of the above / उपर्युक्त में से कोई नहीं

Exam: BPSC TRE 2.0 14/12/2023 (Paper-I)

Answer: (b) Begusarai / बेगूसराय

Explanation:

- बरौनी तेलशोधन संयंत्र बिहार के बेगूसराय जिले में स्थित है।
- यह इंडियन ऑयल कॉर्पोरेशन लिमिटेड (IOCL) द्वारा संचालित है।
- इसकी स्थापना 1964 में की गई थी।
- यह गंगा नदी के पास स्थित बिहार का प्रमुख औद्योगिक केंद्र है।

परिवहन

111. How many kilometers is the total length of Atal Setu connecting Mumbai and New Mumbai?

मुंबई और नई मुंबई को जोड़ने वाले अटल सेतु की कुल लंबाई कितने किलोमीटर है?

(a) 21.5 kilometers / 21.5 किलोमीटर
(b) 21.8 kilometers / 21.8 किलोमीटर
(c) 21.3 kilometers / 21.3 किलोमीटर
(d) More than one of the above / उपर्युक्त में से एक से अधिक
(e) None of the above / उपर्युक्त में से कोई नहीं

Exam: BPSC TRE 3.0 (1-5) Re-exam 20/07/2024

Answer: (b) 21.8 kilometers / 21.8 किलोमीटर

Explanation:

- अटल सेतु भारत का सबसे लंबा समुद्री पुल है।

- इसकी कुल लंबाई लगभग 21.8 किमी है।
- इसमें लगभग 16.5 किमी समुद्र के ऊपर तथा 5.5 किमी भूमि पर है।
- यह पुल मुंबई के सेवरी को नवी मुंबई के न्हावा शेवा से जोड़ता है।

112. Which two of the following extreme locations are connected by the East-West Corridor?

निम्नलिखित में से कौन-से दो चरम स्थान पूर्व-पश्चिम गलियारे से जुड़े हैं?

(a) Mumbai and Nagpur / मुंबई और नागपुर
(b) Mumbai and Kolkata / मुंबई और कोलकाता
(c) Silchar and Porbandar / सिलचर और पोरबंदर
(d) More than one of the above / उपर्युक्त में से एक से अधिक
(e) None of the above / उपर्युक्त में से कोई नहीं

Exam: BPSC TRE 2.0 8/12/2023 (Paper-III)

Answer: (c) Silchar and Porbandar / सिलचर और पोरबंदर

Explanation:

- पूर्व-पश्चिम गलियारा भारत की राष्ट्रीय राजमार्ग विकास परियोजना का महत्वपूर्ण भाग है।
- यह मार्ग असम के सिलचर से गुजरात के पोरबंदर तक लगभग 3300 किमी तक फैला हुआ है।
- यह गलियारा कई राज्यों जैसे असम, पश्चिम बंगाल, बिहार, उत्तर प्रदेश, मध्य प्रदेश और गुजरात से होकर गुजरता है।
- इस परियोजना का मुख्य उद्देश्य परिवहन संपर्क को मजबूत करना और आर्थिक विकास को बढ़ावा देना है।

113. In the context of 'Shipwreck Tourism', where are Sunchi Reef, Amy Shoal and Grande Island located?

'शिपव्रेक टूरिज्म' के संदर्भ में सुंची रीफ, एमी शोल तथा ग्रांडे द्वीप कहाँ स्थित हैं?

(a) Off the Goa coast / गोवा तट के बाहर
(b) Off Lakshadweep coast / लक्षद्वीप तट के बाहर
(c) Off Tamil Nadu coast / तमिलनाडु तट के बाहर
(d) More than one of the above / उपर्युक्त में से एक से अधिक
(e) None of the above / उपर्युक्त में से कोई नहीं

Exam: 69th BPSC (Pre) 2023

Answer: (a) Off the Goa coast / गोवा तट के बाहर

Explanation:

- शिपव्रेक पर्यटन वह पर्यटन गतिविधि है जिसमें समुद्र में डूबे जहाजों के अवशेषों को देखने के लिए गोताखोरी कराई जाती है।
- भारत में यह गतिविधि मुख्य रूप से गोवा तट के पास विकसित की गई है।
- सुंची रीफ , एमी शोल और ग्रांडे द्वीप गोवा के समुद्री क्षेत्र में स्थित हैं।
- यह गतिविधि साहसिक पर्यटन और समुद्री पर्यटन को बढ़ावा देती है।

114. Arrange the following ports of India from north to south

भारत के निम्नलिखित बंदरगाहों को उत्तर से दक्षिण क्रम में व्यवस्थित कीजिए

1. Kakinada / काकीनाडा
2. Machilipatnam / मछलीपट्टनम
3. Nagapattinam / नागापट्टिनम
4. Visakhapatnam / विशाखापत्तनम

(a) 1, 2, 3, 4
(b) 4, 1, 2, 3
(c) 1, 3, 2, 4
(d) More than one of the above / उपर्युक्त में से एक से अधिक
(e) None of the above / उपर्युक्त में से कोई नहीं

Exam: BPSC School Teacher 2023 (Paper-III)

Answer: (b) 4,1,2,3

Explanation:

- विशाखापत्तनम आंध्र प्रदेश के उत्तरी तट पर स्थित एक प्रमुख प्राकृतिक बंदरगाह है।
- इसके दक्षिण में काकीनाडा बंदरगाह स्थित है जो समुद्री व्यापार के लिए महत्वपूर्ण है।
- इसके बाद दक्षिण दिशा में मछलीपट्टनम बंदरगाह आता है जो ऐतिहासिक व्यापारिक केंद्र रहा है।
- सबसे दक्षिण में नागापट्टिनम बंदरगाह तमिलनाडु में स्थित है, इसलिए सही क्रम 4→1→2→3→ है।

115. Which of the following is India's longest national highway?

भारत का सबसे लंबा राष्ट्रीय राजमार्ग कौन सा है?

(a) NH-44 / एनएच-44

(b) NH-48 / एनएच-48

(c) NH-19 / एनएच-19

(d) More than one of the above / उपर्युक्त में से एक से अधिक

(e) None of the above / उपर्युक्त में से कोई नहीं

NCERT - Class 12, Chapter 10

Answer: (a) NH-44 / एनएच-44

Explanation:

- NH-44 भारत का सबसे लंबा राष्ट्रीय राजमार्ग है।
- इसका निर्माण श्रीनगर से कन्याकुमारी तक है।
- लंबाई लगभग 3,745 km है।
- यह उत्तर-दक्षिण धुरी का हिस्सा है।

116. Which of the following Indian railways is the highest altitude railway?

भारत की कौन सी रेलवे सबसे ऊँची altitude पर है?

(a) Darjeeling Himalayan Railway / दार्जिलिंग हिमालयन रेलवे

(b) Nilgiri Mountain Railway / नीलगिरी माउंटेन रेलवे

(c) Kalka-Shimla Railway / कालका-शिमला रेलवे

(d) More than one of the above / उपर्युक्त में से एक से अधिक

(e) None of the above / उपर्युक्त में से कोई नहीं

NCERT - Class 12, Chapter 10

Answer: (a) Darjeeling Himalayan Railway / दार्जिलिंग हिमालयन रेलवे

Explanation:

- इसका ऊँचाई स्तर लगभग 2,200 मीटर है।
- यह UNESCO विश्व धरोहर स्थल में शामिल है।
- संकीर्ण गेज रेल पथ लगभग 88 किमी लंबा है।
- इसे हिमालय के पहाड़ी भू-भाग में इंजीनियरिंग तकनीक से बनाया गया है।

117. Which pipeline is used to transport petroleum from Assam to West Bengal?

कौन सी पाइपलाइन असम से पश्चिम बंगाल तक पेट्रोलियम ले जाने के लिए उपयोग होती है?

(a) Barauni-Assam Pipeline / बड़ौनी-असम

(b) Guwahati-Kolkata Pipeline / गुवाहाटी-कोलकाता

(c) Siliguri Pipeline / सिलिगुड़ी

(d) More than one of the above / उपर्युक्त में से एक से अधिक

(e) None of the above / उपर्युक्त में से कोई नहीं

NCERT - Class 12, Chapter 10

Answer: (b) Guwahati-Kolkata Pipeline / गुवाहाटी-कोलकाता

Explanation:

- असम में तेल का मुख्य उत्पादन डिगबोई रिफाइनरी से होता है।
- यह पाइपलाइन गुवाहाटी से कोलकाता तक पेट्रोलियम का परिवहन करती है।
- इसकी लंबाई लगभग 900 किमी है।
- यह भारत की कच्चे तेल आपूर्ति श्रृंखला का एक महत्वपूर्ण हिस्सा है।

कृषि एवं पशुपालन

118. Approximately what percentage of the area of Madhya Pradesh is cultivable?

मध्य प्रदेश का लगभग कितना प्रतिशत क्षेत्रफल कृषि योग्य है?

(a) 44%

(b) 30%

(c) 50%

(d) More than one of the above / उपर्युक्त में से एक से अधिक

(e) None of the above / उपर्युक्त में से कोई नहीं

Exam: BPSC TRE-3.0 1-5 Exam-2024 (Cancelled)

Answer: (c) 50%

Explanation:

- मध्य प्रदेश एक कृषि प्रधान अर्थव्यवस्था वाला राज्य है, जहाँ बड़ी आबादी कृषि पर निर्भर करती है।
- राज्य का कुल भौगोलिक क्षेत्रफल लगभग 307.56 लाख हेक्टेयर है।
- इसमें लगभग 152.05 लाख हेक्टेयर भूमि खेती के अंतर्गत आती है।

- इस प्रकार राज्य का लगभग 49 – 50% क्षेत्र कृषि योग्य भूमि है।

119. In India the Green Revolution is known to credit to whom?

भारत में हरित क्रांति का श्रेय किसे जाता है?

(a) Dr. M.S. Swaminathan / डॉ. एम.एस. स्वामीनाथन
(b) Dr. V. Kurien / डॉ. वी. कुरियन
(c) Sri S.L. Bahuguna / श्री सुंदरलाल बहुगुणा
(d) More than one of the above / उपर्युक्त में से एक से अधिक
(e) None of the above / उपर्युक्त में से कोई नहीं

Exam: BPSC TRE-3.0 Exam 21/07/2024

Answer: (a) Dr. M.S. Swaminathan

Explanation:

- भारत में हरित क्रांति का श्रेय मुख्य रूप से डॉ. एम.एस. स्वामीनाथन को दिया जाता है।
- उन्होंने उच्च उपज वाली किस्में के प्रयोग को बढ़ावा दिया।
- हरित क्रांति के दौरान उर्वरक , सिंचाई और आधुनिक कृषि तकनीक का व्यापक उपयोग हुआ।
- इससे भारत में अनाज उत्पादन में बड़ी वृद्धि हुई और खाद्यान्न संकट कम हुआ।

120. Millets are called miracle grains and crops of the future. Why?

मोटा अनाज को चमत्कारिक अनाज और भविष्य की फसल क्यों कहा जाता है?

(a) Drought-tolerant crops / सूखा सहिष्णु फसल
(b) Require few external inputs / कम बाहरी संसाधनों की आवश्यकता
(c) Nutritionally comparable to rice and wheat / पोषण की दृष्टि से चावल-गेहूँ के समान
(d) More than one of the above / उपर्युक्त में से एक से अधिक
(e) None of the above / उपर्युक्त में से कोई नहीं

Exam: BPSC TRE-2.0 7/12/2023 Shift-II (Paper-III)

Answer: (d) More than one of the above / उपर्युक्त में से एक से अधिक

Explanation:

- मोटे अनाज जैसे ज्वार, बाजरा, रागी पोषक तत्वों जैसे प्रोटीन , फाइबर , विटामिन और खनिज से भरपूर होते हैं।
- ये फसलें सूखा सहिष्णु होती हैं और कम पानी में भी उग सकती हैं।
- इनकी खेती में कम उर्वरक और कम कीटनाशक की आवश्यकता होती है।
- जलवायु परिवर्तन के समय में ये जलवायु अनुकूल फसलें मानी जाती हैं, इसलिए इन्हें भविष्य की फसल कहा जाता है।

121. Which of the following is shifting cultivation in Orissa?

निम्नलिखित में से कौन-सी उड़ीसा की स्थानान्तरणशील कृषि है?

(a) Podu / पोडु
(b) Penda / पेंडा
(c) Bewar / बेवर
(d) More than one of the above / उपर्युक्त में से एक से अधिक
(e) None of the above / उपर्युक्त में से कोई नहीं

Exam: BPSC TRE-2.0 14/12/2023 (Paper-I)

Answer: (a) Podu / पोडू

Explanation:

- स्थानान्तरणशील कृषि को झूम खेती भी कहा जाता है।
- इसमें पहले वनस्पति को काटकर जलाया जाता है और फिर उस भूमि पर खेती की जाती है।
- कुछ वर्षों बाद जब मिट्टी की उर्वरता कम हो जाती है तो किसान दूसरी जगह खेती शुर◌ू कर देते हैं।
- ओडिशा और आंध्र प्रदेश में इस प्रकार की खेती को पोडू कहा जाता है।

122. Cultivation of fruits and vegetables is called

फलों एवं सब्जियों की खेती कहलाती है

(a) Floriculture / फ्लोरीकल्चर
(b) Agriculture / कृषि
(c) Horticulture / बागवानी
(d) More than one of the above / उपर्युक्त में से एक से अधिक

(e) None of the above / उपर्युक्त में से कोई नहीं

Exam: BPSC TRE 2.0 15/12/2023 (Paper-IV)

Answer: (c) Horticulture / बागवानी

Explanation:

- बागवानी कृषि की वह शाखा है जिसमें फल, सब्जियाँ, फूल और मसालों की खेती की जाती है
- इसमें पौधों का व्यावसायिक उत्पादन और वैज्ञानिक प्रबंधन शामिल होता है।
- बागवानी के अंतर्गत कई उपशाखाएँ आती हैं जैसे फ्लोरीकल्चर, पोमोलॉजी और ओलेरिकल्चर।
- यह खेती किसानों की आय बढ़ाने और पोषण सुरक्षा के लिए महत्वपूर्ण मानी जाती है।

123. Local names of rice crops grown in winter in North India are

उत्तरी भारत में शीतकाल में उपजाई जाने वाली चावल की फसलों के स्थानीय नाम हैं-

(a) Aman, Aghani and Aus / अमन, अगहनी और औस
(b) Aman, Sali and Aghani / अमन, साली और अगहनी
(c) Aman, Aus and Sali / अमन, औस और साली
(d) More than one of the above / उपर्युक्त में से एक से अधिक
(e) None of the above / उपर्युक्त में से कोई नहीं

Exam: BPSC School Teacher 2023 (Paper-II)

Answer: (b) Aman, Sali and Aghani / अमन, साली और अगहनी

Explanation:

- भारत में धान की खेती विभिन्न मौसमों में की जाती है और इनके अलग-अलग स्थानीय नाम होते हैं।
- अमन धान मानसून के बाद उगाई जाने वाली प्रमुख धान की फसल है।
- साली धान मुख्य रूप से पूर्वोत्तर भारत और पूर्वी भारत में उगाई जाती है।
- अगहनी धान शीतकालीन फसल है जिसे मानसून के बाद बोया जाता है और सर्दियों में काटा जाता है।

124. Which of the following is a local name of shifting cultivation?

निम्नलिखित में से कौन-सा 'स्थानान्तरी कृषि' का स्थानीय नाम है?

(a) Bewar / बेवर
(b) Dahiya / दहिया
(c) Podu / पोडू
(d) More than one of the above / उपर्युक्त में से एक से अधिक
(e) None of the above / उपर्युक्त में से कोई नहीं

Exam: BPSC School Teacher 2023 (Paper-II)

Answer: (d) More than one of the above / उपर्युक्त में से एक से अधिक

Explanation:

- स्थानान्तरणशील कृषि को झूम कृषि भी कहा जाता है।
- भारत के विभिन्न क्षेत्रों में इसे अलग-अलग स्थानीय नाम से जाना जाता है।
- मध्य प्रदेश और बुंदेलखंड क्षेत्र में इसे बेवर या दहिया कहा जाता है।
- आंध्र प्रदेश और ओडिशा में इसे पोडू कहा जाता है, इसलिए एक से अधिक विकल्प सही हैं।

125. Which of the following explains the term 'Mulching'?

निम्नलिखित में से कौन-सा ‹मल्चिंग› शब्द की व्याख्या करता है?

(a) Covering the bare soil between crops with organic materials like straw / फसलों के बीच खाली जमीन को पुआल जैसे जैविक पदार्थों की परत से ढकना
(b) Covering contour with stones and grass / कंटूर को पत्थरों, घास आदि से ढकना
(c) Growing crops on terraces made on steep slopes / खड़ी ढालों पर बनी वेदिकाओं (टेरेस) में फसल लगाना
(d) More than one of the above / उपर्युक्त में से एक से अधिक
(e) None of the above / उपर्युक्त में से कोई नहीं

Exam: BPSC School Teacher 2023 (Paper-II) Shift-1

Answer: (a) Covering the bare soil between crops with organic materials like straw / फसलों के बीच खाली जमीन को पुआल जैसे जैविक पदार्थों की परत से ढकना

Explanation:

- मल्चिंग वह प्रक्रिया है जिसमें फसलों के बीच खाली पड़ी मिट्टी को पुआल, सूखी घास या पत्तियों जैसे जैविक पदार्थों से ढक दिया जाता है।
- इससे मिट्टी की नमी लंबे समय तक बनी रहती है और पानी का वाष्पीकरण कम होता है।
- यह विधि मिट्टी के कटाव और खरपतवार की वृद्धि को भी कम करती है।
- इसलिए खेती में मिट्टी की उर्वरता बनाए रखने और फसल की वृद्धि सुधारने के लिए मल्चिंग का उपयोग किया जाता है।

126. Which of the following crops are grown in the Zaid season?
निम्नलिखित में से किसकी खेती ज़ायद के मौसम में की जाती है?

(a) Muskmelon / खरबूजा
(b) Cucumber / खीरा
(c) Watermelon / तरबूज
(d) More than one of the above / उपर्युक्त में से एक से अधिक
(e) None of the above / उपर्युक्त में से कोई नहीं

Exam: BPSC School Teacher 2023 (Paper-II) Shift-1, BPSC TRE 2.0, 2023

Answer: (d) More than one of the above / उपर्युक्त में से एक से अधिक

Explanation:

- भारत में कृषि के तीन मुख्य मौसम होते हैं - रबी , खरीफ और ज़ायद।
- ज़ायद फसलें रबी और खरीफ के बीच के समय में उगाई जाती हैं, सामान्यतः मार्च से जून के बीच।
- इस मौसम की प्रमुख फसलें खरबूजा, तरबूज, खीरा, ककड़ी, मूंग, जूट, तोरई, भिंडी आदि हैं।
- इसलिए दिए गए विकल्पों में खरबूजा, खीरा और तरबूज सभी ज़ायद की फसलें हैं, इसलिए सही उत्तर (d) है।

127. In India dry point settlement is found in

भारत में शुष्क बिंदु बस्ती मिलती है -

(a) Bikaner / बीकानेर में
(b) Flood prone area / बाढ़ क्षेत्रों में
(c) Aravalli region / अरावली प्रदेश
(d) More than one of the above / उपर्युक्त में से एक से अधिक
(e) None of the above / उपर्युक्त में से कोई नहीं

Exam: BPSC TRE 3.0 (11-12) Exam 22/07/2024

Answer: (b) Flood prone area / बाढ़ क्षेत्रों में

Explanation:

- नदी घाटियों के निचले भागों में लोग बाढ़ से बचने के लिए ऊँचे और अपेक्षाकृत सूखे स्थानों पर बस्तियाँ बसाते हैं, जिन्हें शुष्क बिंदु बस्ती कहा जाता है।
- ऐसे स्थान सामान्यतः नदी के तटबंध या प्राकृतिक ऊँचाई पर होते हैं जहाँ पानी कम पहुँचता है।
- बाढ़ प्रभावित क्षेत्रों में लोग अपने घर सुरक्षित स्थानों पर बनाते हैं ताकि बाढ़ और कीड़े-मकोड़ों से बचाव हो सके।
- इसलिए नदी बेसिन के बाढ़ प्रभावित भागों में पाई जाने वाली ऊँची और सुरक्षित बस्तियों को ड्राई पॉइंट सेटलमेंट कहा जाता है।

128. On the basis of fossils, which is the origin place of man?

जीवाश्मों के आधार पर, मानव का उत्पत्ति केन्द्र है -

(a) Rift Valley of Africa / अफ्रीका की रिफ्ट घाटी
(b) Central Asia / मध्य एशिया
(c) Jerusalem / जेरूसलम
(d) More than one of the above / उपर्युक्त में से एक से अधिक
(e) None of the above / उपर्युक्त में से कोई नहीं

Exam: BPSC TRE 2.0 (Paper-I) 14/12/2023

Answer: (a) Rift Valley of Africa / अफ्रीका की रिफ्ट घाटी

Explanation:

- जीवाश्म के अध्ययन से यह सिद्ध हुआ है कि मानव का प्रारम्भिक विकास अफ्रीका महाद्वीप में हुआ था।
- विशेष रूप से रिफ्ट घाटी क्षेत्र से अनेक प्राचीन मानव जीवाश्म प्राप्त हुए हैं।
- यहाँ से ऑस्ट्रालोपिथेकस और प्रारम्भिक होमो प्रजातियों के अवशेष मिले हैं।
- इसलिए जीवाश्म प्रमाणों के आधार पर मानव का उद्गम स्थल अफ्रीका की रिफ्ट घाटी माना जाता है।

129. Cultural contact between two communities is called

दो समुदायों के मध्य सांस्कृतिक संपर्क कहलाता है -

(a) Enculturation / एनकल्चरेशन
(b) Acculturation / एकल्चरेशन
(c) Cultural realm / कल्चरल रियल्म
(d) More than one of the above / उपर्युक्त में से एक से अधिक
(e) None of the above / उपर्युक्त में से कोई नहीं

Exam: BPSC TRE 2.0 (Paper-I) 14/12/2023

Answer: (b) Acculturation / एकल्चरेशन

Explanation:

- एकल्चरेशन वह प्रक्रिया है जिसमें दो अलग-अलग समुदायों के बीच संपर्क होने पर सांस्कृतिक परिवर्तन होता है।
- इसमें एक समाज के लोग दूसरे समाज की रीति-रिवाज, परंपराएँ और जीवन-शैली को अपनाने लगते हैं।
- यह प्रक्रिया अक्सर प्रवास, व्यापार या सामाजिक संपर्क के कारण होती है।
- इसलिए दो समुदायों के बीच सांस्कृतिक संपर्क को एकल्चरेशन कहा जाता है।

130. Which of the following characteristics are required to declare a community as a Scheduled Tribe?

किसी समुदाय को अनुसूचित जनजाति के रूप में घोषित करने के लिए आवश्यक विशेषताएँ हैं -

1. **Indication of primitive traits / आदिम लक्षणों के संकेत**
2. **Distinct culture / विशिष्ट संस्कृति**
3. **Shyness of contact with the larger community / बड़े पैमाने पर समुदाय के साथ संपर्क में शर्म**
4. **Backwardness and geographical isolation/ पिछड़ापन एवं भौगोलिक अलगाव**

(a) Only 1 and 2 / केवल 1 और 2
(b) Only 2, 3 and 4 / केवल 2, 3 और 4
(c) All of the above / उपर्युक्त सभी
(d) More than one of the above / उपर्युक्त म ें से एक से अधिक
(e) None of the above / उपर्युक्त में से कोई नहीं

Exam: 69th BPSC (Pre) 2023

Answer: (c) All of the above / उपर्युक्त सभी

Explanation:

- अनुसूचित जनजाति की पहचान कुछ विशेष सामाजिक-सांस्कृतिक लक्षणों के आधार पर की जाती है।
- इनमें आदिम लक्षण और विशिष्ट संस्कृति प्रमुख माने जाते हैं।
- ऐसे समुदाय अक्सर मुख्यधारा समाज से कम संपर्क रखते हैं।
- इनके निवास स्थान सामान्यतः भौगोलिक रूप से अलग और पिछड़े क्षेत्रों में होते हैं।

131. Which breed of cattle is known for its highest milk yield in India?

भारत में किस गाय की नस्ल उच्चतम दूध उत्पादन के लिए जानी जाती है?

(a) Sahiwal / साहिवाल
(b) Gir / गिर
(c) Holstein Friesian / होल्सटीन फ्रिजियन
(d) Jersey / जर्सी
(e) None of the above / उपर्युक्त में से कोई नहीं

NCERT - Class 11, Chapter 4

Answer: (c) Holstein Friesian / होल्सटीन फ्रिजियन

Explanation:

- होल्सटीन फ्रिजियन नस्ल विश्व की सबसे उच्च दूध देने वाली नस्ल मानी जाती है।
- यह नस्ल भारत में डेयरी फार्मों में प्रचलित है।
- प्रति दिन उत्पादन लगभग 25-30 लीटर दूध तक हो सकता है।
- यह नस्ल कृषि-आधारित डेयरी उद्योग के लिए महत्वपूर्ण है।

132. Which scheme in India provides insurance cover for crop loss due to natural calamities?

भारत में कौन-सा योजना प्राकृतिक आपदाओं के कारण फसल हानि के लिए बीमा कवर प्रदान करती है?

(a) PM-Kisan / पीएम-किसान
(b) Pradhan Mantri Fasal Bima Yojana / प्रधानमंत्री फसल बीमा योजना
(c) National Agriculture Market / राष्ट्रीय कृषि बाजार

(d) More than one of the above / उपर्युक्त में से एक से अधिक

(e) None of the above / उपर्युक्त में से कोई नहीं

NCERT - Class 12, Chapter 6

Answer: (b) Pradhan Mantri Fasal Bima Yojana / प्रधानमंत्री फसल बीमा योजना

Explanation:

- यह योजना फसल नुकसान की भरपाई करती है।
- प्राकृतिक आपदाओं जैसे सूखा, बाढ़, और तूफान से फसल हानि का बीमा देती है।
- योजना का लाभ छोटे और सीमांत किसानों को दिया जाता है।
- यह भारत में कृषि जोखिम प्रबंधन का एक महत्वपूर्ण कदम है।

विविध

133. Topographical map of India is prepared by which organization?

भारत का स्थलाकृतिक मानचित्र किस संगठन द्वारा बनाया जाता है -

(a) Geological Survey of India / भारतीय भू-वैज्ञानिक सर्वेक्षण

(b) Survey of India / भारतीय सर्वेक्षण

(c) Zoological Survey of India / भारतीय प्र ाणी सर्वेक्षण

(d) More than one of the above / उपर्युक्त में से एक से अधिक

(e) None of the above / उपर्युक्त में से कोई नहीं

Exam: BPSC TRE 2.0 (Paper-III) 8/12/2023

Answer: (b) Survey of India / भारतीय सर्वेक्षण

Explanation:

- भारतीय सर्वेक्षण भारत की राष्ट्रीय मानचित्रण एजेंसी है।
- यह भारत के स्थलाकृतिक मानचित्र तैयार करता है।
- यह संगठन विज्ञान और प्रौद्योगिकी मंत्रालय के अंतर्गत कार्य करता है।
- भारतीय सर्वेक्षण की स्थापना 1767 में की गई थी।

134. Match List-I with List-II

सूची-I को सूची-II से सुमेलित कीजिए -

List-I / सूची-I

a. Char / चार

b. Kankar / कंकर

c. Kayal / कयाल

d. Mand / मांड

List-II / सूची-II

1. Punjab plain / पंजाब का मैदान

2. Delta / डेल्टा

3. Bangar / बांगर

4. Coastal plain / तटीय मैदान

(a) 1423

(b) 2341

(c) 3142

(d) More than one of the above / उपर्युक्त में से एक से अधिक

(e) None of the above / उपर्युक्त में से कोई नहीं

Exam: BPSC School Teacher 2023 (Paper-III)

Answer: (b) 2341

Explanation:

- चार नदी द्वारा बनाए गए अवसादी द्वीप होते हैं जो प्रायः डेल्टा क्षेत्रों में पाए जाते हैं।
- कंकर कैल्शियम युक्त मिट्टी होती है जो सामान्यतः बांगर मिट्टी में मिलती है।
- कयाल तटीय क्षेत्रों में पाई जाने वाली झील या लैगून होती है जो तटीय मैदान से संबंधित है।
- मांड पंजाब क्षेत्र में पाई जाने वाली एक प्रकार की जलोढ़ भूमि है, इसलिए यह पंजाब के मैदान से संबंधित है।

135. Match List-I with List-II

सूची-I को सूची-II से सुमेलित कीजिए -

List-I (Resource availability) / सूची-I (संसाधनों की उपलब्धता)

a. Rich in mineral resources but lack of industrialization / खनिज संसाधनों की सम्पन्नता परन्तु औद्योगीकरण की कमी

b. Rich in water resources but lack of infrastructure development / जल संसाधनों की सम्पन्नता परन्तु आधारभूत संरचना के विकास की कमी

c. Rich in solar and wind energy but lack of water resources / सौर और वायु ऊर्जा की सम्पन्नता परन्तु जल संसाधनों की कमी

d. Rich in mineral resources but lack of transport and communication / खनिज संसाधनों की सम्पन्नता परन्तु परिवहन और संचार के साधनों की कमी

List-II (States) / सूची-II (राज्य)
1. Jharkhand / झारखंड
2. Arunachal Pradesh / अरुणाचल प्रदेश
3. Rajasthan / राजस्थान
4. Ladakh / लद्दाख

(a) 3412
(b) 1234
(c) 2143
(d) More than one of the above / उपर्युक्त में से एक से अधिक
(e) None of the above / उपर्युक्त में से कोई नहीं

Exam: BPSC School Teacher 2023 (Paper-II) Shift-2

Answer: (b) 1234

Explanation:

- झारखंड खनिज संसाधनों से समृद्ध है लेकिन औद्योगीकरण अपेक्षाकृत कम है।
- अरुणाचल प्रदेश में जल संसाधन प्रचुर हैं परंतु आधारभूत ढांचे का विकास सीमित है।
- राजस्थान में सौर और पवन ऊर्जा की बहुत अधिक संभावना है लेकिन जल संसाधन कम हैं।
- लद्दाख खनिज संसाधनों से समृद्ध है लेकिन कठिन भौगोलिक परिस्थितियों के कारण परिवहन और संचार सीमित हैं।

136. Water divide between drainage systems of Arabian Sea and Bay of Bengal are

अरब सागर और बंगाल की खाड़ी के अपवाह तंत्र के बीच जल-विभाजक हैं-

(a) Delhi Ridge, Malwa Plateau and Bundelkhand / दिल्ली रिज, मालवा का पठार और बुंदेलखंड
(b) Delhi Ridge, Aravali Range, Sahyadri and Amarkantak hills / दिल्ली रिज, अरावली पर्वतश्रृंखला, सह्याद्रि और अमरकंटक की पहाड़ियाँ
(c) Delhi Ridge, Malwa Plateau and Chotanagpur Plateau / दिल्ली रिज, मालवा का पठार और छोटानागपुर का पठार
(d) More than one of the above / उपर्युक्त में से एक से अधिक
(e) None of the above / उपर्युक्त में से कोई नहीं

Exam: BPSC School Teacher 2023 (Paper-II) Shift-2

Answer: (b) Delhi Ridge, Aravali Range, Sahyadri and Amarkantak hills / दिल्ली रिज, अरावली पर्वतश्रृंखला, सह्याद्रि और अमरकंटक की पहाड़ियाँ

Explanation:

- जल-विभाजक वह ऊँचा भूभाग होता है जो नदियों के प्रवाह को अलग-अलग दिशाओं में विभाजित करता है।
- भारत में अरब सागर और बंगाल की खाड़ी के अपवाह तंत्र को कई पर्वत श्रेणियाँ अलग करती हैं।
- इनमें प्रमुख रूप से दिल्ली रिज, अरावली पर्वतमाला, सह्याद्रि और अमरकंटक पहाड़ियाँ शामिल हैं।
- ये पर्वत श्रेणियाँ नदियों के जल को अलग-अलग समुद्रों की ओर प्रवाहित करने में महत्वपूर्ण भूमिका निभाती हैं।

Mathematics

1. **If the radius of a circle is increased by 40%, then its area will increase by: / यदि वृत्त की त्रिज्या 40% बढ़ा दी गई हो, तो उसका क्षेत्रफल बढ़ जाएगा:**

(a) 69%
(b) 48%
(c) 96%
(d) More than one of the above / उपर्युक्त में से एक से अधिक
(e) None of the above / उपर्युक्त में से कोई नहीं

Exam: BPSC TRE -3.0 6-8 Exam-2024 (Cancelled)

Answer: (c) 96%

Explanation: The area of a circle is proportional to the square of the radius. If the radius increases by 40%, the area increases by:

$$2\times 40+\frac{40\times 40}{100}=80+16=96\%$$

Hence, the area increases by 96%.

2. **The width of a rectangle is three-fourths of its axis length. If the perimeter of the rectangle is 546 cm, then the dimensions of the rectangle (in cm) are: / एक आयत की चौड़ाई उसकी लम्बाई की तीन-चौथाई है। यदि आयत की परिधि 546 सेमी है, तो आयत की विमाएँ (सेमी में) हैं:**

(a) 150 and 117 / 150 और 117
(b) 153 and 120 / 153 और 120
(c) 156 and 110 / 156 और 110
(d) More than one of the above / उपर्युक्त में से एक से अधिक
(e) None of the above / उपर्युक्त में से कोई नहीं

Exam: BPSC TRE -3.0 6-8 Exam-2024 (Cancelled)

3. **A cuboidal vessel is 10 cm long and 8 cm wide. How high must it be made to hold 480 cubic centimeters of a liquid? / एक घनाकार बर्तन 10 सेंटीमीटर लंबा और 8 सेंटीमीटर चौड़ा है। 480 घन सेंटीमीटर तरल पदार्थ को रखने के लिए इसे कितना ऊँचा बनाया जाना चाहिए?**

(a) 8 cm / 8 सेंटीमीटर
(b) 9 cm / 9 सेंटीमीटर
(c) 6 cm / 6 सेंटीमीटर
(d) More than one of the above / उपर्युक्त में से एक से अधिक
(e) None of the above / उपर्युक्त में से कोई नहीं

Exam: BPSC TRE -3.0 6-8 Exam-2024 (Cancelled)

Answer: (c)

Explanation: घनाभ का आयतन =

लम्बाई × चौड़ाई × ऊँचाई दिया है:

लंबाई = 10 सेमी

चौड़ाई = 8 सेमी

आयतन = 480 घन सेमी

480 = 10 × 8 × ऊँचाई

480 = 80 × ऊँचाई

ऊँचाई = 6 सेमी

अतः सही उत्तर (c) 6 सेंटीमीटर है।

4. **The compound interest on ₹1,000 for two years at the rate of 4% per annum is / ₹1,000 पर दो वर्ष के लिए 4% प्रति वर्ष की दर से चक्रवृद्धि ब्याज है:**

(a) ₹41.80 / ₹41.80
(b) ₹45 / ₹45
(c) ₹40 / ₹40

(d) More than one of the above / उपर्युक्त में से एक से अधिक

(e) None of the above / उपर्युक्त में से कोई नहीं

Exam: BPSC TRE -3.0 6-8 Exam-2024 (Cancelled)

Answer: (e)

Explanation:

मूलधन (P) = ₹1000

दर (R) = 4% प्रति वर्ष

समय (T) = 2 वर्ष

राशि $1000\times\left(1+\frac{4}{100}\right)^2$

राशि = $1000 \times (1.04)^2$

राशि = $1000 \times 1.0816 = 1081.60$

चक्रवृद्धि ब्याज = राशि – मूलधन

चक्रवृद्धि ब्याज = $1081.60 - 1000 = 81.60$

अतः चक्रवृद्धि ब्याज ₹81.60 है।

5. What is the length of the diameter of that circular field whose area is equal to the sum of the areas of a circle with a radius of 8 m and a triangle with an area of 36π m^2 ? / उस वृत्ताकार मैदान के व्यास की लम्बाई क्या है जिसका क्षेत्रफल 8 m त्रिज्या के एक वृत्त के क्षेत्रफल और 36π m^2 क्षेत्रफल वाले त्रिभुज के क्षेत्रफलों के योग के बराबर है?

(a) 15m / 15m

(b) 20m / 20m

(c) 10m / 10m

(d) More than one of the above / उपर्युक्त में से एक से अधिक

(e) None of the above / उपर्युक्त में से कोई नहीं

Exam: BPSC TRE 3.0 (1-5) Re-exam 20/07/2024

Answer: (b)

Explanation: 8 m त्रिज्या वाले वृत्त का क्षेत्रफल $=\pi r^2 = \pi \times 8^2 = 64\pi\, m^2$ त्रिभुज का क्षेत्रफल $= 36\pi\, m^2$

कुल क्षेत्रफल $= 64\pi + 36\pi = 100\pi$ m^2

मान लें नए वृत्त की त्रिज्या = r

$\pi r^2 = 100\pi$

$r^2 = 100 \Rightarrow r = 10$ m

व्यास $= 2r = 2\times 10 = 20$ m

अत: सही उत्तर (b) 20 m है।

6. The area of a rectangle is 30 cm^2 and its perimeter is 26 cm . Its length (in cm) is: / एक आयत का क्षेत्रफल 30 सेमी² है और परिमाप 26 सेमी है। इसकी लम्बाई (सेमी. में) है:

(a) 8

(b) 10

(c) 6

(d) More than one of the above / उपर्युक्त में से एक से अधिक

(e) None of the above / उपर्युक्त में से कोई नहीं

Exam: BPSC TRE 3.0 (1-5) Re-exam 20/07/2024

Answer: (b)

Explanation: मान लें आयत की लंबाई $= L$ और चौड़ाई $= B$

क्षेत्रफल $= L \times B = 30$

परिमाप $= 2(L+B) = 26 \Rightarrow L+B = 13$

अब $B = 13 - L$,

$L\times(13-L) = 30$

$13L - L^2 = 30$

$L^2 - 13L + 30 = 0$

$(L-10)(L-3) = 0$

$L = 10$ या $L = 3$ चूँकि लंबाई चौड़ाई से बड़ी होती है, इसलिए लंबाई =10 सेमी और चौड़ाई =3 सेमी। अत: सही उत्तर (b) 10 है

7. If $x=\left(\frac{3}{2}\right)^2\times\left(\frac{2}{3}\right)^{-4}$, then the value of x^{-2} is:

यदि $x=\left(\frac{3}{2}\right)^2\times\left(\frac{2}{3}\right)^{-4}$ हो, तो x^{-2} का मान है:

(a) $\left(\frac{3}{2}\right)^6$

(b) $\left(\frac{3}{2}\right)^{-12}$

(c) $\left(\frac{2}{3}\right)^{12}$

(d) More than one of the above / उपर्युक्त में से एक से अधिक

(e) None of the above / उपर्युक्त में से कोई नहीं

Exam: BPSC TRE -3.0 6-8 Exam-2024 (Cancelled)

Answer: (c)

Explanation: दिया है:

$$x=\left(\frac{3}{2}\right)^2\times\left(\frac{2}{3}\right)^{-4}$$

चूँकि $\left(\frac{2}{3}\right)^{-4}=\left(\frac{3}{2}\right)^4$, इसलिए

$$x=\left(\frac{3}{2}\right)^2\times\left(\frac{3}{2}\right)^4=\left(\frac{3}{2}\right)^6$$

अब,

$$x^{-2}=\left[\left(\frac{3}{2}\right)^6\right]^{-2}$$

घात के नियम $\left(a^m\right)^n=a^{mn}$ के अनुसार:

$$x^{-2}=\left(\frac{3}{2}\right)^{-12}$$

और,

$\left(\frac{3}{2}\right)^{-12}=\left(\frac{2}{3}\right)^{12}$ अत: सही उत्तर (c) $\left(\frac{2}{3}\right)^{12}$ है।

8. The number of sides of a regular polygon, whose each exterior angle measures 180° (Hindi text says 45°), is / एक नियमित बहुभुज, जिसके प्रत्येक बाह्य कोण की माप 45° हो, की भुजाओं की संख्या है:

(a) 15

(b) 8

(c) 30

(d) More than one of the above / उपर्युक्त में से एक से अधिक

(e) None of the above / उपर्युक्त में से कोई नहीं

Exam: BPSC TRE -3.0 6-8 Exam-2024 (Cancelled)

Answer: (b)

Explanation: नियमित बहुभुज के प्रत्येक बाह्य कोण का सूत्र:

बाह्य कोण $=\frac{360^\circ}{n}$

दिया है बाह्य कोण $=45^\circ$

$$45=\frac{360}{n}\Rightarrow n=\frac{360}{45}=8$$

अत: उस नियमित बहुभुज की भुजाओं की संख्या 8 है।

सही उत्तर (b) 8 है।

9. Four times a number is as much less than 60 as seven times of it is greater than 61 . The number is/किसी संख्या का चार गुना 60 से उतना ही कम है, जितना कि उसका सात गुना 61 से अधिक। वह संख्या है:

(a) 11

(b) 7

(c) 32

(d) More than one of the above / उपर्युक्त में से एक से अधिक

(e) None of the above / उपर्युक्त में से कोई नहीं

Exam: BPSC TRE -3.0 6-8 Exam-2024 (Cancelled)

Answer: (a)

Explanation: मान लें संख्या $= x$ प्रश्न के अनुसार:

$60 - 4x = 7x - 61$

अब हल करते हैं:

$60 + 61 = 7x + 4x$

$121 = 11x \Rightarrow x = \frac{121}{11} = 11$

अत: सही उत्तर (a) 11 है

10. A bag contains ₹187 in the form of 1 rupee, 50 paise and 10 paise coins in the ratio 3:4:5. The number of each type of coins in the bag are respectively: / एक बैग में ₹187, 1 रुपये, 50 पैसे और 10 पैसे के सिक्कों के रूप में 3:4:5 के अनुपात में हैं। बैग में प्रत्येक प्रकार के सिक्कों की संख्या क्रमशः हैं:

(a) 92, 146 and 160 / 92, 146 और 160

(b) 112, 126 and 170/112, 126 और 170

(c) 102, 136 and 170 / 102, 136 और 170

(d) More than one of the above / उपर्युक्त में से एक से अधिक

(e) None of the above / उपर्युक्त में से कोई नहीं

Exam: BPSC TRE -3.0 6-8 Exam-2024 (Cancelled)

Answer: (c)

Explanation: मान लें 1 रुपये, 50 पैसे और 10 पैसे के सिक्कों की संख्या क्रमशः $3x$, $4x5x$ है। कुल राशि = ₹187 मूल्य के अनुसार:

1 रुपये के सिक्कों का मूल्य $= 3x \times 1 = 3x$

50 पैसे =₹ $0.5 \Rightarrow 4x \times 0.5 = 2x$

10 पैसे =₹ $0.1 \Rightarrow 5x \times 0.1 = 0.5x$

कुल राशि: $3x + 2x + 0.5x = 187$

$5.5x = 187 \Rightarrow x = \frac{187}{5.5} = 34$

अब सिक्कों की संख्या:

1 रुपये के सिक्के $= 3x = 3 \times 34 = 102$

50 पैसे के सिक्के $= 4x = 4 \times 34 = 136$

10 पैसे के सिक्के $= 5x = 5 \times 34 = 170$

अत: सही उत्तर (c) 102,136 और 170 है।

11. The sum of the first five prime numbers is / प्रथम पाँच अभाज्य संख्याओं का योग है:

(a) 18

(b) 28

(c) 26

(d) More than one of the above / उपर्युक्त में से एक से अधिक

(e) None of the above / उपर्युक्त में से कोई नहीं

Exam: BPSC TRE -3.0 1-5 Exam-2024 (Cancelled)

Answer: (b)

Explanation: प्रथम पाँच अभाज्य संख्याएँ हैं: 2, 3, 5, 7, 11 इनका योग:

$2 + 3 + 5 + 7 + 11 = 28$ अत: सही उत्तर (b) 28 है।

12. Dividing 4.036 by 0.04 results in / 4.036 को 0.04 से विभाजित करने पर प्राप्त होता है:

(a) 100.9

(b) 10.09

(c) 1.009

(d) More than one of the above / उपर्युक्त में से एक से अधिक

(e) None of the above / उपर्युक्त में से कोई नहीं

Exam: BPSC TRE -3.0 1-5 Exam-2024 (Cancelled)

Answer: (a)

Explanation: दिया है:

$\frac{4.036}{0.04}$

दशमलव हटाने के लिए दोनों संख्याओं को 100 से गुणा करते हैं:

$\frac{403.6}{4} = 100.9$

अत: सही उत्तर (a) 100.9 है।

13. The average of five numbers is 27 . If one number is removed, the average becomes 25 The removed number is / पाँच संख्याओं का औसत 27 है। यदि एक संख्या हटा दी जाए, तो औसत 25 हो जाता है, निकाली गई संख्या है:

(a) 27

(b) 30

(c) 35

(d) More than one of the above / उपर्युक्त में से एक से अधिक

(e) None of the above / उपर्युक्त में से कोई नहीं

Exam: BPSC TRE -3.0 1-5 Exam-2024 (Cancelled)

Answer: (c)

Explanation: 5 संख्याओं का औसत $= 27$

कुल योग $= 5 \times 27 = 135$

एक संख्या हटाने के बाद 4 संख्याओं का औसत $= 25$

नया योग $= 4 \times 25 = 100$

हटाई गई संख्या $= 135 - 100 = 35$

अत: सही उत्तर (c) 35 है।

14. The product of two co-prime numbers is 117 Their LCM should be: / दो सह-अभाज्य संख्याओं का गुणनफल 117 है। उनका LCM होना चाहिए:

(a) 1

(b) 117

(c) Equal to their HCF / उनके HCF के बराबर

(d) More than one of the above / उपर्युक्त में से एक से अधिक

(e) None of the above / उपर्युक्त में से कोई नहीं

Exam: BPSC TRE -3.0 1-5 Exam-2024 (Cancelled)

Answer: (b)

Explanation: सह-अभाज्य (Co-prime) संख्याओं का HCF = 1 होता है। सूत्र:

संख्याओं का गुणनफल = HCF×LCM दिया है:

$117 = 1 \times \text{LCM}$

LCM = 117

अत: सही उत्तर (b) 117 है।

15. A student's marks were wrongly entered as 83 instead of 63 . Due to this, the average marks of the class increased by half. The number of students in the class is / एक छात्र के अंक गलती से 63 के बजाय 83 दर्ज हो गए। इस कारण से कक्षा के औसत अंक आधे से बढ़ गए। कक्षा में छात्रों की संख्या है:

(a) 73

(b) 40

(c) 20

(d) More than one of the above / उपर्युक्त में से एक से अधिक

(e) None of the above / उपर्युक्त में से कोई नहीं

Exam: BPSC TRE -3.0 1-5 Exam-2024 (Cancelled)

Answer: (b) Explanation:

अंकों में गलती $= 83 - 63 = 20$

इस गलती के कारण कुल अंकों में 20 की वृद्धि हो गई।

मान लें कक्षा में छात्रों की संख्या = n

औसत में वृद्धि $= \frac{1}{2}$

औसत में वृद्धि $= \frac{\text{कुल वृद्धि}}{\text{छात्रों की संख्या}}$

$\frac{1}{2} = \frac{20}{n} \Rightarrow n = 20 \times 2 = 40$

अत: सही उत्तर (b) 40 है।

16. If $5^{x+3} = (25)^{3x-4}$, then the value of x is: / यदि $5^{x+3} = (25)^{3x-4}$ हो, तो x का मान है:

(a) 11/5

(b) 13/5

(c) 11/3

(d) More than one of the above / उपर्युक्त में से एक से अधिक

(e) None of the above / उपर्युक्त में से कोई नहीं

Exam: BPSC TRE -3.0 1-5 Exam-2024 (Cancelled)

Answer: (a)

Explanation: दिया है:

$5^{x+3} = (25)^{3x-4}$

चूँकि $25 = 5^2$, इसलिए

$5^{x+3} = \left(5^2\right)^{3x-4}$

घात का नियम लगाते हैं:

$5^{x+3} = 5^{2(3x-4)} = 5^{6x-8}$

अब दोनों तरफ आधार समान है, इसलिए घात बराबर होंगे:

$x+3 = 6x-8$

$3+8 = 6x-x$

$11 = 5x \Rightarrow x = \dfrac{11}{5}$

अत: सही उत्तर (a) 11/5 है। (Note: Explanation text says option a, answer key says b. The correct match is option a).

17. If $\frac{1}{3}+\frac{1}{2}+\frac{1}{x}=4$, then find the value of x. / यदि $\frac{1}{3}+\frac{1}{2}+\frac{1}{x}=4$ हो, तो x का मान ज्ञात कीजिए।

(a) 6/19

(b) 5/18

(c) 24/11

(d) More than one of the above / उपर्युक्त में से एक से अधिक

(e) None of the above / उपर्युक्त में से कोई नहीं

Exam: BPSC TRE -3.0 1-5 Exam-2024 (Cancelled)

Answer: (a) Explanation: दिया है:

$\frac{1}{3}+\frac{1}{2}+\frac{1}{x}=4$

पहले $\frac{1}{3}$ और $\frac{1}{2}$ को जोड़ते हैं:

$\frac{1}{3}+\frac{1}{2}=\frac{2+3}{6}=\frac{5}{6}$

अब,

$\frac{5}{6}+\frac{1}{x}=4$

$\frac{1}{x}=4-\frac{5}{6}$

$\frac{1}{x}=\frac{24}{6}-\frac{5}{6}=\frac{19}{6}$

$x=\frac{6}{19}$

अत: सही उत्तर (a) $6/19$ है।

18. The median of 34,47,29,41,33,69 is: / 34,47,29,41,33,69 का माध्यक है:

(a) 34

(b) 41

(c) 37.5

(d) More than one of the above / उपर्युक्त में से एक से अधिक

(e) None of the above / उपर्युक्त में से कोई नहीं

Exam: BPSC TRE -3.0 1-5 Exam-2024 (Cancelled)

Answer: (c)

Explanation: दी गई संख्याएँ: 34, 47, 29, 41, 33, 69 पहले इन्हें बढ़ते क्रम में लिखते हैं:

29, 33, 34, 41, 47, 69 कुल संख्याएँ = 6 (सम संख्या)

$\text{माध्यक} = \dfrac{\text{बीच की दो संख्याओं का योग}}{2}$

$\text{माध्यक} = \dfrac{34+41}{2} = \dfrac{75}{2} = 37.5$

अत: सही उत्तर (c) 37.5 है।

19. The cube root of 0.000216 is: / 0.000216 का घनमूल है:

(a) 0.006

(b) 0.06

(c) 0.6

(d) More than one of the above / उपर्युक्त में से एक से अधिक

(e) None of the above / उपर्युक्त में से कोई नहीं

Exam: BPSC TRE -3.0 1-5 Exam-2024 (Cancelled)

Answer: (b) Explanation:

$0.000216 = \frac{216}{1000000}$

चूँकि $216 = 6^3$ और $1000000 = 100^3$, इसलिए,

$\sqrt[3]{0.000216} = \sqrt[3]{\frac{216}{1000000}} = \frac{6}{100} = 0.06$

अत: सही उत्तर (b) 0.06 है।

20. If $x = 3$ and $y = -2$ is a solution of the equation $4px - 3y = 12$, then the value of p is / $x = 3$ और $y = -2$ समीकरण $4px - 3y = 12$ का एक समाधान है, तो p का मान है

(a) 0

(b) -2

(c) $\frac{1}{2}$

(d) More than one of the above / उपर्युक्त में से एक से अधिक

(e) None of the above / उपर्युक्त में से कोई नहीं

Exam: BPSC TRE -3.0 1-5 Exam-2024 (Cancelled)

Answer:(c)

Explanation: दी गई समीकरण:

$4px - 3y = 12$

$x = 3$ और $y = -2$ समाधान हैं। इन मानों को समीकरण में स्थानापन्न करें:

$4p \times 3 - 3 \times (-2) = 12$

$12p + 6 = 12$

$12p = 12 - 6$

$12p = 6$

$p = \frac{6}{12}$

अत:, $p = \frac{1}{2}$

21. Three numbers are in the ratio 3:4:5 and their LCM is 2400 . Their HCF is: / तीन संख्याएँ 3:4:5 के अनुपात में हैं और उनका LCM 2400 है। उनका HCF है:

(a) 40

(b) 80

(c) 120

(d) More than one of the above / उपर्युक्त में से एक से अधिक

(e) None of the above / उपर्युक्त में से कोई नहीं

Exam: BPSC TRE -3.0 1-5 Exam-2024 (Cancelled)

Answer: (a)

Explanation: मान लें तीन संख्याएँ $3x, 4x, 5x$ हैं।

$LCM(3x, 4x, 5x) = x \times LCM(3, 4, 5)$

$LCM(3, 4, 5) = 60$

दिया है:

$x \times 60 = 2400 \Rightarrow x = \frac{2400}{60} = 40$

अब संख्याएँ: $3x = 120, 4x = 160, 5x = 200$

$HCF(120, 160, 200) = 40$

इसलिए सही HCF 40 है। अत: सही उत्तर (a) 40 है

22. ₹ 1,210 is divided among A, B, and C such that A : B = 5 : 4 and B : C = 9 : 10. Then C gets: / ₹ 1,210 को A, B, C के बीच विभाजित किया गया ताकि A : B = 5 : 4 और B : C = 9 : 10 हो। तो C को मिलता है:

(a) ₹ 400

(b) ₹ 475

(c) ₹ 340

(d) More than one of the above / उपर्युक्त में से एक से अधिक

(e) None of the above / उपर्युक्त में से कोई नहीं

Exam: BPSC TRE -3.0 1-5 Exam-2024 (Cancelled)

Answer: (a)

Explanation: दिया है:

$A:B=5:4$

$B:C=9:10$

B को समान करने के लिए:

$A:B=5:4 \Rightarrow 45:36 B:C=9:10 \Rightarrow 36:40$

इसलिए $A:B:C=45:36:40$

कुल अनुपात $=45+36+40=121$

कुल राशि = ₹1210

1 भाग $=\frac{1210}{121}=10$

C का हिस्सा = 40 × 10 = ₹400

अतः सही उत्तर (a) ₹400 है।

23. The ratio of volumes of two cubes is 8:27. The ratio of their surface areas is:/ दो घनों के आयतन का अनुपात 8:27 है। उनके सतह क्षेत्रफल का अनुपात है:

(a) 2:3

(b) 4:9

(c) 12:9

(d) More than one of the above / उपर्युक्त में से एक से अधिक

(e) None of the above / उपर्युक्त में से कोई नहीं

Exam: BPSC TRE -3.0 1-5 Exam-2024 (Cancelled)

Answer: (b)

Explanation: दो घनों के आयतन का अनुपात =8:27

घन के लिए, $V \propto a^3$ (जहाँ a भुजा है)

इसलिए भुजाओं का अनुपात:

$\sqrt[3]{8}:\sqrt[3]{27}=2:3$

सतह क्षेत्रफल $\propto a^2$ अत: सतह क्षेत्रफल का अनुपात:

$2^2:3^2=4:9$

इसलिए सही उत्तर (b) 4 : 9 है।

24. The factors of $y^2-7y+12$ are: / $y^2-7y+12$ का गुणनखंडन है:

(a) $(y+3)(y+4)$

(b) $(y+3)(y-4)$

(c) $(y-3)(y+4)$

(d) More than one of the above / उपर्युक्त में से एक से अधिक

(e) None of the above / उपर्युक्त में से कोई नहीं

Exam: BPSC TRE -3.0 1-5 Exam-2024 (Cancelled)

Answer: (e)

Explanation: दिया है:

$y^2-7y+12$

हमें ऐसी दो संख्याएँ चाहिए जिनका गुणनफल 12 और योग -7 हो। वे संख्याएँ हैं -3 और -4 । अतः,

$y^2-7y+12=y^2-3y-4y+12$

$=y(y-3)-4(y-3)$

$=(y-3)(y-4)$

इसलिए सही गुणनखंड $(y-3)(y-4)$ है। दिए गए विकल्पों में यह नहीं है, इसलिए सही उत्तर (e) उपर्युक्त में से कोई नहीं है।

25. The mode of observations 2, 3, 7, 9, 7, 1, 1, 9, 1, 6, 9 is: / अवलोकनों 2, 3, 7, 9, 7, 1, 1, 9, 1, 6, 9 का बहुलक है:

(a) 2

(b) 1

(c) 9

(d) More than one of the above / उपर्युक्त में से एक से अधिक

(e) None of the above / उपर्युक्त में से कोई नहीं

Exam: BPSC TRE -3.0 1-5 Exam-2024 (Cancelled)

Answer: (d)

Explanation: दिए गए अवलोकन: 2, 3, 7, 9, 7, 1, 1, 9, 1, 6, 9 अब प्रत्येक संख्या की आवृत्ति देखते है:

$1 \rightarrow 3$ बार

$2 \rightarrow 1$ बार

$3 \rightarrow 1$ बार

$6 \rightarrow 1$ बार

$7 \rightarrow 2$ बार

$9 \rightarrow 3$ बार

सबसे अधिक बार 1 और 9 (दोनों 3 बार) आए हैं। इसलिए इस डेटा के दो बहुलक (mode) हैं: 1 और 9। अत: सही उत्तर (d) उपर्युक्त में से एक से अधिक है।

26. Choose the pair in which the words are related in a different way. / वह युग्म चुनिए, जिसमें शब्द भिन्न-भिन्न प्रकार से सम्बन्धित हों।

(a) Wine : Grapes / शराब : अंगूर

(b) Shoes : Leather / जूते : चमड़ा

(c) Wheat : Crop / गेहूं : फसल

(d) More than one of the above / उपर्युक्त में से एक से अधिक

(e) None of the above / उपर्युक्त में से कोई नहीं

Exam: BPSC TRE -3.0 1-5 Exam-2024 (Cancelled)

Answer: (c)

Explanation: (a) Wine : Grapes → शराब अंगूर से बनती है (कच्चा पदार्थ → उत्पाद)

(b) Shoes: Leather → जूते चमड़े से बनते हैं (कच्चा पदार्थ → उत्पाद)

(c) Wheat : Crop → गेहूं एक फसल का प्रकार है (श्रेणी संबंध)

पहले दो में कच्चा माल → बना हुआ वस्तु का संबंध है, जबकि तीसरे में वस्तु → श्रेणी का संबंध है। इसलिए अलग प्रकार का संबंध (c) Wheat : Crop है।

27. Find the wrong number in the given series: / दी गई श्रृंखला से गलत संख्या ज्ञात कीजिए। 40, 96, 864

(a) 40

(b) 96

(c) 864

(d) More than one of the above / उपर्युक्त में से एक से अधिक

(e) None of the above / उपर्युक्त में से कोई नहीं

Exam: BPSC TRE -3.0 1-5 Exam-2024 (Cancelled)

Answer: (a)

Explanation:

32[40 गलत है] $\xrightarrow{\times 3} 96 \xrightarrow{\times 9} 864$

पहला स्टेप: $32 \times 3 = 96$

दूसरा स्टेप: $96 \times 9 = 864$

28. Kamala went 50 meters South from her home, then turned left and walked 60 meters. She again turned right and walked 30 meters. Now how many meters will she have to walk to reach her home directly? / अपने घर से निकलकर कमला दक्षिण दिशा में 50 मीटर गई, फिर बाएँ मुड़कर 60 मीटर चली। वह पुन: दाएँ मुड़कर 30 मीटर चली। अब उसे अपने घर सीधे पहुँचने के लिए कितने मीटर चलना पड़ेगा?

(a) 140 meters / मीटर

(b) 100 meters / मीटर

(c) 90 meters / मीटर

(d) More than one of the above / उपर्युक्त में से एक से अधिक

(e) None of the above / उपर्युक्त में से कोई नहीं

Exam: BPSC TRE -3.0 1-5 Exam-2024 (Cancelled)

Answer: (b)

Explanation: माना कमला का घर बिन्दु A पर स्थित है। लंब (AB)=50+30=80 मीटर

आधार (BC)=60 मीटर

$\triangle ABC$ में पाइथोगोरस प्रमेय से:

$AC^2 = (80)^2 + (60)^2$

$AC = \sqrt{6400+3600} = \sqrt{10000} = 100$ मीटर

29. In a code language, CALICUT is written as 8251896 and DELHI as 73541. How will CALCUTTA be written in that code? / एक कूट भाषा में, CALICUT को 8251896 एवं DELHI को 73541 लिखा जाता है, तो उसी कूट भाषा में CALCUTTA को कैसे लिखा जाएगा?

(a) 82589662

(b) 85436912

(c) 86698528

(d) More than one of the above / उपर्युक्त में से एक से अधिक

(e) None of the above / उपर्युक्त में से कोई नहीं

Exam: BPSC TRE -3.0 1-5 Exam-2024 (Cancelled)

Answer: (a)

Explanation:

दिये गये कूट में

C A L I C U T → 8 2 5 1 8 9 6 तथा D E L H I → 7 3 5 4 1

उपर्युक्त कूट भाषा का प्रयोग करने पर -

C A L C U T T A → 8 2 5 8 9 6 6 2

30. In a row of girls, Kavita is 9th from the left and Gauri is 16th from the right. If they interchange their places, Kavita becomes 25th from the left. How many girls are there in the row? / लड़कियों की एक पंक्ति में कविता बाईं तरफ से 9 वीं है तथा गौरी दाईं तरफ से 16वीं है। यदि वे अपने स्थानों की अदला-बदली कर लें, तो कविता बाईं तरफ से 25 वीं हो जाती है। पंक्ति में कुल कितनी लड़कियाँ हैं?

(a) 39

(b) 40

(c) 41

(d) More than one of the above / उपर्युक्त में से एक से अधिक

(e) None of the above / उपर्युक्त में से कोई नहीं

Exam: BPSC TRE -3.0 1-5 Exam-2024 (Cancelled)

Answer: (b)

Explanation:

(स्थान बदलने) से पहले:

- कविता 9वीं (बाएँ) है।
- गौरी 16 वीं (दाएँ) है।

(स्थान बदलने) के बाद:

- कविता अब 25 वीं (बाएँ) है।
- चूंकि वह अब गौरी की पुरानी स्थिति में है, इसलिए वह स्थिति 25 वीं बाएँ से और 16 वीं दाएँ से है।

31. Choose the odd numeral pair/group from the following: / निम्नलिखित में से विषम संख्यात्मक युग्म/समूह चुनिए :

(a) 80,50

(b) 54, 27

(c) 32,13

(d) More than one of the above / उपर्युक्त में से एक से अधिक

(e) None of the above / उपर्युक्त में से कोई नहीं

Exam: BPSC TRE -3.0 1-5 Exam-2024 (Cancelled)

Answer: (a)

Explanation: दिए गए विकल्पों में-

(a) 80 (सम/Even), 50 (सम/Even)

(b) 54 (सम/Even), 27 (विषम/Odd)

(c) 32 (सम/Even), 13 (विषम/Odd)

अत: विकल्प (b) और (c) समान हैं क्योंकि इनमें एक सम और एक विषम संख्या का युग्म है, जबकि विकल्प (a) अन्य से भिन्न है क्योंकि इसमें दोनों सम संख्याएँ हैं।

32. In a race, Mohan ran faster than Namit and Om ran faster than Pawan. If Namit and Om were both equal, then who was first in the race? / एक दौड़ में मोहन, नमित से तेज दौड़ा और ओम, पवन से तेज दौड़ा। यदि नमित एवं ओम दोनों बराबर थे, तो दौड़ में प्रथम कौन था?

(a) Mohan / मोहन

(b) Namit / नमित

(c) Pawan / पवन

(d) More than one of the above / उपर्युक्त में से एक से अधिक

(e) None of the above / उपर्युक्त में से कोई नहीं

Exam: BPSC TRE -3.0 1-5 Exam-2024 (Cancelled)

Answer: (a)

Explanation: प्रश्न के अनुसार,

मोहन > नमित

ओम > पवन

चूँकि नमित = ओम, इसलिए क्रम है: मोहन > नमित = ओम > पवन

अत: दौड़ में मोहन प्रथम स्थान पर है।

33. If May 25 in a certain year is a Sunday, then what day of the week will be December 25 in the same year? / यदि किसी एक वर्ष में मई 25 को रविवार है, तो उसी वर्ष में दिसम्बर 25 को सप्ताह का कौन-सा दिन होगा?

(a) Wednesday / बुधवार

(b) Thursday / गुरुवार

(c) Friday / शुक्रवार

(d) More than one of the above / उपर्युक्त में से एक से अधिक

(e) None of the above / उपर्युक्त में से कोई नहीं

Exam: BPSC TRE -3.0 1-5 Exam-2024 (Cancelled)

Answer: (b)

Explanation:

25 मई = रविवार "

25 मई से 25 दिसम्बर तक कुल 214 दिन होते हैं। "

214 ÷7=30 (शेष 4)

रविवार से 4 दिन आगे गुरुवार होगा।

34. P, Q, R, S and T are sitting in a circle in a room. P faces the South-West direction and S faces the South-East direction. Q and T are opposite to P and S respectively. R is at an equal distance between S and Q. In which direction is R facing? / P, Q, R, S एवं T एक कमरे में एक वृत्त में बैठे हैं। P का मुँह दक्षिण-पश्चिम दिशा की तरफ है तथा S का मुँह दक्षिण-पूर्व दिशा की तरफ है। Q तथा T क्रमश: P एवं S के सामने हैं। R, S एवं Q के मध्य समान दूरी पर है। R का मुँह किस दिशा में है।

(a) East / पूर्व

(b) South / दक्षिण

(c) West / परिचम

(d) More than one of the above / उपर्युक्त में से एक से अधिक

(e) None of the above / उपर्युक्त में से कोई नहीं

Exam: BPSC TRE -3.0 1-5 Exam-2024 (Cancelled)

Answer: (a)

Explanation:

P दक्षिण-पश्चिम की ओर मुख किए है। P के सामने Q बैठा है, इसलिए Q का मुख उत्तर-पूर्व की ओर होगा।

S दक्षिण-पूर्व की ओर मुख किए है और S के सामने T बैठा हे, इसलिए T का मुख उत्तर-पश्चिम की ओर होगा।

R, S और Q के बीच समान दूरी पर बैठा है, इसलिए R का मुख पूर्व दिशा की ओर होगा।

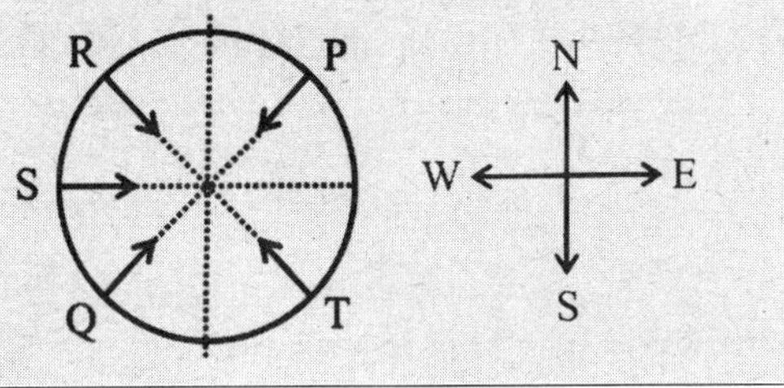

35. Which of the following is false? / निम्नलिखित में से कौन-सा असत्य है?

(a) Area of an equilateral triangle is $\frac{\sqrt{3}}{4}a^2$ / एक समबाहु त्रिभुज का क्षेत्रफल $\frac{\sqrt{3}}{4}a^2$ है

(b) Area of a triangle is $\frac{\sqrt{3}}{2}a^2$ / एक त्रिभुज का क्षेत्रफल $\frac{\sqrt{3}}{2}a^2$ है

(c) Area of a circle is πr^2 / वृत्त का क्षेत्रफल πr^2 है

(d) More than one of the above / उपर्युक्त में से एक से अधिक

(e) None of the above / उपर्युक्त में से कोई नहीं

Exam: BPSC TRE -3.0 1-5 Exam-2024 (Cancelled)

Answer: (b)

Explanation:

समबाहु त्रिभुज का क्षेत्रफल $= \frac{\sqrt{3}}{4}a^2$

वृत्त का क्षेत्रफल $= \pi r^2$

विकल्प (b) में $\frac{\sqrt{3}}{2}a^2$ गलत है, इसलिए यह असत्य है।

36. How many 4-digit numbers can be formed using the digits 0, 1, 2, 3, 4 without repetition? / अंक 0, 1, 2, 3, 4 के बिना दोहराव के प्रयोग से 4 अंकों की कितनी संख्याएँ बनाई जा सकती है?

(a) 120

(b) 5^4

(c) 4^5

(d) More than one of the above / उपर्युक्त में से एक से अधिक

(e) None of the above / उपर्युक्त में से कोई नहीं

Exam: BPSC TRE -3.0 1-5 Exam-2024 (Cancelled)

Answer: (e)

Explanation: 4-अंकों की संख्या बनाने के लिए (0, 1, 2, 3, 4) का उपयोग बिना दोहराव के करना है।

पहली स्थिति (हज़ार का अंक) के लिए विकल्प = 4 (0 नहीं हो सकता)

बाकी 3 अंक: शेष 4 अंक से क्रमचय $= {}^4P_3 = 4 \times 3 \times 2 = 24$

कुल संख्याएँ $= 4 \times 24 = 96$

इसलिए सही उत्तर 120 नहीं बल्कि 96 है। अत: (e) उपर्युक्त में से कोई नहीं।

37. In a code language, MILTON is written as LMRJGK and MOUSE is written as CQSMK, then how will TAKEN be written in the same language? / एक कूट भाषा में, MILTON को LMRJGK और MOUSE को CQSMK लिखा जाता है, तो उसी भाषा में TAKEN को कैसे लिखा जाएगा?

(a) RYICL

(b) LCIYR

(c) LCIRY

(d) More than one of the above / उपर्युक्त में से एक से अधिक

(e) None of the above / उपर्युक्त में से कोई नहीं

Exam: BPSC TRE -3.0 1-5 Exam-2024 (Cancelled)

Answer: (b)

Explanation:

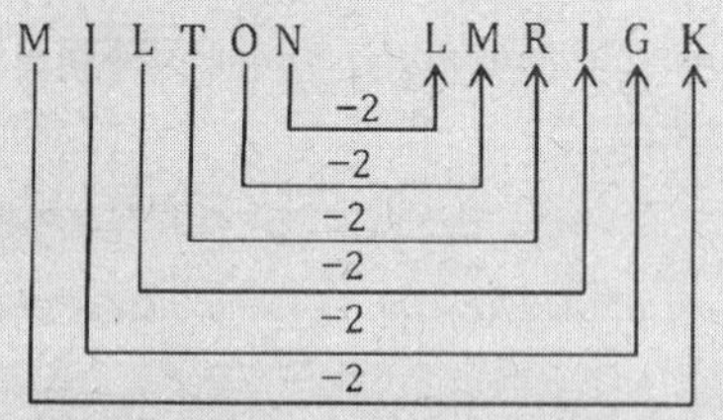

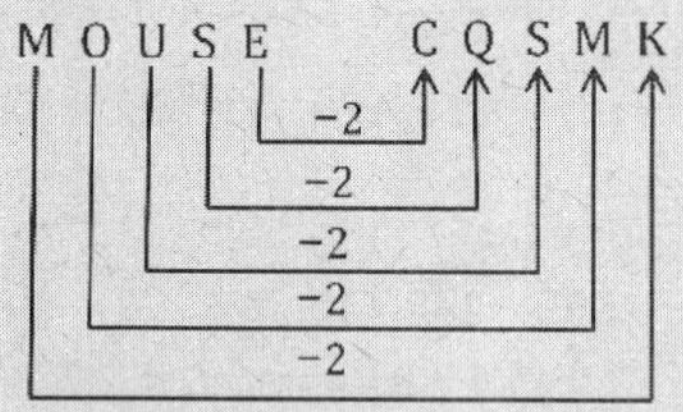

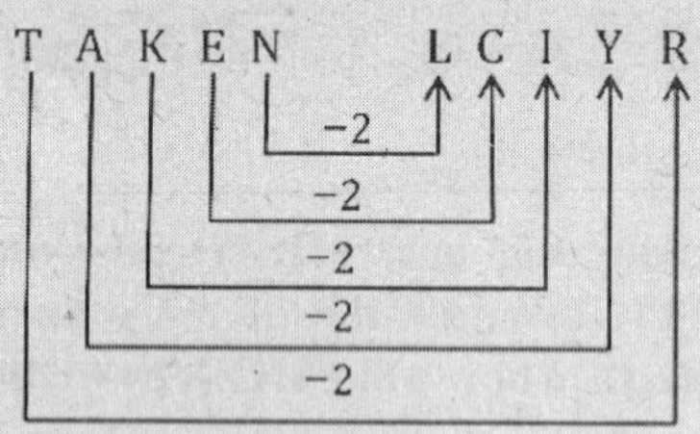

38. Find the missing numbers from the given figures below: / नीचे दी गई आकृतियों में से लुप्त संख्याएँ ज्ञात कीजिए:

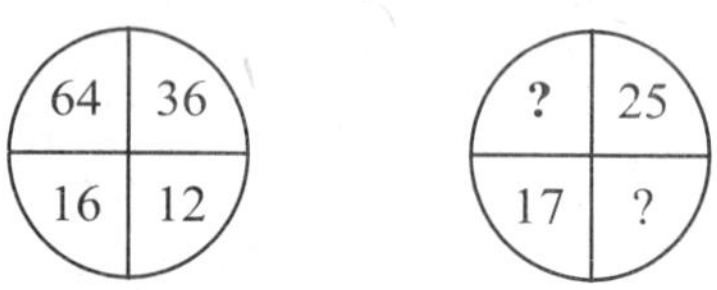

(a) 8, 9

(b) 81,9

(c) 16,81

(d) More than one of the above / उपर्युक्त में से एक से अधिक

(e) None of the above / उपर्युक्त में से कोई नहीं

Exam: BPSC TRE -3.0 1-5 Exam-2024 (Cancelled)

Answer: (b)

Explanation:

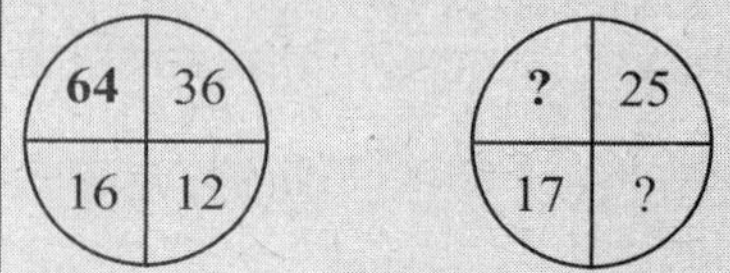

पहले चक्र के लिए: 64-36=2816-12=4 फिर इन दोनों का गुणा किया गया:

$28 \times 7 = 196, 4 \times 7 = 28$

दूसरे चक्र के लिए: 81–25 = 5617–9 = 8 फिर इन दोनों का गुणा किया गया: 56×7 = 392, 8×7 = 56 पैटर्न के अनुसार: प्रत्येक खंड में ऊपर की संख्या से नीचे की संख्या घटाई जाती है, फिर अंतर को 7 से गुणा किया जाता है।

39. The area of a circle is twice its circumference. The radius of the circle is / एक वृत्त का क्षेत्रफल उसकी परिधि का दोगुना है। वृत्त की त्रिज्या है:

(a) 1

(b) 2.5

(c) 4

(d) More than one of the above / उपर्युक्त में से एक से अधिक

(e) None of the above / उपर्युक्त में से कोई नहीं

Exam: BPSC TRE -3.0 1-5 Exam-2024 (Cancelled)

Answer: (c)

Explanation: वृत्त का क्षेत्रफल πr^2 और परिधि $2\pi r$ है। क्षेत्रफल परिधि का दोगुना है:

$\pi r^2 = 2 \times (2\pi r)$

$r^2 = 4r \Rightarrow r = 4$

40. Following the same pattern, find the missing letter in the given series: / समान पैटर्न का अनुसरण करते हुए दी गई श्रृंखला में लुप्त अक्षर ज्ञात कीजिए : C, L, D, ________ H, V

(a) P

(b) N

(c) Z

(d) More than one of the above / उपर्युक्त में से एक से अधिक

(e) None of the above / उपर्युक्त में से कोई नहीं

Exam: BPSC TRE -3.0 1-5 Exam-2024 (Cancelled)

Answer: (a)

Explanation:

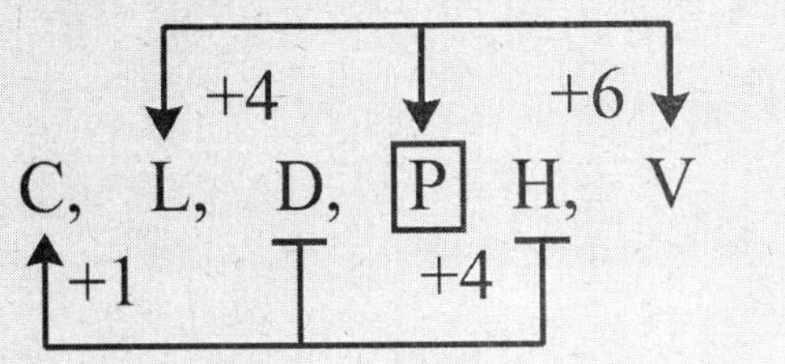

41. A player makes 7 complete revolutions of a circular path to complete a race of 2200 metres. The radius of the circular path is : $\left(\pi = \frac{22}{7}\right)$ / एक खिलाड़ी किसी वृत्ताकार पथ के 7 पूरे चक्कर लगाकर 2200 मीटर की दौड़ पूरी करता है। वृताकार पथ की त्रिज्या है:

(a) 45 metres / 45 मीटर

(b) 42 metres / 42 मीटर

(c) 50 metres / 50 मीटर

(d) More than one of the above / उपर्युक्त में से एक से अधिक

(e) None of the above / उपर्युक्त में से कोई नहीं

Exam: BPSC TRE 3.0 Exam 21/07/2024

Answer: (c)

Explanation:

कुल दूरी =7× परिधि

$2200 = 7 \times 2 \times \frac{22}{7} \times r$

$2200 = 44r \Rightarrow r = 50$ मीटर

42. Successive discounts of 20%, 30% and 40% are given on the cost price of an item of ₹ 900. The price of the item after discount is / एक वस्तु के क्रय मूल्य ₹ 900 पर 20%, 30% और 40% क्रमिक छूट मिलती है। छूट के बाद वस्तु की कीमत है:

(a) 810

(b) 302.4

(c) 300

(d) More than one of the above / उपर्युक्त में से एक से अधिक

(e) None of the above / उपर्युक्त में से कोई नहीं

Exam: BPSC TRE -3.0 1-5 Exam-2024 (Cancelled)

Answer: (b)

Explanation:

पहली छूट (20%): $900 \times 0.20 = 180 \Rightarrow 900-180 = 720$

दूसरी छूट (30%): $720 \times 0.30 = 216 \Rightarrow 720-216 = 504$

तीसरी छूट (40%): $504 \times 0.40 = 201.6 \Rightarrow 504-201.6 = 302.4$

सभी छूटों के बाद अंतिम कीमत = ₹302.4

43. If the capacity of a cylindrical tank is $1848\ m^3$ and the diameter of its base is $14\ m$, the depth of the tank is: / यदि किसी बेलनाकार टैंक की धारिता 1848 मी^{3} और उसके आधार का व्यास 14 मी हो, तो टैंक की गहराई होगी: $\left(\pi = \frac{22}{7}\right)$

(a) 12 m/12 मी.

(b) 8 m/8 मी.

(c) 16 m/16 मी.

(d) More than one of the above / उपर्युक्त में से एक से अधिक

(e) None of the above / उपर्युक्त में से कोई नहीं

Exam: BPSC TRE 3.0 Exam 21/07/2024

Answer: (a)

Explanation:

आयतन $=1848m^3$

आधार का व्यास $=14m \Rightarrow$ त्रिज्या $(r)=14 \div 2=7$ m

सिलेंडर का आयतन $= \pi r^2 h$

$1848 = \frac{22}{7} \times 7 \times 7 \times h$

$1848 = 154 \times h$

$h = \frac{1848}{154} = 12$ m

44. The salary of an officer is increased by 25%. By what percent should the new salary be decreased to restore the original salary? / एक अधिकारी का वेतन 25% बढ़ा दिया जाता है। नये वेतन को कितने प्रतिशत घटा दिया जाए कि वह पुराने वेतन पर आ जाए?

(a) 22.5

(b) 25

(c) 20

(d) More than one of the above / उपर्युक्त में से एक से अधिक

(e) None of the above / उपर्युक्त में से कोई नहीं

Exam: BPSC TRE 3.0 Exam 21/07/2024

Answer: (c)

Explanation: मूल वेतन को 100 मान लें। 25% वृद्धि के बाद नया वेतन =100+25=125 मूल वेतन पर लौटने के लिए:

$125 \times \left(1 - \frac{x}{100}\right) = 100$

$1 - \frac{x}{100} = \frac{100}{125} = 0.8$

$\frac{x}{100} = 0.2 \Rightarrow x = 20\%$

45. If $x + \frac{1}{x} = 5$, what is the value of $x^4 + \frac{1}{x^4}$? / यदि $x + \frac{1}{x} = 5$, तो $x^4 + \frac{1}{x^4}$ का क्या मान है?

(a) 527

(b) 525

(c) 529

(d) More than one of the above / उपर्युक्त में से एक से अधिक

(e) None of the above / उपर्युक्त में से कोई नहीं

Exam: BPSC TRE 3.0 Exam 21/07/2024

Answer: (a)

Explanation: दिया है: $x + \frac{1}{x} = 5$ दोनों तरफ़ों को वर्ग करें:

$\left(x + \frac{1}{x}\right)^2 = x^{-} + 2 + \frac{1}{x^2}$

$25 = x^2 + \frac{1}{x^2} + 2$

$x^2 + \frac{1}{x^2} = 23$

अब $x^2 + \frac{1}{x^2}$ को वर्ग करें:

$\left(x^2 + \frac{1}{x^2}\right)^2 = x^4 + 2 + \frac{1}{x^4}$

$23^2 = x^4 + \frac{1}{x^4} + 2$

$529 = x^4 + \frac{1}{x^4} + 2$

$x^4 + \frac{1}{x^4} = 527$

46. The interior angle of a regular polygon exceeds its exterior angle by 108°. How many sides does the polygon have? / एक समबहुभुज का अन्त: कोण उसके बहिष्कोण से 108° अधिक है। इस बहुभुज में कितनी भुजायें हैं?

(a) 9

(b) 10

(c) 8

(d) More than one of the above / उपर्युक्त में से एक से अधिक

(e) None of the above / उपर्युक्त में से कोई नहीं

Exam: BPSC TRE 3.0 Exam 21/07/2024

Answer: (b)

Explanation: हम जानते हैं: अंत: कोण + बहिष्कोण $=180°$ प्रश्न के अनुसार:

अंत: कोण - बहिष्कोण $=108°$

समीकरणों को हल करने पर:

$2\times$ बहिष्कोण $=180°-108°=72°$

बहिष्कोण $=36°$

भुजाओं की संख्या (n):

$n=\frac{360°}{\text{बहिष्कोण}}=\frac{360}{36}=10$

अत: बहुभुज में 10 भुजाएँ हैं।

47. A bag contains 5-rupee, 2-rupee and 1-rupee coins in the ratio 2:3:4. The total value of all the coins is ₹2,000. How many coins of 2-rupee are there in the bag? / एक थैले में 5-रूपये, 2-रूपये तथा 1-रूपये के सिक्के 2:3:4 के अनुपात में हैं। सभी सिक्कों का कुल मूल्य ₹2,000 है। थैले में 2-रूपये के कितने सिक्के हैं?

(a) 250

(b) 200

(c) 400

(d) More than one of the above / उपर्युक्त में से एक से अधिक

(e) None of the above / उपर्युक्त में से कोई नहीं

Exam: BPSC TRE 3.0 Exam 21/07/2024

Answer: (e)

Explanation: मान लें कि 5 -रूपये, 2 -रूपये, और 1 -रूपये के सिक्कों की संख्या क्रमशः x, y, और z है।

कुल राशि:

$=5x+2y+1z$

$5(2x)+2(3x)+1(4x)=2000$

$10x+6x+4x=2000$

$20x=2000 \Rightarrow x=100$

2 रुपये के सिक्कों की संख्या $=3x=3\times100=300$.

क्योंकि 300 ऑप्शान में नहीं दिया गया है, इसलिए सही जवाब है (e) इनमें से कोई नहीं।

48. By what number should $\left(-\frac{2}{3}\right)^{-3}$ be divided so that the quotient is $\left(\frac{4}{9}\right)^{-2}$? / $\left(-\frac{2}{3}\right)^{-3}$ को किस संख्या से विभाजित किया जाए कि भागफल $\left(\frac{4}{9}\right)^{-2}$ हो?

(a) –2/3

(b) 2/3

(c) –3/2

(d) More than one of the above / उपर्युक्त में से एक से अधिक

(e) None of the above / उपर्युक्त में से कोई नहीं

Exam: BPSC TRE 3.0 Exam 21/07/2024

Answer: (a)

Explanation: मान लीजिए कि भाग देने वाली संख्या है N.

$$\frac{\left(-\frac{2}{3}\right)^{-3}}{N}=\left(\frac{4}{9}\right)^{-2}$$

$$N=\frac{\left(-\frac{2}{3}\right)^{-3}}{\left(\frac{4}{9}\right)^{-2}}$$

हर टर्म को आसान बनाएं:

$$\left(-\frac{2}{3}\right)^{-3}=\left(-\frac{3}{2}\right)^{3}=-\frac{27}{8}$$

$$\left(\frac{4}{9}\right)^{-2}=\left(\frac{9}{4}\right)^{2}=\frac{81}{16}$$

$$N=\left(-\frac{27}{8}\right)\div\left(\frac{81}{16}\right)=-\frac{27}{8}\times\frac{16}{81}=-\frac{2}{3}$$

अत: संख्या (a) $-2/3$.

49. If 1/8th of a number is 30, what will be 62% of that number? / यदि किसी संख्या का आठवाँ भाग 30 है, तो उस संख्या का 62% कितना होगा?

(a) 178.24

(b) 181.3

(c) 148.8

(d) More than one of the above / उपर्युक्त में से एक से अधिक

(e) None of the above / उपर्युक्त में से कोई नहीं

Exam: BPSC TRE 3.0 Exam 21/07/2024

Answer: (c)

Explanation: मान लीजिए संख्या X.

$$\frac{1}{8}X = 30 \Rightarrow X = 30 \times 8 = 240$$

$$\frac{62}{100} \times 240 = 148.8$$

50. In how many years will ₹ 7,500 double at 8% simple interest? / कितने वर्षों में 7,500, 8% साधारण ब्याज पर दोगुना हो जायेगा?

(a) 12.5 years / 12.5 वर्ष

(b) 16 years / 16 वर्ष

(c) 10 years / 10 वर्ष

(d) More than one of the above / उपर्युक्त में से एक से अधिक

(e) None of the above / उपर्युक्त में से कोई नहीं

Exam: BPSC TRE 3.0 (6-8) Re-exam 19/07/2024

Answer: (a)

Explanation: साधारण ब्याज का सूत्र है:

$$\text{ब्याज} = \frac{\text{मूलधन} \times \text{दर} \times \text{समय}}{100}$$

₹ 7,500 को दोगुना करने के लिए आवश्यक ब्याज = ₹ 7,500

$$7500 = \frac{7500 \times 8 \times \text{समय}}{100}$$

$$\text{समय} = \frac{100}{8} = 12.5 \text{ वर्ष}$$

51. Find the missing number from the following series : / नीचे दी गई श्रृंखला में विलुप्त संख्या ज्ञात कीजिए। 5,17,37,65, ____ 145 / 5, 17, 37, 65, ____ 145

(a) 101

(b) 95

(c) 99

(d) More than one of the above / (d) उपर्युक्त में से एक से अधिक

(e) None of the above / (e) उपर्युक्त में से कोई नहीं

Exam: BPSC TRE 2.0 14/12/2023 Paper-I

Answer: (a)

Explanation: श्रृंखला है 5, 17, 37, 65, ____ 145I

लगातार अंतर हैं 12,20,28, जो हर बार 8 बढ़ रहे हैं।

अगला अंतर =28+8=36 I

इसलिए अगली संख्या =65+36=101 |

अंतिम अंतर =145-101=44, जो पैटर्न के अनुसार सही है। अत: विलुप्त संख्या 101 है।

52. The ratio of two numbers is 14:25. . If the difference between them is 264 , then the smaller number of the two is / दो संख्याओं का अनुपात 14:25. है। यदि उनके बीच का अंतर 264 है, तो दोनों संख्याओं में से छोटी संख्या है

(a) 317

(b) 336

(c) 282

(d) More than one of the above / उपर्युक्त में से एक से अधिक

(e) None of the above / उपर्युक्त में से कोई नहीं

Exam: BPSC TRE 3.0 (6-8) Re-exam 19/07/2024

Answer: (b)

Explanation: दो संख्याओं का अनुपात 14:25 है। मान लें संख्याएँ $14x$ और $25x$ हैं।

अंतर $= 25x - 14x = 11x$

$11x = 264 \Rightarrow x = 24$

छोटी संख्या $= 14x = 14 \times 24 = 336$

53. Subramaniam and Naidu donate some money in a relief fund. The amount paid by Naidu is ₹ 125 more than that of Subramaniam. If the total money paid by them is ₹ 975, then the amount of money donated by Subramaniam is: / सुब्रमण्यम और नायडू ने राहत कोष में कुछ पैसे दान किए। नायडू द्वारा दी गई राशि सुब्रमण्यम द्वारा दी गई राशि से ₹125 अधिक है। यदि उनके द्वारा दान की कुल धनराशि ₹975 है, तो सुब्रमण्यम द्वारा दान की गई धनराशि है

(a) ₹ 425

(b) ₹ 385

(c) ₹ 575

(d) More than one of the above / उपर्युक्त में से एक से अधिक

(e) None of the above / उपर्युक्त में से कोई नहीं

Exam: BPSC TRE 3.0 (6-8) Re-exam 19/07/2024

Answer: (a)

Explanation: मान लीजिए Subramaniam ने x दान किया। तब Naidu ने दान किया = ₹ ($x+125$)

कुल दान $= x + (x+125) = 975$

$2x + 125 = 975$

$2x = 850 \Rightarrow x = 425$

इसलिए Subramaniam ने 425 दान किया।

54. Which of the following is correct? / निम्नलिखित में से कौन-सा सही है?

(a) $\frac{31}{36} < \frac{17}{18} < \frac{59}{60} < \frac{43}{45}$

(b) $\frac{31}{36} < \frac{17}{18} < \frac{43}{45} < \frac{59}{60}$

(c) $\frac{17}{18} < \frac{31}{36} < \frac{43}{45} < \frac{59}{60}$

(d) More than one of the above / उपर्युक्त में से एक से अधिक

(e) None of the above / उपर्युक्त में से कोई नहीं

Exam: BPSC TRE 3.0 (6-8) Re-exam 19/07/2024

Answer: (b)

Explanation: सभी भिन्नों को दशमलव (decimal) में बदलते हैं:

$\frac{31}{36} \approx 0.8611$

$\frac{17}{18} \approx 0.9444$

$\frac{43}{45} \approx 0.9555$

$\frac{59}{60} \approx 0.9833$

आरोही क्रम (ascending order) में: $0.8611 < 0.9444 < 0.9555 < 0.9833$ इसलिए सही क्रम है:

$$\frac{31}{36} < \frac{17}{18} < \frac{43}{45} < \frac{59}{60}$$

55. Which of the following is the value of $\left(x + \frac{1}{x}\right)^2$? / निम्नलिखित में से कौन-सा $\left(x + \frac{1}{x}\right)^2$ का मान है?

(a) $x^2 - \frac{1}{x^2}$

(b) $x^2 + \frac{1}{x^2}$

(c) $x^2 + \frac{1}{x^2} + 1$

(d) More than one of the above / उपर्युक्त में से एक से अधिक

(e) None of the above / उपर्युक्त में से कोई नहीं

Exam: BPSC TRE 3.0 (11-12) Exam 22/07/2024

Answer: (e)

Explanation: $\left(x + \frac{1}{x}\right)^2$ को विस्तार करने पर

मिलता है:

$$\left(x+\frac{1}{x}\right)^2 = x^2+2(x)\left(\frac{1}{x}\right)+\frac{1}{x^2} = x^2+\frac{1}{x^2}+2$$

दिए गए विकल्पों में कोई भी $x^2+\frac{1}{x^2}+2$ के बराबर नहीं है. इसलिए सही उत्तर (e) है।

56. The value of $(0.03125)^{\frac{2}{5}}$ is / $(0.03125)^{\frac{2}{5}}$ का मान है

(a) 6

(b) 9

(c) 4

(d) More than one of the above / उपर्युक्त में से एक से अधिक

(e) None of the above / उपर्युक्त में से कोई नहीं

Exam: BPSC TRE 3.0 (6-8) Re-exam 19/07/2024

Answer: (e)

Explanation: दशमलव को भिन्न में बदलें:

$$0.03125 = \frac{3125}{100000} = \frac{1}{32}$$

अभिव्यक्ति को लिखें:

$$(0.03125)^{\frac{2}{5}} = \left(\frac{1}{32}\right)^{\frac{2}{5}}$$

32 को घात रूप में लिखें ($32 = 2^5$):

$$\left(\frac{1}{2^5}\right)^{\frac{2}{5}} = \frac{1}{(2^5)^{\frac{2}{5}}} = \frac{1}{2^2} = \frac{1}{4} = 0.25$$

चूँकि 0.25 दिए गए विकल्पों में से किसी से मेल नहीं खाता, इसलिए उत्तर (e) है।

57. A room is 8 meters long, 6 meters wide and 10 meters high, then the length of the longest pole that can be placed in the room is / एक कमरा 8 मीटर लंबा, 6 मीटर चौड़ा और 10 मीटर ऊँचा है, तो कमरे में रखे जा सकने वाले सबसे लंबे खंभे की लम्बाई है

(a) 12 meters / 12 मीटर

(b) $10\sqrt{6}$ meters / $10\sqrt{6}$ मीटर

(c) $10\sqrt{2}$ meters / $10\sqrt{2}$ मीटर

(d) More than one of the above / उपर्युक्त में से एक से अधिक

(e) None of the above / उपर्युक्त में से कोई नहीं

Exam: BPSC TRE 3.0 (6-8) Re-exam 19/07/2024

Answer: (c)

Explanation: सबसे लंबा खंभा कमरे के किसी एक कोने से विपरीत कोने तक रखा जा सकता है

(Space Diagonal)| सूत्र: $d = \sqrt{l^2+w^2+h^2}$

$$d = \sqrt{8^2+6^2+10^2} = \sqrt{64+36+100}$$

$$d = \sqrt{200} = \sqrt{100\times 2} = 10\sqrt{2}$$ मीटर

58. If $x^4+y^4=17$ and $x+y=1$, then the value of x^2y^2-2xy is / यदि $x^4+y^4=17$ तथा $x+y=1$ हो, तो x^2y^2-2xy का मान है

(a) 8

(b) 12

(c) 4

(d) More than one of the above / उपर्युक्त में से एक से अधिक

(e) None of the above / उपर्युक्त में से कोई नहीं

Exam: BPSC TRE 3.0 (6-8) Re-exam 19/07/2024

Answer: (a)

Explanation:

$$x+y=1 \Rightarrow (x+y)^2=1 \Rightarrow x^2+y^2+2xy=1 \Rightarrow x^2+y^2=1-2xy$$

अब x^4+y^4 का विस्तार करें:

$$x^4+y^4=\left(x^2+y^2\right)^2-2x^2y^2$$

$$17=(1-2xy)^2-2(xy)^2$$

$$17=1-4xy+4(xy)^2-2(xy)^2$$

$$17=1-4xy+2(xy)^2$$

समीकरण को सरल करने पर:

$$2(xy)^2 - 4xy - 16 = 0 \Rightarrow (xy)^2 - 2xy - 8 = 0$$
$$\Rightarrow x^2y^2 - 2xy = 8$$

59. If $\left(\frac{1}{5}\right)^{3x} = 0.008$, then the value of $(0.25)^x$ is / यदि $\left(\frac{1}{5}\right)^{3x} = 0.008$ हो, तो $(0.25)^x$ का मान है

(a) 1.0
(b) 4.0
(c) 0.25
(d) More than one of the above / उपर्युक्त में से एक से अधिक
(e) None of the above / उपर्युक्त में से कोई नहीं

Exam: BPSC TRE 3.0 (6-8) Re-exam 19/07/2024

Answer: (c)

Explanation:

$$0.008 = \frac{8}{1000} = \frac{1}{125} = \left(\frac{1}{5}\right)^3$$

इसलिए:

$$\left(\frac{1}{5}\right)^{3x} = \left(\frac{1}{5}\right)^3$$

आधार समान होने पर घातों की तुलना करें:

$3x = 3 \Rightarrow x = 1$

अब $(0.25)^x$ का मान निकालें:

$(0.25)^1 = 0.25$

60. An article is at 10% more than the CP. If a discount of 10% is allowed then which of the following is right? / एक लेख सीपी से 10% अधिक पर है। यदि 10% की छूट की अनुमति है तो निम्नलिखित में से कौन-सा सही है?

(a) 1% loss / 1% हानि
(b) 1% gain / 1% लाभ
(c) no gain no loss / न लाभ न हानि
(d) More than one of the above / उपर्युक्त में से एक से अधिक
(e) None of the above / उपर्युक्त में से कोई नहीं

Exam: BPSC TRE 3.0 (11-12) Exam 22/07/2024

Answer: (a)

Explanation: मान लें कि CP =100 Marked Price (MP)=100+10%=110 छूट (Discount) =110 का 10%=11 Selling Price (SP)=110-11=99 हानि =CP-SP=100-99=1 हानि प्रतिशत =1% loss

61. By what number should 81 be divided to get a perfect cube? / पूर्ण घन प्राप्त करने के लिए 81 को किस संख्या से विभाजित किया जाना चाहिए?

(a) 6
(b) 3
(c) 7
(d) More than one of the above / उपर्युक्त में से एक से अधिक
(e) None of the above / उपर्युक्त में से कोई नहीं

Exam: BPSC TRE 3.0 (11-12) Exam 22/07/2024

Answer: (b)

Explanation: $81 = 3 \times 3 \times 3 \times 3 = 3^4$ एक पूर्ण घन (perfect cube) के लिए अभाज्य गुणनखंडों की घात 3 का गुणज होनी चाहिए। 81 को 3 से भाग देने पर $27(3^3)$ प्राप्त होता है, जो एक पूर्ण घन है।

62. In a parallelogram ABCD, angle A and angle B are in the ratio 1:2. Find the angle A. / दो समांतर चतुर्भुज ABCD में, कोण A और कोण B का अनुपात 1:2 है। कोण A ज्ञात कीजिए।

(a) 45°
(b) 30°
(c) 60°
(d) More than one of the above / उपर्युक्त में से एक से अधिक
(e) None of the above / उपर्युक्त में से कोई नहीं

Exam: BPSC TRE 3.0 (11-12) Exam 22/07/2024

Answer: (c)

Explanation: समांतर चतुर्भुज में आसत्र कोणों (adjacent angles) का योग 180° होता है। माना Angle $A = x$ और Angle $B = 2x$

$x + 2x = 180^\circ$

$3x = 180^\circ \Rightarrow x = 60^\circ$

63. If $(-3)^{m+1} \times (-3)^5 = (-3)^7$, then the value of m is : / यदि $(-3)^{m+1} \times (-3)^5 = (-3)^7$, तो m का मान है?

(a) 7

(b) 5

(c) 1

(d) More than one of the above / उपर्युक्त में से एक से अधिक

(e) None of the above / उपर्युक्त में से कोई नहीं

Exam: BPSC TRE 3.0 (11-12) Exam 22/07/2024

Answer: (c)

Explanation: गुणा करते समय यदि आधार समान हों तो घातें जुड़ जाती हैं:

$(-3)^{(m+1)+5} = (-3)^7$

$m + 6 = 7 \Rightarrow m = 1$

64. By selling 39 dozen mangoes, a seller gains a profit equal to the selling price of 13 dozen mangoes. What is his profit percentage? / 39 दर्जन आम बेचने पर एक विक्रेता को 13 दर्जन आम के विक्रय मूल्य के बराबर लाभ होता है। उसके लाभ की प्रतिशतता क्या है?

(a) 33%

(b) 50%

(c) 26%

(d) More than one of the above / उपर्युक्त में से एक से अधिक

(e) None of the above / उपर्युक्त में से कोई नहीं

Exam: BPSC TRE 3.0 (1-5) Re-exam 20/07/2024

Answer: (b)

Explanation: Profit $= SP - CP$

$13SP = 39SP - 39CP$

$39CP = 26SP \Rightarrow \frac{SP}{CP} = \frac{39}{26} = \frac{3}{2}$

लाभ $= 3 - 2 = 1$ लाभ प्रतिशत $= \left(\frac{1}{2}\right) \times 100 = 50\%$

65. Find the smallest five-digit number which when divided by 15, 30, 38, 40 leaves a remainder of 2 in each case. / पाँच अंकों की छोटी से छोटी संख्या ज्ञात कीजिए जिसको क्रमशः 15, 30, 38, 40 से विभाजित करने पर सदैव 2 शेष बचता है।

(a) 11398

(b) 11402

(c) 2282

(d) More than one of the above / उपर्युक्त में से एक से अधिक

(e) None of the above / उपर्युक्त में से कोई नहीं

Exam: BPSC TRE 3.0 (1-5) Re-exam 20/07/2024

Answer: (b) Explanation: सबसे पहले 15,30,38 और 40 का लघुत्तम समापवर्त्य (LCM) निकालें:

$LCM(15, 30, 38, 40) = 2280$

संख्या का प्रारूप: $N = 2280k + 2$ चूंकि हमें 5 -अंकों की सबसे छोटी संख्या (≥ 10000) चाहिए:

$2280 \times 4 = 9120$ (4-digit)

$2280 \times 5 = 11400$ (5-digit)

$N = 11400 + 2 = 11402$

66. If x and y are inversely proportional, then:/ यदि x और y व्युत्क्रमानुपाती हैं, तो-

(a) xy = constant /xy = स्थिरांक

(b) $\frac{y}{x}$ = constant / $\frac{y}{x}$ = स्थिरांक

(c) $\frac{x}{y}$ = constant / $\frac{x}{y}$ = स्थिरांक

(d) More than one of the above / उपर्युक्त में से एक से अधिक

(e) None of the above / उपर्युक्त में से कोई नहीं

Exam: BPSC TRE 3.0 (11-12) Exam 22/07/2024

Answer: (a)

Explanation: व्युत्क्रमानुपाती (inversely proportional) का अर्थ है

$x \propto \frac{1}{y} \Rightarrow x = \frac{k}{y} \Rightarrow xy = k$ (constant) .

67. The height of a cylinder whose radius is 7 cm and the total surface area is 968 cm² is : / एक बेलन की ऊँचाई जिसकी त्रिज्या 7 सेमी है और कुल सतह क्षेत्रफल 968 सेमी² है-

(a) 17 cm / 17 सेमी

(b) 15 cm / 15 सेमी

(c) 19 cm / 19 सेमी

(d) More than one of the above / उपर्युक्त में से एक से अधिक

(e) None of the above / उपर्युक्त में से कोई नहीं

Exam: BPSC TRE 3.0 (11-12) Exam 22/07/2024

Answer: (b)

Explanation: बेलन का कुल पृष्ठीय क्षेत्रफल (TSA):

$TSA = 2\pi r(h+r)$

$968 = 2\times\frac{22}{7}\times7\times(h+7)$

$968 = 44(h+7)$

$h+7 = \frac{968}{44} = 22 \Rightarrow h = 15$ cm

68. The difference between two whole numbers is 66 . The ratio of the two numbers is 2:5. The two numbers are : / दो पूर्ण संख्याओं के बीच का अंतर 66 है। दोनों संख्याओं का अनुपात 2:5 है। दोनों संख्याएँ हैं-

(a) 100 and 33 / 100 और 33

(b) 60 and 6 / 60 और 6

(c) 110 and 44 / 110 और 44

(d) More than one of the above / उपर्युक्त में से एक से अधिक

(e) None of the above / उपर्युक्त में से कोई नहीं

Exam: BPSC TRE 3.0 (11-12) Exam 22/07/2024

Answer: (c)

Explanation: मान लें संख्याएँ $5x$ और $2x$ हैं।

$5x - 2x = 66 \Rightarrow 3x = 66 \Rightarrow x = 22$

संख्याएँ: $5\times22 = 110$ और $2\times22 = 44$

69. Choose the odd one out from the following. / निम्नलिखित में से विषम को चुनिये।

(a) Mumbai / मुम्बई

(b) Saharanpur / सहारनपुर

(c) Kolkata / कोलकाता

(d) More than one of the above / उपर्युक्त में से एक से अधिक

(e) None of the above / उपर्युक्त में से कोई नहीं

Exam: BPSC TRE 3.0 (1-5) Re-exam 20/07/2024

Answer: (b) सहारनपुर

Explanation: मुंबई और कोलकाता दोनों बड़े मेट्रो शहर हैं और राज्य की राजधानी हैं, जबकि साहारनपुर छोटा शहर है और राज्य की राजधानी नहीं है। इसलिए साहारनपुर विषम है।

70. N is the brother of M. K is the sister of M. P is the brother of O and O is the daughter of N. Who is the uncle of P? / N, M का भाई है। K, M की बहन है। P, O का भाई है तथा O, N की बेटी है। P का चाचा कौन है?

(a) M

(b) K

(c) N

(d) More than one of the above / उपर्युक्त में से एक से अधिक

(e) None of the above / उपर्युक्त में से कोई नहीं

Exam: BPSC TRE 3.0 (1-5) Re-exam 20/07/2024

Answer: (c)

Explanation: N → M का भाई

K → M की बहन

P → O का भाई

O → N की बेटी

अब इस जानकारी से:

चूंकि O, N की बेटी है और P, O का भाई है, तो P भी N का बच्चा है।

इसलिए, P का चाचा N होगा।

सही उत्तर: (c) N

71. Which one of the following represents a meaningful sequence of the words given below? / निम्नलिखित में से कौन-सा एक नीचे दिये गये शब्दों का एक अर्थपूर्ण क्रम प्रदर्शित करता है?

A. Literacy / साक्षरता
B. Appointment / नियुक्ति
C. Selection / चयन
D. Advertisement / विज्ञापन
E. Application / आवेदन

(a) 4, 5, 1, 2, 3
(b) 4, 5, 2, 1, 3
(c) 4, 5, 1, 3, 2
(d) More than one of the above / उपर्युक्त में से एक से अधिक
(e) None of the above / उपर्युक्त में से कोई नहीं

Exam: BPSC TRE 3.0 (1-5) Re-exam 20/07/2024

Answer: (c) 4, 5, 1, 3, 2

Explanation: नौकरी या नियुक्ति की प्रक्रिया के अनुसार सबसे पहले विज्ञापन (4) किया जाता है, फिर लोग आवेदन (5) करते हैं। इसके बाद साक्षरता/पात्रता (1) जांची जाती है, फिर चयन (3) होता है और अंत में नियुक्ति (2) दी जाती है। इस तरह यह शब्दों का सबसे तर्कपूर्ण क्रम है।

72. Mohan walked 20 meters towards North, then turned left and walked 10 meters.

Then he again turned right and walked 20 meters. From here he again turned right and walked 10 meters. How far is he now from his starting point? / मोहन उत्तर की तरफ 20 मीटर चला, तब बायें मुड़ा तथा 10 मीटर चला। फिर वह पुन: दायें मुड़ा तथा 20 मीटर चला। यहाँ से फिर वह दायें मुड़ा तथा 10 मीटर चला। अब वह अपने प्रारम्भिक बिन्दु से कितनी दूर है?

(a) 30 meters / 30 मीटर
(b) 40 meters / 40 मीटर
(c) 20 meters / 20 मीटर
(d) More than one of the above / उपर्युक्त में से एक से अधिक
(e) None of the above / उपर्युक्त में से कोई नहीं

Exam: BPSC TRE 3.0 (1-5) Re-exam 20/07/2024

Answer: (b)

Explanation: मोहन उत्तर में 20 m चला, फिर बाएँ 10 m , दाएँ 20 m (पुनः उत्तर दिशा), फिर दाएँ 10 m (पूर्व दिशा, वापस उसी लंबवत रेखा पर)। कुल सीधी दूरी (उत्तर की ओर) =

$$20m + 20m = 40m$$

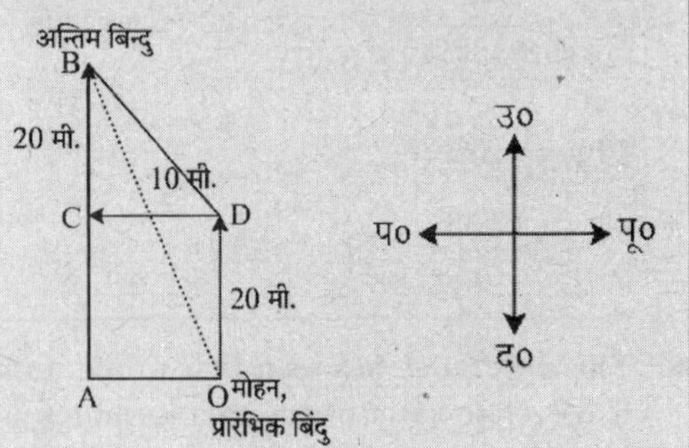

73. In a class of 50 students, Avirat's rank is 25 th. What will be his rank from the end? / 50 विद्यार्थियों की एक कक्षा में अविरत का क्रमांक 25 वाँ है। अन्त में उसका क्रमांक क्या होगा?

(a) 26th / 26वाँ

(b) 27 th / 27 वाँ

(c) 25 th / 25 वाँ

(d) More than one of the above / उपर्युक्त में से एक से अधिक

(e) None of the above / उपर्युक्त में से कोई नहीं

Exam: BPSC TRE 3.0 (1-5) Re-exam 20/07/2024

Answer: (a)

Explanation:

Rank from end = Total students - Rank from start +1

Rank =50 – 25+1=26

74. Which one of the following words cannot be formed from the letters of the word 'CARPENTER'? / निम्नलिखित शब्दों में से कौन-सा एक शब्द 'CARPENTER' शब्द के अक्षरों से नहीं बनाया जा सकता है?

(a) PAINTER

(b) CARPET

(c) REPENT

(d) More than one of the above / उपर्युक्त में से एक से अधिक

(e) None of the above / उपर्युक्त में से कोई नहीं

Exam: BPSC TRE 3.0 (1-5) Re-exam 20/07/2024

Answer: (a) PAINTER

Explanation:

शब्द CARPENTER के अक्षर हैं: C, A, R, P, E, N, T, E, R

अब देखें विकल्प:

PAINTER → P, A, I, N, T, E, R

इस शब्द में I है, जो CARPENTER में नहीं है। इसलिए इसे नहीं बनाया जा सकता।

CARPET → C, A, R, P, E, T

सभी अक्षर उपलब्ध हैं।

REPENT → R, E, P, E, N, T

सभी अक्षर उपलब्ध हैं।

इसलिए, केवल PAINTER बनाया नहीं जा सकता।

75. Following the rule, select the option from the given sets which follows the same rule as given in the set (6, 18, 54). / उस नियम का अनुसरण करके, विकल्पों में से दिए समुच्चयों में उस विकल्प को चुनिये जो नियम दिये हुये समुच्चय (6, 18, 54). में किया गया है।

(a) (15, 45, 135)

(b) (20, 30, 40)

(c) (12, 24, 72)

(d) More than one of the above / उपर्युक्त में से एक से अधिक

(e) None of the above / उपर्युक्त में से कोई नहीं

Exam: BPSC TRE 3.0 (1-5) Re-exam 20/07/2024

Answer: (e)

Explanation: जहाँ अनुसरण तर्क इस प्रकार है। (पहली संख्या - दूसरी संख्या)^2 = तीसरी संख्या (6, 18, 54) से $(6-18)^2 = (-12)^2 = 144$ = तीसरी संख्या अब विकल्प की जाँच करें विकल्प (a) (15, 45, 135) $(15 - 45)^2 = (-30)^2 = 900$ = तीसरी संख्या विकल्प (b) (20, 50, 40) $(20 - 50)^2 = (-30)^2 = 900$ तीसरी संख्या विकल्प (c) (12, 24, 72) $(12-24)^2 = (-12)^2 = 144$ तीसरी संख्या अतः विकल्प (e) सही है।

76. Just as 'Accident' is related to 'Carefulness', in the same way 'Disease' is related to which one of the following? / जिस प्रकार 'दुर्घटना' का सम्बन्ध 'सावधानी' से है, उसी प्रकार निम्नलिखित में से किस एक से 'बीमारी' सम्बन्धित है?

(a) Doctor / डाक्टर

(b) Cleanliness / स्वच्छता

(c) Pollution / प्रदूषण

(d) More than one of the above / उपर्युक्त में से एक से अधिक

(e) None of the above / उपर्युक्त में से कोई नहीं

Exam: BPSC TRE 3.0 (1-5) Re-exam 20/07/2024

Answer: (b) Cleanliness / स्वच्छता

Explanation:

जैसे दुर्घटना को सावधानी से रोक सकते हैं, वैसे ही बीमारी को स्वच्छता से रोक सकते हैं। यह दोनों में रोकथाम (preventive) का संबंध है।

77. A clock is started at 12:00 noon. By 10 minutes past 5:00, the hour hand will have turned through / एक घड़ी दोपहर 12:00 बजे चलना शुरू किया है। 5:00 बजकर 10 मिनट पर घण्टे की सूई घूम जायेगी

(a) 145°

(b) 155°

(c) 135°

(d) More than one of the above / उपर्युक्त में से एक से अधिक

(e) None of the above / उपर्युक्त में से कोई नहीं

Exam: BPSC TRE 3.0 (1-5) Re-exam 20/07/2024

Answer: (b) 155°

Explanation:

घंटे की सुई 12:00 से 5:10 तक कुल 5 घंटे 10 मिनट में घूमती है। 5 घंटे में 150° और 10 मिनट में 5° जोड़कर कुल 155° बनती है।

78. The value of $\frac{18}{5+\sqrt{7}}+\frac{4}{\sqrt{7}+\sqrt{3}}+\frac{1}{\sqrt{3}+\sqrt{2}}+\frac{1}{\sqrt{2}+1}$ **is** / $\frac{18}{5+\sqrt{7}}+\frac{4}{\sqrt{7}+\sqrt{3}}+\frac{1}{\sqrt{3}+\sqrt{2}}+\frac{1}{\sqrt{2}+1}$ **का मान है**

(a) 4

(b) 3

(c) 5

(d) More than one of the above / उपर्युक्त में से एक से अधिक

(e) None of the above / उपर्युक्त में से कोई नहीं

Exam: BPSC TRE 3.0 (1-5) Re-exam 20/07/2024

Answer: (e) Explanation: प्रत्येक पद का परिमेयीकरण (Rationalization) करें:

$$\frac{18}{5+\sqrt{7}}\times\frac{5-\sqrt{7}}{5-\sqrt{7}}=\frac{18(5-\sqrt{7})}{25-7}=5-\sqrt{7}$$

$$\frac{4}{\sqrt{7}+\sqrt{3}}\times\frac{\sqrt{7}-\sqrt{3}}{\sqrt{7}-\sqrt{3}}=\frac{4(\sqrt{7}-\sqrt{3})}{7-3}=\sqrt{7}-\sqrt{3}$$

$$\frac{1}{\sqrt{3}+\sqrt{2}}\times\frac{\sqrt{3}-\sqrt{2}}{\sqrt{3}-\sqrt{2}}=\sqrt{3}-\sqrt{2}$$

$$\frac{1}{\sqrt{2}+1}\times\frac{\sqrt{2}-1}{\sqrt{2}-1}=\sqrt{2}-1$$

सभी को जोड़ने पर:

$$=(5-\sqrt{7})+(\sqrt{7}-\sqrt{3})+(\sqrt{3}-\sqrt{2})+(\sqrt{2}-1)$$

$$=5-1=4$$

79. At what rate of simple interest does a sum of money become seven times of itself in 24 years? / सरल ब्याज की किस दर से कोई धनराशि 24 वर्षों में अपनी सात गुनी हो जाती है?

(a) 24% p.a. / 24% वार्षिक

(b) 25% p.a. / 25% वार्षिक

(c) 22% p.a. / 22% वार्षिक

(d) More than one of the above / उपर्युक्त में से एक से अधिक

(e) None of the above / उपर्युक्त में से कोई नहीं

Exam: BPSC TRE 3.0 (1-5) Re-exam 20/07/2024

Answer: (b) Explanation: धनराशि स्वयं का 7 गुना हो जाती है, अर्थात ब्याज $=7P-P=6P$

$$SI=\frac{P\times R\times T}{100}$$

$$6P=\frac{P\times R\times 24}{100}$$

$$6=\frac{24R}{100}\Rightarrow 600=24R\Rightarrow R=25\%$$

80. Given that $\sqrt{4489}=67$, then what will be the value of $\sqrt{44.89}+\sqrt{0.4489}+\sqrt{0.004489}+\sqrt{0.00004489}$? / दिया गया है कि $\sqrt{4489}=67$, तो मान क्या होगा?

(a) 74.437

(b) 744.37

(c) 7.4437

(d) More than one of the above / उपर्युक्त में से एक से अधिक

(e) None of the above / उपर्युक्त में से कोई नहीं

Exam: BPSC TRE 3.0 (1-5) Re-exam 20/07/2024

Answer: (a)

Explanation: दिए गए मानों को दशमलव के अनुसार व्यवस्थित करें:

$\sqrt{44.89}=6.7$

$\sqrt{0.4489}=0.67$

$\sqrt{0.004489}=0.067$

$\sqrt{0.00004489}=0.0067$

योग: $6.7+0.67+0.067+0.0067=74.4437$

(Rounded to three decimal places based on typical option values: 74.437 or 74.44)

81. If the day before yesterday was Monday, then what will be the day after tomorrow? / यदि बीते हुए कल से पहले का दिन सोमवार था, तो आने वाले कल का अगला दिन क्या होगा?

(a) Friday / शुक्रवार

(b) Saturday / शनिवार

(c) Wednesday / बुधवार

(d) More than one of the above / उपर्युक्त में से एक से अधिक

(e) None of the above / उपर्युक्त में से कोई नहीं

Exam: BPSC TRE 3.0 (1-5) Re-exam 20/07/2024

Answer: (a)

Explanation: * बीते हुए कल से पहले का दिन = Monday

बीता हुआ कल = Tuesday

आज = Wednesday

आने वाला कल = Thursday

कल का अगला दिन (Day after tomorrow) = Friday

82. The number of daily visitors to a zoo is 680 on Sundays and 332 on other days. If the first day of a 30-day month is Sunday, then what will be the average number of daily visitors to the zoo in that month? / किसी चिड़ियाघर के दैनिक दर्शनार्थियों की संख्या रविवार को 680 तथा अन्य दिनों में 332 हैं। यदि किसी 30 दिवसीय महीने का पहला दिन रविवार हो, तो उस महीने में चिड़ियाघर के दैनिक दर्शनार्थियों की औसत संख्या क्या होगी?

(a) 390 / 390

(b) 396 / 396

(c) 385 / 385

(d) More than one of the above / उपर्युक्त में से एक से अधिक

(e) None of the above / उपर्युक्त में से कोई नहीं

Exam: BPSC TRE 3.0 (1-5) Re-exam 20/07/2024

Answer: (a)

Explanation: चूंकि महीना रविवार से शुरू होता है और इसमें 30 दिन हैं, इसलिए महीने में कुल 5 रविवार (Sundays) होंगे और 25 अन्य दिन होंगे।

कुल दर्शक $=(5\times680)+(25\times332)$

कुल दर्शक $=3400+8300=11700$

औसत $=\frac{11700}{30}=390$

83. The quotient obtained on dividing $a^3+b^3+c^3-3abc$ by $a+b+c$ is / $a^3+b^3+c^3-3abc$ में $a+b+c$ से भाग देने पर प्राप्त भागफल है

(a) $a^2+b^2+c^2-b^2-ca+ab$

(b) $a^2+b^2+c^2+bc-ca+ab$

(c) $a^2+b^2+c^2-bc-ca-ab$

(d) More than one of the above / उपर्युक्त में से एक से अधिक

(e) None of the above / उपर्युक्त में से कोई नहीं

Exam: BPSC TRE 3.0 (1-5) Re-exam 20/07/2024

Answer: (c)

Explanation: बीजगणित के मानक सूत्र के अनुसार:

$a^3+b^3+c^3-3abc=(a+b+c)(a^2+b^2+c^2-ab-bc-ca)$

इसलिए, इसे $(a+b+c)$ से भाग देने पर भागफल $a^2+b^2+c^2-ab-bc-ca$ प्राप्त होता है।

84. Which is the opposite letter of *P* in the English alphabet? / अंग्रेजी वर्णमाला में *P* का विपरीत अक्षर कौन-सा है?

(a) K

(b) N

(c) L

(d) More than one of the above / उपर्युक्त में से एक से अधिक

(e) None of the above / उपर्युक्त में से कोई नहीं

Exam: BPSC TRE 3.0 (1-5) Re-exam 20/07/2024

Answer: (a)

Explanation: अक्षर P का क्रमिक स्थान 16 है। अंग्रेजी वर्णमाला में विपरीत अक्षर निकालने का सूत्र:

विपरीत क्रम =27 - क्रम संख्या

27-16=11

11 वें स्थान पर अक्षर ***K*** आता है।

85. In a code language, 'PROBLEM' is written as 'MPERLOB'. How will you write 'NUMBERS' in the same code language? / एक कूट भाषा में 'PROBLEM' को 'MPERLOB' लिखा जाता है। उसी कूट भाषा में आप 'NUMBERS' को कैसे लिखेंगे?

(a) SNRUEBM / SNRUEBM

(b) SRUNEMB / SRUNEMB

(c) SNRUEMB / SNRUEMB

(d) More than one of the above / उपर्युक्त में से एक से अधिक

(e) None of the above / उपर्युक्त में से कोई नहीं

Exam: BPSC TRE 3.0 (1-5) Re-exam 20/07/2024

Answer: (a)

Explanation:

1	2	3	4	5	6	7
↓	↓	↓	↓	↓	↓	↓
P	R	O	B	L	E	M

⇒

7	1	6	2	5	3	4
↓	↓	↓	↓	↓	↓	↓
M	P	E	R	L	O	B

उसी प्रकार,

1	2	3	4	5	6	7
↓	↓	↓	↓	↓	↓	↓
N	U	M	B	E	R	S

⇒

7	1	6	2	5	3	4
↓	↓	↓	↓	↓	↓	↓
S	N	R	U	E	M	B

86. Five boys are sitting in a row facing North. P is to the right of Q. T is to the left of Q but to the right of R. If P is to the left of S, then who is in the middle among them all? / पाँच लड़के एक पंक्ति में उत्तर की तरफ मुँह करके बैठे हुये हैं। P, Q के दायें है। T, Q के बायें लेकिन R के दायें है। यदि P, S के बायीं तरफ है, तो उन सब में मध्य में कौन है?

(a) R / R

(b) Q / Q

(c) S / S

(d) More than one of the above / उपर्युक्त में से एक से अधिक

(e) None of the above / उपर्युक्त में से कोई नहीं

Exam: BPSC TRE 3.0 (1-5) Re-exam 20/07/2024

Answer: (b) Explanation: उत्तर की ओर मुँह करके बैठे लड़कों का क्रम इस प्रकार बनेगा:

1. P, Q के दाएँ है Q, P
2. T, Q के बाएँ और R के दाएँ है R, T, Q
3. P, S के बाएँ है P, S

इन सभी को मिलाने पर पूरा क्रम बनता है: R→T→Q→P→S मध्य में (तीसरे स्थान पर) Q है।

87. Which one of the numbers given in the options will come in place of the question mark (?) in the series given below? / नीचे दी गयी श्रृंखला में प्रश्नवाचक चिन्ह (?) के स्थान पर विकल्पों में दी गयी संख्याओं में कौन-सी एक संख्या आयेगी?

17,27,38,50,63,?

(a) 81
(b) 83
(c) 77
(d) More than one of the above / उपर्युक्त में से एक से अधिक
(e) None of the above / उपर्युक्त में से कोई नहीं

Exam: BPSC TRE 3.0 (1-5) Re-exam 20/07/2024

Answer: (c) Explanation: श्रृंखला में जुड़ने वाले अंकों का अंतर क्रमिक रूप से बढ़ रहा है:

17+10=27

27+11=38

38+12=50

50+13=63

अगला पद होगा: 63+14=77

88. If 6 * 7 = 2, 3 * 5 = 5, 5 * 8 = 0, then what will be the value of 6 * 8? / यदि 6 * 7 = 2, 3 * 5 = 5, 5 * 8 = 0, तब 6 * 8 का मान क्या होगा?

(a) 4
(b) 8
(c) 2
(d) More than one of the above / उपर्युक्त में से एक से अधिक
(e) None of the above / उपर्युक्त में से कोई नहीं

Exam: BPSC TRE 3.0 (1-5) Re-exam 20/07/2024

Answer: (b) Explanation: यहाँ पैटर्न यह है कि गुणा करने के बाद प्राप्त संख्या का केवल अंतिम अंक (last digit) लिया गया है:

6×7=42→2

3×5=15→5

5×8=40→0

"इसी तरह, " 6×8=48→8

89. The lengths of the diagonals of a rhombus are 2a and 2b. Its perimeter is / एक समचतुर्भुज के विकर्णों की लम्बाइयाँ 2a और 2b हैं। इसका परिमाप है

(a) $2\sqrt{a^2+b^2}$
(b) $4ab$
(c) $4\sqrt{a^2+b^2}$
(d) More than one of the above / उपर्युक्त में से एक से अधिक
(e) None of the above / उपर्युक्त में से कोई नहीं

Exam: BPSC TRE 3.0 (1-5) Re-exam 20/07/2024

Answer: (c)

Explanation: समचतुर्भुज के विकर्ण एक-दूसरे को समकोण पर समद्विभाजित करते हैं। अत:, आधे विकर्णों की लंबाई a और b होगी। पाइथागोरस प्रमेय से समचतुर्भुज की एक भुजा:

भुजा $=\sqrt{a^2+b^2}$

परिमाप $=4\times$ भुजा $=4\sqrt{a^2+b^2}$

90. The values of x and y satisfying the equations $2x+3y=77$ and $3x+2y=73$ are respectively / समीकरणों $2x+3y=77$ और $3x+2y=73$ को सन्तुष्ट करने वाले x और y के मान क्रमशः हैं

(a) 12 and 18

(b) 11 and 19

(c) 13 and 17

(d) More than one of the above / उपर्युक्त में से एक से अधिक

(e) None of the above / उपर्युक्त में से कोई नहीं

Exam: BPSC TRE 3.0 (1-5) Re-exam 20/07/2024

Answer: (c)

Explanation: समीकरण (1): $2x+3y=77$ समीकरण (2): $3x+2y=73$ पहले समीकरण को 3 से और दूसरे को 2 से गुणा करें:

$6x+9y=231$

$6x+4y=146$

घटाने पर:

$5y=85 \Rightarrow y=17$

y का मान समीकरण (1) में रखने पर:

$2x+3(17)=77 \Rightarrow 2x+51=77 \Rightarrow 2x=26 \Rightarrow x=13$

91. The value of $\frac{2\{(467+359)^2-2\times467\times359\}}{467^2+359^2}$ is / का मान है

(a) 2

(b) 3

(c) 1

(d) More than one of the above / उपर्युक्त में से एक से अधिक

(e) None of the above / उपर्युक्त में से कोई नहीं

Exam: BPSC TRE 3.0 (1-5) Re-exam 20/07/2024

Answer: (a) Explanation: यह प्रश्न बीजगणितीय सर्वसमिका (Algebraic Identity)

$(a+b)^2-2ab=a^2+b^2$ पर आधारित है। मान लें कि $a=467$ और $b=359$, तो:

$$\frac{2\{(a+b)^2-2ab\}}{a^2+b^2}=\frac{2\{a^2+b^2\}}{a^2+b^2}=2$$

92. Which one among the following cannot be formed with the letters of the word 'COMPATIBILITY'? / शब्द 'COMPATIBILITY' के अक्षरों से निम्नलिखित में से कौन-सा एक शब्द नहीं बनाया जा सकता है।

(a) MYOPIC

(b) IMPLICIT

(c) TITLE

(d) More than one of the above / उपर्युक्त में से एक से अधिक

(e) None of the above / उपर्युक्त में से कोई नहीं

Answer: (d)

Explanation: 'COMPATIBILITY' शब्द में मौजूद अक्षर हैं: C, O, M, P, A, T, I, B, I, L, I, T, Y

- IMPLICIT: इसमें 3 बार 'I' चाहिए, जो कि उपलब्ध हैं, लेकिन ' C ' केवल एक है, जबकि इस शब्द में दो 'I' और एक 'C ' की आवश्यकता है। सुधार: IMPLICIT शब्द में 'I' तीन बार आता है, जो मूल शब्द में है, लेकिन शब्द बन सकता है। हालांकि, TITLE में ' E ' की आवश्यकता है जो मूल शब्द में नहीं है।
- TITLE: इसमें ' E ' अक्षर की आवश्यकता है, जो मूल शब्द में नहीं है।
- MYOPIC: इसमें सभी अक्षर मौजूद हैं।

चूंकि IMPLICIT (I की 3 बार आवश्यकता है, मूल शब्द में 3 I हैं) बन सकता है, लेकिन ' E ' के कारण TITLE नहीं बन सकता। अतः सही उत्तर के अनुसार यह प्रश्न विसंगतिपूर्ण हो सकता है या एक से अधिक विकल्प (d) के अंतर्गत आता है।

93. In a certain code TEA = 33 and EAT = 67, then to which one of the following ATE is equal in the same code? / यदि एक निश्चित कूट में TEA =33 एवं EAT = 67 है, तो निम्नलिखित में से ATE उसी कूट में किसके बराबर है?

(a) 90

(b) 82

(c) 56

(d) More than one of the above / उपर्युक्त में से एक से अधिक

(e) None of the above / उपर्युक्त में से कोई नहीं

Answer: (c)

Explanation:

T	E	A	
20	5	1	
×1↓	×2↓	×3↓	
20	10	3	
20	+10	+3	= 33
E	A	T	
5	1	20	
×1↓	×2↓	×3↓	
5	2	60	
5	+2	+60	= 67

उसी प्रकार,

A	T	E	
1	20	5	
×1↓	×2↓	×3↓	
1	40	15	
1	+40	+15	= 56

94. Examine the following three figures in which the numbers used follow a specific pattern: / निम्नलिखित तीन आकृतियों का परीक्षण कीजिए, जिनमें प्रयुक्त संख्याएँ एक विशिष्ट प्रतिरूप में हैं:

65	56
9	

83	38
7	

71	17
?	

(a) 8

(b) 6

(c) 3

(d) More than one of the above / उपर्युक्त में से एक से अधिक

(e) None of the above / उपर्युक्त में से कोई नहीं

Exam: BPSC TRE 2.0 14/12/2023 Paper-I

Answer: (e)

Explanation: जहाँ अनुसरण तर्क इस प्रकार है: (पहली संख्या - दूसरी संख्या)^2≠ तीसरी संख्या आकृति (6,18,54) से: $(6-18)^2=(-12)^2=144$ (जो तीसरी संख्या 54 के बराबर नहीं है)।। अब विकल्प की जाँच करें:

विकल्प (a) (15,45,135) → $(15-45)^2=(-30)^2=900$

विकल्प (b) (20,50,40) → $(20-50)^2=(-30)^2=900$

विकल्प (c)(12,24,72)→$(12-24)^2=(-12)^2=144$

चूंकि कोई भी विकल्प सही तर्क का पूर्ण रूप से पालन कर तीसरी संख्या से मेल नहीं खाता है, अतः विकल्प (e) 'उपर्युक्त में से कोई नहीं' सही है।

95. Between 6 and 7 O'clock, the two hands of a clock will be together at / 6 एवं 7 बजे के मध्य एक घड़ी की दो सुइयाँ एक साथ होंगी।

(a) 6 past $32\frac{5}{7}$ minutes / 6 बजकर $32\frac{5}{7}$ मिनट पर

(b) 6 past $32\frac{8}{11}$ minutes / 6 बजकर $32\frac{8}{11}$ मिनट पर

(c) 6 past $32\frac{9}{11}$ minutes / 6 बजकर $32\frac{9}{11}$ मिनट पर

(d) More than one of the above / उपर्युक्त में से एक से अधिक

(e) None of the above / उपर्युक्त में से कोई नहीं

Exam: BPSC TRE 2.0 14/12/2023 Paper-I

Answer: (b)

Explanation: घंटे और मिनट की सुई के एक साथ (overlap) होने का समय निकालने का सीधा सूत्र है:

मिनट $=\frac{60}{11}\times$ घंटे (H)

यहाँ H = 6 (चूंकि समय 6 से 7 बजे के बीच है):

मिनट $= \frac{60\times 6}{11} = \frac{360}{11} = 32\frac{8}{11}$

इसलिए सुइयाँ 6 बजकर $32\frac{8}{11}$ मिनट पर एक साथ होंगी।

96. If 9*7=32, 13*7=120 and 17*9=208, then what is the value of 19*11 ? / यदि 9*7=32, 13 *7=120 तथा 17 * 9=208, तो 19 * 11 का मान क्या है? Here's the linewise format with the exam reference at the end:

(a) 180

(b) 220

(c) 240

(d) More than one of the above / उपर्युक्त में से एक से अधिक

(e) None of the above / उपर्युक्त में से कोई नहीं

Exam: BPSC TRE 2.0 14/12/2023 Paper-I

Answer: (c)

Explanation: दिए गए पैटर्न का तर्क $a*b = a^2 - b^2$ है।

$$9^2 - 7^2 = 81 - 49 = 32$$
$$13^2 - 7^2 = 169 - 49 = 120$$
$$17^2 - 9^2 = 289 - 81 = 208$$

इसी प्रकार:

$19*11 = 19^2 - 11^2 = 361 - 121 = 240$

97. How many rectangles are there in the figure given below? / नीचे दिए गए चित्र में कुल कितने आयत है? (Assuming a standard 3×2 grid as per the explanation)

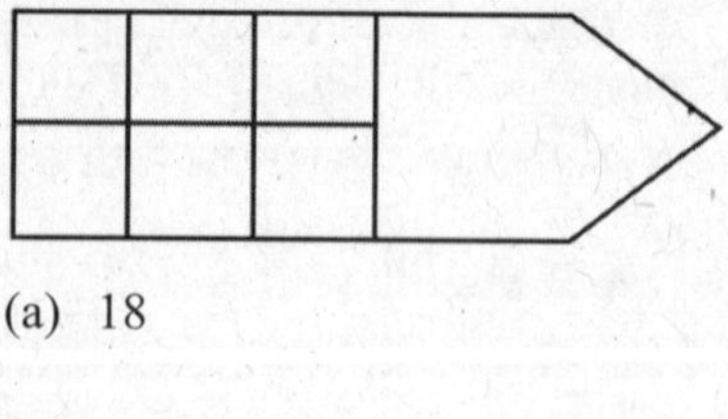

(a) 18

(b) 16

(c) 10

(d) More than one of the above / उपर्युक्त में से एक से अधिक

(e) None of the above / उपर्युक्त में से कोई नहीं

Exam: BPSC TRE 2.0 14/12/2023 Paper-I

Answer: (a)

Explanation: एक m × n ग्रिड में कुल आयतों की संख्या का सूत्र है:

$$\frac{m(m+1)}{2} \times \frac{n(n+1)}{2}$$

ग्रिड 3 (पंक्तियाँ) ×2 (स्तंभ) का होने पर:

$$\left(\frac{3\times 4}{2}\right)\times\left(\frac{2\times 3}{2}\right) = 6\times 3 = 18$$

98. As 'Glass' is related to 'Sand', in the same way to which one among the following 'Paper' is related? / जिस प्रकार 'काँच' सम्बंधित है 'बालू' से उसी प्रकार निम्नलिखित में से किस एक से 'कागज' सम्बंधित है?

(a) Mirror / दर्पण

(b) Stone / पत्थर

(c) Window / खिड़की

(d) More than one of the above / उपर्युक्त में से एक से अधिक

(e) None of the above / उपर्युक्त में से कोई नहीं

Exam: BPSC TRE 2.0 14/12/2023 Paper-I

Answer: (b)

Explanation: जैसे काँच (Glass) का प्राथमिक कच्चा माल बालू (Sand) होता है, वैसे ही कुछ प्रकार के कागज (जैसे Stone Paper) बनाने में पत्थर (Stone - Calcium Carbonate) का उपयोग पल्प (Pulp) के विकल्प के रूप में किया जाता है। दिए गए विकल्पों में सबसे तार्किक कच्चा माल पत्थर (Stone) ही है।

99. Ramesh is taller than Mohit but not as tall as Rajiv. Kamlesh is taller than Shyam but not as tall as Mohit. Who among them is tallest? / रमेश, मोहित से लम्बा है परन्तु राजीव जितना लम्बा नहीं है। कमलेश, श्याम से लम्बा है परन्तु मोहित जितना लम्बा नहीं है। इनमें सबसे लम्बा कौन है?

(a) Rajiv / राजीव

(b) Mohit / मोहित

(c) Kamlesh / कमलेश

(d) More than one of the above / उपर्युक्त में से एक से अधिक

(e) None of the above / उपर्युक्त में से कोई नहीं

Exam: BPSC TRE 2.0 14/12/2023 Paper-I

Answer: (a)

Explanation: लम्बाई का क्रम इस प्रकार बनेगा:

1. रमेश, मोहित से लंबा है लेकिन राजीव से छोटा: राजीव > रमेश > मोहित
2. कमलेश, श्याम से लंबा है लेकिन मोहित से छोटा: मोहित > कमलेश > श्याम

दोनों को जोड़ने पर पूरा क्रम: राजीव > रमेश > मोहित > कमलेश > श्याम सबसे लंबा व्यक्ति राजीव है।

100. Arrange the words given below in a meaningful sequence : / नीचे दिए गए शब्दों को एक सार्थक क्रम में व्यवस्थित कीजिए।

1. **Punishment / दण्ड**
2. **Police / पुलिस**
3. **Crime / अपराध**
4. **Justice / न्याय**
5. **Judgement / निर्णय**

Select the correct answer using the codes given below. / नीचे दिए गए कूट का प्रयोग कर सही उत्तर का चयन कीजिए।

(a) 3, 1, 2, 4, 5

(b) 1, 2, 3, 5, 4

(c) 3, 2, 4, 5, 1

(d) More than one of the above / उपर्युक्त में से एक से अधिक

(e) None of the above / उपर्युक्त में से कोई नहीं

Exam: BPSC TRE 2.0 14/12/2023 Paper-I

Answer: (c)

Explanation: इस परिदृश्य का एक तार्किक कालानुक्रमिक (chronological) क्रम इस प्रकार है:

1. Crime (3): सबसे पहले अपराध होता है।
2. Police (2): पुलिस अपराध की जाँच करती है।
3. Justice (4): न्यायिक प्रक्रिया शुरू होती है।
4. Judgement (5): अदालत/न्यायाधीश अपना निर्णय सुनाते हैं।
5. Punishment (1): निर्णय के आधार पर सजा (दण्ड) दी जाती है।

अतः सही क्रम: 3, 2, 4, 5, 1

101. In a class of 60 students, girls are twice that of boys. A is ranked 17th from the top. If there are 9 girls ahead of A, how many boys are after A? / 60 छात्रों की एक कक्षा में, जहाँ लड़कियाँ लड़कों से दोगुनी हैं, A का स्थान ऊपर से 17वाँ है। यदि A से आगे 9 लड़कियाँ हैं, तो A के बाद कितने लड़के हैं?

(a) 7

(b) 12

(c) 23

(d) More than one of the above / उपर्युक्त में से एक से अधिक

(e) None of the above / उपर्युक्त में से कोई नहीं

BPSC TRE 2.0 14/12/2023 Paper-I

Answer: (b) 12

Explanation: मान लेते हैं कि लड़कों की संख्या x है।

तब लड़कियों की संख्या 2x होगी।

$x + 2x = 60$

$3x = 60$

$x = 20$

कुल लड़के = 20

कुल लड़कियाँ = 40

A की स्थिति का विश्लेषण

A की रैंक 17वीं है।

इसका मतलब है कि A से पहले 16 विद्यार्थी हैं।

इन 16 विद्यार्थियों में से 9 लड़कियाँ हैं (प्रश्न में दिया गया है)।

इसलिए A से पहले लड़कों की संख्या:

16 – 9 =7

A से पहले लड़के = 7

A के बाद लड़कों की संख्या

कक्षा में कुल लड़के = 20

अब तक गिने गए लड़के:

- A से पहले = 7
- A स्वयं = 1 (मान लेते हैं A लड़का है)

7+1=8

इसलिए A के बाद लड़कों की संख्या:

20-8=12

102. Choose the odd one out. / इनमें से विषम (Odd one out) को चुनें:

(a) NH6,

(b) FL18,

(c) XQ7

(d) More than one of the above / उपर्युक्त में से एक से अधिक

(e) None of the above / उपर्युक्त में से कोई नहीं

BPSC TRE 2.0 14/12/2023 Paper-I

Answer: (b) FL18,

Explanation: (A = 1, B = 2, … Z = 26)

विकल्प (a): NH6

N = 14, H = 8

अंतर (Difference):

14 – 8 =6

यह संख्या दिए गए नंबर से मेल खाती है।

विकल्प (b): FL18

F = 6, L = 12

योग (Sum):

6 + 12 =18

यहाँ जोड़ (Addition) का उपयोग किया गया है।

विकल्प (c): XQ7

X = 24, Q = 17

अंतर (Difference):

24 – 17 =7

यह संख्या दिए गए नंबर से मेल खाती है।

103. The difference of $1\frac{3}{16}$ and its reciprocal is:

$1\frac{3}{16}$ और उसके व्युत्क्रम का अंतर बराबर है।

(a) $\frac{4}{3}$

(b) $\frac{15}{16}$

(c) $\frac{105}{304}$

(d) More than one of the above / उपर्युक्त में से एक से अधिक

(e) None of the above / उपर्युक्त में से कोई नहीं

BPSC TRE 2.0 14/12/2023 Paper-I

Answer: (c)

Explanation: मिश्रित भिन्न को अशुद्ध भिन्न में बदलें:

$$1\frac{3}{16}=\frac{(1\times16)+3}{16}=\frac{19}{16}$$

प्रतिलोम (Reciprocal) निकालें: $\frac{19}{16}$ का प्रतिलोम $\frac{16}{19}$ होगा |

अब अंतर (Difference) निकालें:

19 16

16 19

समान हर (Common Denominator) निकालें:

$16\times19=304$

$\frac{19^2-16^2}{304}$

$\frac{361-256}{304}=\frac{105}{304}$

104. If $\left(\frac{a}{b}\right)^{x-1}=\left(\frac{b}{a}\right)^{x-3}$, then the value of x is:

(a) 1

(b) 2

(c) $\frac{7}{2}$

(d) More than one of the above / उपर्युक्त में से एक से अधिक

(e) None of the above / उपर्युक्त में से कोई नहीं

BPSC TRE 2.0 14/12/2023 Paper-I

Answer: (b) 2

Explanation: समीकरण लिखें

$\left(\frac{a}{b}\right)^{x-1}=\left(\frac{b}{a}\right)^{x-3}$

$\left(\frac{b}{a}\right)=\left(\frac{a}{b}\right)^{-1}$

$\left(\frac{a}{b}\right)^{x-1}=\left[\left(\frac{a}{b}\right)^{-1}\right]^{x-3}$

$\left(\frac{a}{b}\right)^{x-1}=\left(\frac{a}{b}\right)^{-(x-3)}$

$\left(\frac{a}{b}\right)^{x-1}=\left(\frac{a}{b}\right)^{-x+3}$

$x-1=-x+3$

$2x-1=3$

$2x=4$

$x=2$

105. A fruit seller had some apples. He sells 40% apples and still has 420 apples. Originally, he had: / एक फल विक्रेता के पास कुछ सेब थे। वह 40% सेब बेचता है और उसके पास अभी भी 420 सेब हैं। मूलतः उसके पास कितने सेब थे?

(a) 700 apples / 700 सेब

(b) 588 apples / 588 सेब

(c) 672 apples / 672 सेब

(d) More than one of the above / उपर्युक्त में से एक से अधिक

(e) None of the above / उपर्युक्त में से कोई नहीं

BPSC TRE 2.0 14/12/2023 Paper-I

Answer: (a) 700 apples / 700 सेब

Explanation: प्रतिशत को समझें: कुल सेब हमेशा 100% होते हैं। यदि विक्रेता ने 40% सेब बेच दिए, तो उसके पास बचे हुए सेबों का प्रतिशत होगा:

100% − 40% =60%

समीकरण बनाना: प्रश्न के अनुसार, उसके पास 420 सेब बचे हैं। इसका मतलब है कि कुल सेबों का 60%, 420 के बराबर है। माना कुल सेबों की संख्या x है।

60% of x = 420

गणना (Calculation):

10060× x = 420

x = 60420 ×100

x = 7 × 100

x = 700

106. A fraction which bears the same ratio to $\frac{1}{27}$ that $\frac{3}{11}$ does to $\frac{5}{9}$ is equal to: / एक भिन्न, जिसका $\frac{1}{27}$ से वही अनुपात है, जो $\frac{3}{11}$ का $\frac{5}{9}$ से है, वह बराबर है:

(a) $\frac{1}{11}$

(b) 55

(c) $\frac{1}{55}$

(d) More than one of the above / उपर्युक्त में से एक से अधिक

(e) None of the above / उपर्युक्त में से कोई नहीं

BPSC TRE 2.0 14/12/2023 Paper-I

Answer: (c)

Explanation:

$x:\frac{1}{27}=\frac{3}{11}:\frac{5}{9}$

अनुपात को समीकरण के रूप में लिखें: अनुपात $a:b=c:d$ को हम $\frac{a}{b}=\frac{c}{d}$ के रूप में लिख सकते हैं।

$\frac{x}{1/27}=\frac{3/11}{5/9}$

भिन्नों को सरल करें: बाईं ओर $x\div\frac{1}{27}$ का अर्थ है $x\times27$, यानी $27x$। दाईं ओर $\frac{3}{11}\div\frac{5}{9}$ का अर्थ है $\frac{3}{11}\times\frac{9}{5}$।

तो समीकरण बनेगा:

$27x=\frac{3\times9}{11\times5}$

$27x=\frac{27}{55}$

x का मान ज्ञात करें: दोनों तरफ 27 से भाग देने पर:

$x=\frac{27}{55\times27}$

$x=\frac{1}{55}$

107. If the annual rate of simple interest increases from 10% to $12\frac{1}{2}$%, a man's yearly income increases by ₹1,250. His principal (in ₹) is: यदि साधारण ब्याज की वार्षिक दर 10% से बढ़कर $12\frac{1}{2}$% हो जाती है, तो एक आदमी की वार्षिक आय ₹1,250 बढ़ जाती है। उसका मूलधन (₹ में) है।

(a) 45,000

(b) 50,000

(c) 65,000

(d) More than one of the above / उपर्युक्त में से एक से अधिक

(e) None of the above / उपर्युक्त में से कोई नहीं

BPSC TRE 2.0 14/12/2023 Paper-I

Answer: (b) 50,000

Explanation: माना मूलधन = ₹ x (Let Principal = ₹ x)

प्रश्नानुसार,

$\frac{x\times25\times1}{100\times2}-\frac{x\times10\times1}{100}=1250$

$\frac{25x}{2}-10x=1250\times100$

$\frac{25x-20x}{2}=1250\times100$

$5x=1250\times200$

$x=\frac{1250\times200}{5}$

$x=250\times200$

$x=₹50000$

अतः मूलधन x = ₹50000 (Therefore, Principal x = ₹50,000)

108. The perimeter of a circle is equal to the perimeter of a square, then their areas are in the ratio / एक वृत्त की परिधि, एक वर्ग की परिधि के बराबर है। उनके क्षेत्रफलों का अनुपात होगा।

(a) 4:1

(b) 11:7

(c) 14:11

(d) More than one of the above / उपर्युक्त में से एक से अधिक

(e) None of the above / उपर्युक्त में से कोई नहीं

BPSC TRE 2.0 14/12/2023 Paper-I

Answer: (c) 14:11

Explanation: दी गई जानकारी: माना वृत्त की त्रिज्या r है और वर्ग की भुजा a है।

वृत्त की परिधि $= 2\pi r$

वर्ग की परिधि $= 4a$

प्रश्न के अनुसार:

$$2\pi r = 4a$$

$$a = \frac{2\pi r}{4} = \frac{\pi r}{2}$$

क्षेत्रफलों का अनुपात ज्ञात करना: हमें वृत्त का क्षेत्रफल (A_c) : वर्ग का क्षेत्रफल (A_s) का अनुपात निकालना है।

वृत्त का क्षेत्रफल (A_c) $= \pi r^2$

वर्ग का क्षेत्रफल (A_s) $= a^2 = \left(\frac{\pi r}{2}\right)^2 = \frac{\pi^2 r^2}{4}$

अनुपात की गणना:

$$\frac{\text{वृत्त का क्षेत्रफल}}{\text{वर्ग का क्षेत्रफल}} = \frac{\pi r^2}{\frac{\pi^2 r^2}{4}}$$

$$= \frac{\pi r^2 \times 4}{\pi^2 r^2}$$

$$= \frac{4}{\pi}$$

अब π का मान $\frac{22}{7}$ रखने पर:

$$= \frac{4}{\frac{22}{7}} = \frac{4\times 7}{22}$$

$$= \frac{28}{22} = \frac{14}{11}$$

अतः, उनके क्षेत्रफलों का अनुपात 14:11 होगा।

109. What is the volume of a cube (in cubic cm) whose diagonal measures $4\sqrt{3}$ cm? / एक घन का आयतन (घन सेमी. में) कितना है, जिसका विकर्ण $4\sqrt{3}$ से. मी. है?

(a) 8

(b) 64

(c) 16

(d) More than one of the above / उपर्युक्त में से एक से अधिक

(e) None of the above / उपर्युक्त में से कोई नहीं

BPSC TRE 2.0 14/12/2023 Paper-I

Answer: (b) 64

Explanation: घन की भुजा (a) ज्ञात करना: घन के विकर्ण (Diagonal) का सूत्र होता है:

विकर्ण $= a\sqrt{3}$

प्रश्न के अनुसार, विकर्ण $4\sqrt{3}$ सेमी दिया गया है:

$$a\sqrt{3} = 4\sqrt{3}$$

दोनों तरफ से $\sqrt{3}$ को काटने पर:

$a = 4$ सेमी

घन का आयतन (V) ज्ञात करना: घन के आयतन का सूत्र होता है:

आयतन $= a^3$

भुजा ($a = 4$) का मान रखने पर:

$$V = 4^3$$

$$V = 4\times 4\times 4$$

$V = 64$ घन सेमी

110. One of the factors of $(x^3+1)-(x+1)$ is:

$(x^3+1)-(x+1)$ के गुणनखण्डों में से एक है

(a) x^2+1

(b) x^2-1

(c) $x-1$

(d) More than one of the above / उपर्युक्त में से एक से अधिक

(e) None of the above / उपर्युक्त में से कोई नहीं

BPSC TRE 2.0 14/12/2023 Paper-I

Answer: (b) $x^2 - 1$

Explanation: प्रश्नानुसार,

$$(x^3+1)-(x+1)$$

$a^3+b^3=(a+b)(a^2-ab+b^2)$:

$$=(x+1)(x^2-x+1)-(x+1)$$

$$=(x+1)(x^2-x+1-1)$$

$$=(x+1)(x^2-x)$$

$$=x(x+1)(x-1)$$

$(x+1)(x-1)=x^2-1$:

$$=x(x^2-1)$$

$(x^3+1)-(x+1)$, (x^2-1).

111. The root of the equation $x^2-4=0$ is

समीकरण $x^2-4=0$ का मूल है।

(a) 2
(b) −2
(c) 4
(d) More than one of the above / उपर्युक्त में से एक से अधिक
(e) None of the above / उपर्युक्त में से कोई नहीं

BPSC TRE 2.0 14/12/2023 Paper-I

Answer: (d) More than one of the above / उपर्युक्त में से एक से अधिक

Explanation: दिया गया समीकरण:

$x^2-4=0$

$x^2=4$

अब दोनों तरफ वर्गमूल लेते हैं:

$x=\pm 2$

अर्थात

$x=2$ या $x=-2$

112. If $3x+y=5$ and $x-y=3$, then

यदि $3x+y=5$ और $x-y=3$, तो

(a) $x=2, y=-1$
(b) $x=-2, y=-1$
(c) $x=-2, y=1$
(d) More than one of the above / उपर्युक्त में से एक से अधिक
(e) None of the above / उपर्युक्त में से कोई नहीं

BPSC TRE 2.0 14/12/2023 Paper-I

Answer: (a) $x=2, y=-1$

Explanation: दिए गए समीकरण:

$3x+y=5$

$x-y=3$

दूसरे समीकरण से:

$x-y=3$

दोनों समीकरण जोड़ते हैं:

$(3x+y)+(x-y)=5+3$

$4x=8$

$x=2$

अब $x=2$ को $x-y=3$ में रखें:

$2-y=3$

$y=-1$

113. Which one of the following cannot be the square of a natural number?

निम्नलिखित में से कौन-सा एक प्राकृतिक संख्या का वर्ग नहीं हो सकता है?

(a) 32761
(b) 81225
(c) 42437

(d) More than one of the above / उपर्युक्त में से एक से अधिक

(e) None of the above / उपर्युक्त में से कोई नहीं

BPSC TRE 2.0 14/12/2023 Paper-I

Answer: (c) 42437

Explanation: (a) 32761

$181^2 = 32761$

यह पूर्ण वर्ग है।

(b) 81225

$285^2 = 81225$

यह भी पूर्ण वर्ग है।

(c) 42437

पास के वर्ग देखें:

$206^2 = 42436$

$207^2 = 42849$

42437 इन दोनों के बीच है, इसलिए यह किसी प्राकृतिक संख्या का वर्ग नहीं है।

114. If $1.5x = 0.04y$, then the value of $\frac{y-x}{y+x}$ is:

यदि $1.5x = 0.04y$ है, तो $\frac{y-x}{y+x}$ का मान ज्ञात करें।

(a) $\frac{730}{77}$

(b) $\frac{73}{77}$

(c) $\frac{71}{77}$

(d) More than one of the above / उपर्युक्त में से एक से अधिक

(e) None of the above / उपर्युक्त में से कोई नहीं

BPSC TRE 2.0 14/12/2023 Paper-I

Answer: (b)

Explanation: $1.5x = 0.04y$

$\frac{x}{y} = \frac{0.04}{1.5}$

$\frac{x}{y} = \frac{4}{150}$

$\frac{x}{y} = \frac{2}{75}$

मान लें

$x = 2, y = 75$

अब

$\frac{y-x}{y+x}$

$= \frac{75-2}{75+2}$

$= \frac{73}{77}$

115. $\sqrt{\frac{0.204 \times 42}{0.07 \times 3.4}}$ is equal to:

$\sqrt{\frac{0.204 \times 42}{0.07 \times 3.4}}$ का मान ज्ञात करें।

(a) 0.06

(b) 0.6

(c) 6

(d) More than one of the above / उपर्युक्त में से एक से अधिक

(e) None of the above / उपर्युक्त में से कोई नहीं

BPSC TRE 2.0 14/12/2023 Paper-I

Answer: (c) 6

Explanation: प्रश्नानुसार,

$\sqrt{\frac{0.204 \times 42}{0.07 \times 3.4}}$

दशमलव हटाएँ

$= \sqrt{\frac{204 \times 42}{7 \times 34}}$

$= \sqrt{36}$

$= 6$

116. If x% of y is 100 and y% of z is 200, find the relation between x and z.

यदि x% of y = 100 और y% of z = 200, तो x और z के बीच संबंध ज्ञात करें।

(a) $z = \frac{x}{2}$

(b) $z = 2x$

(c) $z = 4x$

(d) More than one of the above / उपर्युक्त में से एक से अधिक

(e) None of the above / उपर्युक्त में से कोई नहीं

BPSC TRE 2.0 14/12/2023 Paper-I

Answer: (b) $z = 2x$

Explanation: प्रश्नानुसार,

पहली शर्त

$$\frac{x}{100} \times y = 100$$

दोनों पक्षों को 2 से गुणा करें

$$2y \times \frac{x}{100} = 200 ...(i)$$

दूसरी शर्त

$$\frac{y}{100} \times z = 200 ...(ii)$$

(i) और (ii) की तुलना

$$2y \times \frac{x}{100} = z \times \frac{y}{100}$$

$$2xy = zy$$

$$z = 2x$$

117. The height of an equilateral triangle is 10 cm. Its area is

एक समबाहु त्रिभुज की ऊँचाई 10 सेमी है। इसका क्षेत्रफल है —

(a) 30 cm^2 / 30 वर्ग सेमी

(b) $\frac{100}{3}$ cm^2 / $\frac{100}{3}$ वर्ग सेमी

(c) $\frac{100}{\sqrt{3}}$ cm^2 / $\frac{100}{\sqrt{3}}$ वर्ग सेमी

(d) More than one of the above / उपयुक्त में से एक से अधिक

(e) None of the above / उपयुक्त में से कोई नहीं

BPSC TRE 2.0 14/12/2023 Paper-I

Answer: (c)

Explanation: समबाहु त्रिभुज में

$$h = \frac{\sqrt{3}}{2} a$$

जहाँ

h = ऊँचाई

a = भुजा

दिया है

$$h = 10$$

$$10 = \frac{\sqrt{3}}{2} a$$

$$a = \frac{20}{\sqrt{3}}$$

अब क्षेत्रफल

$$Area = \frac{\sqrt{3}}{4} a^2$$

$$= \frac{\sqrt{3}}{4} \left(\frac{20}{\sqrt{3}}\right)^2$$

$$= \frac{\sqrt{3}}{4} \times \frac{400}{3}$$

$$= \frac{100}{\sqrt{3}}$$

118. Which of the following is a monomial?

निम्नलिखित में से कौन-सा एकपद (Monomial) है?

(a) $4x^2$

(b) a − 6

(c) a + 6 + c

(d) More than one of the above / उपयुक्त में से एक से अधिक

(e) None of the above / उपयुक्त में से कोई नहीं

BPSC TRE 2.0 14/12/2023 Paper-I

Answer: (a) $4x^2$

Explanation: समाधान

Monomial (एकपद) = केवल एक पद वाला व्यंजक।

जाँच करें

(a) $4x^2$ → एक ही पद → Monomial

(b) a − 6 → दो पद →

(c) a + 6 + c → तीन पद →

119. How many three-digit numbers are divisible by 5?

तीन अंकों की कितनी संख्याएँ 5 से विभाज्य हैं?

(a) 180

(b) 200

(c) 120

(d) More than one of the above / उपयुक्त में से एक से अधिक

(e) None of the above / उपयुक्त में से कोई नहीं

BPSC TRE 2.0 14/12/2023 Paper-I

Answer: (a) 180

Explanation: प्रश्नानुसार,

तीन अंकों की संख्याएँ

100 से 999 तक

5 से विभाज्य संख्यों का अंतिम अंक

0 या 5

अब

100 से 999 तक कुल संख्या

999 − 100 + 1 = 900

हर 5वीं संख्या 5 से विभाज्य होती है

$$\frac{900}{5} = 180$$

120. The value is $\left(1+\frac{1}{2}\right)\left(1+\frac{1}{3}\right)\left(1+\frac{1}{4}\right)\ldots\left(1+\frac{1}{120}\right)$

$\left(1+\frac{1}{2}\right)\left(1+\frac{1}{3}\right)\left(1+\frac{1}{4}\right)\ldots\left(1+\frac{1}{120}\right)$ **का मान है**

(a) 60.5

(b) 30.0

(c) 40.5

(d) More than one of the above / उपयुक्त में से एक से अधिक

(e) None of the above / उपयुक्त में से कोई नहीं

BPSC TRE 2.0 14/12/2023 Paper-I

Answer: (a) 60.5

Explanation: प्रश्नानुसार,

$$1+\frac{1}{n} = \frac{n+1}{n}$$

इसलिए

$$\left(1+\frac{1}{2}\right)\left(1+\frac{1}{3}\right)\left(1+\frac{1}{4}\right)\ldots\left(1+\frac{1}{120}\right)$$

$$= \frac{3}{2} \times \frac{4}{3} \times \frac{5}{4} \times \ldots \times \frac{121}{120}$$

अब ऊपर और नीचे की संख्याएँ कट जाएँगी (telescoping):

$$= \frac{121}{2}$$

$$= 60.5$$

121. The distance between Delhi and Agra is 200 km. Suppose you are traveling from Delhi to Agra by car. If you maintain an average speed of 90 km/h for 120 km and an average speed of 40 km/h for the remaining distance, then what will be the total time taken to reach Agra?

दिल्ली और आगरा के बीच की दूरी 200 कि.मी. है। मान लीजिए आप दिल्ली से आगरा एक कार द्वारा जा रहे हैं। यदि आप 120 कि.मी. के लिए औसत गति 90 कि.मी./घं. रखते हैं और बाकी दूरी के लिए औसतन 40 कि.मी./घं. की गति रखते हैं, तो आपको आगरा पहुँचने में औसतन कितना समय लगेगा?

(a) 3 hours 20 minutes / 3 घंटा 20 मिनट
(b) 3 hours 50 minutes / 3 घंटा 30 मिनट
(c) 4 hours 45 minutes / 4 घंटा 45 मिनट
(d) More than one of the above / उपयुक्त में से एक से अधिक
(e) None of the above / उपयुक्त में से कोई नहीं

BPSC TRE 2.0 14/12/2023 Paper-I

Answer: (a) 3 hours 20 minutes / 3 घंटा 20 मिनट

Explanation: प्रश्नानुसार,

कुल दूरी = 200 km

पहला भाग

दूरी = 120 km

गति = 90 km/h

समय $= \frac{120}{90}$

$= \frac{4}{3}$ घंटे

= 1 घंटा 20 मिनट

दूसरा भाग

बाकी दूरी

200 – 120 = 80 km

गति = 40 km/h

समय $= \frac{80}{40} = 2$ घंटे

कुल समय

$1h20m + 2h =$ 3 घंटा 20 मिनट

122. If the loss is 10% on the selling price, what is the percentage loss on the cost price?

विक्रय मूल्य पर 10% की हानि है, लागत मूल्य पर कितने प्रतिशत की हानि है?

(a) $9\frac{1}{11}\%$
(b) $9\frac{2}{11}\%$
(c) 10%
(d) More than one of the above / उपयुक्त में से एक से अधिक
(e) None of the above / उपयुक्त में से कोई नहीं

BPSC TRE 2.0 14/12/2023 Paper-I

Answer: (a)

Explanation: मान लेते हैं

विक्रय मूल्य (SP) = 100

हानि = 10% of SP

हानि = 10

लागत मूल्य

CP = SP + Loss

CP=100+10=110

अब हानि प्रतिशत (CP पर)

$$Loss\% = \frac{Loss}{CP} \times 100$$

$$= \frac{10}{110} \times 100$$

$= 9.09\%$

$= 9\frac{1}{11}\%$

123. A pizza seller distributes two-fifths of the pizzas on the first day, three-fourths of the pizzas on the second day, and 9/169/169/16 of the pizzas on the third day. If the number of pizzas at the beginning of each day was the same, then on which day did he distribute the maximum number of pizzas?

एक पिज्जा वाला पहले दिन दो-पाँचवें पिज्जा, दूसरे दिन तीन-चौथाई पिज्जा और तीसरे दिन $\frac{9}{16}$ पिज्जाओं का वितरण करता है। यदि प्रत्येक दिन की शुरुआत में उसके पास समान संख्या में पिज्जा थे, तो उसने किस दिन सबसे अधिक पिज्जा वितरित किए?

(a) First day / पहले दिन

(b) Second day / दूसरे दिन

(c) Third day / तीसरे दिन

(d) More than one of the above / उपयुक्त में से एक से अधिक

(e) None of the above / उपयुक्त में से कोई नहीं

BPSC TRE 2.0 14/12/2023 Paper-I

Answer: (b) Second day / दूसरे दिन

Explanation: प्रश्नानुसार – प्रत्येक दिन की शुरुआत में पिज्जा की संख्या समान है तो सबसे अधिक पिज्जा वितरण की मात्रा

I दिन $= \frac{2}{5}\times 100 = 40\%$

II दिन $= \frac{3}{4}\times 100 = 75\%$

III दिन $= \frac{9}{16}\times 100 = 56.25\%$

अतः स्पष्ट है कि दूसरे दिन सबसे अधिक पिज्जा वितरण किया।

124. In a room 18 meters long, a carpet of 72 cm width is used. The cost of laying the carpet is ₹810 at the rate of ₹4.50 per meter. Find the width of the room.

18 मीटर लंबे एक कमरे में, 72 से.मी. चौड़े गलीचे का उपयोग करके, गलीचा बिछाने की लागत ₹450 प्रति मीटर की दर से ₹810 है। कमरे की चौड़ाई है

(a) 7 meters / 7 मीटर

(b) 7.5 meters / 7.5 मीटर

(c) 8 meters / 8 मीटर

(d) More than one of the above / उपयुक्त में से एक से अधिक

(e) None of the above / उपयुक्त में से कोई नहीं

BPSC TRE 2.0 14/12/2023 Paper-I

Answer: (b) 7.5 meters / 7.5 मीटर

Explanation: माना कमरे की चौड़ाई = b मीटर

प्रश्नानुसार,

$18b = 0.75\times\frac{810}{4.50}$

$\therefore b = 7.5$ m

125. Two persons A and B together can complete a work in 15 days. Person A alone can complete the same work in 20 days. In how many days can B alone complete the work?

दो व्यक्ति A और B एक काम को 15 दिनों में पूरा कर देते हैं, यदि वे एक साथ काम करते हैं। व्यक्ति A अकेला उसी काम को 20 दिनों में पूरा कर देता है। यह काम अकेला B कितने दिनों में पूरा कर पाएगा?

(a) 35 days / 35 दिन में

(b) 25 days / 25 दिन में

(c) 60 days / 60 दिन में

(d) More than one of the above / उपयुक्त में से एक से अधिक

(e) None of the above / उपयुक्त में से कोई नहीं

BPSC TRE 2.0 14/12/2023 Paper-I

Answer: (c) 60 days / 60 दिन में

Explanation: माना B को अकेले काम पूरा करने में 'x' दिन लगेंगे।

$\frac{1}{20}+\frac{1}{x}=\frac{1}{15}$

$\frac{x+20}{20x}=\frac{1}{15}$

$15x+300=20x$

$x=\frac{300}{5}=60$ दिन

126. The sum of the numerator and denominator of a fraction is 11. If 1 is added to the

numerator and 2 is subtracted from the denominator, the fraction becomes $\frac{2}{3}$. Find the fraction.

एक भिन्न के अंश और हर का योग 11 है। यदि अंश में 1 जोड़ दिया जाए और हर में से 2 घटा दिया जाए, तो यह $\frac{2}{3}$ हो जाता है। भिन्न है—

(a) $\frac{5}{6}$

(b) $\frac{6}{5}$

(c) $\frac{3}{8}$

(d) More than one of the above / उपयुक्त में से एक से अधिक

(e) None of the above / उपयुक्त में से कोई नहीं

BPSC TRE 2.0 14/12/2023 Paper-I

Answer: (c)

Explanation: प्रश्नानुसार,

मान लें

अंश = x

हर = y

दिया है

$x+y=11$

दूसरी शर्त के अनुसार

$\frac{x+1}{y-2}=\frac{2}{3}$

क्रॉस गुणा

$3(x+1)=2(y-2)$

$3x+3=2y-4$

$3x-2y=-7...(1)$

और

$x+y=11...(2)$

(2) से

$y=11-x$

(1) में रखें

$3x-2(11-x)=-7$

$3x-22+2x=-7$

$5x=15$

$x=3$

$y=8$

अतः भिन्न

$\frac{3}{8}$

127. Ten years ago, the ratio of the ages of Ramesh and Rajeev was $1:3$. After 5 years from now, the ratio will become $2:3$. What is the ratio of their present ages?

10 वर्ष पूर्व रमेश एवं राजीव की आयु का अनुपात $1:3$ था। अब से 5 वर्ष पश्चात यह अनुपात $2:3$ हो जायेगा। वर्तमान में उनकी आयु का अनुपात क्या है?

(a) 2 : 3

(b) 3 : 5

(c) 1 : 2

(d) More than one of the above / उपयुक्त में से एक से अधिक

(e) None of the above / उपयुक्त में से कोई नहीं

BPSC TRE 2.0 14/12/2023 Paper-I

Answer: (b) 3 : 5

Explanation: मान लें वर्तमान आयु

रमेश = x

राजीव = y

10 वर्ष पहले

$\frac{x-10}{y-10}=\frac{1}{3}$

$3x-y=20...(1)$

5 वर्ष बाद

$$\frac{x+5}{y+5}=\frac{2}{3}$$

$$3x-2y=-5...(2)$$

(1) − (2)

$$y=25$$

(1) में रखें

$$3x-25=20$$

$$x=15$$

वर्तमान अनुपात

$$15:25=3:5$$

128. If I walk from my house to the station at a speed of 5 km/h, the train leaves 7 minutes before I reach the station. But if I walk at 6 km/h, I reach the station 5 minutes before the train departs. Find the distance between my house and the station.

यदि मैं अपने घर से 5 किमी/घंटा की गति से स्टेशन के लिए चलता हूँ तो मेरी गाड़ी स्टेशन पहुँचने से 7 मिनट पहले छूट जाती है। लेकिन यदि मैं 6 किमी/घंटा की गति से चलूँ तो गाड़ी छूटने से 5 मिनट पहले स्टेशन पहुँच जाता हूँ।

घर और स्टेशन के बीच दूरी क्या है?

(a) 7 km / 7 किमी

(b) 6.5 km / 6.5 किमी

(c) 6 km / 6 किमी

(d) More than one of the above / उपयुक्त में से एक से अधिक

(e) None of the above / उपयुक्त में से कोई नहीं

BPSC TRE 2.0 14/12/2023 Paper-I

Answer: (c) 6 km / किमी

Explanation: प्रश्नानुसार,

मान लें दूरी = x किमी

समय = दूरी / चाल

पहला केस

$$t_1=\frac{x}{5}$$

दूसरा केस

$$t_2=\frac{x}{6}$$

पहले केस में ट्रेन 7 मिनट पहले निकल जाती है

दूसरे केस में हम 5 मिनट पहले पहुँचते हैं

अंतर

7+5=12 मिनट

घंटे में

$$12/60=1/5$$

अतः

$$\frac{x}{5}-\frac{x}{6}=\frac{1}{5}$$

LCM 30

$$\frac{6x-5x}{30}=\frac{1}{5}$$

$$\frac{x}{30}=\frac{1}{5}$$

$$x=6$$

अतः दूरी

6 किमी

129. The average monthly income of P and Q is ₹5050. The average monthly income of Q and R is ₹6250. The average monthly income of P and R is ₹5200. Find the monthly income of P.

P और Q की औसत मासिक आय ₹5050 है। Q और R की औसत मासिक आय ₹6250 है तथा P और R की औसत मासिक आय ₹5200 है। तो P की मासिक आय कितनी है?

(a) ₹3500

(b) ₹4050

(c) ₹4000

(d) More than one of the above / उपयुक्त में से एक से अधिक

(e) None of the above / उपयुक्त में से कोई नहीं

BPSC TRE 2.0 14/12/2023 Paper-I

Answer: (c) ₹4000

Explanation: प्रश्नानुसार,

5050×2=10100

P+Q=10100 ...(i)

Q + R का कुल

6250×2=12500

Q+R=12500 ...(ii)

P + R का कुल

5200×2=10400

P+R=10400 ...(iii)

(i) + (iii)

2P+Q+R=20500

अब (ii) घटाएँ

2P+Q+R-(Q+R)=20500-12500

2P=8000

P=4000

130. If 30% of P and 40% of Q are added, the result equals 80% of Q.

Find Q as a percentage of P.

यदि P का 30% और Q का 40% जोड़ दिया जाए, तो वह Q का 80% हो जाता है।

तदनुसार Q, P का कितना प्रतिशत है?

(a) 40%

(b) 50%

(c) 75%

(d) More than one of the above / उपयुक्त में से एक से अधिक

(e) None of the above / उपयुक्त में से कोई नहीं

BPSC TRE 2.0 14/12/2023 Paper-I

Answer: (c) 75%

Explanation: प्रश्नानुसार,

$$\frac{30}{100}P+\frac{40}{100}Q=\frac{80}{100}Q$$

$$0.3P+0.4Q=0.8Q$$

$$0.3P=0.8Q-0.4Q$$

$$0.3P=0.4Q$$

$$\frac{Q}{P}=\frac{3}{4}$$

प्रतिशत में

$$\frac{Q}{P}=\frac{3}{4}\times 100$$

$$=75\%$$

131. Money is distributed among A, B, C, and D in the ratio 5 : 2 : 4 : 3. If C gets ₹1000 more than D, what is B's share?

A, B, C, D के बीच 5 : 2 : 4 : 3 के अनुपात में धन का वितरण किया जाता है। यदि C को D से ₹1000 अधिक मिलते हैं, तो B का हिस्सा क्या है?

(a) ₹500

(b) ₹1500

(c) ₹2000

(d) More than one of the above / उपयुक्त में से एक से अधिक

(e) None of the above / उपयुक्त में से कोई नहीं

BPSC TRE 2.0 14/12/2023 Paper-I

Answer: (c) ₹2000

Explanation: प्रश्नानुसार,

अनुपात =

A : B : C : D = 5 : 2 : 4 : 3

मान लेते हैं एक इकाई = x

तो

A = 5x

B = 2x

C = 4x

D = 3x

प्रश्न के अनुसार

C − D = 1000

4x − 3x = 1000

x = 1000

अब

B = 2x

B = 2 × 1000

B = ₹2000

132. A shopkeeper gives a 5% discount on the selling price while selling a watch. If he gives a 6% discount, his profit will decrease by ₹15. What is the marked price of the watch?

एक दुकानदार एक घड़ी बेचते समय विक्रय मूल्य पर 5% छूट देता है। यदि वह उस पर 6% छूट देता है, तो उसे पहले से ₹15 कम का लाभ मिलेगा। तदनुसार उस घड़ी का अंकित विक्रय मूल्य क्या है?

(a) ₹1400

(b) ₹1500

(c) ₹1800

(d) More than one of the above / उपयुक्त में से एक से अधिक

(e) None of the above / उपयुक्त में से कोई नहीं

BPSC TRE 2.0 14/12/2023 Paper-I

Answer: (b) ₹1500

Explanation: प्रश्नानुसार,

मान लेते हैं

अंकित मूल्य = M

5% छूट पर विक्रय मूल्य

$SP_1 = 0.95M$

6% छूट पर विक्रय मूल्य

$SP_2 = 0.94M$

लाभ में अंतर = ₹15

$SP_1 - SP_2 = 15$

0.95M − 0.94M = 15

0.01M = 15

M = 1500

133. Three numbers are in the ratio 3 : 4 : 5. The sum of the largest and smallest numbers is 52 more than the second number. Find the smallest number.

तीन संख्याएँ 3 : 4 : 5 के अनुपात में हैं। उनमें सबसे बड़ी एवं सबसे छोटी संख्याओं का योग, दूसरी संख्या के योग से 52 अधिक है। तदनुसार सबसे छोटी संख्या कौन-सी है?

(a) 27

(b) 39

(c) 52

(d) More than one of the above / उपयुक्त में से एक से अधिक

(e) None of the above / उपयुक्त में से कोई नहीं

BPSC TRE 2.0 14/12/2023 Paper-I

Answer: (b) 39

Explanation: प्रश्नानुसार,

अनुपात

3 : 4 : 5

मान लेते हैं

संख्याएँ =

3x, 4x, 5x

प्रश्न के अनुसार

सबसे बड़ी + सबसे छोटी = दूसरी संख्या + 52

5x + 3x = 4x + 52

8x = 4x + 52

4x = 52

x = 13

सबसे छोटी संख्या

3x = 3 × 13

= 39

134. If $2^{2n-1} = \frac{1}{8^{n-3}}$ then the value of n is:

यदि $2^{2n-1} = \frac{1}{8^{n-3}}$, तो n का मान है:

(a) 3

(b) 2

(c) -2

(d) More than one of the above / उपयुक्त में से एक से अधिक

(e) None of the above / उपयुक्त में से कोई नहीं

BPSC TRE 2.0 14/12/2023 Paper-I

Answer: (b) 2

Explanation:

$$\frac{1}{8^{n-3}} = \frac{1}{(2^3)^{n-3}}$$

घातांक के नियम $(a^m)^n = a^{mn}$ का उपयोग करने पर:

$$\frac{1}{(2^3)^{n-3}} = \frac{1}{2^{3(n-3)}} = \frac{1}{2^{3n-9}}$$

नियम $\frac{1}{a^x} = a^{-x}$ के अनुसार:

$$\frac{1}{2^{3n-9}} = 2^{-(3n-9)} = 2^{-3n+9}$$

$$2^{2n-1} = 2^{-3n+9}$$

$$2n - 1 = -3n + 9$$

$$2n + 3n = 9 + 1$$

$$5n = 10$$

$$n = \frac{10}{5}$$

$$n = 2$$

135. If the word HEIGHT is coded as 96108921 and LOOSE is coded as 131616206, then in the same language the code for MOBILE is:

यदि शब्द HEIGHT को 96108921 के रूप में कोडित किया गया है और LOOSE को 131616206 के रूप में कोडित किया गया है, तो उसी भाषा में MOBILE के लिए कोड है —

(a) 1416310136

(b) 1416411136

(c) 1416312136

(d) More than one of the above / उपयुक्त में से एक से अधिक

(e) None of the above / उपयुक्त में से कोई नहीं

BPSC TRE 2.0 14/12/2023 Paper-I

Answer: (a) 1416310136

Explanation: जिस प्रकार,

H	E	I	G	H	T
+1 ↓	+1 ↓	+1 ↓	+1 ↓	+1 ↓	+1 ↓
9	6	10	8	9	21

L	O	O	S	E
+1 ↓	+1 ↓	+1 ↓	+1 ↓	+1 ↓
13	16	16	20	6

उसी प्रकार,

M O B I L E

+1 +1 +1 +1 −1 +1

↓ ↓ ↓ ↓ ↓ ↓

14 16 3 10 13 6

अतः विकल्प (a) सही उत्तर है।

136. Arrange the following words in logical order:

1. **Associate Professor**
2. **Professor**
3. **Assistant Professor**

Choose the correct answer using the codes given below:

निम्नलिखित शब्दों को तार्किक क्रम में व्यवस्थित कीजिए :

1. **सह-प्राध्यापक**
2. **प्राध्यापक**
3. **सहायक प्राध्यापक**

(a) 2, 3, 1

(b) 2, 1, 3

(c) 1, 2, 3

(d) More than one of the above / उपयुक्त में से एक से अधिक

(e) None of the above / उपयुक्त में से कोई नहीं

BPSC TRE 2.0 14/12/2023 Paper-I

Answer: (e) None of the above / उपयुक्त में से कोई नहीं

Explanation: शैक्षणिक पदों का सही क्रम (निम्न से उच्च) होता है :

सहायक प्राध्यापक (Assistant Professor)

सह-प्राध्यापक (Associate Professor)

प्राध्यापक (Professor)

अर्थात क्रम होगा :

$3 \rightarrow 1 \rightarrow 2$

यह विकल्पों में नहीं है।

137. A person distributes some objects among four children.

- **The first child receives 1/2 of the total objects.**
- **The second child receives 1/4 of what the first child received.**
- **The third child receives 3/4 of what the first child received.**

What fraction will the fourth child receive?

एक व्यक्ति चार बच्चों के बीच कुछ वस्तुओं को बाँटता है।

- **पहले बच्चे को कुल वस्तुओं का 1/2 मिलता है**
- **दूसरे बच्चे को पहले बच्चे का 1/4 मिलता है**
- **तीसरे बच्चे को पहले बच्चे का 3/4 मिलता है**

चौथे बच्चे को कितना अंश मिलेगा?

(a) $\frac{3}{4}$

(b) $\frac{3}{8}$

(c) $\frac{1}{4}$

(d) More than one of the above / उपयुक्त में से एक से अधिक

(e) None of the above / उपयुक्त में से कोई नहीं

BPSC TRE 2.0 14/12/2023 Paper-I

Answer: (e) None of the above / उपयुक्त में से कोई नहीं

Explanation: प्रश्नानुसार,

मान लेते हैं कुल वस्तुएँ $= x$

पहला बच्चा

$= \frac{x}{2}$

दूसरा बच्चा

$= \frac{1}{4} \times \frac{x}{2} = \frac{x}{8}$

तीसरा बच्चा

$= \frac{3}{4} \times \frac{x}{2} = \frac{3x}{8}$ अब तीनों को मिली वस्तुएँ

$$\frac{x}{2}+\frac{x}{8}+\frac{3x}{8}$$

LCM = 8

$$=\frac{4x}{8}+\frac{x}{8}+\frac{3x}{8}=\frac{8x}{8}=x$$

अर्थात सारी वस्तुएँ पहले तीन बच्चों में ही बँट गई।

चौथे बच्चे को

$$x-x=0$$

138. If the area of a square is equal to the area of an equilateral triangle, then what is the ratio of the side of the square to the side of the equilateral triangle?

यदि वर्ग का क्षेत्रफल समबाहु त्रिभुज के क्षेत्रफल के बराबर है, तो वर्ग की भुजा और समबाहु त्रिभुज की भुजा का अनुपात क्या होगा?

(a) 1 : 1

(b) 2 : 1

(c) √3 : 2

(d) More than one of the above / उपर्युक्त में से एक से अधिक

(e) None of the above / उपर्युक्त में से कोई नहीं

BPSC TRE 2.0 14/12/2023 Paper-I

Answer: (e) None of the above / उपर्युक्त में से कोई नहीं

Explanation: प्रश्नानुसार,

मान लेते हैं

वर्ग की भुजा = a_1

समबाहु त्रिभुज की भुजा = a_2

वर्ग का क्षेत्रफल

$$a_1^2$$

समबाहु त्रिभुज का क्षेत्रफल

$$\frac{\sqrt{3}}{4}a_2^2$$

प्रश्नानुसार

$$a_1^2=\frac{\sqrt{3}}{4}a_2^2$$

$$\frac{a_1^2}{a_2^2}=\frac{\sqrt{3}}{4}$$

$$\frac{a_1}{a_2}=\sqrt{\frac{\sqrt{3}}{4}}$$

$$\frac{a_1}{a_2}=\frac{\sqrt[4]{3}}{2}$$

अतः अनुपात

$$a_1:a_2=\sqrt[4]{3}:2$$

139. Find the wrong number from the following table:

नीचे दी गई श्रृंखला से गलत संख्या ज्ञात कीजिए :

2	4	1	5
6	12	3	15
18	36	9	45
54	108	27	100

(a) 9

(b) 36

(c) 100

(d) More than one of the above / उपर्युक्त में से एक से अधिक

(e) None of the above / उपर्युक्त में से कोई नहीं

BPSC TRE 2.0 14/12/2023 Paper-I

Answer: (c) 100

Explanation:

I	II	III	IV
2	4	1	5
6	12	3	15
18	36	9	45
54	108	27	100

तालिका को स्तम्भ (Column) के अनुसार देखें।

I स्तम्भ

2, 6, 18, 54

नियम:

6 ÷ 2 × 18 = 54

II स्तम्भ

4, 12, 36, 108

नियम:

12 ÷ 4 × 36 = 108

III स्तम्भ

1, 3, 9, 27

नियम:

3 ÷ 1 × 9 = 27

IV स्तम्भ

5, 15, 45, 100

नियम के अनुसार:

15 ÷ 5 × 45

= 3 × 45

= 135

लेकिन दिया है 100

140. Find the wrong number in the following series:

3, 8, 13, 21, 31, 43

नीचे दी गई श्रृंखला से गलत संख्या ज्ञात कीजिए :

3, 8, 13, 21, 31, 43

(a) 21

(b) 31

(c) 8

(d) More than one of the above / उपयुक्त में से एक से अधिक

(e) None of the above /उपयुक्त में से कोई नहीं

BPSC School Teacher 2023(Paper- II) Shift-2

Answer: (c) 8

Explanation: श्रृंखला दी गई है:

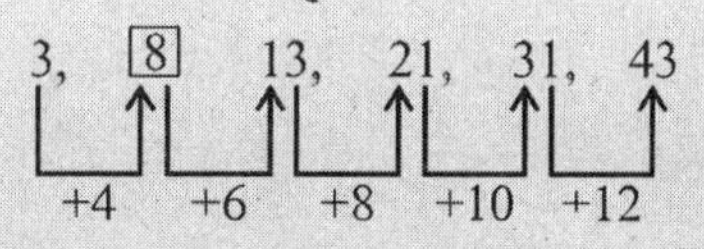

अब अंतर देखते हैं

लेकिन यदि सही पैटर्न देखें तो यह होना चाहिए:

+4, +6, +8, +10, +12

इस अनुसार:

3 + 4 = 7

7 + 6 = 13

13 + 8 = 21

21 + 10 = 31

31 + 12 = 43

सही श्रृंखला:

3, 7, 13, 21, 31, 43

अतः 8 गलत संख्या है।

141. Let a = 10 cm, b = 3 cm and c = 6 cm. Which of the following is true?

माना a = 10 से.मी., b = 3 से.मी. और c = 6 से.मी.। निम्नलिखित में से कौन-सा सत्य है?

(a) a, b and c are sides of a triangle / a, b और c त्रिभुज की भुजाएँ हैं।

(b) a, b and c form a right-angled triangle / a, b और c समकोण त्रिभुज बनाते हैं।

(c) a, b and c form an equilateral triangle / a, b और c समबाहु त्रिभुज बनाते हैं।

(d) More than one of the above / उपयुक्त में से एक से अधिक

(e) None of the above / उपयुक्त में से कोई नहीं

BPSC School Teacher 2023(Paper- II) Shift-2

Answer: (e) None of the above / उपयुक्त में से कोई नहीं

Explanation: दिया गया है

a = 10 cm

b = 3 cm

c = 6 cm

त्रिभुज बनने की शर्त:

किसी भी दो भुजाओं का योग तीसरी भुजा से बड़ा होना चाहिए।

1. 6+3>106 + 3 > 106+3>10

   9 > 10 (गलत)

2. 10−6<310 - 6 < 310−6<3

   4 < 3 (गलत)

अतः इन भुजाओं से त्रिभुज बनना संभव नहीं है।

142. The uncle of Madan's brother is the brother of Karan's father. What could be the relation between Madan and Karan?

मदन के भाई के अंकल, करण के पिता के भाई हैं। मदन और करण में क्या सम्बन्ध हो सकता है?

(a) Madan is Karan's uncle / मदन, करण का अंकल है

(b) Madan is Karan's brother / मदन, करण का भाई है

(c) Madan is Karan's son / मदन, करण का पुत्र है

(d) More than one of the above / उपयुक्त में से एक से अधिक

(e) None of the above / उपयुक्त में से कोई नहीं

BPSC School Teacher 2023(Paper- II) Shift-2

Answer: (b) Madan is Karan's brother / मदन, करण का भाई है

Explanation: दिया है:

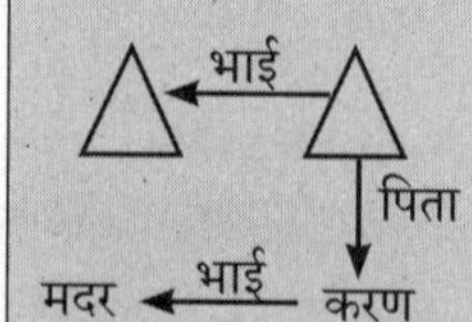

मदन के भाई के अंकल" का मतलब

- मदन का भाई → दोनों के माता-पिता एक ही हैं
- मदन के भाई के अंकल → पिता के भाई (चाचा) या माँ के भाई (मामा)

करण के पिता के भाई"

- यह साफ है → करण के चाचा

दोनों को मिलाएँ

- दोनों में जो व्यक्ति है, वह एक ही है
- यानी मदन के परिवार का चाचा = करण का चाचा
- मदन के पिता = करण के पिता

मदन, करण का भाई है

143. Find the missing letters: Y, T, O, ___ , ___ Positions in alphabet:

निम्नलिखित श्रृंखला में से लुप्त अक्षर ज्ञात कीजिए: Y, T, O, ___ , ___

(a) J, E

(b) J, D

(c) K, F

(d) More than one of the above / उपयुक्त में से एक से अधिक

(e) None of the above / उपयुक्त में से कोई नहीं

BPSC School Teacher 2023(Paper- II) Shift-2

Answer: (a) J, E

Explanation: प्रश्नानुसार,

Alphabet position देखें:

Y = 25

T = 20

O = 15

Pattern:

-5, -5, -5

15 − 5 = 10 → J

10 − 5 = 5 → E

श्रृंखला:

Y, T, O, J, E

144. How many triangles are there in the figure given below?

नीचे दी गई आकृति में कितने त्रिकोण हैं ?

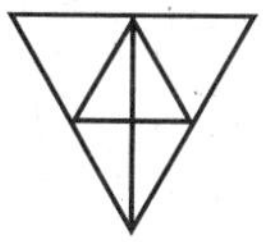

(a) 13

(b) 11

(c) 15

(d) More than one of the above / उपयुक्त में से एक से अधिक

(e) None of the above / उपयुक्त में से कोई नहीं

BPSC School Teacher 2023(Paper- II) Shift-2

Answer: (a) 13

Explanation: दी गई आकृति में त्रिभुजों की संख्या है –

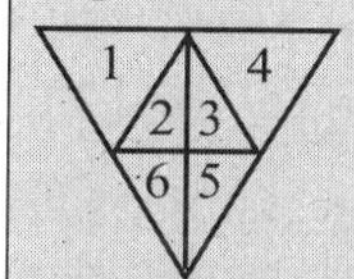

एक अंक वाले त्रिभुजों की संख्या =

1, 2, 3, 4, 5 और 6 = 6

दो अंक वाले त्रिभुजों की संख्या =

(2, 3), (3, 5), (2, 6), (5, 6) – 4

तीन अंक वाले त्रिभुजों की संख्या =

(3, 4, 5), (1, 2, 6) = 2

छः अंक वाले त्रिभुजों की संख्या =

(1, 2, 3, 4, 5, 6) = 1

अतः आकृति में त्रिभुजों की संख्या =

6 + 4 + 2 + 1 = 13

145. Asha walks 3 km towards the South and then turns right and walks 2 km. She again turns right and walks 3 km and then turns left and starts walking again. Now in which direction is she moving?

आशा 3 कि.मी. दक्षिण की ओर चलती है और फिर दाएं मुड़कर 2 कि.मी. चलती है। वह फिर से दाएं मुड़कर 3 कि.मी. चलती है और अपने बाएं मुड़ती है और फिर से चलना शुरू करती है। अब वह किस दिशा में चल रही है?

(a) North / उत्तर

(b) West / पश्चिम

(c) East / पूर्व

(d) More than one of the above / उपयुक्त में से एक से अधिक

(e) None of the above / उपयुक्त में से कोई नहीं

BPSC School Teacher 2023(Paper- II) Shift-2

Answer: (b) West / पश्चिम

Explanation:

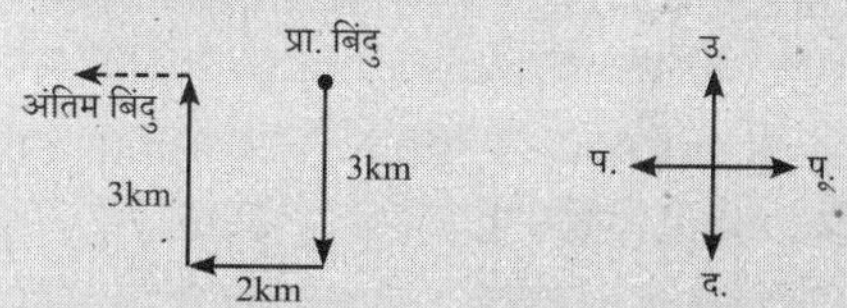

अतः उपयुक्त चित्र से स्पष्ट है कि आशा अंतिम रूप से पश्चिम दिशा में चल रही है।

146. Find the wrong number in the following series:

28, 84, 112, 196, 308, 504, 872

नीचे दी गई श्रृंखला में गलत संख्या ज्ञात कीजिए :

28, 84, 112, 196, 308, 504, 872

(a) 112

(b) 308

(c) 872

(d) More than one of the above / उपयुक्त में से एक से अधिक

(e) None of the above / उपयुक्त में से कोई नहीं

BPSC School Teacher 2023(Paper- II) Shift-2

Answer: (c) 872

Explanation: दी गई श्रृंखला:

28, 84, 112, 196, 308, 504, 872

नियम देखें:

28 + 84 = 112

84 + 112 = 196

112 + 196 = 308

196 + 308 = 504

308 + 504 = 812

लेकिन श्रृंखला में 872 दिया है।

अतः 812 होना चाहिए, इसलिए 872 गलत संख्या है।

147. In a certain code, '256' means 'you are good'; '637' means 'we are bad' and '358' means 'good and bad'. In the same code, which number represents 'and'?

किसी निश्चित कूट में, '256' का अर्थ है 'you are good'; '637' का अर्थ है 'we are bad' और '358' का अर्थ है 'good and bad'. उसी कूट में निम्नलिखित में कौन-सा अंक 'and' दर्शाता है?

(a) 2

(b) 5

(c) 8

(d) More than one of the above / उपयुक्त में से एक से अधिक

(e) None of the above / उपयुक्त में से कोई नहीं

BPSC School Teacher 2023(Paper- II) Shift-2

Answer: (c) 8

Explanation: दिया गया है:

256 = you are good

637 = we are bad

358 = good and bad

पहले दो वाक्यों में common शब्द = are

256 और 637 में common number = 6

इसलिए

6 = are

तीसरे वाक्य में:

358 = good and bad

अब देखें:

256 = you are good

358 = good and bad

common शब्द = good

common number = 5

इसलिए

5 = good

637 = we are bad

यहाँ remaining number = 3

इसलिए

3 = bad

अब 358 = good and bad

5 = good

3 = bad

बचा हुआ number = 8

इसलिए

8 = and

148. Six roads go to a country. They are indicated by the letters X, Y, Z and the numbers 1, 2, 3.

- **When a storm occurs, road Y gets blocked.**
- **When a flood occurs, X, 1 and 2 are affected.**
- **When road 1 is blocked, Z also gets blocked.**

If a flood and a storm occur at the same time, which road can be used?

छः सड़कें एक देश की ओर जाती हैं। उन्हें X, Y, Z अक्षरों और 1, 2, 3 अंकों द्वारा इंगित किया जा सकता है।

- **जब तूफान आता है, Y अवरुद्ध हो जाती है।**
- **जब बाढ़ आती है, X, 1 और 2 प्रभावित होती हैं।**
- **जब सड़क 1 अवरुद्ध होती है, Z भी अवरुद्ध हो जाती है।**

यदि एक ही समय पर बाढ़ आ जाए और तूफान भी चलने लगे, तो किस सड़क का उपयोग किया जा सकता है?

(a) 3

(b) Y

(c) Z

(d) More than one of the above / उपयुक्त में से एक से अधिक

(e) None of the above / उपयुक्त में से कोई नहीं

BPSC School Teacher 2023(Paper- II) Shift-2

Answer: (a) 3

Explanation: प्रश्नानुसार,

1. तूफान आने पर:
   - Y अवरुद्ध
2. बाढ़ आने पर:
   - X, 1, 2 प्रभावित
3. सड़क 1 अवरुद्ध होने पर:
   - Z भी अवरुद्ध

अब यदि तूफान + बाढ़ दोनों साथ हों:

- Y → अवरुद्ध
- X → प्रभावित
- 1 → प्रभावित
- 2 → प्रभावित
- 1 बंद होने से Z भी बंद

अब केवल 3 ही बचती है।

149. In a certain code, DELHI is written as CCIDD. How will BOMBAY be written in the same code?

किसी निश्चित कूट में, DELHI को CCIDD लिखा जाता है। उसी कूट में BOMBAY को कैसे लिखेंगे?

(a) AJMTVT

(b) MJXVSU

(c) AMJXVS

(d) More than one of the above / उपयुक्त में से एक से अधिक

(e) None of the above / उपयुक्त में से कोई नहीं

BPSC School Teacher 2023(Paper- II) Shift-2

Answer: (c) AMJXVS

Explanation: प्रश्नानुसार,

जिस प्रकार,	उसी प्रकार,
$D \xrightarrow{-1} C$	$B \xrightarrow{-1} A$
$E \xrightarrow{-2} C$	$O \xrightarrow{-2} M$
$L \xrightarrow{-3} I$	$M \xrightarrow{-3} J$
$H \xrightarrow{-4} D$	$B \xrightarrow{-4} X$
$I \xrightarrow{-5} D$	$A \xrightarrow{-5} V$
	$Y \xrightarrow{-6} S$

अत: BOMBAY = AMJXVS होगा।

150. Using the digits 0, 1, 2, 3, 4 without repetition, how many 4-digit numbers can be formed?

बिना दोहराव के अंक 0, 1, 2, 3, 4 का उपयोग करते हुए कितनी 4-अंकीय संख्याएँ बनाई जा सकती हैं?

(a) 120

(b) 5^4

(c) 4^5

(d) More than one of the above / उपयुक्त में से एक से अधिक

(e) None of the above / उपयुक्त में से कोई नहीं

BPSC School Teacher 2023(Paper- II) Shift-2

Answer: (e) None of the above / उपयुक्त में से कोई नहीं

Explanation: दिया गया है —

0, 1, 2, 3, 4

कुल अंकों की संख्या = 0, 1, 2, 3, 4

4 अंकीय संख्या बनाने की संभावना

$= 4\times4\times3\times2 = 96$

Note:

चूँकि पहले स्थान पर शून्य नहीं आ सकता है।

अत: पहले स्थान पर चार संख्याएँ आ सकती हैं।

दूसरे स्थान पर शून्य को लेकर कोई भी 4 संख्याएँ आ सकती हैं।

तीसरे स्थान पर कोई शेष 3 संख्याएँ आ सकती हैं।

इसी प्रकार चौथे स्थान पर 2 संख्याएँ आएँगी।

151. A's weight is 25% of B's weight and 40% of C's weight. What percent of C's weight is equal to B's weight?

A का वजन B के वजन का 25% और C के वजन का 40% है। C के वजन का कितना प्रतिशत B के वजन के बराबर है?

(a) 160

(b) 180

(c) 150

(d) More than one of the above / उपयुक्त में से एक से अधिक

(e) None of the above / उपयुक्त में से कोई नहीं

BPSC School Teacher 2023(Paper- II) Shift-2

Answer: (a) 160

Explanation: दिया गया है —

A का वजन = B का वजन × 25%

$$\frac{A}{B} = \frac{1}{4}$$

तथा

A का वजन = C का वजन × 40%

$$\frac{A}{C} = \frac{2}{5}$$

$\therefore A : B : C = 2 : 8 : 5$

माना C के वजन का k% = B के वजन के बराबर है

$$C \times k\% = B$$

$$\frac{5 \times k}{100} = 8$$

$$\frac{k}{20} = 8$$

$$k = 160$$

152. A copper sphere has a diameter of 6 cm. The sphere is melted and recast into a long wire of uniform circular cross-section. If the length of the wire is 36 cm, find the radius of the wire.

ताँबे के एक गोले का व्यास 6 से.मी. है। गोले को पिघलाया जाता है और एकसमान त्रिज्या-अनुप्रस्थ कट के लम्बे तार में ढाला जाता है। यदि तार की लम्बाई 36 से.मी. है, तो इसकी त्रिज्या है।

(a) 0.5 cm / 0.5 से.मी.

(b) 1.5 cm / 1.5 से.मी.

(c) 2 cm / 2 से.मी.

(d) More than one of the above / उपयुक्त में से एक से अधिक

(e) None of the above / उपयुक्त में से कोई नहीं

BPSC School Teacher 2023(Paper- II) Shift-2

Answer: (e) None of the above / उपयुक्त में से कोई नहीं

Explanation: प्रश्नानुसार,

ताँबे के गोले का आयतन = बेलनाकार तार का आयतन

गोले का व्यास = 6 सेमी

इसलिए त्रिज्या

$$r = \frac{6}{2} = 3 \text{ सेमी}$$

गोले का आयतन

$$\frac{4}{3}\pi r^3$$

तार का आयतन

$$\pi r^2 h$$

दोनों बराबर होंगे:

$$\frac{4}{3}\pi r^3 = \pi r^2 h$$

$$\frac{4}{3}\pi (3)^3 = \pi r^2 (36)$$

$$\frac{4}{3} \times 27 = r^2 \times 36$$

$$36 = 36r^2$$

$$r^2 = 1$$

$$r = 1 \text{ सेमी}$$

153. Two circles touch each other internally. The sum of their areas is 116π cm², and the distance between their centres is 6 cm. Find the radii of the circles respectively.

दो वृत्त आंतरिक रूप से स्पर्श करते हैं। उनके क्षेत्रों का योग 116π से.मी.² है और उनके केन्द्रों के बीच की दूरी 6 से.मी. है। वृत्तों की त्रिज्याएँ क्रमशः :

(a) 16 से.मी. और 10 से.मी.

(b) 10 से.मी. और 4 से.मी.

(c) 12 से.मी. और 6 से.मी.

(d) More than one of the above / उपयुक्त में से एक से अधिक

(e) None of the above / उपयुक्त में से कोई नहीं

BPSC School Teacher 2023(Paper- II) Shift-2

Answer: (b) 10 से.मी. और 4 से.मी.

Explanation: मान लें

बड़े वृत्त की त्रिज्या = R

छोटे वृत्त की त्रिज्या = r

आंतरिक स्पर्श होने पर

$R - r = 6$

$R = 6 + r$

क्षेत्रफलों का योग

$\pi\left(R^2 + r^2\right) = 116\pi$

$R^2 + r^2 = 116$

अब $R = 6 + r$ रखने पर

$(6+r)^2 + r^2 = 116$

$36 + r^2 + 12r + r^2 = 116$

$2r^2 + 12r + 36 = 116$

$2r^2 + 12r - 80 = 0$

$r^2 + 6r - 40 = 0$

$r^2 + 10r - 4r - 40 = 0$

$r(r+10) - 4(r+10) = 0$

$(r-4)(r+10) = 0$

$r = 4$ ($r = -10$ अस्वीकार्य)

अब

$R = 6 + r$

$R = 6 + 4 = 10$

अतः

बड़े वृत्त की त्रिज्या = 10 सेमी

छोटे वृत्त की त्रिज्या = 4 सेमी

154. A fast train takes 3 hours less than a slow train to travel 600 km. If the speed of the slow train is 10 km/h less than the speed of the fast train, then the speeds of the trains respectively are:

एक तेज ट्रेन 600 कि.मी. की यात्रा के लिए धीमी ट्रेन से 3 घंटे कम समय लेती है। यदि धीमी ट्रेन की गति, तेज ट्रेन की गति से 10 कि.मी./घंटा कम है, तो दोनों ट्रेनों की गति है, क्रमशः

(a) 50 km/h and 40 km/h / 50 कि.मी./घंटा और 40 कि.मी./घंटा

(b) 30 km/h and 20 km/h / 30 कि.मी./घंटा और 20 कि.मी./घंटा

(c) 40 km/h and 30 km/h / 40 कि.मी./घंटा और 30 कि.मी./घंटा

(d) More than one of the above / उपयुक्त में से एक से अधिक

(e) None of the above / उपयुक्त में से कोई नहीं

BPSC School Teacher 2023(Paper- II) Shift-2

Answer: (a) 50 km/h and 40 km/h / 50 कि.मी./घंटा और 40 कि.मी./घंटा

Explanation: मान लेते हैं

धीमी ट्रेन की चाल = x km/h

तेज ट्रेन की चाल = x + 10 km/h

दूरी = 600 km

समय = दूरी / चाल

धीमी ट्रेन का समय

$$\frac{600}{x}$$

तेज ट्रेन का समय

$$\frac{600}{x+10}$$

प्रश्न के अनुसार

$$\frac{600}{x}-\frac{600}{x+10}=3$$

अब हल करते हैं

$$\frac{600(x+10)-600x}{x(x+10)}=3$$

$$\frac{6000}{x(x+10)}=3$$

$$6000=3x(x+10)$$

$$2000=x(x+10)$$

$$x^2+10x-2000=0$$

अब गुणनखंड

$$x^2+50x-40x-2000=0$$

$$x(x+50)-40(x+50)=0$$

$$(x-40)(x+50)=0$$

$x=40$ या $x=-50$

ऋणात्मक चाल संभव नहीं है।

अतः

धीमी ट्रेन = 40 km/h

तेज ट्रेन = 50 km/h

155. Given the equations: $\frac{1}{x}+\frac{1}{y}=8$, $\frac{1}{y}+\frac{1}{z}=12$, $\frac{1}{z}+\frac{1}{x}=10$ **Find the value of x.**

समीकरण $\frac{1}{x}+\frac{1}{y}=8$, $\frac{1}{y}+\frac{1}{z}=12$, $\frac{1}{z}+\frac{1}{x}=10$ **को संतुष्ट करने वाले x का मान है**

(a) 3

(b) $\frac{1}{3}$

(c) $3\frac{1}{3}$

(d) More than one of the above / उपयुक्त में से एक से अधिक

(e) None of the above / उपयुक्त में से कोई नहीं

BPSC School Teacher 2023(Paper-II) Shift-2

Answer: (b)

Explanation: दिया गया है

$$\frac{1}{x}+\frac{1}{y}=8$$

$$\frac{1}{y}+\frac{1}{z}=12$$

$$\frac{1}{z}+\frac{1}{x}=10$$

पहले समीकरण से

$$\frac{1}{x}=8-\frac{1}{y}$$

दूसरे से

$$\frac{1}{y}=12-\frac{1}{z}$$

तीसरे से

$$\frac{1}{z}=10-\frac{1}{x}$$

अब substitute करते हैं

$$\frac{1}{x}=8-\left(12-\frac{1}{z}\right)$$

$$\frac{1}{x}=8-12+\frac{1}{z}$$

$$\frac{1}{x}=-4+\frac{1}{z}$$

अब

$$\frac{1}{z}=10-\frac{1}{x}$$

तो

$$\frac{1}{x} = -4 + \left(10 - \frac{1}{x}\right)$$

$$\frac{1}{x} = 6 - \frac{1}{x}$$

$$\frac{2}{x} = 6$$

$$x = \frac{2}{6}$$

$$x = \frac{1}{3}$$

156. A sum increases by 50% in 5 years at simple interest. At the same rate, find the compound interest on ₹12,000 for 3 years.

एक राशि में 5 वर्षों में साधारण ब्याज से 50% की वृद्धि होती है। इसी दर से ₹12,000 का 3 वर्षों बाद चक्रवृद्धि ब्याज क्या होगा?

(a) ₹3,972

(b) ₹6,240

(c) ₹3,120

(d) More than one of the above / उपयुक्त में से एक से अधिक

(e) None of the above / उपयुक्त में से कोई नहीं

BPSC School Teacher 2023(Paper- II) Shift-2

Answer: (a) ₹3,972

Explanation: मान लेते हैं,

मूलधन = $100x$

5 वर्ष बाद राशि = 150x

क्योंकि 50% की वृद्धि हुई है।

साधारण ब्याज का सूत्र

$$SI = \frac{P \times R \times T}{100}$$

यहाँ,

$$150x - 100x = \frac{100x \times R \times 5}{100}$$

$$50x = 5xR$$

$$R = 10\%$$

अर्थात ब्याज दर 10% है।अब चक्रवृद्धि ब्याज निकालते हैं

सूत्र

$$CI = P\left[\left(1 + \frac{R}{100}\right)^T - 1\right]$$

$$CI = 12000\left[\left(1 + \frac{10}{100}\right)^3 - 1\right]$$

$$= 12000\left[\left(\frac{11}{10}\right)^3 - 1\right]$$

$$= 12000\left(\frac{1331}{1000} - 1\right)$$

$$= 12000\left(\frac{331}{1000}\right)$$

$$= 12 \times 331$$

$$= 3972$$

157. In an examination, $37\frac{1}{2}\%$ of the total candidates were girls. 75% of the boys and $62\frac{1}{2}\%$ of the girls passed. If 342 girls failed, find the number of boys who failed.

एक परीक्षा में कुल अभ्यर्थियों का $37\frac{1}{2}\%$ छात्राएँ थीं। छात्रों का 75% तथा छात्राओं का $62\frac{1}{2}\%$ सफल हुए। कुल 342 छात्राएँ असफल हुईं। असफल छात्रों की संख्या ज्ञात करें।

(a) 370

(b) 380

(c) 360

(d) More than one of the above / उपयुक्त में से एक से अधिक

(e) None of the above / उपयुक्त में से कोई नहीं

BPSC School Teacher 2023(Paper- II) Shift-2

Answer: (b) 380

Explanation: मान लेते हैं,

कुल छात्र = 100

छात्राएँ

$37\frac{1}{2}\% = \frac{75}{2}\%$

छात्र

$100 - 37\frac{1}{2} = 62\frac{1}{2}\% = \frac{125}{2}\%$

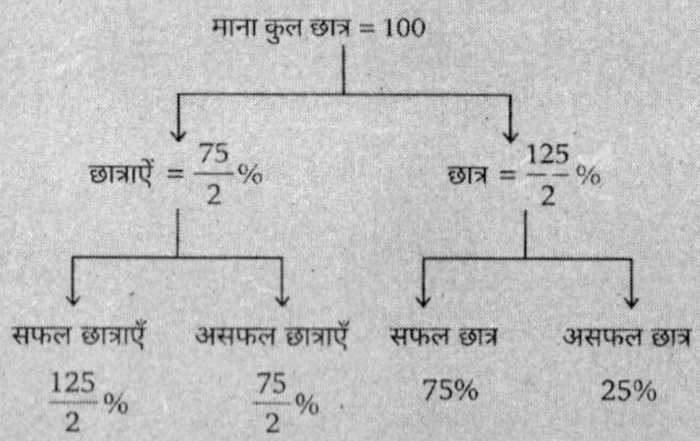

छात्राओं का परिणाम

सफल = $62\frac{1}{2}\%$

असफल =

$100 - 62\frac{1}{2} = 37\frac{1}{2}\%$

$= \frac{75}{2}\%$

प्रश्न के अनुसार

$\frac{75}{2}\% = 342$

कुल छात्र

$100\% = \frac{342}{75/2} \times 100$

$= 912$

छात्रों की संख्या

$\frac{125}{2}\% of\ 912$

$= \frac{912 \times 125 \times 2}{75 \times 2}$

$= 1520$

छात्रों में असफल

छात्रों का सफल = 75%

असफल = 25%

$= 1520 \times 25\%$

$= 1520 \times \frac{1}{4}$

$= 380$

158. Two symmetric rational numbers between $-\frac{2}{3}$ and $\frac{1}{2}$ are:

$-\frac{2}{3}$ और $\frac{1}{2}$ के बीच में दो समम परिमेय संख्याएँ हैं

(a) $\frac{2}{6}, \frac{3}{5}$

(b) $-\frac{2}{6}, \frac{2}{6}$

(c) $-\frac{1}{6}, \frac{4}{6}$

(d) More than one of the above / उपयुक्त में से एक से अधिक

(e) None of the above / उपयुक्त में से कोई नहीं

BPSC School Teacher 2023(Paper- II) Shift-2

Answer: (b)

Explanation: दिया गया है:

$-\frac{2}{3}$ और $\frac{1}{2}$

सबसे पहले दोनों का हर (denominator) समान करते हैं।

$$-\frac{2}{3}=-\frac{4}{6}$$

$$\frac{1}{2}=\frac{3}{6}$$

अब संख्याएँ होंगी

$$-\frac{4}{6} \text{ और } \frac{3}{6}$$

इनके बीच की परिमेय संख्याएँ:

$$-\frac{3}{6},-\frac{2}{6},-\frac{1}{6},0,\frac{1}{6},\frac{2}{6}$$

प्रश्न के अनुसार दो उपयुक्त संख्याएँ:

$$-\frac{2}{6} \text{ और } \frac{2}{6}$$

159. A father's age is five times the age of his son. After 15 years, his age will be twice the age of his son. What is the father's present age?

एक पिता की उम्र उसके पुत्र की उम्र की पाँच गुनी है, लेकिन 15 वर्ष बाद उसकी उम्र उसके पुत्र की उम्र की दो गुनी रह जाएगी। पिता की उम्र क्या है?

(a) 20 years / 20 वर्ष

(b) 25 years / 25 वर्ष

(c) 30 years / 30 वर्ष

(d) More than one of the above / उपयुक्त में से एक से अधिक

(e) None of the above / उपयुक्त में से कोई नहीं

BPSC School Teacher 2023(Paper- II) Shift-2

Answer: (b) 25 years / 25 वर्ष

Explanation: मान लेते हैं

पुत्र की उम्र = x वर्ष

तो पिता की उम्र = 5x

15 वर्ष बाद

पुत्र की उम्र

$x+15$

पिता की उम्र

$5x+15$

प्रश्न के अनुसार

$5x+15=2(x+15)$

अब हल करें

$5x+15=2x+30$

$5x-2x=30-15$

$3x=15$

$x=5$

पुत्र की उम्र = 5 वर्ष

पिता की उम्र

$5x=5\times5=25$

160. Neelu buys lemons at the rate of 2 lemons for 1 rupee and sells them at the rate of 5 lemons for 3 rupees. What is her profit percentage?

नीलू एक रुपये में 2 नींबू की दर से नींबू खरीदती है और उन्हें तीन रुपये में 5 नींबू की दर से बेचती है। उसका लाभ प्रतिशत क्या है?

(a) 15%

(b) 18%

(c) 20%

(d) More than one of the above / उपयुक्त में से एक से अधिक

(e) None of the above / उपयुक्त में से कोई नहीं

BPSC School Teacher 2023(Paper- II) Shift-2

Answer: (c) 20%

Explanation: खरीद दर:

1 रुपये में = 2 नींबू

⇒ 1 नींबू का क्रय मूल्य

$CP=\frac{1}{2}=0.5$ रुपये

5 नींबू का क्रय मूल्य

$5 \times 0.5 = 2.5$ रुपये

अब बिक्री दर:

5 नींबू = 3 रुपये

SP = 3

लाभ

$Profit = SP - CP$

$= 3 - 2.5 = 0.5$

लाभ प्रतिशत

$Profit\% = \frac{0.5}{2.5} \times 100$

$= 20\%$

161. In a school, every student studies either Hindi or English or both. 50.8% study Hindi and 64.2% study English. If the total number of students is 500, how many students study both Hindi and English?

50.8% हिंदी लेते हैं और 64.2% अंग्रेजी लेते हैं। यदि विद्यार्थियों की कुल संख्या 500 है, तो कितने विद्यार्थी हिंदी और अंग्रेजी दोनों लेते हैं?

(a) 60

(b) 65

(c) 75

(d) More than one of the above / उपयुक्त में से एक से अधिक

(e) None of the above / उपयुक्त में से कोई नहीं

BPSC School Teacher 2023 (Paper- II) Shift-2

Answer: (c) 75

Explanation: सूत्र:

$A + B - (A \cap B) = 100$

जहाँ

हिंदी = 50.8%

अंग्रेजी = 64.2%

$50.8 + 64.2 = 115$

दोनों लेने वाले

$115 - 100 = 15\%$

अब विद्यार्थियों की संख्या:

$500 \times \frac{15}{100}$

$= 75$

162. Find the value of: $x^{a(b-c)} \times x^{b(c-a)} \times x^{c(a-b)}$

निम्नलिखित का मान क्या है? $x^{a(b-c)} \times x^{b(c-a)} \times x^{c(a-b)}$

(a) 0

(b) 1

(c) x

(d) More than one of the above / उपयुक्त में से एक से अधिक

(e) None of the above / उपयुक्त में से कोई नहीं

BPSC School Teacher 2023(Paper- II) Shift-2

Answer: (b) 1

Explanation: घातांक के नियम के अनुसार:

$x^m \times x^n = x^{m+n}$

इसलिए

$x^{a(b-c)} \times x^{b(c-a)} \times x^{c(a-b)}$

$= x^{a(b-c)+b(c-a)+c(a-b)}$

अब घातांक जोड़ते हैं:

$ab - ac + bc - ab + ca - bc$

सभी पद कट जाते हैं:

$= 0$

अत:

$x^0 = 1$

163. Suresh and Shashi can complete a work in 11 days and 17 days respectively. After completing the work together, they received a total remuneration of ₹5,600. Their shares

in the remuneration will be—

सुरेश और शशि एक काम को क्रमशः 11 दिनों और 17 दिनों में पूरा करते हैं। दोनों ने मिलकर काम पूरा करके ₹3,600 पारिश्रमिक प्राप्त किया। पारिश्रमिक में उनका हिस्सा है:

(a) ₹3,600 and ₹2,000 / ₹3,600 और ₹2,000

(b) ₹3,400 and ₹2,200 / ₹3,400 और ₹2,200

(c) ₹3,500 and ₹2,100 / ₹3,500 और ₹2,100

(d) More than one of the above / उपयुक्त में से एक से अधिक

(e) None of the above / उपयुक्त में से कोई नहीं

BPSC School Teacher 2023(Paper- II) Shift-2

Answer: (b) ₹3,400 and ₹2,200 / ₹3,400 और ₹2,200

Explanation: दिया गया है—

सुरेश → संमय = 11 दिन

शशि → समय = 17 दिन

कार्य क्षमता = 17 : 11

पारिश्रमिक में सुरेश का हिस्सा

$= \frac{17 \times 5600}{17+11}$

= ₹3400

पारिश्रमिक में शशि का हिस्सा

= 5600 − 3400

= ₹2200

164. If $A:B = \frac{1}{2}:\frac{3}{8}$, $B:C = \frac{1}{3}:\frac{5}{9}$ **and** $C:D = \frac{5}{6}:\frac{3}{4}$ **then the ratio** $A:B:C:D$ **is ?**

यदि $A:B = \frac{1}{2}:\frac{3}{8}$, $B:C = \frac{1}{3}:\frac{5}{9}$ **और** $C:D = \frac{5}{6}:\frac{3}{4}$ **तो** $A:B:C:D$ **का अनुपात क्या है?**

(a) 6 : 8 : 9 : 10

(b) 8 : 6 : 10 : 9

(c) 4 : 6 : 8 : 10

(d) More than one of the above / उपयुक्त में से एक से अधिक

(e) None of the above / उपयुक्त में से कोई नहीं

BPSC School Teacher 2023(Paper- II) Shift-2

Answer: (b) 8 : 6 : 10 : 9

Explanation: पहले A : B निकालते हैं

$A:B = \frac{1}{2}:\frac{3}{8}$

$= \frac{1}{2} \times \frac{8}{3}$

$A:B = 4:3$

अब B : C

$B:C = \frac{1}{3}:\frac{5}{9}$

$= \frac{1}{3} \times \frac{9}{5}$

$B:C = 3:5$

अब C : D

$C:D = \frac{5}{6}:\frac{3}{4}$

$= \frac{5}{6} \times \frac{4}{3}$

$C:D = 10:9$

अब सभी को जोड़ते हैं

A : B = 4 : 3

B : C = 3 : 5

C : D = 10 : 9

LCM से समान बनाते हैं

A:B:C:D = 120:90:150:135

सरल रूप में

A:B:C:D = 8:6:10:9

165. The simplified form of $\left(4^{-1}+8^{-1}\right)\div\frac{1}{\left(\frac{3}{2}\right)^{-2}}$ is:

$\left(4^{-1}+8^{-1}\right)\div\frac{1}{\left(\frac{3}{2}\right)^{-2}}$ **का सरलीकृत रूप है**

(a) $\frac{1}{6}$

(b) $\frac{2}{3}$

(c) $\frac{1}{2}$

(d) More than one of the above / उपयुक्त में से एक से अधिक

(e) None of the above / उपयुक्त में से कोई नहीं

BPSC School Teacher 2023(Paper- II) Shift-2

Answer: (a)

Explanation:

$$\left(4^{-1}+8^{-1}\right)\div\frac{1}{\left(\frac{3}{2}\right)^{-2}}$$

$$=\left(\frac{1}{4}+\frac{1}{8}\right)\div\frac{1}{\left(\frac{3}{2}\right)^{-2}}$$

$$=\frac{3}{8}\times\frac{4}{9}$$

$$=\frac{1}{6}$$

166. If $\left(\frac{3}{4}\right)^{-6}\times\left(\frac{4}{3}\right)^{-8}=\left(\frac{3}{4}\right)^{n}$ then the value of n is?

यदि $\left(\frac{3}{4}\right)^{-6}\times\left(\frac{4}{3}\right)^{-8}=\left(\frac{3}{4}\right)^{n}$ तो n का मान है

(a) 1

(b) 4

(c) 3

(d) More than one of the above / उपयुक्त में से एक से अधिक

(e) None of the above / उपयुक्त में से कोई नहीं

BPSC School Teacher 2023(Paper- II) Shift-2

Answer: (e) None of the above / उपयुक्त में से कोई नहीं

Explanation: दिया गया है:

$$\left(\frac{3}{4}\right)^{-6}\times\left(\frac{4}{3}\right)^{-8}=\left(\frac{3}{4}\right)^{n}$$

$$\left(\frac{3}{4}\right)^{-6}\times\left(\frac{3}{4}\right)^{8}=\left(\frac{3}{4}\right)^{n}$$

$$\left(\frac{3}{4}\right)^{-6+8}=\left(\frac{3}{4}\right)^{n}$$

$$\left(\frac{3}{4}\right)^{2}=\left(\frac{3}{4}\right)^{n}$$

अत: $n=2$

167. Arrange the following fractions in ascending order: $\frac{13}{18},\frac{29}{36},\frac{41}{45},\frac{51}{60}$

निम्नलिखित भिन्नों को आरोही क्रम में व्यवस्थित कीजिए : $\frac{13}{18},\frac{29}{36},\frac{41}{45},\frac{51}{60}$

(a) $\frac{13}{18}<\frac{29}{36}<\frac{51}{60}<\frac{41}{45}$

(b) $\frac{13}{18}<\frac{51}{60}<\frac{29}{36}<\frac{41}{45}$

(c) $\frac{51}{60}<\frac{41}{45}<\frac{29}{36}<\frac{13}{18}$

(d) More than one of the above / उपयुक्त में से एक से अधिक

(e) None of the above / उपयुक्त में से कोई नहीं

BPSC School Teacher 2023 (Paper II) Shift-1

Answer: (a)

Explanation: दशमलव में बदलते हैं

$$\frac{13}{18}\approx 0.722$$

$$\frac{29}{36}\approx 0.806$$

$$\frac{51}{60}=0.85$$

$\frac{41}{45} \approx 0.911$

अब छोटे से बड़े क्रम में

$\frac{13}{18} < \frac{29}{36} < \frac{51}{60} < \frac{41}{45}$

168. How many squares are there in the given figure?

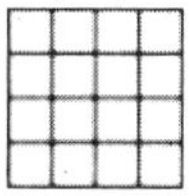

दिए गए चित्र में कितने वर्ग हैं?

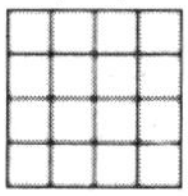

(a) 25

(b) 30

(c) 32

(d) More than one of the above / उपयुक्त में से एक से अधिक

(e) None of the above / उपयुक्त में से कोई नहीं

BPSC School Teacher 2023 (Paper II) Shift-1

Answer: (c) 30

Explanation: दी गयी आकृति में कुल वर्ग

$= (4 \times 4) + (3 \times 3) + (2 \times 2) + (1 \times 1)$

$= 16 + 9 + 4 + 1$

$= 30$

169. A person puts eggs in a basket in such a way that each day the number of eggs added is equal to the number already present in the basket. In this way, the basket becomes completely full in 24 days. After how many days was the basket three-fourths (3/4) full?

एक व्यक्ति अंडों को इस प्रकार टोकरी में रखता है कि प्रत्येक क्रमिक दिन पर रखे जाने वाले अंडों की संख्या पहले से टोकरी में मौजूद संख्या के बराबर है। इस प्रकार टोकरी 24 दिन में पूरी भर जाती है। तो कितने दिनों के बाद टोकरी तीन-चौथाई (3/4) भरी थी?

(a) 6

(b) 12

(c) 22

(d) More than one of the above / उपयुक्त में से एक से अधिक

(e) None of the above / उपयुक्त में से कोई नहीं

BPSC School Teacher 2023 (Paper II) Shift-1

Answer: (c) 22

Explanation: प्रश्नानुसार,

24 दिन = 1

23 दिन = $\frac{1}{2}$

22 दिन = $\frac{1}{4}$

अत: उपर्युक्त से स्पष्ट है कि 22 दिनों के बाद टोकरी एक चौथाई भरी थी।

170. The sum of two numbers is 480. If the larger number is decreased by 2% and the smaller number is increased by 10%, the resulting numbers become equal. Find the larger number (approximately).

दो संख्याओं का योग 480 है। यदि बड़ी संख्या में 2% की कमी कर दी जाती है और छोटी संख्या में 10% की वृद्धि कर दी जाती है, तो प्राप्त संख्याएँ बराबर हो जाती हैं। बड़ी संख्या है, लगभग—

BPSC School Teacher 2023 (Paper II) Shift-1

(a) $\frac{3320}{13}$

(b) $\frac{3300}{13}$

(c) $\frac{3120}{13}$

(d) More than one of the above / उपयुक्त में से एक से अधिक

(e) None of the above / उपयुक्त में से कोई नहीं

Answer: (b)

Explanation: मान लेते हैं:

बड़ी संख्या = B

छोटी संख्या = S

$$B + S = 480$$

$$0.98B = 1.10S$$

$$\frac{B}{S} = \frac{1.10}{0.98} = \frac{110}{98} = \frac{55}{49}$$

$$B = 55k, S = 49k$$

$$55k + 49k = 480$$

$$104k = 480$$

$$k = \frac{480}{104} = \frac{60}{13}$$

$$B = 55 \times \frac{60}{13} = \frac{3300}{13}$$

171. In the sequence 486, 324, 216, 144, ____, find the next number.

परिचित अनुक्रम 486, 324, 216, 144, ____ में अगली संख्या है –

(a) 96

(b) 76

(c) 36

(d) More than one of the above / उपयुक्त में से एक से अधिक

(e) None of the above / उपयुक्त में से कोई नहीं

BPSC School Teacher 2023 (Paper II) Shift-1

Answer: (a) 96

Explanation: दिया गया अनुक्रम:

$\frac{486}{3}$, $\frac{324}{3}$, $\frac{216}{3}$, $\frac{144}{3}$, [96]

−162 −108 −72 −48

प्रत्येक संख्या में से उस संख्या का 1/3 घटाया जा रहा है।

$486 - (486 \div 3) = 486 - 162 = 324$

$324 - (324 \div 3) = 324 - 108 = 216$

$216 - (216 \div 3) = 216 - 72 = 144$

$144 - (144 \div 3) = 144 - 48 = 96$

अतः अगली संख्या = 96

172. Find the missing number in the series: 240, 120, ?, 180, 360, 900 ?

निम्नलिखित श्रेणी में '?' के स्थान पर कौन-सी संख्या आएगी? 240, 120, ?, 180, 360, 900

(a) 120

(b) 130

(c) 150

(d) More than one of the above / उपयुक्त में से एक से अधिक

(e) None of the above / उपयुक्त में से कोई नहीं

BPSC School Teacher 2023 (Paper II) Shift-1

Answer: (a) 120

Explanation: श्रेणी का पैटर्न:

240, 120, [120] 180, 360, 900

×0.5 ×1 ×1.5 ×2 ×2.5

गुणा क्रम:

0.5, 1, 1.5, 2, 2.5

इसलिए

? = 120

173. Fill in the blank: ____ : FICTION :: GRIND : BMDIY

रिक्त स्थान में कौन-सा पद होगा? ____ : FICTION :: GRIND : BMDIY

(a) LOIZOUT

(b) KNHYNTS

(c) IMGXMSR

(d) More than one of the above / उपयुक्त में से एक से अधिक

(e) None of the above / उपयुक्त में से कोई नहीं

BPSC School Teacher 2023 (Paper II) Shift-1

Answer: (b) KNHYNTS

Explanation: GRIND → BMDIY

प्रत्येक अक्षर 5 स्थान पीछे किया गया है।

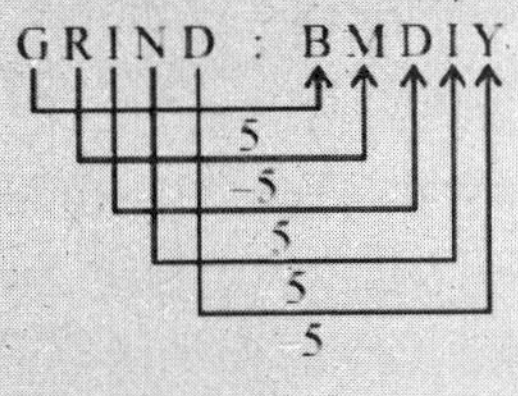

इसी प्रकार:

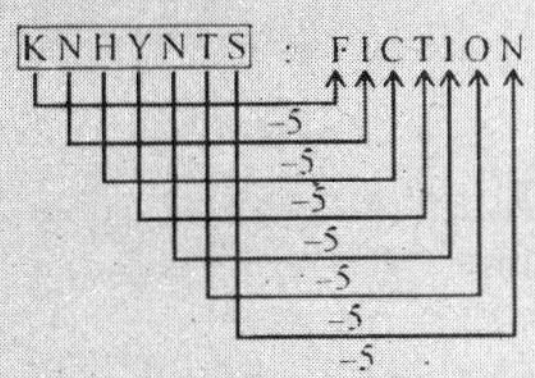

परिणाम = KNHYNTS

174. There are 5 routes from Prayagraj to Patna and 4 routes from Patna to Kolkata. How many possible routes are there from Prayagraj to Kolkata via Patna?

प्रयागराज से पटना जाने के 5 मार्ग हैं और 4 मार्ग पटना से कोलकाता जाने के हैं। पटना होते हुए प्रयागराज से कोलकाता जाने के कितने संभव रास्ते हैं?

(a) 45

(b) 20

(c) 54

(d) More than one of the above / उपयुक्त में से एक से अधिक

(e) None of the above / उपयुक्त में से कोई नहीं

BPSC School Teacher 2023 (Paper II) Shift-1

Answer: (b) 20

Explanation: प्रयागराज → पटना जाने के मार्ग = 5

पटना → कोलकाता जाने के मार्ग = 4

गणना के गुणन सिद्धांत (Multiplication Principle) के अनुसार:

कुल रास्ते

$5 \times 4 = 20$

175. Choose the most appropriate statement.

सर्वाधिक उपयुक्त कथन का चयन कीजिए।

(a) Every circle is an ellipse. / हर वृत्त दीर्घवृत्त है।

(b) No circle is a hyperbola. / कोई वृत्त अतिपरवलय नहीं है।

(c) Every square is a rectangle. / हर वर्ग आयत है।

(d) More than one of the above / उपयुक्त में से एक से अधिक

(e) None of the above / उपयुक्त में से कोई नहीं

BPSC School Teacher 2023 (Paper II) Shift-1

Answer: (d) More than one of the above / उपयुक्त में से एक से अधिक

Explanation: (a) हर वृत्त दीर्घवृत्त है

वृत्त को दीर्घवृत्त का विशेष रूप माना जाता है जहाँ दोनों फोकस एक ही बिंदु पर होते हैं।

सही

(b) कोई वृत्त अतिपरवलय नहीं है

अतिपरवलय और वृत्त अलग-अलग शंकु खंड (Conic Sections) हैं।

राही

(c) हर वर्ग आयत है

वर्ग में आयत के सभी गुण होते हैं (चार समकोण)।

सही

176. The word CODE is coded as 15161991 and STEP is coded as 18769122.

How will SPOTE be coded?

CODE शब्द को 15161991 के रूप में कोडित किया गया है और STEP को 18769122 के रूप में कोडित किया गया है। तो SPOTE को किस रूप में कोडित किया जाएगा?

(a) 1822761691

(b) 1822167691

(c) 1816227691

(d) More than one of the above / उपयुक्त में से एक से अधिक

(e) None of the above / उपयुक्त में से कोई नहीं

BPSC School Teacher 2023 (Paper II) Shift-1

Answer: (b) 1822167691

Explanation: दिए गए कोड से अक्षरों के मान निकालते हैं।

CODE → 15161991

C → 15

O → 16

D → 19

E → 91

STEP → 18769122

S → 18

T → 76

P → 22

अब SPOTE का कोड बनाएँ:

S → 18

P → 22

O → 16

T → 76

E → 91

कोड:

18 22 16 76 91

= 1822167691

177. The area of a circle is $40\pi^2$. The area of a square whose side is equal to the radius of the circle is—

एक वृत्त का क्षेत्रफल $40\pi^2$ है। वृत्त की त्रिज्या के बराबर भुजाओं वाले वर्ग का क्षेत्रफल है—

(a) 4π

(b) $4\pi^2$

(c) 40π

(d) More than one of the above / उपयुक्त में से एक से अधिक

(e) None of the above / उपयुक्त में से कोई नहीं

BPSC School Teacher 2023 (Paper II) Shift-1

Answer: (c) 40π

Explanation: $\pi r^2 = 40\pi^2$

$r^2 = 40\pi$

$r = \sqrt{40\pi}$

वर्ग की भुजा = $\sqrt{40\pi}$

अतः वर्ग का क्षेत्रफल = (भुजा)^2

$\left(\sqrt{40\pi}\right)^2 = 40\pi$

178. Choose the odd word from the group: Book, Paper, Pencil, Pen, Chalk

समूह में से भिन्न शब्द चुनिए: पुस्तक, कागज, पेंसिल, पेन, खड़

(a) Book / पुस्तक

(b) Pencil / पेंसिल

(c) Chalk / खड़

(d) More than one of the above / उपयुक्त में से एक से अधिक

(e) None of the above / उपयुक्त में से कोई नहीं

BPSC School Teacher 2023 (Paper II) Shift-1

Answer: (a) Book / पुस्तक

Explanation: कागज, पेंसिल, पेन, तथा खड़ लेखन के सहायक सामग्री हैं,

जबकि पुस्तक पढ़ने के काम आती है।

अतः दिए गए समूह में पुस्तक भिन्न है।

179. In the English alphabet, if A = 1, D = 2, P = 4, then which of the following represents 3?

अंग्रेजी वर्णमाला में, यदि A = 1, D = 2, P = 4 हो,तो निम्नलिखित में कौन-सा 3 को दर्शाता है?

(a) H

(b) I

(c) J

(d) More than one of the above / उपयुक्त में से एक से अधिक

(e) None of the above / उपयुक्त में से कोई नहीं

BPSC School Teacher 2023 (Paper II) Shift-1

Answer: (b) I

Explanation: $A = (1)^2 = 1$

$D = (2)^2 = 4$

$P = (4)^2 = 16$

उसी प्रकार:

$I = (3)^2 = 9$

अतः 3 को I दर्शाता है।

180. Two numbers are in the ratio 21 : 10. If their HCF (Highest Common Factor) is 11, then what is the sum of the numbers?

दो संख्याएँ 21 : 10 के अनुपात में हैं। यदि उनका म.स. (HCF) 11 है, तो संख्याओं का योग है—

(a) 341

(b) 141

(c) 241

(d) More than one of the above / उपयुक्त में से एक से अधिक

(e) None of the above / उपयुक्त में से कोई नहीं

BPSC School Teacher 2023 (Paper II) Shift-1

Answer: (a) 341

Explanation: दो संख्याओं का अनुपात = 21 : 10

म.स. (HCF) = 11

पहली संख्या = $21 \times 11 = 231$

दूसरी संख्या = $10 \times 11 = 110$

अतः संख्याओं का योग

$= 231 + 110$

$= 341$

181. If a smartphone is sold for P rupees, there is a 10% profit, and if the smartphone is sold for Q rupees, there is a 4% loss. Then P : Q is —.

एक स्मार्टफोन को P रुपये में बेचने पर 10% लाभ होता है और स्मार्टफोन को Q रुपये में बेचने पर 4% हानि होती है। तब P : Q है—

(a) 55 : 48

(b) 45 : 34

(c) 110 : 96

(d) More than one of the above / उपयुक्त में से एक से अधिक

(e) None of the above / उपयुक्त में से कोई नहीं

BPSC School Teacher 2023 (Paper II) Shift-1

Answer: (a) 55:48

Explanation: मान लें क्रय मूल्य = CP

10% लाभ पर विक्रय मूल्य

P = 110% of CP

$P = \frac{110}{100} CP$

4% हानि पर विक्रय मूल्य

Q = 96% of CP

$Q = \frac{96}{100} \cdot CP$

अब

$\frac{P}{Q} = \frac{110}{96}$

$P : Q = 110 : 96 = 55 : 48$

182. In how many different ways can the letters of the word EDUCATION be arranged so that all the vowels come together?

EDUCATION शब्द के अक्षरों को कितने प्रकार से व्यवस्थित किया जा सकता है ताकि स्वर एक साथ आएँ?

(a) 7200

(b) 14400

(c) 12100

(d) More than one of the above / उपयुक्त में से एक से अधिक

(e) None of the above / उपयुक्त में से कोई नहीं

BPSC School Teacher 2023 (Paper II) Shift-1

Answer: (b) 14400

Explanation: दिया गया शब्द = EDUCATION

व्यंजन = D, C, T, N = 4

स्वर = E, U, A, I, O = 5

स्वरों को एक साथ रखने पर उन्हें एक समूह (block) मानेंगे।

अब कुल इकाइयाँ =

4 व्यंजन + 1 स्वर समूह = 5

इनको व्यवस्थित करने के तरीके

$5! = 120$.

स्वरों को आपस में व्यवस्थित करने के तरीके

$5! = 120$

कुल तरीके

$5! \times 5! = 120 \times 120 = 14400$

183. If $\sqrt{\left(1+\frac{27}{169}\right)} = \left(1+\frac{x}{13}\right)$ then the value of x is:

यदि $\sqrt{\left(1+\frac{27}{169}\right)} = \left(1+\frac{x}{13}\right)$ तो x का मान है :

(a) 1

(b) −14/13

(c) −27

(d) More than one of the above / उपयुक्त में से एक से अधिक

(e) None of the above / उपयुक्त में से कोई नहीं

BPSC School Teacher 2023 (Paper II) Shift-1

Answer: (d) More than one of the above / उपयुक्त में से एक से अधिक

Explanation:

$$\sqrt{1+\frac{27}{169}} = 1+\frac{x}{13}$$

$$\sqrt{\frac{196}{169}} = 1+\frac{x}{13}$$

$$\frac{14}{13} = 1+\frac{x}{13}$$

or

$$-\frac{14}{13} = 1+\frac{x}{13}$$

$$\frac{14}{13} = 1+\frac{x}{13}$$

$$\frac{14}{13} - 1 = \frac{x}{13}$$

$$\frac{1}{13} = \frac{x}{13}$$

$$x = 1$$

$$-\frac{14}{13} = 1+\frac{x}{13}$$

$$-\frac{14}{13} - 1 = \frac{x}{13}$$

$$-\frac{27}{13} = \frac{x}{13}$$

$$x = -27$$

184. A solid metal sphere has a radius of 3 cm. From it, how long can a wire of 4 mm diameter be drawn?

किसी धातु के एक ठोस गोले की त्रिज्या 3 सेमी है। इससे 4 मि.मी. व्यास का कितना लंबा तार खींचा जा सकता है?

(a) 8.8 m / 8.8 से.मी.

(b) 9 m / 9 से.मी.

(c) 9.1 m / 9.1 से.मी.

(d) More than one of the above / उपयुक्त में से एक से अधिक

(e) None of the above / उपयुक्त में से कोई नहीं

BPSC School Teacher 2023 (Paper II) Shift-1

Answer: (b) 9 m

Explanation: गोले की त्रिज्या

$r = 3$ से.मी.

तार की त्रिज्या:

व्यास = 4 मि.मी.

$r = 2$ मि.मी. $= \frac{2}{10}$ से.मी.

गोले का आयतन = बेलन (तार) का आयतन

$$\frac{4}{3}\pi r^3 = \pi r^2 h$$

मान रखिए:

$$\frac{4}{3}\pi(3)^3 = \pi\left(\frac{2}{10}\right)^2 h$$

$$\frac{4}{3}\times 27 = \frac{4}{100}h$$

$$36 = \frac{4}{100}h$$

$$h = 900\,cm$$

$$h = 9\,m$$

185. A furniture seller suffers a loss equal to the selling price of 6 chairs when he sells 30 chairs. Find the percentage loss.

एक फर्नीचर विक्रेता को 30 कुर्सियों के बेचने पर 6 कुर्सियों के विक्रय मूल्य के बराबर हानि होती है। उसका प्रतिशत हानि है —

(a) 16

(b) $16\frac{1}{3}$

(c) $16\frac{2}{3}$

(d) More than one of the above / उपयुक्त में से एक से अधिक

(e) None of the above / उपयुक्त में से कोई नहीं

BPSC School Teacher 2023 (Paper II) Shift-1

Answer: (c)

Explanation:

%हानि $= \frac{\text{(हानि)}}{\text{(क्रय मूल्य)}} \times 100$

हानि = 6 कुर्सियों का विक्रय मूल्य (SP)

क्रय मूल्य 30 + 6 = 36 कुर्सियों के बराबर है।

%हानि $= \frac{6}{36}\times 100$

$= \frac{1}{6}\times 100$

$= 16\frac{2}{3}\%$

186. The product of the digits of a two-digit number is 36. If 45 is subtracted from the number, the digits interchange. Find the number.

दो अंकों की एक संख्या के अंकों का गुणनफल 36 है। यदि संख्या में से 45 घटा दिया जाए, तो अंक आपस में बदल जाते हैं। संख्या है –

(a) 84

(b) 73

(c) 49

(d) More than one of the above / उपयुक्त में से एक से अधिक

(e) None of the above / उपयुक्त में से कोई नहीं

BPSC School Teacher 2023 (Paper II) Shift-1

Answer: (e) None of the above / उपयुक्त में से कोई नहीं

Explanation: मान लेते हैं:

दहाई का अंक = x

इकाई का अंक = y

संख्या = $110x + y$

$x \times y = 36$

$xy = 36$

$10x + y - 45 = 10y + x$

$9x - 9y = 45$

$x - y = 5$

$xy = 36$

$x = \frac{36}{y}$

$x - y = 5$

$\frac{36}{y} - y = 5$

$36 - y^2 = 5y$

$y^2 + 5y - 36 = 0$

$(y-4)(y+9) = 0$

$y = 4 \, or \, y = -9$

$y = 4$

$x = \frac{36}{4} = 9$

$10x + y = 10(9) + 4 = 94$

187. If a+b+c = 0 find the value of $\frac{a^2}{bc} + \frac{b^2}{ca} + \frac{c^2}{ab}$?

यदि a+b+c = 0 तो $\frac{a^2}{bc} + \frac{b^2}{ca} + \frac{c^2}{ab}$ का मान क्या है?

(a) 1

(b) 2

(c) 3

(d) More than one of the above / उपयुक्त में से एक से अधिक

(e) None of the above / उपयुक्त में से कोई नहीं

BPSC School Teacher 2023 (Paper II) Shift-1

Answer: (c) 3

Explanation: पहचान

abc

$\frac{a^3 + b^3 + c^3}{abc}$

तो पहचान के अनुसार

If $a + b + c = 0$

$a^3 + b^3 + c^3 = 3abc$

अब मान रखेंगे:

$\frac{3abc}{abc} = 3$

188. Solve $4^{x+1} + 4^{1-x} = 10$?

$4^{x+1} + 4^{1-x} = 10$ **का हल है –**

(a) $-\frac{1}{2}$

(b) $\frac{1}{2}$

(c) 0

(d) More than one of the above / उपयुक्त में से एक से अधिक

(e) None of the above / उपयुक्त में से कोई नहीं

BPSC School Teacher 2023 (Paper II) Shift-1

Answer: (d) More than one of the above / उपयुक्त में से एक से अधिक

Explanation: विकल्पों से —

1. $x = \frac{1}{2}$ रखने पर:

$4^{\frac{3}{2}} + 4^{\frac{1}{2}} = 10$

$(2^2)^{\frac{3}{2}} + (2^2)^{\frac{1}{2}} = 10$

$2^3 + 2^1 = 10$

$8 + 2 = 10$

$10 = 10$

2. $x = -\frac{1}{2}$ रखने पर:

$$4^{\frac{1}{2}} + 4^{\frac{3}{2}} = 10$$

$$(2^2)^{\frac{1}{2}} + (2^2)^{\frac{3}{2}} = 10$$

$$2^1 + 2^3 = 10$$

$$2 + 8 = 10$$

$$10 = 10$$

189. When the polynomial $x^3 - 3x^2 + x + 2$ is divided by a polynomial g(x), the quotient and remainder are (x^2 - x + 1) and $(-2x+4)$ respectively. Find g(x).

$x^3 - 3x^2 + x + 2$ **को एक बहुपद g(x) से विभाजित करने पर भागफल तथा शेषफल क्रमश: (x^2 - x + 1) और (-2x+4) हैं, तब g (x) है —**

(a) $x - 2$

(b) $x^2 + x + 1$

(c) $x^2 - 1$

(d) More than one of the above / उपर्युक्त में से एक से अधिक

(e) None of the above / उपर्युक्त में से कोई नहीं

BPSC School Teacher 2023 (Paper II) Shift-1

Answer: (a) $x - 2$

Explanation: बहुपद विभाजन का सूत्र:

भाज्य = भाजक × भागफल + शेषफल

दिया है

भाज्य

$x^3 - 3x^2 + x + 2$

भागफल

$x^2 - x + 1$

शेषफल

$-2x + 4$.

मान लेते हैं

$g(x) = ax + b$

अब सूत्र लगाते हैं:

$x^3 - 3x^2 + x + 2 = (ax + b)(x^2 - x + 1) + (-2x + 4)$

$(ax + b)(x^2 - x + 1)$

$= ax^3 - ax^2 + ax + bx^2 - bx + b$

अब शेषफल जोड़ें

$= ax^3 + (-a + b)x^2 + (a - b - 2)x + (b + 4)$

अब इसे भाज्य से बराबर करें:

$x^3 - 3x^2 + x + 2$

x^3 के लिए

$a = 1$

x^2 के लिए

$-a + b = -3$

$-1 + b = -3$

$b = -2$

x के लिए

$a - b - 2 = 1$

$b + 4 = 2$

$-2 + 4 = 2$

$g(x) = x - 2$

190. A toy is in the shape of a cone mounted on a hemisphere of diameter 7 cm.

The total height of the toy is 14.5 cm. Find the volume of the toy. $\pi = \frac{22}{7}$

एक खिलौना एक शंकु के आकार का है, जो 7 से.मी. व्यास वाले एक अर्धगोले पर चढ़ा हुआ है। खिलौने की कुल ऊँचाई 14.5 से.मी. है, तो खिलौने का आयतन ज्ञात कीजिए।

$\pi = \frac{22}{7}$

(a) 231 cm^3 / से.मी³

(b) 331 cm^3 / से.मी³

(c) 131 cm^3 / से.मी³

(d) More than one of the above / उपर्युक्त में से एक से अधिक

(e) None of the above / उपर्युक्त में से कोई नहीं

BPSC School Teacher 2023 (Paper II) Shift-1

Answer: (a) 231 cm³ / से.मी³

Explanation: व्यास = 7 cm

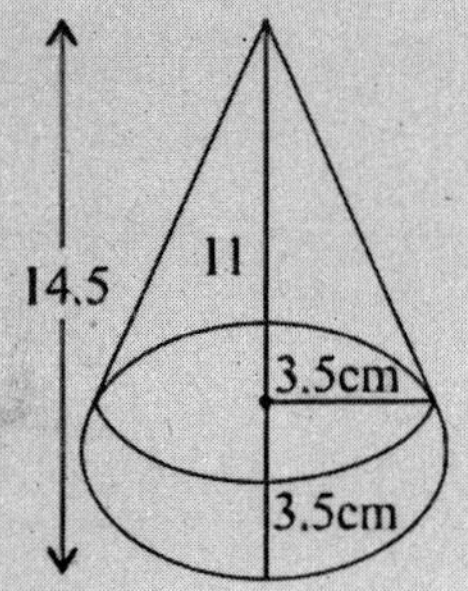

अतः त्रिज्या $r = 3.5$ cm

कुल ऊँचाई = 14.5 cm

अर्धगोले की ऊँचाई = 3.5 cm

शंकु की ऊँचाई

$h = 14.5 - 3.5 = 11cm$

कुल आयतन

$V = V_{hemisphere} + V_{cone}$

अर्धगोला

$V = \frac{2}{3}\pi r^3$

शंकु

$V = \frac{1}{3}\pi r^2 h$

अब मान रखते हैं

$= \frac{2}{3}\pi(3.5)^3 + \frac{1}{3}\pi(3.5)^2(11)$

$= \frac{1}{3}\pi(3.5)^2(2\times3.5+11)$

$= \frac{1}{3}\times\frac{22}{7}\times3.5\times3.5\times18$

$= 11\times3.5\times6$

$= 231cm^3$

191. In a club, every member participates either in Tabla or Rummy. 320 play Rummy, 350 play Tabla and 220 play both. Find the total number of members in the club.

किसी क्लब में सभी सदस्य या तबला या रम्मी में भाग लेते हैं। 320 रम्मी में भाग लेते हैं, 350 तबला में भाग लेते हैं और 220 दोनों में भाग लेते हैं। क्लब में कुल कितने सदस्य हैं?

(a) 440

(b) 445

(c) 450

(d) More than one of the above / उपयुक्त में से एक से अधिक

(e) None of the above / उपयुक्त में से कोई नहीं

BPSC School Teacher 2023 (Paper II) Shift-1

Answer: (c) 450

Explanation: मान लेते हैं

रम्मी = 320

तबला = 350

दोनों = 220

केवल तबला

350 - 220 = 130

केवल रम्मी

320 - 220 = 100

कुल सदस्य

130+220+100

=450

192. The sum of the reciprocals of A's age 2 years ago and A's age 2 years hence is $\frac{2}{3}$. Find A's present age.

2 वर्ष पहले A की आयु के व्युत्क्रम और अब से 2 वर्ष बाद उसकी आयु के व्युत्क्रम का योग $\frac{2}{3}$ है।

A की वर्तमान आयु क्या है?

(a) 5 years / 5 वर्ष

(b) 7 years / 7 वर्ष

(c) 4 years / 4 वर्ष

(d) More than one of the above / उपयुक्त में से एक से अधिक

(e) None of the above / उपयुक्त में से कोई नहीं

BPSC School Teacher 2023 (Paper II) Shift-I

Answer: (c) 4 years / 4 वर्ष

Explanation: मान लेते हैं A की वर्तमान आयु = x

2 वर्ष पहले

$x-2$

2 वर्ष बाद

$x+2$

प्रश्नानुसार

$$\frac{1}{x-2}+\frac{1}{x+2}=\frac{2}{3}$$

LCM लेने पर

$$\frac{x+2+x-2}{x^2-4}=\frac{2}{3}$$

$$\frac{2x}{x^2-4}=\frac{2}{3}$$

$$6x=2\left(x^2-4\right)$$

$$6x=2x^2-8$$

$$2x^2-6x-8=0$$

$$x^2-3x-4=0$$

$$(x-4)(x+1)=0$$

$$x=4,-1$$

आयु ऋणात्मक नहीं हो सकती

$$x=4$$

193. For which value of k, the system of equations x-ky =2 and $3x$+$2y$=-5 has a unique solution?

k के किस मान के लिए, समीकरण निकाय x - ky =2 और $3x$+$2y$=-5 का एक अद्वितीय हल (unique solution) है?

(a) $-\frac{2}{3}$

(b) 1

(c) 2

(d) More than one of the above / उपयुक्त में से एक से अधिक

(e) None of the above / उपयुक्त में से कोई नहीं

BPSC School Teacher 2023 (Paper II) Shift-1

Answer: (a) $-\frac{2}{3}$

Explanation: दिए गए समीकरण:

$$x-ky=2$$

$$3x+2y=-5$$

Matrix रूप में:

$$\{1x-ky=23x+2y=-5$$

Coefficient matrix:

$$[1-k32]$$

किसी रैखिक समीकरण युग्म का अद्वितीय हल (Unique Solution) तब होता है जब उसका determinant $\neq 0$ हो।

$$D=\text{¨ } 1-k32\text{O}$$

$$D=(1)(2)-(-k)(3)$$

$$D=2+3k$$

Unique solution के लिए

$$2+3k\neq 0$$

$$3k\neq -2 \qquad k\neq -\frac{2}{3}$$

194. The radius of a circle is 14 cm and the area of a sector is 102.7 cm². Find the central angle of the sector.

एक वृत्त की त्रिज्या 14 सेमी है और एक त्रिज्याखंड (Sector) का क्षेत्रफल 102.7 सेमी² है।

त्रिज्याखंड का केंद्रीय कोण होगा –

(a) 30°

(b) 60°

(c) 45°

(d) More than one of the above / उपयुक्त में से एक से अधिक

(e) None of the above / उपयुक्त में से कोई नहीं

BPSC School Teacher 2023 (Paper II) Shift-1

Answer: (b) 60°

Explanation: Sector का क्षेत्रफल का सूत्र:

$$Area = \frac{\theta}{360} \times \pi r^2$$

दियां है

$r = 14$ cm

Area = 102.7 cm²

$$\frac{\theta}{360} \times \pi \times 14^2 = 102.7$$

$$\frac{\theta}{360} \times \frac{22}{7} \times 14 \times 14 = 102.7$$

$$\theta = \frac{102.7 \times 360 \times 7}{22 \times 14 \times 14}$$

$$\theta \approx 60^\circ$$

195. Find the compound interest on ₹15,625 at 16% per annum for 9 months, when the interest is compounded quarterly.

₹15,625 का 16% वार्षिक ब्याज की दर से 9 माह का चक्रवृद्धि ब्याज क्या होगा जबकि ब्याज तिमाही (Quarterly) देय है?

(a) ₹1,961

(b) ₹1,951

(c) ₹2,051

(d) More than one of the above / उपयुक्त में से एक से अधिक

(e) None of the above / उपयुक्त में से कोई नहीं

BPSC School Teacher 2023 (Paper II) Shift-1

Answer: (b) ₹1,951

Explanation: दिया है

मूलधन $P = 15625$

वार्षिक दर $R = 16\%$

चूंकि ब्याज तिमाही (Quarterly) है:

$$Quarterly\ Rate = \frac{16}{4} = 4\%$$

समय:

9 माह=3 तिमाही

Compound Amount का सूत्र:

$$A = P\left(1 + \frac{R}{100}\right)^n$$

$$A = 15625\left(1 + \frac{4}{100}\right)^3$$

$$A = 15625 \times \left(\frac{26}{25}\right)^3$$

$$A = 15625 \times \frac{26}{25} \times \frac{26}{25} \times \frac{26}{25}$$

$$A = 17576$$

अब चक्रवृद्धि ब्याज:

$$CI = A - P$$

$$CI = 17576 - 15625$$

$$CI = 1951$$

196. If the product of the roots of the equation $3kx^2 - 25kx + k + 8 = 0$ is 8, then the value of k is—

यदि समीकरण $3kx^2 - 25kx + k + 8 = 0$ के मूलों का गुणनफल 8 है, तो k है—

(a) 1

(b) 4

(c) 3

(d) More than one of the above / उपयुक्त में से एक से अधिक

(e) None of the above / उपयुक्त में से कोई नहीं

BPSC School Teacher 2023 (Paper II) Shift-1

Answer: (a) 1

Explanation: दिया गया समीकरण है—

$$3kx^2 - 25kx + k + 8 = 0$$

मान लें मूल α तथा β हैं।

तब—

$$\alpha\beta = \frac{c}{a}$$

$$\Rightarrow 3 = \frac{k+8}{3}$$

$$\Rightarrow k+8 = 9$$

$$\therefore k = 1$$

197. The value of $log_{\sqrt{2}}(32)$ is—

$log_{\sqrt{2}}(32)$ **का मान है—**

(a) $\frac{5}{2}$

(b) 5

(c) 10

(d) More than one of the above / उपयुक्त में से एक से अधिक

(e) None of the above / उपयुक्त में से कोई नहीं

BPSC School Teacher 2023 (Paper II) Shift-1

Answer: (c) 10

Explanation: पहले संख्याओं को 2 के घात (power) में लिखते हैं।

$$\sqrt{2} = 2^{1/2}$$

$$32 = 2^5$$

अब

$$log_{2^{1/2}}(2^5)$$

लॉग का नियम:

$$log_{a^m}(a^n) = \frac{n}{m}$$

इसलिए

$$log_{2^{1/2}}(2^5) = \frac{5}{1/2}$$

$$= 5 \times 2$$

$$= 10$$

198. In a right-angled triangle, the height is 6 cm less than the base. If the hypotenuse is $\sqrt{218}$ cm, then the other two sides (in cm) are—

एक समकोण त्रिभुज की ऊँचाई, इसके आधार से 6 सेमी कम है। यदि कर्ण (अतिभुज) $\sqrt{218}$ सेमी है, तो अन्य दो भुजाएँ (सेमी. में) हैं—

(a) 5 and 11 / 5 और 11

(b) 9 and 15 / 9 और 15

(c) 10 and 16 / 10 और 16

(d) More than one of the above / उपयुक्त में से एक से अधिक

(e) None of the above / उपयुक्त में से कोई नहीं

BPSC School Teacher 2023 (Paper II) Shift-1

Answer: (e) None of the above / उपयुक्त में से कोई नहीं

Explanation: दिया गया है—

त्रिभुज का विकर्ण = $\sqrt{218}$ सेमी.

मान लें त्रिभुज की ऊँचाई = x

त्रिभुज का आधार = $x+6$

पाइथागोरस सिद्धांत से,

$$(x)^2 + (x+6)^2 = (\sqrt{218})^2$$

$$x^2 + x^2 + 12x + 36 = 218$$

$$2x^2 + 12x - 182 = 0$$

$$x^2 + 6x - 91 = 0$$

$$x^2 + 13x - 7x - 91 = 0$$

$$x(x+13) - 7(x+13) = 0$$

$$(x-7)(x+13) = 0$$

$$x = 7, x = -13$$

अतः ऊँचाई = 7 सेमी

आधार = 7 + 6 = 13 सेमी

Regional General Awareness
(प्रादेशिक सामान्य ज्ञान)

1. In Bihar, which of the following facts have been revealed by Bihar Caste Survey, 2023?

बिहार में बिहार जाति सर्वेक्षण, 2023 द्वारा निम्नलिखित में से कौन-सा तथ्य उजागर हुआ है?

(a) Upper Caste 15.52% / उच्च जाति 15.52%
(b) Scheduled Caste and Scheduled Tribe 21.33% / अनुसूचित जाति एवं अनुसूचित जनजाति 21.33%
(c) Backward Class 63.14% / पिछड़ा वर्ग 63.14%
(d) More than one of the above / उपर्युक्त में से एक से अधिक
(e) None of the above / उपर्युक्त में से कोई नहीं

Exam: BPSC TRE 3.0 (1–5) Re-exam 20/07/2024

Answer:(c) Backward Class 63.14% / पिछड़ा वर्ग 63.14%

Explanation :

- बिहार जाति सर्वेक्षण 2023 के अनुसार पिछड़ा वर्ग + अत्यंत पिछड़ा वर्ग = 63.14% है।
- उच्च जाति (Upper caste) लगभग 15.52% है।
- SC + ST की कुल जनसंख्या लगभग 21.33% है।
- यह सर्वेक्षण राज्य की सामाजिक-आर्थिक स्थिति (Socio-economic condition) जानने के लिए किया गया था।

2. How many people have been the Chief Ministers of Bihar from 26 January 1950 to the beginning of 2024?

26 जनवरी 1950 से 2024 के प्रारंभ तक बिहार के कुल कितने लोग मुख्यमंत्री रहे हैं?

(a) Only 23 people / केवल 23 लोग
(b) Only 25 people / केवल 25 लोग
(c) Only 21 people / केवल 21 लोग
(d) More than one of the above / उपर्युक्त में से एक से अधिक
(e) None of the above / उपर्युक्त में से कोई नहीं

Exam: BPSC TRE 3.0 (1–5) Re-exam 20/07/2024

Answer: (a) Only 23 people / केवल 23 लोग

Explanation :

- 26 जनवरी 1950 से 2024 तक 23 व्यक्ति बिहार के मुख्यमंत्री रह चुके हैं।
- बिहार के पहले मुख्यमंत्री डॉ. श्रीकृष्ण सिंह थे।
- वर्तमान समय में नीतीश कुमार कई बार मुख्यमंत्री बन चुके हैं।
- मुख्यमंत्री राज्य की कार्यपालिका (Executive authority) का प्रमुख होता है।

3. The Congress Socialist Party was formed in

कांग्रेस समाजवादी दल की स्थापना हुई

(a) June 1934 / जून 1934
(b) July 1934 / जुलाई 1934
(c) May 1934 / मई 1934
(d) More than one of the above / उपर्युक्त में से एक से अधिक
(e) None of the above / उपर्युक्त में से कोई नहीं

Exam: 69th BPSC (Pre) 2023

Answer:(c) May 1934 / मई 1934

Explanation :

- कांग्रेस समाजवादी दल (CSP) की स्थापना मई 1934 में पटना में हुई एक बैठक के दौरान की गई थी।
- इसके प्रमुख नेताओं में जयप्रकाश नारायण, आचार्य नरेंद्र देव, और राम मनोहर लोहिया शामिल थे।
- जयप्रकाश नारायण इसके महासचिव (General Secretary) थे और आचार्य नरेंद्र देव इसके अध्यक्ष (President) थे।
- इसका मुख्य उद्देश्य भारतीय राष्ट्रीय कांग्रेस के भीतर रहकर समाजवाद के सिद्धांतों को आगे बढ़ाना था।

4. Mission Daksh started by Bihar Government is for the benefit of

बिहार सरकार द्वारा मिशन दक्ष किसके लाभ के लिए शुरू किया गया?

(a) Farm labourers / खेत मजदूर

(b) Educationally weak children / शैक्षणिक रूप से कमजोर बच्चे
(c) Small artisans / छोटे कारीगर
(d) More than one of the above / उपर्युक्त में से एक से अधिक
(e) None of the above / उपर्युक्त में से कोई नहीं

Exam: BPSC TRE 3.0 (6–8) Exam-2024 (Cancelled)

Answer:(b)Educationally weak children / शैक्षणिक रूप से कमजोर बच्चे

Explanation :

- मिशन दक्ष का उद्देश्य कक्षा 3–8 के कमजोर विद्यार्थियों को बेहतर शिक्षा देना है।
- इसमें विशेष रूप से हिंदी, गणित और अंग्रेजी पढ़ाई जाती है।
- इसका उद्देश्य सीखने के स्तर (Learning level) को सुधारना है।
- इससे स्कूल छोड़ने की दर (Dropout rate) कम करने का प्रयास किया गया है।

5. In 1930, due to protest against revenue collection in Bihar, how much decline occurred?

1930 में बिहार क्षेत्र की राजस्व वसूली में धरना-प्रदर्शन के कारण कितनी कमी हुई?

(a) 20 lakh / 20 लाख
(b) 30 lakh / 30 लाख
(c) 10 lakh / 10 लाख
(d) More than one of the above / उपर्युक्त में से एक से अधिक
(e) None of the above / उपर्युक्त में से कोई नहीं

Exam: BPSC TRE 3.0 (6–8) Exam-2024 (Cancelled)

Answer: (c) 10 lakh / 10 लाख

Explanation :

- 1930 में कर विरोधी आंदोलन के कारण राजस्व वसूली में कमी आई।
- इस आंदोलन के कारण लगभग 10 लाख रुपये की कमी दर्ज हुई।
- यह आंदोलन ब्रिटिश सरकार की कर नीति (Tax policy) के विरोध में था।
- यह स्वतंत्रता आंदोलन से भी जुड़ा हुआ था।

6. Under Bihar Industrial Investment Promotion Policy 2022, patent fee subsidy will be given up to

बिहार औद्योगिक निवेश प्रोत्साहन नीति 2022 के अनुसार पेटेंट शुल्क पर कितना अनुदान दिया जाएगा?

(a) 5 lakh / 5 लाख
(b) 10 lakh / 10 लाख
(c) 20 lakh / 20 लाख
(d) More than one of the above / उपर्युक्त में से एक से अधिक
(e) None of the above / उपर्युक्त में से कोई नहीं

Exam: BPSC TRE 3.0 (1–5) Exam-2024 (Cancelled)

Answer:(b) 10 lakh / 10 लाख

Explanation :

- बिहार औद्योगिक निवेश प्रोत्साहन नीति 2022 के तहत पेटेंट शुल्क पर 10 लाख रुपये तक अनुदान दिया जाता है।
- इसका उद्देश्य नवाचार (Innovation) और उद्योग निवेश (Industrial investment) को बढ़ावा देना है।
- यह विशेष रूप से वस्त्र और चमड़ा उद्योग (Textile & Leather Industry) के लिए लागू है।
- इससे राज्य में रोजगार के अवसर (Employment opportunities) बढ़ते हैं।

7. How many Assembly constituencies are there in Patna district?

पटना जिले के अंतर्गत कितने विधानसभा निर्वाचन क्षेत्र हैं?

(a) 16 / 16
(b) 12 / 12
(c) 14 / 14
(d) More than one of the above / उपर्युक्त में से एक से अधिक
(e) None of the above / उपर्युक्त में से कोई नहीं

Exam: BPSC TRE 3.0 (1–5) Exam-2024 (Cancelled)

Answer:(c) 14 / 14

Explanation :

- पटना जिले में कुल 14 विधानसभा निर्वाचन क्षेत्र आते हैं।
- बिहार विधानसभा में कुल 243 सीटें हैं।
- पटना जिले में 2 लोकसभा निर्वाचन क्षेत्र भी आते हैं।
- बिहार विधानसभा का गठन 1937 में किया गया था।

8. **Which district of Bihar produces the highest rice?**

बिहार के किस जिले में धान का उत्पादन सर्वाधिक होता है?

(a) Bhojpur / भोजपुर
(b) Rohtas / रोहतास
(c) Nalanda / नालंदा
(d) More than one of the above / उपर्युक्त में से एक से अधिक
(e) None of the above / उपर्युक्त में से कोई नहीं

Exam: BPSC TRE 3.0 (1–5) Exam-2024

Answer:(b)Rohtas / रोहतास

Explanation :

- बिहार में धान उत्पादन में रोहतास जिला प्रथम स्थान पर है।
- यहाँ लगभग 993 हजार टन धान उत्पादन होता है।
- इसके बाद औरंगाबाद और कैमूर जिले आते हैं।
- यह क्षेत्र सोन नदी बेसिन के कारण कृषि के लिए उपयुक्त है।

9. **Which district of Bihar produces the highest wheat?**

बिहार के किस जिले में गेहूँ का उत्पादन सर्वाधिक होता है?

(a) Patna / पटना
(b) Rohtas / रोहतास
(c) Jehanabad / जहानाबाद
(d) More than one of the above / उपर्युक्त में से एक से अधिक
(e) None of the above / उपर्युक्त में से कोई नहीं

Exam: BPSC TRE 3.0 (1–5) Exam-2024

Answer:(b)Rohtas / रोहतास

Explanation :

- बिहार में गेहूँ उत्पादन में रोहतास जिला प्रथम स्थान पर है।
- यहाँ लगभग 729 हजार टन गेहूँ उत्पादन होता है।
- इसके बाद कैमूर, पश्चिम चंपारण और पूर्वी चंपारण प्रमुख जिले हैं।
- यहाँ की उपजाऊ जलोढ़ मिट्टी गेहूँ उत्पादन के लिए उपयुक्त है।

10. **Which district of Bihar produces the highest sugarcane?**

बिहार के किस जिले में गन्ने का उत्पादन सर्वाधिक होता है?

(a) East Champaran / पूर्वी चंपारण
(b) West Champaran / पश्चिमी चंपारण
(c) Saran / सारण
(d) More than one of the above / उपर्युक्त में से एक से अधिक
(e) None of the above / उपर्युक्त में से कोई नहीं

Exam: BPSC TRE 3.0 (1–5) Exam-2024

Answer:(b)West Champaran / पश्चिमी चंपारण

Explanation :

- बिहार में गन्ना उत्पादन में पश्चिमी चंपारण जिला प्रथम स्थान पर है।
- यहाँ लगभग 56% से अधिक गन्ना उत्पादन होता है।
- इसके बाद पूर्वी चंपारण, गोपालगंज और सीवान जिले आते हैं।
- यह क्षेत्र बिहार के चीनी उद्योग का प्रमुख केंद्र है।

11. **When was Patna College established?**

पटना कॉलेज की स्थापना कब हुई?

(a) 1861 / 1861
(b) 1863 / 1863
(c) 1865 / 1865
(d) More than one of the above / उपर्युक्त में से एक से अधिक
(e) None of the above / उपर्युक्त में से कोई नहीं

Exam: BPSC TRE 3.0 (1–5) Exam-2024

Answer:(b)1863 / 1863

Explanation :

- पटना कॉलेज की स्थापना 9 जनवरी 1863 को हुई थी।
- यह बिहार का एक प्रमुख उच्च शिक्षा संस्थान है।
- यह पटना विश्वविद्यालय का एक घटक कॉलेज है।
- यहाँ कला, विज्ञान और वाणिज्य के पाठ्यक्रम पढ़ाए जाते हैं।

12. Who was hanged in the Muzaffarpur Bomb Case?

मुजफ्फरपुर बम कांड में किसे फाँसी की सजा दी गई थी?

(a) Prafulla Chaki / प्रफुल्ल चाकी
(b) Khudiram Bose / खुदीराम बोस
(c) Rash Behari Bose / रासबिहारी बोस
(d) More than one of the above / उपर्युक्त में से एक से अधिक
(e) None of the above / उपर्युक्त में से कोई नहीं

Exam: BPSC TRE 3.0 (1–5) Exam-2024

Answer:(b)Khudiram Bose / खुदीराम बोस

Explanation :

- मुजफ्फरपुर बम क्रांड (1908) ब्रिटिश अधिकारी किंग्सफोर्ड को लक्ष्य बनाकर किया गया था।
- इस घटना को खुदीराम बोस और प्रफुल्ल चाकी ने अंजाम दिया।
- प्रफुल्ल चाकी ने गिरफ्तारी से बचने के लिए आत्महत्या कर ली।
- खुदीराम बोस को 11 अगस्त 1908 को फाँसी दी गई।

13. Which of the following was not associated with the 'Ahraar Movement'?

इनमें से कौन एक 'अहरार आंदोलन' से संबंधित नहीं थे?

(a) Maulana Mazharul Haq / मौलाना मजहरुल हक
(b) Maulana Zafar Ali Khan / मौलाना जाफर अली खाँ
(c) Maulana Altaf Hussain Hali / मौलाना अल्ताफ हुसैन हाली
(d) More than one of the above / उपर्युक्त में से एक से अधिक
(e) None of the above / उपर्युक्त में से कोई नहीं

Exam: BPSC TRE-3.0 (1-5) Exam-2024 (Cancelled)

Answer:(c)Maulana Altaf Hussain Hali / मौलाना अल्ताफ हुसैन हाली

Explanation :

- अहरार आंदोलन की शुरुआत लगभग 1910 में हुई।
- इसके प्रमुख नेता मौलाना मजहरुल हक, मौलाना जफर अली खान आदि थे।
- मौलाना अल्ताफ हुसैन हाली एक प्रसिद्ध उर्दू कवि थे, इस आंदोलन से जुड़े नहीं थे।
- इसलिए सही उत्तर विकल्प(c) है।

14. Who led the Kol Rebellion of 1832-33?

1832-33 के 'कोल विद्रोह' का नेतृत्व किसने किया था?

(a) Narayan Rao / नारायण राव
(b) Sidhu and Kanhu / सिधु और कान्हू
(c) Deo Narayan / देवो नारायण
(d) More than one of the above / उपर्युक्त में से एक से अधिक
(e) None of the above / उपर्युक्त में से कोई नहीं

Exam: BPSC TRE-3.0 (1-5) Exam-2024 (Cancelled)

Answer:(e)None of the above / उपर्युक्त में से कोई नहीं

Explanation :

- कोल विद्रोह (1831-33) छोटानागपुर क्षेत्र में हुआ।
- इसका नेतृत्व बुधु भगत ने किया था।
- दिए गए विकल्पों में बुधु भगत का नाम नहीं है।
- इसलिए सही उत्तर(e) है।

15. In which year was Bihar separated from Bengal?

किस वर्ष बिहार को बंगाल से अलग किया गया था?

(a) 1905 / 1905
(b) 1907 / 1907
(c) 1909 / 1909
(d) More than one of the above / उपर्युक्त में से एक से अधिक
(e) None of the above / उपर्युक्त में से कोई नहीं

Exam: BPSC TRE-3.0 (1-5) Exam-2024 (Cancelled)

Answer:(e)None of the above / उपर्युक्त में से कोई नहीं

Explanation :

- 22 मार्च 1912 को बिहार और उड़ीसा को बंगाल से अलग किया गया।
- उस समय नया प्रांत Bihar and Orissa Province बनाया गया।

- बाद में 1936 में बिहार और उड़ीसा अलग-अलग राज्य बने।
- इसलिए दिए गए विकल्पों में सही वर्ष नहीं है।

16. In which year was the Bihar Solar Energy Irrigation Scheme started?

बिहार सौर ऊर्जा सिंचाई योजना निम्नलिखित में से किस वर्ष आरम्भ की गई थी?

(a) 2008 / 2008
(b) 2011 / 2011
(c) 2014 / 2014
(d) More than one of the above / उपर्युक्त में से एक से अधिक
(e) None of the above / उपर्युक्त में से कोई नहीं

Exam: BPSC TRE-3.0 (1-5) Exam-2024 (Cancelled)

Answer: (a)

2008 / 2008

Explanation :

- बिहार सरकार ने 2008 में सौर ऊर्जा सिंचाई योजना शुरू की।
- इसका उद्देश्य सिंचाई के लिए बिजली की कमी को दूर करना था।
- इसमें किसानों को सोलर पंप उपलब्ध कराए जाते हैं।
- इससे कृषि उत्पादन बढ़ाने में मदद मिलती है।

17. Which river frequently changes its course in Bihar?

बिहार की कौन-सी नदी अपना मार्ग बार-बार बदलने के लिए जानी जाती है?

(a) Kosi / कोसी
(b) Gandak / गंडक
(c) Punpun / पुनपुन
(d) More than one of the above / उपर्युक्त में से एक से अधिक
(e) None of the above / उपर्युक्त में से कोई नहीं

Exam: BPSC TRE-3.0 Exam 21/07/2024

Answer: (a) Kosi / कोसी

Explanation :

- कोसी नदी को "बिहार का शोक" कहा जाता है।
- यह नदी अक्सर अपना मार्ग बदलती रहती है।
- इसके कारण बिहार में बार-बार बाढ़ की समस्या होती है।
- कोसी नदी का उद्गम तिब्बत और नेपाल के हिमालय क्षेत्र में है।

18. Who led the Revolt of 1857 in Bihar?

बिहार में 1857 की क्रांति का नेतृत्व किसने किया था?

(a) Kunwar Singh / कुंवर सिंह
(b) Tatya Tope / तात्या टोपे
(c) Nana Saheb / नाना साहेब
(d) More than one of the above / उपर्युक्त में से एक से अधिक
(e) None of the above / उपर्युक्त में से कोई नहीं

Exam: BPSC TRE 3.0 Exam 21/07/2024

Answer: (a) Kunwar Singh / कुंवर सिंह

Explanation :

- बिहार में 1857 की क्रांति का नेतृत्व वीर कुंवर सिंह ने किया।
- वे जगदीशपुर (आरा, भोजपुर) के जमींदार थे।
- उन्होंने अंग्रेजी सेना के विरुद्ध कई युद्ध लड़े।
- उन्हें 1857 की क्रांति के प्रमुख नायकों में गिना जाता है।

19. In which year did Babu Kunwar Singh die?

बाबू कुंवर सिंह का देहांत किस वर्ष हुआ?

(a) 1857 / 1857
(b) 1858 / 1858
(c) 1859 / 1859
(d) More than one of the above / उपर्युक्त में से एक से अधिक
(e) None of the above / उपर्युक्त में से कोई नहीं

Exam: BPSC TRE 3.0 (1-5) Exam-2024 (Cancelled)

Answer:(b)1858 / 1858

Explanation :

- बाबू कुंवर सिंह का देहांत 26 अप्रैल 1858 को हुआ।
- उन्होंने 1857 की क्रांति में अंग्रेजों के खिलाफ नेतृत्व किया।
- उनकी अंतिम लड़ाई जगदीशपुर में हुई थी।
- वे बिहार के महान स्वतंत्रता सेनानी माने जाते हैं।

20. Who provided leadership in the districts of Patna, Ara and Shahabad during the Revolt of 1857 in Bihar?

बिहार में 1857 की क्रांति के दौरान पटना, आरा और शाहाबाद जिलों में किसने नेतृत्व प्रदान किया?

(a) Raj Kumar Shukla / राजकुमार शुक्ल
(b) Namdar Khan / नामदार खाँ
(c) Kunwar Singh / कुंवर सिंह
(d) More than one of the above / उपर्युक्त में से एक से अधिक
(e) None of the above / उपर्युक्त में से कोई नहीं

Exam: BPSC TRE 2.0 15/12/2023 (Paper-IV)

Answer:(c) Kunwar Singh / कुंवर सिंह

Explanation :

- बिहार में 1857 की क्रांति के दौरान इन क्षेत्रों में नेतृत्व कुंवर सिंह ने किया।
- वे भोजपुर के जगदीशपुर के जमींदार थे।
- उन्होंने अंग्रेजी सेना के विरुद्ध कई सफल युद्ध किए।
- उनके सम्मान में 1966 में डाक टिकट जारी किया गया।

21. Name the left-wing leader of Bihar Provincial Kisan Sabha who popularised it in Bihar.

बिहार के किस वामपंथी नेता ने बिहार प्रांतीय किसान सभा को लोकप्रिय बनाया था?

(a) Wadhwa Ram / वधवा राम
(b) Karyanand Sharma / कार्यानंद शर्मा
(c) P.C. Joshi / पी.सी. जोशी
(d) More than one of the above / उपर्युक्त में से एक से अधिक
(e) None of the above / उपर्युक्त में से कोई नहीं

Exam: BPSC TRE 3.0 Exam 21/07/2024

Answer:(b) Karyanand Sharma / कार्यानंद शर्मा

Explanation :

- बिहार प्रांतीय किसान सभा को लोकप्रिय बनाने में कार्यनंद शर्मा का बड़ा योगदान था।
- किसान आंदोलन के प्रमुख नेता स्वामी सहजानंद सरस्वती भी थे।
- किसान सभा की स्थापना 1928 में हुई थी।
- इसका उद्देश्य किसानों के अधिकारों की रक्षा करना था।

22. Under the Government of India Act 1935, who was the first elected Chairman of Bihar Legislative Council?

भारत सरकार अधिनियम 1935 के तहत बिहार विधान परिषद के प्रथम निर्वाचित सभापति कौन थे?

(a) Rajiv Ranjan Sinha / राजीव रंजन सिन्हा
(b) Rai Bahadur Satish Chandra / राय बहादुर सतीश चंद्र
(c) Rajendra Prasad / राजेंद्र प्रसाद
(d) More than one of the above / उपर्युक्त में से एक से अधिक
(e) None of the above / उपर्युक्त में से कोई नहीं

Exam: BPSC TRE 3.0 (6-8) Re-exam 19/07/2024

Answer:(b) Rai Bahadur Satish Chandra / राय बहादुर सतीश चंद्र

Explanation :

- भारत सरकार अधिनियम 1935 के तहत बिहार विधान परिषद का गठन हुआ।
- इसके प्रथम सभापति राय बहादुर सतीश चंद्र बने।
- परिषद में कुल 29 सदस्य थे।
- बाद में राजीव रंजन सिन्हा उपसभापति बने।

23. Bihar Diwas is celebrated on ________ to commemorate its separation from the Bengal Presidency.

बिहार दिवस ________ को मनाया जाता है।

(a) On March 22 to commemorate its separation from the Bengal Presidency / 22 मार्च को बंगाल प्रेसीडेंसी से अलग होने की स्मृति में
(b) On March 22 to commemorate its separation from the Calcutta Presidency / 22 मार्च को कलकत्ता प्रेसीडेंसी से अलग होने की स्मृति में
(c) On March 22 to commemorate its separation from the Mughal Presidency / 22 मार्च को मुगल प्रेसीडेंसी से अलग होने की स्मृति में
(d) More than one of the above / उपर्युक्त में से एक से अधिक
(e) None of the above / उपर्युक्त में से कोई नहीं

Exam: BPSC TRE 3.0 (6-8) Re-exam 19/07/2024

Answer:(a) On March 22 to commemorate its separation from the Bengal Presidency / 22 मार्च को बंगाल प्रेसीडेंसी से अलग होने की स्मृति में

Explanation :

- बिहार दिवस हर वर्ष 22 मार्च को मनाया जाता है।
- 22 मार्च 1912 को बिहार को बंगाल से अलग कर नया प्रांत बनाया गया।
- इसे Bihar and Orissa Province कहा गया।
- 1936 में बिहार और ओडिशा अलग-अलग राज्य बने।

24. Congress Socialist Party (CSP) was formed in which year?

कांग्रेस सोशलिस्ट पार्टी (CSP) का गठन किस वर्ष हुआ था?

(a) 1932 / 1932
(b) 1934 / 1934
(c) 1930 / 1930
(d) More than one of the above / उपर्युक्त में से एक से अधिक
(e) None of the above / उपर्युक्त में से कोई नहीं

Exam: BPSC TRE 3.0 (6-8) Re-exam 19/07/2024

Answer:(b) 1934 / 1934

Explanation :

- कांग्रेस सोशलिस्ट पार्टी की स्थापना मई 1934 में हुई।
- इसके प्रमुख नेता जयप्रकाश नारायण, राम मनोहर लोहिया और आचार्य नरेंद्र देव थे।
- यह भारतीय राष्ट्रीय कांग्रेस का समाजवादी विचारधारा वाला समूह था।
- इसका उद्देश्य समाजवादी नीतियों को बढ़ावा देना था।

25. In which district of Bihar is silk textile production maximum?

बिहार के किस जिले में रेशमी वस्त्र का उत्पादन सर्वाधिक होता है?

(a) Bhagalpur / भागलपुर
(b) Madhubani / मधुबनी
(c) Aurangabad / औरंगाबाद
(d) More than one of the above / उपर्युक्त में से एक से अधिक
(e) None of the above / उपर्युक्त में से कोई नहीं

Exam: BPSC TRE 3.0 (11-12) Exam 22/07/2024

Answer: (a) Bhagalpur / भागलपुर

Explanation :

- भागलपुर को "Silk City of India" कहा जाता है।
- यहाँ का तसर सिल्क और भागलपुरी साड़ी प्रसिद्ध है।
- बिहार का प्रमुख रेशम उद्योग केंद्र यही है।
- यहाँ राज्य रेशम संस्थान भी स्थित है।

26. Who founded the Bihar Provincial Congress Committee in 1920?

1920 में बिहार प्रांतीय कांग्रेस कमेटी की स्थापना किसने की थी?

(a) Anugrah Narayan Sinha / अनुग्रह नारायण सिन्हा
(b) Dr. Rajendra Prasad / डॉ. राजेंद्र प्रसाद
(c) Jai Prakash Narayan / जयप्रकाश नारायण
(d) More than one of the above / उपर्युक्त में से एक से अधिक
(e) None of the above / उपर्युक्त में से कोई नहीं

Exam: BPSC TRE 3.0 (11-12) Exam 22/07/2024

Answer:(b) Dr. Rajendra Prasad / डॉ. राजेंद्र प्रसाद

Explanation :

- बिहार प्रांतीय कांग्रेस कमेटी की स्थापना 1920 में हुई।
- इसकी स्थापना डॉ. राजेंद्र प्रसाद ने की।
- वे भारत के प्रथम राष्ट्रपति भी बने।
- कांग्रेस आंदोलन को बिहार में मजबूत बनाने में उनका बड़ा योगदान था।

27. The All India Kisan Sabha (AIKS) was founded in 1936 in Bihar under the leadership of:

1936 में अखिल भारतीय किसान सभा (AIKS) की स्थापना बिहार में किसके नेतृत्व में हुई थी?

(a) Jai Prakash Narayan / जयप्रकाश नारायण
(b) Dr. Rajendra Prasad / डॉ. राजेंद्र प्रसाद
(c) Swami Sahajanand Saraswati / स्वामी सहजानंद सरस्वती
(d) More than one of the above / उपर्युक्त में से एक से अधिक
(e) None of the above / उपर्युक्त में से कोई नहीं

Exam: BPSC TRE 3.0 (11-12) Exam 22/07/2024

Answer:(c) Swami Sahajanand Saraswati / स्वामी सहजानंद सरस्वती

Explanation :

- अखिल भारतीय किसान सभा की स्थापना 1936 में हुई।
- इसके प्रमुख नेता स्वामी सहजानंद सरस्वती थे।
- वे किसान आंदोलन के प्रमुख नेता थे।
- किसान सभा का उद्देश्य किसानों के अधिकारों की रक्षा करना था।

28. Who was known as the farmer leader of Bihar?
बिहार का कृषक नेता कौन था?

(a) Raj Kumar Shukla / राज कुमार शुक्ल
(b) Swami Sahajanand Saraswati / स्वामी सहजानंद सरस्वती
(c) Rajendra Prasad / राजेंद्र प्रसाद
(d) More than one of the above / उपर्युक्त में से एक से अधिक
(e) None of the above / उपर्युक्त में से कोई नहीं

Exam: BPSC TRE 3.0 (1-5) Re-exam 20/07/2024

Answer:(b)Swami Sahajanand Saraswati / स्वामी सहजानंद सरस्वती

Explanation :

- स्वामी सहजानंद सरस्वती को बिहार का कृषक नेता कहा जाता है।
- उन्होंने किसानों के अधिकारों के लिए आंदोलन चलाया।
- वे अखिल भारतीय किसान सभा के संस्थापक नेताओं में थे।
- उनका आश्रम सीताराम आश्रम (पटना) में था।

29. Padmashree Ushakiran Khan had the following achievements:
पद्मश्री उषा किरण खान की निम्नलिखित उपलब्धियाँ थीं :

1. **Sahitya Akademi Award 2010 / साहित्य अकादमी पुरस्कार 2010**
2. **Bharat Bharati 2019 / भारत भारती 2019**
3. **Maithili – Kachahi Bans / मैथिली – काँचीहि बाँस**
4. **Hindi – Anuttarit Prashna / हिंदी – अनुत्तरित प्रश्न**

(a) Only 2 / केवल 2
(b) Only 1 / केवल 1
(c) Only 3 / केवल 3
(d) More than one of the above / उपर्युक्त में से एक से अधिक
(e) None of the above / उपर्युक्त में से कोई नहीं

Exam: BPSC TRE 3.0 (1-5) Re-exam 20/07/2024

Answer:(d) More than one of the above / उपर्युक्त में से एक से अधिक

Explanation :

- उषाकिरण खान प्रसिद्ध मैथिली साहित्यकार हैं।
- उन्हें साहित्य अकादमी पुरस्कार (2011) मिला।
- उन्हें पद्मश्री (2015) और भारत भारती (2019) से सम्मानित किया गया।
- उनकी प्रमुख कृतियों में काँचीहि बाँस और अनुत्तरित प्रश्न शामिल हैं।

30. Which was the main centre of Wahabis activities in Bihar?

बिहार में वहाबियों की गतिविधियों का मुख्य केन्द्र कौन-सा था?

(a) Jagdishpur / जगदीशपुर
(b) Champaran / चंपारण
(c) Patna / पटना
(d) More than one of the above / उपर्युक्त में से एक से अधिक
(e) None of the above / उपर्युक्त में से कोई नहीं

Exam: BPSC TRE 3.0 (1-5) Re-exam 20/07/2024

Answer: (c) Patna / पटना

Explanation :

- भारत में वहाबी आंदोलन का प्रमुख केन्द्र बिहार का पटना था।
- यह एक धार्मिक सुधार आंदोलन था।
- इसका नेतृत्व भारत में सैयद अहमद बरेलवी ने किया।
- यह आंदोलन अंग्रेजों के विरुद्ध भी सक्रिय था।

31. Which of the following is the oldest river valley project in Bihar?

निम्न में से बिहार में सबसे पुरानी नदी घाटी परियोजना कौन-सी है?

(a) Damodar River Valley Project / दामोदर नदी घाटी परियोजना

(b) Sone River Valley Project / सोन नदी घाटी परियोजना
(c) Kosi River Valley Project / कोसी नदी घाटी परियोजना
(d) More than one of the above / उपर्युक्त में से एक से अधिक
(e) None of the above / उपर्युक्त में से कोई नहीं

Exam: BPSC TRE 3.0 (1-5) Re-exam 20/07/2024

Answer: (a) Damodar River Valley Project / दामोदर नदी घाटी परियोजना

Explanation :

- दामोदर घाटी परियोजना भारत की पहली बहुउद्देशीय नदी घाटी परियोजना थी।
- इसकी स्थापना 1948 में की गई।
- इसका उद्देश्य बाढ़ नियंत्रण, सिंचाई और बिजली उत्पादन था।
- यह परियोजना बिहार और पश्चिम बंगाल दोनों से संबंधित है।

32. During which movement was 'Bihar Vidyapeeth' established?

किस आंदोलन के दौरान 'बिहार विद्यापीठ' की स्थापना की गई?

(a) Swadeshi Movement / स्वदेशी आंदोलन
(b) Non-Cooperation Movement / असहयोग आंदोलन
(c) Civil Disobedience Movement / सविनय अवज्ञा आंदोलन
(d) More than one of the above / उपर्युक्त में से एक से अधिक
(e) None of the above / उपर्युक्त में से कोई नहीं

Exam: BPSC TRE 2.0 14/12/2023 (Paper-I)

Answer:(b)Non-Cooperation Movement / असहयोग आंदोलन

Explanation :

- बिहार विद्यापीठ की स्थापना 6 फरवरी 1921 को हुई।
- इसकी स्थापना महात्मा गांधी ने की।
- यह असहयोग आंदोलन के दौरान स्थापित हुआ।
- इसका उद्देश्य राष्ट्रीय शिक्षा को बढ़ावां देना था।

33. When was the Patna Women's College founded?

पटना महिला महाविद्यालय कब स्थापित हुआ?

(a) 1938 / 1938
(b) 1940 / 1940
(c) 1941 / 1941
(d) More than one of the above / उपर्युक्त में से एक से अधिक
(e) None of the above / उपर्युक्त में से कोई नहीं

Exam: BPSC TRE 2.0 14/12/2023 (Paper-I)

Answer: (b) 1940 / 1940

Explanation :

- पटना महिला महाविद्यालय की स्थापना 1940 में हुई।
- यह बिहार का पहला महिला कॉलेज था।
- इसका संचालन सिस्टर्स ऑफ द एपोस्टोलिक कार्मेल संस्था द्वारा किया जाता है।
- 1952 में यह पटना विश्वविद्यालय का अंग बना।

34. In which district of Bihar maize production is maximum?

बिहार के किस जिले में मक्का का उत्पादन सर्वाधिक होता है?

(a) Saran / सारण
(b) Siwan / सिवान
(c) Muzaffarpur / मुजफ्फरपुर
(d) More than one of the above / उपर्युक्त में से एक से अधिक
(e) None of the above / उपर्युक्त में से कोई नहीं

Exam: BPSC TRE 2.0 14/12/2023 (Paper-I)

Answer:(c) Muzaffarpur / मुजफ्फरपुर

Explanation :

- बिहार में मक्का उत्पादन में मुजफ्फरपुर जिला प्रथम स्थान पर है।
- भारत में मक्का उत्पादन में बिहार का दूसरा स्थान है।
- राज्य के प्रमुख मक्का उत्पादक जिले पूर्णिया, कटिहार, भागलपुर, मधेपुरा, सहरसा आदि हैं।
- मक्का बिहार की प्रमुख खरीफ फसल हैं।

35. Kunwar Singh, a leader of the Revolt of 1857, was related to which place?

1857 के विद्रोह के नेता कुंवर सिंह किस स्थान से संबंधित थे?

(a) Gwalior / ग्वालियर
(b) Meerut / मेरठ
(c) Jagdishpur / जगदीशपुर
(d) More than one of the above / उपर्युक्त में से एक से अधिक
(e) None of the above / उपर्युक्त में से कोई नहीं

Exam: BPSC TRE 2.0 14/12/2023 (Paper-I)

Answer:(c) Jagdishpur / जगदीशपुर

Explanation :

- वीर कुंवर सिंह जगदीशपुर (भोजपुर, बिहार) के जमींदार थे।
- उन्होंने 1857 की क्रांति में अंग्रेजों के विरुद्ध नेतृत्व किया।
- उनकी अंतिम लड़ाई जगदीशपुर के पास हुई।
- वे 1857 के महान स्वतंत्रता सेनानी माने जाते हैं।

36. The organizing place of Thawe Mahotsav, 2023 was

थावे महोत्सव, 2023 का आयोजन स्थल था

(a) Bhagalpur (Bihar) / भागलपुर (बिहार)
(b) Munger (Bihar) / मुंगेर (बिहार)
(c) Patna (Bihar) / पटना (बिहार)
(d) More than one of the above / उपर्युक्त में से एक से अधिक
(e) None of the above / उपर्युक्त में से कोई नहीं

Exam: BPSC TRE 2.0 14/12/2023 (Paper-I)

Answer:(e) None of the above / उपर्युक्त में से कोई नहीं

Explanation :

- थावे महोत्सव गोपलगंज जिले में आयोजित किया जाता है।
- यह प्रसिद्ध थावे दुर्गा मंदिर से संबंधित उत्सव है।
- इसका आयोजन 2012 से प्रतिवर्ष किया जा रहा है।
- इसका उद्देश्य पर्यटन को बढ़ावा देना है।

37. Who formed a Congress Ministry in Bihar as Premier on 20 July, 1937?

20 जुलाई 1937 को बिहार में कांग्रेस मंत्रिमंडल का गठन प्रीमियर के रूप में किसने किया था?

(a) Prof. Abdul Bari / प्रो. अब्दुल बारी
(b) Anugrah Narayan Sinha / अनुग्रह नारायण सिन्हा
(c) Shri Krishna Sinha / श्रीकृष्ण सिन्हा
(d) More than one of the above / उपर्युक्त में से एक से अधिक
(e) None of the above / उपर्युक्त में से कोई नहीं

Exam: BPSC TRE 2.0 18/12/2023 (Paper-III)

Answer:(c) Shri Krishna Sinha / श्रीकृष्ण सिन्हा

Explanation :

- 20 जुलाई 1937 को श्रीकृष्ण सिन्हा ने बिहार में कांग्रेस मंत्रिमंडल बनाया।
- वे बिहार के पहले मुख्यमंत्री (Premier) बने।
- उनके साथ अनुग्रह नारायण सिन्हा उपमुख्यमंत्री थे।
- उन्हें "बिहार केसरी" भी कहा जाता है।

38. Babu Kunwar Singh is associated with which of the following places?

बाबू कुंवर सिंह निम्नलिखित में से किस स्थान से संबंधित हैं?

(a) Arrah / आरा
(b) Bhagalpur / भागलपुर
(c) Patna / पटना
(d) More than one of the above / उपर्युक्त में से एक से अधिक
(e) None of the above / उपर्युक्त में से कोई नहीं

Exam: BPSC TRE 2.0 18/12/2023 (Paper-III)

Answer:(a) आरा (Arrah)

Explanation :

- बाबू कुंवर सिंह 1857 के विद्रोह के दौरान जगदीशपुर (आरा/शाहाबाद क्षेत्र) के प्रमुख नेता थे।
- पटना में विद्रोह का नेतृत्व पीर अली खान ने किया था।
- यद्यपि कुंवर सिंह ने आजमगढ़ और गाजीपुर जैसे क्षेत्रों में अंग्रेजों के खिलाफ लड़ाई लड़ी थी, लेकिन भागलपुर उनका मुख्य नेतृत्व क्षेत्र नहीं था।

39. Barabar Hills are situated in the vicinity of which city of Bihar?

बराबर की पहाड़ियाँ बिहार के किस शहर के निकट स्थित हैं?

(a) Makhdumpur / मखदूमपुर
(b) Munger / मुंगेर
(c) Madhubani / मधुबनी
(d) More than one of the above / उपर्युक्त में से एक से अधिक
(e) None of the above / उपर्युक्त में से कोई नहीं

Exam: BPSC TRE 2.0 18/12/2023 (Paper-III)

Answer: (a) Makhdumpur / मखदूमपुर

Explanation :

- बराबर पहाड़ियाँ जहानाबाद जिले के मखदूमपुर के पास स्थित हैं।
- यहाँ प्रसिद्ध बराबर गुफाएँ हैं।
- इन गुफाओं का निर्माण सम्राट अशोक के समय हुआ।
- यह भारत की सबसे प्राचीन शैल-कट गुफाएँ मानी जाती हैं।

40. Arrange the following districts of Bihar from North to South

बिहार के निम्नलिखित जिलों को उत्तर से दक्षिण दिशा में व्यवस्थित करें

1. **Sheohar / शिवहर**
2. **Vaishali / वैशाली**
3. **Nalanda / नालंदा**
4. **Nawada / नवादा**

(a) 3, 2, 1, 4
(b) 1, 2, 3, 4
(c) 2, 3, 1, 4
(d) More than one of the above / उपर्युक्त में से एक से अधिक
(e) None of the above / उपर्युक्त में से कोई नहीं

Exam: BPSC TRE 2.0 (15/12/2023) Paper-IV

Answer: (b) 1, 2, 3, 4

Explanation :

- बिहार में उत्तर से दक्षिण की दिशा में जिलों का क्रम शिवहर → वैशाली → नालंदा → नवादा है।
- शिवहर बिहार के उत्तरी भाग में नेपाल सीमा के पास स्थित जिला है।
- वैशाली गंगा नदी के उत्तर में स्थित ऐतिहासिक जिला है जहाँ प्राचीन वैशाली गणराज्य था।
- नालंदा और नवादा दक्षिण बिहार में स्थित हैं, इसलिए वे क्रम में बाद में आते हैं।

41. Triveni Canal in West Champaran obtains its water supply from

त्रिवेणी नहर, पश्चिमी चंपारण में किस स्थान से पानी की आपूर्ति लेती है?

(a) Bhainsa Lotan / भैंसा लोटन
(b) Khaira Tola / खैरा टोला
(c) Thakrahan / ठकराहन
(d) More than one of the above / उपर्युक्त में से एक से अधिक
(e) None of the above / उपर्युक्त में से कोई नहीं

Exam: BPSC TRE 2.0 (15/12/2023) Paper-IV

Answer: (a) Bhainsa Lotan / भैंसा लोटन

Explanation :

- त्रिवेणी नहर बिहार की प्रमुख सिंचाई नहर प्रणाली (Irrigation canal system) है।
- यह नहर पश्चिमी चंपारण जिले में स्थित है।
- इसका जल स्रोत गंडक नदी से भैंसा लोटन स्थान है।
- इस नहर का निर्माण ब्रिटिश शासन काल (1909) में कृषि सिंचाई के उद्देश्य से किया गया था।

42. What is the height of Someshwar peak of Bihar?

बिहार के सोमेश्वर शिखर की ऊँचाई क्या है?

(a) 875 metres / 875 मीटर
(b) 850 metres / 850 मीटर
(c) 825 metres / 825 मीटर
(d) More than one of the above / उपर्युक्त में से एक से अधिक
(e) None of the above / उपर्युक्त में से कोई नहीं

Exam: BPSC TRE 2.0 (15/12/2023) Paper-IV

Answer: (a) 875 metres / 875 मीटर

Explanation :

- सोमेश्वर शिखर पश्चिमी चंपारण जिले में स्थित है।

- यह सोमेश्वर पर्वत श्रृंखला (Someshwar Range) का भाग है जो नेपाल सीमा के पास है।
- इसकी ऊँचाई लगभग 875 मीटर है।
- यह बिहार का एक महत्वपूर्ण पर्यटन स्थल और प्राकृतिक स्थल माना जाता है।

43. Which of the following places has the highest rainfall in Bihar?

बिहार में सर्वाधिक वर्षा कहाँ होती है?

(a) Patna / पटना
(b) Kishanganj / किशनगंज
(c) Muzaffarpur / मुजफ्फरपुर
(d) More than one of the above / उपर्युक्त में से एक से अधिक
(e) None of the above / उपर्युक्त में से कोई नहीं

Exam: BPSC TRE 2.0 (15/12/2023) Paper-IV

Answer:(a) Patna / पटना (Exam Answer Key के अनुसार)

Explanation :

- वास्तविक रूप से बिहार में किशनगंज जिले में सबसे अधिक वर्षा होती है।
- यहाँ औसत वार्षिक वर्षा लगभग 2200 मिमी होती है।
- बिहार में मानसूनी वर्षा का मुख्य स्रोत दक्षिण-पश्चिम मानसून (South-West Monsoon) है।
- हालांकि इस प्रश्न के लिए आयोग ने पटना विकल्प को सही माना।

44. Which city/district in Bihar is famous for silk textile production?

बिहार का कौन-सा नगर/जिला रेशम वस्त्र उत्पादन के लिए प्रसिद्ध है?

(a) Bhagalpur / भागलपुर
(b) Patna / पटना
(c) Champaran / चंपारण
(d) More than one of the above / उपर्युक्त में से एक से अधिक
(e) None of the above / उपर्युक्त में से कोई नहीं

Exam: BPSC TRE 2.0 (15/12/2023) Paper-IV

Answer: (a) Bhagalpur / भागलपुर

Explanation :

- भागलपुर को भारत का "Silk City" कहा जाता है।
- यहाँ बनने वाली भागलपुरी सिल्क साड़ी देश-विदेश में प्रसिद्ध है।
- यहाँ का प्रमुख रेशम तसर सिल्क (Tussar Silk) है।
- यह उद्योग बिहार की प्रमुख हस्तशिल्प और पारंपरिक उद्योगों में से एक है।

45. Pyaar Ka Paudha Campaign was launched by Bihar Government on
प्यार का पौधा अभियान बिहार सरकार द्वारा कब प्रारम्भ किया गया था?

(a) 15 February 2021 / 15 फरवरी 2021
(b) 26 January 2022 / 26 जनवरी 2022
(c) 14 February 2020 / 14 फरवरी 2020
(d) More than one of the above / उपर्युक्त में से एक से अधिक
(e) None of the above / उपर्युक्त में से कोई नहीं

Exam: BPSC TRE 2.0 (15/12/2023) Paper-IV

Answer: (c) 14 February 2020 / 14 फरवरी 2020

Explanation :

- बिहार सरकार ने 14 फरवरी 2020 को यह अभियान शुरू किया।
- इसका उद्देश्य पर्यावरण संरक्षण (Environmental conservation) को बढ़ावा देना है।
- इस अभियान के तहत लोगों को वृक्षारोपण (Plantation) के लिए प्रेरित किया जाता है।
- यह अभियान वन एवं पर्यावरण विभाग, बिहार सरकार द्वारा संचालित किया जाता है।

46. Which district of Bihar has the lowest literacy rate?

बिहार के किस जिले की साक्षरता दर सबसे कम है?

(a) Araria / अररिया
(b) Purnia / पूर्णिया
(c) Nawada / नवादा
(d) More than one of the above / उपर्युक्त में से एक से अधिक
(e) None of the above / उपर्युक्त में से कोई नहीं

Exam: BPSC TRE 2.0 (18/12/2023) Paper-III

Answer: (b) Purnia / पूर्णिया

Explanation :

- 2011 की जनगणना के अनुसार बिहार में सबसे कम साक्षरता दर पूर्णिया जिले में दर्ज की गई है।
- पूर्णिया की कुल साक्षरता दर लगभग 51.08% है।
- बिहार में सबसे अधिक साक्षरता दर वाला जिला रोहतास (लगभग 73.37%) है।
- कम साक्षरता के कारणों में गरीबी, शिक्षा संसाधनों की कमी और ग्रामीण क्षेत्र की अधिकता शामिल हैं।

47. When was the Patna College established?
पटना कॉलेज कब स्थापित हुआ?

(a) 1859 / 1859
(b) 1861 / 1861
(c) 1863 / 1863
(d) More than one of the above / उपर्युक्त में से एक से अधिक
(e) None of the above / उपर्युक्त में से कोई नहीं

Exam: BPSC TRE 2.0 (7/12/2023) Shift-II Paper-III

Answer: (c) 1863 / 1863

Explanation :

- पटना कॉलेज की स्थापना 9 जनवरी 1863 को ब्रिटिश काल में हुई थी।
- यह बिहार के सबसे पुराने और प्रतिष्ठित कॉलेजों में से एक है।
- वर्तमान में यह पटना विश्वविद्यालय का एक प्रमुख घटक कॉलेज है।
- स्वतंत्रता आंदोलन के दौरान यहाँ के कई छात्रों ने राष्ट्रीय आंदोलनों में सक्रिय भाग लिया।

48. Jubba Sahni, a freedom fighter belonged to which district of Bihar?

जुब्बा साहनी बिहार के किस जिले से संबंधित थे?

(a) Muzaffarpur / मुजफ्फरपुर
(b) Bhagalpur / भागलपुर
(c) Patna / पटना
(d) More than one of the above / उपर्युक्त में से एक से अधिक
(e) None of the above / उपर्युक्त में से कोई नहीं

Exam: BPSC TRE 2.0 (7/12/2023) Shift-II Paper-III

Answer: (a) Muzaffarpur / मुजफ्फरपुर

Explanation :

- जुब्बा साहनी बिहार के प्रसिद्ध स्वतंत्रता सेनानी थे।
- उनका जन्म मुजफ्फरपुर जिले में हुआ था।
- उन्होंने भारत छोड़ो आंदोलन (1942) में सक्रिय भूमिका निभाई।
- अंग्रेजों के विरुद्ध संघर्ष के कारण उन्हें फाँसी की सजा दी गई और वे शहीद हो गए।

49. Which party of Bihar was active during the Quit India Movement?

भारत छोड़ो आंदोलन के समय बिहार का कौन-सा दल सक्रिय था?

(a) Siyaram Dal / सियाराम दल
(b) Azad Dasta / आज़ाद दस्ता
(c) Anand Dal / आनंद दल
(d) More than one of the above / उपर्युक्त में से एक से अधिक
(e) None of the above / उपर्युक्त में से कोई नहीं

Exam: BPSC TRE 2.0 (7/12/2023) Shift-II Paper-III

Answer: (a) Siyaram Dal / सियाराम दल

Explanation :

- भारत छोड़ो आंदोलन (1942) के दौरान बिहार में कई क्रांतिकारी संगठन सक्रिय थे।
- इनमें से एक प्रमुख संगठन सियाराम दल था।
- इसका नेतृत्व सियाराम सिंह ने किया था।
- इस संगठन का उद्देश्य अंग्रेजी शासन के विरुद्ध क्रांतिकारी गतिविधियों और जन आंदोलन को बढ़ावा देना था।

50. Who is known as 'Gandhi of Bihar'?

'बिहार का गांधी' के रूप में कौन जाने जाते हैं?

(a) Dr. Rajendra Prasad / डॉ. राजेन्द्र प्रसाद
(b) Lal Bahadur Shastri / लाल बहादुर शास्त्री
(c) Khan Abdul Ghaffar Khan / खान अब्दुल गफ्फार खान
(d) More than one of the above / उपर्युक्त में से एक से अधिक
(e) None of the above / उपर्युक्त में से कोई नहीं

Exam: BPSC TRE 2.0 (07/12/2023) Shift-II Paper-III

Answer: (a) Dr. Rajendra Prasad / डॉ. राजेन्द्र प्रसाद

Explanation :

- डॉ. राजेन्द्र प्रसाद को उनकी सादगी और गांधीवादी विचारधारा के कारण 'बिहार का गांधी' (Gandhi of Bihar) कहा जाता है।
- वे भारत के प्रथम राष्ट्रपति (First President of India) थे।
- उन्होंने चंपारण सत्याग्रह (Champaran Satyagraha) और असहयोग आंदोलन (Non-Cooperation Movement) में भाग लिया।
- उनका जन्म 3 दिसंबर 1884 को जीरादेई, सिवान (Ziradei, Siwan) में हुआ था।

51. On the outbreak of 1942, the people proclaimed the establishment of a National Government under Siyaram Singh at

1942 के आंदोलन में लोगों ने सियाराम सिंह की अगुवाई में कहाँ राष्ट्रीय सरकार की स्थापना की घोषणा की थी?

(a) Patna / पटना
(b) Bhagalpur / भागलपुर
(c) Champaran / चंपारण
(d) More than one of the above / उपर्युक्त में से एक से अधिक
(e) None of the above / उपर्युक्त में से कोई नहीं

Exam: BPSC TRE 2.0 (07/12/2023) Shift-II Paper-III

Answer:(b) Bhagalpur / भागलपुर

Explanation :

- भारत छोड़ो आंदोलन (Quit India Movement 1942) के दौरान बिहार में कई जगह समानांतर सरकारें बनीं।
- भागलपुर (Bhagalpur) में सियाराम सिंह के नेतृत्व में राष्ट्रीय सरकार की घोषणा की गई।
- इसका उद्देश्य ब्रिटिश शासन के विरुद्ध आंदोलन (Anti-British Movement) को मजबूत करना था।
- यह घटना बिहार में जन-आंदोलन (Mass Resistance) की महत्वपूर्ण मिसाल मानी जाती है।

52. Who was the commander of the British army sent against Kunwar Singh during the 1857 Revolt?

1857 के विद्रोह के दौरान ब्रिटिश सेना के किस सेनापति को कुंवर सिंह के विरुद्ध भेजा गया था?

(a) General Hewitt / जनरल हेविट
(b) Sir Colin Campbell / सर कॉलिन कैम्पबेल
(c) Sir Hugh Rose / सर ह्यू रोज
(d) More than one of the above / उपर्युक्त में से एक से अधिक
(e) None of the above / उपर्युक्त में से कोई नहीं

Exam: BPSC TRE 2.0 (07/12/2023) Shift-II Paper-III

Answer:(e) None of the above / उपर्युक्त में से कोई नहीं

Explanation :

- 1857 का विद्रोह (Revolt of 1857) बिहार में वीर कुंवर सिंह के नेतृत्व में हुआ था।
- अंग्रेजों ने उनके विरुद्ध कई अधिकारियों को भेजा जैसे कैप्टन ले ग्रैंड (Captain Le Grand)।
- दिए गए विकल्पों में से कोई भी अधिकारी सीधे कुंवर सिंह के खिलाफ अभियान का प्रमुख सेनापति नहीं था।
- इसलिए सही उत्तर None of the above है।

53. Who among the following ladies actively participated in the Salt Satyagraha in Bihar?

इनमें से किस महिला ने बिहार में नमक सत्याग्रह में सक्रिय भाग लिया?

(a) Shrimati Mira Devi / श्रीमती मीरा देवी
(b) Mrs Hasan Imam / श्रीमती हसन इमाम
(c) Miss Gauri Das / कुमारी गौरी दास
(d) More than one of the above / उपर्युक्त में से एक से अधिक
(e) None of the above / उपर्युक्त में से कोई नहीं

Exam: BPSC TRE 2.0 (10/12/2023) Paper-III

Answer: (d) More than one of the above / उपर्युक्त में से एक से अधिक

Explanation :

- बिहार में नमक सत्याग्रह (Salt Satyagraha 1930) 1930 में शुरू हुआ।
- इस आंदोलन में कई महिलाओं ने सक्रिय भूमिका निभाई।
- प्रमुख महिलाओं में हसन इमाम (Hasan Imam), चंद्रावली देवी, कमलेश्वरी देवी, गौरी दास शामिल थीं।

- यह आंदोलन मुख्य रूप से सारण (Saran) और चंपारण (Champaran) जिलों में शुरू हुआ।

54. Raj Kumar Shukla persuaded which leader to come to Bihar and lead their movement?

राजकुमार शुक्ला ने किस नेता को बिहार आने और उनके आंदोलन का नेतृत्व करने के लिए राजी किया?

(a) Jawaharlal Nehru / जवाहरलाल नेहरू
(b) J. B. Kripalani / जे. बी. कृपलानी
(c) Rajendra Prasad / राजेन्द्र प्रसाद
(d) More than one of the above / उपर्युक्त में से एक से अधिक
(e) None of the above / उपर्युक्त में से कोई नहीं

Exam: BPSC TRE 2.0 (10/12/2023) Paper-III

Answer: (e) None of the above / उपर्युक्त में से कोई नहीं

Explanation :

- राजकुमार शुक्ला (Raj Kumar Shukla) चंपारण के किसान नेता थे।
- उन्होंने महात्मा गांधी (Mahatma Gandhi) को बिहार आने के लिए राजी किया।
- इसके बाद 1917 में चंपारण सत्याग्रह (Champaran Satyagraha) शुरू हुआ।
- इस आंदोलन से तीनकठिया प्रथा (Tinkathia System) समाप्त हुई।

55. When was the Salt Movement started in Bihar?

बिहार में नमक आंदोलन कब प्रारम्भ हुआ?

(a) April 1930 / अप्रैल 1930
(b) April 1932 / अप्रैल 1932
(c) March 1930 / मार्च 1930
(d) More than one of the above / उपर्युक्त में से एक से अधिक
(e) None of the above / उपर्युक्त में से कोई नहीं

Exam: BPSC TRE 2.0 (10/12/2023) Paper-III

Answer: (a) April 1930 / अप्रैल 1930

Explanation :

- बिहार में नमक आंदोलन 16 अप्रैल 1930 को शुरू हुआ।
- यह आंदोलन दांडी मार्च (Dandi March) से प्रेरित था।
- गांधीजी ने 12 मार्च 1930 को साबरमती आश्रम से नमक यात्रा (Salt March) शुरू की।
- इसके बाद पूरे भारत में सविनय अवज्ञा आंदोलन (Civil Disobedience Movement) फैल गया।

56. Who led the peasants of Bihar during the Non-Cooperation Movement?

असहयोग आंदोलन के दौरान किसने बिहार में किसानों की अगुवाई की?

(a) Raj Kumar Shukla / राजकुमार शुक्ला
(b) Swami Vidyanand / स्वामी विद्यानन्द
(c) Rajendra Prasad / राजेन्द्र प्रसाद
(d) More than one of the above / उपर्युक्त में से एक से अधिक
(e) None of the above / उपर्युक्त में से कोई नहीं

Exam: BPSC TRE 2.0 (08/12/2023) Paper-III

Answer: (b) Swami Vidyanand / स्वामी विद्यानन्द

Explanation :

- असहयोग आंदोलन (Non-Cooperation Movement) 1920 में महात्मा गांधी के नेतृत्व में शुरू हुआ।
- बिहार में किसानों के आंदोलन का नेतृत्व स्वामी विद्यानन्द (Swami Vidyanand) ने किया।
- इस आंदोलन में किसानों ने ब्रिटिश शासन के खिलाफ असहयोग (Non-cooperation) का रास्ता अपनाया।
- यह आंदोलन सितंबर 1920 से फरवरी 1922 तक चला।

57. When did the Bihar Youth League come into existence?

बिहार यूथ लीग का गठन कब हुआ?

(a) 1930 / 1930
(b) 1928 / 1928
(c) 1940 / 1940
(d) More than one of the above / उपर्युक्त में से एक से अधिक
(e) None of the above / उपर्युक्त में से कोई नहीं

Exam: BPSC TRE 2.0 (09/12/2023) Paper-II

Answer: (b) 1928 / 1928

Explanation :

- बिहार यूथ लीग (Bihar Youth League) का गठन 1928 में हुआ था।
- इसका उद्देश्य युवाओं में राष्ट्रवादी भावना (Nationalist Spirit) को बढ़ावा देना था।
- इसके प्रमुख नेताओं में जयप्रकाश नारायण (Jayaprakash Narayan) और अन्य युवा नेता शामिल थे।
- बाद में यह संगठन कांग्रेस सोशलिस्ट पार्टी (Congress Socialist Party) से जुड़ गया।

58. Who led the Salt Satyagraha on 6th April, 1930 in Champaran?

6 अप्रैल 1930 को चंपारण में नमक सत्याग्रह का नेतृत्व किसने किया?

(a) Bepin Behari Verma / बिपिन बिहारी वर्मा
(b) Laxmi Narayan Jha / लक्ष्मी नारायण झा
(c) Ramlal Prasad / रामलाल प्रसाद
(d) More than one of the above / उपर्युक्त में से एक से अधिक
(e) None of the above / उपर्युक्त में से कोई नहीं

Exam: BPSC TRE 2.0 (09/12/2023) Paper-II

Answer: (a) Bepin Behari Verma / बिपिन बिहारी वर्मा

Explanation :

- नमक सत्याग्रह (Salt Satyagraha) भारत के सविनय अवज्ञा आंदोलन का हिस्सा था।
- बिहार के चंपारण (Champaran) में 6 अप्रैल 1930 को इस आंदोलन की शुरुआत हुई।
- इसका नेतृत्व बिपिन बिहारी वर्मा (Bepin Behari Verma) ने किया।
- बिहार में नमक सत्याग्रह का मुख्य उद्देश्य नमक कानून (Salt Law) का विरोध करना था।

59. Who among the following influential Wahabis of Patna was arrested on the suspicion of conspiracy against the British?

निम्नलिखित में से पटना के किस प्रभावशाली वहाबी को ब्रिटिशों के खिलाफ षड्यंत्र करने के आरोप में गिरफ्तार किया गया था?

(a) Maulvi Mohammad Hussain / मौलवी मोहम्मद हुसैन
(b) Maulvi Ahmadullah / मौलवी अहमदुल्लाह
(c) M. Waizul Haque / एम. वैजुल हक
(d) More than one of the above / उपर्युक्त में से एक से अधिक
(e) None of the above / उपर्युक्त में से कोई नहीं

Exam: BPSC TRE 2.0 (18/12/2023) Paper-II

Answer:(d) More than one of the above / उपर्युक्त में से एक से अधिक

Explanation :

- वहाबी आंदोलन (Wahabi Movement) ब्रिटिश शासन के खिलाफ एक धार्मिक-राजनीतिक आंदोलन था।
- बिहार में इसका प्रमुख केंद्र पटना (Patna) था।
- इस आंदोलन से जुड़े कई नेताओं को अंग्रेजों ने षड्यंत्र (Conspiracy) के आरोप में गिरफ्तार किया।
- इनमें मौलवी मोहम्मद हुसैन और एम. वैजुल हक (Waizul Haque) प्रमुख थे।

60. Who was the leader of the Revolt of 1857 at Patna?

पटना में 1857 के विद्रोह की अगुवाई किसने की?

(a) Maulvi Pir Ali Khan / मौलवी पीर अली खान
(b) Maulvi Ahmadullah Shah / मौलवी अहमदुल्लाह शाह
(c) Maulvi Fazl-e-Haq / मौलवी फजल-ए-हक
(d) More than one of the above / उपर्युक्त में से एक से अधिक
(e) None of the above / उपर्युक्त में से कोई नहीं

Exam: BPSC TRE 2.0 (18/12/2023) Paper-II

Answer: (a) Maulvi Pir Ali Khan / मौलवी पीर अली खान

Explanation :

- 1857 का विद्रोह (Revolt of 1857) भारत का पहला स्वतंत्रता संग्राम माना जाता है।
- पटना में इस विद्रोह का नेतृत्व मौलवी पीर अली खान (Pir Ali Khan) ने किया।
- उन्होंने अंग्रेजों के खिलाफ क्रांतिकारी गतिविधियाँ चलाईं।

- उन्हें 1857 में अंग्रेजों द्वारा फाँसी (Execution) दे दी गई।

61. At which place, the Indian National Congress Session was held in Bihar for the first time?

बिहार में सर्वप्रथम भारतीय राष्ट्रीय कांग्रेस का सत्र कहाँ हुआ था?

(a) Gaya / गया
(b) Bankipur / बांकीपुर
(c) Bhagalpur / भागलपुर
(d) More than one of the above / उपर्युक्त में से एक से अधिक
(e) None of the above / उपर्युक्त में से कोई नहीं

Exam: BPSC TRE 2.0 (18/12/2023) Paper-II

Answer: (b) Bankipur / बांकीपुर

Explanation :

- बिहार में भारतीय राष्ट्रीय कांग्रेस का पहला अधिवेशन 1912 में बांकीपुर (Bankipur, Patna) में हुआ।
- यह कांग्रेस का 27वाँ अधिवेशन (27th Session of INC) था।
- भारतीय राष्ट्रीय कांग्रेस की स्थापना 1885 (Indian National Congress) में हुई थी।
- इस अधिवेशन ने बिहार में राष्ट्रीय आंदोलन (National Movement) को मजबूत किया।

62. In 1942 Quit India Movement, which leader of Bihar was known as 'Bihar Kesari'?

1942 के भारत छोड़ो आंदोलन में बिहार के कौन-से नेता 'बिहार केसरी' के नाम से जाने जाते थे?

(a) Dr Rajendra Prasad / डॉ राजेन्द्र प्रसाद
(b) Shri Krishna Singh / श्रीकृष्ण सिंह
(c) Anugrah Narayan Sinha / अनुग्रह नारायण सिन्हा
(d) More than one of the above / उपर्युक्त में से एक से अधिक
(e) None of the above / उपर्युक्त में से कोई नहीं

Exam: 69th BPSC (Pre) 2023

Answer:(b) Shri Krishna Singh / श्रीकृष्ण सिंह

Explanation :

- श्रीकृष्ण सिंह (Shri Krishna Singh) को 'बिहार केसरी' कहा जाता था।
- वे बिहार के प्रमुख स्वतंत्रता सेनानी और राजनेता थे।
- वे बिहार के पहले मुख्यमंत्री (First Chief Minister of Bihar) बने।
- उन्होंने 1946 से 1961 तक बिहार का नेतृत्व किया।

63. During 1937-38, the Bakasht Movement in Bihar was organised by whom?

937-38 के दौरान बिहार में बकाश्त आंदोलन किसके द्वारा आयोजित किया गया था?

(a) Swami Dayanand Saraswati / स्वामी दयानंद सरस्वती
(b) Jai Prakash Narayan / जय प्रकाश नारायण
(c) Swami Sahajanand Saraswati / स्वामी सहजानंद सरस्वती
(d) More than one of the above / उपर्युक्त में से एक से अधिक
(e) None of the above / उपर्युक्त में से कोई नहीं

Exam: 69th BPSC (Pre) 2023

Answer: (c) Swami Sahajanand Saraswati / स्वामी सहजानंद सरस्वती

Explanation :

- बकाश्त आंदोलन (Bakasht Movement) बिहार में किसानों के अधिकारों के लिए शुरू किया गया था।
- इसका नेतृत्व स्वामी सहजानंद सरस्वती (Swami Sahajanand Saraswati) ने किया।
- इस आंदोलन का उद्देश्य जमींदारों द्वारा किसानों की जमीन पर कब्जे का विरोध करना था।
- इस आंदोलन के परिणामस्वरूप बिहार काश्तकारी अधिनियम (Bihar Tenancy Reforms) लागू किए गए।

64. The spy of Bihar who saved Mahatma Gandhi's life in 1917 by exposing the poisoning attempt in his food was

बिहार का वह जासूस जिसने 1917 में महात्मा गांधी के भोजन में मिले जहर के प्रयास को विफल कर उनकी जान बचाई थी, था

(a) Muzaffar Ahmad / मुजफ्फर अहमद
(b) Batakh Miya / बटख मियां
(c) Mir Bakawal / मीर बकवाल

(d) More than one of the above / उपर्युक्त में से एक से अधिक

(e) None of the above / उपर्युक्त में से कोई नहीं

Exam: 69th BPSC (Pre) 2023

Answer:(b) Batakh Miya / बटख मियां

Explanation :

- चंपारण सत्याग्रह (Champaran Satyagraha 1917) के दौरान महात्मा गांधी बिहार आए थे।
- बटख मियां ने गांधीजी के भोजन में मिलाए गए जहर (Poison) की जानकारी दी।
- इससे गांधीजी की जान बच गई और अंग्रेजों की साजिश (Conspiracy) विफल हो गई।
- बटख मियां मोतिहारी के एक नील कारखाने (Indigo Factory) में कर्मचारी थे।

65. According to Census 2011, what was the female literacy rate of Bihar?

2011 की जनगणना के अनुसार बिहार की महिला साक्षरता दर क्या थी?

(a) 52.89%

(b) 63.68%

(c) 53.57%

(d) More than one of the above / उपर्युक्त में से एक से अधिक

(e) None of the above / उपर्युक्त में से कोई नहीं

Exam: BPSC School Teacher 2023 (Paper-II) Shift-1

Answer: (e) None of the above / उपर्युक्त में से कोई नहीं

Explanation :

- 2011 की जनगणना के अनुसार बिहार की महिला साक्षरता दर (Female Literacy Rate) लगभग 51.5% थी।
- बिहार की कुल साक्षरता दर (Total Literacy Rate) लगभग 61.8% थी।
- पुरुष साक्षरता दर 71.2% (Male Literacy Rate) थी।
- भारत की कुल साक्षरता दर 74.04% (India Literacy Rate) दर्ज की गई।

66. On which river is the Triveni Canal constructed?

त्रिवेणी नहर का निर्माण किस नदी पर किया गया है?

(a) Kosi / कोसी

(b) Son / सोन

(c) Gandak / गंडक

(d) More than one of the above / उपर्युक्त में से एक से अधिक

(e) None of the above / उपर्युक्त में से कोई नहीं

Exam: 69th BPSC (Pre) 2023

Answer:(c) Gandak / गंडक

Explanation :

- त्रिवेणी नहर (Triveni Canal) का निर्माण 1909 में शुरू किया गया था।
- यह नहर गंडक नदी (Gandak River) से निकलती है।
- गंडक नदी को नारायणी नदी (Narayani River) भी कहा जाता है।
- इसका मुख्य उद्देश्य सिंचाई (Irrigation System) के लिए पानी उपलब्ध कराना था।

67. In which district of Bihar is gold found?

बिहार के किस जिले में सोना पाया जाता है?

(a) Munger / मुंगेर

(b) Saran / सारण

(c) Jamui / जमुई

(d) More than one of the above / उपर्युक्त में से एक से अधिक

(e) None of the above / उपर्युक्त में से कोई नहीं

Exam: 69th BPSC (Pre) 2023

Answer:(c) Jamui / जमुई

Explanation :

- बिहार में सोने का प्रमुख भंडार जमुई जिला (Jamui District) में पाया गया है।
- 2021 में यहाँ भारत का बड़ा Gold Reserve खोजा गया।
- यह भंडार कर्मटिया क्षेत्र (Karmatia Area) में स्थित है।
- इसकी खोज Geological Survey of India (GSI) द्वारा की गई।

68. Which of the following National Parks/ Wildlife Sanctuaries are in Bihar?

निम्नलिखित में से कौन-से राष्ट्रीय उद्यान या वन्यजीव अभयारण्य बिहार में स्थित हैं?

1. **Valmiki National Park / वाल्मीकि राष्ट्रीय उद्यान**
2. **Dudhwa National Park / दूधवा राष्ट्रीय उद्यान**
3. **Gajner Wildlife Sanctuary / गजनेर वन्यजीव अभयारण्य**
4. **Bhimbandh Wildlife Sanctuary / भीमबांध वन्यजीव अभयारण्य**

(a) 1 and 4 / 1 और 4
(b) 2 and 3 / 2 और 3
(c) 1 and 3 / 1 और 3
(d) More than one of the above / उपर्युक्त में से एक से अधिक
(e) None of the above / उपर्युक्त में से कोई नहीं

Exam: 69th BPSC (Pre) 2023

Answer: (a) 1 and 4 / 1 और 4

Explanation :

- वाल्मीकि राष्ट्रीय उद्यान (Valmiki National Park) पश्चिमी चंपारण में स्थित है।
- भीमबांध अभयारण्य (Bhimbandh Wildlife Sanctuary) मुंगेर जिले में स्थित है।
- दूधवा राष्ट्रीय उद्यान (Dudhwa National Park) उत्तर प्रदेश में स्थित है।
- गजनेर अभयारण्य (Gajner Sanctuary) राजस्थान में स्थित है।

69. When was Bihar separated from Bengal Presidency for the first time?

बिहार पहली बार बंगाल प्रेसीडेंसी से कब अलग हुआ था?

(a) 1912
(b) 1936
(c) 1947
(d) More than one of the above / उपर्युक्त में से एक से अधिक
(e) None of the above / उपर्युक्त में से कोई नहीं

Exam: 69th BPSC (Pre) 2023

Answer: (a) 1912

Explanation :

- 22 मार्च 1912 (22 March 1912) को बिहार बंगाल प्रेसीडेंसी से अलग हुआ।
- बिहार और उड़ीसा को मिलाकर नया प्रांत Bihar and Orissa Province बनाया गया।
- 1936 में (Government of India Act 1935) के तहत बिहार और उड़ीसा अलग हुए।
- 22 मार्च को आज बिहार दिवस (Bihar Diwas) के रूप में मनाया जाता है।

70. In the context of Indian handicrafts, what is 'Sujni' in Bihar?

भारतीय हस्तशिल्प के संदर्भ में बिहार में 'सुजनी' क्या है?

(a) A type of glass utensil / काँच का बर्तन
(b) A metal craft / धातु शिल्प
(c) A type of embroidery / कढ़ाई का प्रकार
(d) More than one of the above / उपर्युक्त में से एक से अधिक
(e) None of the above / उपर्युक्त में से कोई नहीं

Exam: 69th BPSC (Pre) 2023

Answer:(c) A type of embroidery / कढ़ाई का प्रकार

Explanation :

- सुजनी कढ़ाई (Sujni Embroidery) बिहार की प्रसिद्ध पारंपरिक कला है।
- यहं मुख्यतः मुजफ्फरपुर (Muzaffarpur) क्षेत्र में प्रचलित है।
- इसमें कपड़े पर हाथ से कढ़ाई (Hand Embroidery) की जाती है।
- इसे GI Tag (Geographical Indication) भी प्राप्त है।

71. Consider the following statements regarding Vikramshila University

बिहार में विक्रमशिला विश्वविद्यालय के संबंध में निम्नलिखित कथनों पर विचार कीजिए

1. **It was located in present Banka district of Bihar / यह बिहार के वर्तमान बांका जिले में स्थित था**

2. **It was established by the Pala ruler Gopal I / इसकी स्थापना पाल वंश के राजा गोपाल प्रथम ने की थी**
3. **Vajrayana sect of Buddhism flourished here / बौद्ध धर्म का वज्रयान संप्रदाय यहाँ फला-फूला**
4. **Subjects like astronomy, logic, law and philosophy were taught here / यहाँ खगोल-विज्ञान, तर्कशास्त्र, कानून और दर्शन जैसे विषय पढ़ाए जाते थे**

Which of the above statements are incorrect? / उपर्युक्त में से कौन-से कथन गलत हैं?

(a) 2 and 3 / 2 और 3
(b) 1 and 4 / 1 और 4
(c) 1 and 2 / 1 और 2
(d) More than one of the above / उपर्युक्त में से एक से अधिक
(e) None of the above / उपर्युक्त में से कोई नहीं

Exam: 69th BPSC (Pre) 2023

Answer:(c) 1 and 2 / 1 और 2

Explanation :

- विक्रमशिला विश्वविद्यालय (Vikramshila University) बिहार के भागलपुर (Bhagalpur) जिले में स्थित था।
- इसकी स्थापना पाल वंश के राजा धर्मपाल (King Dharmapala) ने की थी।
- यहाँ वज्रयान बौद्ध धर्म (Vajrayana Buddhism) का विकास हुआ।
- यहाँ खगोल विज्ञान (Astronomy), तर्कशास्त्र (Logic), कानून (Law) और दर्शन (Philosophy) पढ़ाए जाते थे।

72. By which year has the Bihar Government planned to reduce carbon emission to make the state pollution free?

बिहार सरकार ने किस वर्ष तक कार्बन उत्सर्जन कम कर राज्य को प्रदूषण-मुक्त बनाने की योजना बनाई है?

(a) 2022 / 2022
(b) 2024 / 2024
(c) 2030 / 2030
(d) More than one of the above / उपर्युक्त में से एक से अधिक
(e) None of the above / उपर्युक्त में से कोई नहीं

Exam: 69th BPSC (Pre) 2023

Answer: (c) 2030 / 2030

Explanation :

- बिहार सरकार ने कार्बन उत्सर्जन (Carbon Emission) कम करने की योजना बनाई है।
- इसका उद्देश्य स्वच्छ पर्यावरण (Clean Environment) को बढ़ावा देना है।
- यह योजना जलवायु परिवर्तन (Climate Change Control) से जुड़ी है।
- इसका लक्ष्य 2030 तक प्रदूषण नियंत्रण (Pollution Reduction Target) प्राप्त करना है।

73. Who established a branch of Anushilan Samiti in Patna in 1913?

1913 में पटना में अनुशीलन समिति की एक शाखा की स्थापना किसने की थी?

(a) Ramanand Sinha / रामानन्द सिन्हा
(b) Satish Jha / सतीश झा
(c) Sachindra Nath Sanyal / शचीन्द्रनाथ सान्याल
(d) More than one of the above / उपर्युक्त में से एक से अधिक
(e) None of the above / उपर्युक्त में से कोई नहीं

Exam: BPSC School Teacher 2023 (Paper-IV)

Answer: (c) Sachindra Nath Sanyal / शचीन्द्रनाथ सान्याल

Explanation :

- अनुशीलन समिति (Anushilan Samiti) एक क्रांतिकारी संगठन था।
- इसकी स्थापना 1902 में बंगाल (Revolutionary Organization) में हुई थी।
- पटना में इसकी शाखा 1913 में शचीन्द्रनाथ सान्याल (Sachindra Nath Sanyal) ने स्थापित की।
- इसका उद्देश्य अंग्रेजों के खिलाफ क्रांतिकारी आंदोलन (Revolutionary Movement) चलाना था।

74. In which year was the Bihar Provincial Congress Committee formed?

बिहार प्रांतीय कांग्रेस समिति का गठन किस वर्ष हुआ था?

(a) 1908 / 1908
(b) 1910 / 1910
(c) 1906 / 1906
(d) More than one of the above / उपर्युक्त में से एक से अधिक
(e) None of the above / उपर्युक्त में से कोई नहीं

Exam: BPSC School Teacher 2023 (Paper-IV)

Answer: (a) 1908 / 1908

Explanation :

- बिहार प्रांतीय कांग्रेस समिति (Bihar Provincial Congress Committee) भारतीय राष्ट्रीय कांग्रेस की राज्य इकाई थी।
- इसका मुख्यालय पटना (Patna Headquarters) में स्थित था।
- इसका गठन 1908 (Formation Year 1908) में हुआ था।
- इसने बिहार में राष्ट्रीय आंदोलन (Indian National Movement) को मजबूत किया।

75. Who founded the Bihar Socialist Party?

बिहार समाजवादी पार्टी का गठन किसने किया था?

(a) Phoolan Chandra Tiwari and Rajendra Prasad / फूलनचंद्र तिवारी और राजेन्द्र प्रसाद
(b) Phoolan Prasad Verma and Jayaprakash Narayan / फूलन प्रसाद वर्मा और जयप्रकाश नारायण
(c) Raj Kumar Shukla and Swami Abhinivesh / राजकुमार शुक्ला और स्वामी अभिनिवेश
(d) More than one of the above / उपर्युक्त में से एक से अधिक
(e) None of the above / उपर्युक्त में से कोई नहीं

Exam: BPSC School Teacher 2023 (Paper-IV)

Answer: (b) Phoolan Prasad Verma and Jayaprakash Narayan / फूलन प्रसाद वर्मा और जयप्रकाश नारायण

Explanation :

- बिहार समाजवादी पार्टी (Bihar Socialist Party) का गठन 1931 में हुआ।
- इसके संस्थापक फूलन प्रसाद वर्मा (Phoolan Prasad Verma) और जयप्रकाश नारायण (Jayaprakash Narayan) थे।
- इसका उद्देश्य समाजवादी विचारधारा (Socialist Ideology) का प्रचार करना था।
- यह पार्टी किसानों और मजदूरों के अधिकार (Peasant and Workers Rights) के लिए कार्य करती थी।

76. Whom did Birsa Munda appoint as 'Commander-in-Chief'?

बिरसा मुंडा द्वारा किसे 'कमांडर इन चीफ' नियुक्त किया गया था?

(a) Demka Munda / देमका मुंडा
(b) Gaya Munda / गया मुंडा
(c) Sunder Munda / सुन्दर मुंडा
(d) More than one of the above / उपर्युक्त में से एक से अधिक
(e) None of the above / उपर्युक्त में से कोई नहीं

Exam: BPSC School Teacher 2023 (Paper-IV)

Answer: (e) None of the above / उपर्युक्त में से कोई नहीं

Explanation :

- बिरसा मुंडा (Birsa Munda) ने ब्रिटिश शासन के खिलाफ 1895 में आंदोलन शुरू किया।
- इस आंदोलन को उलगुलान (Ulgulan Movement) कहा जाता है।
- इसका उद्देश्य जनजातीय अधिकारों (Tribal Rights) की रक्षा करना था।
- इस विद्रोह में किसी को भी आधिकारिक रूप से Commander-in-Chief नियुक्त नहीं किया गया था।

77. Which of the following pair does NOT match with the South Ganga region of Bihar?

निम्नलिखित में से कौन-सा जोड़ा बिहार के दक्षिण गंगा क्षेत्र से मेल नहीं खाता है?

(a) Patna – Munger / पटना – मुंगेर
(b) Gaya – Arwal / गया – अरवल
(c) Patna – Vaishali / पटना – वैशाली
(d) More than one of the above / उपर्युक्त में से एक से अधिक

(e) None of the above / उपर्युक्त में से कोई नहीं

Exam: BPSC School Teacher 2023 (Paper-IV)

Answer: (c) Patna – Vaishali / पटना – वैशाली

Explanation :

- बिहार को गंगा नदी के आधार पर उत्तर गंगा क्षेत्र (North Ganga Region) और दक्षिण गंगा क्षेत्र (South Ganga Region) में विभाजित किया जाता है।
- वैशाली (Vaishali) गंगा के उत्तर में स्थित है इसलिए यह उत्तर गंगा क्षेत्र (North of Ganga) में आता है।
- जबकि पटना, गया और मुंगेर (Patna, Gaya, Munger) गंगा के दक्षिण क्षेत्र से संबंधित माने जाते हैं।
- इसलिए पटना–वैशाली (Patna–Vaishali pair) दक्षिण गंगा क्षेत्र से मेल नहीं खाता।

78. What is the percentage of Bihar's population in relation to the total population of India?

भारत की कुल जनसंख्या के सापेक्ष बिहार की जनसंख्या का प्रतिशत क्या है?

(a) 8.58%
(b) 10.10%
(c) 12.25%
(d) More than one of the above / उपर्युक्त में से एक से अधिक
(e) None of the above / उपर्युक्त में से कोई नहीं

Exam: BPSC School Teacher 2023 (Paper-IV)

Answer: (a) 8.58%

Explanation :

- 2011 की जनगणना के अनुसार बिहार की कुल जनसंख्या लगभग 10.4 करोड़ (104 million population) है।
- यह भारत की कुल जनसंख्या का लगभग 8.58% (Population Share) है।
- बिहार भारत का तीसरा सबसे अधिक जनसंख्या वाला राज्य (Third Most Populous State) है।
- जनसंख्या घनत्व के मामले में बिहार देश के सबसे अधिक घनत्व वाले राज्यों (High Population Density) में से एक है।

79. Which was the first Bhojpuri film?

भोजपुरी की पहली फिल्म कौन-सी थी?

(a) Ganga Maiya Tohe Piyari Chadhaibo / गंगा मइया तोहे पियरी चढ़इबो
(b) Kanyadan / कन्यादान
(c) Nadiya Ke Paar / नदिया के पार
(d) More than one of the above / उपर्युक्त में से एक से अधिक
(e) None of the above / उपर्युक्त में से कोई नहीं

Exam: BPSC School Teacher 2023 (Paper-IV)

Answer: (a) Ganga Maiya Tohe Piyari Chadhaibo

Explanation :

- गंगा मइया तोहे पियरी चढ़इबो (Ganga Maiya Tohe Piyari Chadhaibo) पहली भोजपुरी फिल्म थी।
- यह फिल्म 1963 (1963 Release Year) में रिलीज हुई थी।
- इसके निर्देशक कुंदन कुमार (Director Kundan Kumar) थे।
- इस फिल्म ने भोजपुरी सिनेमा (Bhojpuri Cinema Industry) की शुरुआत की।

80. Who composed the book 'Gyan Deepak'?

'ज्ञान दीपक' नामक पुस्तक की रचना किस महान संत ने की थी?

(a) Salar Masud Ghazi / सालार मसूद गाजी
(b) Dariya Saheb / दरिया साहेब
(c) Imam Shah Fakir / इमाम शाह फकीर
(d) More than one of the above / उपर्युक्त में से एक से अधिक
(e) None of the above / उपर्युक्त में से कोई नहीं

Exam: BPSC School Teacher 2023 (Paper-IV)

Answer: (b) Dariya Saheb / दरिया साहेब

Explanation :

- दरिया साहेब (Dariya Saheb) बिहार के प्रसिद्ध संत और कवि थे।
- उन्होंने दरियादासी संप्रदाय (Dariyadasi Sect) की स्थापना की।
- उनकी प्रसिद्ध कृति ज्ञान दीपक (Gyan Deepak) है।
- उन्हें कई लोग कबीर का अवतार (Incarnation of Kabir) भी मानते हैं।

81. Who laid the foundation of National College and Bihar Vidyapeeth?

नेशनल कॉलेज और बिहार विद्यापीठ का शिलान्यास किसने किया था?

(a) Dr. Rajendra Prasad / डॉ. राजेन्द्र प्रसाद
(b) Maulana Abdul Bari / मौलाना अब्दुल बारी
(c) Mahatma Gandhi / महात्मा गांधी
(d) More than one of the above / उपर्युक्त में से एक से अधिक
(e) None of the above / उपर्युक्त में से कोई नहीं

Exam: BPSC School Teacher 2023 (Paper-III)

Answer: (c) Mahatma Gandhi / महात्मा गांधी

Explanation :

- बिहार विद्यापीठ (Bihar Vidyapeeth) की स्थापना 1921 में पटना में महात्मा गांधी (Mahatma Gandhi) के प्रयासों से हुई।
- इसका उद्देश्य राष्ट्रीय शिक्षा को बढ़ावा देना और औपनिवेशिक शिक्षा प्रणाली (Colonial Education System) का विकल्प तैयार करना था।
- यह संस्थान असहयोग आंदोलन (Non-Cooperation Movement) के दौरान स्थापित किया गया था।
- देश के प्रथम राष्ट्रपति डॉ. राजेन्द्र प्रसाद (Dr. Rajendra Prasad) इस संस्थान के पहले प्राचार्य (Principal) बने थे।

82. According to R. L. Singh's classification scheme, Bihar falls under which type of climatic region?

आर. एल. सिंह के वर्गीकरण स्कीम के अनुसार, बिहार किस प्रकार के जलवायु प्रदेश में आता है?

(a) Humid South-East / आर्द्र दक्षिण-पूर्व
(b) Sub-humid Transitional / उपार्द्र संक्रमणकालीन
(c) Sub-humid Continental / उपार्द्र महाद्वीपीय
(d) More than one of the above / उपर्युक्त में से एक से अधिक
(e) None of the above / उपर्युक्त में से कोई नहीं

Exam: BPSC School Teacher 2023 (Paper-III)

Answer: (b) Sub-humid Transitional / उपार्द्र संक्रमणकालीन

Explanation :

- आर. एल. सिंह (R. L. Singh) ने भारत को विभिन्न जलवायु प्रदेशों (Climatic Regions) में विभाजित किया।
- उनके वर्गीकरण में बिहार उपार्द्र संक्रमणकालीन जलवायु (Sub-humid Transitional Climate) क्षेत्र में आता है।
- बिहार के पूर्वी भाग में आर्द्र जलवायु (Humid Climate) और पश्चिमी भाग में अर्द्धशुष्क प्रवृत्ति (Semi-dry tendency) मिलती है।
- इस जलवायु पर मानसून (Monsoon System) का प्रमुख प्रभाव रहता है।

83. In which district of Bihar was the first floating solar power plant established?

बिहार के किस जिले में प्रथम तैरता हुआ सोलर ऊर्जा संयंत्र बनाया गया है?

(a) Darbhanga / दरभंगा
(b) West Champaran / पश्चिम चंपारण
(c) Madhubani / मधुबनी
(d) More than one of the above / उपर्युक्त में से एक से अधिक
(e) None of the above / उपर्युक्त में से कोई नहीं

Exam: BPSC School Teacher 2023 (Paper-III)

Answer: (a) Darbhanga / दरभंगा

Explanation :

- बिहार का पहला तैरता हुआ सौर ऊर्जा संयंत्र (Floating Solar Power Plant) दरभंगा में स्थापित किया गया।
- यह संयंत्र जलाशय पर लगाया गया है जिससे भूमि की बचत होती है।
- इसकी क्षमता लगभग 2 मेगावाट (2 MW Capacity) है।
- इस परियोजना में नीचे मत्स्य पालन (Fish Farming) और ऊपर बिजली उत्पादन (Electricity Generation) किया जाता है।

84. Which of the following from Bihar has received a GI Tag?

बिहार में निम्नलिखित में से किसे GI टैग मिला है?

(a) Magahi Paan / मगही पान
(b) Basmati Rice / बासमती चावल
(c) Chanderi Saree / चंदेरी साड़ी
(d) More than one of the above / उपर्युक्त में से एक से अधिक

(e) None of the above / उपर्युक्त में से कोई नहीं

Exam: BPSC School Teacher 2023 (Paper-III)

Answer: (a) Magahi Paan / मगही पान

Explanation :

- GI Tag (Geographical Indication Tag) किसी विशेष क्षेत्र से जुड़े उत्पाद को दिया जाता है।
- बिहार का प्रसिद्ध मगही पान (Magahi Paan) GI टैग प्राप्त उत्पाद है।
- इसके अलावा बिहार के शाही लीची (Shahi Litchi), भागलपुरी सिल्क (Bhagalpuri Silk), मिथिला मखाना (Mithila Makhana) को भी GI टैग मिला है।
- GI टैग से उत्पाद की भौगोलिक पहचान (Geographical Identity) और गुणवत्ता सुरक्षित रहती है।

85. In which year was the Bihar Provincial Kisan Sabha formed?

'बिहार प्रांतीय किसान सभा' का गठन किस वर्ष किया गया था?

(a) 1920 / 1920
(b) 1924 / 1924
(c) 1929 / 1929
(d) More than one of the above / उपर्युक्त में से एक से अधिक
(e) None of the above / उपर्युक्त में से कोई नहीं

Exam: BPSC School Teacher 2023 (Paper-II) Shift-2

Answer: (c) 1929 / 1929

Explanation :

- बिहार प्रांतीय किसान सभा (Bihar Provincial Kisan Sabha) का गठन 1929 में हुआ।
- इसका गठन प्रसिद्ध किसान नेता स्वामी सहजानंद सरस्वती (Swami Sahajanand Saraswati) ने किया।
- इसका उद्देश्य किसानों के अधिकार (Peasant Rights) की रक्षा करना था।
- इस संगठन ने आगे चलकर किसान आंदोलन (Peasant Movement) को मजबूत किया।

86. Which of the following statements about the revolt of 1781 in Bihar is correct?

बिहार में 1781 के विद्रोह के बारे में निम्नलिखित में से कौन-सा कथन सही है?

(a) It was a revolt by Zamindars / यह जमींदारों द्वारा किया गया विद्रोह था
(b) It was a revolt by peasants / यह किसानों द्वारा किया गया विद्रोह था
(c) The British suppressed it easily / अंग्रेज बिना किसी परेशानी के विद्रोह को दबाने में सफल रहे
(d) More than one of the above / उपर्युक्त में से एक से अधिक
(e) None of the above / उपर्युक्त में से कोई नहीं

Exam: BPSC School Teacher 2023 (Paper-II) Shift-2

Answer: (d) More than one of the above / उपर्युक्त में से एक से अधिक

Explanation :

- 1781 का विद्रोह बिहार में जमींदारों और सरदारों (Zamindars and Chiefs) द्वारा ब्रिटिश शासन के खिलाफ किया गया था।
- इसके प्रमुख नेता राजा नारायण सिंह (Raja Narayan Singh) और फतेह बहादुर शाही (Fateh Bahadur Shahi) थे।
- इसका मुख्य कारण राजस्व नीति (Revenue Policy) से असंतोष था।
- संगठन की कमी के कारण अंग्रेजों ने इसे आसानी से दबा दिया (Suppression by British)।

87. Kruti Raj Singh is associated with which sport?

कृति राज सिंह किस खेल से सम्बंधित हैं?

(a) Weightlifting / भारोत्तोलन
(b) Badminton / बैडमिंटन
(c) Cricket / क्रिकेट
(d) More than one of the above / उपर्युक्त में से एक से अधिक
(e) None of the above / उपर्युक्त में से कोई नहीं

Exam: BPSC School Teacher 2023 (Paper-II) Shift-2

Answer: (a) Weightlifting / भारोत्तोलन

Explanation :

- कृति राज सिंह (Kruti Raj Singh) बिहार की प्रसिद्ध खिलाड़ी हैं।

- वह भारोत्तोलन (Weightlifting) खेल से संबंधित हैं।
- उन्होंने कॉमनवेल्थ चैंपियनशिप (Commonwealth Championship) में कई पदक जीते।
- वह बिहार की युवा खेल प्रतिभाओं में प्रमुख महिला वेटलिफ्टर (Women Weightlifter) मानी जाती हैं।

88. According to the Industrial Development Ranking 2022 issued by Bihar Industries Department, which district ranked first?

बिहार उद्योग विभाग द्वारा जारी औद्योगिक विकास रैंकिंग 2022 में किस जिले ने पहला स्थान प्राप्त किया?

(a) Siwan / सिवान
(b) Gaya / गया
(c) Darbhanga / दरभंगा
(d) More than one of the above / उपर्युक्त में से एक से अधिक
(e) None of the above / उपर्युक्त में से कोई नहीं

Exam: BPSC School Teacher 2023 (Paper-II) Shift-2

Answer: (a) Siwan / सिवान

Explanation :

- बिहार उद्योग विभाग ने पहली बार औद्योगिक विकास रैंकिंग (Industrial Development Ranking) जारी की।
- इस रैंकिंग में सिवान (Siwan District) प्रथम स्थान पर रहा।
- सिवान को लगभग 73.5 अंक (Score) प्राप्त हुए।
- इसके बाद पटना (Patna) दूसरे स्थान पर रहा।

89. According to Bihar Prohibition and Excise (Amendment) Act, 2022, what percentage of the vehicle's insured value must be paid to release a vehicle carrying liquor?

बिहार मद्य-निषेध एवं उत्पाद-शुल्क (संशोधन) अधिनियम 2022 के अनुसार शराब ढुलाई करने वाले वाहन को छुड़ाने के लिए उसकी बीमित राशि का कितना प्रतिशत देना होगा?

(a) 30%
(b) 50%
(c) 10%
(d) More than one of the above / उपर्युक्त में से एक से अधिक
(e) None of the above / उपर्युक्त में से कोई नहीं

Exam: BPSC School Teacher 2023 (Paper-II) Shift-2

Answer: (c) 10%

Explanation :

- बिहार सरकार ने मद्य-निषेध कानून (Prohibition Law) को प्रभावी बनाने के लिए संशोधन किया।
- यह संशोधन बिहार मद्य-निषेध एवं उत्पाद-शुल्क अधिनियम 2022 (Excise Amendment Act 2022) के अंतर्गत हुआ।
- शराब ढुलाई वाले वाहन को छुड़ाने के लिए बीमा राशि का 10% (10% Insured Value) देना होगा।
- इसका उद्देश्य अवैध शराब परिवहन (Illegal Liquor Transport) को रोकना है।

90. Under the influence of which movement did the people of Bihar refuse to pay 'Chaukidari Tax'?

किस आंदोलन के प्रभाव में आकर बिहार के लोगों ने 'चौकीदारी कर' देने से इंकार किया था?

(a) Non-Cooperation Movement / असहयोग आंदोलन
(b) Civil Disobedience Movement / सविनय अवज्ञा आंदोलन
(c) Quit India Movement / भारत छोड़ो आंदोलन
(d) More than one of the above / उपर्युक्त में से एक से अधिक
(e) None of the above / उपर्युक्त में से कोई नहीं

Exam: BPSC School Teacher 2023 (Paper-II) Shift-1

Answer:(b) Civil Disobedience Movement / सविनय अवज्ञा आंदोलन

Explanation :

- 1930 में गांधी जी ने सविनय अवज्ञा आंदोलन (Civil Disobedience Movement) शुरू किया।
- इस आंदोलन के प्रभाव से बिहार के लोगों ने चौकीदारी कर (Chaukidari Tax) देने से इंकार किया।
- यह आंदोलन बिहार के कई जिलों जैसे दरभंगा, सारण, चंपारण (District Participation) में फैला।
- इसका उद्देश्य ब्रिटिश कानूनों का शांतिपूर्ण विरोध (Peaceful Resistance) करना था।

91. Which tribe of Bihar participated in the Gaya session of the Indian National Congress?

बिहार की किस जनजाति ने कांग्रेस के गया अधिवेशन में भाग लिया था?

(a) Oraon / उरांव

(b) Santhal / संथाल

(c) Sanyasi / संन्यासी

(d) More than one of the above / उपर्युक्त में से एक से अधिक

(e) None of the above / उपर्युक्त में से कोई नहीं

Exam: BPSC School Teacher 2023 (Paper-II) Shift-1

Answer: (a) Oraon / उरांव

Explanation :

- 1922 में कांग्रेस का गया अधिवेशन (Gaya Session of INC) आयोजित हुआ।
- इसमें बिहार की उरांव जनजाति (Oraon Tribe) ने भाग लिया।
- इस अधिवेशन की अध्यक्षता चितरंजन दास (C. R. Das) ने की।
- इस कार्यक्रम में बड़ी संख्या में आदिवासी किसान (Tribal Peasants) शामिल हुए।

92. Which tree is worshipped by the Munda and Santhal tribes of the Chotanagpur region?

छोटा नागपुर क्षेत्र के मुंडा और संथाल किस पेड़ की पूजा करते हैं?

(a) Imli / इमली

(b) Mango / आम

(c) Kadamba / कदम्ब

(d) More than one of the above / उपर्युक्त में से एक से अधिक

(e) None of the above / उपर्युक्त में से कोई नहीं

Exam: BPSC School Teacher 2023 (Paper-II) Shift-1

Answer: (c) Kadamba / कदम्ब

Explanation :

- छोटानागपुर क्षेत्र में मुंडा और संथाल जनजाति (Munda and Santhal Tribes) रहती हैं।
- ये लोग कदम्ब वृक्ष (Kadamba Tree) को पवित्र मानते हैं।
- इसके साथ महुआ वृक्ष (Mahua Tree) भी महत्वपूर्ण है।
- इन जनजातियों का प्रमुख त्योहार सरहुल (Sarhul Festival) है।

Economic Planning and National Income/Budget
(आर्थिक नियोजन एवं राष्ट्रीय आय/बजट)

आर्थिक नियोजन एवं राष्ट्रीय आय/बजट

1. **Human Resource Development was focused on:**

मानव संसाधन विकास पर ध्यान केंद्रित किया गया था:

(a) Second five–year plan / द्वितीय पंचवर्षीय योजना
(b) Fourth five–year plan / चौथी पंचवर्षीय योजना
(c) Seventh five–year plan / सातवीं पंचवर्षीय योजना
(d) More than one of the above / उपर्युक्त में से एक से अधिक
(e) None of the above / उपर्युक्त में से कोई नहीं

NCERT - Class 11, Chapter 12 (The Goal of Five Plans)

Answer:(e) None of the above / उपर्युक्त में से कोई नहीं

Explanation

- आठवीं योजना का मुख्य उद्देश्य: भारत की आठवीं पंचवर्षीय योजना (1992-97) को स्पष्ट रूप से "मानव विकास" योजना के रूप में जाना जाता है। इसी योजना के दौरान मानव संसाधन विकास को नियोजन का केंद्र बिंदु बनाया गया था।
- सातवीं योजना की भूमिका: हालाँकि सातवीं योजना (1985-90) ने सामाजिक न्याय, साक्षरता और आधुनिक तकनीक पर जोर दिया था, लेकिन "मानव संसाधन" को एक व्यापक और प्राथमिक लक्ष्य के रूप में केवल आठवीं योजना में ही पूरी तरह अपनाया गया।
- प्राथमिकताएं: मानव संसाधन विकास के अंतर्गत मुख्य रूप से शिक्षा, स्वास्थ्य, पेयजल और रोजगार सृजन पर ध्यान दिया गया, ताकि जनसंख्या को एक बोझ के बजाय देश की संपत्ति (Asset) बनाया जा सके।
- विकल्प (e) क्यों सही है: चूँकि आपके दिए गए विकल्पों में 'आठवीं पंचवर्षीय योजना' शामिल नहीं है, इसलिए सही उत्तर (e) उपर्युक्त में से कोई नहीं होगा।

2. **Which of the following statements is true about 'Perspective Plan'?**

'परिप्रेक्ष्य योजना' के बारे में निम्नलिखित में से कौन सा कथन सत्य है?

(a) Equal importance is given to each goal in these plans / इन योजनाओं में प्रत्येक लक्ष्य को समान महत्व दिया जाता है
(b) It comprises of specific goals and general objectives / इसमें विशिष्ट लक्ष्य और सामान्य उद्देश्य शामिल होते हैं
(c) Goals in these plans may be in conflict with each other / इन योजनाओं में लक्ष्य एक-दूसरे के साथ संघर्ष (विरोध) में हो सकते हैं
(d) More than one of the above / उपर्युक्त में से एक से अधिक
(e) None of the above / उपर्युक्त में से कोई नहीं

NCERT - Class 11, Chapter 12 (The Goal of Five Plans)

Answer:(b) It comprises of specific goals and general objectives / इसमें विशिष्ट लक्ष्य और सामान्य उद्देश्य शामिल होते हैं

Explanation:

- दीर्घकालिक दृष्टिकोण : एक 'परिप्रेक्ष्य योजना' आमतौर पर 15 से 20 वर्षों की लंबी अवधि के लिए तैयार की जाती है। यह अल्पकालिक योजनाओं के लिए एक ब्लूप्रिंट का काम करती है।
- लक्ष्यों का संयोजन : इस योजना में भविष्य के लिए सामान्य उद्देश्य (जैसे गरीबी मिटाना) और उन्हें प्राप्त करने के लिए कुछ विशिष्ट लक्ष्य (जैसे प्रति व्यक्ति आय में निश्चित वृद्धि) दोनों का मिश्रण होता है।
- प्राथमिकता : विकल्प (a) गलत है क्योंकि संसाधनों की कमी के कारण सभी लक्ष्यों को समान महत्व देना संभव नहीं होता; सरकार को कुछ लक्ष्यों को प्राथमिकता देनी पड़ती है।
- सामंजस्य : विकल्प (c) भी गलत है क्योंकि एक अच्छी परिप्रेक्ष्य योजना का उद्देश्य ही यह होता है कि विभिन्न लक्ष्यों के बीच तालमेल बिठाया जाए ताकि वे एक-दूसरे का विरोध करने के बजाय एक-दूसरे के पूरक बनें।

3. In India, a mixed economy was adopted in which Five-Year Plan?

भारत में, किस पंचवर्षीय योजना में मिश्रित अर्थव्यवस्था को अपनाया गया था?

(a) Fourth Five-Year Plan / चौथी पंचवर्षीय योजना
(b) Second Five-Year Plan / दूसरी पंचवर्षीय योजना
(c) Third Five-Year Plan / तीसरी पंचवर्षीय योजना
(d) More than one of the above / उपर्युक्त में से एक से अधिक
(e) None of the above / उपर्युक्त में से कोई नहीं

NCERT - Class 11, Chapter 12 (The Goal of Five Plans)

Answer:(b) Second Five-Year Plan / दूसरी पंचवर्षीय योजना

Explanation:

- औद्योगिक नीति प्रस्ताव 1956: दूसरी पंचवर्षीय योजना (1956-61) के दौरान 1956 की औद्योगिक नीति (IPR 1956) को स्वीकार किया गया, जिसने आधिकारिक तौर पर भारत को एक 'मिश्रित अर्थव्यवस्था' के रूप में स्थापित किया।
- सार्वजनिक और निजी क्षेत्र का सह-अस्तित्व: इस योजना के तहत यह तय किया गया कि भारी और बुनियादी उद्योग सार्वजनिक क्षेत्र के नियंत्रण में रहेंगे, जबकि उपभोक्ता वस्तुओं और अन्य उद्योगों के लिए निजी क्षेत्र को अनुमति दी जाएगी।
- महलनोबिस मॉडल : दूसरी योजना पी.सी. महलनोबिस के मॉडल पर आधारित थी, जिसमें तीव्र औद्योगिकीकरण के लिंए सरकार की सक्रिय भागीदारी को अनिवार्य माना गया था, जो मिश्रित अर्थव्यवस्था का आधार बना।
- समाजवादी समाज का ढांचा: इसी योजना के दौरान 'समाज के समाजवादी ढांचे' को लक्ष्य के रूप में अपनाया गया, जहाँ सरकार और निजी उद्यमी दोनों देश के विकास में भागीदार बने।

4. In India, in which year was the Rail Budget merged with the General Budget?

भारत में, किस वर्ष में रेल बजट को आम बजट में मिला दिया गया था?

(a) 2015
(b) 2016
(c) 2017
(d) More than one of the above / उपर्युक्त में से एक से अधिक
(e) None of the above / उपर्युक्त में से कोई नहीं

NCERT- Class 12 , Chapter 8 (Government Budget)

Answer:(c) 2017

Explanation:

- ऐतिहासिक विलय: भारत सरकार ने 21 सितंबर 2016 को रेल बजट को आम बजट के साथ मिलाने का ऐतिहासिक निर्णय लिया। हालांकि, 1 फरवरी 2017 को पहली बार संयुक्त बजट संसद में पेश किया गया।
- 92 साल पुरानी परंपरा का अंत: इससे पहले एक्वर्थ कमेटी की सिफारिश पर 1924 से रेल बजट और आम बजट अलग-अलग पेश किए जाते थे। 2017 में इस 92 साल पुरानी प्रथा को समाप्त कर दिया गया।
- बिबेक देबरॉय समिति की सिफारिश: बजट विलय का निर्णय नीति आयोग के सदस्य बिबेक देबरॉय की अध्यक्षता वाली समिति की सिफारिशों के आधार पर लिया गया था।
- विलय का उद्देश्य: इसका मुख्य उद्देश्य भारतीय रेलवे के वित्त में पारदर्शिता लाना, संसाधनों का बेहतर उपयोग करना और दो अलग-अलग बजट पेश करने की प्रशासनिक जटिलता को कम करना था।

5. Which of the following is not the purpose of the government budget?

निम्नलिखित में से कौन-सा सरकारी बजट का उद्देश्य नहीं है?

(a) Promotion of economic development / आर्थिक विकास का संवर्धन
(b) No financial control on disbursement / संवितरण (वितरण) पर कोई वित्तीय नियंत्रण नहीं है
(c) To project current programmes and policies / वर्तमान कार्यक्रमों और नीतियों को प्रक्षेपित करने के लिए
(d) More than one of the above / उपर्युक्त में से एक से अधिक
(e) None of the above / उपर्युक्त में से कोई नहीं

NCERT- Class 12 , Chapter 8 (Government Budget)

Answer: (b) No financial control on disbursement / संवितरण (वितरण) पर कोई वित्तीय नियंत्रण नहीं है

Explanation:

- वित्तीय नियंत्रण का अभाव : सरकारी बजट का मुख्य उद्देश्य सार्वजनिक धन के खर्च पर कठोर वित्तीय नियंत्रण रखना होता है। विकल्प (b) यह कहता है कि कोई नियंत्रण नहीं है, जो कि पूरी तरह से गलत है, इसलिए यही "उद्देश्य नहीं" है।
- आर्थिक विकास : बजट का एक प्रमुख उद्देश्य बुनियादी ढांचे, शिक्षा और स्वास्थ्य पर खर्च करके देश के आर्थिक विकास की गति को तेज करना होता है।
- सार्वजनिक जवाबदेही : बजट संसद में पेश किया जाता है ताकि सरकार जनता को यह बता सके कि उनका पैसा कहाँ और कैसे खर्च किया जा रहा है। यह जवाबदेही सुनिश्चित करता है।
- नीतियों का कार्यान्वयन : बजट सरकार की विभिन्न सामाजिक और आर्थिक नीतियों और कार्यक्रमों को लागू करने का एक वित्तीय माध्यम है, जिससे भविष्य की योजनाओं का पता चलता है।

6. The Central Statistical Organization was established in the year:

केन्द्रीय सांख्यिकीय संगठन की स्थापना किस वर्ष में हुई थी?

(a) 1947
(b) 1950
(c) 1951
(d) More than one of the above / उपर्युक्त में से एक से अधिक
(e) None of the above / उपर्युक्त में से कोई नहीं

NCERT - Class 12 Chapter

Answer: (c) 1951

Explanation:

- स्थापना की तारीख: केंद्रीय सांख्यिकीय संगठन (CSO) की स्थापना आधिकारिक तौर पर 2 मई 1951 को की गई थी। इसका मुख्यालय नई दिल्ली में स्थित है।
- मुख्य कार्य: CSO का प्राथमिक कार्य भारत में सांख्यिकीय गतिविधियों का समन्वय करना और सांख्यिकीय मानकों को तैयार करना है। यह सांख्यिकी और कार्यक्रम कार्यान्वयन मंत्रालय (MoSPI) के अंतर्गत आता है।
- राष्ट्रीय आय की गणना: भारत में राष्ट्रीय आय और जीडीपी के आंकड़ों को संकलित और जारी करने की मुख्य जिम्मेदारी इसी संस्था की है।
- NSO में विलय: आपकी जानकारी के लिए, 2019 में भारत सरकार ने CSO और NSSO (राष्ट्रीय नमूना सर्वेक्षण कार्यालय) का विलय कर एक नई संस्था NSO (राष्ट्रीय सांख्यिकीय कार्यालय) का गठन कर दिया है।

7. Consider the following statements regarding recent developments in Union Government finances

संघ सरकार के वित्त में नवीनतम विकास के बारे में निम्नलिखित कथनों पर विचार कीजिए:

1. **During the pandemic year FY 2020–21, the fiscal deficit of the Union Government reached 9.2% of GDP. / महामारी वित्तीय वर्ष 2020–21 के दौरान संघ सरकार का राजकोषीय घाटा सकल घरेलू उत्पाद का 9.2% तक पहुँच गया था।**
2. **In FY 2021–22 the fiscal deficit declined to 7.7% of GDP. / वित्तीय वर्ष 2021–22 में राजकोषीय घाटा घटकर GDP का 7.7% हो गया।**
3. **Revenue collection declined during the last two years. / पिछले दो वर्षों में राजस्व संग्रह कम हो गया है।**

Which of the above statements are correct?

उपर्युक्त में से कौन-सा/से कथन सही है/हैं?

(a) Only 1 / केवल 1
(b) 1 and 2 / 1 और 2
(c) 2 and 3 / 2 और 3
(d) More than one of the above / उपर्युक्त में से एक से अधिक
(e) None of the above / उपर्युक्त में से कोई नहीं

Exam: 69th BPSC (Pre) 2023

Answer:(a) Only 1 / केवल 1

Explanation:

- राजकोषीय घाटा का अर्थ सरकार के कुल व्यय और कुल आय (उधार को छोड़कर) के बीच का अंतर होता है।
- आर्थिक सर्वेक्षण 2022–23 के अनुसार वित्तीय वर्ष 2020–21 में भारत का राजकोषीय घाटा GDP का लगभग 9.2% था।

- वित्तीय वर्ष 2021–22 में यह लगभग 6.7% रहा, इसलिए 7.7% वाला कथन गलत है।
- हाल के वर्षों में GST और प्रत्यक्ष कर संग्रह में वृद्धि हुई है, इसलिए राजस्व संग्रह कम नहीं हुआ।
- इसलिए केवल कथन 1 सही है।

8. Regarding non-plan expenditure of the Central Government, which statement is correct?

केंद्र सरकार के गैर-योजनागत व्यय के बारे में निम्नलिखित में से कौन-सा कथन सही है?

(a) Expenditure occurs on interest payments / व्यय ब्याज भुगतान पर होता है

(b) Expenditure occurs on science and technology / व्यय विज्ञान और प्रौद्योगिकी पर होता है

(c) Expenditure occurs on agriculture / व्यय कृषि पर होता है

(d) More than one of the above / उपर्युक्त में से एक से अधिक

(e) None of the above / उपर्युक्त में से कोई नहीं

Exam: 69th BPSC (Pre) 2023

Answer:(a) Expenditure occurs on interest payments / व्यय ब्याज भुगतान पर होता है

Explanation:

- गैर-योजनागत व्यय सरकार के नियमित प्रशासन और अनिवार्य दायित्वों पर होने वाला व्यय है।
- इसमें मुख्य रूप से ब्याज भुगतान, वेतन, पेंशन, सब्सिडी और ऋण भुगतान शामिल होते हैं।
- केंद्रीय बजट में सबसे बड़ा हिस्सा ब्याज भुगतान का होता है।
- विज्ञान, प्रौद्योगिकी और कृषि जैसे क्षेत्र योजनागत या विकास व्यय से जुड़े होते हैं।
- इसलिए सही उत्तर (a) है।

9. According to the Economic Survey 2023, which statements describe the trend of FDI in India?

आर्थिक सर्वेक्षण 2023 के अनुसार भारत में प्रत्यक्ष विदेशी निवेश (FDI) की प्रवृत्ति के बारे में कौन-सा/से कथन सही है/हैं?

1. **It declined due to low participation of the private sector. / निजी क्षेत्र की कम भागीदारी के कारण इसमें कमी आई।**
2. **It increased compared to pre-pandemic levels. / महामारी से पहले के स्तर की तुलना में इसमें वृद्धि हुई।**
3. **After telecom sector reforms, FDI increased continuously every year without decline. / दूरसंचार क्षेत्र में सुधार के बाद इसमें हर वर्ष बिना कमी के वृद्धि हुई।**
4. **It declined due to weak global economic conditions. / कमजोर वैश्विक आर्थिक स्थिति के कारण इसमें कमी आई।**

Choose the correct answer / सही उत्तर चुनिए

(a) 1 and 3 / 1 और 3

(b) 2 and 4 / 2 और 4

(c) 1, 2 and 3 / 1, 2 और 3

(d) More than one of the above / उपर्युक्त में से एक से अधिक

(e) None of the above / उपर्युक्त में से कोई नहीं

Exam: 69th BPSC (Pre) 2023

Answer:(d) More than one of the above / उपर्युक्त में से एक से अधिक

Explanation:

- FDI वह निवेश है जिसमें विदेशी कंपनियाँ किसी देश में सीधे उत्पादन या व्यवसाय में निवेश करती हैं
- आर्थिक सर्वेक्षण के अनुसार भारत में FDI प्रवाह महामारी के बाद भी मजबूत बना रहा।
- भारत को FDI आकर्षित करने वाले प्रमुख देशों में स्थान मिला है।
- हालांकि वैश्विक आर्थिक अनिश्चितता, रूस-यूक्रेन युद्ध और कठोर मौद्रिक नीति के कारण कुछ गिरावट देखी गई।
- इसलिए कथन 2 और 4 सही हैं।

10. Consider the following statements regarding the SVAMITVA Scheme

'स्वामित्व' योजना के संबंध में निम्नलिखित कथनों पर विचार कीजिए:

1. **It is a Central Sector Scheme under the Ministry of Mines. / यह खान मंत्रालय के अंतर्गत एक केंद्रीय क्षेत्रक योजना है।**

2. It aims to create geospatial infrastructure like CORS network with accuracy up to 5 cm. / यह CORS नेटवर्क की तरह जियो-पोजिशनिंग इंफ्रास्ट्रक्चर को पाँच सेंटीमीटर तक की सटीकता प्रदान करने का प्रयास करती है।
3. CORS means Cross-Origin Resource Sharing. / CORS का अर्थ Cross-Origin Resource Sharing है।
4. It uses drone technology to map rural inhabited areas and provide property ownership records. / यह ड्रोन तकनीक से ग्रामीण आबादी क्षेत्रों का मानचित्रण कर संपत्ति का स्वामित्व प्रदान करती है।

Which of the above statements are incorrect?

उपर्युक्त में से कौन-से कथन गलत हैं?

(a) 2 and 4 / 2 और 4
(b) 1 and 3 / 1 और 3
(c) 2 and 3 / 2 और 3
(d) More than one of the above / उपर्युक्त में से एक से अधिक
(e) None of the above / उपर्युक्त में से कोई नहीं

Exam: 69th BPSC (Pre) 2023

Answer:(b) 1 and 3 / 1 और 3

Explanation:

- स्वामित्व योजना 24 अप्रैल 2020 को शुरू की गई थी।
- यह योजना पंचायती राज मंत्रालय के अंतर्गत संचालित होती है, खान मंत्रालय के अंतर्गत नहीं।
- इसका उद्देश्य ड्रोन तकनीक से ग्रामीण भूमि का डिजिटल मानचित्रण करना है।
- इससे ग्रामीण नागरिकों को संपत्ति कार्ड मिलता है।
- CORS का अर्थ Continuously Operating Reference Stations होता है।
- इसलिए कथन 1 और 3 गलत हैं।

11. Consider the following statements regarding the Production Linked Incentive (PLI) Scheme

उत्पादन-संबद्ध प्रोत्साहन (PLI) योजना के संबंध में निम्नलिखित कथनों पर विचार कीजिए:

1. It promotes domestic manufacturing and investment in mobile phones and electronic components. / यह घरेलू विनिर्माण और मोबाइल फोन व इलेक्ट्रॉनिक घटकों में निवेश को बढ़ावा देती है।
2. There are two categories of applicants – global companies and domestic companies. / इसमें आवेदकों की दो श्रेणियाँ हैं – वैश्विक कंपनियाँ और घरेलू कंपनियाँ।
3. Eligible companies receive about 8% incentive for six years. / पात्र कंपनियों को छह वर्षों तक लगभग 8% प्रोत्साहन मिलता है।
4. Target segments include laptop, tablet, AIO PC, server and USFF. / लक्ष्य श्रेणी में लैपटॉप, टैबलेट, AIO PC, सर्वर और USFF शामिल हैं।

Which of the above statements are incorrect?

उपर्युक्त में से कौन-से कथन गलत हैं?

(a) 1 and 4 / 1 और 4
(b) 2 and 4 / 2 और 4
(c) 1 and 3 / 1 और 3
(d) More than one of the above / उपर्युक्त में से एक से अधिक
(e) None of the above / उपर्युक्त में से कोई नहीं

Exam: 69th BPSC (Pre) 2023

Answer:(d) More than one of the above / उपर्युक्त में से एक से अधिक

Explanation:

- PLI योजना अप्रैल 2020 में शुरू की गई थी।
- इसका उद्देश्य भारत में इलेक्ट्रॉनिक्स विनिर्माण को बढ़ावा देना और निवेश आकर्षित करना है।
- यह योजना कंपनियों को अतिरिक्त उत्पादन और बिक्री पर वित्तीय प्रोत्साहन देती है।
- प्रोत्साहन दर सामान्यतः 4%–6% होती है और अवधि लगभग 5 वर्ष होती है।
- इसलिए कथन 2 और 3 गलत हैं।

12. With reference to India and the Great Depression that began in 1929, which statement is correct?

भारत और 1929 में प्रारंभ हुई महामंदी के संदर्भ में, निम्नलिखित में से कौन-सा कथन सही है?

(a) मंदी ने भारतीय व्यापार को प्रतिकूल रूप से प्रभावित किया। / The depression adversely affected Indian trade.

(b) मंदी ने भारतीय खेतिहर, किसानों, आयात एवं निर्यात को प्रतिकूलता से प्रभावित किया। / The depression adversely affected peasants, agriculture, imports and exports in India.

(c) मंदी का भारत पर प्रभाव संकेत करता है कि 20वीं सदी के प्रारंभ में विश्व अर्थव्यवस्था एकीकृत हो चुकी थी। / Its impact on India shows that the world economy had become integrated by the early 20th century.

(d) More than one of the above / उपर्युक्त में से एक से अधिक

(e) None of the above / उपर्युक्त में से कोई नहीं

Exam: BPSC School Teacher 2023 (Paper II) Shift-1

Answer:(d) More than one of the above / उपर्युक्त में से एक से अधिक

Explanation:

- 1929 की महामंदी एक वैश्विक आर्थिक संकट था जिसकी शुरुआत अमेरिका से हुई थी।
- इस संकट के कारण विश्व व्यापार में भारी गिरावट आई और इसका प्रभाव ब्रिटिश भारत पर भी पड़ा।
- भारतीय निर्यात और आयात दोनों में गिरावट आई, जिससे व्यापार प्रभावित हुआ।
- इसका सबसे अधिक प्रभाव किसानों और कृषि क्षेत्र पर पड़ा क्योंकि कृषि उत्पादों की कीमतें गिर गईं।
- इससे यह स्पष्ट होता है कि उस समय भारत वैश्विक अर्थव्यवस्था से जुड़ा हुआ था, इसलिए विश्व संकट का प्रभाव भारत पर भी पड़ा।

13. The name of the Cluster-oriented Rural Development Scheme is

क्लस्टर-आधारित ग्रामीण विकास की योजना का नाम है

(a) Deendayal Upadhyaya Rurban Mission / दीनदयाल उपाध्याय रुर्बन मिशन

(b) Dr. Shyama Prasad Mukherjee Rurban Mission / डॉ. श्यामा प्रसाद मुखर्जी रुर्बन मिशन

(c) Atal Bihari Vajpayee Rurban Mission / अटल बिहारी वाजपेयी रुर्बन मिशन

(d) More than one of the above / उपर्युक्त में से एक से अधिक

(e) None of the above / उपर्युक्त में से कोई नहीं

Exam: BPSC TRE 2.0 14/12/2023 Paper-I

Answer: (b) Dr. Shyama Prasad Mukherjee Rurban Mission / डॉ. श्यामा प्रसाद मुखर्जी रुर्बन मिशन

Explanation:

- श्यामा प्रसाद मुखर्जी रुर्बन मिशन (SPMRM) का उद्देश्य ग्रामीण क्षेत्रों का क्लस्टर आधारित विकास करना है।
- इस मिशन की घोषणा 2016 में की गई थी।
- इसका लक्ष्य ग्रामीण क्षेत्रों में शहरी जैसी आधारभूत सुविधाएँ उपलब्ध कराना है।
- इसके अंतर्गत आर्थिक, सामाजिक और बुनियादी ढाँचे के विकास पर विशेष ध्यान दिया जाता है।
- इसमें 14 प्रमुख घटकों के माध्यम से ग्रामीण विकास को बढ़ावा दिया जाता है।

कृषि उद्योग एवं व्यापार एवं आधारभूत संरचना / Agriculture, Industry, Trade and Infrastructure

14. In India, which of the following most accurately explains the decline in GDP share of agriculture over decades?

भारत में दशकों से कृषि के सकल घरेलू उत्पाद (GDP) में हिस्से में गिरावट का सबसे सटीक कारण कौन-सा है?

(a) Growth of service sector / सेवा क्षेत्र का विकास

(b) Relative decline in agricultural productivity / कृषि उत्पादकता की सापेक्ष गिरावट

(c) Structural shift of workforce to non-agriculture / कृषि से गैर-कृषि क्षेत्र में रोजगार का संरचनात्मक बदलाव

(d) More than one of the above / उपर्युक्त में से एक से अधिक

(e) None of the above / उपर्युक्त में से कोई नहीं

NCERT – Class 12, Chapter 1: Introduction to Indian Economy

Answer: (d) More than one of the above / उपर्युक्त में से एक से अधिक

Explanation:

- सेवा क्षेत्र के तेज़ विकास से GDP में कृषि का अनुपात कम हुआ है।
- कृषि उत्पादकता की तुलनात्मक वृद्धि धीमी रही है जिससे GDP share घटा है।
- कार्यबल का भारी हिस्सा कृषि से गैर-कृषि क्षेत्रों की ओर स्थानांतरित हुआ है।
- इन सभी कारणों के संयोजन से कृषि का GDP हिस्सा गिरा है।

15. Which of the following is the most critical weakness of Indian agriculture

भारतीय कृषि की सबसे महत्वपूर्ण कमजोरी क्या है?

(a) Dependence on monsoon / मानसून पर निर्भरता

(b) Low level of mechanization / यंत्रीकरण का निम्न स्तर

(c) Small and fragmented land holdings / छोटे और खंडीकृत खेत

(d) More than one of the above / उपर्युक्त में से एक से अधिक

(e) None of the above / उपर्युक्त में से कोई नहीं

NCERT – Class 12, Chapter 5: Agriculture

Answer:(d) More than one of the above / उपर्युक्त में से एक से अधिक

Explanation:

- भारतीय कृषि अत्यधिक मानसून पर निर्भर है जिससे उत्पादन में अनिश्चितता रहती है।
- खेत छोटे और टुकड़े-टुकड़े हैं जिससे अर्थशास्त्रीय पैमाने की कमी होती है।
- यंत्रीकरण की कमी से उत्पादन लागत अधिक है और श्रम दक्षता कम है।
- इन सब कमजोरियों का संयुक्त प्रभाव कृषि में नकारात्मक है।

16. Which of the following explains the primary reason for low investment in Indian agriculture?

भारतीय कृषि में निवेश कम होने का मुख्य कारण निम्नलिखित में से कौन-सा सही रूप से बताता है?

(a) Low profitability of crops / फसलों की कम लाभप्रदता

(b) Lack of rural banking / ग्रामीण बैंकिंग की कमी

(c) Small farm size / छोटे खेत का आकार

(d) More than one of the above / उपर्युक्त में से एक से अधिक

(e) None of the above / उपर्युक्त में से कोई नहीं

NCERT – Class 12, Chapter 5: Agriculture

Answer:(d) More than one of the above / उपर्युक्त में से एक से अधिक

Explanation:

- फसलों की कम लाभप्रदता निवेश को आकर्षित नहीं कर पाती है।
- ग्रामीण बैंकिंग सुविधाएँ सीमित होने से ऋण की पहुँच कठिन है।
- छोटे खेत आर्थिक रूप से निवेश के लिए अनुकूल नहीं होते।
- इन सभी कारणों से कृषि में निवेश की कमी बनी हुई है।

17. In the context of industrial development in India, "Infant Industry Argument" primarily supports:

भारतीय औद्योगिक विकास के संदर्भ में "इन्फ़ैंट इंडस्ट्री आर्गुमेंट" मुख्यत: किसका समर्थन करता है?

(a) Free import of capital goods / पूंजीगत वस्तुओं का मुक्त आयात

(b) Protection to new industries / नई उद्योगों को संरक्षण

(c) Deregulation of industry / उद्योग का विनियमन हटाना

(d) More than one of the above / उपर्युक्त में से एक से अधिक

(e) None of the above / उपर्युक्त में से कोई नहीं

NCERT – Class 11, Chapter 9: Industrial Development

Answer:(b) Protection to new industries / नई उद्योगों को संरक्षण

Explanation:

- इन्फ़ैंट इंडस्ट्री आर्गुमेंट कहता है कि नए उद्योगों को शुरुआती संरक्षण मिलना चाहिए।
- ताकि वे घरेलू प्रतिस्पर्धा का सामना सीख सकें।
- यह नीति आमतौर पर टैरिफ और अनुदान से समर्थित होती है।

- पूंजीगत वस्तुओं के मुक्त आयात से इसकी रक्षा कम होती है।

18. Which of the following is the chief economic infrastructure contributing directly to the productivity of agriculture?

निम्नलिखित में से कौन-सी मुख्य आर्थिक आधारभूत संरचना कृषि उत्पादकता में प्रत्यक्ष रूप से योगदान देती है?

(a) Irrigation network / सिंचाई नेटवर्क

(b) Road and transport network / सड़क और परिवहन नेटवर्क

(c) Cold storage facilities / शीत भंडारण सुविधाएँ

(d) More than one of the above / उपर्युक्त में से एक से अधिक

(e) None of the above / उपर्युक्त में से कोई नहीं

NCERT – Class 12, Chapter 8: Infrastructure

Answer:(d) More than one of the above / उपर्युक्त में से एक से अधिक

Explanation:

- सिंचाई नेटवर्क से वर्षा आधारित कृषि की निर्भरताएँ घटती हैं।
- सड़क और परिवहन नेटवर्क से कृषि उत्पाद बाज़ार तक पहुँचते हैं।
- शीत भंडारण से post-harvest loss कम होता है और उत्पादकता बढ़ती है।
- इन सभी आधारभूत संरचनाओं का संयुक्त प्रभाव कृषि में सकारात्मक होता है।

19. Which of the following policy interventions is most directly aimed at stabilizing agricultural prices in India?

भारत में कृषि मूल्यों को स्थिर करने के लिए निम्नलिखित में से कौन-सा नीति हस्तक्षेप सबसे प्रत्यक्ष रूप से लक्षित है?

(a) Minimum Support Price (MSP) / न्यूनतम समर्थन मूल्य

(b) Crop Insurance Schemes / फसल बीमा योजनाएँ

(c) Contract Farming / अनुबंध खेती

(d) More than one of the above / उपर्युक्त में से एक से अधिक

(e) None of the above / उपर्युक्त में से कोई नहीं

NCERT – Class 12, Chapter 5: Agriculture

Answer: (a) Minimum Support Price (MSP) / न्यूनतम समर्थन मूल्य

Explanation:

- MSP का प्राथमिक उद्देश्य किसानों को निश्चित मूल्य सुनिश्चित करना है।
- MSP से कृषि उत्पादों के मूल्य में अस्थिरता कम होती है।
- फसल बीमा योजनाएँ जोखिम प्रबंधन का काम करती हैं, मूल्य नियंत्रण का नहीं।
- अनुबंध खेती मूल्य स्थिरता के लिए प्रत्यक्ष नीति नहीं है।

20. Which of the following characterizes India's "dual economy" in agricultural and non-agricultural sectors?

भारत की कृषि और गैर-कृषि क्षेत्रों की "डुअल इकॉनमी" को निम्न में से कौन-सी विशेषता दर्शाती है?

(a) High productivity in services / सेवा क्षेत्र में उच्च उत्पादकता

(b) Coexistence of modern and traditional sectors / आधुनिक और पारंपरिक क्षेत्रों का सहअस्तित्व

(c) Exclusive reliance on agriculture export / केवल कृषि निर्यात पर निर्भरता

(d) More than one of the above / उपर्युक्त में से एक से अधिक

(e) None of the above / उपर्युक्त में से कोई नहीं

NCERT – Class 12, Chapter 1: Introduction to Indian Economy

Answer:(b) Coexistence of modern and traditional sectors / आधुनिक और पारंपरिक क्षेत्रों का सहअस्तित्व

Explanation:

- आधुनिक औद्योगिक क्षेत्रों में अधिक उत्पादकता है।
- परंपरागत कृषि और ग्रामीण श्रम बाजार में कम उत्पादकता होती है।
- डुअल इकॉनमी अर्थव्यवस्था में दोनों का सहअस्तित्व दिखता है।

- सेवा क्षेत्र की उत्पादकता इसे सीधे डुअल इकॉनमी की परिभाषा नहीं बनाती।

21. Which of the following is the most important advantage of infrastructure development for industry?

औद्योगिक आधारभूत संरचना विकास का सबसे महत्वपूर्ण लाभ निम्न में से कौन-सा है?

(a) Reduced transportation cost / परिवहन लागत में कमी

(b) Increased foreign direct investment / प्रत्यक्ष विदेशी निवेश में वृद्धि

(c) Enhanced agricultural output / कृषि उत्पादन में वृद्धि

(d) More than one of the above / उपर्युक्त में से एक से अधिक

(e) None of the above / उपर्युक्त में से कोई नहीं

NCERT – Class 12, Chapter 8: Infrastructure

Answer:(a) Reduced transportation cost / परिवहन लागत में कमी

Explanation:

- बेहतर आधारभूत संरचना से परिवहन लागत घटती है।
- इससे उद्योगों के उत्पादन और वितरण खर्च कम होते हैं।
- प्रत्यक्ष विदेशी निवेश पर मूल रूप से सामान्य नीति का प्रभाव होता है।
- कृषि उत्पादन पर आधारभूत संरचना का प्रभाव अप्रत्यक्ष है।

22. Under trade liberalization reforms, which policy measure directly affected the tariff regime?

व्यापार उदारीकरण सुधारों के तहत कौन-सी नीति उपाय ने सीधे टैरिफ व्यवस्था को प्रभावित किया?

(a) Reduction in import duties / आयात शुल्क में कटौती

(b) Phasing out of quantitative restrictions / मात्रात्मक प्रतिबंधों का समाप्त होना

(c) Introduction of GST / वस्तु एवं सेवा कर

(d) More than one of the above / उपर्युक्त में से एक से अधिक

(e) None of the above / उपर्युक्त में से कोई नहीं

NCERT – Class 12, Chapter 7: Manufacturing, Trade and Services

Answer:(a) Reduction in import duties / आयात शुल्क में कटौती

Explanation:

- व्यापार उदारीकरण में आयात शुल्क कम किए गए।
- इससे भारतीय उद्योगों पर विदेशी प्रतिस्पर्धा बढ़ी।
- मात्रात्मक प्रतिबंधों का समाप्त होना tariff से अलग नीति था।
- GST का इस प्रश्न में प्रत्यक्ष प्रभाव नहीं है।

23. Which of the following best reflects the functional link between agriculture and industry in India?

भारत में कृषि और उद्योग के बीच कार्यात्मक संबंध को सबसे अच्छा किस विकल्प द्वारा दर्शाया गया है?

(a) Agricultural products as raw materials for industries / उद्योगों के लिए कृषि उत्पाद मूल कच्चे माल के रूप में

(b) Industrial machinery for farm mechanization / कृषि मेकॅनाइजेशन के लिए औद्योगिक मशीनरी

(c) Availability of rural credit / ग्रामीण ऋण की उपलब्धता

(d) More than one of the above / उपर्युक्त में से एक से अधिक

(e) None of the above / उपर्युक्त में से कोई नहीं

NCERT – Class 11, Chapter 9: Industrial Development

Answer: (d) More than one of the above / उपर्युक्त में से एक से अधिक

Explanation:

- कृषि से उत्पादित वस्तुएँ कई उद्योगों के लिए कच्चे माल का स्रोत हैं।
- उद्योगों द्वारा निर्मित मशीनरी कृषि के मेकॅनाइजेशन में उपयोग होती है।
- ग्रामीण ऋण की उपलब्धता कृषि-औद्योगिक linkages का supporting factor है
- इसलिए दोनों (a और b) correct हो सकते हैं।

24. Match List-I with List-II

सूची-I को सूची-II से सुमेलित कीजिए /

सूची-I (कपड़ा / Fabric)

a. लिनन (Linen)

b. जटा / कॉयर (Coir)

c. मोहायर (Mohair)

d. डाउन (Down)

सूची-II (उत्पत्ति / Source)

1. नारियल का पौधा / Coconut plant

2. सन का पौधा / Flax plant

3. बतख और गीज के पंख / Duck and goose feathers

4. अंगोरा बकरी / Angora goat

नीचे दिए गए कूट का प्रयोग कर सही उत्तर चुनिए / Choose the correct code

(a) 1 3 2 4
(b) 4 3 1 2
(c) 2 1 4 3
(d) More than one of the above / उपर्युक्त में से एक से अधिक
(e) None of the above / उपर्युक्त में से कोई नहीं

Exam: 69th BPSC (Pre) 2023

Answer:(c) 2 1 4 3

Explanation:

- लिनन कपड़ा सन के पौधे के रेशों से बनाया जाता है।
- कॉयर नारियल के छिलके के रेशों से बनता है।
- मोहायर अंगोरा बकरी के बालों से प्राप्त होता है।
- डाउन बतख और हंस के मुलायम पंखों से प्राप्त होता है।

मुद्रा/बैंकिंग एवं कर प्रणाली, केंद्र-राज्य वित्तीय संबंध

25. Which of the following is NOT a function of the Reserve Bank of India (RBI)?

निम्नलिखित में से कौन-सा भारतीय रिज़र्व बैंक (RBI) का कार्य नहीं है?

(a) Control of credit in the economy / अर्थव्यवस्था में ऋण नियंत्रण
(b) Management of foreign exchange reserves / विदेशी मुद्रा भंडार का प्रबंधन
(c) Fixing fiscal deficit targets of States / राज्यों के राजकोषीय घाटा लक्ष्य निर्धारित करना
(d) More than one of the above / उपर्युक्त में से एक से अधिक
(e) None of the above / उपर्युक्त में से कोई नहीं

NCERT – Class 12, Chapter 3: Money and Banking

Answer:(c) Fixing fiscal deficit targets of States / राज्यों के राजकोषीय घाटा लक्ष्य निर्धारित करना

Explanation:

- RBI का मुख्य कार्य मौद्रिक नीति और बैंकिंग नियंत्रण है।
- RBI विदेशी मुद्रा भंडार का भी प्रबंधन करता है।
- RBI आयात-निर्यात नियंत्रण में सीधा निर्णय नहीं लेता।
- राज्यों के fiscal deficit targets को RBI नहीं निर्धारित करता।

26. Which of the following is an example of 'quantitative monetary policy' tool used by the RBI?

आरबीआई द्वारा उपयोग किए जाने वाला 'मात्रात्मक मौद्रिक नीति' उपकरण का उदाहरण कौन-सा है?

(a) Bank Rate / बैंक दर
(b) Cash Reserve Ratio / नकद आरक्षित अनुपात
(c) Statutory Liquidity Ratio / वैधानिक तरलता अनुपात
(d) More than one of the above / उपर्युक्त में से एक से अधिक
(e) None of the above / उपर्युक्त में से कोई नहीं

NCERT – Class 12, Chapter 3: Money and Banking

Answer:(d) More than one of the above / उपर्युक्त में से एक से अधिक

Explanation:

- Cash Reserve Ratio (CRR) एक मात्रात्मक नीति उपकरण है।
- Statutory Liquidity Ratio (SLR) भी मात्रात्मक उपकरण है।

- Bank Rate अधिकतर मूल्य आधारित उपकरण माना जाता है।
- इसलिए (b) और (c) दोनों quantitative tools हैं।

27. Which of the following taxes is levied by the Central Government in India?

भारत में निम्नलिखित में से कौन-सा कर केन्द्रीय सरकार द्वारा लगाया जाता है?

(a) Customs Duty / सीमा शुल्क
(b) Sales Tax / बिक्री कर
(c) State Excise Duty / राज्य उत्पाद शुल्क
(d) More than one of the above / उपर्युक्त में से एक से अधिक
(e) None of the above / उपर्युक्त में से कोई नहीं

NCERT – Class 11, Chapter 11: Public Finance and Taxation

Answer:(a) Customs Duty / सीमा शुल्क

Explanation:

- सीमा शुल्क केंद्र द्वारा लगाया जाता है।
- बिक्री कर अब GST के तहत नहीं आता।
- State Excise Duty को राज्य सरकार द्वारा लगाया जाता है।
- इसलिए केवल (a) केंद्र कर है।

28. Which of the following sources is NOT a part of the Union Government's revenue receipts?

निम्नलिखित में से कौन-सा Union Government के राजस्व प्राप्तियों का हिस्सा नहीं है?

(a) Corporation Tax / कॉर्पोरेट कर
(b) Dividends from RBI / RBI से लाभांश
(c) Capital Receipts / पूंजीगत प्राप्तियाँ
(d) More than one of the above / उपर्युक्त में से एक से अधिक
(e) None of the above / उपर्युक्त में से कोई नहीं

NCERT – Class 11, Chapter 11: Public Finance and Taxation

Answer:(c) Capital Receipts / पूंजीगत प्राप्तियाँ

Explanation:

- Corporation Tax केंद्र के revenue receipts में आता है।
- RBI से लाभांश भी revenue receipt हो सकता है
- Capital receipts में ऋण, disinvestment आदि आते हैं।
- इसलिए capital receipts revenue receipts का हिस्सा नहीं।

29. Which of the following statements about GST (Goods and Services Tax) in India is correct?

भारत में GST (वस्तु एवं सेवा कर) के बारे में निम्नलिखित में से कौन-सा कथन सही है?

(a) It replaced all taxes levied by State Governments / यह सभी राज्य करों को बदलता है
(b) It is a destination based tax / यह गंतव्य आधारित कर है
(c) It is levied only by the Central Government / यह केवल केंद्र द्वारा लगाया जाता है
(d) More than one of the above / उपर्युक्त में से एक से अधिक
(e) None of the above / उपर्युक्त में से कोई नहीं

NCERT – Class 12, Chapter 7: Manufacturing, Trade and Services

Answer:(b) It is a destination based tax / यह गंतव्य आधारित कर है

Explanation:

- GST एक destination based tax है।
- यह केवल केंद्र द्वारा नहीं लगाया जाता; केंद्र और राज्य दोनो कर वसूलते हैं।
- यह सभी प्रकार के राज्यों के करों को पूर्ण रूप से नहीं बदलता।
- कुछ taxes अभी भी Centre/State अलग से रहते हैं।

30. Which of the following is a primary objective of the Financial Commission in India?

भारत में वित्त आयोग का प्रमुख उद्देश्य निम्नलिखित में से कौन-सा है?

(a) To recommend distribution of tax revenue between Centre and States / केंद्र-राज्य के बीच कर राजस्व का वितरण सुझाव देना
(b) To control inflation / मुद्रास्फीति नियंत्रण

(c) To regulate stock markets / शेयर बाजार का नियंत्रण
(d) More than one of the above / उपर्युक्त में से एक से अधिक
(e) None of the above / उपर्युक्त में से कोई नहीं

NCERT – Class 11, Chapter 11: Public Finance and Taxation

Answer:(a) To recommend distribution of tax revenue between Centre and States / केंद्र-राज्य के बीच कर राजस्व का वितरण सुझाव देना

Explanation:

- Finance Commission का मुख्य कार्य है केंद्र और राज्यों के बीच tax revenue का वितरण।
- यह संघ की वित्तीय संतुलन की सिफारिश करता है।
- मुद्रास्फीति नियंत्रण इसका उद्देश्य नहीं है।
- शेयर बाजार नियंत्रण भी इसका काम नहीं है।

31. Which of the following is included in India's Core Banking concept?

भारत में Core Banking की अवधारणा के अंतर्गत निम्नलिखित में से कौन-सा शामिल है?

(a) Customer can operate accounts from any branch / ग्राहक किसी भी शाखा से खाता चला सकता है
(b) Manual accounting ledgers / मैनुअल बहीखाता
(c) Only prime accounts are centralized / केवल प्रमुख खाते केंद्रीकृत
(d) More than one of the above / उपर्युक्त में से एक से अधिक
(e) None of the above / उपर्युक्त में से कोई नहीं

NCERT – Class 12, Chapter 3: Money and Banking

Answer:(a) Customer can operate accounts from any branch / ग्राहक किसी भी शाखा से खाता चला सकता है

Explanation:

- Core Banking से ग्राहक अपने खाते को किसी भी बैंक शाखा से चला सकता है।
- यह नेटवर्क आधारित centralized system है।
- Manual accounting core banking में नहीं है।
- सिर्फ prime accounts का centralized होना core banking की परिभाषा नहीं है।

32. Which of the following is an example of a Direct Tax in India?

भारत में निम्नलिखित में से कौन-सा Direct Tax का उदाहरण है?

(a) Income Tax / आयकर
(b) Excise Duty / उत्पाद शुल्क
(c) Customs Duty / सीमा शुल्क
(d) More than one of the above / उपर्युक्त में से एक से अधिक
(e) None of the above / उपर्युक्त में से कोई नहीं

NCERT – Class 11, Chapter 11: Public Finance and Taxation

Answer:(a) Income Tax / आयकर

Explanation:

- Income Tax सीधे व्यक्ति/संस्था की आय पर लगाया जाता है।
- Excise and Customs indirect taxes हैं।
- Direct tax taxpayers से सीधे वसूले जाते हैं।
- इसलिए (a) सही है।

33. Which of the following statements about the Fiscal Responsibility and Budget Management (FRBM) Act is correct?

FRBM Act के बारे में निम्नलिखित में से कौन-सा कथन सही है?

(a) It aims to reduce fiscal deficit / इसका उद्देश्य वित्तीय घाटा कम करना है
(b) It mandates balancing of revenue and capital accounts / यह राजस्व और पूंजी खातों को संतुलित करने का आदेश देता है
(c) It abolishes all subsidies / यह सब्सिडी समाप्त कर देता है
(d) More than one of the above / उपर्युक्त में से एक से अधिक
(e) None of the above / उपर्युक्त में से कोई नहीं

NCERT – Class 12, Chapter 11: Public Finance and Taxation

Answer:(a) It aims to reduce fiscal deficit / इसका उद्देश्य वित्तीय घाटा कम करना है

Explanation:

- FRBM Act का लक्ष्य वित्तीय घाटा कम करना है।
- यह राजस्व और पूंजी खातों को सीधे संतुलित नहीं करता।
- यह सब्सिडी समाप्त नहीं करता।
- इसका उद्देश्य fiscal discipline लागू करना है।

34. Which of the following is a component of India's Monetary Policy Committee (MPC)?

भारत के Monetary Policy Committee (MPC) के घटकों में निम्नलिखित में से कौन-सा शामिल है?

(a) Governor of RBI / RBI का गर्वनर

(b) A representative of Ministry of Finance / वित्त मंत्रालय का प्रतिनिधि

(c) A person appointed by the Central Government / केंद्र सरकार द्वारा नियुक्त व्यक्ति

(d) More than one of the above / उपर्युक्त में से एक से अधिक

(e) None of the above / उपर्युक्त में से कोई नहीं

NCERT – Class 12, Chapter 3: Money and Banking

Answer:(d) More than one of the above / उपर्युक्त में से एक से अधिक

Explanation:

- MPC में RBI का Governor सदस्य होता है
- इसमें Ministry of Finance का प्रतिनिधि भी शामिल होता है।
- Central Government द्वारा नियुक्त विशेषज्ञ भी इसमें शामिल हैं।
- इसलिए (a + b + c) में से एक से अधिक सही है।

भारतीय मुद्रा के किस नोट के पीछे की ओर मंगलयान का चित्र मुद्रित है? / On which Indian currency note is the image of Mangalyaan printed?

(a) 50 रुपये के नोट पर / ₹50 note

(b) 10 रुपये के नोट पर / ₹10 note

(c) 2000 रुपये के नोट पर / ₹2000 note

(d) More than one of the above / उपर्युक्त में से एक से अधिक

(e) None of the above / उपर्युक्त में से कोई नहीं

Exam: BPSC TRE-3.0 1–5 Exam-2024 (Cancelled)

Answer: (c) 2000 रुपये के नोट पर / ₹2000 note

Explanation:

- मंगलयान (Mars Orbiter Mission) भारत का पहला मंगल ग्रह मिशन था।
- इसे भारतीय अंतरिक्ष अनुसंधान संगठन (ISRO) ने 2013 में लॉन्च किया था।
- ₹2000 के नोट के पीछे मंगलयान का चित्र मुद्रित किया गया था।
- इसका उद्देश्य भारत की वैज्ञानिक उपलब्धियों और अंतरिक्ष कार्यक्रम को दर्शाना है।

निम्नलिखित में से कौन-से कारक भारतीय अर्थव्यवस्था में मुद्रास्फीतिजनित मंदी (Stagflation) में योगदान कर सकते हैं? / Which factors can contribute to stagflation in the Indian economy?

1. **सरकारी खर्च में वृद्धि के कारण उच्च मुद्रास्फीति दबाव / High inflation due to increase in government expenditure**
2. **औद्योगिक उत्पादन में गिरावट और आर्थिक विकास में सुस्ती / Decline in industrial production and slow economic growth**
3. **कुल मांग और उपभोक्ता खर्च में कमी / Decline in aggregate demand and consumer spending**
4. **घरेलू मुद्रा की वृद्धि के कारण निर्यात प्रतिस्पर्धात्मकता में कमी / Decline in export competitiveness due to appreciation of domestic currency**

(a) केवल 1 और 2 / Only 1 and 2

(b) केवल 2 और 3 / Only 2 and 3

(c) केवल 1, 2 और 4 / Only 1, 2 and 4

(d) More than one of the above / उपर्युक्त में से एक से अधिक

(e) None of the above / उपर्युक्त में से कोई नहीं

Exam: 69th BPSC (Pre) 2023

Answer: (d) More than one of the above / उपर्युक्त में से एक से अधिक

Explanation:

- मुद्रास्फीतिजनित मंदी (Stagflation) ऐसी स्थिति है जिसमें मुद्रास्फीति और आर्थिक मंदी दोनों एक साथ होती हैं।
- इस स्थिति में कीमतें बढ़ती रहती हैं लेकिन आर्थिक विकास धीमा हो जाता है।

- औद्योगिक उत्पादन में गिरावट और विकास दर में कमी इस स्थिति को बढ़ा सकती है।
- सरकारी खर्च में अत्यधिक वृद्धि से मांग बढ़ती है जिससे मुद्रास्फीति बढ़ सकती है।
- निर्यात प्रतिस्पर्धा में कमी और वैश्विक आर्थिक संकट भी इस स्थिति को उत्पन्न कर सकते हैं।

35. Consider the following statements regarding Insolvency and Bankruptcy

दिवाला और शोधन अक्षमता के संबंध में निम्नलिखित कथनों पर विचार कीजिए

1. **शोधन अक्षमता उस स्थिति को दर्शाती है जब कोई व्यक्ति या संस्था अपने ऋणों का भुगतान करने में असमर्थ हो जाती है। / Insolvency refers to a financial situation where a person or institution cannot repay debts.**
2. **दिवाला एक कानूनी प्रक्रिया है जिसमें देनदार की संपत्ति लेनदारों के हित में समाप्त या पुनर्गठित की जाती है। / Bankruptcy is a legal process in which debtor's assets are liquidated or reorganized for creditors.**
3. **शोधन अक्षमता एक अवस्था है जबकि दिवाला एक निष्कर्ष है। / Insolvency is a state while bankruptcy is a legal conclusion.**
4. **भारतीय दिवाला और शोधन अक्षमता बोर्ड (IBBI) इस प्रक्रिया का नियामक निकाय है। / IBBI is the regulatory authority for insolvency proceedings in India.**

(a) 1, 2 और 3
(b) 2, 3 और 4
(c) केवल 4
(d) केवल 1 और 2
(e) उपर्युक्त में से कोई नहीं

Exam: 69th BPSC (Pre) 2023

Answer:(c) केवल 4

Explanation:

- शोधन अक्षमता (Insolvency) वह स्थिति है जब व्यक्ति या संस्था अपने ऋणों का भुगतान नहीं कर पाती।
- दिवालियापन (Bankruptcy) एक कानूनी प्रक्रिया है जिसमें देनदार की संपत्ति का निपटान किया जाता है।
- IBBI (Insolvency and Bankruptcy Board of India) इस प्रक्रिया की निगरानी करने वाला नियामक संस्थान है।
- भारत में Insolvency and Bankruptcy Code (IBC), 2016 लागू है।

36. Which of the following are components of RBI's Foreign Exchange Reserves?

आरबीआई के विदेशी मुद्रा भंडार में निम्नलिखित में से कौन-से शामिल हैं?

1. **विदेशी मुद्रा परिसंपत्तियाँ (Foreign Currency Assets – FCA)**
2. **सोना (Gold)**
3. **विशेष आहरण अधिकार (Special Drawing Rights – SDR)**
4. **आरक्षित किस्त स्थिति (Reserve Tranche Position – RTP)**

(a) केवल 1 और 2
(b) केवल 2, 3 और 4
(c) केवल 1, 2 और 3
(d) More than one of the above / उपर्युक्त में से एक से अधिक
(e) None of the above / उपर्युक्त में से कोई नहीं

Exam: 69th BPSC (Pre) 2023

Answer:(d) More than one of the above / उपर्युक्त में से एक से अधिक

Explanation:

- भारत के विदेशी मुद्रा भंडार (Forex Reserves) को RBI द्वारा प्रबंधित किया जाता है।
- इसमें मुख्यतः Foreign Currency Assets (FCA) शामिल होते हैं।
- इसके अतिरिक्त सोना (Gold Reserves) भी विदेशी मुद्रा भंडार का हिस्सा है।
- Special Drawing Rights (SDR) IMF द्वारा जारी अंतरराष्ट्रीय आरक्षित संपत्ति है।
- Reserve Tranche Position (RTP) IMF में भारत की आरक्षित स्थिति को दर्शाता है।

भारतीय कृषि

37. Which of the following is the main reason for low productivity of pulses in India?

भारत में दालों (Pulses) की कम उत्पादकता का मुख्य कारण निम्नलिखित में से कौन-सा है?

(a) High cost of irrigation / सिंचाई की उच्च लागत
(b) Low use of quality seeds / गुणवत्तापूर्ण बीजों का कम उपयोग
(c) Excessive fertilizer application / उर्वरक का अत्यधिक उपयोग
(d) More than one of the above / उपर्युक्त में से एक से अधिक
(e) None of the above / उपर्युक्त में से कोई नहीं

NCERT – Class 12, Chapter 5: Agriculture

Answer: (b) Low use of quality seeds / गुणवत्तापूर्ण बीजों का कम उपयोग

Explanation:

- दालों की कम उत्पादकता का प्रमुख कारण गुणवत्ताहीन बीजों का उपयोग है।
- सिंचाई की उपलब्धता की समस्या वास्तव में पूरक है, मुख्य कारण नहीं।
- उर्वरक का अत्यधिक उपयोग दालों में कम लाभप्रद दिखाई देता है।
- इसलिए केवल (b) इस स्थिति को स्पष्ट रूप से दर्शाता है।

38. Which of the following crops is most sensitive to changes in monsoon rainfall?

निम्नलिखित में से कौन-सी फसल मानसून वर्षा में बदलाव के प्रति सबसे संवेदनशील है?

(a) Wheat / गेहूँ
(b) Sugarcane / गन्ना
(c) Cotton / कपास
(d) More than one of the above / उपर्युक्त में से एक से अधिक
(e) None of the above / उपर्युक्त में से कोई नहीं

NCERT – Class 12, Chapter 5: Agriculture

Answer:(d) More than one of the above / उपर्युक्त में से एक से अधिक

Explanation:

- गन्ना (Sugarcane) मानसून के बदलाव से अत्यधिक प्रभावित होती है।
- कपास (Cotton) भी वर्षा के पैटर्न पर निर्भर करती है।
- गेहूँ Rabi crop है और मानसून के समय कम प्रभावित होती है।
- इसलिए (b) और (c) दोनों ही खरीफ फसलें संवेदनशील हैं।

39. Which of the following farming practices conserves soil nutrients and improves soil structure?

निम्नलिखित में से कौन-सी कृषि पद्धति मिट्टी के पोषक तत्वों को संरक्षित रखती है और मिट्टी की संरचना में सुधार करती है?

(a) Mono-cropping / एक ही फसल की खेती
(b) Crop rotation / फसल चक्रीकरण
(c) Continuous ploughing / लगातार जुताई
(d) More than one of the above / उपर्युक्त में से एक से अधिक
(e) None of the above / उपर्युक्त में से कोई नहीं

NCERT – Class 12, Chapter 5: Agriculture

Answer:(b) Crop rotation / फसल चक्रीकरण

Explanation:

- फसल चक्रीकरण मिट्टी के पोषक तत्वों की गुणवत्ता बनाए रखता है।
- इससे मिट्टी की जल-धारण क्षमता सुधरती है।
- लगातार जुताई से मिट्टी ख़राब होती है।
- Mono-cropping भी मिट्टी को थका देती है, इसलिए (b) सही है।

40. Which of the following crops contributes most to India's total agricultural export earnings?

निम्नलिखित में से कौन-सी फसल भारत के कुल कृषि निर्यात आय में सबसे अधिक योगदान देती है?

(a) Basmati rice / बासमती चावल
(b) Tea / चाय
(c) Spices / मसाले
(d) More than one of the above / उपर्युक्त में से एक से अधिक
(e) None of the above / उपर्युक्त में से कोई नहीं

NCERT – Class 12, Chapter 7: Manufacturing, Trade and Services

Answer:(d) More than one of the above / उपर्युक्त में से एक से अधिक

Explanation:

- बासमती चावल भारत के कृषि निर्यात में महत्वपूर्ण है।
- Spices (मसाले) का निर्यात वैश्विक स्तर पर बहुत ऊँचा है।
- चाय का भी निर्यात महत्वपूर्ण है, विशेषकर असम और पश्चिम बंगाल से।
- इसलिए (a) और (c) दोनों मिलकर सबसे अधिक योगदान देते हैं।

41. Which of the following is NOT a characteristic of organic farming?

निम्नलिखित में से कौन-सी बात जैविक खेती की विशेषता नहीं है?

(a) Use of synthetic pesticides / सिंथेटिक कीटनाशकों का उपयोग

(b) Use of green manure / हरित खाद का उपयोग

(c) Maintenance of soil fertility / मिट्टी की उर्वरता का संरक्षण

(d) More than one of the above / उपर्युक्त में से एक से अधिक

(e) None of the above / उपर्युक्त में से कोई नहीं

NCERT – Class 12, Chapter 5: Agriculture

Answer: (a) Use of synthetic pesticides / सिंथेटिक कीटनाशकों का उपयोग

Explanation:

- जैविक खेती में कृत्रिम रसायनों का उपयोग नहीं होता।
- हरित खाद कृषि में organic पोषक तत्व प्रदान करती है।
- जैविक विधियों से मिट्टी की उर्वरता बनाए रखी जाती है।
- इसलिए (a) जैविक खेती की विशेषता नहीं है।

42. Which of the following areas is most suitable for sericulture (silk farming) in India?

भारत में निम्नलिखित में से कौन-सा क्षेत्र रेशम कृषि के लिए सबसे उपयुक्त है?

(a) Western Rajasthan / पश्चिमी राजस्थान

(b) Eastern Uttar Pradesh / पूर्वी उत्तर प्रदेश

(c) Nilgiris of Tamil Nadu / तमिलनाडु के नीलगिरि

(d) More than one of the above / उपर्युक्त में से एक से अधिक

(e) None of the above / उपर्युक्त में से कोई नहीं

NCERT – Class 11, Chapter 5: Food Security and Agriculture

Answer:(c) Nilgiris of Tamil Nadu / तमिलनाडु के नीलगिरि

Explanation:

- नीलगिरि में मॉडरेट तापमान और उम्दा वातावरण मिलता है।
- मध्य भारत के गढ़े बंजर इलाकों में Sericulture कठिन है।
- पूर्वी उत्तर प्रदेश में मौसम Silk के लिए उत्तम नहीं।
- इसलिए केवल (c) है।

43. Which of the following best describes the role of agricultural extension services?

निम्नलिखित में से कौन-सा कृषि विस्तार सेवाओं की भूमिका को सबसे अच्छे से दर्शाता है?

(a) Provide financial credit to farmers / किसानों को वित्तीय ऋण देना

(b) Spread modern farming techniques / आधुनिक कृषि तकनीकों का प्रचार

(c) Fix the minimum support price / न्यूनतम समर्थन मूल्य तय करना

(d) More than one of the above / उपर्युक्त में से एक से अधिक

(e) None of the above / उपर्युक्त में से कोई नहीं

NCERT – Class 12, Chapter 5: Agriculture

Answer: (b) Spread modern farming techniques / आधुनिक कृषि तकनीकों का प्रचार

Explanation:

- कृषि विस्तार सेवाएँ किसानों को नई-नई तकनीक सिखाती हैं।
- ये सेवाएँ प्रशिक्षण, demonstration और क्रियान्वयन में मदद करती हैं।
- ऋण प्रदान करना बैंक का कार्य है, न कि extension services का।
- MSP तय करना नीति का काम है, इससे extension services का संबंध नहीं

44. Which of the following is the main reason for farmers opting for cash crops instead of food crops?

किसान खाद्य फसलों की बजाय नकदी फसलें क्यों उगाते हैं, इसका मुख्य कारण कौन-सा है?

(a) Higher market prices / उच्च बाज़ार मूल्य
(b) Government restrictions on food crops / खाद्य फसलों पर सरकारी प्रतिबंध
(c) Less labour requirement / कम श्रम आवश्यकता
(d) More than one of the above / उपर्युक्त में से एक से अधिक
(e) None of the above / उपर्युक्त में से कोई नहीं

NCERT – Class 12, Chapter 5: Agriculture

Answer: (a) Higher market prices / उच्च बाज़ार मूल्य

Explanation:

- नकदी फसलों से किसानों को अधिक मुनाफा मिलता है।
- Government restrictions खाद्य फसलों पर आमतौर पर नहीं होती।
- श्रम requirement व्यावहारिक रूप से crop dependent होती है, मुख्य कारण नहीं।
- इसलिए मात्र ऊँचे बाज़ार मूल्य को मुख्य कारण माना जाता है।

45. Which of the following is most responsible for emergence of contract farming in India?

भारत में अनुबंध खेती के उद्भव के लिए निम्नलिखित में से कौन-सा सबसे ज़्यादा उत्तरदायी है?

(a) Increasing export demand / निर्यात मांग में वृद्धि
(b) Liberalization of agricultural markets / कृषि बाजारों का उदारीकरण
(c) Need for quality inputs and assured pricing / गुणवत्ता inputs और सुनिश्चित मूल्य की आवश्यकता
(d) More than one of the above / उपर्युक्त में से एक से अधिक
(e) None of the above / उपर्युक्त में से कोई नहीं

NCERT – Class 12, Chapter 7: Manufacturing, Trade and Services

Answer:(d) More than one of the above

Explanation:

- निर्यात मांग बढ़ने से गुणवत्ता किस्में उगाने की प्रेरणा मिली।
- कृषि बाजारों के उदारीकरण से अनुबंध किसानों के प्रति आकर्षक हुए।
- गुणवत्ता इनपुट और निश्चित मूल्य किसानों को अनुबंध खेती की ओर ले गए।
- इसलिए (a + b + c) में से एक से अधिक कारण सही हैं।

46. Which of the following is the ultimate cause of agrarian distress in India?

भारत में कृषि संकट का मूल कारण निम्नलिखित में से कौन-सा है?

(a) Lack of institutional credit / संस्थागत ऋण की कमी
(b) Fluctuating monsoon / बदलता मानसून
(c) Low farm income / कृषि आय का कम होना
(d) More than one of the above / उपर्युक्त में से एक से अधिक
(e) None of the above / उपर्युक्त में से कोई नहीं

NCERT – Class 12, Chapter 5: Agriculture

Answer: (d) More than one of the above / उपर्युक्त में से एक से अधिक

Explanation:

- संस्थागत ऋण की कमी किसानों को महंगे ब्याज पर कर्ज लेने पर मजबूर करती है।
- मानसून के अनियमित होने से फसल असफल होने का जोखिम बढ़ता है।
- कम कृषि आय से किसान आर्थिक संकट का सामना करते हैं।
- इन सभी कारकों का संयुक्त प्रभाव agrarian distress को जन्म देता है।

47. When Minimum Support Price (MSP) announced by the Government is above the market price, it will be a situation of:

जब सरकार द्वारा घोषित न्यूनतम समर्थन मूल्य (MSP) बाजार कीमत से अधिक होता है, तो यह किस स्थिति को दर्शाता है?

(a) Effective price floor and Excess Supply / प्रभावी न्यूनतम कीमत तथा अधिशेष पूर्ति
(b) Effective price ceiling and Excess Supply / प्रभावी अधिकतम कीमत तथा अधिशेष पूर्ति
(c) Effective price floor and Excess Demand / प्रभावी न्यूनतम कीमत तथा अधिशेष मांग
(d) More than one of the above / उपर्युक्त में से एक से अधिक
(e) None of the above / उपर्युक्त में से कोई नहीं

Answer:(a) Effective price floor and Excess Supply / प्रभावी न्यूनतम कीमत तथा अधिशेष पूर्ति

Explanation:

- न्यूनतम समर्थन मूल्य (MSP) सरकार द्वारा तय की गई वह न्यूनतम कीमत है, जिससे कम पर किसान अपनी फसल नहीं बेचते
- जब MSP बाजार के संतुलन मूल्य से अधिक निर्धारित किया जाता है, तो यह प्रभावी न्यूनतम कीमत (Effective Price Floor) बन जाता है।
- अधिक कीमत मिलने की वजह से उत्पादक वस्तु की पूर्ति (Supply) बढ़ा देते हैं।
- वहीं अधिक कीमत होने के कारण उपभोक्ताओं की मांग (Demand) कम हो जाती है।
- परिणामस्वरूप पूर्ति मांग से अधिक हो जाती है, जिसे अधिशेष पूर्ति (Excess Supply) कहा जाता है।

48. Consider the following schemes of agricultural development:

कृषि विकास की निम्नलिखित योजनाओं पर विचार कीजिए:

I. Vishesh Krishi Upaj Yojana / विशेष कृषि उपज योजना

II. Rashtriya Krishi Vikas Yojana / राष्ट्रीय कृषि विकास योजना

Which of these specifically targets larger increases in the export of fruits and vegetables? Choose the answer from the code below: / इनमें से कौन विशेष रूप से फल और सब्जियों के निर्यात में अधिक वृद्धि को लक्ष्य बनाती है? नीचे दिए गए कूट से उत्तर चुनिए:

Codes / कूट:

(a) Both I and II / I और II दोनों
(b) Neither I nor II / न तो I और नहीं II
(c) Only I above / केवल I
(d) More than one of the above / उपर्युक्त में से एक से अधिक
(e) None of the above / उपर्युक्त में से कोई नहीं

Answer:(c) Only I above / केवल I

Explanation:

- विशेष कृषि उपज योजना (Vishesh Krishi Upaj Yojana) का उद्देश्य कृषि उत्पादों, विशेषकर फल, सब्जियाँ, फूल और प्रसंस्कृत खाद्य पदार्थों के निर्यात को बढ़ावा देना है।
- यह योजना किसानों को उच्च मूल्य वाली बागवानी फसलों के उत्पादन और निर्यात के लिए प्रोत्साहित करती है।
- राष्ट्रीय कृषि विकास योजना (RKVY) का मुख्य उद्देश्य राज्यों में कृषि क्षेत्र का समग्र विकास और निवेश बढ़ाना है।
- RKVY सीधे तौर पर फल और सब्जियों के निर्यात बढ़ाने पर केंद्रित नहीं है।
- इसलिए सही उत्तर केवल I है।

49. Who gave the call for the "Evergreen Revolution"?

'सदाबहार क्रांति' का आह्वान किसने किया?

(a) M. S. Swaminathan / एम. एस. स्वामीनाथन
(b) A. P. J. Abdul Kalam / ए. पी. जे. अब्दुल कलाम
(c) Dr. Manmohan Singh / डॉ. मनमोहन सिंह
(d) More than one of the above / उपर्युक्त में से एक से अधिक
(e) None of the above / उपर्युक्त में से कोई नहीं

Answer:(a) M. S. Swaminathan / एम. एस. स्वामीनाथन

Explanation:

- सदाबहार क्रांति (Evergreen Revolution) का विचार भारतीय कृषि वैज्ञानिक एम. एस. स्वामीनाथन ने दिया था।
- इसका उद्देश्य कृषि उत्पादन में निरंतर वृद्धि करना है, लेकिन पर्यावरण को नुकसान पहुँचाए बिना।
- यह अवधारणा हरित क्रांति के बाद की समस्याओं (मिट्टी की उर्वरता में कमी, रासायनिक उर्वरकों का अधिक उपयोग आदि) को ध्यान में रखकर दी गई।

- सदाबहार क्रांति टिकाऊ कृषि (Sustainable Agriculture) और प्राकृतिक संसाधनों के संरक्षण पर बल देती है।
- इसलिए 'सदाबहार क्रांति' का आह्वान एम. एस. स्वामीनाथन ने किया था।

50. India's Agricultural Produce Market Committee (APMC) Act, 2003 does not _______

भारत का कृषि उपज बाजार समिति (APMC) अधिनियम, 2003 ______ नहीं करता है।

(a) facilitates direct sale of farm produce to consumers / उपभोक्ताओं को कृषि उपज की प्रत्यक्ष बिक्री की सुविधा प्रदान करता है

(b) provides a single level of market fee on the sale of notified agricultural commodities / अधिसूचित कृषि वस्तुओं की बिक्री पर बाजार शुल्क का एक स्तर प्रदान करता है

(c) controls production, supply and distribution of agricultural commodities / कृषि वस्तुओं के उत्पादन, आपूर्ति और वितरण का नियंत्रण करता है

(d) More than one of the above / उपर्युक्त में से एक से अधिक

(e) None of the above / उपर्युक्त में से कोई नहीं

NCERT Class: 12 Chapter: Agricultural Marketing (Indian Economic Development)

Answer:(c) controls production, supply and distribution of agricultural commodities / कृषि वस्तुओं के उत्पादन, आपूर्ति और वितरण का नियंत्रण करता है

Explanation:

- APMC अधिनियम का उद्देश्य कृषि उपज की संगठित एवं पारदर्शी विपणन व्यवस्था (regulated marketing system) विकसित करना है।
- यह किसानों को सीधी बिक्री (direct marketing), किसान बाजार, और निजी मंडियों जैसी सुविधाएँ प्रदान करने को प्रोत्साहित करता है।
- अधिनियम में एक ही स्तर पर बाजार शुल्क (single market fee) लगाने की व्यवस्था की जाती है ताकि किसानों पर अतिरिक्त शुल्क का बोझ न पड़े।
- APMC का कार्य केवल विपणन (marketing) को नियंत्रित करना है, न कि कृषि वस्तुओं के उत्पादन, आपूर्ति और वितरण को।
- उत्पादन, आपूर्ति और वितरण का नियंत्रण सामान्यतः सरकार की अन्य नीतियों या कानूनों (जैसे आवश्यक वस्तु अधिनियम) से संबंधित होता है।

51. Which of the following crops can not be cultivated in the river?

निम्न में से किस फसल को नदी में नहीं उगाया जा सकता?

(a) Water chestnut / सिंघाड़ा

(b) Lotus / कमल

(c) Fox nut / मखाना

(d) More than one of the above / उपर्युक्त में से एक से अधिक

(e) None of the above / उपर्युक्त में से कोई नहीं

Exam: BPSC TRE 3.0 (1–5) Re-exam 20/07/2024

Answer:(e) None of the above / उपर्युक्त में से कोई नहीं

Explanation:

- सिंघाड़ा (Water Chestnut) एक जलीय फसल है जो तालाब, झील और नदी के धीमे जल में उगाई जाती है।
- कमल (Lotus) भी जल में उगने वाला पौधा है जो नदियों, तालाबों और झीलों में पाया जाता है।
- मखाना (Fox Nut / Euryale ferox) मुख्यतः तालाब और स्थिर जल वाले क्षेत्रों में उगाया जाता है, लेकिन जलाशयों में भी संभव है।
- ये तीनों जल आधारित (Aquatic crops) हैं।
- इसलिए दिए गए विकल्पों में कोई भी फसल ऐसी नहीं है जिसे नदी में नहीं उगाया जा सकता।

52. The Central Government has extended the duration of 'Atal Bhujal Yojana'

केंद्र सरकार ने 'अटल भूजल योजना' की समयावधि को बढ़ाया है /

(a) 2025 तक / Till 2025

(b) 2027 तक / Till 2027

(c) 2030 तक / Till 2030

(d) More than one of the above / उपर्युक्त में से एक से अधिक

(e) None of the above / उपर्युक्त में से कोई नहीं

Exam: BPSC TRE-3.0 1–5 Exam-2024 (Cancelled)

Answer:(b) 2027 तक / Till 2027

Explanation:

- अटल भूजल योजना (Atal Bhujal Yojana) को 25 दिसंबर 2019 को शुरू किया गया।
- इसका उद्देश्य भूजल प्रबंधन और संरक्षण को बढ़ावा देना है।
- यह योजना जल शक्ति मंत्रालय और विश्व बैंक की साझेदारी में लागू की जा रही है।
- योजना के लिए लगभग ₹6000 करोड़ का बजट निर्धारित किया गया था।
- कोविड-19 महामारी के कारण इसकी समयावधि 2025 से बढ़ाकर 2027 तक कर दी गई।

53. Which State is the largest producer of pearl millet (Bajra)?

कौन-सा राज्य सर्वाधिक बाजरा उत्पादित करता है?

(a) Haryana / हरियाणा

(b) Rajasthan / राजस्थान

(c) Punjab / पंजाब

(d) More than one of the above / उपर्युक्त में से एक से अधिक

(e) None of the above / उपर्युक्त में से कोई नहीं

Exam: BPSC TRE-3.0 1–5 Exam-2024 (Cancelled)

Answer:(b) Rajasthan / राजस्थान

Explanation:

- राजस्थान भारत का सबसे बड़ा बाजरा उत्पादक राज्य है।
- भारत के कुल बाजरा उत्पादन में लगभग 40–45% हिस्सा राजस्थान का होता है।
- बाजरा मुख्यतः शुष्क और अर्ध-शुष्क क्षेत्रों में उगाया जाता है।
- राजस्थान के अलावा हरियाणा, गुजरात, उत्तर प्रदेश और महाराष्ट्र भी प्रमुख उत्पादक राज्य हैं।
- बाजरा मानव और पशु दोनों के लिए महत्वपूर्ण खाद्यान्न है।

54. Which State of India is the highest producer of Millets?

भारत का कौन-सा राज्य मोटा अनाज (Millets) का सबसे बड़ा उत्पादक है?

(a) Rajasthan / राजस्थान

(b) Maharashtra / महाराष्ट्र

(c) Tamil Nadu / तमिलनाडु

(d) More than one of the above / उपर्युक्त में से एक से अधिक

(e) None of the above / उपर्युक्त में से कोई नहीं

Exam: BPSC TRE 2.0 10/12/2023 (Paper-III)

Answer:(a) Rajasthan / राजस्थान

Explanation:

- मोटा अनाज (Millets) में बाजरा, ज्वार, रागी आदि शामिल होते हैं
- राजस्थान भारत का सबसे बड़ा मिलेट उत्पादक राज्य है।
- आर्थिक सर्वेक्षण के अनुसार प्रमुख उत्पादक राज्य हैं — राजस्थान, कर्नाटक और मध्य प्रदेश।
- मिलेट फसलें कम पानी और शुष्क जलवायु में भी अच्छी तरह उगती हैं।
- इन्हें पोषक अनाज (Nutri-Cereals) भी कहा जाता है।

55. NABARD was established in:

NABARD की स्थापना हुई—

(a) Fourth Plan / चौथी योजना में

(b) Fifth Plan / पाँचवीं योजना में

(c) Sixth Plan / छठी योजना में

(d) More than one of the above / उपर्युक्त में से एक से अधिक

(e) None of the above / उपर्युक्त में से कोई नहीं

Answer:(c) Sixth Plan / छठी योजना में

Explanation:

- नाबार्ड (NABARD – National Bank for Agriculture and Rural Development) की स्थापना 12 जुलाई 1982 को हुई थी।
- यह स्थापना छठी पंचवर्षीय योजना (1980–85) के दौरान की गई।
- नाबार्ड का मुख्य उद्देश्य कृषि और ग्रामीण क्षेत्रों की वित्तीय आवश्यकताओं को पूरा करना है।
- यह संस्था कृषि, लघु उद्योग, कुटीर उद्योग और ग्रामीण विकास परियोजनाओं के लिए ऋण एवं वित्तीय सहायता प्रदान करती है।
- नाबार्ड की स्थापना बी. शिवरामन समिति (Shivaraman Committee) की सिफारिश पर की गई थी।

56. The 'Pradhan Mantri Kisan Samman Nidhi Yojana' was started on which date?

'प्रधानमंत्री किसान सम्मान निधि योजना' किस तिथि को

शुरू की गई थी?

(a) 1st November, 2017 / 1 नवम्बर, 2017
(b) 1st January, 2018 / 1 जनवरी, 2018
(c) 1st February, 2019 / 1 फरवरी, 2019
(d) More than one of the above / उपर्युक्त में से एक से अधिक
(e) None of the above / उपर्युक्त में से कोई नहीं

Answer:(c) 1st February, 2019 / 1 फरवरी, 2019

Explanation:

- प्रधानमंत्री किसान सम्मान निधि (PM-KISAN) योजना की घोषणा 1 फरवरी 2019 को केंद्रीय बजट में की गई थी।
- इस योजना के अंतर्गत छोटे और सीमांत किसानों को आय सहायता प्रदान की जाती है।
- पात्र किसानों को प्रति वर्ष ₹6000 की आर्थिक सहायता दी जाती है।
- यह राशि तीन समान किस्तों (₹2000-₹2000) में सीधे किसानों के बैंक खाते में भेजी जाती है।
- योजना का उद्देश्य किसानों की आय बढ़ाना और कृषि क्षेत्र को आर्थिक सहारा देना है।

विविध

57. The thorough economic liberalisation in India initiated from which year?

भारतवर्ष में संपूर्ण आर्थिक उदारीकरण किस वर्ष प्रारंभ हुआ?

(a) After 1991 / 1991 के पश्चात
(b) After 2001 / 2001 के पश्चात
(c) After 1981 / 1981 के पश्चात
(d) More than one of the above / उपर्युक्त में से एक से अधिक
(e) None of the above / उपर्युक्त में से कोई नहीं

Exam: BPSC TRE 3.0 (1–5) Re-exam 20/07/2024

Answer:(a) After 1991 / 1991 के पश्चात

Explanation:

- भारत में नई आर्थिक नीति (New Economic Policy) वर्ष 1991 में लागू की गई।
- इसे प्रधानमंत्री पी. वी. नरसिंह राव और वित्त मंत्री डॉ. मनमोहन सिंह ने लागू किया।
- इस नीति के मुख्य तत्व थे उदारीकरण (Liberalisation), निजीकरण (Privatisation) और वैश्वीकरण (Globalisation)।
- इसका उद्देश्य सरकारी नियंत्रण कम करना और बाजार आधारित अर्थव्यवस्था को बढ़ावा देना था।
- इससे विदेशी निवेश और निजी क्षेत्र की भूमिका बढ़ी।

58. Which of the following statements is/are correct?

निम्नलिखित में से कौन सा कथन सही है?

(a) 'Jobless growth' is a phenomenon where GDP of an economy increases without perceptible increase in employment. / 'रोजगार विहीन संवृद्धि' एक ऐसी अवस्था है जहाँ रोजगार में स्पष्ट वृद्धि के बिना अर्थव्यवस्था में जीडीपी में वृद्धि होती है।

(b) 'Jobless growth' could lead to reduction in employment elasticity. / 'रोजगार विहीन संवृद्धि' रोजगार की लोच में कमी ला सकती है।

(a) Only(a) is correct / केवल (a) सही है
(b) Only(b) is correct / केवल (b) सही है
(c) Both(a) and(b) are correct /(a) एवं(b) दोनों सही हैं
(d) Both(a) and(b) are incorrect /(a) एवं(b) दोनों गलत हैं
(e) None of the above / उपर्युक्त में से कोई नहीं

NCERT - Class 12, chapter 5

Answer:(c) Both (a) and (b) are correct / (a) एवं (b) दोनों सही हैं

Explanation:

- रोजगार विहीन संवृद्धि (Jobless Growth) वह स्थिति है जिसमें अर्थव्यवस्था में GDP बढ़ती है लेकिन रोजगार में समान अनुपात में वृद्धि नहीं होती।
- यह स्थिति प्रायः पूंजी-प्रधान तकनीक (capital-intensive technology) के उपयोग के कारण उत्पन्न होती है।

- रोजगार लोच (Employment Elasticity) का अर्थ है GDP वृद्धि के साथ रोजगार वृद्धि का अनुपात।
- जब GDP बढ़े पर रोजगार कम बढ़े, तो रोजगार लोच घट जाती है, जिसे रोजगार विहीन संवृद्धि से जोड़ा जाता है।
- इसलिए कथन (a) और (b) दोनों सही हैं।

59. Who was the founder of the World Economic Forum (WEF)?

विश्व आर्थिक मंच (World Economic Forum) के संस्थापक कौन थे?

(a) Pierre Werner / पियरे वर्नर
(b) Borge Brende / बोर्जे ब्रेंडे
(c) Klaus Schwab / क्लॉस श्वाब
(d) More than one of the above / उपर्युक्त में से एक से अधिक
(e) None of the above / उपर्युक्त में से कोई नहीं

Exam: BPSC TRE-3.0 6–8 Exam-2024 (Cancelled)

Answer:(c) Klaus Schwab / क्लॉस श्वाब

Explanation:

- World Economic Forum (WEF) की स्थापना 1971 में हुई थी।
- इसके संस्थापक जर्मन अर्थशास्त्री क्लॉस श्वाब हैं।
- इसका मुख्यालय जिनेवा (स्विट्जरलैंड) में स्थित है।
- इसकी वार्षिक बैठक दावोस (Davos) में आयोजित की जाती है।
- यह संगठन वैश्विक आर्थिक, सामाजिक और राजनीतिक मुद्दों पर चर्चा का मंच प्रदान करता है।

60. When was the Swachh Bharat Mission launched?

'स्वच्छ भारत मिशन' कब प्रारंभ हुआ?

(a) 2 अगस्त 2015 / 2 August 2015
(b) 2 सितंबर 2016 / 2 September 2016
(c) 2 अक्टूबर 2014 / 2 October 2014
(d) More than one of the above / उपर्युक्त में से एक से अधिक
(e) None of the above / उपर्युक्त में से कोई नहीं

Exam: BPSC TRE-3.0 1–5 Exam-2024 (Cancelled)

Answer:(c) 2 अक्टूबर 2014 / 2 October 2014

Explanation:

- स्वच्छ भारत मिशन की शुरुआत 2 अक्टूबर 2014 को की गई।
- इसका उद्देश्य देश को स्वच्छ और खुले में शौच से मुक्त (ODF) बनाना था।
- यह अभियान महात्मा गांधी की जयंती के अवसर पर शुरू किया गया।
- इसके दो प्रमुख भाग हैं — स्वच्छ भारत मिशन (ग्रामीण) और स्वच्छ भारत मिशन (शहरी)।
- इसका लक्ष्य स्वच्छता, कचरा प्रबंधन और जन जागरूकता बढ़ाना है।

61. Which of the following is NOT true about the impact of globalization on India?

वैश्वीकरण और भारत पर इसके प्रभाव के बारे में निम्नलिखित में से कौन-सा सत्य नहीं है?

(a) इसने वस्तुओं और सेवाओं के व्यापार का विस्तार किया है। / It expanded trade in goods and services.
(b) इससे प्रत्यक्ष विदेशी निवेश (FDI) का प्रवाह बढ़ा है। / It increased FDI inflows.
(c) निर्यात में वृद्धि आयात की तुलना में अधिक हुई है। / Growth in exports has been higher than imports.
(d) More than one of the above / उपर्युक्त में से एक से अधिक
(e) None of the above / उपर्युक्त में से कोई नहीं

Exam: 69th BPSC (Pre) 2023

Answer:(c) Growth in exports has been higher than imports./निर्यात में वृद्धि आयात की तुलना में अधिक हुई है

Explanation:

- वैश्वीकरण के कारण भारत के व्यापार (Trade) में उल्लेखनीय वृद्धि हुई है।
- इससे FDI और विदेशी निवेश में वृद्धि हुई है।
- लेकिन कई अवधियों में आयात की वृद्धि दर निर्यात से अधिक रही है।
- इसलिए कथन कि निर्यात की वृद्धि आयात से अधिक हुई है हमेशा सही नहीं है।
- अतः कथन (c) असत्य है।

62. In which year was the Industrial Policy Resolution adopted?

औद्योगिक नीति संकल्प किस वर्ष अपनाया गया?

(a) 1956 (b) 1954
(c) 1952
(d) More than one of the above / उपर्युक्त में से एक से अधिक
(e) None of the above / उपर्युक्त में से कोई नहीं

Exam: 69th BPSC (Pre) 2023

Answer:(a) 1956

Explanation:

- औद्योगिक नीति संकल्प (Industrial Policy Resolution) वर्ष 1956 में अपनाया गया था।
- इसने 1948 की औद्योगिक नीति का स्थान लिया और भारत की औद्योगिक विकास रणनीति को पुनः निर्धारित किया।
- इस नीति में उद्योगों को तीन श्रेणियों (Schedule A, B, C) में वर्गीकृत किया गया।
- इसका मुख्य उद्देश्य सार्वजनिक क्षेत्र को प्रमुख भूमिका देना और समाजवादी पैटर्न की अर्थव्यवस्था स्थापित करना था।
- इस नीति ने क्षेत्रीय असमानताओं को कम करने और लघु उद्योगों को बढ़ावा देने पर जोर दिया।

63. Human capital formation as a concept is better explained as a process which enables

एक अवधारणा के रूप में मानव पूंजी निर्माण की बेहतर व्याख्या एक प्रक्रिया के संदर्भ में की जाती है, जो सक्षम बनाती है

1. **किसी देश के व्यक्तियों द्वारा अधिक पूंजी संचय करने को / Individuals of a country to accumulate more capital**
2. **ज्ञान में वृद्धि करने को / Increase in knowledge**
3. **कौशल स्तरों में वृद्धि करने को / Increase in skill levels**
4. **देश के लोगों के ज्ञान, कौशल और क्षमताओं में वृद्धि करने को / Increase in knowledge, skills and abilities of people**

(a) केवल 1 / Only 1 (b) 1 और 4 / 1 and 4
(c) केवल 4 // Only 4
(d) More than one of the above / उपर्युक्त में से एक से अधिक
(e) None of the above / उपर्युक्त में से कोई नहीं

Exam: 69th BPSC (Pre) 2023

Answer:(c) केवल 4 / Only 4

Explanation:

- मानव पूंजी निर्माण (Human Capital Formation) का अर्थ है लोगों की शिक्षा, कौशल और क्षमताओं का विकास।
- यह प्रक्रिया मानव संसाधनों को अधिक उत्पादक और कुशल बनाती है।
- इसमें मुख्य रूप से शिक्षा, प्रशिक्षण, स्वास्थ्य और कौशल विकास शामिल होते हैं।
- इससे आर्थिक विकास और उत्पादकता में वृद्धि होती है।
- इसलिए सही व्याख्या लोगों के ज्ञान, कौशल और क्षमताओं में वृद्धि है।

64. Consider the following statements regarding Rules of Origin

'उत्पत्ति के नियम' (Rules of Origin) के बारे में निम्नलिखित कथनों पर विचार कीजिए

1. **उत्पत्ति के नियम किसी उत्पाद के राष्ट्रीय स्रोत को निर्धारित करने के लिए आवश्यक मानदंड हैं।**
2. **ये नियम कस्टम एजेंसियों को यह निर्धारित करने में सहायता करते हैं कि किसी उत्पाद पर कौन-से शुल्क लागू होंगे।**
3. **इनका उपयोग व्यापार सांख्यिकी के उद्देश्य के लिए भी किया जाता है।**
4. **कई मामलों में कर और आयात प्रतिबंध उत्पाद के स्रोत देश पर निर्भर करते हैं।**

(a) केवल 1 और 2 (b) केवल 3 और 4
(c) उपर्युक्त सभी
(d) More than one of the above / उपर्युक्त में से एक से अधिक
(e) None of the above / उपर्युक्त में से कोई नहीं

Exam: 69th BPSC (Pre) 2023

Answer:(c) उपर्युक्त सभी

Explanation:

- Rules of Origin किसी वस्तु के मूल देश (Country of Origin) को निर्धारित करने के लिए उपयोग किए जाते हैं।
- यह नियम अंतरराष्ट्रीय व्यापार में शुल्क (Tariff) और व्यापार नीतियों को लागू करने में सहायक होते हैं

- कस्टम विभाग इन नियमों का उपयोग उचित कर और आयात शुल्क निर्धारित करने के लिए करता है।
- इनका उपयोग व्यापार सांख्यिकी और व्यापार समझौतों के कार्यान्वयन में भी किया जाता है।
- कई बार आयात प्रतिबंध या कर उत्पाद के मूल देश पर निर्भर करते हैं।

65. Annapurna Yojana ration card is meant for whom?

'अन्नपूर्णा योजना' राशन कार्ड किसके लिए है?

(a) वृद्ध गरीब लोग जो 65 वर्ष से अधिक आयु के हैं / Poor elderly people above 65 years

(b) गरीबी रेखा के ऊपर वाले परिवार / Families above poverty line

(c) गरीबी रेखा के नीचे वाले परिवार / Families below poverty line

(d) More than one of the above / उपर्युक्त में से एक से अधिक

(e) None of the above / उपर्युक्त में से कोई नहीं

Exam: BPSC School Teacher 2023 (Paper II) Shift-2

Answer:(a) वृद्ध गरीब लोग जो 65 वर्ष से अधिक आयु के हैं / Poor elderly people above 65 years

Explanation:

- अन्नपूर्णा योजना का उद्देश्य गरीब वृद्ध व्यक्तियों को खाद्य सुरक्षा प्रदान करना है।
- यह योजना उन 65 वर्ष से अधिक आयु के बुजुर्गों के लिए है जिन्हें वृद्धावस्था पेंशन नहीं मिलती।
- इसके अंतर्गत पात्र लाभार्थियों को प्रति माह लगभग 10 किलोग्राम खाद्यान्न दिया जाता है।
- यह योजना ग्रामीण विकास मंत्रालय द्वारा संचालित की जाती है।
- इसका उद्देश्य गरीब बुजुर्गों को न्यूनतम खाद्य सुरक्षा प्रदान करना है।

66. Who launched the Sarva Shiksha Abhiyan?

'सर्व शिक्षा अभियान' किसने प्रारंभ किया?

(a) Indira Gandhi / इंदिरा गांधी

(b) P. V. Narasimha Rao / नरसिंह राव

(c) Atal Bihari Vajpayee / अटल बिहारी वाजपेयी

(d) More than one of the above / उपर्युक्त में से एक से अधिक

(e) None of the above / उपर्युक्त में से कोई नहीं

Exam: BPSC School Teacher 2023 (Paper II) Shift-2

Answer:(c) Atal Bihari Vajpayee / अटल बिहारी वाजपेयी

Explanation:

- सर्व शिक्षा अभियान (SSA) की शुरुआत 2001 में की गई।
- इसे तत्कालीन प्रधानमंत्री अटल बिहारी वाजपेयी ने शुरू किया।
- इसका मुख्य उद्देश्य 6–14 वर्ष के सभी बच्चों को निःशुल्क और अनिवार्य शिक्षा प्रदान करना था।
- यह कार्यक्रम प्राथमिक शिक्षा के सार्वभौमीकरण के लिए शुरू किया गया था।
- बाद में इसे समग्र शिक्षा अभियान (Samagra Shiksha Abhiyan) में शामिल कर दिया गया।

67. एंगस मेडिसन की पुस्तक "The World Economy: Historical Statistics" के अनुसार प्राचीन काल में भारत का विश्व GDP में कितना योगदान था?

(a) 32% (b) 20%

(c) 12%

(d) More than one of the above / उपर्युक्त में से एक से अधिक

(e) None of the above / उपर्युक्त में से कोई नहीं

Exam: BPSC School Teacher 2023 (Paper II) Shift-1

Answer:(a) 32%

Explanation:

- एंगस मेडिसन (Angus Maddison) एक प्रसिद्ध ब्रिटिश अर्थशास्त्री और आर्थिक इतिहासकार थे।
- उन्होंने अपनी पुस्तक "The World Economy: Historical Statistics" में वैश्विक GDP का ऐतिहासिक विश्लेषण किया।
- उनके अनुसार प्रथम शताब्दी में भारत का विश्व GDP में लगभग 32.9% योगदान था।
- वर्ष 1000 ईस्वी में यह लगभग 28% था।
- 17वीं शताब्दी में भी भारत का योगदान लगभग 24% के आसपास था, जो उस समय बहुत बड़ा आर्थिक हिस्सा था।

Population, Urbanization, Environment and Ecolog
(जनसंख्या नगरीकरण , पर्यावरण एवं पारिस्थितिकी)

जनसंख्या नगरीकरण

1. Which one of the north-eastern states of India has the highest concentration of tribal population?

भारत के किस Answer-पूर्व राज्य में जनजातीय जनसंख्या की अधिकतम सघनता है?

(a) Nagaland / नागालैंड
(b) Mizoram / मिजोरम
(c) Meghalaya / मेघालय
(d) More than one of the above / उपर्युक्त में से एक से अधिक
(e) None of the above / उपर्युक्त में से कोई नहीं

Exam: BPSC TRE 3.0 (1-5) Re-exam 20/07/2024

Answer: (b) Mizoram / मिजोरम

Explanation :

- भारत के Answer-पूर्वी राज्यों में मिजोरम (Mizoram) में जनजातीय जनसंख्या का प्रतिशत सबसे अधिक है।
- यहाँ लगभग 94.4% जनसंख्या जनजातीय (Tribal population) है।
- नागालैंड (Nagaland) और मेघालय (Meghalaya) में भी जनजातीय जनसंख्या अधिक है, परंतु मिजोरम सबसे आगे है।
- यह क्षेत्र मंगोलॉयड नस्ल (Mongoloid race) की जनजातियों का प्रमुख निवास क्षेत्र है।

2. Population will decrease if

जनसंख्या घट जाएगी, यदि

(a) Birth rate and death rate are equal / जन्म-दर एवं मृत्यु-दर समान हों
(b) Birth rate high and death rate low / जन्म-दर अधिक हो एवं मृत्यु-दर कम हो
(c) Birth rate low and death rate high / जन्म-दर कम हो एवं मृत्यु-दर अधिक हो
(d) More than one of the above / उपर्युक्त में से एक से अधिक
(e) None of the above / उपर्युक्त में से कोई नहीं

Exam: BPSC TRE-3.0 (1-5) Exam-2024 (Cancelled)

Answer: (c) Birth rate low and death rate high / जन्म-दर कम हो एवं मृत्यु-दर अधिक हो

Explanation :

- यदि मृत्यु-दर (Death rate) जन्म-दर से अधिक हो जाए तो जनसंख्या घटती है।
- जन्म-दर अधिक और मृत्यु-दर कम होने पर जनसंख्या तेजी से बढ़ती है।
- दोनों दरें समान होने पर स्थिर जनसंख्या (Stable population) रहती है।
- इसलिए कम जन्म-दर और अधिक मृत्यु-दर से जनसंख्या में कमी (Population decline) होती है।

3. Which are three main factors that cause change in population?

जनसंख्या में परिवर्तन के तीन मुख्य कारक हैं

(a) Birth, death and marriage / जन्म, मृत्यु एवं विवाह
(b) Birth, death and migration / जन्म, मृत्यु एवं प्रवास
(c) Birth, death and life expectancy / जन्म, मृत्यु एवं जीवन-प्रत्याशा
(d) More than one of the above / उपर्युक्त में से एक से अधिक
(e) None of the above / उपर्युक्त में से कोई नहीं

Exam: BPSC TRE-2.0 14/12/2023 (Paper-I)

Answer: (b) Birth, death and migration / जन्म, मृत्यु एवं प्रवास

Explanation :

- जनसंख्या परिवर्तन के तीन मुख्य कारक जन्म (Birth), मृत्यु (Death) और प्रवास (Migration) हैं।
- जन्म से जनसंख्या बढ़ती है जबकि मृत्यु से घटती है।
- प्रवास (Migration) किसी क्षेत्र की जनसंख्या को बढ़ा या घटा सकता है।

- इन तीनों का अध्ययन जनसांख्यिकी (Demography) में किया जाता है।

4. **Ratio of total population to total area is called**

कुल जनसंख्या एवं कुल क्षेत्रफल के अनुपात को क्या कहते हैं?

(a) Sex ratio / लिंगानुपात
(b) Literacy rate / साक्षरता दर
(c) Density of population / जनसंख्या घनत्व
(d) More than one of the above / उपर्युक्त में से एक से अधिक
(e) None of the above / उपर्युक्त में से कोई नहीं

Exam: BPSC TRE-2.0 7/12/2023 Shift-II (Paper-III)

Answer :(c) Density of population / जनसंख्या घनत्व

Explanation :
- किसी क्षेत्र की कुल जनसंख्या और क्षेत्रफल के अनुपात को जनसंख्या घनत्व कहा जाता है।
- इसे सामान्यतः प्रति वर्ग किलोमीटर (per sq. km) में व्यक्त किया जाता है।
- यह किसी क्षेत्र की जनसंख्या वितरण (Population distribution) को दर्शाता है।
- उच्च घनत्व वाले क्षेत्र अधिक जनसंख्या दबाव (Population pressure) का संकेत देते हैं।

5. **Global Gender Gap Report is released by**
ग्लोबल जेंडर गैप रिपोर्ट किसके द्वारा जारी की जाती है?

(a) World Bank / विश्व बैंक
(b) UN Women / संयुक्त राष्ट्र महिला
(c) World Economic Forum / विश्व आर्थिक मंच
(d) More than one of the above / उपर्युक्त में से एक से अधिक
(e) None of the above / उपर्युक्त में से कोई नहीं

Exam: 69th BPSC (Pre) 2023

Answer :(c) World Economic Forum / विश्व आर्थिक मंच

Explanation :
- ग्लोबल जेंडर गैप रिपोर्ट (Global Gender Gap Report) विश्व आर्थिक मंच द्वारा जारी की जाती है।
- यह रिपोर्ट लैंगिक समानता (Gender equality) के स्तर का आकलन करती है।
- इसमें शिक्षा, स्वास्थ्य, आर्थिक भागीदारी और राजनीतिक सशक्तिकरण (Political empowerment) जैसे सूचक शामिल होते हैं।
- 2024 रिपोर्ट में आइसलैंड (Iceland) लगातार शीर्ष स्थान पर रहा।

6. **Which of the following states has the highest urbanization?**

निम्नलिखित में से किस राज्य में नगरीकरण सर्वाधिक है?

(a) Goa / गोवा
(b) Maharashtra / महाराष्ट्र
(c) Karnataka / कर्नाटक
(d) More than one of the above / उपर्युक्त में से एक से अधिक
(e) None of the above / उपर्युक्त में से कोई नहीं

Exam: BPSC School Teacher 2023 (Paper-IV)

Answer : (a) Goa / गोवा

Explanation :
- भारत में गोवा (Goa) में नगरीकरण का प्रतिशत सबसे अधिक है।
- यहाँ लगभग 62.2% जनसंख्या शहरी (Urban population) है।
- गोवा क्षेत्रफल की दृष्टि से भारत का सबसे छोटा राज्य (Smallest state) है।
- पर्यटन, सेवा क्षेत्र और बंदरगाह गतिविधियों के कारण यहां शहरीकरण (Urbanization) अधिक विकसित है।

7. **Which of the following statements about Crude Death Rate (CDR) is/are correct?**

निम्नलिखित में से कौन-से कथन कच्ची मृत्यु दर (Crude Death Rate - CDR) के संबंध में सही हैं?

1. **It is influenced by age structure of population. / यह जनसंख्या की आयु संरचना से प्रभावित होती है।**
2. **It gives a true comparison of mortality between two countries / यह दो देशों के बीच मृत्यु दर की सही तुलना प्रदान करती है।**
3. **It is expressed per 1,000 mid-year population / इसे प्रति 1000 मध्य-वर्ष जनसंख्या के आधार पर व्यक्त किया जाता है।**

(a) 1 and 3 only / केवल 1 और 3
(b) 2 and 3 only / केवल 2 और 3
(c) 1 only / केवल 1
(d) 1, 2 and 3 / 1, 2 और 3

Exam: 69th BPSC (Pre) 2023

Answer / उत्तर: (a) 1 and 3 only / केवल 1 और 3

व्याख्या

- CDR आयु संरचना से प्रभावित होती है, क्योंकि वृद्ध जनसंख्या अधिक होने पर मृत्यु दर बढ़ जाती है।
- CDR "crude" होती है, यह आयु के अनुसार समायोजन (age adjustment) नहीं करती, इसलिए देशों के बीच सही तुलना नहीं देती।
- CDR को प्रति 1000 मध्य-वर्ष (mid-year) जनसंख्या पर व्यक्त किया जाता है।

8. Which of the following is NOT an age-specific mortality rate?

निम्नलिखित में से कौन-सी आयु-विशिष्ट मृत्यु दर नहीं है?

(a) Neonatal mortality rate / नवजात मृत्यु दर
(b) Under-5 mortality rate / पाँच वर्ष से कम आयु मृत्यु दर
(c) Crude death rate / कच्ची मृत्यु दर
(d) Infant mortality rate / शिशु मृत्यु दर

Exam: 69th BPSC (Pre) 2023

Answer (c) Crude death rate / कच्ची मृत्यु दर

व्याख्या

- आयु-विशिष्ट मृत्यु दर (Age-specific mortality rate) किसी विशेष आयु समूह के लिए होती है।
- नवजात मृत्यु दर, शिशु मृत्यु दर और 5 वर्ष से कम आयु मृत्यु दर सभी निश्चित आयु समूहों को दर्शाती हैं।
- कच्ची मृत्यु दर (CDR) पूरी जनसंख्या के लिए होती है, यह किसी विशेष आयु समूह पर आधारित नहीं होती।
- इसलिए CDR आयु-विशिष्ट मृत्यु दर नहीं है।

पर्यावरण एवं पारिस्थितिकी

9. Which of the ecological pyramids show both upright and inverted types?

उल्टे एवं सीधे दोनों प्रकार के पारिस्थितिक पिरामिड किसमें पाए जाते हैं?

(a) Pyramid of number / संख्या का पिरामिड
(b) Pyramid of biomass / जीवभार का पिरामिड
(c) Pyramid of energy / ऊर्जा का पिरामिड
(d) More than one of the above / उपर्युक्त में से एक से अधिक
(e) None of the above / उपर्युक्त में से कोई नहीं

Exam: BPSC TRE 3.0 (1-5) Re-exam 20/07/2024

Answer: (b) Pyramid of biomass / जीवभार का पिरामिड

Explanation :

- जीवभार पिरामिड (Pyramid of Biomass) पारिस्थितिकी तंत्र के अनुसार सीधा (Upright) या उल्टा (Inverted) दोनों हो सकता है।
- स्थलीय पारितंत्र (Terrestrial ecosystem) में यह सामान्यतः सीधा होता है।
- जलीय पारितंत्र (Aquatic ecosystem) में यह अक्सर उल्टा होता है क्योंकि फाइटोप्लैंकटन का जीवभार कम होता है।
- ऊर्जा पिरामिड (Energy pyramid) हमेशा सीधा रहता है क्योंकि ऊर्जा प्रत्येक स्तर पर घटती जाती है।

10. In a food chain, which trophic level has the highest energy level?

एक खाद्य श्रृंखला में कौन-से पोषक स्तर का ऊर्जा स्तर सबसे अधिक है?

(a) Consumers of first trophic level / पोषक स्तर के प्रथम उपभोक्ता
(b) Consumers of top trophic level / उच्चतम पोषक स्तर के उपभोक्ता
(c) Producers / उत्पादक
(d) More than one of the above / उपर्युक्त में से एक से अधिक
(e) None of the above / उपर्युक्त में से कोई नहीं

Exam: BPSC TRE 3.0 (1-5) Re-exam 20/07/2024

Answer: (c) Producers / उत्पादक

Explanation :

- खाद्य श्रृंखला में उत्पादक (Producers) जैसे पौधे सूर्य से ऊर्जा प्राप्त करते हैं।

- ऊर्जा प्रकाश संश्लेषण (Photosynthesis) के माध्यम से रासायनिक ऊर्जा में बदलती है।
- प्रत्येक ट्रॉफिक स्तर पर ऊर्जा का लगभग 10% ही अगले स्तर तक जाता है (10% rule)।
- इसलिए सबसे अधिक ऊर्जा पहले ट्रॉफिक स्तर यानी उत्पादकों में होती है।

11. Which of the following constitute a food chain?

निम्नलिखित में से कौन-सी एक खाद्य श्रृंखला है?

(a) Grass, deer and tiger / घास, हिरण और बाघ
(b) Grass, fish and cow / घास, मछली और गाय
(c) Grass, rabbit and elephant / घास, खरगोश और हाथी
(d) More than one of the above / उपर्युक्त में से एक से अधिक
(e) None of the above / उपर्युक्त में से कोई नहीं

Exam: BPSC TRE 3.0 (1-5) Re-exam 20/07/2024

Answer: (a) Grass, deer and tiger / घास → हिरण → बाघ

Explanation :
- खाद्य श्रृंखला में उत्पादक → शाकाहारी → मांसाहारी का क्रम होता है।
- घास उत्पादक (Producer) है।
- हिरण प्राथमिक उपभोक्ता (Primary consumer) है।
- बाघ द्वितीयक या शीर्ष उपभोक्ता (Secondary/Top consumer) है।

12. SPMs are used for tracking air quality and for regulating air pollution. Here SPM stands for

हवा की गुणवत्ता एवं वायु प्रदूषण नियंत्रण में SPM प्रयोग होता है। SPM से तात्पर्य है

(a) Solidified Particulate Matter / दृढ़ीकृत कणिका तत्व
(b) Suspended Particulate Matter / निलंबित कणिका तत्व
(c) Soluble Particulate Matter / घुलनशील कणिका तत्व
(d) More than one of the above / उपर्युक्त में से एक से अधिक
(e) None of the above / उपर्युक्त में से कोई नहीं

Exam: BPSC TRE 3.0 (1-5) Re-exam 20/07/2024

Answer: (b) Suspended Particulate Matter / निलंबित कणिका तत्व

Explanation :
- SPM (Suspended Particulate Matter) वायु में तैरने वाले सूक्ष्म ठोस या द्रव कण होते हैं।
- ये धूल, धुआँ, राख और सूक्ष्म कणों से बने होते हैं।
- अधिक SPM होने से वायु प्रदूषण (Air pollution) बढ़ता है और स्वास्थ्य पर प्रभाव पड़ता है।
- इन्हें मापकर वायु गुणवत्ता सूचकांक (Air Quality Index – AQI) निर्धारित किया जाता है।

13. Which one of the following National Parks is not correctly matched?

निम्न राष्ट्रीय उद्यानों में से कौन-सा एक सही सुमेलित नहीं है?

(a) Guindy — Tamil Nadu / गुंडी — तमिलनाडु
(b) Bhagwan Mahavir — Bihar / भगवान महावीर — बिहार
(c) Balpakram — Meghalaya / बालपक्रम — मेघालय
(d) More than one of the above / उपर्युक्त में से एक से अधिक
(e) None of the above / उपर्युक्त में से कोई नहीं

Exam: BPSC TRE 3.0 (1-5) Re-exam 20/07/2024

Answer: (b) Bhagwan Mahavir — Bihar

Explanation :
- भगवान महावीर राष्ट्रीय उद्यान (Bhagwan Mahavir National Park) बिहार में नहीं बल्कि गोवा (Goa) में स्थित है।
- गुंडी राष्ट्रीय उद्यान (Guindy National Park) चेन्नई, तमिलनाडु में स्थित है।
- बालपक्रम राष्ट्रीय उद्यान (Balpakram National Park) मेघालय में स्थित है।
- इसलिए गलत सुमेल भगवान महावीर — बिहार है।

14. The Silent Valley is located in the state of

शांत घाटी (साइलेंट वैली) किस राज्य में स्थित है?

(a) Kerala / केरल
(b) Madhya Pradesh / मध्य प्रदेश
(c) Chhattisgarh / छत्तीसगढ़
(d) More than one of the above / उपर्युक्त में से एक से अधिक
(e) None of the above / उपर्युक्त में से कोई नहीं

Exam: BPSC TRE 3.0 (1-5) Re-exam 20/07/2024

Answer: (a) Kerala / केरल

Explanation :
- साइलेंट वैली राष्ट्रीय उद्यान (Silent Valley National Park) केरल के पलक्कड़ (Palakkad) जिले में स्थित है।
- इसे 1984 में राष्ट्रीय उद्यान घोषित किया गया।
- यह नीलगिरी बायोस्फीयर रिजर्व (Nilgiri Biosphere Reserve) का हिस्सा है।
- यहाँ दुर्लभ प्रजाति लायन-टेल्ड मकाक (Lion-tailed macaque) पाई जाती है।

15. Pollutants responsible for acid rain are

अम्लीय वर्षा के लिए प्रदूषक हैं

(a) CO_2
(b) Water vapours / जल वाष्प
(c) SO_2
(d) More than one of the above / उपर्युक्त में से एक से अधिक
(e) None of the above / उपर्युक्त में से कोई नहीं

Exam: BPSC TRE 3.0 (1-5) Re-exam 20/07/2024

Answer: (c) SO_2

Explanation :
- अम्लीय वर्षा का मुख्य कारण सल्फर डाइऑक्साइड (SO_2) और नाइट्रोजन ऑक्साइड (NOx) हैं।
- ये गैसें वातावरण में जाकर सल्फ्यूरिक अम्ल (Sulphuric acid) और नाइट्रिक अम्ल (Nitric acid) बनाती हैं।
- इससे वर्षा का pH लगभग 4.2–4.4 तक कम हो जाता है।
- अम्लीय वर्षा से वन, मिट्टी, जलस्रोत और इमारतें प्रभावित होती हैं।

16. In which forest do the majority of species of birds inhabit mountainous areas?

पर्वतीय क्षेत्रों में पक्षियों की अधिकांश प्रजातियाँ किस जंगल में निवास करती हैं?

(a) Pine forest / चीड़ के जंगल
(b) Bush forest / झाड़ियों के जंगल
(c) Oak forest / बाँज के जंगल
(d) More than one of the above / उपर्युक्त में से एक से अधिक
(e) None of the above / उपर्युक्त में से कोई नहीं

Exam: BPSC TRE 3.0 (1-5) Re-exam 20/07/2024

Answer: (d) More than one of the above

Explanation :
- पर्वतीय क्षेत्रों में पक्षियों की सबसे अधिक प्रजातियाँ बाँज (Oak) के जंगलों में पाई जाती हैं।
- साथ ही चीड़ (Pine) और झाड़ीदार वन भी पक्षियों के आवास प्रदान करते हैं।
- पर्वतीय वन जैव विविधता के महत्वपूर्ण केंद्र होते हैं।
- इसलिए Answer एक से अधिक विकल्प है।

17. In National Park protection is given to

राष्ट्रीय उद्यान में सुरक्षा दी जाती है

(a) Only fauna / केवल जन्तुजात को
(b) The whole ecosystem / सम्पूर्ण पारिस्थितिक तंत्र को
(c) Only flora / केवल पादपजात को
(d) More than one of the above / उपर्युक्त में से एक से अधिक
(e) None of the above / उपर्युक्त में से कोई नहीं

Exam: BPSC TRE 3.0 (1-5) Re-exam 20/07/2024

Answer: (b) The whole ecosystem / सम्पूर्ण पारिस्थितिक तंत्र

Explanation :
- राष्ट्रीय उद्यान में सम्पूर्ण पारिस्थितिकी तंत्र (Ecosystem) की रक्षा की जाती है।
- इसमें वनस्पति (Flora), जीव-जन्तु (Fauna) और प्राकृतिक पर्यावरण शामिल होते हैं।
- मानव गतिविधियाँ यहाँ कड़ाई से नियंत्रित होती हैं।
- भारत में पहला राष्ट्रीय उद्यान जिम कॉर्बेट (1936) था।

18. When CFCs are released into the atmosphere due to chemical reaction of chlorine, what is destroyed?

क्लोरीन की रासायनिक अभिक्रिया के कारण जब वातावरण में CFC मुक्त होते हैं तो निम्न में से क्या विनष्ट होता है?

(a) Beta molecule
(b) Ozone molecule / ओजोन अणु
(c) He molecule
(d) More than one of the above / उपर्युक्त में से एक से अधिक
(e) None of the above / उपर्युक्त में से कोई नहीं

Exam: BPSC TRE-3.0 (6-8) Exam-2024 (Cancelled)

Answer: (b) Ozone molecule / ओजोन अणु

Explanation :

- CFC (Chlorofluorocarbon) गैसें ओजोन परत को नुकसान पहुँचाती हैं।
- ये समताप मंडल में जाकर क्लोरीन (Chlorine) मुक्त करती हैं।
- क्लोरीन ओजोन (O_2) अणुओं को तोड़ देता है।
- क्लोरीन का एक परमाणु ओजोन (O_3) के हजारों अणुओं को तोड़ देता है।

19. Ozone holes are more pronounced at the

ओजोन छिद्र अधिक स्पष्ट होता है

(a) Equator / भूमध्य रेखा
(b) Tropic of Cancer / कर्क रेखा
(c) Tropic of Capricorn / मकर रेखा
(d) More than one of the above / उपर्युक्त में से एक से अधिक
(e) None of the above / उपर्युक्त में से कोई नहीं

Exam: BPSC TRE 2.0 14/12/2023 (Paper-I)

Answer: (e) None of the above

Explanation :

- ओजोन छिद्र सबसे अधिक अंटार्कटिका (Antarctica) के ऊपर पाया जाता है।
- यह दक्षिण ध्रुव (South Pole) के आसपास अधिक स्पष्ट होता है।
- यहाँ अत्यधिक ठंड और पोलर स्ट्रैटोस्फेरिक क्लाउड (PSC) बनने से ओजोन तेजी से नष्ट होती है।
- ओजोन परत पृथ्वी को हानिकारक पराबैंगनी किरणों (UV rays) से बचाती है।

20. Which of the following statements are correct?

निम्नलिखित में से कौन-से कथन सही हैं?

1. **Only about 10% of energy is transferred to the next trophic level./ केवल लगभग 10% ऊर्जा अगले ट्रॉफिक स्तर में स्थानांतरित होती है।**
2. **Energy flow is cyclic in nature. / ऊर्जा प्रवाह चक्रीय प्रकृति का होता है।**
3. **Energy is lost as heat at each trophic level./ प्रत्येक ट्रॉफिक स्तर पर ऊर्जा ऊष्मा के रूप में नष्ट होती है।**

(a) 1 and 3 only / केवल 1 और 3
(b) 2 and 3 only / केवल 2 और 3
(c) 1 and 2 only / केवल 1 और 2
(d) 1, 2 and 3 / 1, 2 और 3

Exam: 69th BPSC (Pre) 2023

Answer: (a) 1 and 3 only / केवल 1 और 3

Explanation:

- पारिस्थितिकी में लगभग 10% ऊर्जा ही एक ट्रॉफिक स्तर से अगले स्तर में स्थानांतरित होती है (10% नियम)।
- ऊर्जा प्रवाह चक्रीय नहीं होता, बल्कि एकदिशीय (Unidirectional) होता है।
- प्रत्येक ट्रॉफिक स्तर पर ऊर्जा का एक भाग ऊष्मा के रूप में नष्ट हो जाता है।
- इसलिए कथन 1 और 3 सही हैं, जबकि कथन 2 गलत है।

21. In ecosystem, bacteria act as

इकोसिस्टम में बैक्टीरिया किस रूप में क्रियाशील होते हैं?

(a) Producers / उत्पादक
(b) Decomposers / अपघटक
(c) Secondary consumers / द्वितीयक उपभोक्ता
(d) More than one of the above / उपर्युक्त में से एक से अधिक
(e) None of the above / उपर्युक्त में से कोई नहीं

Exam: BPSC TRE-3.0 (6–8) Exam-2024 (Cancelled)

Answer: (b) Decomposers / अपघटक

Explanation :

- पारिस्थितिकी तंत्र (Ecosystem) में बैक्टीरिया और फफूँद मुख्य अपघटक (Decomposers) होते हैं।

- ये मृत पौधों और जीवों के अवशेषों को विघटित (Decomposition) करते हैं।
- इससे मिट्टी में पोषक तत्व वापस पहुँचते हैं और पोषक चक्र (Nutrient Cycle) चलता रहता है।
- इसलिए अपघटक पारिस्थितिकी संतुलन (Ecological Balance) बनाए रखने में महत्वपूर्ण हैं।

22. In which year was the Imperial Forest Research Institute established in Dehradun?

देहरादून में इंपीरियल फॉरेस्ट रिसर्च इंस्टीट्यूट की स्थापना किस वर्ष हुई थी?

(a) 1905
(b) 1906
(c) 1904
(d) More than one of the above / उपर्युक्त में से एक से अधिक
(e) None of the above / उपर्युक्त में से कोई नहीं

Exam: BPSC TRE-3.0 (6–8) Exam-2024 (Cancelled)

Answer: (b) 1906

Explanation :

- इंपीरियल फॉरेस्ट रिसर्च इंस्टीट्यूट (Imperial Forest Research Institute) की स्थापना 1906 में देहरादून में हुई।
- वर्तमान में इसे फॉरेस्ट रिसर्च इंस्टीट्यूट (FRI) कहा जाता है।
- यह भारत का प्रमुख वानिकी अनुसंधान संस्थान (Forestry Research Institute) है।
- यहाँ वन संरक्षण (Forest Conservation) और वन प्रबंधन पर शोध किया जाता है।

23. Which of the following is a secondary pollutant?

निम्नलिखित में से कौन-सा द्वितीयक प्रदूषक है?

(a) CO_2
(b) HF
(c) CO
(d) More than one of the above / उपर्युक्त में से एक से अधिक
(e) None of the above / उपर्युक्त में से कोई नहीं

Exam: BPSC TRE-3.0 (1–5) Exam-2024 (Cancelled)

Answer: (e) None of the above

Explanation :

- द्वितीयक प्रदूषक (Secondary Pollutants) वायुमंडल में रासायनिक अभिक्रिया (Chemical Reaction) से बनते हैं।
- उदाहरण: ओजोन (Ozone), PAN, अम्लीय वर्षा (Acid Rain)।
- जबकि CO_2, CO और HF सीधे स्रोत से निकलते हैं, इसलिए इन्हें प्राथमिक प्रदूषक (Primary Pollutants) कहते हैं।
- इसलिए दिए गए विकल्पों में कोई भी द्वितीयक प्रदूषक नहीं है।

24. Which of the following is not an abiotic factor?

निम्नलिखित में से कौन-सा अजैविक कारक नहीं है?

(a) Humidity / आर्द्रता
(b) Animals / जन्तु
(c) Altitude / उन्नतांश
(d) More than one of the above / उपर्युक्त में से एक से अधिक
(e) None of the above / उपर्युक्त में से कोई नहीं

Exam: BPSC TRE-3.0 (1–5) Exam-2024 (Cancelled)

Answer: (b) Animals / जन्तु

Explanation :

- अजैविक कारक (Abiotic Factors) पर्यावरण के निर्जीव घटक होते हैं।
- उदाहरण: प्रकाश (Light), तापमान (Temperature), आर्द्रता (Humidity)।
- उन्नतांश (Altitude) भी भौतिक पर्यावरणीय कारक है।
- जबकि जन्तु (Animals) जीवित होते हैं इसलिए ये जैविक कारक (Biotic Factors) हैं।

25. Air pollution mainly affects which part of plants?

वायु प्रदूषण का प्रभाव प्राय: पौधों के किस भाग पर पाया जाता है?

(a) Flowers / फूलों पर
(b) Stems / तनों पर
(c) Leaves / पत्तियों पर

(d) More than one of the above / उपर्युक्त में से एक से अधिक
(e) None of the above / उपर्युक्त में से कोई नहीं

Exam: BPSC TRE-3.0 (1–5) Exam-2024 (Cancelled)

Answer: (d) More than one of the above

Explanation :

- वायु प्रदूषण पौधों के पत्तों, फूलों और तनों सभी को प्रभावित करता है।
- हानिकारक गैसें जैसे SO_2 और ओजोन (Ozone) प्रकाश संश्लेषण (Photosynthesis) को प्रभावित करती हैं।
- इससे पौधों की वृद्धि (Plant Growth) धीमी हो जाती है।
- कई बार फूलों का खिलना भी प्रभावित हो जाता है।

26. In which year was the Survey of India established?

कौन-सा भारतीय सर्वेक्षण विभाग का स्थापना वर्ष है?

(a) 1667
(b) 1767
(c) 1867
(d) More than one of the above / उपर्युक्त में से एक से अधिक
(e) None of the above / उपर्युक्त में से कोई नहीं

Exam: BPSC TRE-3.0 (1-5) Exam-2024 (Cancelled)

Answer: (b) 1767

Explanation :

- Survey of India की स्थापना 1767 में की गई थी।
- यह भारत का राष्ट्रीय सर्वेक्षण एवं मानचित्रण संगठन (Survey and Mapping Organization) है।
- यह संगठन विज्ञान और प्रौद्योगिकी विभाग (Department of Science and Technology) के अंतर्गत कार्य करता है।
- इसे भारत सरकार का सबसे पुराना वैज्ञानिक विभाग (Scientific Department) माना जाता है।

27. Pisciculture indicates

मत्स्यकृषि सूचक है

(a) Determinism / नियतिवाद
(b) Possibilism / सम्भाववाद
(c) Probabilism / समभाव्यवाद
(d) More than one of the above / उपर्युक्त में से एक से अधिक
(e) None of the above / उपर्युक्त में से कोई नहीं

Exam: BPSC TRE-3.0 (1-5) Exam-2024 (Cancelled)

Answer: (b) Possibilism / सम्भाववाद

Explanation :

- सम्भाववाद (Possibilism) के अनुसार प्रकृति मनुष्य को संभावनाएँ प्रदान करती है।
- मनुष्य अपनी तकनीक और बुद्धि से इन संभावनाओं का उपयोग करता है।
- मत्स्यकृषि (Pisciculture) इसका उदाहरण है जहाँ मानव प्राकृतिक संसाधनों का उपयोग करता है।
- इस सिद्धांत को भूगोल में विदाल-द-ला-ब्लाश (Vidal de la Blache) ने प्रमुख रूप से प्रस्तुत किया।

28. Environmental pollution has given rise to

पर्यावरण प्रदूषण ने जन्म दिया

(a) Determinism / नियतिवाद
(b) Neo-determinism / नव-नियतिवाद
(c) Scientific determinism / वैज्ञानिक नियतिवाद
(d) More than one of the above / उपर्युक्त में से एक से अधिक
(e) None of the above / उपर्युक्त में से कोई नहीं

Exam: BPSC TRE-3.0 (1-5) Exam-2024 (Cancelled)

Answer: (b) Neo-determinism / नव-नियतिवाद

Explanation :

- पर्यावरण प्रदूषण और संसाधनों के अंधाधुंध उपयोग ने मानव-प्रकृति संबंधों पर पुनर्विचार को जन्म दिया।
- इसी कारण नव-नियतिवाद (Neo-determinism) की अवधारणा विकसित हुई।
- इसे "Stop and Go Determinism" भी कहा जाता है।
- यह सिद्धांत Griffith Taylor द्वारा दिया गया था।
- इसके अनुसार मनुष्य प्रकृति को पूरी तरह नियंत्रित नहीं कर सकता, बल्कि उसे प्रकृति की सीमाओं के भीतर रहकर विकास करना चाहिए।
- अन्य विकल्प (Determinism, Scientific determinism) सीधे तौर पर पर्यावरण प्रदूषण से उत्पन्न नहीं माने जाते।

29. What is the major threat to environment?

पर्यावरण के लिए किससे खतरा है?

(a) Plant growth / पादप वृद्धि
(b) Population growth / जनसंख्या वृद्धि
(c) Crop growth / फसल वृद्धि
(d) More than one of the above / उपर्युक्त में से एक से अधिक
(e) None of the above / उपर्युक्त में से कोई नहीं

Exam: BPSC TRE-3.0 (1-5) Exam-2024 (Cancelled)

Answer: (b) Population growth / जनसंख्या वृद्धि

Explanation :

- तीव्र जनसंख्या वृद्धि (Population Growth) प्राकृतिक संसाधनों पर दबाव बढ़ाती है।
- इससे वनों की कटाई (Deforestation) और भूमि उपयोग में परिवर्तन होता है।
- अधिक जनसंख्या से प्रदूषण (Pollution) और अपशिष्ट उत्पादन बढ़ता है।
- इसलिए जनसंख्या वृद्धि पर्यावरण के लिए एक प्रमुख खतरा मानी जाती है।

30. Which place in India is a biodiversity hotspot?

निम्नलिखित में से भारत में कौन-सा स्थान जैव-विविधता हॉटस्पॉट है?

(a) Western Ghats / पश्चिमी घाट
(b) Nanda Devi / नंदादेवी
(c) Aravali / अरावली
(d) More than one of the above / उपर्युक्त में से एक से अधिक
(e) None of the above / उपर्युक्त में से कोई नहीं

Exam: BPSC TRE-3.0 (1-5) Exam-2024 (Cancelled)

Answer: (a) Western Ghats / पश्चिमी घाट

Explanation :

- जैव-विविधता हॉटस्पॉट (Biodiversity Hotspot) वे क्षेत्र होते हैं जहाँ प्रजातियों की विविधता बहुत अधिक होती है।
- इन क्षेत्रों में कई स्थानिक प्रजातियाँ (Endemic Species) पाई जाती हैं।
- भारत में चार प्रमुख हॉटस्पॉट हैं: पश्चिमी घाट, पूर्वी हिमालय, इंडो-बर्मा क्षेत्र और सुंडालैंड।
- पश्चिमी घाट को विश्व के महत्वपूर्ण जैव-विविधता केंद्र (Biodiversity Center) के रूप में माना जाता है।

31. High BOD (Biochemical Oxygen Demand) indicates that

बी.ओ.डी. (जैविक ऑक्सीजन की मांग) की उच्च मात्रा संकेत करती है कि

(a) Water is highly polluted / पानी बहुत प्रदूषित है
(b) Water is less polluted / पानी कम प्रदूषित है
(c) Microorganisms consume more organic matter / सूक्ष्मजीव अधिक कार्बनिक पदार्थ का उपयोग करते हैं
(d) More than one of the above / उपर्युक्त में से एक से अधिक
(e) None of the above / उपर्युक्त में से कोई नहीं

Exam: BPSC TRE-3.0 (1-5) Exam-2024 (Cancelled)

Answer: (d) More than one of the above / उपर्युक्त में से एक से अधिक

Explanation :

- उच्च BOD का अर्थ है कि जल में कार्बनिक प्रदूषण अधिक है, इसलिए पानी अत्यधिक प्रदूषित होता है।
- अधिक BOD होने पर सूक्ष्मजीव अधिक कार्बनिक पदार्थ को विघटित करते हैं।
- इस प्रक्रिया में वे अधिक ऑक्सीजन का उपभोग करते हैं।
- इसलिए (a) और (c) दोनों कथन सही हैं।
- इस कारण सही उत्तर (d) है।

32. Fish die in sewage polluted water because

मल के द्वारा प्रदूषित पानी में मछलियों की मृत्यु होती है

(a) Pathogens / रोगजनकों के कारण
(b) Gills blockage / गलफड़ों के बंद होने से
(c) Lack of oxygen / ऑक्सीजन की कमी से
(d) More than one of the above / उपर्युक्त में से एक से अधिक
(e) None of the above / उपर्युक्त में से कोई नहीं

Exam: BPSC TRE-3.0 (1-5) Exam-2024 (Cancelled)

Answer: (c) Lack of oxygen / ऑक्सीजन की कमी

Explanation :

- मल-जल के कारण पानी में कार्बनिक पदार्थ (Organic Matter) की मात्रा बढ़ जाती है।

- सूक्ष्मजीव इन पदार्थों को विघटित करते समय अधिक घुलित ऑक्सीजन (Dissolved Oxygen) का उपयोग करते हैं।
- इससे पानी में ऑक्सीजन की कमी हो जाती है।
- ऑक्सीजन की कमी के कारण मछलियाँ जीवित नहीं रह पातीं।

33. Coral reefs are found in India in

भारत में प्रवाल-भित्तियाँ पाई जाती हैं

(a) Himalayan region / हिमालयी क्षेत्र
(b) Andaman and Nicobar Islands / अंडमान एवं निकोबार द्वीपसमूह
(c) Uttar Pradesh / Answer प्रदेश
(d) More than one of the above / उपर्युक्त में से एक से अधिक
(e) None of the above / उपर्युक्त में से कोई नहीं

Exam: BPSC TRE-3.0 (1-5) Exam-2024 (Cancelled)

Answer: (b) Andaman and Nicobar Islands

Explanation :

- भारत में प्रमुख प्रवाल भित्तियाँ (Coral Reefs) अंडमान-निकोबार द्वीपसमूह में पाई जाती हैं।
- इसके अलावा लक्षद्वीप, कच्छ की खाड़ी और मन्नार की खाड़ी में भी प्रवाल भित्तियाँ मिलती हैं।
- प्रवाल भित्तियाँ समुद्री पारिस्थितिकी तंत्र (Marine Ecosystem) के लिए अत्यंत महत्वपूर्ण होती हैं।
- इन्हें समुद्र के वर्षावन (Rainforests of the Sea) भी कहा जाता है।

34. In which year was the African Convention for the Conservation of Natural Resources held?

प्राकृतिक संसाधनों के संरक्षण के लिए अफ्रीकी सम्मेलन किस वर्ष आयोजित किया गया था?

(a) 1968
(b) 1990
(c) 1980
(d) More than one of the above / उपर्युक्त में से एक से अधिक
(e) None of the above / उपर्युक्त में से कोई नहीं

Exam: BPSC TRE-3.0 (6-8) Re-exam 19/07/2024

Answer: (a) 1968

Explanation :

- अफ्रीकी सम्मेलन (African Convention) प्राकृतिक संसाधनों के संरक्षण के लिए आयोजित किया गया था।
- यह सम्मेलन 1968 में आयोजित हुआ।
- इसके अंतर्गत अफ्रीकी देशों ने प्राकृतिक संसाधनों के संरक्षण के लिए समझौता किया।
- यह समझौता 1969 में प्रभावी (Implemented) हुआ।

35. Where has the Gharial Breeding Center been established in India?

भारत में घड़ियाल प्रजनन केंद्र कहाँ स्थापित किया गया है?

(a) Sundarbans (W.B.) / सुंदरबन
(b) Corbett (Uttarakhand) / कॉर्बेट
(c) Morena (M.P.) / मुरैना
(d) More than one of the above / उपर्युक्त में से एक से अधिक
(e) None of the above / उपर्युक्त में से कोई नहीं

Exam: BPSC TRE 3.0 (6–8) Re-exam 19/07/2024

Answer: (c) Morena (M.P.)

Explanation :

- घड़ियाल प्रजनन केंद्र राष्ट्रीय चंबल अभयारण्य (National Chambal Sanctuary) में स्थित है।
- यह मध्य प्रदेश के मुरैना जिले (Morena District) में स्थापित किया गया है।
- यह केंद्र घड़ियालों के संरक्षण और प्रजनन कार्यक्रम (Breeding Program) के लिए महत्वपूर्ण है।
- विश्व की लगभग 80% घड़ियाल आबादी (Gharial Population) चंबल क्षेत्र में पाई जाती है।

36. Which of these statements is not a valid reason for the depletion of flora and fauna?

इनमें से कौन-सा कथन वनस्पतियों और जीवों की कमी का वैध कारण नहीं है?

(a) Large scale development projects / बड़े पैमाने पर विकास परियोजनाएँ
(b) Agricultural expansion / कृषि विस्तार
(c) Grazing and fuel wood collection / चराई और जलावन लकड़ी संग्रह
(d) More than one of the above / उपर्युक्त में से एक से अधिक

(e) None of the above / उपर्युक्त में से कोई नहीं

Exam: BPSC TRE 3.0 (11–12) Exam 22/07/2024

Answer:(e) None of the above

Explanation :
- बड़े विकास कार्यों से वनों की कटाई (Deforestation) होती है।
- कृषि विस्तार के कारण प्राकृतिक आवास नष्ट (Habitat Destruction) हो जाते हैं।
- चराई और ईंधन के लिए लकड़ी संग्रह से जैव विविधता (Biodiversity) प्रभावित होती है।
- इसलिए सभी विकल्प वनस्पतियों और जीवों की कमी के कारण हैं।

37. The most hazardous metal pollutant of automobile exhausts is

ऑटोमोबाइल निकास (एग्जॉस्ट) का सबसे खतरनाक धातु प्रदूषक है

(a) Mercury / पारा
(b) Cadmium / कैडमियम
(c) Lead / सीसा
(d) More than one of the above / उपर्युक्त में से एक से अधिक
(e) None of the above / उपर्युक्त में से कोई नहीं

Exam: BPSC TRE 2.0 14/12/2023 Paper-I

Answer: (c) Lead / सीसा

Explanation :
- सीसा (Lead) वाहन ईंधन में पहले व्यापक रूप से उपयोग किया जाता था।
- यह मानव शरीर के तंत्रिका तंत्र (Nervous System) को गंभीर रूप से प्रभावित करता है।
- इससे न्यूरोलॉजिकल समस्याएँ (Neurological Problems) उत्पन्न हो सकती हैं।
- इसलिए इसे सबसे खतरनाक धातु प्रदूषक (Metal Pollutant) माना जाता है।

38. The unfavourable alteration of environment due to human activities is termed as

मानव गतिविधियों के कारण पर्यावरण में प्रतिकूल परिवर्तन कहलाता है

(a) Ecological disturbance / पारिस्थितिक अशांति
(b) Catastrophe / तबाही
(c) Ecological degradation / पारिस्थितिक क्षरण
(d) More than one of the above / उपर्युक्त में से एक से अधिक
(e) None of the above / उपर्युक्त में से कोई नहीं

Exam: BPSC TRE 2.0 14/12/2023 Paper-I

Answer: (c) Ecological degradation

Explanation :
- मानव गतिविधियों के कारण पर्यावरण की गुणवत्ता में गिरावट को पारिस्थितिक क्षरण (Ecological Degradation) कहते हैं।
- इसमें वायु, जल और भूमि की गुणवत्ता (Environmental Quality) प्रभावित होती है।
- औद्योगिकीकरण और शहरीकरण इसके प्रमुख कारण हैं।
- यह जैव विविधता और मानव स्वास्थ्य दोनों को प्रभावित करता है।

39. Home state of one-horned rhino is

एक सींगयुक्त गैंडा का गृह-राज्य है

(a) Gujarat / गुजरात
(b) Kerala / केरल
(c) Assam / असम
(d) More than one of the above / उपर्युक्त में से एक से अधिक
(e) None of the above / उपर्युक्त में से कोई नहीं

Exam: BPSC TRE 2.0 14/12/2023 Paper-I

Answer: (c) Assam / असम

Explanation :
- एक-सींग वाला गैंडा (One-horned Rhinoceros) भारत की प्रमुख वन्य प्रजाति है।
- इसका मुख्य आवास असम (Assam) राज्य में है।
- काजीरंगा राष्ट्रीय उद्यान (Kaziranga National Park) इस प्रजाति के लिए प्रसिद्ध है।
- यह प्रजाति IUCN Red List में संरक्षित श्रेणी में शामिल है।

40. Bhagwan Mahavir Wildlife Sanctuary is located in

भगवान महावीर वन्यजीव अभयारण्य कहाँ स्थित है?

(a) Rajasthan / राजस्थान
(b) Madhya Pradesh / मध्य प्रदेश

(c) Goa / गोवा
(d) More than one of the above / उपर्युक्त में से एक से अधिक
(e) None of the above / उपर्युक्त में से कोई नहीं

Exam: BPSC TRE 2.0 14/12/2023 Paper-I

Answer: (c)Goa / गोवा

Explanation :
- भगवान महावीर वन्यजीव अभयारण्य (Bhagwan Mahavir Wildlife Sanctuary) भारत के गोवा (Goa) राज्य में स्थित है।
- यह अभयारण्य पश्चिमी घाट के जैव-विविधता क्षेत्र (Biodiversity Region) में आता है।
- इसके भीतर प्रसिद्ध मोल्लेम राष्ट्रीय उद्यान (Mollem National Park) स्थित है।
- यह क्षेत्र कई वन्य जीवों जैसे तेंदुआ (Leopard), सांभर (Sambar) और गौर (Gaur) के लिए महत्वपूर्ण आवास है।

41. As per 5th Tiger Census (2022), the number of tigers in India is

5वीं बाघ गणना रिपोर्ट 2022 के अनुसार भारत में बाघों की संख्या है

(a) 3167
(b) 3267
(c) 3067
(d) More than one of the above / उपर्युक्त में से एक से अधिक
(e) None of the above / उपर्युक्त में से कोई नहीं

Exam: BPSC TRE 2.0 14/12/2023 Paper-I

Answer: (a) 3167

Explanation :
- 2022 की 5वीं बाघ गणना (Tiger Census) के अनुसार भारत में बाघों की संख्या 3167 है।
- भारत में दुनिया के लगभग 70% जंगली बाघ (Wild Tigers) पाए जाते हैं।
- बाघ संरक्षण के लिए प्रोजेक्ट टाइगर (Project Tiger) 1973 में शुरू किया गया।
- यह कार्यक्रम बाघों के संरक्षण और आवास सुरक्षा (Habitat Protection) पर केंद्रित है।

42. The Melghat Tiger Reserve is associated with

मेलघाट टाइगर रिजर्व का संबंध किससे है?

(a) Uttarakhand / Answer◌ाखंड
(b) Maharashtra / महाराष्ट्र
(c) West Bengal / पश्चिम बंगाल
(d) More than one of the above / उपर्युक्त में से एक से अधिक
(e) None of the above / उपर्युक्त में से कोई नहीं

Exam: BPSC TRE 2.0 18/12/2023 (Paper-III)

Answer: (b) Maharashtra / महाराष्ट्र

Explanation :
- मेलघाट टाइगर रिजर्व (Melghat Tiger Reserve) महाराष्ट्र के अमरावती जिले में स्थित है।
- यह सतपुड़ा पर्वतमाला (Satpura Range) के दक्षिणी भाग में स्थित है।
- इसे वर्ष 1974 में टाइगर रिजर्व घोषित किया गया।
- यह भारत के पहले प्रोजेक्ट टाइगर रिजर्व (Project Tiger Reserves) में से एक है।

43. Himalayan brown bear, wild Asiatic buffalo and desert fox are examples of

हिमालयी भूरा भालू, एशियाई जंगली भैंस और रेगिस्तानी लोमड़ी किसके उदाहरण हैं?

(a) Rare species / दुर्लभ प्रजाति
(b) Extinct species / विलुप्त प्रजाति
(c) Endangered species / लुप्तप्राय प्रजाति
(d) More than one of the above / उपर्युक्त में से एक से अधिक
(e) None of the above / उपर्युक्त में से कोई नहीं

Exam: BPSC TRE 2.0 10/12/2023 (Paper-III)

Answer: (a) Rare species / दुर्लभ प्रजाति

Explanation :
- दुर्लभ प्रजातियाँ वे होती हैं जिनकी संख्या बहुत कम होती है।
- हिमालयी भूरा भालू (Himalayan Brown Bear) और रेगिस्तानी लोमड़ी (Desert Fox) इसके उदाहरण हैं।
- इन प्रजातियों पर नकारात्मक पर्यावरणीय प्रभाव (Environmental Impact) का खतरा अधिक होता है।
- इसलिए इनके संरक्षण के लिए विशेष संरक्षण कार्यक्रम (Conservation Programs) आवश्यक होते हैं।

44. Which of the following gases is considered an atmospheric pollutant?

निम्नलिखित में से किस गैस को वायुमंडलीय प्रदूषक माना जाता है?

(a) Argon / आर्गन
(b) Oxygen / ऑक्सीजन
(c) Sulphur dioxide / सल्फर डाइऑक्साइड
(d) More than one of the above / उपर्युक्त में से एक से अधिक
(e) None of the above / उपर्युक्त में से कोई नहीं

Exam: BPSC TRE 2.0 10/12/2023 (Paper-III)

Answer: (c) Sulphur dioxide

Explanation :

- सल्फर डाइऑक्साइड (SO_2) एक प्रमुख वायु प्रदूषक है।
- यह मुख्यतः औद्योगिक उत्सर्जन (Industrial Emission) से उत्पन्न होती है।
- यह गैस अम्ल वर्षा (Acid Rain) का कारण बन सकती है।
- इससे मानव स्वास्थ्य और पर्यावरण दोनों प्रभावित होते हैं।

45. In which State is 'Raksha Bandhan' celebrated as 'Tree Safety Day'?

किस राज्य में 'रक्षाबंधन' को 'वृक्ष सुरक्षा दिवस' के रूप में मनाया जाता है?

(a) Madhya Pradesh / मध्य प्रदेश
(b) Uttar Pradesh / Answer प्रदेश
(c) Bihar / बिहार
(d) More than one of the above / उपर्युक्त में से एक से अधिक
(e) None of the above / उपर्युक्त में से कोई नहीं

Exam: BPSC TRE 2.0 8/12/2023 (Paper-III)

Answer: (c) Bihar / बिहार

Explanation :

- बिहार में रक्षाबंधन को वृक्ष सुरक्षा दिवस (Tree Safety Day) के रूप में मनाया जाता है।
- इस दिन लोग पेड़ों को राखी (Rakhi) बांधते हैं।
- इसका उद्देश्य पर्यावरण संरक्षण के प्रति जागरूकता (Environmental Awareness) बढ़ाना है।
- यह परंपरा पेड़ों के संरक्षण (Tree Conservation) को प्रोत्साहित करती है।

46. Which of the following is not a biodegradable material?

निम्नलिखित में से कौन-सा जैव निम्नीकरण पदार्थ नहीं है?

(a) Wood / लकड़ी
(b) Cotton / कपास
(c) Aluminium foil / एल्यूमिनियम पन्नी
(d) More than one of the above / उपर्युक्त में से एक से अधिक
(e) None of the above / उपर्युक्त में से कोई नहीं

Exam: BPSC TRE 2.0 18/12/2023 (Paper-II)

Answer: (c) Aluminium foil

Explanation :

- जैव निम्नीकरण (Biodegradation) वह प्रक्रिया है जिसमें पदार्थ सूक्ष्मजीवों द्वारा टूट जाते हैं।
- लकड़ी और कपास जैसे पदार्थ जैव निम्नीकरणीय (Biodegradable) होते हैं।
- एल्यूमिनियम पन्नी प्राकृतिक रूप से आसानी से विघटित नहीं होती।
- इसलिए इसे अजैव निम्नीकरणीय पदार्थ (Non-Biodegradable Material) माना जाता है।

47. An animal that chiefly eats meat is called as

वह जानवर जो मुख्यतः मांस खाता है क्या कहलाता है?

(a) Omnivore / ऑम्निवोर
(b) Carnivore / कार्निवोर
(c) Herbivore / हर्बिवोर
(d) More than one of the above / उपर्युक्त में से एक से अधिक
(e) None of the above / उपर्युक्त में से कोई नहीं

Exam: BPSC TRE 2.0 09/12/2023 (Paper-II)

Answer: (b) Carnivore / कार्निवोर

Explanation :

- कार्निवोर (Carnivore) वे जीव होते हैं जो मुख्यतः मांस खाते हैं।
- ये अपनी ऊर्जा अन्य जीवों के शरीर (Animal Tissue) से प्राप्त करते हैं।
- उदाहरण: शेर (Lion), बाघ (Tiger), भेड़िया (Wolf)।
- ये खाद्य शृंखला में उच्च उपभोक्ता (Higher Consumer) होते हैं।

48. Which of the following is the richest region of marine biodiversity in the world?

निम्नलिखित में से कौन-सा समुद्री जैव विविधता के दृष्टिकोण से दुनिया का सबसे समृद्ध क्षेत्र है?

(a) Gulf of Mannar Biosphere Reserve / मन्नार की खाड़ी बायोस्फियर रिजर्व

(b) Nanda Devi Biosphere Reserve / नंदा देवी बायोस्फियर रिजर्व

(c) Sundarban Biosphere Reserve / सुंदरबन बायोस्फियर रिजर्व

(d) More than one of the above / उपर्युक्त में से एक से अधिक

(e) None of the above / उपर्युक्त में से कोई नहीं

Exam: 69th BPSC (Pre) 2023

Answer: (a) Gulf of Mannar Biosphere Reserve

Explanation :

- मन्नार की खाड़ी (Gulf of Mannar) समुद्री जैव विविधता के लिए प्रसिद्ध क्षेत्र है।
- यह भारत के तमिलनाडु तट (Tamil Nadu Coast) पर स्थित है।
- यहाँ प्रवाल भित्तियाँ (Coral Reefs), समुद्री घास (Seagrass) और मैंग्रोव (Mangroves) पाए जाते हैं।
- इस क्षेत्र में लगभग 3600 से अधिक प्रजातियाँ (Species Diversity) पाई जाती हैं।

49. Regarding 'Gangetic Dolphin', consider the following statements

गंगेय डॉल्फिन' के संबंध में निम्नलिखित कथनों पर विचार कीजिए

1. **It is classified as endangered in IUCN Red List**
2. **It does not have crystalline eye lens and is effectively blind**
3. **It uses echolocation to navigate and hunt**
4. **It is declared as National Aquatic Animal of India**

(a) Only 1, 2 and 4

(b) Only 2, 3 and 4

(c) All of the above

(d) More than one of the above / उपर्युक्त में से एक से अधिक

(e) None of the above / उपर्युक्त में से कोई नहीं

Exam: 69th BPSC (Pre) 2023

Answer: (c) All of the above

Explanation :

- गंगा डॉल्फिन (Gangetic Dolphin) IUCN की रेड लिस्ट में लुप्तप्राय (Endangered) श्रेणी में है।
- इसकी आँखों में क्रिस्टलीय लेंस (Crystalline Lens) नहीं होता, इसलिए यह लगभग अंधी होती है।
- यह दिशा और शिकार के लिए इकोलोकेशन (Echolocation) तकनीक का उपयोग करती है।
- इसे 2009 में भारत का राष्ट्रीय जलीय जीव (National Aquatic Animal) घोषित किया गया।

50. 'Lisbon Declaration' for saving oceans is related to conservation of

समुद्रों को बचाने वाली 'लिस्बन घोषणा' किसके संरक्षण से संबंधित है?

(a) Air / वायु

(b) Mountains / पर्वत

(c) Oceans / महासागर

(d) More than one of the above / उपर्युक्त में से एक से अधिक

(e) None of the above / उपर्युक्त में से कोई नहीं

Exam: 69th BPSC (Pre) 2023

Answer: (c) Oceans / महासागर

Explanation :

- लिस्बन घोषणा (Lisbon Declaration) महासागरों के संरक्षण से संबंधित है।
- यह घोषणा संयुक्त राष्ट्र महासागर सम्मेलन 2022 (UN Ocean Conference) में की गई।
- इसका उद्देश्य महासागरों की सतत सुरक्षा (Sustainable Protection) सुनिश्चित करना है।
- इसमें समुद्री प्रदूषण और समुद्री पारिस्थितिकी (Marine Ecosystem) संरक्षण पर जोर दिया गया।

51. Lisbon Declaration for saving oceans is related to conservation of

'लिस्बन घोषणा' किस इकाई के संरक्षण से संबंधित है?

(a) Air / वायु

(b) Mountain / पर्वत

(c) Ocean / महासागर
(d) More than one of the above / उपर्युक्त में से एक से अधिक
(e) None of the above / उपर्युक्त में से कोई नहीं

Exam: 69th BPSC (Pre) 2023

Answer: (c) Ocean / महासागर

Explanation :

- लिस्बन घोषणा (Lisbon Declaration) महासागरों के संरक्षण से संबंधित है।
- यह संयुक्त राष्ट्र महासागर सम्मेलन 2022 (UN Ocean Conference) में अपनाई गई।
- इसका उद्देश्य महासागरों के सतत उपयोग (Sustainable Use) और संरक्षण को बढ़ावा देना है।
- इसमें समुद्री प्रदूषण, जैव विविधता और समुद्री पारिस्थितिकी तंत्र (Marine Ecosystem) की सुरक्षा पर जोर दिया गया।

52. Dusky Canine-Nosed Asian Giant Turtle was recently released in which National Park of India?

दस कैटिव-नर्सल एशियाई विशालकाय कछुए भारत के किस राष्ट्रीय उद्यान में छोड़े गए?

(a) Ntangki National Park / नतांगकी राष्ट्रीय उद्यान
(b) Periyar National Park / पेरियार राष्ट्रीय उद्यान
(c) Pench National Park / पेंच राष्ट्रीय उद्यान
(d) More than one of the above / उपर्युक्त में से एक से अधिक
(e) None of the above / उपर्युक्त में से कोई नहीं

Exam: 69th BPSC (Pre) 2023

Answer: (a) Ntangki National Park / नतांगकी राष्ट्रीय उद्यान

Explanation :

- एशियाई विशालकाय कछुआ (Asian Giant Turtle) एशिया की बड़ी कछुआ प्रजातियों में से एक है।
- इन्हें नागालैंड के नतांगकी राष्ट्रीय उद्यान (Ntangki National Park) में छोड़ा गया।
- यह उद्यान नागालैंड (Nagaland) राज्य में स्थित है।
- इसका उद्देश्य इस दुर्लभ प्रजाति के संरक्षण (Conservation) को बढ़ावा देना है।

53. Which State government started State Level Committee (SLCVC) for conservation of vultures in India?

भारत में गिद्धों के संरक्षण के लिए राज्य स्तरीय समिति (SLCVC) का शुभारंभ किस राज्य सरकार ने किया?

(a) Tamil Nadu / तमिलनाडु
(b) Sikkim / सिक्किम
(c) Assam / असम
(d) More than one of the above / उपर्युक्त में से एक से अधिक
(e) None of the above / उपर्युक्त में से कोई नहीं

Exam: 69th BPSC (Pre) 2023

Answer: (a) Tamil Nadu / तमिलनाडु

Explanation :

- तमिलनाडु सरकार (Tamil Nadu Government) ने गिद्ध संरक्षण के लिए समिति बनाई।
- इसे State Level Committee for Vulture Conservation (SLCVC) कहा जाता है।
- भारत में गिद्धों की संख्या डाइक्लोफेनाक (Diclofenac) दवा के कारण कम हुई।
- गिद्ध पारिस्थितिकी में मृत जीवों का अपघटन (Carcass Disposal) कर पर्यावरण को साफ रखते हैं।

54. Silent Valley of Kerala is protected because

केरल की 'साइलेंट वैली' संरक्षित है क्योंकि

(a) It has many rare species of plants and animals / यहाँ पौधों और जानवरों की दुर्लभ प्रजातियाँ पाई जाती हैं
(b) Soil rich in minerals / मिट्टी खनिजों से भरपूर है
(c) Land was used for agriculture / भूमि का उपयोग कृषि के लिए होता था
(d) More than one of the above / उपर्युक्त में से एक से अधिक
(e) None of the above / उपर्युक्त में से कोई नहीं

Exam: BPSC School Teacher 2023 (Paper-IV)

Answer: (a) It has many rare species of plants and animals यहाँ पौधों और जानवरों की दुर्लभ प्रजातियाँ पाई जाती हैं

Explanation :

- साइलेंट वैली (Silent Valley) केरल में स्थित एक प्रसिद्ध राष्ट्रीय उद्यान है।
- यहाँ बहुत अधिक जैव विविधता (Biodiversity) पाई जाती है।
- यहाँ शेर-पूंछ मकाक (Lion-Tailed Macaque) जैसी दुर्लभ प्रजातियाँ मिलती हैं।
- इस क्षेत्र को 1984 में राष्ट्रीय उद्यान (National Park) घोषित किया गया।

55. In which year was the National Green Tribunal (NGT) established in India?
भारत में NGT (नेशनल ग्रीन ट्रिब्यूनल) की स्थापना किस वर्ष हुई?

(a) 2010
(b) 2011
(c) 2012
(d) More than one of the above / उपर्युक्त में से एक से अधिक
(e) None of the above / उपर्युक्त में से कोई नहीं

Exam: BPSC School Teacher 2023 (Paper-III)

Answer: (a) 2010

Explanation :

- राष्ट्रीय हरित अधिकरण (National Green Tribunal – NGT) की स्थापना 18 अक्टूबर 2010 को हुई।
- यह NGT Act 2010 के तहत बनाया गया।
- इसका उद्देश्य पर्यावरण से जुड़े मामलों का त्वरित निपटारा (Fast Disposal) करना है।
- इसका मुख्यालय नई दिल्ली (New Delhi) में स्थित है।

56. Which of the following is not included in in-situ conservation?

निम्नलिखित में से कौन-सा इन-सीटू संरक्षण के अंतर्गत शामिल नहीं है?

(a) Botanical Garden / वनस्पति उद्यान
(b) National Park / राष्ट्रीय उद्यान
(c) Wildlife Sanctuary / वन्यजीव अभयारण्य
(d) More than one of the above / उपर्युक्त में से एक से अधिक
(e) None of the above / उपर्युक्त में से कोई नहीं

Exam: BPSC School Teacher 2023 (Paper-II Shift-2)

Answer: (a) Botanical Garden / वनस्पति उद्यान

Explanation :

- इन-सीटू संरक्षण (In-situ Conservation) में जीवों को उनके प्राकृतिक आवास में संरक्षित किया जाता है।
- उदाहरण: राष्ट्रीय उद्यान (National Park), अभयारण्य (Wildlife Sanctuary), बायोस्फियर रिजर्व (Biosphere Reserve)।
- वनस्पति उद्यान (Botanical Garden) में पौधों को प्राकृतिक स्थान से बाहर रखा जाता है।
- इसलिए यह एक्स-सीटू संरक्षण (Ex-situ Conservation) का उदाहरण है।

57. Ramsar Convention is related to conservation of

रामसर सम्मेलन किसके संरक्षण से जुड़ा है?

(a) Dry land / शुष्क भूमि
(b) Wetlands / आर्द्रभूमि
(c) Forest / वन
(d) More than one of the above / उपर्युक्त में से एक से अधिक
(e) None of the above / उपर्युक्त में से कोई नहीं

Exam: BPSC School Teacher 2023 (Paper-II Shift-2)

Answer: (b) Wetlands / आर्द्रभूमि

Explanation :

- रामसर सम्मेलन (Ramsar Convention) आर्द्रभूमि संरक्षण से संबंधित अंतरराष्ट्रीय संधि है।
- यह संधि 1971 में ईरान के रामसर शहर (Ramsar, Iran) में हुई थी।
- इसका उद्देश्य आर्द्रभूमियों का संरक्षण और सतत उपयोग (Sustainable Use) सुनिश्चित करना है।
- भारत ने इस संधि पर 1982 में हस्ताक्षर (Sign) किया।

58. Which of the following acts as pioneer species in xerarch succession?

निम्नलिखित में से कौन-सा शुष्कतारम्भी अनुक्रमण में अग्रणी प्रजाति के रूप में कार्य करता है?

(a) Lichen / लाइकेन
(b) Human / मनुष्य
(c) Shrub / झाड़ी-बूटी
(d) More than one of the above / उपर्युक्त में से एक से अधिक
(e) None of the above / उपर्युक्त में से कोई नहीं

Exam: BPSC School Teacher 2023 (Paper-II Shift-2)

Answer: (a) Lichen / लाइकेन

Explanation :

- लाइकेन (Lichen) शुष्क प्रारंभिक अनुक्रमण में अग्रणी प्रजाति होती है।
- ये चट्टानों पर उगकर धीरे-धीरे मिट्टी निर्माण (Soil Formation) में मदद करते हैं।
- लाइकेन वायु प्रदूषण के प्रति संवेदनशील (Sensitive) होते हैं।
- इनके बाद क्रमशः काई (Moss), घास (Grass) और झाड़ियाँ विकसित होती हैं।

59. The main source of methane in India is

भारत में मीथेन का मुख्य स्रोत है

(a) Wheat fields / गेहूँ का खेत
(b) Sugarcane fields / गन्ने का खेत
(c) Rice fields / धान का खेत
(d) More than one of the above / उपर्युक्त में से एक से अधिक
(e) None of the above / उपर्युक्त में से कोई नहीं

Exam: BPSC School Teacher 2023 (Paper-II Shift-2)

Answer: (c) Rice fields / धान का खेत

Explanation :

- धान के खेत (Rice Fields) मीथेन गैस के मुख्य स्रोत हैं।
- जलभराव वाली मिट्टी में अवायवीय अपघटन (Anaerobic Decomposition) होता है।
- इससे मीथेन (CH_4) गैस उत्पन्न होती है।
- मीथेन एक महत्वपूर्ण ग्रीनहाउस गैस (Greenhouse Gas) है।

60. SO_2 pollution is indicated by

SO_2 प्रदूषण सूचित होता है

(a) Orchid / ऑर्किड द्वारा
(b) Mangrove / मैंग्रोव द्वारा
(c) Lichen / लाइकेन द्वारा
(d) More than one of the above / उपर्युक्त में से एक से अधिक
(e) None of the above / उपर्युक्त में से कोई नहीं

Exam: BPSC School Teacher 2023 (Paper-II Shift-2)

Answer: (c) Lichen / लाइकेन

Explanation :

- लाइकेन (Lichen) वायु प्रदूषण के जैव संकेतक (Bio-indicator) होते हैं।
- ये विशेष रूप से SO_2 (Sulphur Dioxide) के प्रति संवेदनशील होते हैं।
- SO_2 की अधिक मात्रा होने पर लाइकेन नष्ट (Die) हो जाते हैं।
- इसलिए लाइकेन की उपस्थिति या अनुपस्थिति से वायु गुणवत्ता (Air Quality) का पता चलता है।

61. Salim Ali Bird Sanctuary is located in

सलीम अली पक्षी अभयारण्य कहाँ स्थित है?

(a) Uttar Pradesh / Answer प्रदेश
(b) Madhya Pradesh / मध्य प्रदेश
(c) West Bengal / पश्चिम बंगाल
(d) More than one of the above / उपर्युक्त में से एक से अधिक
(e) None of the above / उपर्युक्त में से कोई नहीं

Exam: BPSC School Teacher 2023 (Paper-II Shift-2)

Answer: (e) None of the above / उपर्युक्त में से कोई नहीं

Explanation :

- सलीम अली पक्षी अभयारण्य (Salim Ali Bird Sanctuary) गोवा में स्थित है।
- यह मांडोवी नदी (Mandovi River) के किनारे चोराओ द्वीप पर स्थित है।
- इसका नाम प्रसिद्ध पक्षी विज्ञानी डॉ. सलीम अली (Salim Ali) के नाम पर रखा गया है।
- यहाँ अनेक दुर्लभ प्रवासी पक्षी (Migratory Birds) पाए जाते हैं।

62. Where is the headquarters of IUCN?

आई.यू.सी.एन. का मुख्यालय कहाँ है?

(a) Switzerland / स्विट्ज़रलैंड
(b) France / फ्रांस
(c) Australia / ऑस्ट्रेलिया
(d) More than one of the above / उपर्युक्त में से एक से अधिक
(e) None of the above / उपर्युक्त में से कोई नहीं

Exam: BPSC School Teacher 2023 (Paper-II Shift-2)

Answer: (a) Switzerland

Explanation :

- IUCN (International Union for Conservation of Nature) एक वैश्विक संरक्षण संगठन है।
- इसका मुख्यालय ग्लैंड, स्विट्ज़रलैंड (Gland, Switzerland) में है।
- इसकी स्थापना 1948 में हुई थी।
- IUCN द्वारा प्रसिद्ध रेड लिस्ट (Red List of Threatened Species) जारी की जाती है।

63. How much energy is transferred from one trophic level to the next?

एक पोषी स्तर से दूसरे पोषी स्तर में कितनी ऊर्जा स्थानांतरित होती है?

(a) 5%
(b) 10%
(c) 15%
(d) More than one of the above / उपर्युक्त में से एक से अधिक
(e) None of the above / उपर्युक्त में से कोई नहीं

Exam: BPSC School Teacher 2023 (Paper-II Shift-2)

Answer: (b) 10%

Explanation :

- पारिस्थितिकी तंत्र में ऊर्जा का स्थानांतरण 10% नियम (Ten Percent Law) के अनुसार होता है।
- यह नियम रेमंड लिंडमैन (Raymond Lindeman) ने दिया था।
- एक ट्रॉफिक स्तर की ऊर्जा का लगभग 10% अगले स्तर में जाता है।
- बाकी ऊर्जा ऊष्मा (Heat Loss) के रूप में नष्ट हो जाती है।

64. The 10% law of energy flow in ecosystem was given by

पारिस्थितिक तंत्र में ऊर्जा प्रवाह का 10% नियम किसने दिया था?

(a) Lindeman / लिंडमैन
(b) Haeckel / हेकल
(c) Elton / एल्टन
(d) More than one of the above / उपर्युक्त में से एक से अधिक
(e) None of the above / उपर्युक्त में से कोई नहीं

Exam: BPSC School Teacher 2023 (Paper-II Shift-2)

Answer: (a) Lindeman / लिंडमैन

Explanation :

- रेमंड लिंडमैन (Raymond Lindeman) ने ऊर्जा प्रवाह का 10% नियम दिया।
- यह नियम 1942 में प्रस्तावित किया गया था।
- इसके अनुसार ऊर्जा हर ट्रॉफिक स्तर पर कम होती जाती है।
- यह नियम खाद्य शृंखला (Food Chain) और ऊर्जा पिरामिड (Energy Pyramid) को समझने में मदद करता है।

65. Pneumatophores are found in

श्वसनमूल किसमें पाए जाते हैं?

(a) Hydrophytes / जलोद्भिद
(b) Mesophytes / मरूद्भिद
(c) Halophytes / लवणोद्भिद
(d) More than one of the above / उपर्युक्त में से एक से अधिक
(e) None of the above / उपर्युक्त में से कोई नहीं

Exam: BPSC School Teacher 2023 (Paper-II Shift-2)

Answer: (c) Halophytes / लवणोद्भिद

Explanation :

- **श्वसनमूल (Pneumatophores):** ये विशेष जड़ें हैं जो ऑक्सीजन प्राप्त करने के लिए दलदली मिट्टी से ऊपर (उर्ध्वगामी) निकलती हैं।
- **लवणोद्भिद (Halophytes):** श्वसनमूल मुख्य रूप से लवणोद्भिद या मैंग्रोव पौधों में पाए जाते हैं, जो खारे और दलदली क्षेत्रों में उगते हैं जहाँ मिट्टी में ऑक्सीजन की कमी होती है।

66. Which of the following is a secondary pollutant?
निम्नलिखित में से कौन-सा द्वितीयक प्रदूषक है?

(a) PAN
(b) SO_2
(c) Ozone
(d) More than one of the above / उपर्युक्त में से एक से अधिक
(e) None of the above / उपर्युक्त में से कोई नहीं

Exam: BPSC School Teacher 2023 (Paper-II Shift-2)

Answer: (d) More than one of the above / उपर्युक्त में से एक से अधिक

Explanation :
- द्वितीयक प्रदूषक (Secondary Pollutants) वायुमंडल में रासायनिक अभिक्रियाओं से बनते हैं।
- उदाहरण: ओज़ोन (Ozone) और PAN (Peroxyacetyl Nitrate)।
- ये प्राथमिक प्रदूषकों (Primary Pollutants) की प्रतिक्रिया से बनते हैं।
- ये फोटोकेमिकल स्मॉग (Photochemical Smog) का कारण बनते हैं।

67. Y-shaped model of energy flow in ecosystem was given by

पारिस्थितिक तंत्र में Y-आकार का ऊर्जा प्रवाह मॉडल किसने दिया था?

(a) Odum / ओडम
(b) Lindeman / लिंडमैन
(c) Kilmer / किल्मर्स
(d) More than one of the above / उपर्युक्त में से एक से अधिक
(e) None of the above / उपर्युक्त में से कोई नहीं

Exam: BPSC School Teacher 2023 (Paper-II Shift-2)

Answer: (a) Odum / ओडम

Explanation :
- ओडम (Odum) ने पारिस्थितिकी में Y-आकार का ऊर्जा प्रवाह मॉडल दिया।
- यह मॉडल ग्रहण श्रृंखला (Grazing Chain) और अपघटन श्रृंखला (Detritus Chain) को दर्शाता है।
- दोनों ऊर्जा मार्ग पारिस्थितिकी तंत्र में महत्वपूर्ण हैं।
- इससे ऊर्जा प्रवाह की जटिलता (Complexity) समझ में आती है।

68. Which movement in India opposed multi-purpose river valley projects?

भारत में बहुद्देश्यीय परियोजनाओं के विरुद्ध कौन-सा आंदोलन हुआ था?

(a) Narmada Bachao Andolan
(b) Tehri Dam Movement
(c) Chipko Movement
(d) More than one of the above / उपर्युक्त में से एक से अधिक
(e) None of the above / उपर्युक्त में से कोई नहीं

Exam: BPSC School Teacher 2023 (Paper-II Shift-2)

Answer: (d) More than one of the above / उपर्युक्त में से एक से अधिक

Explanation :
- नर्मदा बचाओ आंदोलन (Narmada Bachao Andolan) बड़े बांधों के विरोध में चला।
- टिहरी बांध आंदोलन (Tehri Movement) भी इसी प्रकार का आंदोलन था।
- चिपको आंदोलन (Chipko Movement) वनों की रक्षा से जुड़ा आंदोलन था।
- इन आंदोलनों ने पर्यावरण संरक्षण (Environmental Protection) को बढ़ावा दिया।

69. Methemoglobinemia occurs due to drinking water contaminated with

मेथेमोग्लोबिनेमिया किससे दूषित पानी पीने के कारण होता है?

(a) Nitrate
(b) Cadmium
(c) Phosphate
(d) More than one of the above / उपर्युक्त में से एक से अधिक
(e) None of the above / उपर्युक्त में से कोई नहीं

Exam: BPSC School Teacher 2023 (Paper-II Shift-1)

Answer: (a) Nitrate

Explanation :
- मेथेमोग्लोबिनेमिया (Methemoglobinemia) को "ब्लू बेबी सिंड्रोम (Blue Baby Syndrome)" कहा जाता है।
- यह नाइट्रेट (Nitrate) युक्त पानी पीने से होता है।
- शरीर में नाइट्रेट ऑक्सीजन परिवहन (Oxygen Transport) को प्रभावित करता है।
- यह बीमारी विशेष रूप से शिशुओं (Infants) में पाई जाती है।

70. Energy flow in ecosystem is

पारितंत्र में ऊर्जा का प्रवाह ______ होता है।

(a) Multidirectional / बहुदिशिक

(b) Unidirectional / एकदिशिक

(c) Bidirectional / द्विदिशिक

(d) More than one of the above / उपर्युक्त में से एक से अधिक

(e) None of the above / उपर्युक्त में से कोई नहीं

Exam: BPSC School Teacher 2023 (Paper-II Shift-1)

Answer: (b) Unidirectional / एकदिशिक

Explanation :

- पारिस्थितिकी तंत्र में ऊर्जा का प्रवाह एक दिशा में (Unidirectional) होता है।
- ऊर्जा का स्रोत मुख्य रूप से सूर्य (Sun) है।
- ऊर्जा उत्पादकों से उपभोक्ताओं तक खाद्य शृंखला (Food Chain) द्वारा जाती है।
- अंत में ऊर्जा ऊष्मा (Heat Energy) के रूप में नष्ट हो जाती है।

71. Which of the following is a component of ecosystem?

निम्नलिखित में से कौन-सा पारितंत्र का संघटक है?

(a) Animals / जंतु

(b) Plants / पादप

(c) Microorganisms / सूक्ष्मजीव

(d) More than one of the above / उपर्युक्त में से एक से अधिक

(e) None of the above / उपर्युक्त में से कोई नहीं

Exam: BPSC School Teacher 2023 (Paper-II) Shift-1

Answer: (d) More than one of the above / उपर्युक्त में से एक से अधिक

Explanation :

- पारितंत्र के दो मुख्य घटक होते हैं — जैविक (Biotic) और अजैविक (Abiotic)।
- जैविक घटकों में पौधे, जंतु, सूक्ष्मजीव शामिल होते हैं।
- अजैविक घटकों में वायु, जल, मिट्टी, प्रकाश, ताप आदि आते हैं।
- इसलिए दिए गए तीनों विकल्प पारितंत्र के घटक हैं।

72. Which of the following gas is produced from landfill?

निम्नलिखित में से कौन-सी गैस लैंडफिल से उत्पन्न होती है?

(a) Sulphur dioxide / सल्फर डाइऑक्साइड

(b) Methane / मीथेन

(c) Liquefied petroleum gas / तरल पेट्रोलियम गैस

(d) More than one of the above / उपर्युक्त में से एक से अधिक

(e) None of the above / उपर्युक्त में से कोई नहीं

Exam: BPSC School Teacher 2023 (Paper-II) Shift-1

Answer: (b) Methane / मीथेन

Explanation :

- लैंडफिल (Landfill) ठोस अपशिष्ट के निपटान का स्थान होता है।
- यहाँ जैविक कचरे का अपघटन (Decomposition) बैक्टीरिया द्वारा होता है।
- इस प्रक्रिया से मुख्यतः CH_4 (Methane) गैस उत्पन्न होती है।
- मीथेन एक शक्तिशाली ग्रीनहाउस गैस (Greenhouse gas) है।

73. Which of the following represents a forest food chain?

निम्नलिखित में से कौन जंगल में आहार श्रृंखला का प्रतिनिधित्व करता है?

(a) Plant → Deer → Lion / पादप → हिरण → शेर

(b) Plant → Frog → Snake / पादप → मेंढक → साँप

(c) Plant → Grasshopper → Fish / पादप → खगारैल → मछली

(d) More than one of the above / उपर्युक्त में से एक से अधिक

(e) None of the above / उपर्युक्त में से कोई नहीं

Exam: BPSC School Teacher 2023 (Paper-II) Shift-1

Answer: (a) Plant → Deer → Lion / पादप → हिरण → शेर

Explanation :

- खाद्य श्रृंखला में उत्पादक → शाकाहारी → मांसाहारी का क्रम होता है।
- जंगल में पौधे उत्पादक (Producer) होते हैं।
- हिरण प्राथमिक उपभोक्ता (Primary consumer) है।
- शेर द्वितीयक/शीर्ष उपभोक्ता (Top consumer) है।

74. In environment, plastic does not decompose by the action of ______
पर्यावरण में प्लास्टिक ____ की क्रिया द्वारा विघटित नहीं होता

(a) Bacteria / जीवाणु
(b) Fungi / कवक
(c) Parasites / परजीवी
(d) More than one of the above / उपर्युक्त में से एक से अधिक
(e) None of the above / उपर्युक्त में से कोई नहीं

Exam: BPSC School Teacher 2023 (Paper-II) Shift-1

Answer: (d) More than one of the above / उपर्युक्त में से एक से अधिक

Explanation :
- प्लास्टिक जैव-अपघटनीय (Non-biodegradable) पदार्थ है।
- यह जीवाणु, कवक और परजीवी द्वारा आसानी से विघटित नहीं होता।
- इसके अपघटन में सैकड़ों वर्ष लग सकते हैं।
- इसलिए यह पर्यावरण प्रदूषण का प्रमुख कारण है।

75. Sources of energy which do not increase carbon emission include
ऊर्जा के स्रोत, जो कार्बन उत्सर्जन में वृद्धि नहीं करते, में शामिल हैं

(a) Solar cells / सौर सेल
(b) Wind turbines / पवन चक्कियाँ
(c) Nuclear energy plants / नाभिकीय ऊर्जा संयंत्र
(d) More than one of the above / उपर्युक्त में से एक से अधिक
(e) None of the above / उपर्युक्त में से कोई नहीं

Exam: BPSC School Teacher 2023 (Paper-II) Shift-1

Answer: (d) More than one of the above / उपर्युक्त में से एक से अधिक

Explanation :
- अक्षय ऊर्जा (Renewable energy) स्रोत कार्बन उत्सर्जन नहीं बढ़ाते।
- इसमें सौर ऊर्जा, पवन ऊर्जा, जल ऊर्जा, भू-तापीय ऊर्जा शामिल हैं।
- ये पर्यावरण-अनुकूल ऊर्जा स्रोत माने जाते हैं।
- इसलिए दिए गए एक से अधिक विकल्प सही हैं।

76. Branching food chain is called ______
आहार श्रृंखला में शाखाबद्ध श्रृंखला को ____ कहा जाता है

(a) Food system / आहार तंत्र
(b) Trophic level / आहार स्तर
(c) Food web / आहार जाल
(d) More than one of the above / उपर्युक्त में से एक से अधिक
(e) None of the above / उपर्युक्त में से कोई नहीं

Exam: BPSC School Teacher 2023 (Paper-II) Shift-1

Answer: (c) Food web / आहार जाल

Explanation :
- जब कई खाद्य श्रृंखलाएँ आपस में जुड़ जाती हैं तो आहार जाल (Food web) बनता है।
- इसमें जीव कई प्रकार के जीवों को खाते हैं।
- इससे पारितंत्र की जटिलता (Complexity) बढ़ती है।
- आहार जाल पारितंत्र को अधिक स्थिर (Stable) बनाता है।

77. Green plants capture about ______ of solar energy and convert it into food energy
हरे पौधे सूर्य के प्रकाश की ऊर्जा का लगभग ____ ग्रहण करते हैं

(a) 5%
(b) 2%
(c) 1%
(d) More than one of the above / उपर्युक्त में से एक से अधिक
(e) None of the above / उपर्युक्त में से कोई नहीं

Exam: BPSC School Teacher 2023 (Paper-II) Shift-1

Answer: (c) 1%

Explanation :
- पौधे प्रकाश संश्लेषण (Photosynthesis) द्वारा ऊर्जा प्राप्त करते हैं।
- सूर्य से आने वाली ऊर्जा का केवल लगभग 1% ही पौधे उपयोग कर पाते हैं।
- यह ऊर्जा रासायनिक ऊर्जा (Chemical energy) के रूप में संग्रहित होती है।
- यही ऊर्जा खाद्य श्रृंखला के अन्य जीवों को मिलती है।

78. Under whose leadership did the Chipko Movement gain strength?

किसके नेतृत्व में चिपको आंदोलन को मजबूती मिली?

(a) Amrita Devi Bishnoi / अमृता देवी बिश्नोई
(b) Medha Patkar / मेधा पाटकर
(c) Sunderlal Bahuguna / सुंदरलाल बहुगुणा
(d) More than one of the above / उपर्युक्त में से एक से अधिक
(e) None of the above / उपर्युक्त में से कोई नहीं

Exam: BPSC School Teacher 2023 (Paper-II) Shift-1

Answer: (c) Sunderlal Bahuguna / सुंदरलाल बहुगुणा

Explanation :

- चिपको आंदोलन (Chipko Movement) वन संरक्षण से जुड़ा आंदोलन था।
- इसकी शुरुआत 1973 में उत्तर प्रदेश में हुई।
- इसे सुंदरलाल बहुगुणा ने व्यापक पहचान दिलाई।
- इस आंदोलन में लोग पेड़ों से चिपककर कटाई का विरोध करते थे।

79. At the first trophic level of a food chain are found

आहार श्रृंखला में प्रथम पोषी स्तर पर मौजूद होते हैं

(a) Autotrophs / स्वपोषी
(b) Primary consumers / प्राथमिक उपभोक्ता
(c) Tertiary consumers / तृतीयक उपभोक्ता
(d) More than one of the above / उपर्युक्त में से एक से अधिक
(e) None of the above / उपर्युक्त में से कोई नहीं

Exam: BPSC School Teacher 2023 (Paper-II) Shift-1

Answer: (a) Autotrophs / स्वपोषी

Explanation :

- प्रथम ट्रॉफिक स्तर पर उत्पादक (Producers) होते हैं।
- ये स्वपोषी (Autotrophs) होते हैं जैसे हरे पौधे।
- ये प्रकाश संश्लेषण द्वारा भोजन बनाते हैं।
- सभी उपभोक्ताओं की ऊर्जा अंततः इन्हीं से प्राप्त होती है।

80. Which organism uses sunlight in presence of chlorophyll to convert inorganic substances into organic compounds?

निम्नलिखित में से कौन जीव क्लोरोफिल की उपस्थिति में सूर्य के प्रकाश का उपयोग कर अकार्बनिक पदार्थों को कार्बनिक यौगिकों में परिवर्तित करता है?

(a) Autotrophs / स्वपोषी
(b) Some bacteria / कुछ जीवाणु
(c) Animals / जंतु
(d) More than one of the above / उपर्युक्त में से एक से अधिक
(e) None of the above / उपर्युक्त में से कोई नहीं

Exam: BPSC School Teacher 2023 (Paper-II) Shift-1

Answer: (d) More than one of the above / उपर्युक्त में से एक से अधिक

Explanation :

- स्वपोषी जीव (Autotrophs) सूर्य के प्रकाश से भोजन बनाते हैं।
- इसमें पौधे, शैवाल और कुछ जीवाणु शामिल होते हैं।
- यह प्रक्रिया प्रकाश संश्लेषण (Photosynthesis) कहलाती है।
- इसमें अकार्बनिक पदार्थों से कार्बनिक यौगिक (जैसे ग्लूकोज) बनते हैं।

81. Soaps and detergents are sources of organic pollutants like

साबुन एवं डिटर्जेंट स्रोत हैं, कार्बनिक प्रदूषण के जैसे

(a) Glycerol / ग्लिसरॉल
(b) Polyphosphates / पॉलीफॉस्फेट
(c) Sulfonated hydrocarbons / सल्फोनेटेड हाइड्रोकार्बन
(d) More than one of the above / उपर्युक्त में से एक से अधिक
(e) None of the above / उपर्युक्त में से कोई नहीं

Exam: BPSC TRE 2.0 14/12/2023 (Paper-I)

Answer: (d) More than one of the above / उपर्युक्त में से एक से अधिक

Explanation :

- साबुन और डिटर्जेंट में कई प्रकार के कार्बनिक यौगिक (Organic compounds) होते हैं।

- इनमें ग्लिसरॉल, पॉलीफॉस्फेट और सल्फोनेटेड हाइड्रोकार्बन शामिल होते हैं।
- ये जल में मिलकर जल प्रदूषण (Water pollution) बढ़ाते हैं।
- इससे यूट्रोफिकेशन (Eutrophication) जैसी समस्या उत्पन्न हो सकती है।

82. Which of the following is not a gaseous biogeochemical cycle?

निम्नलिखित में से कौन-सा पारिस्थितिकीय तंत्र में गैसीय जैव-भू-रासायनिक चक्र नहीं है?

(a) Phosphorus cycle / फॉस्फोरस चक्र
(b) Oxygen cycle / ऑक्सीजन चक्र
(c) Nitrogen cycle / नाइट्रोजन चक्र
(d) More than one of the above / उपर्युक्त में से एक से अधिक
(e) None of the above / उपर्युक्त में से कोई नहीं

Exam: BPSC School Teacher 2023 (Paper-II) Shift-1

Answer: (a) Phosphorus cycle / फॉस्फोरस चक्र

Explanation :

- जैव-भू-रासायनिक चक्र दो प्रकार के होते हैं — गैसीय और अवसादी (Sedimentary)।
- नाइट्रोजन और ऑक्सीजन चक्र गैसीय चक्र हैं।
- फॉस्फोरस चक्र अवसादी चक्र है क्योंकि इसमें गैसीय अवस्था नहीं होती।
- इसका मुख्य भंडार शैल और मिट्टी (Rocks and soil) में होता है।

Indian Constitution and State System
(भारतीय संविधान एवं राजयव्यवस्था)

भारतीय संविधान का विकास एवं संविधान सभा

1. **Who presided over the first meeting of the Constituent Assembly of India?**

भारत की संविधान सभा की पहली बैठक की अध्यक्षता किसने की थी?

(a) Dr. Rajendra Prasad / डॉ. राजेंद्र प्रसाद
(b) Jawaharlal Nehru / जवाहरलाल नेहरू
(c) Dr. Sachchidananda Sinha / डॉ. सच्चिदानंद सिन्हा
(d) More than one of the above / उपर्युक्त में से एक से अधिक
(e) None of the above / उपर्युक्त में से कोई नहीं

NCERT- Class 11, Chapter 10

Answer: (c) Dr. Sachchidananda Sinha / डॉ. सच्चिदानंद सिन्हा

Explanation:

- संविधान सभा की पहली बैठक 9 दिसंबर 1946 को हुई थी।
- इस बैठक में डॉ. सच्चिदानंद सिन्हा को अस्थायी अध्यक्ष बनाया गया था।
- बाद में 11 दिसंबर 1946 को डॉ. राजेंद्र प्रसाद स्थायी अध्यक्ष चुने गए।
- संतिधान सभा ने भारत का संविधान तैयार करने का कार्य किया।

2. **Which of the following statements about the Objective Resolution is correct?**

उद्देश्य प्रस्ताव के बारे में निम्नलिखित में से कौन-सा कथन सही है?

(a) It was introduced by Jawaharlal Nehru / इसे जवाहरलाल नेहरू ने प्रस्तुत किया था
(b) It later became the basis of the Preamble / यह बाद में प्रस्तावना का आधार बना
(c) It was adopted by the Constituent Assembly in January 1947 / इसे जनवरी 1947 में संविधान सभा ने स्वीकार किया
(d) More than one of the above / उपर्युक्त में से एक से अधिक
(e) None of the above / उपर्युक्त में से कोई नहीं

NCERT- Class 11, Chapter 10

Answer: (d) More than one of the above / उपर्युक्त में से एक से अधिक

Explanation:

- उद्देश्य प्रस्ताव 13 दिसंबर 1946 को जवाहरलाल नेहरू द्वारा प्रस्तुत किया गया था।
- इसे 22 जनवरी 1947 को संविधान सभा ने स्वीकार किया।
- यही प्रस्ताव बाद में संविधान की प्रस्तावना का आधार बना।
- इसमें भारत को संप्रभु लोकतांत्रिक गणराज्य बनाने की बात कही गई थी।

3. **How many members were originally proposed for the Constituent Assembly under the Cabinet Mission Plan?**

कैबिनेट मिशन योजना के अंतर्गत संविधान सभा में कुल कितने सदस्यों का प्रस्ताव किया गया था?

(a) 296
(b) 299
(c) 389
(d) More than one of the above / उपर्युक्त में से एक से अधिक
(e) None of the above / उपर्युक्त में से कोई नहीं

NCERT- Class 11, Chapter 10

Answer: (c) 389

Explanation:

- कैबिनेट मिशन योजना 1946 में प्रस्तुत की गई थी।
- इसके अनुसार संविधान सभा में कुल 389 सदस्य होने थे।
- इनमें 292 सदस्य ब्रिटिश भारतीय प्रांतों से चुने जाने थे।
- 93 सदस्य रियासतों से तथा 4 सदस्य मुख्य आयुक्त क्षेत्रों से होने थे।

4. Which of the following committees of the Constituent Assembly dealt with Fundamental Rights?

संविधान सभा की निम्नलिखित में से कौन-सी समिति मौलिक अधिकारों से संबंधित थी?

(a) Union Powers Committee / संघ शक्तियाँ समिति
(b) Advisory Committee on Fundamental Rights / मौलिक अधिकारों पर सलाहकार समिति
(c) Drafting Committee / प्रारूप समिति
(d) More than one of the above / उपर्युक्त में से एक से अधिक
(e) None of the above / उपर्युक्त में से कोई नहीं

NCERT- Class 11, Chapter 10

Answer: (b) Advisory Committee on Fundamental Rights / मौलिक अधिकारों पर सलाहकार समिति

Explanation:

- मौलिक अधिकारों से संबंधित विषयों के लिए सलाहकार समिति बनाई गई थी।
- इस समिति के अध्यक्ष सरदार वल्लभभाई पटेल थे।
- इस समिति ने नागरिक अधिकारों और अल्पसंख्यक अधिकारों पर सुझाव दिए।
- इन सिफारिशों के आधार पर संविधान में मौलिक अधिकार जोड़े गए।

5. Which of the following countries' constitutions influenced the Fundamental Rights in the Indian Constitution?

भारतीय संविधान में मौलिक अधिकारों की अवधारणा किस देश के संविधान से प्रभावित है?

(a) United States of America / संयुक्त राज्य अमेरिका
(b) United Kingdom / यूनाइटेड किंगडम
(c) Canada / कनाडा
(d) More than one of the above / उपर्युक्त में से एक से अधिक
(e) None of the above / उपर्युक्त में से कोई नहीं

NCERT- Class 11, Chapter 10

Answer: (a) United States of America / संयुक्त राज्य अमेरिका

Explanation:

- भारतीय संविधान में मौलिक अधिकारों की प्रेरणा अमेरिका के संविधान से ली गई है।
- अमेरिका के Bill of Rights ने इस विचार को मजबूत किया।
- इससे नागरिक स्वतंत्रता और अधिकारों की रक्षा सुनिश्चित की गई।
- भारतीय संविधान ने इन्हें भारतीय परिस्थितियों के अनुसार अपनाया।

6. Which of the following features made the Constituent Assembly a sovereign body after independence?

स्वतंत्रता के बाद संविधान सभा को संप्रभु संस्था बनाने वाला निम्नलिखित में से कौन-सा कारण था?

(a) End of British parliamentary control / ब्रिटिश संसद का नियंत्रण समाप्त होना
(b) Power to frame its own rules / अपने नियम बनाने की शक्ति
(c) Authority to enact laws for the country / देश के लिए कानून बनाने की शक्ति
(d) More than one of the above / उपर्युक्त में से एक से अधिक
(e) None of the above / उपर्युक्त में से कोई नहीं

NCERT- Class 11, Chapter 10

Answer: (d) More than one of the above / उपर्युक्त में से एक से अधिक

Explanation:

- स्वतंत्रता के बाद संविधान सभा ब्रिटिश संसद के नियंत्रण से मुक्त हो गई।
- उसे अपने नियम और प्रक्रियाएँ बनाने की स्वतंत्रता मिली।
- यह संविधान निर्माण के साथ-साथ विधायिका के रूप में भी कार्य करती थी।
- इसलिए इन सभी कारणों से यह एक संप्रभु संस्था बन गई।

7. "Hindi will be the official language of the Union of India." This decision was taken in September 1949 by which committee of the Constituent Assembly?

"हिंदी भारत के संघ की राजभाषा होगी" — यह निर्णय संविधान सभा की किस समिति द्वारा सितंबर 1949 में लिया गया था?

(a) Supreme Court Committee / सर्वोच्च न्यायालय समिति
(b) Rules and Procedure Committee / नियम तथा प्रक्रिया समिति
(c) Drafting Committee / प्रारूप समिति
(d) More than one of the above / उपर्युक्त में से एक से अधिक
(e) None of the above / उपर्युक्त में से कोई नहीं

Exam: BPSC TRE-3.0 (1-5) Exam-2024 (Cancelled)

Answer: (c) Drafting Committee / प्रारूप समिति

Explanation:

- संविधान सभा की प्रारूप समिति के अध्यक्ष डॉ. भीमराव आंबेडकर थे।
- सितंबर 1949 में यह निर्णय लिया गया कि हिंदी संघ की राजभाषा होगी।
- संविधान के अनुच्छेद 343 में इस प्रावधान का उल्लेख है।
- अंग्रेज़ी को कुछ समय तक सहायक राजभाषा के रूप में उपयोग करने की व्यवस्था भी की गई।

8. Who among the following was not a member of the Cabinet Mission?
निम्न में से कौन कैबिनेट मिशन का सदस्य नहीं था?

(a) P. Lawrence / पी. लॉरेंस
(b) A. V. Alexander / ए. वी. अलेक्जेंडर
(c) J. Andrew / जे. एंड्रू
(d) None of the above / इनमें से कोई नहीं

Exam: 69th BPSC (Pre) 2023

Answer: (c) J. Andrew / जे. एंड्रू

Explanation:

- कैबिनेट मिशन 1946 में भारत भेजा गया था।
- इसके तीन सदस्य थे — लॉर्ड पैथिक लॉरेंस, सर स्टैफोर्ड क्रिप्स और ए. वी. अलेक्जेंडर।
- मिशन का उद्देश्य भारत के लिए संवैधानिक समाधान निकालना था।
- इसने संविधान सभा के गठन की योजना प्रस्तुत की।

9. Which department was held by Dr. Rajendra Prasad in the Interim Government of 1946?

वर्ष 1946 में बनी अंतरिम सरकार में डॉ. राजेंद्र प्रसाद के पास कौन-सा विभाग था?

(a) Defence / रक्षा
(b) Home / गृह
(c) Food and Agriculture / खाद्य एवं कृषि
(d) More than one of the above / उपर्युक्त में से एक से अधिक
(e) None of the above / उपर्युक्त में से कोई नहीं

Exam: BPSC School Teacher 2023 (Paper-III)

Answer: (c) Food and Agriculture / खाद्य एवं कृषि

Explanation:

- 2 सितम्बर 1946 को भारत की अंतरिम सरकार का गठन हुआ।
- इसमें डॉ. राजेंद्र प्रसाद को खाद्य एवं कृषि विभाग दिया गया था।
- इस सरकार का नेतृत्व जवाहरलाल नेहरू कर रहे थे।
- यह सरकार भारत की स्वतंत्रता से पहले की अस्थायी कार्यपालिका थी।

10. Who was the Labour Minister in Jawaharlal Nehru's Interim Government?
जवाहरलाल नेहरू की अस्थायी सरकार में श्रम मंत्री कौन थे?

(a) Asaf Ali / आसफ अली
(b) C. Rajagopalachari / सी. राजगोपालाचारी
(c) Jagjivan Ram / जगजीवन राम
(d) More than one of the above / उपर्युक्त में से एक से अधिक
(e) None of the above / उपर्युक्त में से कोई नहीं

Exam: BPSC School Teacher 2023 (Paper-II)

Answer: (c) Jagjivan Ram / जगजीवन राम

Explanation:

- जगजीवन राम को अंतरिम सरकार में श्रम मंत्री बनाया गया था।
- यह सरकार 2 सितम्बर 1946 को बनी थी।
- नेहरू उपाध्यक्ष के रूप में सरकार का नेतृत्व कर रहे थे।
- अंतरिम सरकार स्वतंत्र भारत की पहली कार्यपालिका का आधार बनी।

11. What was the effective percentage of voters among the adult population who participated in the election of Constituent Assembly members?

संविधान सभा के सदस्यों के चुनाव में भाग लेने वाले भारत की वयस्क आबादी के मतदाताओं का प्रभावी प्रतिशत कितना था?

(a) 10–15% / 10 से 15 प्रतिशत
(b) 20–25% / 20 से 25 प्रतिशत
(c) 30–35% / 30 से 35 प्रतिशत
(d) More than one of the above / उपर्युक्त में से एक से अधिक
(e) None of the above / उपर्युक्त में से कोई नहीं

Exam: BPSC School Teacher 2023 (Paper-II)

Answer: (a) 10–15% / 10 से 15 प्रतिशत

Explanation:

- संविधान सभा के सदस्य प्रत्यक्ष चुनाव से नहीं चुने गए थे।
- उन्हें प्रांतीय विधानसभाओं द्वारा चुना गया था।
- इसलिए केवल लगभग 10–15% वयस्क आबादी के मतदाता ही इस प्रक्रिया में प्रभावी थे।
- संविधान सभा की पहली बैठक 9 दिसंबर 1946 को हुई थी।

भारतीय संविधान की उद्देशिका, संघ एवं राज्य क्षेत्र, भारतीय संविधान के स्रोत, अनुच्छेद, अनुसूची एवं नागरिकता

12. Which of the following Articles of the Constitution explicitly declares India as a "Union of States"?

संविधान के निम्नलिखित में से कौन-सा अनुच्छेद भारत को स्पष्ट रूप से "राज्यों का संघ" घोषित करता है?

(a) Article 1 / अनुच्छेद 1
(b) Article 2 / अनुच्छेद 2
(c) Article 52 / अनुच्छेद 52
(d) More than one of the above / उपर्युक्त में से एक से अधिक
(e) None of the above / उपर्युक्त में से कोई नहीं

NCERT – Class 11, Chapter 1

Answer: (a) Article 1 / अनुच्छेद 1

Explanation:

- अनुच्छेद 1 में कहा गया है— "India, that is Bharat, shall be a Union of States।"
- इसका अर्थ है कि भारत एक अविभाज्य संघ है।
- संविधान निर्माताओं ने "Federation" शब्द के स्थान पर "Union" शब्द का प्रयोग किया।
- इसका उद्देश्य राज्यों को अलग होने के अधिकार से वंचित करना था।

13. Which of the following Schedules of the Constitution contains the list of Union, State and Concurrent subjects?

संविधान की निम्नलिखित में से कौन-सी अनुसूची संघ, राज्य और समवर्ती सूचियों के विषयों को शामिल करती है?

(a) Fifth Schedule / पाँचवीं अनुसूची
(b) Seventh Schedule / सातवीं अनुसूची
(c) Eighth Schedule / आठवीं अनुसूची
(d) More than one of the above / उपर्युक्त में से एक से अधिक
(e) None of the above / उपर्युक्त में से कोई नहीं

NCERT – Class 11, Chapter 7

Answer: (b) Seventh Schedule / सातवीं अनुसूची

Explanation:

- सातवीं अनुसूची में तीन सूचियाँ दी गई हैं।
- इनमें संघ सूची, राज्य सूची और समवर्ती सूची शामिल हैं।
- संघ सूची के विषयों पर केवल संसद कानून बना सकती है।
- समवर्ती सूची के विषयों पर केंद्र और राज्य दोनों कानून बना सकते हैं।

14. Which of the following provisions of the Indian Constitution was inspired by the Government of India Act, 1935?

भारतीय संविधान का निम्नलिखित में से कौन-सा प्रावधान भारत शासन अधिनियम 1935 से प्रेरित है?

(a) Federal structure / संघीय ढाँचा
(b) Office of Governor / राज्यपाल का पद
(c) Emergency provisions / आपातकालीन प्रावधान
(d) More than one of the above / उपर्युक्त में से एक से अधिक
(e) None of the above / उपर्युक्त में से कोई नहीं

NCERT – Class 11, Chapter 2

Answer: (d) More than one of the above / उपर्युक्त में से एक से अधिक

Explanation:

- भारत शासन अधिनियम 1935 भारतीय संविधान का महत्वपूर्ण स्रोत था।
- इससे संघीय ढाँचे की अवधारणा ली गई।

- राज्यपाल की संस्था भी इसी अधिनियम से प्रेरित है।
- आपातकालीन प्रावधानों की रूपरेखा भी इसी अधिनियम से ली गई।

15. Which of the following statements regarding the Preamble of the Constitution is correct?

संविधान की प्रस्तावना के संबंध में निम्नलिखित में से कौन-सा कथन सही है?

(a) It is a part of the Constitution / यह संविधान का भाग है
(b) It states the philosophy of the Constitution / यह संविधान की मूल दर्शन को बताती है
(c) It was adopted on 26 November 1949 / इसे 26 नवम्बर 1949 को अपनाया गया
(d) More than one of the above / उपर्युक्त में से एक से अधिक
(e) None of the above / उपर्युक्त में से कोई नहीं

NCERT – Class 8, Chapter 1

Answer: (d) More than one of the above / उपर्युक्त में से एक से अधिक

Explanation:

- प्रस्तावना संविधान की मूल भावना और उद्देश्यों को व्यक्त करती है।
- इसे 26 नवम्बर 1949 को संविधान सभा द्वारा स्वीकार किया गया।
- सर्वोच्च न्यायालय ने इसे संविधान का अभिन्न अंग माना है।
- इसमें न्याय, स्वतंत्रता, समानता और बंधुत्व के आदर्श बताए गए हैं।

16. Which of the following Articles deals with the power of Parliament to admit or establish new states in the Union?

संघ में नए राज्यों को सम्मिलित करने या स्थापित करने की संसद की शक्ति निम्नलिखित में से किस अनुच्छेद में दी गई है?

(a) Article 2 / अनुच्छेद 2
(b) Article 3 / अनुच्छेद 3
(c) Article 4 / अनुच्छेद 4
(d) More than one of the above / उपर्युक्त में से एक से अधिक
(e) None of the above / उपर्युक्त में से कोई नहीं

NCERT – Class 11, Chapter 7

Answer: (a) Article 2 / अनुच्छेद 2

Explanation:

- अनुच्छेद 2 संसद को नए राज्यों को संघ में शामिल करने की शक्ति देता है।
- यह विदेशी क्षेत्रों को भारत में सम्मिलित करने से भी संबंधित है।
- इस शक्ति का प्रयोग संसद कानून बनाकर करती है।
- इस प्रक्रिया में संविधान संशोधन आवश्यक नहीं होता।

17. Which of the following schedules of the Constitution contains the list of recognized languages of India?

संविधान की निम्नलिखित में से कौन-सी अनुसूची भारत की मान्यता प्राप्त भाषाओं की सूची देती है?

(a) Sixth Schedule / छठी अनुसूची
(b) Eighth Schedule / आठवीं अनुसूची
(c) Tenth Schedule / दसवीं अनुसूची
(d) More than one of the above / उपर्युक्त में से एक से अधिक
(e) None of the above / उपर्युक्त में से कोई नहीं

NCERT – Class 8, Chapter 1

Answer: (b) Eighth Schedule / आठवीं अनुसूची

Explanation:

- संविधान की आठवीं अनुसूची में भारत की मान्यता प्राप्त भाषाओं की सूची दी गई है।
- प्रारम्भ में इसमें 14 भाषाएँ शामिल थीं।
- वर्तमान में इसमें 22 भाषाएँ शामिल हैं।
- इन भाषाओं के विकास और संरक्षण का उद्देश्य इस अनुसूची में निहित है।

18. India borrowed the idea of a federal system with a strong centre from

भारत ने एक मजबूत केंद्र के साथ संघीय प्रणाली का विचार कहाँ से लिया?

(a) Canada / कनाडा
(b) USA / यू.एस.ए.
(c) UK / यू.के.
(d) More than one of the above / उपर्युक्त में से एक से अधिक

(e) None of the above / उपर्युक्त में से कोई नहीं

Exam: BPSC TRE-3.0 (1-5) Exam-2024 (Cancelled)

Answer: (a) Canada / कनाडा

Explanation:

- भारतीय संविधान ने संघीय ढाँचा कनाडा से प्रेरित होकर अपनाया।
- इसमें मजबूत केंद्र की व्यवस्था है।
- कनाडा की तरह भारत में भी अवशिष्ट शक्तियाँ केंद्र को दी गई हैं।
- राज्यपाल की नियुक्ति भी केंद्र द्वारा की जाती है

19. The Preamble of the Constitution of India guarantees justice. It means India allows its people

भारत के संविधान की प्रस्तावना न्याय की गारंटी देती है। इसका तात्पर्य है कि भारत अपने जनमानस को

(a) To elect their representatives / अपने प्रतिनिधियों के निर्वाचन की

(b) To have certain basic rights / कुछ मूल अधिकार रखने की

(c) To participate in decision making / निर्णय निर्माण में भागीदारी की

(d) More than one of the above / उपर्युक्त में से एक से अधिक

(e) None of the above / उपर्युक्त में से कोई नहीं

Exam: BPSC TRE-3.0 (1-5) Re-exam 2024

Answer: (b) To have certain basic rights / कुछ मूल अधिकार रखने की

Explanation:

- संविधान की प्रस्तावना न्याय की गारंटी देती है।
- इसमें सामाजिक, आर्थिक और राजनीतिक न्याय का उल्लेख है।
- यह नागरिकों को मौलिक अधिकार प्राप्त होने का संकेत देता है।
- यह लोकतांत्रिक शासन की मूल भावना को दर्शाता है।

20. Who among the following were members of the State Reorganisation Commission (1953)?

निम्न में से कौन 1953 में राज्य पुनर्गठन आयोग (SRC) के सदस्य थे?

(a) K. M. Panikkar / के. एम. पाणिक्कर

(b) Hriday Nath Kunzru / हृदय नाथ कुंज्रू

(c) Fazal Ali / फज़ल अली

(d) More than one of the above / उपर्युक्त में से एक से अधिक

(e) None of the above / उपर्युक्त में से कोई नहीं

Exam: BPSC TRE-3.0 (1-5) Re-exam 2024

Answer: (d) More than one of the above / उपर्युक्त में से एक से अधिक

Explanation:

- 1953 में राज्य पुनर्गठन आयोग (SRC) की स्थापना की गई।
- इसके अध्यक्ष फज़ल अली थे।
- अन्य सदस्य के. एम. पाणिक्कर और हृदय नाथ कुंज्रू थे।
- आयोग ने 1955 में अपनी रिपोर्ट प्रस्तुत की।

21. Article 1 of the Constitution of India describes India as

भारत के संविधान का अनुच्छेद 1 देश को क्या बनाता है

(a) A Republic / एक गणराज्य

(b) A Union / एक संघ

(c) A Sovereign nation / एक स्वतंत्र राष्ट्र

(d) More than one of the above / उपर्युक्त में से एक से अधिक

(e) None of the above / उपर्युक्त में से कोई नहीं

Exam: BPSC TRE-3.0 (1-5) Exam-2024 (Cancelled)

Answer: (b) A Union / एक संघ

Explanation:

- संविधान के अनुच्छेद 1 में कहा गया है — "India, that is Bharat, shall be a Union of States."
- इसका अर्थ है भारत राज्यों का संघ है।
- यह प्रावधान संविधान के भाग-I में है।
- इसमें भारत के राज्यों और केंद्र शासित प्रदेशों का उल्लेख किया गया है।

22. The task of processing citizenship applications under the CAA will be undertaken by

CAA के अंतर्गत नागरिकता प्रक्रिया के लिए आवेदन और निष्पादन किसके द्वारा किया जाएगा?

(a) Census Department / जनगणना विभाग

(b) Postal Department / डाक विभाग
(c) Central Security IB / केंद्रीय सुरक्षा आई.बी.
(d) More than one of the above / उपर्युक्त में से एक से अधिक
(e) None of the above / उपर्युक्त में से कोई नहीं

Exam: BPSC TRE-3.0 (11-12) Exam 22/07/2024

Answer: (a) Census Department / जनगणना विभाग

Explanation:

- CAA (Citizenship Amendment Act) के अंतर्गत नागरिकता आवेदन प्रक्रिया संचालित की जाती है।
- इस प्रक्रिया का संचालन भारत के रजिस्ट्रार जनरल एवं जनगणना विभाग (RGI) द्वारा किया जाता है।
- आवेदन ऑनलाइन माध्यम से जमा किए जाते हैं।
- इसके बाद संबंधित अधिकारी द्वारा सत्यापन किया जाता है।

23. In the Indian Constitution, the idea of Fundamental Rights has been taken from which country?
भारतीय संविधान में मौलिक अधिकारों के विचार का संदर्भ किस देश से लिया गया है?

(a) Ireland / आयरलैंड
(b) United States of America / संयुक्त राज्य अमेरिका
(c) United Kingdom / यूनाइटेड किंगडम
(d) More than one of the above / उपर्युक्त में से एक से अधिक
(e) None of the above / उपर्युक्त में से कोई नहीं

Exam: 69th BPSC (Pre) 2023

Answer: (b) United States of America / संयुक्त राज्य अमेरिका

Explanation:

- भारतीय संविधान के मौलिक अधिकार का विचार संयुक्त राज्य अमेरिका से लिया गया है।
- ये संविधान के भाग III में वर्णित हैं।
- इसमें अनुच्छेद 12 से 35 तक मौलिक अधिकार शामिल हैं।
- इनका उद्देश्य नागरिकों की स्वतंत्रता और समानता की रक्षा करना है।

24. From which country was the concept of Directive Principles of State Policy borrowed?
भारतीय संविधान में राज्य के नीति-निर्देशक सिद्धांत की अवधारणा किस देश से ली गई है?

(a) England / इंग्लैंड
(b) Switzerland / स्विट्ज़रलैंड
(c) Ireland / आयरलैंड
(d) More than one of the above / उपर्युक्त में से एक से अधिक
(e) None of the above / उपर्युक्त में से कोई नहीं

Exam: 69th BPSC (Pre) 2023

Answer: (c) Ireland / आयरलैंड

Explanation:

- राज्य के नीति-निर्देशक सिद्धांत आयरलैंड के संविधान से लिए गए हैं।
- यह संविधान के भाग IV में हैं।
- अनुच्छेद 36–51 में इनका उल्लेख है।
- इनका उद्देश्य कल्याणकारी राज्य की स्थापना करना है।

25. With reference to Federalism in India, which of the following statements is correct?
भारत में संघवाद के संदर्भ में निम्नलिखित में से कौन-सा कथन सही है?

(a) India is a Quasi Federal State / भारत एक अर्ध-संघीय राज्य है
(b) Indian Federalism establishes a single polity / भारतीय संघवाद एकल राज्यव्यवस्था स्थापित करता है
(c) Indian Federalism has no unitary features / भारतीय संघवाद में एकात्मक विशेषताएँ नहीं हैं
(d) More than one of the above / उपर्युक्त में से एक से अधिक
(e) None of the above / उपर्युक्त में से कोई नहीं

Exam: BPSC TRE 2.0 (2023)

Answer: (a) India is a Quasi Federal State / भारत एक अर्ध-संघीय राज्य है

Explanation:

- भारत में संघीय प्रणाली है।
- लेकिन मजबूत केंद्र के कारण इसे अर्ध-संघीय कहा जाता है।
- यह शब्द K.C. Wheare ने प्रयोग किया था।
- भारतीय संघवाद में एकात्मक विशेषताएँ भी मौजूद हैं।

26. Under which Article can the Speaker allow a member to speak in his mother tongue?
किस अनुच्छेद के अंतर्गत अध्यक्ष सदन के किसी सदस्य को उसकी मातृभाषा में बोलने की अनुमति दे सकता है?

(a) Article 110(1) / अनुच्छेद 110(1)
(b) Article 122(2) / अनुच्छेद 122(2)
(c) Article 120(1) / अनुच्छेद 120(1)
(d) More than one of the above / उपर्युक्त में से एक से अधिक
(e) None of the above / उपर्युक्त में से कोई नहीं

Exam: 69th BPSC (Pre) 2023

Answer: (c) Article 120(1) / अनुच्छेद 120(1)

Explanation:
- संसद में सामान्यतः हिंदी और अंग्रेज़ी का प्रयोग होता है।
- अनुच्छेद 120(1) के अनुसार सदस्य अपनी मातृभाषा में बोल सकता है।
- इसके लिए अध्यक्ष की अनुमति आवश्यक होती है।
- यह प्रावधान भाषाई विविधता को बढ़ावा देता है।

27. The Fifth Schedule of the Constitution deals with administration of which group?

पाँचवीं अनुसूची किस समूह के प्रशासन और हितों की सुरक्षा से संबंधित है?

(a) Scheduled Castes / अनुसूचित जाति
(b) Religious minorities / धार्मिक अल्पसंख्यक
(c) Scheduled Tribes / अनुसूचित जनजाति
(d) More than one of the above / उपर्युक्त में से एक से अधिक
(e) None of the above / उपर्युक्त में से कोई नहीं

Exam: 69th BPSC (Pre) 2023

Answer: (c) Scheduled Tribes / अनुसूचित जनजाति

Explanation:
- पाँचवीं अनुसूची अनुसूचित जनजातियों से संबंधित है।
- इसमें जनजातीय क्षेत्रों के प्रशासन की व्यवस्था है।
- इसके अंतर्गत जनजातीय सलाहकार परिषद बनाया जाता है।
- यह अनुसूची अधिकांश जनजातीय क्षेत्रों पर लागू होती है।

28. Which Article of the Constitution abolished untouchability?
भारतीय संविधान के किस अनुच्छेद द्वारा अस्पृश्यता समाप्त की गई है?

(a) Article 14 / अनुच्छेद 14
(b) Article 15 / अनुच्छेद 15
(c) Article 17 / अनुच्छेद 17
(d) More than one of the above / उपर्युक्त में से एक से अधिक
(e) None of the above / उपर्युक्त में से कोई नहीं

Exam: 69th BPSC (Pre) 2023

Answer: (c) Article 17 / अनुच्छेद 17

Explanation:
- अनुच्छेद 17 अस्पृश्यता को समाप्त करता है।
- यह किसी भी रूप में अस्पृश्यता को अवैध घोषित करता है।
- इसके उल्लंघन पर दंड का प्रावधान है।
- इससे संबंधित कानून Protection of Civil Rights Act 1955 है

29. Sikkim became a full state of India in which year?
सिक्किम भारतीय संघ का पूर्ण राज्य किस वर्ष बना?

(a) 1974
(b) 1975
(c) 1976
(d) More than one of the above / उपर्युक्त में से एक से अधिक
(e) None of the above / उपर्युक्त में से कोई नहीं

Exam: 69th BPSC (Pre) 2023

Answer: (b) 1975

Explanation:
- 16 मई 1975 को सिक्किम भारत का 22वाँ राज्य बना।
- इसके लिए संविधान में 36वाँ संशोधन किया गया।
- सिक्किम की राजधानी गंगटोक है।
- इससे पहले यह भारत का संरक्षित राज्य था।

30. Overseas Citizen of India (OCI) scheme was introduced by which Act?

'समुद्रपारीय भारतीय नागरिकता (OCI)' योजना किस अधिनियम द्वारा शुरू की गई?

(a) Citizenship Amendment Act 2003 / नागरिकता (संशोधन) अधिनियम 2003
(b) Citizenship Act 1955 / नागरिकता अधिनियम 1955

(c) Citizenship Amendment Act 2019 / नागरिकता (संशोधन) अधिनियम 2019
(d) More than one of the above / उपर्युक्त में से एक से अधिक
(e) None of the above / उपर्युक्त में से कोई नहीं

Exam: BPSC School Teacher 2023

Answer: (a) Citizenship Amendment Act 2003 / नागरिकता (संशोधन) अधिनियम 2003

Explanation:

- OCI योजना 2003 के नागरिकता संशोधन अधिनियम द्वारा शुरू हुई।
- यह भारतीय मूल के विदेशों में रहने वाले लोगों के लिए है।
- OCI धारकों को वीज़ा-मुक्त यात्रा की सुविधा मिलती है।
- लेकिन उन्हें मतदान का अधिकार नहीं मिलता।

31. In the Preamble, 'Fraternity' mainly assures

संविधान की प्रस्तावना में 'बंधुत्व' मुख्यत: किसे आश्वस्त करता है?

(a) Dignity of the individual / व्यक्ति की गरिमा
(b) Unity and integrity of the nation / देश की एकता एवं अखंडता
(c) Justice, liberty and equality / न्याय, स्वतंत्रता और समानता
(d) More than one of the above / उपर्युक्त में से एक से अधिक
(e) None of the above / उपर्युक्त में से कोई नहीं

Exam:BPSC School Teacher 2023

Answer: (d) More than one of the above / उपर्युक्त में से एक से अधिक

Explanation:

- बंधुत्व का अर्थ भाईचारे की भावना है।
- यह व्यक्ति की गरिमा को सुरक्षित करता है।
- साथ ही राष्ट्र की एकता व अखंडता को मजबूत करता है।
- यह सामाजिक सद्भाव को बढ़ाता है।

मूल अधिकार, राज्य के नीति-निर्देशक तत्व, मूल कर्तव्य

32. Which of the following Articles empowers the Supreme Court to issue writs for the enforcement of Fundamental Rights?

संविधान का निम्नलिखित में से कौन-सा अनुच्छेद सर्वोच्च न्यायालय को मौलिक अधिकारों के प्रवर्तन हेतु रिट जारी करने की शक्ति देता है?

(a) Article 32 / अनुच्छेद 32
(b) Article 226 / अनुच्छेद 226
(c) Article 131 / अनुच्छेद 131
(d) More than one of the above / उपर्युक्त में से एक से अधिक
(e) None of the above / उपर्युक्त में से कोई नहीं

NCERT – Class 11, Chapter 2

Answer: (a) Article 32 / अनुच्छेद 32

Explanation:

- अनुच्छेद 32 को मौलिक अधिकारों का संरक्षक माना जाता है।
- इसके अंतर्गत नागरिक सीधे सर्वोच्च न्यायालय में याचिका दायर कर सकते हैं।
- सर्वोच्च न्यायालय रिट जारी करके मौलिक अधिकारों को लागू करता है।
- डॉ. भीमराव आंबेडकर ने इसे संविधान का "हृदय और आत्मा" कहा था।

33. Which of the following Directive Principles aims at securing equal justice and free legal aid to citizens?

निम्नलिखित में से कौन-सा नीति-निर्देशक तत्व नागरिकों को समान न्याय और नि:शुल्क विधिक सहायता सुनिश्चित करने का उद्देश्य रखता है?

(a) Article 38 / अनुच्छेद 38
(b) Article 39A / अनुच्छेद 39A
(c) Article 41 / अनुच्छेद 41
(d) More than one of the above / उपर्युक्त में से एक से अधिक
(e) None of the above / उपर्युक्त में से कोई नहीं

NCERT – Class 11, Chapter 2

Answer: (b) Article 39A / अनुच्छेद 39A

Explanation:

- अनुच्छेद 39A समान न्याय और नि:शुल्क विधिक सहायता से संबंधित है।
- इसका उद्देश्य आर्थिक या सामाजिक कारणों से न्याय से वंचित होने से रोकना है।

- इसके आधार पर भारत में विधिक सेवा प्राधिकरण की व्यवस्था बनाई गई।
- यह सामाजिक न्याय को सुदृढ़ करने का महत्वपूर्ण प्रावधान है।

34. Which of the following Fundamental Duties was added by the 86th Constitutional Amendment Act, 2002?

निम्नलिखित में से कौन-सा मूल कर्तव्य 86वें संविधान संशोधन अधिनियम 2002 द्वारा जोड़ा गया?

(a) To safeguard public property / सार्वजनिक संपत्ति की रक्षा करना
(b) To promote harmony / सद्भाव बढ़ाना
(c) To provide opportunities for education to children between 6–14 years / 6–14 वर्ष के बच्चों को शिक्षा दिलाना
(d) More than one of the above / उपर्युक्त में से एक से अधिक
(e) None of the above / उपर्युक्त में से कोई नहीं

NCERT – Class 11, Chapter 2

Answer: (c) To provide opportunities for education to children between 6–14 years / 6–14 वर्ष के बच्चों को शिक्षा दिलाना

Explanation:

- 86वें संविधान संशोधन 2002 द्वारा नया मूल कर्तव्य जोड़ा गया।
- इसमें माता-पिता या अभिभावकों का दायित्व निर्धारित किया गया।
- उन्हें 6 से 14 वर्ष के बच्चों को शिक्षा दिलाने का प्रयास करना चाहिए।
- यह प्रावधान शिक्षा के अधिकार को मजबूत करने के उद्देश्य से जोड़ा गया।

35. Which of the following Fundamental Rights is available only to citizens of India?

निम्नलिखित में से कौन-सा मौलिक अधिकार केवल भारत के नागरिकों को ही प्राप्त है?

(a) Freedom of Speech and Expression / वाक् और अभिव्यक्ति की स्वतंत्रता
(b) Equality before law / विधि के समक्ष समानता
(c) Protection of life and personal liberty / जीवन और व्यक्तिगत स्वतंत्रता की सुरक्षा
(d) More than one of the above / उपर्युक्त में से एक से अधिक
(e) None of the above / उपर्युक्त में से कोई नहीं

NCERT – Class 11, Chapter 2

Answer: (a) Freedom of Speech and Expression / वाक् और अभिव्यक्ति की स्वतंत्रता

Explanation:

- कुछ मौलिक अधिकार केवल भारतीय नागरिकों को ही प्राप्त हैं।
- अनुच्छेद 19 के अंतर्गत दी गई स्वतंत्रताएँ केवल नागरिकों को मिलती हैं।
- वाक् और अभिव्यक्ति की स्वतंत्रता इसी अनुच्छेद का हिस्सा है।
- जबकि अनुच्छेद 14 और 21 सभी व्यक्तियों पर लागू होते हैं।

36. Which of the following Directive Principles aims at organizing village panchayats as units of self-government?

निम्नलिखित में से कौन-सा नीति-निर्देशक तत्व ग्राम पंचायतों को स्वशासन की इकाई के रूप में संगठित करने का उद्देश्य रखता है?

(a) Article 40 / अनुच्छेद 40
(b) Article 43 / अनुच्छेद 43
(c) Article 46 / अनुच्छेद 46
(d) More than one of the above / उपर्युक्त में से एक से अधिक
(e) None of the above / उपर्युक्त में से कोई नहीं

NCERT – Class 11, Chapter 7

Answer: (a) Article 40 / अनुच्छेद 40

Explanation:

- अनुच्छेद 40 ग्राम पंचायतों के संगठन से संबंधित है।
- इसका उद्देश्य स्थानीय स्वशासन को प्रोत्साहित करना है।
- यह लोकतंत्र को जमीनी स्तर तक मजबूत करता है।
- बाद में 73वें संविधान संशोधन द्वारा पंचायतों को संवैधानिक दर्जा दिया गया।

37. Which of the following Fundamental Duties requires citizens to develop scientific temper and spirit of inquiry?

निम्नलिखित में से कौन-सा मूल कर्तव्य नागरिकों को वैज्ञानिक दृष्टिकोण और अनुसंधान की भावना विकसित करने के लिए प्रेरित करता है?

(a) Article 51A(h) / अनुच्छेद 51A(h)
(b) Article 51A(a) / अनुच्छेद 51A(a)
(c) Article 51A(j) / अनुच्छेद 51A(j)
(d) More than one of the above / उपर्युक्त में से एक से अधिक
(e) None of the above / उपर्युक्त में से कोई नहीं

NCERT – Class 11, Chapter 2

Answer: (a) Article 51A(h) / अनुच्छेद 51A(h)

Explanation:

- अनुच्छेद 51A(h) नागरिकों के मूल कर्तव्यों में से एक है।
- इसमें वैज्ञानिक दृष्टिकोण और मानवतावाद को विकसित करने की बात कही गई है।
- यह समाज में तार्किक सोच और ज्ञान को बढ़ावा देता है।
- इसका उद्देश्य आधुनिक और प्रगतिशील समाज का निर्माण करना है।

38. Which Article ensures abolition of untouchability?
संविधान का कौन-सा अनुच्छेद अस्पृश्यता के उन्मूलन को सुनिश्चित करता है?

(a) Article 15 / अनुच्छेद 15
(b) Article 16 / अनुच्छेद 16
(c) Article 17 / अनुच्छेद 17
(d) More than one of the above / उपर्युक्त में से एक से अधिक
(e) None of the above / उपर्युक्त में से कोई नहीं

Exam: BPSC TRE-3.0 (2024)

Answer: (c) Article 17 / अनुच्छेद 17

Explanation:

- अनुच्छेद 17 अस्पृश्यता के उन्मूलन का प्रावधान करता है।
- यह सामाजिक समानता स्थापित करने का प्रयास है।
- अस्पृश्यता का व्यवहार दंडनीय अपराध है।
- यह मौलिक अधिकारों का महत्वपूर्ण हिस्सा है।

39. Which type of right is 'Freedom of Silence' in India?
'चुप रहने की स्वतंत्रता' भारत में किस प्रकार का अधिकार है?

(a) Legal Rights / कानूनी अधिकार
(b) Social Rights / सामाजिक अधिकार
(c) Fundamental Rights / मौलिक अधिकार
(d) More than one of the above / उपर्युक्त में से एक से अधिक
(e) None of the above / उपर्युक्त में से कोई नहीं

Exam: BPSC TRE 2.0 (2023)

Answer: (c) Fundamental Rights / मौलिक अधिकार

Explanation:

- 'चुप रहने का अधिकार' अनुच्छेद 20(3) से संबंधित है।
- यह स्व-दोषारोपण से सुरक्षा देता है।
- आरोपी को अपने खिलाफ गवाही देने के लिए मजबूर नहीं किया जा सकता।
- यह न्याय व्यवस्था का महत्वपूर्ण संवैधानिक अधिकार है।

40. Match List–I with List–II and select the correct answer using the codes given below the lists

सूची–I को सूची–II से सुमेलित कीजिए तथा नीचे दिए गए कूट से सही उत्तर चुनिए

	List–I / सूची–I (Provisions / प्रावधान)		List–II / सूची–II (Articles / अनुच्छेद)
A.	Just and humane conditions of work / कार्य की न्यायसंगत एवं मानवीय दशाएँ	1.	Article 43 / अनुच्छेद 43
B.	Living wages for workers / कर्मकारों की निर्वाह मजदूरी	2.	Article 42 / अनुच्छेद 42
C.	Uniform Civil Code / समान सिविल संहिता	3.	Article 49 / अनुच्छेद 49
D.	Protection of places and objects of national importance / राष्ट्रीय महत्व के स्थानों एवं वस्तुओं का संरक्षण	4.	Article 44 / अनुच्छेद 44

Codes / कूट

(a) 2 1 4 3 (b) 3 2 4 1

(c) 1 3 2 4

(d) More than one of the above / उपर्युक्त में से एक से अधिक

(e) None of the above / उपर्युक्त में से कोई नहीं

Exam: BPSC TRE 2.0 (2023)

Answer: (a) 2 1 4 3

Explanation:

- कार्य की न्यायसंगत दशाएँ – अनुच्छेद 42
- निर्वाह मजदूरी – अनुच्छेद 43
- समान सिविल संहिता – अनुच्छेद 44
- राष्ट्रीय महत्व के स्मारकों का संरक्षण – अनुच्छेद 49

41. Which of the following is correct about Fundamental Rights in India?

निम्नलिखित में से कौन-सा भारत में मूल अधिकारों के बारे में सही है?

(a) They balance constitutional supremacy and legislative authority / वे संवैधानिक सर्वोच्चता और विधायिका की सत्ता के बीच संतुलन बनाते हैं

(b) They balance rights of people and national security / वे लोगों के अधिकारों और राष्ट्रीय सुरक्षा के बीच संतुलन बनाते हैं

(c) They ensure political, legal and social equality / वे राजनीतिक, कानूनी और सामाजिक समानता सुनिश्चित करते हैं

(d) More than one of the above / उपर्युक्त में से एक से अधिक

(e) None of the above / उपर्युक्त में से कोई नहीं

Exam: BPSC TRE 2.0 (2023)

Answer: (d) More than one of the above / उपर्युक्त में से एक से अधिक

Explanation:

- मौलिक अधिकार नागरिकों को संवैधानिक सुरक्षा देते हैं।
- यह संवैधानिक सर्वोच्चता और विधायिका के बीच संतुलन बनाते हैं।
- यह नागरिकों की स्वतंत्रता और समानता सुनिश्चित करते हैं।
- इसलिए एक से अधिक विकल्प सही हैं

42. With respect to the conviction of offence in India, which of the following statements is correct?

अपराधों की दोषसिद्धि के संदर्भ में निम्नलिखित में से कौन-सा कथन सही है?

(a) The provision of double jeopardy is not found in the Constitution / संविधान में दोहरे दंड का प्रावधान नहीं है

(b) Protection from punishment greater than offence is provided / अपराध से अधिक दंड से सुरक्षा दी गई है

(c) Judicial and departmental action can be taken against a government servant for same offence / एक सरकारी कर्मचारी के विरुद्ध उसी अपराध के लिए न्यायिक एवं विभागीय कार्रवाई हो सकती है

(d) More than one of the above / उपर्युक्त में से एक से अधिक

(e) None of the above / उपर्युक्त में से कोई नहीं

Exam: BPSC TRE 2.0 (2023)

Answer: (d) More than one of the above / उपर्युक्त में से एक से अधिक

Explanation:

- अनुच्छेद 20 अपराधों के संबंध में संरक्षण देता है।
- इसमें Double Jeopardy (दोहरे दंड से सुरक्षा) का प्रावधान है।
- किसी व्यक्ति को एक ही अपराध के लिए दो बार दंडित नहीं किया जा सकता।
- सरकारी कर्मचारी के खिलाफ न्यायिक और विभागीय कार्रवाई दोनों संभव हैं।

43. Which of the following is a Fundamental Duty under the Constitution of India?

निम्नलिखित में से कौन-सा भारत के संविधान के अंतर्गत मूल कर्तव्य है?

(a) To maintain unity and integrity of the nation / देश की एकता एवं अखंडता बनाए रखना

(b) To protect natural environment / प्राकृतिक पर्यावरण की रक्षा करना

(c) To provide educational opportunity to children / बच्चों को शिक्षा का अवसर देना
(d) More than one of the above / उपर्युक्त में से एक से अधिक
(e) None of the above / उपर्युक्त में से कोई नहीं

Exam: BPSC School Teacher 2023

Answer: (d) More than one of the above / उपर्युक्त में से एक से अधिक

Explanation:
- मौलिक कर्तव्य संविधान में 42वें संशोधन 1976 द्वारा जोड़े गए।
- यह अनुच्छेद 51A में वर्णित हैं।
- इसमें पर्यावरण संरक्षण और राष्ट्रीय एकता बनाए रखना शामिल है।
- माता-पिता का कर्तव्य है कि 6–14 वर्ष के बच्चों को शिक्षा दिलाएँ।

44. Freedom of press in India is available because

भारत में प्रेस की स्वतंत्रता उपलब्ध है क्योंकि

(a) It is provided by law of Parliament / यह संसद के कानून से प्राप्त है
(b) It is specifically mentioned in the Constitution / यह संविधान में विशेष रूप से उल्लिखित है
(c) It is included in freedom of speech and expression / यह अभिव्यक्ति की स्वतंत्रता में निहित है
(d) More than one of the above / उपर्युक्त में से एक से अधिक
(e) None of the above / उपर्युक्त में से कोई नहीं

Exam: BPSC School Teacher 2023

Answer: (c) It is included in freedom of speech and expression / यह अभिव्यक्ति की स्वतंत्रता में निहित है

Explanation:
- संविधान में प्रेस की स्वतंत्रता का अलग उल्लेख नहीं है।
- यह अनुच्छेद 19(1)(a) के अंतर्गत आती है।
- यह वाक् और अभिव्यक्ति की स्वतंत्रता का हिस्सा है।
- यह लोकतंत्र में मीडिया की स्वतंत्रता सुनिश्चित करता है।

45. To enforce Fundamental Rights, the courts can issue

मौलिक अधिकारों को लागू करने के लिए न्यायालय निम्नलिखित में से क्या जारी कर सकता है?

(a) Decree / डिक्री
(b) Writ / रिट
(c) Order / आदेश
(d) More than one of the above / उपर्युक्त में से एक से अधिक
(e) None of the above / उपर्युक्त में से कोई नहीं

Exam: BPSC School Teacher 2023

Answer: (b) Writ / रिट

Explanation:
- मौलिक अधिकारों की रक्षा के लिए रिट जारी की जाती है।
- यह शक्ति अनुच्छेद 32 के अंतर्गत सर्वोच्च न्यायालय को प्राप्त है।
- उच्च न्यायालय को यह शक्ति अनुच्छेद 226 से मिलती है।
- प्रमुख रिट (न्यायालयीय आदेश) हैं—बंदी प्रत्यक्षीकरण, परमादेश , उत्प्रेषण , प्रतिषेध , अधिकार पृच्छा

राष्ट्रपति, उपराष्ट्रपति, मंत्रिपरिषद, महान्यायवादी, संसद (राज्य सभा और लोकसभा)

46. Which of the following Articles deals with the election of the President of India?

निम्नलिखित में से कौन-सा अनुच्छेद भारत के राष्ट्रपति के निर्वाचन से संबंधित है?

(a) Article 52 / अनुच्छेद 52
(b) Article 54 / अनुच्छेद 54
(c) Article 56 / अनुच्छेद 56
(d) More than one of the above / उपर्युक्त में से एक से अधिक
(e) None of the above / उपर्युक्त में से कोई नहीं

NCERT – Class 11, Chapter 4

Answer: (b) Article 54 / अनुच्छेद 54

Explanation:
- अनुच्छेद 54 राष्ट्रपति के निर्वाचन की प्रक्रिया से संबंधित है।
- राष्ट्रपति का चुनाव निर्वाचक मंडल द्वारा किया जाता है।

(a) There is a single system of courts with Supreme Court at the apex / **भारत में सर्वोच्च न्यायालय शीर्ष पर और उसके नीचे उच्च न्यायालयों की एक ही न्याय प्रणाली है**

(b) High Court judges are appointed by the President / **उच्च न्यायालय के न्यायाधीशों की नियुक्ति राष्ट्रपति करते हैं**

(c) High Courts are sub-parts of Central Government / **उच्च न्यायालय केंद्र सरकार के उप-भाग हैं**

(d) More than one of the above / उपर्युक्त में से एक से अधिक

(e) None of the above / उपर्युक्त में से कोई नहीं

Exam: BPSC TRE 2.0 (2023)

Answer: (d) More than one of the above / उपर्युक्त में से एक से अधिक

Explanation:

- भारत में एकीकृत न्यायपालिका प्रणाली है, जिसमें सर्वोच्च न्यायालय शीर्ष पर तथा उसके नीचे उच्च न्यायालय और अधीनस्थ न्यायालय होते हैं।
- पूरे देश में एक ही न्यायिक व्यवस्था लागू होती है, जिससे समान कानून और न्याय व्यवस्था सुनिश्चित होती है।
- उच्च न्यायालयों के न्यायाधीशों की नियुक्ति राष्ट्रपति द्वारा संविधान के अनुच्छेद 217 के अंतर्गत की जाती है।
- इसलिए दिए गए कथनों में एक से अधिक कथन सही हैं, अतः सही उत्तर विकल्प (d) है।

69. In which case did the Supreme Court first propound the 'Basic Structure Doctrine'?

सर्वोच्च न्यायालय ने 'मूल ढाँचा सिद्धांत' सबसे पहले किस मामले में दिया?

(a) Golaknath vs State of Punjab / **गोलकनाथ बनाम पंजाब राज्य**

(b) Kesavananda Bharati vs State of Kerala / केशवानंद भारती बनाम केरल राज्य

(c) Minerva Mills vs Union of India / **मिनर्वा मिल्स बनाम भारतीय संघ**

(d) More than one of the above / उपर्युक्त में से एक से अधिक

(e) None of the above / उपर्युक्त में से कोई नहीं

Exam: 69th BPSC (Pre) 2023

Answer: (b) Kesavananda Bharati vs State of Kerala / केशवानंद भारती बनाम केरल राज्य

Explanation:

- Kesavananda Bharati Case (1973) में Basic Structure Doctrine दिया गया।
- सुप्रीम कोर्ट ने कहा कि संसद Article 368 के अंतर्गत संशोधन कर सकती है।
- लेकिन संविधान के मूल ढाँचे को नहीं बदल सकती।
- मूल ढाँचे में लोकतंत्र, न्यायपालिका की स्वतंत्रता आदि शामिल हैं।

70. Consider the following statements about the Collegium System

कॉलेजियम प्रणाली के बारे में निम्नलिखित कथनों पर विचार कीजिए:

1. **The Supreme Court collegium is a five-member body headed by the Chief Justice of India and includes four senior-most judges of the Court. / सुप्रीम कोर्ट कॉलेजियम एक पाँच सदस्यीय निकाय है, जिसकी अध्यक्षता भारत के मुख्य न्यायाधीश करते हैं और इसमें न्यायालय के चार वरिष्ठतम न्यायाधीश शामिल होते हैं।**
2. **The collegium system was established by Parliament through a law. / कॉलेजियम प्रणाली की स्थापना संसद द्वारा बनाए गए कानून के माध्यम से की गई थी।**
3. **Judges of the Supreme Court and High Courts are appointed through the collegium system. / सर्वोच्च न्यायालय और उच्च न्यायालयों के न्यायाधीशों की नियुक्ति कॉलेजियम प्रणाली के माध्यम से की जाती है।**
4. **The collegium system started in 1993 through the First Judges Case judgment./ कॉलेजियम प्रणाली की शुरुआत 1993 में फर्स्ट जज केस के निर्णय से हुई थी।**

Which of the above statements are correct? / उपर्युक्त में से कौन-सा/से कथन सही है/हैं?

(a) Only 1 / केवल 1

(b) 1 and 2 / 1 और 2

(c) 1 and 3 / 1 और 3

(d) More than one of the above / उपर्युक्त में से एक से अधिक

(e) None of the above / उपर्युक्त में से कोई नहीं

Exam: 69th BPSC (Pre) 2023

Answer: (c) 1 and 3 / 1 और 3

Explanation:

- सुप्रीम कोर्ट कॉलेजियम में CJI और चार वरिष्ठतम न्यायाधीश होते हैं, इसलिए यह पाँच सदस्यीय निकाय है।
- कॉलेजियम प्रणाली संसद द्वारा बनाए गए किसी कानून से स्थापित नहीं हुई है, बल्कि यह सुप्रीम कोर्ट के निर्णयों से विकसित हुई है।
- सर्वोच्च न्यायालय और उच्च न्यायालय के न्यायाधीशों की नियुक्ति कॉलेजियम प्रणाली की सिफारिश के आधार पर होती है।
- कॉलेजियम प्रणाली 1993 के Second Judges Case से स्थापित हुई थी, न कि First Judges Case से।

राज्यों के उच्च न्यायालय, अधीनस्थ न्यायालय, संघ राज्य क्षेत्र

71. Which of the following Articles provides for the establishment of High Courts for states in India?

निम्नलिखित में से कौन-सा अनुच्छेद भारत में राज्यों के लिए उच्च न्यायालयों की स्थापना का प्रावधान करता है?

(a) Article 214 / अनुच्छेद 214

(b) Article 215 / अनुच्छेद 215

(c) Article 216 / अनुच्छेद 216

(d) More than one of the above / उपर्युक्त में से एक से अधिक

(e) None of the above / उपर्युक्त में से कोई नहीं

NCERT – Class 11, Chapter 6

Answer: (a) Article 214 / अनुच्छेद 214

Explanation:

- अनुच्छेद 214 के अनुसार प्रत्येक राज्य के लिए एक उच्च न्यायालय होगा।
- कुछ मामलों में एक ही उच्च न्यायालय एक से अधिक राज्यों के लिए कार्य कर सकता है।
- उच्च न्यायालय राज्य की सर्वोच्च न्यायिक संस्था होती है।
- यह राज्य के अधीनस्थ न्यायालयों पर नियंत्रण रखता है।

72. Which of the following powers is exercised by the High Courts over subordinate courts?

उच्च न्यायालय अधीनस्थ न्यायालयों पर निम्नलिखित में से कौन-सी शक्ति का प्रयोग करता है?

(a) Supervisory jurisdiction / पर्यवेक्षण अधिकार

(b) Transfer of cases / मामलों का स्थानांतरण

(c) Control over administration of subordinate courts / अधीनस्थ न्यायालयों के प्रशासन पर नियंत्रण

(d) More than one of the above / उपर्युक्त में से एक से अधिक

(e) None of the above / उपर्युक्त में से कोई नहीं

NCERT – Class 11, Chapter 6

Answer: (d) More than one of the above / उपर्युक्त में से एक से अधिक

Explanation:

- उच्च न्यायालय को अधीनस्थ न्यायालयों पर पर्यवेक्षण का अधिकार प्राप्त है।
- यह आवश्यक होने पर मामलों का स्थानांतरण कर सकता है।
- अधीनस्थ न्यायालयों के प्रशासनिक कार्यों पर भी इसका नियंत्रण होता है।
- यह व्यवस्था न्यायिक प्रणाली की प्रभावशीलता सुनिश्चित करती है।

73. Which of the following courts constitute the subordinate judiciary in India?

भारत में अधीनस्थ न्यायपालिका में निम्नलिखित में से कौन-से न्यायालय शामिल होते हैं?

(a) District Courts / जिला न्यायालय

(b) Sessions Courts / सत्र न्यायालय

(c) Civil Courts / दीवानी न्यायालय

(d) More than one of the above / उपर्युक्त में से एक से अधिक

(e) None of the above / उपर्युक्त में से कोई नहीं

NCERT – Class 8, Chapter 5

Answer: (d) More than one of the above / उपर्युक्त में से एक से अधिक

Explanation:

- अधीनस्थ न्यायपालिका में जिला न्यायालय प्रमुख होते हैं।
- सत्र न्यायालय आपराधिक मामलों की सुनवाई करते हैं।
- दीवानी न्यायालय नागरिक मामलों का निपटारा करते हैं।
- ये सभी न्यायालय उच्च न्यायालय के अधीन कार्य करते हैं।

74. Which of the following Articles empowers Parliament to establish a common High Court for two or more states?

निम्नलिखित में से कौन-सा अनुच्छेद संसद को दो या अधिक राज्यों के लिए एक समान उच्च न्यायालय स्थापित करने की शक्ति देता है?

(a) Article 231 / अनुच्छेद 231
(b) Article 214 / अनुच्छेद 214
(c) Article 233 / अनुच्छेद 233
(d) More than one of the above / उपर्युक्त में से एक से अधिक
(e) None of the above / उपर्युक्त में से कोई नहीं

NCERT – Class 11, Chapter 6

Answer: (a) Article 231 / अनुच्छेद 231

Explanation:

- अनुच्छेद 231 संसद को साझा उच्च न्यायालय स्थापित करने की शक्ति देता है।
- एक ही उच्च न्यायालय दो या अधिक राज्यों के लिए कार्य कर सकता है।
- यह व्यवस्था प्रशासनिक सुविधा और न्यायिक दक्षता के लिए की गई है।
- उदाहरण के रूप में कुछ राज्यों के लिए संयुक्त उच्च न्यायालय कार्य करते हैं।

75. Which of the following statements regarding Union Territories in India is correct?

भारत में संघ राज्य क्षेत्रों के संबंध में निम्नलिखित में से कौन-सा कथन सही है?

(a) They are administered by the President through an Administrator / उनका प्रशासन राष्ट्रपति द्वारा प्रशासक के माध्यम से किया जाता है
(b) Parliament has the power to make laws for them / संसद उनके लिए कानून बना सकती है
(c) Some Union Territories have legislatures / कुछ संघ राज्य क्षेत्रों में विधानमंडल भी होता है
(d) More than one of the above / उपर्युक्त में से एक से अधिक
(e) None of the above / उपर्युक्त में से कोई नहीं

NCERT – Class 11, Chapter 7

Answer: (d) More than one of the above / उपर्युक्त में से एक से अधिक

Explanation:

- संघ राज्य क्षेत्रों का प्रशासन राष्ट्रपति के अधीन होता है।
- राष्ट्रपति अपने प्रतिनिधि के रूप में प्रशासक नियुक्त करता है।
- संसद को इनके लिए कानून बनाने का अधिकार प्राप्त है।
- कुछ संघ राज्य क्षेत्रों में विधानमंडल की व्यवस्था भी है।

76. Which of the following Articles deals with the appointment of district judges in a state?

निम्नलिखित में से कौन-सा अनुच्छेद राज्य में जिला न्यायाधीशों की नियुक्ति से संबंधित है?

(a) Article 233 / अनुच्छेद 233
(b) Article 234 / अनुच्छेद 234
(c) Article 235 / अनुच्छेद 235
(d) More than one of the above / उपर्युक्त में से एक से अधिक
(e) None of the above / उपर्युक्त में से कोई नहीं

NCERT – Class 11, Chapter 6

Answer: (a) Article 233 / अनुच्छेद 233

Explanation:

- अनुच्छेद 233 जिला न्यायाधीशों की नियुक्ति से संबंधित है।
- इनकी नियुक्ति राज्यपाल द्वारा की जाती है।
- इस प्रक्रिया में उच्च न्यायालय से परामर्श लिया जाता है।
- यह व्यवस्था न्यायिक स्वतंत्रता बनाए रखने के लिए की गई है।

77. Who has the authority to determine the number of judges in a High Court?

उच्च न्यायालय में न्यायाधीशों की संख्या निर्धारित करने का अधिकार निम्नलिखित में से किसके पास है?

(a) President / राष्ट्रपति
(b) Chief Minister of the State / राज्य के मुख्यमंत्री
(c) Prime Minister / प्रधानमंत्री
(d) More than one of the above / उपर्युक्त में से एक से अधिक
(e) None of the above / उपर्युक्त में से कोई नहीं

Exam: 69th BPSC (Pre) 2023

Answer: (a) President / राष्ट्रपति

Explanation:

- अनुच्छेद 217 के अनुसार उच्च न्यायालय के न्यायाधीशों की नियुक्ति राष्ट्रपति द्वारा की जाती है।
- उच्च न्यायालय में न्यायाधीशों की संख्या निर्धारित करने का अधिकार भी राष्ट्रपति के पास होता है।
- इस प्रक्रिया में राष्ट्रपति भारत के मुख्य न्यायाधीश और संबंधित राज्य के राज्यपाल से परामर्श करते हैं।
- जबकि सर्वोच्च न्यायालय में न्यायाधीशों की संख्या संसद द्वारा कानून बनाकर निर्धारित की जाती है।

पंचायत, नगरपालिका, सहकारी समितियाँ

78. Which of the following Constitutional Amendments gave constitutional status to Panchayati Raj Institutions in India?

भारत में पंचायती राज संस्थाओं को संवैधानिक दर्जा देने वाला निम्नलिखित में से कौन-सा संविधान संशोधन है?

(a) 72nd Amendment / 72वाँ संशोधन
(b) 73rd Amendment / 73वाँ संशोधन
(c) 74th Amendment / 74वाँ संशोधन
(d) More than one of the above / उपर्युक्त में से एक से अधिक
(e) None of the above / उपर्युक्त में से कोई नहीं

NCERT – Class 11, Chapter 10

Answer: (b) 73rd Amendment / 73वाँ संशोधन

Explanation:

- 73वाँ संविधान संशोधन 1992 में पारित किया गया।
- इससे पंचायती राज संस्थाओं को संवैधानिक दर्जा मिला।
- संविधान में भाग IX जोड़ा गया।
- इससे ग्रामीण स्थानीय स्वशासन को संस्थागत रूप मिला।

79. Which of the following Articles deals with the constitution of Municipalities in India?

भारत में नगरपालिकाओं की स्थापना से संबंधित निम्नलिखित में से कौन-सा अनुच्छेद है?

(a) Article 243Q / अनुच्छेद 243Q
(b) Article 243P / अनुच्छेद 243P
(c) Article 243T / अनुच्छेद 243T
(d) More than one of the above / उपर्युक्त में से एक से अधिक
(e) None of the above / उपर्युक्त में से कोई नहीं

NCERT – Class 11, Chapter 10

Answer: (a) Article 243Q / अनुच्छेद 243Q

Explanation:

- अनुच्छेद 243Q नगरपालिकाओं के गठन से संबंधित है।
- इसके अंतर्गत नगर पंचायत, नगर परिषद और नगर निगम का प्रावधान है।
- यह शहरी स्थानीय शासन की संरचना निर्धारित करता है।
- यह व्यवस्था 74वें संविधान संशोधन द्वारा जोड़ी गई।

80. Which of the following statements regarding the State Finance Commission is correct?

राज्य वित्त आयोग के संबंध में निम्नलिखित में से कौन-सा कथन सही है?

(a) It reviews the financial position of Panchayats and Municipalities / यह पंचायतों और नगरपालिकाओं की वित्तीय स्थिति की समीक्षा करता है
(b) It recommends distribution of financial resources / यह वित्तीय संसाधनों के वितरण की सिफारिश करता है
(c) It is constituted by the Governor of the State / इसका गठन राज्यपाल द्वारा किया जाता है
(d) More than one of the above / उपर्युक्त में से एक से अधिक
(e) None of the above / उपर्युक्त में से कोई नहीं

NCERT – Class 11, Chapter 10

Answer: (d) More than one of the above / उपर्युक्त में से एक से अधिक

Explanation:

- राज्य वित्त आयोग पंचायतों और नगरपालिकाओं की वित्तीय स्थिति का मूल्यांकन करता है।
- यह करों और अनुदानों के वितरण पर सिफारिश करता है।
- इसका गठन राज्यपाल द्वारा किया जाता है।
- इसका उद्देश्य स्थानीय निकायों की वित्तीय स्वायत्तता बढ़ाना है।

81. Which of the following Constitutional Amendments gave constitutional status to Cooperative Societies in India?

भारत में सहकारी समितियों को संवैधानिक दर्जा देने वाला निम्नलिखित में से कौन-सा संविधान संशोधन है?

(a) 95th Amendment / 95वाँ संशोधन
(b) 96th Amendment / 96वाँ संशोधन
(c) 97th Amendment / 97वाँ संशोधन
(d) More than one of the above / उपर्युक्त में से एक से अधिक
(e) None of the above / उपर्युक्त में से कोई नहीं

NCERT – Class 9, Chapter 3

Answer: (c) 97th Amendment / 97वाँ संशोधन

Explanation:

- 97वाँ संविधान संशोधन 2011 में पारित किया गया।
- इससे सहकारी समितियों को संवैधानिक मान्यता मिली।
- संविधान में भाग IX-B जोड़ा गया।
- इसका उद्देश्य सहकारी संस्थाओं को लोकतांत्रिक और स्वायत्त बनाना है।

82. Which of the following levels constitute the three-tier Panchayati Raj system in India?

भारत में त्रिस्तरीय पंचायती राज व्यवस्था में निम्नलिखित में से कौन-से स्तर शामिल होते हैं?

(a) Gram Panchayat / ग्राम पंचायत
(b) Panchayat Samiti / पंचायत समिति
(c) Zila Parishad / जिला परिषद
(d) More than one of the above / उपर्युक्त में से एक से अधिक
(e) None of the above / उपर्युक्त में से कोई नहीं

NCERT – Class 6, Chapter 5

Answer: (d) More than one of the above / उपर्युक्त में से एक से अधिक

Explanation:

- त्रिस्तरीय पंचायती राज व्यवस्था ग्रामीण प्रशासन की आधारभूत संरचना है।
- ग्राम स्तर पर ग्राम पंचायत कार्य करती है।
- मध्य स्तर पर पंचायत समिति कार्य करती है।
- जिला स्तर पर जिला परिषद प्रशासनिक और विकास कार्यों का संचालन करती है।

83. Which of the following Articles deals with reservation of seats in Panchayats?

निम्नलिखित में से कौन-सा अनुच्छेद पंचायतों में सीटों के आरक्षण से संबंधित है?

(a) Article 243D / अनुच्छेद 243D
(b) Article 243E / अनुच्छेद 243E
(c) Article 243F / अनुच्छेद 243F
(d) More than one of the above / उपर्युक्त में से एक से अधिक
(e) None of the above / उपर्युक्त में से कोई नहीं

NCERT – Class 11, Chapter 10

Answer: (a) Article 243D / अनुच्छेद 243D

Explanation:

- अनुच्छेद 243D पंचायतों में आरक्षण का प्रावधान करता है।
- इसमें अनुसूचित जाति और अनुसूचित जनजाति के लिए सीटें आरक्षित होती हैं।
- महिलाओं के लिए भी कम से कम एक-तिहाई सीटों का आरक्षण सुनिश्चित किया गया है।
- इससे स्थानीय शासन में सामाजिक प्रतिनिधित्व बढ़ता है।

84. Prime Minister when 73rd and 74th Amendments were enacted

73वाँ और 74वाँ संविधान संशोधन लागू होने के समय भारत के प्रधानमंत्री कौन थे?

(a) P. V. Narasimha Rao / **पी. वी. नरसिंह राव**
(b) H. D. Deve Gowda / **एच. डी. देवगौड़ा**
(c) Chandra Shekhar / **चंद्र शेखर**
(d) More than one of the above / **उपर्युक्त में से एक से अधिक**
(e) None of the above / **उपर्युक्त में से कोई नहीं**

Exam : BPSC TRE 3.0 (1–5) Re-exam 2024

Answer: (a) P. V. Narasimha Rao / पी. वी. नरसिंह राव

Explanation:

- 73वाँ संशोधन – पंचायती राज (1992)
- 74वाँ संशोधन – शहरी स्थानीय निकाय (1992)
- दोनों 1993 में लागू हुए।
- उस समय प्रधानमंत्री पी. वी. नरसिम्हा राव थे।

85. Main aim of District Planning Committees

जिला योजना समितियों का मुख्य उद्देश्य

(a) Integration of Panchayat and Municipal plans / **पंचायत और नगरपालिका की योजनाओं का एकीकरण**

(b) Preparation of model district plan / **जिले की आदर्श योजना तैयार करना**

(c) Development of unified approach among Panchayats / **पंचायतों के बीच एकीकृत दृष्टिकोण विकसित करना**

(d) More than one of the above / **उपर्युक्त में से एक से अधिक**

(e) None of the above / **उपर्युक्त में से कोई नहीं**

Exam: BPSC TRE 2.0 (2023)

Answer: (d) More than one of the above / उपर्युक्त में से एक से अधिक

Explanation:

- जिला योजना समिति का प्रावधान Article 243ZD में है।
- इसका उद्देश्य पंचायत और नगरपालिकाओं की योजनाओं को समेकित करना है।
- यह पूरे जिले के लिए विकास योजना तैयार करती है।
- इससे स्थानीय शासन में समन्वय और एकीकृत विकास संभव होता है।

86. In which year was the Ministry of Panchayati Raj created by the Government of India?

भारत सरकार का पंचायती राज मंत्रालय किस वर्ष बनाया गया?

(a) 2002–03

(b) 2004

(c) 2005–06

(d) More than one of the above / **उपर्युक्त में से एक से अधिक**

(e) None of the above / **उपर्युक्त में से कोई नहीं**

Exam : BPSC School Teacher 2023 (Paper-II)

Answer: (b) 2004

Explanation:

- भारत सरकार ने 2004 में पंचायत राज मंत्रालय की स्थापना की।
- इसका उद्देश्य ग्रामीण स्थानीय स्वशासन को मजबूत करना है।
- यह मंत्रालय पंचायती राज संस्थाओं (PRI) के विकास पर कार्य करता है।
- पंचायती राज व्यवस्था को संवैधानिक दर्जा 73वें संविधान संशोधन (1992) से मिला।

लोक सेवा आयोग, निर्वाचन आयोग, भाषाएँ

87. Which of the following Articles provides for the establishment of the Election Commission of India?

निम्नलिखित में से कौन-सा अनुच्छेद भारत के निर्वाचन आयोग की स्थापना का प्रावधान करता है?

(a) Article 324 / अनुच्छेद 324

(b) Article 325 / अनुच्छेद 325

(c) Article 326 / अनुच्छेद 326

(d) More than one of the above / उपर्युक्त में से एक से अधिक

(e) None of the above / उपर्युक्त में से कोई नहीं

NCERT – Class 9, Chapter 4

Answer: (a) Article 324 / अनुच्छेद 324

Explanation:

- अनुच्छेद 324 भारत के निर्वाचन आयोग की स्थापना का प्रावधान करता है।
- इसके अंतर्गत चुनावों के संचालन, नियंत्रण और पर्यवेक्षण की शक्ति आयोग को दी गई है।
- यह लोकसभा, राज्य विधानसभाओं, राष्ट्रपति और उपराष्ट्रपति के चुनाव कराता है।
- इससे चुनाव प्रक्रिया की निष्पक्षता और स्वतंत्रता सुनिश्चित होती है।

88. Which of the following statements regarding the Chief Election Commissioner is correct?

मुख्य निर्वाचन आयुक्त के संबंध में निम्नलिखित में से कौन-सा कथन सही है?

(a) Appointed by the President / नियुक्ति राष्ट्रपति द्वारा होती है

(b) Can be removed in the same manner as a Supreme Court judge / हटाने की प्रक्रिया सर्वोच्च न्यायालय के न्यायाधीश के समान है
(c) Has security of tenure / पद की सुरक्षा प्राप्त होती है
(d) More than one of the above / उपर्युक्त में से एक से अधिक
(e) None of the above / उपर्युक्त में से कोई नहीं

NCERT – Class 9, Chapter 4

Answer: (d) More than one of the above / उपर्युक्त में से एक से अधिक

Explanation

- मुख्य निर्वाचन आयुक्त की नियुक्ति भारत के राष्ट्रपति द्वारा की जाती है।
- उसे हटाने की प्रक्रिया सर्वोच्च न्यायालय के न्यायाधीश के समान होती है।
- इससे उसके पद की स्वतंत्रता सुनिश्चित होती है।
- यह व्यवस्था चुनाव आयोग की निष्पक्षता बनाए रखने के लिए की गई है।

89. Which of the following Articles deals with the Union Public Service Commission?

निम्नलिखित में से कौन-सा अनुच्छेद संघ लोक सेवा आयोग से संबंधित है?

(a) Article 315 / अनुच्छेद 315
(b) Article 316 / अनुच्छेद 316
(c) Article 320 / अनुच्छेद 320
(d) More than one of the above / उपर्युक्त में से एक से अधिक
(e) None of the above / उपर्युक्त में से कोई नहीं

NCERT – Class 11, Chapter 9

Answer: (d) More than one of the above / उपर्युक्त में से एक से अधिक

Explanation:

- अनुच्छेद 315 संघ लोक सेवा आयोग की स्थापना का प्रावधान करता है।
- अनुच्छेद 316 इसके अध्यक्ष और सदस्यों की नियुक्ति से संबंधित है।
- अनुच्छेद 320 आयोग के कार्यों और दायित्वों को निर्धारित करता है।
- इन प्रावधानों से सरकारी सेवाओं में निष्पक्ष भर्ती सुनिश्चित होती है।

90. Which of the following statements regarding the Eighth Schedule of the Constitution is correct?

संविधान की आठवीं अनुसूची के संबंध में निम्नलिखित में से कौन-सा कथन सही है?

(a) It lists the recognized languages of India / इसमें भारत की मान्यता प्राप्त भाषाएँ सूचीबद्ध हैं
(b) Initially it contained 14 languages / प्रारंभ में इसमें 14 भाषाएँ थीं
(c) At present it contains 22 languages / वर्तमान में इसमें 22 भाषाएँ हैं
(d) More than one of the above / उपर्युक्त में से एक से अधिक
(e) None of the above / उपर्युक्त में से कोई नहीं

NCERT – Class 10, Chapter 8

Answer: (d) More than one of the above / उपर्युक्त में से एक से अधिक

Explanation:

- संविधान की आठवीं अनुसूची में भारत की मान्यता प्राप्त भाषाएँ शामिल हैं।
- प्रारंभ में इसमें 14 भाषाएँ थीं।
- बाद में विभिन्न संविधान संशोधनों द्वारा नई भाषाएँ जोड़ी गईं।
- वर्तमान में आठवीं अनुसूची में कुल 22 भाषाएँ हैं।

91. Which of the following Articles deals with the official language of the Union?

निम्नलिखित में से कौन-सा अनुच्छेद संघ की आधिकारिक भाषा से संबंधित है?

(a) Article 343 / अनुच्छेद 343
(b) Article 344 / अनुच्छेद 344
(c) Article 351 / अनुच्छेद 351
(d) More than one of the above / उपर्युक्त में से एक से अधिक
(e) None of the above / उपर्युक्त में से कोई नहीं

NCERT – Class 10, Chapter 8

Answer: (a) Article 343 / अनुच्छेद 343

Explanation:

- अनुच्छेद 343 संघ की आधिकारिक भाषा से संबंधित है।
- इसके अनुसार देवनागरी लिपि में हिन्दी संघ की राजभाषा है।
- अंग्रेज़ी भाषा का प्रयोग भी निर्धारित अवधि तक जारी रखा गया।
- यह प्रावधान प्रशासनिक कार्यों को सुचारु रूप से चलाने के लिए किया गया।

92. Which of the following statements regarding the Union Public Service Commission is correct?

संघ लोक सेवा आयोग के संबंध में निम्नलिखित में से कौन-सा कथन सही है?

(a) It conducts examinations for All India Services / यह अखिल भारतीय सेवाओं के लिए परीक्षाएँ आयोजित करता है

(b) It advises the government on recruitment matters / यह भर्ती से संबंधित मामलों पर सरकार को सलाह देता है

(c) It ensures merit-based selection in civil services / यह सिविल सेवाओं में योग्यता आधारित चयन सुनिश्चित करता है

(d) More than one of the above / उपर्युक्त में से एक से अधिक

(e) None of the above / उपर्युक्त में से कोई नहीं

NCERT – Class 11, Chapter 9

Answer: (d) More than one of the above / उपर्युक्त में से एक से अधिक

Explanation:

- संघ लोक सेवा आयोग अखिल भारतीय सेवाओं के लिए प्रतियोगी परीक्षाएँ आयोजित करता है।
- यह भर्ती और सेवा शर्तों के विषय में सरकार को सलाह देता है।
- इसका उद्देश्य प्रशासन में योग्यता आधारित चयन सुनिश्चित करना है।
- इससे प्रशासनिक व्यवस्था की निष्पक्षता और दक्षता बनी रहती है।

93. The Voter Verified Paper Audit Trail (VVPAT) came into existence in which of the following years in the country?

देश में मतदाता सत्यापित कागज लेखा-परीक्षण पर्ची (VVPAT) किस वर्ष अस्तित्व में आया?

(a) 2013 (b) 2014

(c) 2012

(d) More than one of the above / उपर्युक्त में से एक से अधिक

(e) None of the above / उपर्युक्त में से कोई नहीं

Exam: BPSC TRE-3.0 1–5 Re-Exam- 20/07/2024

Answer: (a) 2013

Explanation:

- VVPAT (वोटर वेरिफाइड पेपर ऑडिट ट्रेल) का प्रयोग भारत में पहली बार 2013 में किया गया।
- इसे सबसे पहले नागालैंड के नोकसेन विधानसभा उपचुनाव में प्रयोग किया गया था।
- इसका उद्देश्य EVM में डाले गए वोट की पारदर्शिता और सत्यापन सुनिश्चित करना है।
- जून 2017 तक पूरे देश में EVM के साथ VVPAT का 100% उपयोग सुनिश्चित कर दिया गया।

आपात उपबंध, संविधान संशोधन

94. Which of the following Articles deals with National Emergency in the Constitution of India?

भारतीय संविधान में राष्ट्रीय आपातकाल से संबंधित निम्नलिखित में से कौन-सा अनुच्छेद है?

(a) Article 352 / अनुच्छेद 352

(b) Article 356 / अनुच्छेद 356

(c) Article 360 / अनुच्छेद 360

(d) More than one of the above / उपर्युक्त में से एक से अधिक

(e) None of the above / उपर्युक्त में से कोई नहीं

NCERT – Class 11, Chapter 8

Answer: (a) Article 352 / अनुच्छेद 352

Explanation:

- अनुच्छेद 352 राष्ट्रीय आपातकाल की घोषणा से संबंधित है।
- यह युद्ध, बाहरी आक्रमण या सशस्त्र विद्रोह की स्थिति में लागू किया जा सकता है।

- इसकी घोषणा राष्ट्रपति द्वारा की जाती है।
- इससे केंद्र सरकार की शक्तियाँ अत्यधिक बढ़ जाती हैं।

95. Which of the following statements regarding the President;s Rule in a State is correct?

किसी राज्य में राष्ट्रपति शासन के संबंध में निम्नलिखित में से कौन-सा कथन सही है?

(a) It is imposed under Article 356 / यह अनुच्छेद 356 के अंतर्गत लगाया जाता है

(b) It can be proclaimed if constitutional machinery fails in a state / यदि राज्य में संवैधानिक तंत्र विफल हो जाए तो लागू किया जा सकता है

(c) Parliament exercises the legislative powers of the state during this period / इस अवधि में संसद राज्य की विधायी शक्तियों का प्रयोग करती है

(d) More than one of the above / उपर्युक्त में से एक से अधिक

(e) None of the above / उपर्युक्त में से कोई नहीं

NCERT – Class 11, Chapter 7

Answer: (d)More than one of the above / उपर्युक्त में से एक से अधिक

Explanation:

- अनुच्छेद 356 के अंतर्गत राज्य में राष्ट्रपति शासन लगाया जाता है।
- यह तब लागू होता है जब राज्य में संवैधानिक तंत्र विफल हो जाए।
- इस स्थिति में राज्य की विधायी शक्तियाँ संसद द्वारा प्रयोग की जाती हैं।
- राज्य का प्रशासन राष्ट्रपति के अधीन आ जाता है।

96. Which of the following Fundamental Rights can be suspended during a National Emergency?

राष्ट्रीय आपातकाल के दौरान निम्नलिखित में से कौन-से मौलिक अधिकार निलंबित किए जा सकते हैं?

(a) Rights under Article 19 / अनुच्छेद 19 के अधिकार

(b) Rights under Article 20 / अनुच्छेद 20 के अधिकार

(c) Rights under Article 21 / अनुच्छेद 21 के अधिकार

(d) More than one of the above / उपर्युक्त में से एक से अधिक

(e) None of the above / उपर्युक्त में से कोई नहीं

NCERT – Class 11, Chapter 2

Answer: (a) Rights under Article 19 / अनुच्छेद 19 के अधिकार

Explanation:

- राष्ट्रीय आपातकाल के दौरान अनुच्छेद 19 के अधिकार निलंबित किए जा सकते हैं।
- यह प्रावधान विशेष रूप से युद्ध या बाहरी आक्रमण की स्थिति में लागू होता है।
- अनुच्छेद 20 और 21 के अधिकार निलंबित नहीं किए जा सकते।
- यह व्यवस्था नागरिक स्वतंत्रताओं की न्यूनतम सुरक्षा सुनिश्चित करती है।

97. Which of the following statements regarding the Constitutional Amendment in India is correct?

भारत में संविधान संशोधन के संबंध में निम्नलिखित में से कौन-सा कथन सही है?

(a) Parliament has the power to amend the Constitution under Article 368 / संसद को अनुच्छेद 368 के अंतर्गत संविधान संशोधन की शक्ति है

(b) Some amendments require ratification by states / कुछ संशोधनों के लिए राज्यों की पुष्टि आवश्यक होती है

(c) Amendments require special majority in Parliament / संशोधन के लिए संसद में विशेष बहुमत आवश्यक होता है

(d) More than one of the above / उपर्युक्त में से एक से अधिक

(e) None of the above / उपर्युक्त में से कोई नहीं

NCERT – Class 11, Chapter 9

Answer: (d) More than one of the above / उपर्युक्त में से एक से अधिक

Explanation:

- अनुच्छेद 368 संविधान संशोधन की प्रक्रिया से संबंधित है।
- अधिकांश संशोधनों के लिए संसद में विशेष बहुमत आवश्यक होता है।

- कुछ संशोधनों के लिए राज्यों की आधे से अधिक विधानसभाओं की पुष्टि आवश्यक होती है।
- यह प्रक्रिया संविधान को लचीला और स्थायी दोनों बनाती है।

98. Which of the following Constitutional Amendments lowered the voting age in India from 21 years to 18 years?

भारत में मतदान की आयु 21 वर्ष से घटाकर 18 वर्ष करने वाला निम्नलिखित में से कौन-सा संविधान संशोधन है?

(a) 60th Amendment / 60वाँ संशोधन

(b) 61st Amendment / 61वाँ संशोधन

(c) 62nd Amendment / 62वाँ संशोधन

(d) More than one of the above / उपर्युक्त में से एक से अधिक

(e) None of the above / उपर्युक्त में से कोई नहीं

NCERT – Class 9, Chapter 3

Answer: (b) 61st Amendment / 61वाँ संशोधन

Explanation:

- 61वाँ संविधान संशोधन 1988 में पारित किया गया।
- इससे मतदान की आयु 21 वर्ष से घटाकर 18 वर्ष कर दी गई।
- इसका उद्देश्य युवाओं की राजनीतिक भागीदारी बढ़ाना था।
- यह संशोधन लोकतांत्रिक प्रतिनिधित्व को व्यापक बनाता है।

99. Which of the following amendments added Fundamental Duties to the Constitution of India?

भारतीय संविधान में मौलिक कर्तव्यों को जोड़ने वाला निम्नलिखित में से कौन-सा संशोधन है?

(a) 40th Amendment / 40वाँ संशोधन

(b) 42nd Amendment / 42वाँ संशोधन

(c) 44th Amendment / 44वाँ संशोधन

(d) More than one of the above / उपर्युक्त में से एक से अधिक

(e) None of the above / उपर्युक्त में से कोई नहीं

NCERT – Class 11, Chapter 2

Answer: (b) 42nd Amendment / 42वाँ संशोधन

Explanation:

- 42वाँ संविधान संशोधन 1976 में पारित किया गया।
- इससे संविधान में मौलिक कर्तव्य जोड़े गए।
- संविधान में भाग IV-A जोड़ा गया।
- इसका उद्देश्य नागरिकों में राष्ट्र के प्रति कर्तव्य भावना विकसित करना है।

100. In case of Financial Emergency, what can be the consequences of applying Article 360?

वित्तीय आपातकाल की स्थिति में अनुच्छेद 360 लागू करने के क्या परिणाम हो सकते हैं?

1. **The President can direct reduction of salaries and allowances of persons serving in state affairs. राष्ट्रपति राज्यों के मामलों में कार्यरत कर्मचारियों के वेतन व भत्ते कम करने का आदेश दे सकते हैं।**
2. **Money bills passed by the State Legislature need not be reserved for the President. राज्य विधानमंडल द्वारा पारित धन विधेयक राष्ट्रपति के विचारार्थ सुरक्षित रखने की आवश्यकता नहीं होगी।**
3. **The President can direct reduction of salaries and allowances of judges of the Supreme Court and High Courts and persons serving in Union affairs. राष्ट्रपति सर्वोच्च न्यायालय व उच्च न्यायालय के न्यायाधीशों तथा संघ के मामलों में कार्यरत कर्मचारियों के वेतन व भत्ते कम करने का आदेश दे सकते हैं।**
4. **After being passed by the State Legislature, Money Bills will be reserved for the President. राज्य विधानमंडल द्वारा पारित होने के बाद धन विधेयक राष्ट्रपति के विचारार्थ सुरक्षित रखे जाएंगे।**

Choose the correct answer / सही उत्तर चुनिए

(a) 1, 3 and 4 / 1, 3 और 4

(b) Only 2 / केवल 2

(c) 1 and 2 / 1 और 2

(d) More than one of the above / उपर्युक्त में से एक से अधिक

(e) None of the above / उपर्युक्त में से कोई नहीं

Exam: 69th BPSC (Pre) 2023

Answer: (a) 1, 3 and 4 / 1, 3 और 4

Explanation:

- अनुच्छेद 360 के अंतर्गत वित्तीय आपातकाल में राष्ट्रपति

को व्यापक वित्तीय नियंत्रण के अधिकार मिलते हैं।
- राष्ट्रपति केंद्र और राज्य कर्मचारियों तथा न्यायाधीशों के वेतन-भत्तों में कटौती का आदेश दे सकते हैं।
- राज्य विधानमंडल द्वारा पारित धन विधेयक राष्ट्रपति के विचारार्थ सुरक्षित रखा जा सकता है।
- इसलिए कथन 1, 3 और 4 सही हैं, जबकि कथन 2 गलत है।

101. Consider the following statements regarding the 42nd Constitutional Amendment:

भारतीय संविधान के 42वें संशोधन के संबंध में निम्नलिखित कथनों पर विचार कीजिए:

1. **It added three words to the Preamble – Socialist, Secular and Integrity. / इसने प्रस्तावना में तीन शब्द जोड़े – समाजवाद, धर्मनिरपेक्ष और अखंडता।**
2. **It added eight Fundamental Duties to the Constitution. / इसने संविधान में आठ मौलिक कर्तव्य जोड़े।**
3. **It added new Directive Principles – Article 39A, 43A and / इसने नए नीति निर्देशक तत्व जोड़े – अनुच्छेद 39A, 43A और 47।**
4. **It gave the President power, in consultation with the Election Commission, to disqualify members of State Legislatures. / इसने राष्ट्रपति को चुनाव आयोग के परामर्श से राज्य विधानमंडलों के सदस्यों को अयोग्य घोषित करने का अधिकार दिया।**

Which of the above statements are incorrect? / उपर्युक्त में से कौन-से कथन गलत हैं?

(a) 1 and 2 / 1 और 2
(b) 3 and 4 / 3 और 4
(c) 2 and 3 / 2 और 3
(d) More than one of the above / उपर्युक्त में से एक से अधिक
(e) None of the above / उपर्युक्त में से कोई नहीं

Exam: 69th BPSC (Pre) 2023

Answer: (d) More than one of the above / उपर्युक्त में से एक से अधिक

Explanation:

- 42वें संशोधन (1976) से प्रस्तावना में समाजवाद, धर्मनिरपेक्ष और अखंडता शब्द जोड़े गए।
- 42वें संशोधन द्वारा 10 मौलिक कर्तव्य जोड़े गए थे, न कि 8।
- 42वें संशोधन ने 39A और 43A जोड़े, जबकि अनुच्छेद 47 पहले से मौजूद था।
- राज्य विधानमंडल के सदस्यों की अयोग्यता पर निर्णय राज्यपाल लेते हैं, राष्ट्रपति नहीं।

विविध

102. Which of the following institutions in India is known as the "Guardian of the Constitution"?

भारत में निम्नलिखित में से किस संस्था को "संविधान का संरक्षक" कहा जाता है?

(a) Parliament / संसद
(b) Supreme Court / सर्वोच्च न्यायालय
(c) President / राष्ट्रपति
(d) More than one of the above / उपर्युक्त में से एक से अधिक
(e) None of the above / उपर्युक्त में से कोई नहीं

NCERT – Class 11, Chapter 6

Answer: (b) Supreme Court / सर्वोच्च न्यायालय

Explanation:

- सर्वोच्च न्यायालय को संविधान का संरक्षक माना जाता है।
- यह संविधान की व्याख्या करने का सर्वोच्च अधिकार रखता है।
- न्यायिक पुनरावलोकन की शक्ति के माध्यम से यह असंवैधानिक कानूनों को निरस्त कर सकता है।
- इससे संविधान की सर्वोच्चता और मूल संरचना सुरक्षित रहती है।

103. Which of the following committees recommended the introduction of the Panchayati Raj system in India?

भारत में पंचायती राज व्यवस्था की स्थापना की सिफारिश निम्नलिखित में से किस समिति ने की थी?

(a) Balwant Rai Mehta Committee / बलवंत राय मेहता समिति

(b) Ashok Mehta Committee / अशोक मेहता समिति
(c) Sarkaria Commission / सरकारिया आयोग
(d) More than one of the above / उपर्युक्त में से एक से अधिक
(e) None of the above / उपर्युक्त में से कोई नहीं

NCERT – Class 6, Chapter 5

Answer: (a) Balwant Rai Mehta Committee / बलवंत राय मेहता समिति

Explanation:

- बलवंत राय मेहता समिति का गठन 1957 में किया गया था।
- इस समिति ने लोकतांत्रिक विकेंद्रीकरण की सिफारिश की।
- इसने त्रिस्तरीय पंचायती राज व्यवस्था का प्रस्ताव दिया।
- इसके आधार पर भारत में पंचायती राज प्रणाली लागू की गई।

104. Which of the following statements correctly describes the concept of 'Secularism' in the Indian Constitution?

भारतीय संविधान में 'धर्मनिरपेक्षता' की अवधारणा के संबंध में निम्नलिखित में से कौन-सा कथन सही है?

(a) The state has no official religion / राज्य का कोई आधिकारिक धर्म नहीं है
(b) All religions are treated equally by the state / राज्य सभी धर्मों के साथ समान व्यवहार करता है
(c) Citizens have freedom to practice their religion / नागरिकों को अपने धर्म का पालन करने की स्वतंत्रता है
(d) More than one of the above / उपर्युक्त में से एक से अधिक
(e) None of the above / उपर्युक्त में से कोई नहीं

NCERT – Class 8, Chapter 2

Answer: (d) More than one of the above / उपर्युक्त में से एक से अधिक

Explanation:

- भारतीय संविधान में राज्य का कोई आधिकारिक धर्म नहीं है।
- राज्य सभी धर्मों के साथ समान व्यवहार करता है।
- नागरिकों को अपने धर्म का पालन करने की स्वतंत्रता प्राप्त है।
- इस सिद्धांत का उद्देश्य धार्मिक सहिष्णुता और समानता स्थापित करना है।

105. Which of the following statements regarding the Constitution of India is correct?

भारत के संविधान के संबंध में निम्नलिखित में से कौन-सा कथन सही है?

(a) It is the longest written constitution in the world / यह विश्व का सबसे लंबा लिखित संविधान है
(b) It establishes a federal system with a strong centre / यह मजबूत केंद्र के साथ संघीय व्यवस्था स्थापित करता है
(c) It provides fundamental rights to citizens / यह नागरिकों को मौलिक अधिकार प्रदान करता है
(d) More than one of the above / उपर्युक्त में से एक से अधिक
(e) None of the above / उपर्युक्त में से कोई नहीं

NCERT – Class 11, Chapter 1

Answer: (d) More than one of the above / उपर्युक्त में से एक से अधिक

Explanation:

- भारत का संविधान विश्व का सबसे लंबा लिखित संविधान माना जाता है।
- इसमें संघीय व्यवस्था के साथ मजबूत केंद्र की व्यवस्था है।
- यह नागरिकों को मौलिक अधिकार प्रदान करता है।
- इन प्रावधानों का उद्देश्य लोकतांत्रिक शासन स्थापित करना है।

106. Which of the following bodies conducts elections to the office of the President of India?

भारत के राष्ट्रपति के चुनाव का संचालन निम्नलिखित में से कौन-सी संस्था करती है?

(a) Election Commission of India / भारत का निर्वाचन आयोग
(b) Parliament / संसद
(c) Supreme Court / सर्वोच्च न्यायालय
(d) More than one of the above / उपर्युक्त में से एक से अधिक
(e) None of the above / उपर्युक्त में से कोई नहीं

Answer: (a) Election Commission of India / भारत का निर्वाचन आयोग

NCERT – Class 9, Chapter 3 (Electoral Politics)

Explanation:

- भारत के राष्ट्रपति का चुनाव निर्वाचन आयोग की देखरेख में होता है।
- निर्वाचन आयोग चुनाव प्रक्रिया का संचालन और पर्यवेक्षण करता है।
- इसमें निर्वाचक मंडल के सदस्यों द्वारा मतदान किया जाता है।
- यह व्यवस्था चुनाव की निष्पक्षता सुनिश्चित करती है।

107. Which of the following statements regarding Fundamental Duties is correct?

मौलिक कर्तव्यों के संबंध में निम्नलिखित में से कौन-सा कथन सही है?

(a) They were added to the Constitution by the 42nd Amendment / इन्हें 42वें संविधान संशोधन द्वारा जोड़ा गया

(b) They are included in Part IV-A of the Constitution / इन्हें संविधान के भाग IV-A में रखा गया है

(c) They aim to promote civic responsibility among citizens / इनका उद्देश्य नागरिकों में कर्तव्य भावना विकसित करना है

(d) More than one of the above / उपर्युक्त में से एक से अधिक

(e) None of the above / उपर्युक्त में से कोई नहीं

NCERT – Class 11, Chapter 2

Answer: (d) More than one of the above / उपर्युक्त में से एक से अधिक

Explanation:

- मौलिक कर्तव्य 42वें संविधान संशोधन द्वारा जोड़े गए थे।
- इन्हें संविधान के भाग IV-A में शामिल किया गया है।
- इनका उद्देश्य नागरिकों में कर्तव्य भावना विकसित करना है।
- यह राष्ट्र के प्रति जिम्मेदार नागरिकता को बढ़ावा देते हैं।

108. The political tendency to build our nation mainly on nationalism is led by which political party in India?

हमारे राष्ट्र को मुख्यतः राष्ट्रवाद के आधार पर निर्मित करने की राजनीतिक प्रवृत्ति का नेतृत्व भारत में किस राजनीतिक दल द्वारा किया जाता है?

(a) Indian National Congress / भारतीय राष्ट्रीय कांग्रेस

(b) Bharatiya Janata Party / भारतीय जनता पार्टी

(c) Socialist Party / समाजवादी दल

(d) More than one of the above / उपर्युक्त में से एक से अधिक

(e) None of the above / उपर्युक्त में से कोई नहीं

Exam: BPSC TRE-3.0 1–5 Re-Exam- 20/07/2024

Answer: (b) Bharatiya Janata Party / भारतीय जनता पार्टी

Explanation:

- भारत में राष्ट्रवाद आधारित राजनीति का प्रमुख प्रतिनिधित्व भारतीय जनता पार्टी (BJP) द्वारा किया जाता है।
- भारतीय जनता पार्टी की स्थापना 1980 में हुई थी।
- इसका प्रमुख विचार सांस्कृतिक राष्ट्रवाद और मजबूत राष्ट्र निर्माण पर आधारित है।
- पार्टी का लक्ष्य भारत को सशक्त और समृद्ध राष्ट्र के रूप में स्थापित करना है।

109. Which state in India presented the Uniform Civil Code (UCC) Bill in the State Assembly on 6 February 2024 and became the first state to do so?

भारत के निम्नलिखित में से किस राज्य ने 6 फरवरी 2024 को राज्य विधानसभा में समान नागरिक संहिता (UCC) विधेयक पेश किया और ऐसा करने वाला पहला राज्य बना?

(a) Karnataka / कर्नाटक

(b) Rajasthan / राजस्थान

(c) Himachal Pradesh / हिमाचल प्रदेश

(d) More than one of the above / उपर्युक्त में से एक से अधिक

(e) None of the above / उपर्युक्त में से कोई नहीं

Exam: BPSC TRE-3.0 6–8 Exam-2024 (Cancelled)

Answer: (e) None of the above / उपर्युक्त में से कोई नहीं

Explanation:

- उत्तराखंड ने 6 फरवरी 2024 को राज्य विधानसभा में समान नागरिक संहिता (UCC) Bill पेश किया।
- यह ऐसा करने वाला भारत का पहला राज्य बना।

- UCC का उद्देश्य विवाह, तलाक, उत्तराधिकार, संपत्ति आदि के लिए समान कानून लागू करना है।
- इसलिए दिए गए विकल्पों में सही राज्य नहीं है, इसलिए उत्तर None of the above है।

110. 'Rashtriya Janata Dal' was established in which year?

'राष्ट्रीय जनता दल' की स्थापना किस वर्ष हुई थी?

(a) 1998
(b) 1996
(c) 1997
(d) More than one of the above / उपर्युक्त में से एक से अधिक
(e) None of the above / उपर्युक्त में से कोई नहीं

Exam: BPSC TRE-3.0 1–5 Exam-2024 (Cancelled)

Answer: (c) 1997 / 1997

Explanation:

- राष्ट्रीय जनता दल (RJD) की स्थापना जुलाई 1997 में हुई थी।
- इसकी स्थापना लालू प्रसाद यादव ने की थी।
- यह मुख्यतः बिहार की क्षेत्रीय राजनीतिक पार्टी है।
- इसका गठन जनता दल से अलग होकर किया गया था।

111. Which committee aimed to give a precise definition of 'defection' in India before 1970?

निम्नलिखित में से किस समिति का मुख्य उद्देश्य 1970 से पूर्व भारत में 'दल-बदल' की सटीक परिभाषा देना था?

(a) Chavan Committee / चव्हाण समिति
(b) Hardev Mehta Committee / हरदेव मेहता समिति
(c) Mudaliar Committee / मुदलियार समिति
(d) More than one of the above / उपर्युक्त में से एक से अधिक
(e) None of the above / उपर्युक्त में से कोई नहीं

Exam: BPSC TRE-3.0 1–5 Exam-2024 (Cancelled)

Answer: (a) Chavan Committee / चव्हाण समिति

Explanation:

- वाई. बी. चव्हाण की अध्यक्षता में दल-बदल पर एक समिति गठित की गई थी।
- इस समिति ने 1969 में अपनी रिपोर्ट प्रस्तुत की।
- इसका उद्देश्य दल-बदल की स्पष्ट परिभाषा देना था।
- बाद में इसी विषय पर 52वां संविधान संशोधन (1985) द्वारा दसवीं अनुसूची जोड़ी गई।

112. The motto of Doordarshan is

दूरदर्शन का ध्येय वाक्य है

(a) Bahujan Hitay : Bahujan Sukhay / बहुजन हिताय : बहुजन सुखाय
(b) Satyam Shivam Sundaram / सत्यम शिवम् सुन्दरम्
(c) Satyameva Jayate / सत्यमेव जयते
(d) More than one of the above / उपर्युक्त में से एक से अधिक
(e) None of the above / उपर्युक्त में से कोई नहीं

Exam: BPSC TRE 2.0 14/12/2023 Paper-I

Answer: (b) Satyam Shivam Sundaram / सत्यम शिवम् सुन्दरम्

Explanation:

- दूरदर्शन का ध्येय वाक्य "सत्यम् शिवम् सुन्दरम्" है।
- इसका अर्थ है सत्य ही शिव है और शिव ही सुंदर है।
- यह वाक्य उपनिषदों से लिया गया है।
- यह सत्य, पवित्रता और सुंदरता के आदर्श को दर्शाता है।

113. Pressure Groups in India suffer from which of the following?

भारत में दबाव समूह निम्नलिखित में से किससे पीड़ित हैं?

(a) By culturalism / संस्कृतिवाद
(b) By lack of ideological commitments / विचारधारा में प्रतिबद्धता की कमी
(c) By lack of autonomous role in the politics of the country / देश की राजनीति में स्वायत्त भूमिका की कमी
(d) More than one of the above / उपर्युक्त में से एक से अधिक
(e) None of the above / उपर्युक्त में से कोई नहीं

Exam: BPSC TRE 2.0 14/12/2023 Paper-I

Answer: (d) More than one of the above / उपर्युक्त में से एक से अधिक

Explanation:

- भारत में दबाव समूहों में स्पष्ट वैचारिक प्रतिबद्धता की कमी पाई जाती है।
- अधिकांश दबाव समूहों की राजनीति में स्वतंत्र भूमिका सीमित होती है।
- वे अक्सर सांस्कृतिक और सामाजिक संदर्भों से प्रभावित होते हैं।
- इसलिए एक से अधिक विकल्प सही हैं।

114. Match the political parties in List-I with their year of establishment in List-II

सूची-I में सूचीबद्ध राजनीतिक दलों को सूची-II में उनके स्थापना वर्ष के साथ सुमेलित कीजिए :

List-I (Political Parties) / सूची-I (राजनीतिक दल)

a. **Communist Party of India (Marxist) / भारतीय कम्युनिस्ट पार्टी (मार्क्सवादी)**

b. **Communist Party of India / भारतीय कम्युनिस्ट पार्टी**

c. **Bahujan Samaj Party / बहुजन समाज पार्टी**

d. **All India Trinamool Congress / ऑल इंडिया तृणमूल कांग्रेस**

List-II (Year of Establishment) / सूची-II (स्थापना वर्ष)

1. **1964 / 1964**
2. **1998 / 1998**
3. **1925 / 1925**
4. **1984 / 1984**

Codes / कूट :

(a) 1 3 4 2
(b) 2 1 4 3
(c) 2 1 3 4
(d) More than one of the above / उपर्युक्त में से एक से अधिक
(e) None of the above / उपर्युक्त में से कोई नहीं

Exam: 69th BPSC (Pre) 2023

Answer: (a) 1 3 4 2

Explanation:

- CPI (Marxist) की स्थापना 1964 में हुई थी।
- Communist Party of India (CPI) की स्थापना 1925 में कानपुर में हुई थी।
- Bahujan Samaj Party (BSP) की स्थापना 1984 में कांशीराम द्वारा की गई।
- All India Trinamool Congress (AITC) की स्थापना 1998 में ममता बनर्जी द्वारा की गई।

115. Who said that "Indian judiciary suffers from luxury litigation"?

"भारतीय न्यायपालिका विलासी मुकदमेबाजी से ग्रसित है" यह किसने कहा?

(a) Deepak Mishra / दीपक मिश्रा
(b) Ranjan Gogoi / रंजन गोगोई
(c) N. V. Ramana / एन. वी. रमना
(d) More than one of the above / उपर्युक्त में से एक से अधिक
(e) None of the above / उपर्युक्त में से कोई नहीं

Exam: BPSC School Teacher 2023 (Paper II) Shift-1

Answer: (c) N. V. Ramana / एन. वी. रमना

Explanation:

- यह कथन भारत के 48वें मुख्य न्यायाधीश एन. वी. रमना का है।
- उन्होंने कहा कि भारतीय न्यायपालिका में "luxury litigation" यानी अनावश्यक मुकदमेबाजी बढ़ रही है।
- इससे न्यायालयों पर मामलों का अत्यधिक बोझ बढ़ जाता है।
- उन्होंने वैकल्पिक विवाद निवारण (ADR) और न्यायिक सुधारों की आवश्यकता पर बल दिया।

116. Which basic values were accepted by leaders even before the Constituent Assembly met for constitutional deliberations?

निम्नलिखित में से कौन-से बुनियादी मूल्य संविधान सभा की बैठक से पहले ही नेताओं द्वारा स्वीकार कर लिए गए थे?

(a) Universal Adult Franchise / सार्वभौम वयस्क मताधिकार
(b) Right to Freedom and Equality / स्वतंत्रता और समानता का अधिकार
(c) Protection of Minority Rights / अल्पसंख्यकों के अधिकारों का संरक्षण

(d) More than one of the above / उपर्युक्त में से एक से अधिक

(e) None of the above / उपर्युक्त में से कोई नहीं

Exam: BPSC School Teacher 2023 (Paper II) Shift-1

Answer: (d) More than one of the above / उपर्युक्त में से एक से अधिक

Explanation:

- संविधान सभा की बैठक से पहले ही कई मूल सिद्धांतों पर नेताओं में सहमति बन चुकी थी।
- इसमें सार्वभौम वयस्क मताधिकार शामिल था।
- साथ ही स्वतंत्रता और समानता के अधिकार को भी स्वीकार किया गया था।
- इसके अतिरिक्त अल्पसंख्यकों के अधिकारों की सुरक्षा को भी महत्वपूर्ण माना गया।

117. Match List-I with List-II and choose the correct code

सूची-I को सूची-II से सुमेलित कीजिए:

List-I (Women Welfare Acts in India) / सूची-I (भारत में नारी कल्याण से संबंधित अधिनियम)

A. Special Marriage Act / विशेष विवाह अधिनियम
B. Dowry Prohibition Act / दहेज निषेध अधिनियम
C. Equal Remuneration Act / समान पारिश्रमिक अधिनियम
D. Indecent Representation of Women (Prohibition) Act / नारी अशिष्ट प्रतिनिधित्व निषेध अधिनियम

List-II (Year) / सूची-II (वर्ष)

1. 1976 / 1976
2. 1954 / 1954
3. 1986 / 1986
4. 1961 / 1961

Codes / कूट :

(a) 2 4 1 3
(b) 3 1 2 4
(c) 4 2 3 1
(d) More than one of the above / उपर्युक्त में से एक से अधिक
(e) None of the above / उपर्युक्त में से कोई नहीं

Exam: BPSC School Teacher 2023 (Paper II) Shift-1

Answer: (a) 2 4 1 3

Explanation:

- विशेष विवाह अधिनियम – 1954
- दहेज निषेध अधिनियम – 1961
- समान पारिश्रमिक अधिनियम – 1976
- महिलाओं के अशोभनीय प्रतिनिधित्व (निषेध) अधिनियम – 1986

118. The validity of the Government of India order dated 13 August 1990 regarding reservation for socially and educationally backward classes was decided in which year?

सामाजिक एवं शैक्षणिक रूप से पिछड़े वर्गों के आरक्षण से संबंधित 13 अगस्त 1990 के आदेश की वैधता किस वर्ष निर्धारित की गई?

(a) 1991
(b) 1992
(c) 1993
(d) More than one of the above / उपर्युक्त में से एक से अधिक
(e) None of the above / उपर्युक्त में से कोई नहीं

Exam: BPSC School Teacher 2023 (Paper II) Shift-1

Answer: (b) 1992

Explanation:

- 13 अगस्त 1990 को मंडल आयोग की सिफारिशों को लागू करने का आदेश जारी किया गया।
- इस आदेश को इंद्रा साहनी बनाम भारत सरकार में चुनौती दी गई।
- सुप्रीम कोर्ट ने 1992 में इस आदेश की वैधता को बरकरार रखा।
- इसी निर्णय में 27% OBC आरक्षण को मान्यता दी गई।

119. Which institution in India has the motto "Dharmo Rakshati Rakshitah"?

भारत के किस संस्थान का आदर्श वाक्य है "धर्मो रक्षति रक्षितः"?

(a) Research and Analysis Wing (RAW) / अनुसंधान और विश्लेषण विंग
(b) Indian Army / भारतीय सेना
(c) Supreme Court of India / भारत का सर्वोच्च न्यायालय

(d) More than one of the above / उपर्युक्त में से एक से अधिक

(e) None of the above / उपर्युक्त में से कोई नहीं

Answer: (a) Research and Analysis Wing (RAW) / अनुसंधान और विश्लेषण विंग

Exam: BPSC School Teacher 2023 (Paper II) Shift-1

Explanation:

- "धर्मो रक्षति रक्षितः" का अर्थ है – कानून तभी रक्षा करता है जब उसकी रक्षा की जाती है।
- यह भारत की खुफिया एजेंसी RAW का आदर्श वाक्य है।
- यह न्याय, कर्तव्य और राष्ट्रीय सुरक्षा के सिद्धांत को दर्शाता है।
- यह वाक्य मनुस्मृति से लिया गया माना जाता है।

Various
(विविध)

1. **Which area does China claim as its "Sacred territory"?**

किस क्षेत्र को चीन अपना "पवित्र क्षेत्र" होने का दावा करता है?

(a) Tibet / तिब्बत
(b) Taiwan / ताइवान
(c) Macau / मकाऊ
(d) More than one of the above / उपर्युक्त में से एक से अधिक
(e) None of the above / उपर्युक्त में से कोई नहीं

Exam: BPSC TRE 3.0 (1–5) Re-exam 20/07/2024

Answer: (a) Tibet / तिब्बत

Explanation :

- चीन तिब्बत को अपना "पवित्र क्षेत्र" (Sacred Territory) मानता है।
- तिब्बत बौद्ध धर्म का प्रमुख केंद्र है जहाँ कई बौद्ध मठ (Buddhist Monasteries) स्थित हैं।
- चीन ने 1950 में तिब्बत पर सैन्य नियंत्रण (Military Control) स्थापित किया।
- तिब्बत का आध्यात्मिक नेतृत्व दलाई लामा (Dalai Lama) के पास रहा है।

2. **With reference to India and its relations with neighbours, which of the following statements is/are correct?**

भारतवर्ष तथा उसके पड़ोसियों से संबंध के संदर्भ में निम्न में से कौन-सा/से कथन सही है/हैं?

(a) The foreign policy of India is based on peace and non-violence / भारत की विदेश नीति शांति एवं अहिंसा पर आधारित है।
(b) Panchsheel principles are the result of India's determination to peace / पंचशील सिद्धांत शांति हेतु भारत के दृढ़ निश्चय का परिणाम हैं।
(c) India is one of the founders of Non-alignment Movement / भारत गुटनिरपेक्ष आंदोलन के संस्थापकों में से एक है।
(d) More than one of the above / उपर्युक्त में से एक से अधिक
(e) None of the above / उपर्युक्त में से कोई नहीं

Exam: BPSC TRE 3.0 (1–5) Re-exam 20/07/2024

Answer:(d) More than one of the above / उपर्युक्त में से एक से अधिक

Explanation :

- भारत की विदेश नीति का आधार शांति और अहिंसा (Peace and Non-violence) रहा है।
- 1954 में भारत और चीन के बीच पंचशील सिद्धांत (Panchsheel Principles) पर समझौता हुआ।
- पंचशील का मुख्य उद्देश्य शांतिपूर्ण सह-अस्तित्व (Peaceful Coexistence) को बढ़ावा देना था।
- भारत गुटनिरपेक्ष आंदोलन (Non-Aligned Movement – NAM) के प्रमुख संस्थापक देशों में से एक है।

3. **What is meant by the language atlas of India?**

भारत के भाषा एटलस से क्या अभिप्राय है?

(a) Ethnic map of India / भारत का नस्लीय मानचित्र
(b) Language mapping project of India / भारत का एक लैंग्वेज मैपिंग प्रोजेक्ट
(c) Natural map of India / भारत का प्राकृतिक मानचित्र
(d) More than one of the above / उपर्युक्त में से एक से अधिक
(e) None of the above / उपर्युक्त में से कोई नहीं

Exam: BPSC TRE 3.0 (1–5) Re-exam 20/07/2024

Answer:(b) Language mapping project of India / भारत का एक लैंग्वेज मैपिंग प्रोजेक्ट

Explanation :

- भाषा एटलस भारत की भाषाई विविधता को दर्शाने वाला भाषा मानचित्रण (Language Mapping) प्रोजेक्ट है।
- इसे इंदिरा गांधी राष्ट्रीय कला केंद्र (IGNCA) द्वारा तैयार किया गया।

- यह संस्कृति मंत्रालय (Ministry of Culture) के अंतर्गत कार्य करता है।
- इसका उद्देश्य भारत की विभिन्न भाषाओं और बोलियों का भाषाई सर्वेक्षण (Linguistic Survey) करना है।

4. The animals found in desert are called

रेगिस्तान में पाए जाने वाले जन्तु कहलाते हैं

(a) Deserticolous / डेजर्टिकोलस
(b) Desertimalia / डेजर्टिमेलिया
(c) Desertimals / डेजर्टिमल्स
(d) More than one of the above / उपर्युक्त में से एक से अधिक
(e) None of the above / उपर्युक्त में से कोई नहीं

Exam: BPSC TRE 3.0 (1–5) Re-exam 20/07/2024

Answer: (a) Deserticolous / डेजर्टिकोलस

Explanation :

- रेगिस्तान में रहने वाले जीवों को डेजर्टिकोलस (Deserticolous) या ज़ेरोकोल्स (Xerocoles) कहा जाता है।
- ये जीव अत्यधिक शुष्क जलवायु (Arid Climate) में जीवित रहने के लिए अनुकूलित होते हैं।
- इनमें पानी की कमी सहने की विशेष अनुकूलन क्षमता (Adaptation) होती है।
- उदाहरण: ऊँट, रेगिस्तानी लोमड़ी आदि मरुस्थलीय जीव (Desert Animals)।

5. 'Operation Barga' gained sustainable support to which State Government of India?

'ऑपरेशन बर्गा' ने भारत की निम्न में से किस राज्य सरकार को स्थायी समर्थन दिलाया?

(a) The State Government in West Bengal / पश्चिम बंगाल में राज्य सरकार
(b) The State Government in Kerala / केरल में राज्य सरकार
(c) The State Government in Assam / असम में राज्य सरकार
(d) More than one of the above / उपर्युक्त में से एक से अधिक
(e) None of the above / उपर्युक्त में से कोई नहीं

Exam: BPSC TRE 3.0 (1–5) Re-exam 20/07/2024

Answer: (a) The State Government in West Bengal / पश्चिम बंगाल में राज्य सरकार

Explanation :

- ऑपरेशन बर्गा (Operation Barga) पश्चिम बंगाल में चलाया गया भूमि सुधार कार्यक्रम था।
- यह 1978 में वाम मोर्चा सरकार (Left Front Government) द्वारा शुरू किया गया।
- इसका उद्देश्य बटाईदार किसानों (Sharecroppers) को कानूनी अधिकार देना था।
- इससे किसानों की स्थिति मजबूत हुई और सरकार को राजनीतिक समर्थन (Political Support) मिला।

6. Earth Day is celebrated on every 22nd April related with

22 अप्रैल को मनाए जाने वाले पृथ्वी दिवस का संबंध है

(a) End of the Second World War day / द्वितीय विश्व युद्ध का अंत दिवस
(b) Declaration of no use of nuclear weapons on earth planet / पृथ्वी पर नाभिकीय हथियारों के उपयोग पर प्रतिबंध
(c) Public awareness about environment issues / पर्यावरण से संबंधित जनजागरूकता
(d) More than one of the above / उपर्युक्त में से एक से अधिक
(e) None of the above / उपर्युक्त में से कोई नहीं

Exam: BPSC TRE 3.0 (1–5) Re-exam 20/07/2024

Answer:(c) Public awareness about environment issues / पर्यावरण से संबंधित जनजागरूकता

Explanation :

- पृथ्वी दिवस हर वर्ष 22 अप्रैल (22 April) को मनाया जाता है।
- इसका उद्देश्य पर्यावरण संरक्षण (Environmental Protection) के प्रति जागरूकता फैलाना है।
- पहली बार इसे 1970 में संयुक्त राज्य अमेरिका (USA) में मनाया गया।
- आज यह वैश्विक स्तर पर जलवायु परिवर्तन (Climate Change) और पर्यावरण संरक्षण के लिए मनाया जाता है।

7. **Odisha's famous Gupteswar forest (declared 4th Biodiversity Heritage Site) is located in which district?**

ओडिशा का प्रसिद्ध गुप्तेश्वर वन किस जिले में स्थित है?

(a) Sundargarh / सुंदरगढ़
(b) Koraput / कोरापुट
(c) Bargarh / बरगढ़
(d) More than one of the above / उपर्युक्त में से एक से अधिक
(e) None of the above / उपर्युक्त में से कोई नहीं

Exam: BPSC TRE-3.0 (6–8) Exam-2024 (Cancelled)

Answer:(b) Koraput / कोरापुट

Explanation :

- गुप्तेश्वर वन (Gupteswar Forest) ओडिशा के कोरापुट जिले में स्थित है।
- इसे भारत का चौथा जैव विविधता विरासत स्थल (Biodiversity Heritage Site – BHS) घोषित किया गया।
- यह लगभग 300 हेक्टेयर क्षेत्र (300 Hectares Area) में फैला हुआ है।
- यह क्षेत्र स्थानीय समुदायों के लिए धार्मिक एवं सांस्कृतिक महत्व (Cultural Significance) रखता है।

8. **Mallika Sarabhai is related to**

मल्लिका साराभाई संबंधित है

(a) Medical science / चिकित्सा विज्ञान
(b) Painting / चित्रकारी
(c) Classical dance / शास्त्रीय नृत्य
(d) More than one of the above / उपर्युक्त में से एक से अधिक
(e) None of the above / उपर्युक्त में से कोई नहीं

Exam: BPSC TRE-3.0 (1–5) Exam-2024 (Cancelled)

Answer:(c) Classical dance / शास्त्रीय नृत्य

Explanation :

- मल्लिका साराभाई प्रसिद्ध शास्त्रीय नृत्यांगना (Classical Dancer) हैं।
- वे कुचिपुड़ी (Kuchipudi) और भरतनाट्यम (Bharatanatyam) नृत्य करती हैं।
- उनके माता-पिता विक्रम साराभाई (Vikram Sarabhai) और मृणालिनी साराभाई (Mrinalini Sarabhai) थे।
- उन्हें कला के क्षेत्र में पद्म भूषण (Padma Bhushan) से सम्मानित किया गया है।

9. **Which country organizes 'Free Land Camp' every year for indigenous people?**

कौन-सा देश प्रतिवर्ष स्वदेशी लोगों के लिए 'फ्री लैंड कैंप' आयोजित करता है?

(a) Nepal / नेपाल
(b) India / भारत
(c) Brazil / ब्राजील
(d) More than one of the above / उपर्युक्त में से एक से अधिक
(e) None of the above / उपर्युक्त में से कोई नहीं

Exam: BPSC TRE-3.0 (1–5) Exam-2024 (Cancelled)

Answer:(c) Brazil / ब्राजील

Explanation :

- ब्राजील में हर वर्ष फ्री लैंड कैंप (Free Land Camp) आयोजित किया जाता है।
- इसमें हजारों स्वदेशी लोग (Indigenous People) भाग लेते हैं।
- यह कार्यक्रम राजधानी ब्रासीलिया (Brasilia) में आयोजित होता है।
- इसका उद्देश्य स्वदेशी समुदायों के भूमि अधिकार (Land Rights) की रक्षा करना है।

10. **Landscape ideology is related to which school?**

लैंडस्केप विचारधारा किस स्कूल से संबंधित है?

(a) French school / फ्रेंच स्कूल
(b) German school / जर्मन स्कूल
(c) British school / ब्रिटिश स्कूल
(d) More than one of the above / उपर्युक्त में से एक से अंधिक
(e) None of the above / उपर्युक्त में से कोई नहीं

Exam: BPSC TRE-3.0 (1–5) Exam-2024 (Cancelled)

Answer:(b) German school / जर्मन स्कूल

Explanation :

- लैंडस्केप विचारधारा जर्मन भूगोलविदों (German Geographers) से जुड़ी है।
- इसका विकास 19वीं सदी के अंत में हुआ।

- इसमें भू-दृश्य (Landscape) के अध्ययन और वर्गीकरण पर जोर दिया जाता है।
- यह भौतिक भूगोल (Physical Geography) और क्षेत्रीय विश्लेषण से संबंधित है।

11. Who is credited with the establishment of the 'Young Bengal Movement'?

'युवा बंगाल आन्दोलन' की स्थापना का श्रेय किसे है?

(a) Henry Vivian Derozio / हेनरी विवियन डेरोजियो
(b) Ishwar Chandra Vidyasagar / ईश्वरचन्द्र विद्यासागर
(c) Raja Ram Mohan Roy / राजा राममोहन राय
(d) More than one of the above / उपर्युक्त में से एक से अधिक
(e) None of the above / उपर्युक्त में से कोई नहीं

Exam: BPSC TRE-3.0 (1–5) Exam-2024 (Cancelled)

Answer: (a) Henry Vivian Derozio / हेनरी विवियन डेरोजियो

Explanation :

- यंग बंगाल आंदोलन (Young Bengal Movement) की शुरुआत हेनरी विवियन डेरोजियो ने की।
- यह आंदोलन सामाजिक सुधार (Social Reform) और आधुनिक विचारों के प्रचार से जुड़ा था।
- डेरोजियो हिंदू कॉलेज, कलकत्ता (Hindu College, Calcutta) में शिक्षक थे।
- उनके अनुयायियों को डेरोजियन (Derozians) कहा जाता था।

12. Who described the 'Community Development Programme' as a 'Silent Revolution'?

'सामुदायिक विकास कार्यक्रम' को 'मौन क्रांति' किसने कहा?

(a) Dr. Rajendra Prasad / डॉ. राजेन्द्र प्रसाद
(b) Jawaharlal Nehru / जवाहरलाल नेहरू
(c) Dr. B. R. Ambedkar / डॉ. बी. आर. अम्बेडकर
(d) More than one of the above / उपर्युक्त में से एक से अधिक
(e) None of the above / उपर्युक्त में से कोई नहीं

Exam: BPSC TRE-3.0 (1–5) Exam-2024 (Cancelled)

Answer:(b) Jawaharlal Nehru / जवाहरलाल नेहरू

Explanation :

- सामुदायिक विकास कार्यक्रम (Community Development Programme) की शुरुआत 1952 में हुई।
- इसका उद्देश्य ग्रामीण क्षेत्रों का समग्र विकास (Rural Development) करना था।
- जवाहरलाल नेहरू ने इसे मौन क्रांति (Silent Revolution) कहा।
- यह कार्यक्रम कृषि, शिक्षा और स्वास्थ्य के ग्रामीण सुधार (Village Development) पर केंद्रित था।

13. Broad-gauge railway line size is

ब्रॉड-गेज रेलवे लाइन की साइज होती है

(a) 1676 mm / 1676 मि.मी.
(b) 1435 mm / 1435 मि.मी.
(c) 1067 mm / 1067 मि.मी.
(d) More than one of the above / उपर्युक्त में से एक से अधिक
(e) None of the above / उपर्युक्त में से कोई नहीं

Exam: BPSC TRE-3.0 (1–5) Exam-2024 (Cancelled)

Answer: (a) 1676 mm / 1676 मि.मी.

Explanation :

- भारत में ब्रॉड गेज की चौड़ाई 1676 mm (1.676 m) होती है।
- इसे Indian Broad Gauge भी कहा जाता है।
- भारत की अधिकांश रेलवे लाइनें ब्रॉड गेज नेटवर्क (Broad Gauge Network) पर आधारित हैं।
- मीटर गेज 1000 mm और नैरो गेज 762 mm या 610 mm होती है।

14. Who is the javelin thrower who holds both Olympic and World Championship titles?

भाला फेंकने वाला वह कौन है जिसके पास ओलंपिक तथा वर्ल्ड चैंपियनशिप दोनों खिताब हैं?

(a) Jane Jeloni / जेन जेलोनी
(b) Arshad Nadeem / अरशद नदीम
(c) Neeraj Chopra / नीरज चोपड़ा
(d) More than one of the above / उपर्युक्त में से एक से अधिक
(e) None of the above / उपर्युक्त में से कोई नहीं

Exam: BPSC TRE-3.0 (1–5) Exam-2024 (Cancelled)

Answer:(c) Neeraj Chopra / नीरज चोपड़ा

Explanation :

- नीरज चोपड़ा भारत के प्रसिद्ध जैवलिन थ्रो खिलाड़ी (Javelin Throw Athlete) हैं।
- उन्होंने Tokyo Olympics 2020 में स्वर्ण पदक जीता।
- World Athletics Championship 2023 (Budapest) में भी स्वर्ण पदक जीता।
- वे ओलंपिक और विश्व चैंपियनशिप दोनों जीतने वाले पहले भारतीय एथलीट (First Indian Athlete) बने।

15. According to government sources, how many Indians died due to COVID-19 till mid-2023?

सरकारी सूत्रों के अनुसार, कोविड-19 के कारण मिड-2023 तक कितने भारतीयों ने जान गंवाई?

(a) About 15 lakh / लगभग 15 लाख
(b) About 5 lakh / लगभग 5 लाख
(c) About 2 lakh / लगभग 2 लाख
(d) More than one of the above / उपर्युक्त में से एक से अधिक
(e) None of the above / उपर्युक्त में से कोई नहीं

Exam: BPSC TRE-3.0 (1–5) Exam-2024 (Cancelled)

Answer:(b) About 5 lakh / लगभग 5 लाख

Explanation :

- सरकारी आँकड़ों के अनुसार कोविड-19 से लगभग 5 लाख (531790) लोगों की मृत्यु हुई।
- यह बीमारी SARS-CoV-2 Virus के कारण होती है।
- यह मुख्यतः श्वसन तंत्र (Respiratory System) को प्रभावित करती है।
- महामारी को World Health Organization (WHO) ने 2020 में घोषित किया।

16. India's G-20 motto is

भारत में G-20 का ध्येय वाक्य है

(a) Satyamev Jayate / सत्यमेव जयते
(b) Ek Bharat Shreshtha Bharat / एक भारत श्रेष्ठ भारत
(c) Vasudhaiva Kutumbakam / वसुधैव कुटुम्बकम
(d) More than one of the above / उपर्युक्त में से एक से अधिक
(e). None of the above / उपर्युक्त में से कोई नहीं

Exam: BPSC TRE-3.0 (1–5) Exam-2024 (Cancelled)

Answer:(c) Vasudhaiva Kutumbakam / वसुधैव कुटुम्बकम

Explanation :

- भारत की G-20 अध्यक्षता 2023 का थीम "Vasudhaiva Kutumbakam" था।
- इसका अर्थ है One Earth, One Family, One Future।
- G-20 शिखर सम्मेलन 9-10 सितम्बर 2023 (New Delhi) में आयोजित हुआ।
- इसमें African Union को 21वें सदस्य के रूप में शामिल किया गया।

17. Which country is not a member of G-7?

कौन-सा देश G-7 का सदस्य नहीं है?

(a) Canada / कनाडा
(b) Russia / रूस
(c) USA / अमेरिका
(d) More than one of the above / उपर्युक्त में से एक से अधिक
(e) None of the above / उपर्युक्त में से कोई नहीं

Exam: BPSC TRE 3.0 (11–12) Exam 22/07/2024

Answer:(b) Russia / रूस

Explanation :

- G-7 (Group of Seven) विश्व की विकसित अर्थव्यवस्थाओं का समूह है।
- इसके सदस्य हैं: USA, UK, Canada, France, Germany, Italy, Japan।
- पहले यह G-8 था जिसमें रूस भी शामिल था।
- 2014 में Crimea Crisis के बाद रूस को समूह से बाहर कर दिया गया।

18. What is oil slick?

तेल स्लिक क्या है?

(a) Boiled oil / उबला हुआ तेल
(b) Cooled oil / ठंडा तेल
(c) Thin film of oil on seawater / समुद्र की सतह पर तेल की पतली परत

(d) More than one of the above / उपर्युक्त में से एक से अधिक
(e) None of the above / उपर्युक्त में से कोई नहीं

Exam: BPSC TRE 2.0 14/12/2023 Paper-I

Answer:(c) Thin film of oil on seawater / समुद्र की सतह पर तेल की पतली परत

Explanation :

- तेल स्लिक समुद्र की सतह पर फैली पतली तेल की परत (Thin Oil Film) होती है।
- यह मुख्यतः Oil Spill के कारण बनती है।
- इससे समुद्री जीवों पर पर्यावरणीय प्रभाव (Environmental Damage) पड़ता है।
- यह एक प्रकार का जल प्रदूषण (Water Pollution) है।

19. What is the animal symbol of WWF (World Wildlife Fund)?

डब्ल्यू. डब्ल्यू. एफ. का पशु चिन्ह क्या है?

(a) Red Panda / लाल पांडा
(b) Giant Panda / विशालकाय पांडा
(c) Tiger / बाघ
(d) More than one of the above / उपर्युक्त में से एक से अधिक
(e) None of the above / उपर्युक्त में से कोई नहीं

Exam: BPSC TRE 2.0 14/12/2023 Paper-I

Answer:(b) Giant Panda / विशालकाय पांडा

Explanation :

- WWF (World Wildlife Fund) का प्रतीक चिन्ह Giant Panda है।
- संगठन की स्थापना 1961 में हुई थी।
- इसका मुख्यालय Switzerland (Gland) में है।
- इसका उद्देश्य Wildlife Conservation और पर्यावरण संरक्षण है।

20. The World Water Day is celebrated on

'विश्व जल दिवस' मनाया जाता है

(a) January 22 / 22 जनवरी
(b) February 22 / 22 फरवरी
(c) March 22 / 22 मार्च
(d) More than one of the above / उपर्युक्त में से एक से अधिक
(e) None of the above / उपर्युक्त में से कोई नहीं

Exam: BPSC TRE 2.0 14/12/2023 Paper-I

Answer:(c) March 22 / 22 मार्च

Explanation :

- विश्व जल दिवस हर वर्ष 22 मार्च (22 March) को मनाया जाता है।
- इसका उद्देश्य जल संरक्षण (Water Conservation) के प्रति जागरूकता बढ़ाना है।
- यह विचार 1992 Rio Earth Summit में प्रस्तावित हुआ था।
- पहली बार इसे 1993 में मनाया गया।

21. Janjatiya Gaurav Divas was started from

जनजातीय गौरव दिवस कब से शुरू किया गया?

(a) 15 August, 2015 / 15 अगस्त, 2015
(b) 26 January, 2019 / 26 जनवरी, 2019
(c) 15 November, 2021 / 15 नवम्बर, 2021
(d) More than one of the above / उपर्युक्त में से एक से अधिक
(e) None of the above / उपर्युक्त में से कोई नहीं

Exam: BPSC TRE 2.0 (14/12/2023) Paper-I

Answer:(c) 15 November, 2021 / 15 नवम्बर, 2021

Explanation :

- Janjatiya Gaurav Divas 15 नवम्बर 2021 से मनाया जा रहा है।
- यह दिन भगवान बिरसा मुंडा (Birsa Munda) की जयंती पर मनाया जाता है।
- इसका उद्देश्य Tribal Freedom Fighters को सम्मान देना है।
- इसे भारत सरकार ने Azadi Ka Amrit Mahotsav के अंतर्गत घोषित किया।

22. Deendayal Upadhyaya is famous for

दीनदयाल उपाध्याय प्रसिद्ध हैं

(a) Communism / साम्यवाद
(b) Capitalism / पूंजीवाद
(c) Integral Humanism / एकात्म मानववाद
(d) More than one of the above / उपर्युक्त में से एक से अधिक

(e) None of the above / उपर्युक्त में से कोई नहीं

Exam: BPSC TRE 2.0 (14/12/2023) Paper-I

Answer:(c) Integral Humanism / एकात्म मानववाद

Explanation :

- पंडित Deendayal Upadhyaya भारतीय राजनीतिक विचारक थे।
- उन्होंने Integral Humanism (एकात्म मानववाद) का सिद्धांत दिया।
- इसका उद्देश्य human-centric development model प्रस्तुत करना था।
- उनका जन्म 1916, Mathura (Uttar Pradesh) में हुआ था।

23. The author of the book "The Chipko Movement: A People's History" is

'द चिपको मूवमेंट: ए पीपुल्स हिस्ट्री' पुस्तक के लेखक हैं

(a) Shekhar Pathak / शेखर पाठक
(b) Shekhar Joshi / शेखर जोशी
(c) Shekhar Pandey / शेखर पाण्डेय
(d) More than one of the above / उपर्युक्त में से एक से अधिक
(e) None of the above / उपर्युक्त में से कोई नहीं

Exam: BPSC TRE 2.0 (14/12/2023) Paper-I

Answer: (a) Shekhar Pathak / शेखर पाठक

Explanation :

- इस पुस्तक के लेखक Shekhar Pathak हैं।
- यह पुस्तक Chipko Movement (Forest Conservation Movement) पर आधारित है।
- इसे 2022 Kamaladevi Chattopadhyay NIF Book Prize मिला।
- चिपको आंदोलन का उद्देश्य forest protection and environmental awareness था।

24. The World Braille Lipi Day is celebrated on

विश्व ब्रेल लिपि दिवस कब मनाया जाता है?

(a) 9 January / 9 जनवरी
(b) 8 January / 8 जनवरी
(c) 4 January / 4 जनवरी
(d) More than one of the above / उपर्युक्त में से एक से अधिक
(e) None of the above / उपर्युक्त में से कोई नहीं

Exam: BPSC TRE 2.0 (14/12/2023) Paper-I

Answer:(c) 4 January / 4 जनवरी

Explanation :

- World Braille Day हर वर्ष 4 January को मनाया जाता है।
- यह दिन Louis Braille के जन्मदिन पर मनाया जाता है।
- ब्रेल लिपि दृष्टिबाधित लोगों के लिए reading and writing system है।
- इसका उद्देश्य inclusive education (समावेशी शिक्षा) को बढ़ावा देना है।

25. The true fact about Bharat Gaurav Tourist Train is

भारत गौरव पर्यटक रेलगाड़ी के संबंध में कौन-सा तथ्य सही है?

(a) It was inaugurated on 16 April 2023 / इसका 16 अप्रैल 2023 को शुभारम्भ हुआ
(b) It was started from New Delhi Railway Station / इसकी नई दिल्ली रेलवे स्टेशन से शुरुआत हुई
(c) It was inaugurated on 25 December 2022 / इसका 25 दिसम्बर 2022 को शुभारम्भ हुआ
(d) More than one of the above / उपर्युक्त में से एक से अधिक
(e) None of the above / उपर्युक्त में से कोई नहीं

Exam: BPSC TRE 2.0 (14/12/2023) Paper-I

Answer:(d) More than one of the above / उपर्युक्त में से एक से अधिक

Explanation :

- Bharat Gaurav Tourist Train का शुभारम्भ 16 April 2023 को हुआ।
- इसे New Delhi Railway Station से शुरू किया गया।
- इसका उद्देश्य religious tourism and cultural tourism को बढ़ावा देना है।
- यह योजना Indian Railways (IRCTC initiative) के अंतर्गत शुरू की गई।

26. First State of India that started keeping DNA database of unidentified dead bodies is

अज्ञात शवों के डीएनए का डाटाबेस रखने वाला भारत का प्रथम राज्य है

(a) Himachal Pradesh / हिमाचल प्रदेश
(b) Goa / गोवा
(c) Madhya Pradesh / मध्य प्रदेश
(d) More than one of the above / उपर्युक्त में से एक से अधिक
(e) None of the above / उपर्युक्त में से कोई नहीं

Exam: BPSC TRE 2.0 (14/12/2023) Paper-I

Answer: (a) Himachal Pradesh / हिमाचल प्रदेश

Explanation :

- Himachal Pradesh भारत का पहला राज्य है जिसने यह पहल की।
- इसकी शुरुआत April 2022 में की गई।
- इसका उद्देश्य identification of unidentified dead bodies है।
- इसके लिए DNA database system बनाया गया।

27. The new name of Mid-Day Meal Scheme is

मध्याह्न भोजन योजना का नया नाम है

(a) PM Poshan Scheme / पीएम पोषण योजना
(b) PM Mid-Day Poshan Scheme / पीएम मध्याह्न पोषण योजना
(c) National Poshan Scheme / नेशनल पोषण योजना
(d) More than one of the above / उपर्युक्त में से एक से अधिक
(e) None of the above / उपर्युक्त में से कोई नहीं

Exam: BPSC TRE 2.0 (14/12/2023) Paper-I

Answer: (a) PM Poshan Scheme / पीएम पोषण योजना

Explanation :

- Mid-Day Meal Scheme का नाम बदलकर PM POSHAN Scheme किया गया।
- यह योजना 1995 में शुरू की गई थी।
- इसका उद्देश्य nutrition improvement among school children है।
- यह योजना primary school students को पोषणयुक्त भोजन देती है।

28. The Chairman of NABARD is

नाबार्ड के अध्यक्ष हैं

(a) K. Sitaraman / के. सीतारामन
(b) Bhavesh Gupta / भावेश गुप्ता
(c) Shaji K. V. / शाजी के. वी.
(d) More than one of the above / उपर्युक्त में से एक से अधिक
(e) None of the above / उपर्युक्त में से कोई नहीं

Exam: BPSC TRE 2.0 (14/12/2023) Paper-I

Answer:(c) Shaji K. V. / शाजी के. वी.

Explanation :

- NABARD (National Bank for Agriculture and Rural Development) की स्थापना 1982 में हुई।
- यह बैंक agriculture and rural development finance के लिए कार्य करता है।
- वर्तमान अध्यक्ष Shaji K. V. (2024) हैं।
- इसका मुख्यालय Mumbai (मुम्बई) में है।

29. The Chairperson of ONGC is

ओ.एन.जी.सी. की अध्यक्ष हैं

(a) Dr. Alka Mittal / डॉ. अलका मित्तल
(b) Dr. Madhuri Mittal / डॉ. माधुरी मित्तल
(c) Dr. Madhuri Gil / डॉ. माधुरी गिल
(d) More than one of the above / उपर्युक्त में से एक से अधिक
(e) None of the above / उपर्युक्त में से कोई नहीं

Exam: BPSC TRE 2.0 (14/12/2023) Paper-I

Answer:(e) None of the above / उपर्युक्त में से कोई नहीं

Explanation :

- ONGC (Oil and Natural Gas Corporation) भारत की प्रमुख public sector petroleum company है।
- इसकी स्थापना 1956 में हुई।
- वर्तमान अध्यक्ष Arun Kumar Singh (2024) हैं।
- ONGC को Maharatna company status प्राप्त है।

30. Where is the Headquarters of the Integrated Defence Staff located in India?

समग्र रक्षा स्टाफ का मुख्यालय भारत में कहाँ स्थित है?

(a) New Delhi / नई दिल्ली
(b) Bengaluru / बेंगलुरु
(c) Chennai / चेन्नई
(d) More than one of the above / उपर्युक्त में से एक से अधिक
(e) None of the above / उपर्युक्त में से कोई नहीं

Exam: BPSC TRE 2.0 (18/12/2023) Paper-III

Answer: (a) New Delhi / नई दिल्ली

Explanation :

- Integrated Defence Staff (IDS) का मुख्यालय नई दिल्ली (New Delhi) में स्थित है।
- इसकी स्थापना 2001 (2001) में कारगिल समीक्षा समिति की सिफारिश पर हुई।
- इसका उद्देश्य तीनों सेनाओं के बीच समन्वय (Jointness & Coordination) बढ़ाना है।
- यह Chief of Defence Staff (CDS) के अधीन कार्य करता है।

31. Where is the International Court of Justice (ICJ) located?

अंतरराष्ट्रीय न्यायालय (ICJ) कहाँ स्थित है?

(a) Hague / हेग
(b) New Delhi / नई दिल्ली
(c) Paris / पेरिस
(d) More than one of the above / उपर्युक्त में से एक से अधिक
(e) None of the above / उपर्युक्त में से कोई नहीं

Exam: BPSC TRE 2.0 (18/12/2023) Paper-III

Answer: (a) Hague / हेग

Explanation :

- International Court of Justice (ICJ) का मुख्यालय हेग (The Hague), नीदरलैंड (Netherlands) में है।
- यह संयुक्त राष्ट्र (United Nations – UN) का प्रमुख न्यायिक अंग है।
- इसकी स्थापना 1945 (UN Charter) के अंतर्गत हुई।
- इसमें कुल 15 न्यायाधीश (15 Judges) होते हैं जिनका कार्यकाल 9 वर्ष (9 Years) का होता है।

32. The World Earth Day is observed every year on

विश्व पृथ्वी दिवस हर वर्ष कब मनाया जाता है?

(a) 20th April / 20 अप्रैल
(b) 22nd April / 22 अप्रैल
(c) 21st April / 21 अप्रैल
(d) More than one of the above / उपर्युक्त में से एक से अधिक
(e) None of the above / उपर्युक्त में से कोई नहीं

Exam: BPSC TRE 2.0 (18/12/2023) Paper-III

Answer:(b) 22nd April / 22 अप्रैल

Explanation :

- Earth Day हर वर्ष 22 April को मनाया जाता है।
- इसका उद्देश्य पर्यावरण संरक्षण (Environmental Protection) के प्रति जागरूकता फैलाना है।
- पहली बार इसे 1970 (USA) में मनाया गया।
- यह दिन Climate Change और Pollution के खिलाफ जागरूकता बढ़ाता है।

33. April 22 is celebrated as the

22 अप्रैल को किस रूप में मनाते हैं?

(a) World Earth Day / विश्व पृथ्वी दिवस
(b) World Health Day / विश्व स्वास्थ्य दिवस
(c) World Ozone Day / विश्व ओजोन दिवस
(d) More than one of the above / उपर्युक्त में से एक से अधिक
(e) None of the above / उपर्युक्त में से कोई नहीं

Exam: BPSC TRE 2.0 (08/12/2023) Paper-III

Answer: (a) World Earth Day / विश्व पृथ्वी दिवस

Explanation :

- 22 अप्रैल को World Earth Day मनाया जाता है।
- यह दिन पृथ्वी और पर्यावरण की रक्षा के लिए समर्पित है।
- विश्व स्वास्थ्य दिवस 7 April को मनाया जाता है।
- विश्व ओजोन दिवस 16 September को मनाया जाता है।

34. 'Statue of Unity' is related to whom?

'स्टैच्यू ऑफ यूनिटी' किससे संबंधित है?

(a) Vallabh Bhai Patel / वल्लभभाई पटेल

(b) Jawaharlal Nehru / जवाहरलाल नेहरू
(c) B. R. Ambedkar / बी. आर. अंबेडकर
(d) More than one of the above / उपर्युक्त में से एक से अधिक
(e) None of the above / उपर्युक्त में से कोई नहीं

Exam: BPSC TRE 2.0 (7/12/2023) Shift-II

Answer: (a) Vallabh Bhai Patel / वल्लभभाई पटेल

Explanation :

- Statue of Unity भारत कें पहले गृह मंत्री Sardar Vallabhbhai Patel को समर्पित है।
- यह नर्मदा नदी (Narmada River) के किनारे गुजरात (Gujarat) में स्थित है।
- इसकी ऊँचाई 182 मीटर (182 m) है।
- यह वर्तमान में दुनिया की सबसे ऊँची प्रतिमा (World's Tallest Statue) है।

35. Which of the following statements about Chandrayaan-3 is correct?

चंद्रयान-3 के बारे में निम्न में से कौन-सा कथन सही है?

1. Chandrayaan-3 is not an important mission of India. / चंद्रयान-3 भारत का महत्वपूर्ण मिशन नहीं है।
2. Vikram Lander and Pragyan Rover did not perform their function properly. / विक्रम लैंडर और प्रज्ञान रोवर ने अपना कार्य ठीक से नहीं किया।
3. India is at the fourth place among countries that have landed spacecraft on the Moon. / चंद्रमा पर यान उतारने वाले देशों में भारत चौथे स्थान पर है।

(a) Only 1 / केवल 1
(b) Only 3 / केवल 3
(c) Only 2 / केवल 2
(d) More than one of the above / उपर्युक्त में से एक से अधिक
(e) None of the above / उपर्युक्त में से कोई नहीं

Exam: BPSC TRE 2.0 (10/12/2023) Paper-III

Answer:(b) Only 3 / केवल 3

Explanation :

- Chandrayaan-3 ISRO का महत्वपूर्ण Lunar Mission है।
- इसे 14 July 2023 को Sriharikota से लॉन्च किया गया।
- Vikram Lander 23 अगस्त 2023 को चंद्रमा के South Pole पर उतरा।
- भारत चंद्रमा पर सफलतापूर्वक उतरने वाला 4th country बना (USA, Russia, China के बाद)।

36. Chandrayaan-3 had landed on which part of the Moon?

चंद्रयान-3 चंद्रमा के किस भाग पर उतरा?

(a) North Pole / उत्तरी ध्रुव
(b) South Pole / दक्षिणी ध्रुव
(c) Central Pole / केंद्रीय ध्रुव
(d) More than one of the above / उपर्युक्त में से एक से अधिक
(e) None of the above / उपर्युक्त में से कोई नहीं

Exam: BPSC TRE 2.0 (7/12/2023) Shift-II

Answer:(b) South Pole / दक्षिणी ध्रुव

Explanation :

- Chandrayaan-3 चंद्रमा के South Polar Region पर उतरा।
- लैंडर का नाम Vikram Lander और रोवर का नाम Pragyan Rover है।
- यह चंद्रमा के दक्षिणी ध्रुव पर उतरने वाला पहला मिशन (First Mission) है।
- इस मिशन ने चंद्रमा की surface composition और water ice पर शोध किया।

37. From where was Chandrayaan-3 launched?

चंद्रयान-3 कहाँ से प्रक्षेपित किया गया था?

(a) Paradeep / पारादीप
(b) Sriharikota / श्रीहरिकोटा
(c) Thumba / थुम्बा
(d) More than one of the above / उपर्युक्त में से एक से अधिक
(e) None of the above / उपर्युक्त में से कोई नहीं

Exam: BPSC TRE 2.0 (7/12/2023) Shift-II Paper-III

Answer:(b) Sriharikota / श्रीहरिकोटा

Explanation :

- चंद्रयान-3 को सतीश धवन अंतरिक्ष केंद्र (Satish Dhawan Space Centre) श्रीहरिकोटा से प्रक्षेपित किया गया।

- इसे 14 जुलाई 2023 (14 July 2023) को लॉन्च किया गया था।

प्रक्षेपण के लिए एलवीएम-3 रॉकेट (LVM-3 Launch Vehicle) का उपयोग किया गया।

- यह मिशन भारतीय अंतरिक्ष अनुसंधान संगठन (ISRO – Indian Space Research Organisation) द्वारा संचालित किया गया।

38. Who built the statue of Mahatma Gandhi installed at the United Nations Headquarters?

संयुक्त राष्ट्र मुख्यालय में स्थापित महात्मा गांधी की प्रतिमा का निर्माण किसने किया था?

(a) Ram Sirte / राम सिर्ते
(b) Ram Sutar / राम सुतार
(c) Ram Paul / राम पॉल
(d) More than one of the above / उपर्युक्त में से एक से अधिक
(e) None of the above / उपर्युक्त में से कोई नहीं

Exam: BPSC TRE 2.0 (10/12/2023) Paper-III

Answer:(b) Ram Sutar / राम सुतार

Explanation :

- महात्मा गांधी की प्रतिमा संयुक्त राष्ट्र मुख्यालय (United Nations Headquarters) न्यूयॉर्क में स्थापित की गई।
- इसका निर्माण प्रसिद्ध भारतीय मूर्तिकार राम सुतार (Ram Sutar) ने किया।
- इसका अनावरण भारत के विदेश मंत्री (External Affairs Minister) एस. जयशंकर (S. Jaishankar) और यूएन महासचिव (UN Secretary-General) एंटोनियो गुटेरेस (Antonio Guterres) ने किया।
- राम सुतार भारत के प्रसिद्ध शिल्पकार (Sculptor) हैं और उन्होंने स्टैच्यू ऑफ यूनिटी (Statue of Unity) भी बनाया है।

39. When is the 'Human Rights Day' celebrated annually?

'मानव अधिकार दिवस' प्रतिवर्ष कब मनाया जाता है?

(a) 10 November / 10 नवम्बर
(b) 10 December / 10 दिसम्बर
(c) 24 October / 24 अक्टूबर
(d) More than one of the above / उपर्युक्त में से एक से अधिक
(e) None of the above / उपर्युक्त में से कोई नहीं

Exam: BPSC TRE 2.0 (8/12/2023) Paper-III

Answer:(b) 10 December / 10 दिसम्बर

Explanation :

- मानव अधिकार दिवस (Human Rights Day) हर वर्ष 10 दिसंबर (10 December) को मनाया जाता है।
- इसी दिन 1948 (1948) में संयुक्त राष्ट्र महासभा ने मानव अधिकारों की सार्वभौम घोषणा (Universal Declaration of Human Rights – UDHR) को स्वीकार किया।
- यह दिवस मानव गरिमा (Human Dignity) और समानता (Equality) के महत्व को दर्शाता है।
- इसका उद्देश्य विश्वभर में मानव अधिकारों की सुरक्षा (Protection of Human Rights) के प्रति जागरूकता बढ़ाना है।

40. What is the purpose of 'India Pride Project'?

इंडिया प्राइड प्रोजेक्ट' का उद्देश्य क्या है?

(a) To provide justice to Indians living abroad / विदेशों में रहने वाले भारतीयों को न्याय दिलाना
(b) To provide justice to women divorced by NRIs / एनआरआई द्वारा परित्यक्त महिलाओं को न्याय दिलाना
(c) Bringing Indian heritage back to India / भारतीय विरासतों को वापस भारत लाना
(d) More than one of the above / उपर्युक्त में से एक से अधिक
(e) None of the above / उपर्युक्त में से कोई नहीं

Exam: BPSC TRE 2.0 (9/12/2023) Paper-II

Answer:(c) Bringing Indian heritage back to India / भारतीय विरासतों को वापस भारत लाना

Explanation :

- इंडिया प्राइड प्रोजेक्ट (India Pride Project) का उद्देश्य चोरी हुई भारतीय कलाकृतियों (Artefacts) को वापस लाना है।
- इस परियोजना की शुरुआत 2013 (2013) में की गई।
- यह विदेशों में तस्करी होकर गई भारतीय मूर्तियों (Indian Sculptures) और धार्मिक वस्तुओं (Antiquities) को खोजने का कार्य करती है।

- इसमें सोशल मीडिया (Social Media), अनुसंधान (Research) और अंतरराष्ट्रीय सहयोग (International Cooperation) का उपयोग किया जाता है।

41. Standard nutritional unit is a measuring unit of

प्रमाणिक पोषक इकाई निम्नलिखित में से किसकी मापन इकाई है?

(a) Land fertility / भूमि की उर्वरता
(b) Land capability / भूमि की वहन क्षमता
(c) Cropping intensity / फसल सघनता
(d) More than one of the above / उपर्युक्त में से एक से अधिक
(e) None of the above / उपर्युक्त में से कोई नहीं

Exam: BPSC TRE 2.0 (18/12/2023) Paper-II

Answer:(b) Land capability / भूमि की वहन क्षमता

Explanation :

- प्रमाणिक पोषक इकाई (Standard Nutritional Unit) भूमि की वहन क्षमता (Carrying Capacity) को मापने की इकाई है।
- वहन क्षमता का अर्थ है कि कोई क्षेत्र कितनी जनसंख्या (Population) को भोजन उपलब्ध करा सकता है।
- यह अवधारणा कृषि भूगोल (Agricultural Geography) में उपयोग की जाती है।
- इसका संबंध क्षेत्र के संसाधन (Resources) और खाद्य उत्पादन (Food Production) से होता है।

42. Where is the second submarine museum built in India?

भारत में दूसरा पनडुब्बी संग्रहालय कहाँ बनाया गया है?

(a) Digha, West Bengal / दीघा, पश्चिम बंगाल
(b) Howrah, West Bengal / हावड़ा, पश्चिम बंगाल
(c) Sundarban, West Bengal / सुंदरवन, पश्चिम बंगाल
(d) More than one of the above / उपर्युक्त में से एक से अधिक
(e) None of the above / उपर्युक्त में से कोई नहीं

Exam: BPSC TRE 2.0 (18/12/2023) Paper-II

Answer: (a) Digha, West Bengal / दीघा, पश्चिम बंगाल

Explanation :

- भारत का दूसरा पनडुब्बी संग्रहालय (Submarine Museum) पश्चिम बंगाल के दीघा (Digha) में बनाया गया है।
- इसमें भारतीय नौसेना की पनडुब्बी आईएनएस खुकरी (INS Khukri) को प्रदर्शित किया गया है।
- भारत का पहला पनडुब्बी संग्रहालय विशाखापत्तनम (Visakhapatnam) में है।
- इसका उद्देश्य लोगों को नौसैनिक इतिहास (Naval History) और समुद्री सुरक्षा (Maritime Defence) के बारे में जागरूक करना है।

43. National Education Policy (NEP) 2020 emphasizes vocational education from which grade?

राष्ट्रीय शिक्षा नीति 2020 किस ग्रेड से व्यावसायिक शिक्षा को मुख्यधारा में शामिल करने पर जोर देती है?

(a) Grade 6 / ग्रेड 6
(b) Grade 8 / ग्रेड 8
(c) Grade 10 / ग्रेड 10
(d) More than one of the above / उपर्युक्त में से एक से अधिक
(e) None of the above / उपर्युक्त में से कोई नहीं

Exam: 69th BPSC (Pre) 2023

Answer: (a) Grade 6 / ग्रेड 6

Explanation :

- राष्ट्रीय शिक्षा नीति 2020 (National Education Policy – NEP 2020) के अनुसार व्यावसायिक शिक्षा ग्रेड 6 (Grade 6) से शुरू होगी।
- छात्रों को इंटर्नशिप (Internship) और कौशल प्रशिक्षण (Skill Training) दिया जाएगा।
- इसका लक्ष्य 2025 तक 50% छात्रों (Students) को व्यावसायिक शिक्षा से जोड़ना है।
- इससे छात्रों में रोजगार कौशल (Employability Skills) और व्यावहारिक ज्ञान (Practical Knowledge) बढ़ेगा।

44. Which of the following pairs of sports tournaments are correctly matched?

खेल के सन्दर्भ में निम्नलिखित में से कौन-से जोड़े सही सुमेलित हैं?

1. Flushing Meadows : French Open / फ्लशिंग मीडोज : फ्रेंच ओपन
2. Venus Rosewater Dish : Wimbledon Trophy (Women)/ वीनस रोज़वाटर डिश : विंबलडन ट्रॉफी (महिला)
3. Roland Garros : U.S. Open / रोलैंड गैरोस : यू.एस. ओपन
4. Australian Open (Women) : Daphne Akhurst Memorial Cup/ ऑस्ट्रेलियन ओपन (महिला) : डैफ्ने अकहर्स्ट मेमोरियल कप

(a) 1 और 2
(b) 2 और 3
(c) 2 और 4
(d) More than one of the above / उपर्युक्त में से एक से अधिक
(e) None of the above / उपर्युक्त में से कोई नहीं

Exam: 69th BPSC (Pre) 2023

Answer:(c) 2 और 4

Explanation :

- वीनस रोज़वाटर डिश (Venus Rosewater Dish) विंबलडन की महिला एकल ट्रॉफी (Women's Singles Trophy) है।
- डैफ्ने अकहर्स्ट मेमोरियल कप (Daphne Akhurst Memorial Cup) ऑस्ट्रेलियन ओपन की महिला एकल विजेता ट्रॉफी (Australian Open Women's Trophy) है।
- फ्लशिंग मीडोज (Flushing Meadows) न्यूयॉर्क का स्टेडियम परिसर (Stadium Complex) है जहाँ यू.एस. ओपन (US Open) खेला जाता है।
- रोलैंड गैरोस (Roland Garros) पेरिस का टेनिस स्टेडियम (Tennis Stadium) है जहाँ फ्रेंच ओपन (French Open) आयोजित होता है।

45. Which of the following were formed under the influence of the Russian Revolution and USSR?

निम्नलिखित में से कौन-सा रूसी क्रांति तथा USSR के प्रभाव के तहत निर्मित हुआ था?

(a) Communist Party of Great Britain / ग्रेट ब्रिटेन का साम्यवादी दल
(b) Congress of the Peoples of the East (1920) / पूर्व के लोगों का सम्मेलन (1920)
(c) Comintern / कोमिन्टर्न
(d) More than one of the above / उपर्युक्त में से एक से अधिक
(e) None of the above / उपर्युक्त में से कोई नहीं

Exam: BPSC School Teacher 2023

Answer:(d)

Explanation :

- रूसी क्रांति (Russian Revolution 1917) के बाद समाजवाद का प्रभाव बढ़ा।
- Comintern (Communist International) 1919 में स्थापित हुआ।
- Congress of the Peoples of the East 1920 में बाकू में आयोजित हुआ।
- इसी प्रभाव से कई देशों में कम्युनिस्ट पार्टी (Communist Parties) का गठन हुआ।

46. Consider the following statements about the White House

'व्हाइट हाउस' के संबंध में निम्नलिखित कथनों पर विचार कीजिए :

1. The address of the White House is 1800 Pennsylvania Avenue. / व्हाइट हाउस का पता 1800 पेंसिल्वेनिया एवेन्यू है।
2. It is the official residence and workplace of the President of the USA. / यह संयुक्त राज्य अमेरिका के राष्ट्रपति का आधिकारिक निवास और कार्यस्थल है।
3. On 1 November 1800, John Adams became the first President to live in this building. / 1 नवम्बर 1800 को जॉन एडम्स इस भवन में रहने वाले पहले राष्ट्रपति बने।
4. It is a symbol of American democracy. / यह अमेरिकी लोकतंत्र का प्रतीक है।

(a) 1, 3 and 4
(b) Only 2 and 3
(c) 2, 3 and 4
(d) More than one of the above / उपर्युक्त में से एक से अधिक

(e) None of the above / उपर्युक्त में से कोई नहीं

Exam: 69th BPSC (Pre) 2023

Answer:(c) 2, 3 and 4

Explanation :

- व्हाइट हाउस का सही पता 1600 Pennsylvania Avenue (पेंसिल्वेनिया एवेन्यू) है, इसलिए पहला कथन गलत है।
- यह अमेरिका के राष्ट्रपति (President of USA) का आधिकारिक निवास (Official Residence) और कार्यालय (Workplace) है।
- John Adams (जॉन एडम्स) 1 नवम्बर 1800 को यहाँ रहने वाले पहले राष्ट्रपति बने।
- व्हाइट हाउस को अमेरिकी लोकतंत्र (Democracy) और कार्यपालिका (Executive Authority) का प्रतीक माना जाता है।

47. Who is the head of Russia's Wagner mercenary group?

रूस के वैगनर भाड़े के सैनिक समूह का मुखिया कौन है?

(a) Sergei Shoigu / सर्गेई शोइगु
(b) Yevgeny Prigozhin / येवगेनी प्रिगोझिन
(c) Alexander Lukashenko / अलेक्ज़ेंडर लुकाशेंको
(d) More than one of the above / उपर्युक्त में से एक से अधिक
(e) None of the above / उपर्युक्त में से कोई नहीं

Exam: 69th BPSC (Pre) 2023

Answer:(b) Yevgeny Prigozhin

Explanation :

- Wagner Group (वैगनर ग्रुप) रूस का एक निजी भाड़े का सैन्य संगठन (Private Military Company) है।
- इसका नेतृत्व Yevgeny Prigozhin (येवगेनी प्रिगोझिन) करते थे।
- यह संगठन कई देशों में सैन्य अभियानों (Military Operations) में शामिल रहा है।
- अगस्त 2023 में विमान दुर्घटना (Plane Crash) में प्रिगोझिन की मृत्यु हो गई।

48. G20 members represent

G20 सदस्य प्रतिनिधित्व करते हैं :

1. About 85% of global GDP / वैश्विक GDP का लगभग 85%
2. About 50% of global trade / वैश्विक व्यापार का लगभग 50%
3. About two-thirds of the world population / विश्व की लगभग दो-तिहाई जनसंख्या

(a) Only 1
(b) Only 1 and 3
(c) 1, 2 and 3
(d) More than one of the above / उपर्युक्त में से एक से अधिक
(e) None of the above / उपर्युक्त में से कोई नहीं

Exam: 69th BPSC (Pre) 2023

Answer:(b) Only 1 and 3

Explanation :

- G20 देश वैश्विक GDP (Gross Domestic Product) का लगभग 85% प्रतिनिधित्व करते हैं।
- यह विश्व की लगभग दो-तिहाई जनसंख्या (Two-third Population) को दर्शाते हैं।
- इनका वैश्विक व्यापार में हिस्सा लगभग 75% (Global Trade Share) है, न कि 50%।
- G20 एक प्रमुख आर्थिक सहयोग मंच (Economic Cooperation Forum) है।

49. When did Sri Lanka become independent?

श्रीलंका कब स्वतंत्र हुआ?

(a) 1945
(b) 1947
(c) 1948
(d) More than one of the above / उपर्युक्त में से एक से अधिक
(e) None of the above / उपर्युक्त में से कोई नहीं

Exam: BPSC School Teacher 2023

Answer:(c) 1948

Explanation :

- श्रीलंका को ब्रिटेन से 4 February 1948 (4 फरवरी 1948) को स्वतंत्रता मिली।
- उस समय इसका नाम Ceylon (सीलोन) था।
- 1972 में यह एक गणराज्य (Republic) बना और इसका नाम Sri Lanka (श्रीलंका) रखा गया।
- यह दक्षिण एशिया का एक द्वीपीय देश (Island Nation) है।

50. When was Ireland forcibly merged with the United Kingdom?

आयरलैंड को जबरदस्ती यूनाइटेड किंगडम में कब मिलाया गया?

(a) 1707
(b) 1798
(c) 1801
(d) More than one of the above / उपर्युक्त में से एक से अधिक
(e) None of the above / उपर्युक्त में से कोई नहीं

Exam: BPSC School Teacher 2023

Answer:(c) 1801

Explanation :

- 1801 में Act of Union (एक्ट ऑफ यूनियन) के माध्यम से आयरलैंड को ब्रिटेन में मिला दिया गया।
- इसके बाद United Kingdom of Great Britain and Ireland का गठन हुआ।
- 1921 में आयरलैंड का अधिकांश भाग अलग होकर Irish Free State (आयरिश फ्री स्टेट) बना।
- वर्तमान में केवल Northern Ireland (उत्तरी आयरलैंड) यूनाइटेड किंगडम का हिस्सा है।

51. Who is the author of the book "The Social Contract"?

'द सोशल कॉन्ट्रैक्ट' पुस्तक के लेखक कौन हैं?

(a) Thomas Hobbes / थॉमस हॉब्स
(b) John Locke / जॉन लॉक
(c) Jean-Jacques Rousseau / जीन-जैक रूसो
(d) More than one of the above / उपर्युक्त में से एक से अधिक
(e) None of the above / उपर्युक्त में से कोई नहीं

Exam: BPSC School Teacher 2023

Answer:(c) Jean-Jacques Rousseau

Explanation :

- The Social Contract (द सोशल कॉन्ट्रैक्ट) पुस्तक 1762 में Jean-Jacques Rousseau (जीन-जैक रूसो) ने लिखी।
- इसमें सामाजिक अनुबंध सिद्धांत (Social Contract Theory) का विस्तार से वर्णन किया गया है।
- रूसो ने जनसत्ता (Popular Sovereignty) और सामान्य इच्छा (General Will) की अवधारणा दी।
- इस पुस्तक का प्रभाव फ्रांसीसी क्रांति (French Revolution) पर पड़ा।

52. Who believed that "Socialist society is the natural society of the future"?

किसने माना कि "समाजवादी समाज भविष्य का प्राकृतिक समाज है"?

(a) Karl Marx / कार्ल मार्क्स
(b) Friedrich Engels / फ्रेडरिक एंगेल्स
(c) Robert Owen / रॉबर्ट ओवेन
(d) More than one of the above / उपर्युक्त में से एक से अधिक
(e) None of the above / उपर्युक्त में से कोई नहीं

Exam: BPSC School Teacher 2023

Answer: (a) Karl Marx

Explanation :

- Karl Marx (कार्ल मार्क्स) का मानना था कि भविष्य में समाज समाजवाद (Socialism) की ओर बढ़ेगा।
- उन्होंने ऐतिहासिक भौतिकवाद (Historical Materialism) का सिद्धांत दिया।
- मार्क्स ने वर्ग संघर्ष (Class Struggle) को इतिहास की मुख्य शक्ति बताया।
- उनकी प्रसिद्ध कृति Communist Manifesto (कम्युनिस्ट घोषणापत्र) है।

53. Which of the following can be considered the main reason for the decline of the rigid caste system in India?

भारत में कठोर जाति व्यवस्था के कमजोर होने का मुख्य कारण क्या माना जा सकता है?

(a) Constitution and its fundamental structure / संविधान तथा इसकी आधारभूत संरचना
(b) Social reforms and economic development / सामाजिक सुधार एवं आर्थिक विकास
(c) Literacy and educational development / साक्षरता एवं शिक्षा विकास
(d) More than one of the above / उपर्युक्त में से एक से अधिक
(e) None of the above / उपर्युक्त में से कोई नहीं

Exam: BPSC School Teacher 2023

Answer:(d) More than one of the above

Explanation :

- भारतीय संविधान (Indian Constitution) ने समानता का अधिकार (Right to Equality) प्रदान किया।
- सामाजिक सुधार आंदोलन (Social Reform Movements) ने जाति भेदभाव का विरोध किया।
- आर्थिक विकास (Economic Development) से पेशागत बदलाव आए।
- शिक्षा और साक्षरता (Education & Literacy) ने सामाजिक जागरूकता बढ़ाई।

54. In the Amazon Basin, what is a large house with a steep sloping roof called?

अमेजन बेसिन में एक बड़े मकान को क्या कहा जाता है जिसकी छत तिरछी खड़ी ढाल होती है?

(a) Manioc / मैनीओक
(b) Maloca / मलोका
(c) Cassava / कसावा
(d) More than one of the above / उपर्युक्त में से एक से अधिक
(e) None of the above / उपर्युक्त में से कोई नहीं

Exam: BPSC School Teacher 2023

Answer:(b) Maloca

Explanation :

- Maloca (मलोका) अमेजन क्षेत्र का एक बड़ा सामुदायिक घर (Communal House) होता है।
- इसकी छत तिरछी ढाल (Sloping Roof) वाली होती है।
- इसमें कई परिवार (Families) एक साथ रहते हैं।
- यह अमेजन बेसिन (Amazon Basin) की पारंपरिक जनजातीय संस्कृति का हिस्सा है।

55. Which of the following statements is correct?

निम्नलिखित में से कौन-सा कथन सही है?

(a) According to the 2011 Census, the population of Sikkim is about 6 lakh. / 2011 की जनगणना के अनुसार सिक्किम की जनसंख्या लगभग 6 लाख है।
(b) Uttar Pradesh is the largest state in India by area. / क्षेत्रफल की दृष्टि से उत्तर प्रदेश भारत का सबसे बड़ा राज्य है।
(c) India's area is about 2.6% of the world's area. / भारत का क्षेत्रफल विश्व के क्षेत्रफल का लगभग 2.6% है।
(d) More than one of the above / उपर्युक्त में से एक से अधिक
(e) None of the above / उपर्युक्त में से कोई नहीं

Exam: BPSC School Teacher 2023

Answer: (a)According to the 2011 Census, the population of Sikkim is about 6 lakh. / 2011 की जनगणना के अनुसार सिक्किम की जनसंख्या लगभग 6 लाख है।

Explanation :

- 2011 की जनगणना (Census 2011) के अनुसार सिक्किम की जनसंख्या लगभग 6.1 लाख (6.1 lakh) है।
- भारत का सबसे बड़ा राज्य क्षेत्रफल के आधार पर राजस्थान (Rajasthan) है।
- भारत का क्षेत्रफल विश्व के कुल क्षेत्रफल का लगभग 2.4% (World Area Share) है।
- भारत विश्व का 7वां सबसे बड़ा देश (Seventh Largest Country) है।

56. Which of the following countries is a member of NATO?

निम्नलिखित में से कौन-सा देश नाटो (NATO) का सदस्य है?

(a) Belgium / बेल्जियम
(b) Canada / कनाडा
(c) Denmark / डेनमार्क
(d) More than one of the above / उपर्युक्त में से एक से अधिक
(e) None of the above / उपर्युक्त में से कोई नहीं

Exam: BPSC School Teacher 2023

Answer:(d)

Explanation :

- NATO (North Atlantic Treaty Organization) एक सैन्य गठबंधन (Military Alliance) है।
- इसकी स्थापना 1949 (1949) में हुई थी।
- बेल्जियम, कनाडा और डेनमार्क सभी नाटो सदस्य (NATO Members) हैं।
- इसका मुख्यालय ब्रसेल्स (Brussels) में है।

57. During lightning, which of the following is safe?

मेघगर्जन के समय निम्नलिखित में से क्या सुरक्षित है?

(a) Walking with an open umbrella / खुली छतरी लेकर चलना
(b) Taking shelter under a small tree / छोटे पेड़ के नीचे आश्रय लेना
(c) Standing in an open place / खुली जगह में खड़े रहना
(d) More than one of the above / उपर्युक्त में से एक से अधिक
(e) None of the above / उपर्युक्त में से कोई नहीं

Exam: BPSC School Teacher 2023

Answer:(b)Taking shelter under a small tree / छोटे पेड़ के नीचे आश्रय लेना

Explanation :

- मेघगर्जन बिजली (Lightning) के कारण होता है।
- बिजली बादलों और जमीन के बीच विद्युत निर्वहन (Electric Discharge) है।
- खुले स्थान और ऊँची वस्तुएँ बिजली गिरने के लिए अधिक संवेदनशील (Sensitive) होती हैं।
- छोटे पेड़ के नीचे आश्रय लेना अपेक्षाकृत सुरक्षित (Relatively Safe) माना जाता है।

58. Who said, "Neglect of our national identity is the root cause of India's problems"?

किसने कहा, "अपनी राष्ट्रीय पहचान की उपेक्षा भारत की समस्याओं का मूल कारण है"?

(a) Deendayal Upadhyaya / दीन दयाल उपाध्याय
(b) K. B. Hedgewar / केशव बलिराम हेडगेवार
(c) M. S. Golwalkar / माधव सदाशिव गोलवलकर
(d) More than one of the above / उपर्युक्त में से एक से अधिक
(e) None of the above / उपर्युक्त में से कोई नहीं

Exam: BPSC School Teacher 2023

Answer: (a) Deendayal Upadhyaya / दीन दयाल उपाध्याय

Explanation :

- यह कथन Deendayal Upadhyaya (दीन दयाल उपाध्याय) का है।
- वे एकात्म मानववाद (Integral Humanism) के प्रवर्तक थे।
- यह विचारधारा भारतीय सांस्कृतिक राष्ट्रवाद (Cultural Nationalism) पर आधारित है।
- वे भारतीय जनसंघ (Bharatiya Jana Sangh) के प्रमुख नेता थे।

Biology
(जीव विज्ञान)

जीव विज्ञान का परिचय और उसकी प्रमुख शाखाएँ (Introduction to Biology and its Major Branches)

1. Plants and animal cell differ in which of the following structure?

पौधों एवं पशु कोशिकाओं में अंतर निम्न में किस संरचना से स्पष्ट होता है?

(a) Nuclei / नाभिक
(b) Enzymes / एंजाइम
(c) Cell wall / कोशिका भित्ति
(d) More than one of the above / उपर्युक्त में से एक से अधिक
(e) None of the above / उपर्युक्त में से कोई नहीं

Exam: BPSC TRE 3.0 Exam 21/07/2024

Answer: (c) Cell wall / कोशिका भित्ति

Explanation:

- पौधों की कोशिकाओं में कोशिका भित्ति (Cell Wall) होती है, जबकि पशु कोशिकाओं में यह नहीं होती।
- कोशिका भित्ति मुख्यतः सेलुलोज (Cellulose) से बनी होती है।
- यह कोशिका को सुरक्षा (Protection) और आकार (Shape) प्रदान करती है।
- पशु कोशिकाओं में केवल कोशिका झिल्ली (Cell Membrane) होती है, भित्ति नहीं।

2. The science related to human physical education is

मानवीय सौंदर्य शिक्षा से सम्बन्धित विज्ञान है?

(a) Kalology / कालोलॉजी
(b) Kinetology / किनेटोलॉजी
(c) Psychology / साइकोलॉजी
(d) More than one of the above / उपर्युक्त में से एक से अधिक
(e) None of the above / उपर्युक्त में से कोई नहीं

Ncert Class - 11 Chapter 1

Answer: (a) Kalology / कालोलॉजी

Explanation:

- कालोलॉजी (Kalology) मानव के शारीरिक सौंदर्य से संबंधित विज्ञान है।
- इसमें जीवित प्राणी के शारीरिक बनावट और सुंदरता का अध्ययन किया जाता है।
- शरीर की संरचना और सौंदर्य से जुड़े पहलुओं का वैज्ञानिक विश्लेषण किया जाता है।
- किनेटोलॉजी में गति और शरीर की चाल का अध्ययन किया जाता है।
- साइकोलॉजी का संबंध मानव के मानसिक व्यवहार और मनोविज्ञान से होता है।

3. Pedology is related to the scientific study of

पेडोलॉजी किस वैज्ञानिक अध्ययन से सम्बन्धित है?

(a) Atmosphere / वायुमण्डल
(b) Soil / मिट्टी
(c) Nature / प्रकृति
(d) More than one of the above / उपर्युक्त में से एक से अधिक
(e) None of the above / उपर्युक्त में से कोई नहीं

Ncert Class - 11 Chapter 1

Answer: (b) Soil / मिट्टी

Explanation:

- मृदा विज्ञान (Pedology) भूगोल की एक प्रमुख शाखा है।
- इसमें मिट्टी के निर्माण, संरचना और वितरण का वैज्ञानिक अध्ययन किया जाता है।
- पृथ्वी की ऊपरी सतह के कणों को मृदा (Soil) कहा जाता है।
- मृदा पौधों की वृद्धि और कृषि के लिए महत्वपूर्ण होती है।
- पेडोलॉजी में मिट्टी के भौतिक, रासायनिक और जैविक गुणों का अध्ययन किया जाता है।

कोशिका व कोशिका संरचना, विभाजन
Cell Structure and Cell Division

4. If a bacterium cell divides in every 15 min, how many bacteria will be formed in 2 hours?

यदि एक जीवाणु कोशिका प्रत्येक 15 मिनट में विभक्त होती है तो 2 घंटे में कितने जीवाणु निर्मित होंगे?

(a) 16
(b) 8
(c) 64
(d) 256
(e) None of the above / उपर्युक्त में से कोई नहीं

Exam: BPSC TRE 3.0 Exam 21/07/2024

Answer: (d) 256

Explanation:

- जीवाणु कोशिका द्विखंडन (Binary Fission) द्वारा विभाजित होती है।
- 2 घंटे = 120 मिनट होते हैं।
- हर 15 मिनट में एक विभाजन होता है, इसलिए कुल 8 विभाजन (Divisions) होंगे।
- प्रत्येक विभाजन में कोशिकाएँ दोगुनी (Doubling) हो जाती हैं → 28 = 2562^8 = 25628 = 256।
- इसलिए कुल 256 जीवाणु कोशिकाएँ (Bacterial Cells) बनेंगी।

5. The number of sex chromosomes in a human kidney cell is

मानव गुर्दे की कोशिका में लिंग गुणसूत्रों की संख्या होती है

(a) one pair / एक जोड़ा
(b) two pairs / दो जोड़ा
(c) three pairs / तीन जोड़ा
(d) More than one of the above / उपर्युक्त में से एक से अधिक
(e) None of the above / उपर्युक्त में से कोई नहीं

Exam: BPSC TRE 2.0 14/12/2023 (Paper-I)

Answer: (a) one pair / एक जोड़ा

Explanation:

- मानव शरीर की प्रत्येक दैहिक कोशिका (Somatic Cell) में कुल 46 गुणसूत्र (Chromosomes) होते हैं।
- इनमें 23 जोड़ी गुणसूत्र (23 Pairs) होते हैं।
- इनमें से 22 जोड़ी स्वायत्त गुणसूत्र (Autosomes) होते हैं।
- शेष 1 जोड़ी लिंग गुणसूत्र (Sex Chromosomes) होती है।
- पुरुष में XY तथा महिला में XX होते हैं।

6. Genes on chromosomes are arranged in

गुणसूत्र पर जीन की ______ व्यवस्था होती है

(a) spiral manner / चक्रीय
(b) diffused manner / विस्तृत
(c) linear manner / रैखिक
(d) More than one of the above / उपर्युक्त में से एक से अधिक
(e) None of the above / उपर्युक्त में से कोई नहीं

Exam: BPSC TRE 2.0 07/12/2023 Shift-II (Paper-III)

Answer: (c) linear manner / रैखिक

Explanation:

- जीन डीएनए (DNA – Deoxyribonucleic Acid) के खंड होते हैं।
- प्रत्येक गुणसूत्र पर जीन रैखिक क्रम (Linear Sequence) में व्यवस्थित होते हैं।
- प्रत्येक जीन का गुणसूत्र पर एक निश्चित स्थान होता है जिसे लोकस (Locus) कहते हैं।
- समान स्थान पर उपस्थित जीन के रूपों को एलील (Allele) कहते हैं।
- जीन जीवों के आनुवंशिक लक्षण (Genetic Traits) निर्धारित करते हैं।

7. What is the full form of mRNA?

'mRNA' का विस्तारित रूप क्या है?

(a) Messenger Ribonucleic Acid / मैसेंजर राइबोन्यूक्लिक एसिड
(b) Mutant Ribonucleic Acid / म्यूटेंट राइबोन्यूक्लिक एसिड
(c) Modified Ribonucleic Acid / मॉडिफाइड राइबोन्यूक्लिक एसिड
(d) More than one of the above / उपर्युक्त में से एक से अधिक
(e) None of the above / उपर्युक्त में से कोई नहीं

Exam: 69th BPSC (Pre) 2023

Answer: (a) Messenger Ribonucleic Acid / मैसेंजर राइबोन्यूक्लिक एसिड

Explanation:

- mRNA (Messenger RNA) प्रोटीन संश्लेषण में महत्वपूर्ण भूमिका निभाता है।
- यह डीएनए (DNA) से आनुवंशिक सूचना लेकर राइबोसोम तक पहुँचाता है।
- राइबोसोम में इस सूचना के आधार पर प्रोटीन संश्लेषण (Protein Synthesis) होता है।

8. The most important cell type related to immunity is

शरीर की प्रतिरोधक क्षमता से जुड़ी सबसे महत्वपूर्ण कोशिका प्रकार है

(a) Platelet / प्लेटलेट
(b) Lymphocyte / लिम्फोसाइट
(c) RBC / लाल रक्त कोशिका
(d) More than one of the above / उपर्युक्त में से एक से अधिक
(e) None of the above / उपर्युक्त में से कोई नहीं

Exam: BPSC School Teacher 2023 (Paper-IV)

Answer: (b) Lymphocyte / लिम्फोसाइट

Explanation:

- लिम्फोसाइट श्वेत रक्त कोशिका (White Blood Cell) का एक प्रकार है।
- यह शरीर की प्रतिरक्षा प्रणाली (Immune System) का महत्वपूर्ण भाग है।
- ये एंटीबॉडी (Antibodies) बनाकर रोगाणुओं से लड़ते हैं।

9. In Bryophyte spore mother cell is

ब्रायोफाइट में बीजाणु मातृ कोशिका होती है

(a) Haploid / अगुणित
(b) Diploid / द्विगुणित
(c) Triploid / त्रिगुणित
(d) More than one of the above / उपर्युक्त में से एक से अधिक.
(e) None of the above / उपर्युक्त में से कोई नहीं

Exam: BPSC School Teacher 2023 (Paper-III)

Answer: (b) Diploid / द्विगुणित

- ब्रायोफाइट में स्पोरोफाइट अवस्था (Sporophyte Stage) द्विगुणित होती है।
- बीजाणु मातृ कोशिका मीओसिस (Meiosis) द्वारा विभाजित होती है।
- इससे हैप्लॉइड बीजाणु (Haploid Spores) बनते हैं।

10. For energy production cells mainly use

ऊर्जा उत्पादन के लिए कोशिका प्राय: किसका उपयोग करती है

(a) Amino acids / अमीनो अम्ल
(b) Glucose / ग्लूकोज
(c) Fatty acids / वसा अम्ल
(d) More than one of the above / उपर्युक्त में से एक से अधिक
(e) None of the above / उपर्युक्त में से कोई नहीं

Exam: BPSC School Teacher 2023 (Paper-II Shift-2)

Answer: (b) Glucose / ग्लूकोज

- ग्लूकोज कोशिका का मुख्य ऊर्जा स्रोत (Energy Source) है।
- यह कोशिकीय श्वसन (Cellular Respiration) द्वारा टूटता है।
- इससे ATP (Adenosine Triphosphate) बनता है।

11. Lysosomes are

लाइसोसोम होते हैं —

(a) Digestive centre / पाचन केन्द्र
(b) Excavation centre / खुदाई केन्द्र
(c) Excretion centre / उत्सर्जन केन्द्र
(d) More than one of the above / उपर्युक्त में से एक से अधिक
(e) None of the above / उपर्युक्त में से कोई नहीं

Ncert Class - 8 Chapter 8

Answer: (a) Digestive centre / पाचन केन्द्र

Explanation:

- लाइसोसोम कोशिका के पाचन केंद्र के रूप में कार्य करते हैं।
- इनमें पाचक एंजाइम होते हैं जो कोशिका के भीतर पदार्थों का पाचन करते हैं।
- ये कोशिका के अवांछित या क्षतिग्रस्त भागों को नष्ट करने में भी सहायक होते हैं।

- इसी कारण लाइसोसोम को "आत्महत्या की थैली" (Suicide bag) भी कहा जाता है।
- लाइसोसोम की खोज 1958 में क्रिश्चियन डी-ड्यूव ने की थी।

12. The color of skin is determined by

त्वचा का रंग निम्न में से किसे द्वारा निर्धारित होता है?

(a) Lymphocyte / लिम्फोसाइट
(b) Monocyte / मोनोसाइट
(c) Melanocyte / मेलानोसाइट
(d) More than one of the above / उपर्युक्त में से एक से अधिक
(e) None of the above / उपर्युक्त में से कोई नहीं

Ncert Class - 8 Chapter 8

Answer: (c) Melanocyte / मेलानोसाइट

Explanation:

- त्वचा का रंग मेलानिन (Melanin) नामक वर्णक द्वारा निर्धारित होता है।
- मेलानिन का निर्माण त्वचा की मेलानोसाइट (Melanocyte) कोशिकाओं में होता है।
- मेलानिन की मात्रा के आधार पर त्वचा का रंग हल्का या गहरा दिखाई देता है।
- अधिक मेलानिन होने पर त्वचा गहरी (काली/भूरी) दिखाई देती है।
- कम मेलानिन होने पर त्वचा हल्की दिखाई देती है।

पोषक पदार्थ / Nutrients

13. Which part of DNA provides information for protein?

डी.एन.ए. का कौन-सा भाग प्रोटीन की सूचना देता है?

(a) Chromosome / क्रोमोसोम
(b) RNA / आर.एन.ए.
(c) Gene / जीन
(d) More than one of the above / उपर्युक्त में से एक से अधिक
(e) None of the above / उपर्युक्त में से कोई नहीं

Exam: BPSC TRE-3.0 (1-5) Exam-2024 (Cancelled)

Answer: (c) Gene / जीन

Explanation:

- DNA का वह भाग जो प्रोटीन के लिए सूचना देता है, जीन (Gene) कहलाता है।
- जीन आनुवंशिक सूचना (Genetic Information) को वहन करते हैं।
- जीन के आधार पर शरीर के विभिन्न लक्षण (Traits) निर्धारित होते हैं।
- मनुष्य में लगभग 20,000 जीन पाए जाते हैं।

14. Glycogen stored in liver and muscles of human body is in form of

मानव शरीर के यकृत एवं मांसपेशियों में संचित ग्लाइकोजन का रूप होता है

(a) Polysaccharide / पॉलीसैकराइड
(b) Monosaccharide / मोनोसैकराइड
(c) Protein / प्रोटीन
(d) More than one of the above / उपर्युक्त में से एक से अधिक
(e) None of the above / उपर्युक्त में से कोई नहीं

Exam: BPSC TRE-3.0 Exam 21/07/2024

Answer: (a) Polysaccharide / पॉलीसैकराइड

Explanation:

- ग्लाइकोजन कई ग्लूकोज (Glucose) अणुओं से मिलकर बना होता है।
- इसलिए यह बहुल शर्करा (Polysaccharide) है।
- इसे पशु स्टार्च (Animal Starch) भी कहा जाता है।
- यह यकृत और मांसपेशियों में संचित ऊर्जा (Stored Energy) के रूप में पाया जाता है।

15. Which of the following is true about respiration?

श्वसन प्रक्रिया के लिए निम्न में कौन-सा कथन सत्य है?

(a) Energy is released and stored in form of ADP / ऊर्जा मुक्त होती है तथा ADP के रूप में संग्रहित होती है
(b) Energy is not released at all / ऊर्जा बिल्कुल भी मुक्त नहीं होती
(c) Energy is released and stored in form of ATP / ऊर्जा मुक्त होती है तथा ATP के रूप में संग्रहित होती है

(d) More than one of the above / उपर्युक्त में से एक से अधिक

(e) None of the above / उपर्युक्त में से कोई नहीं

Exam: BPSC TRE-3.0 (6-8) Re-exam 19/07/2024

Answer: (c) Energy is released and stored in form of ATP / ऊर्जा मुक्त होती है तथा ATP के रूप में संग्रहित होती है

Explanation:

- श्वसन वह प्रक्रिया है जिसमें भोजन का ऑक्सीकरण (Oxidation) होता है।
- इससे ऊर्जा निकलती है और ATP (Adenosine Triphosphate) में संग्रहित होती है।
- ATP को कोशिका की ऊर्जा मुद्रा (Energy Currency) कहा जाता है।
- श्वसन का सामान्य समीकरण:

16. The enzyme which is mixed with food in our mouth is

वह एंजाइम, जो हमारे मुँह में भोजन के साथ मिलता है

(a) Pepsin / पेप्सिन

(b) Peroxidase / पेरॉक्सीडेज

(c) Amylase / एमाइलेज

(d) More than one of the above / उपर्युक्त में से एक से अधिक

(e) None of the above / उपर्युक्त में से कोई नहीं

Exam: BPSC TRE-2.0 09/12/2023 (Paper-II)

Answer: (c) Amylase / एमाइलेज

Explanation:

- एमाइलेज (Amylase) लार ग्रंथियों द्वारा स्रावित एंजाइम है।
- यह मुँह में भोजन के साथ मिलकर स्टार्च (Starch) को तोड़ना शुरू करता है।
- स्टार्च के पाचन को कार्बोहाइड्रेट पाचन (Carbohydrate Digestion) कहते हैं।
- इसलिए पाचन की प्रक्रिया मुख (Mouth) से ही शुरू हो जाती है।

17. What is the chemical name of Vitamin B_{12}?

विटामिन B_{12} का रासायनिक नाम क्या है?

(a) Thiamine / थायमिन

(b) Cobalamin / कोबालामिन

(c) Niacin / नियासिन

(d) More than one of the above / उपर्युक्त में से एक से अधिक

(e) None of the above / उपर्युक्त में से कोई नहीं

Exam: BPSC School Teacher 2023 (Paper-II Shift-2)

Answer: (b) Cobalamin / कोबालामिन

Explanation:

- विटामिन B_{12} का रासायनिक नाम कोबालामिन (Cobalamin) है।
- यह लाल रक्त कोशिकाओं (Red Blood Cells) के निर्माण में सहायक होता है।
- इसकी कमी से एनीमिया (Anaemia) हो सकता है।
- यह मुख्यतः मांस, दूध और अंडे जैसे खाद्य पदार्थों में पाया जाता है।

18. Which fiber is found in large amount in vegetarian food?

शाकाहारी भोजन में निम्न में से कौन-सी शर्करा विपुल मात्रा में पाई जाती है?

(a) Amylose / एमाइलोस

(b) Lactose / लैक्टोज

(c) Cellulose / सेल्यूलोज

(d) More than one of the above / उपर्युक्त में से एक से अधिक

(e) None of the above / उपर्युक्त में से कोई नहीं

Ncert Class - 7 Chapter 1

Answer: (c) Cellulose / सेल्यूलोज

Explanation:

- शाकाहारी भोजन में सेल्यूलोज प्रचुर मात्रा में पाया जाता है।
- सेल्यूलोज एक बहुलक (polymer) है जो अनेक ग्लूकोज अणुओं से मिलकर बना होता है।
- यह पौधों की कोशिका भित्ति का मुख्य घटक होता है।
- हरी सब्जियों और फलों में आहार रेशा (dietary fiber) के रूप में पाया जाता है।
- कपास के रेशों का लगभग 90% भाग सेल्यूलोज से बना होता है।

19. Pulses are a good source of

दाल अच्छा स्रोत होता है—

(a) Protein / प्रोटीन का
(b) Cellulose / सेल्यूलोज का
(c) Fat and carbohydrate / वसा एवं कार्बोहाइड्रेट का
(d) More than one of the above / उपर्युक्त में से एक से अधिक
(e) None of the above / उपर्युक्त में से कोई नहीं

Ncert Class - 7 Chapter 1

Answer: (a) Protein / प्रोटीन का

Explanation:

- दालें प्रोटीन का अच्छा स्रोत होती हैं।
- इनमें प्रोटीन के साथ विटामिन और खनिज लवण भी पाए जाते हैं।
- मानव आहार में प्रोटीन शरीर की वृद्धि और ऊतकों की मरम्मत के लिए आवश्यक होता है।
- दालें विशेष रूप से शाकाहारी लोगों के लिए महत्वपूर्ण प्रोटीन स्रोत हैं।
- दालों में आयरन और फाइबर भी अच्छी मात्रा में पाए जाते हैं।

20. Which enzyme converts glucose into ethanol?

कौन-सा एन्जाइम ग्लूकोज को इथेनॉल में परिवर्तित करता है?

(a) Invertase / इन्वर्टेज
(b) Zymase / जाइमेज
(c) Lactase / लैक्टेज
(d) More than one of the above / उपर्युक्त में से एक से अधिक
(e) None of the above / उपर्युक्त में से कोई नहीं

Ncert Class - 7 Chapter 1

Answer: (b) Zymase / जाइमेज

Explanation:

- जाइमेज (Zymase) एक एन्जाइम समूह है जो किण्वन प्रक्रिया में कार्य करता है।
- यह एन्जाइम ग्लूकोज को इथेनॉल और कार्बन डाइऑक्साइड में परिवर्तित करता है।
- यह प्रक्रिया सामान्यतः यीस्ट (खमीर) की कोशिकाओं में होती है।
- किण्वन के दौरान ऊर्जा उत्पन्न होती है और अल्कोहल बनता है।
- इस प्रक्रिया का उपयोग मदिरा निर्माण और जैव ईंधन उत्पादन में किया जाता है।

आनुवंशिकी तथा विकास
Genetics and Evolution

21. The term 'heredity' chiefly refers to

आनुवंशिकता' शब्द मुख्य रूप से किसे संदर्भित करता है?

(a) Anatomy / शरीर-रचना
(b) Meiosis / अर्धसूत्री विभाजन
(c) Genetics / आनुवंशिकी
(d) More than one of the above / उपर्युक्त में से एक से अधिक
(e) None of the above / उपर्युक्त में से कोई नहीं

Exam: BPSC TRE 2.0 15/12/2023 (Paper-IV)

Answer: (c) Genetics / आनुवंशिकी

Explanation:

- आनुवंशिकता (Heredity) वह प्रक्रिया है जिसमें लक्षण पीढ़ी-दर-पीढ़ी (Generation to Generation) स्थानांतरित होते हैं।
- इन लक्षणों के अध्ययन को आनुवंशिकी (Genetics) कहा जाता है।
- आनुवंशिक लक्षण जीन (Genes) द्वारा नियंत्रित होते हैं।
- ग्रेगर जॉन मेंडल (Gregor Johann Mendel) को आनुवंशिकी का जनक कहा जाता है।

22. The study of inheritance from one generation to another is known as

/ एक पीढ़ी से दूसरी पीढ़ी में वंशागति के अध्ययन को कहते हैं

(a) Genetics / आनुवंशिकी
(b) Microbiology / सूक्ष्म-जीवविज्ञान
(c) Cytology / कोशिका-विज्ञान
(d) More than one of the above / उपर्युक्त में से एक से अधिक
(e) None of the above / उपर्युक्त में से कोई नहीं

Exam: BPSC TRE 2.0 09/12/2023 (Paper-II)

Answer: (a) Genetics / आनुवंशिकी

Explanation:

- आनुवंशिकी (Genetics) जीवों में लक्षणों के संचरण (Inheritance) का अध्ययन है।
- इसमें माता-पिता से संतान में आनुवंशिक गुण (Hereditary Traits) के स्थानांतरण का अध्ययन किया जाता है।
- यह अध्ययन मुख्यतः जीन (Genes) और गुणसूत्र (Chromosomes) पर आधारित होता है।
- आनुवंशिकी के जनक ग्रेगर मेंडल (Gregor Mendel) माने जाते हैं।

23. Who discovered the double helix structure of DNA?

डी.एन.ए. की डबल हेलिक्स संरचना की खोज किसके द्वारा की गई थी?

(a) James Watson and Francis Crick / जेम्स वॉटसन और फ्रांसिस क्रिक

(b) Rosalind Franklin and Maurice Wilkins / रोजलिंड फ्रैंकलिन और मॉरिस विल्किंस

(c) Linus Pauling / लिनस पॉलिंग

(d) Gregor Mendel / ग्रेगर मेंडल

(e) None of the above / उपर्युक्त में से कोई नहीं

Exam: 69th BPSC (Pre) 2023

Answer: (a) James Watson and Francis Crick / जेम्स वॉटसन और फ्रांसिस क्रिक

Explanation:

- 1953 में जेम्स वॉटसन (James Watson) और फ्रांसिस क्रिक (Francis Crick) ने DNA की डबल हेलिक्स संरचना (Double Helix Structure) का प्रस्ताव दिया।
- यह खोज रोजलिंड फ्रैंकलिन (Rosalind Franklin) के एक्स-रे विवर्तन (X-ray Diffraction) चित्रों पर आधारित थी।
- DNA दो न्यूक्लियोटाइड शृंखलाओं (Nucleotide Chains) से बना होता है जो कुंडली के रूप में होती हैं।
- यह संरचना जीवों में आनुवंशिक सूचना (Genetic Information) के संचरण का आधार है।

24. Clones of animals are prepared by the study of ______

______ के अध्ययन से जानवरों के क्लोन तैयार किए जाते हैं

(a) Genetics / आनुवंशिकी

(b) Ecology / पारिस्थितिकी

(c) Biotechnology / जैव प्रौद्योगिकी

(d) More than one of the above / उपर्युक्त में से एक से अधिक

(e) None of the above / उपर्युक्त में से कोई नहीं

Ncert Class - 10 Chapter 9

Answer: (c) Biotechnology / जैव प्रौद्योगिकी

Explanation:

- जैव प्रौद्योगिकी (Biotechnology) की सहायता से जानवरों के क्लोन तैयार किए जाते हैं।
- क्लोन किसी जीव की आनुवंशिक रूप से समान प्रतिकृति होता है।
- यह प्रक्रिया सामान्यतः कृत्रिम विधियों द्वारा की जाती है।
- क्लोन अपने जनक से शारीरिक और आनुवंशिक रूप से समान होता है।
- किसी जीव की प्रतिकृति बनाने की प्रक्रिया को क्लोनिंग कहा जाता है।

25. The probability of the birth of a son and daughter is

बेटा या बेटी के जन्म की संभावना है—

(a) 1 : 2 (b) 2 : 1

(c) 1 : 1

(d) More than one of the above / उपर्युक्त में से एक से अधिक

(e) None of the above / उपर्युक्त में से कोई नहीं

Ncert Class - 10 Chapter 9

Answer: (c) 1 : 1

Explanation:

- मनुष्य में लिंग निर्धारण लैंगिक गुणसूत्रों (Sex chromosomes) द्वारा होता है।
- मनुष्य में कुल 46 गुणसूत्र होते हैं, जिनमें 44 स्वायत्त और 2 लैंगिक गुणसूत्र होते हैं।
- महिलाओं में लैंगिक गुणसूत्र XX तथा पुरुषों में XY होते हैं।
- निषेचन के समय पिता के X या Y गुणसूत्र के मिलने से बेटी (XX) या बेटा (XY) का जन्म होता है।
- दोनों संभावनाएँ समान होने के कारण बेटा और बेटी के जन्म की संभावना 1 : 1 होती है।

आनुवंशिकी तथा विकास
Genetics and Evolution

26. The process of determining the relative position of genes on a chromosome is called

/ किसी गुणसूत्र पर जीनों की आपेक्षिक स्थिति ज्ञात करने की प्रक्रिया कहलाती है

(a) Genome walking / जीनोम का चलन
(b) Chromosome walking / गुणसूत्र का चलन
(c) Gene mapping / जीन मानचित्रण
(d) More than one of the above / उपर्युक्त में से एक से अधिक
(e) None of the above / उपर्युक्त में से कोई नहीं

Exam: BPSC School Teacher 2023 (Paper-III)

Answer: (c) Gene mapping / जीन मानचित्रण

Explanation:

- जीन मानचित्रण (Gene Mapping) वह प्रक्रिया है जिसमें गुणसूत्र पर जीनों की आपेक्षिक स्थिति (Relative Position) निर्धारित की जाती है।
- इससे यह पता चलता है कि विभिन्न जीन गुणसूत्र (Chromosome) पर किस क्रम में स्थित हैं।
- इस तकनीक का उपयोग आनुवंशिक रोगों (Genetic Diseases) की पहचान में किया जाता है।
- यह विधि जीन इंजीनियरिंग (Genetic Engineering) और जैव-प्रौद्योगिकी में महत्वपूर्ण है।

27. The process of transmission of characters from parents to offspring is called

माता-पिता से संतति में लक्षणों के पहुँचने की प्रक्रिया को कहते हैं

(a) Transformation / रूपांतरण
(b) Heredity / आनुवंशिकता
(c) Gene / जीन
(d) More than one of the above / उपर्युक्त में से एक से अधिक
(e) None of the above / उपर्युक्त में से कोई नहीं

Exam: BPSC School Teacher 2023 (Paper-II) Shift-1

Answer: (b) Heredity / आनुवंशिकता

Explanation:

- माता-पिता से संतानों में लक्षणों (Traits) के स्थानांतरण को आनुवंशिकता (Heredity) कहते हैं।
- जो गुण पीढ़ी-दर-पीढ़ी स्थानांतरित होते हैं उन्हें आनुवंशिक लक्षण (Hereditary Traits) कहा जाता है।
- इन लक्षणों का अध्ययन आनुवंशिकी (Genetics) के अंतर्गत किया जाता है।
- ग्रेगर मेंडल (Gregor Mendel) को आनुवंशिकी का जनक कहा जाता है।

जीव जगत का वर्गीकरण
Classification of Living Organisms

28. What is true for phylum Echinodermata?

संघ इकाइनोडर्मेटा के लिए क्या सत्य है?

(a) They are triploblastic and have coelomic cavity / यह त्रिस्तरीय हैं और इनमें सीलोमिक गुहा होती है
(b) They have a peculiar water driven tube system / इनमें विशिष्ट जल संवहन नाल तंत्र होता है
(c) They are exclusively free-living marine animals / यह विशेष रूप से मुक्त जीव समुद्री जन्तु हैं
(d) More than one of the above / उपर्युक्त में से एक से अधिक
(e) None of the above / उपर्युक्त में से कोई नहीं

Exam: BPSC TRE 3.0 (1-5) Re-exam 20/07/2024

Answer: (d) More than one of the above / उपर्युक्त में से एक से अधिक

Explanation:

- इकाइनोडर्मेटा (Echinodermata) समुद्री जीव होते हैं, जैसे स्टारफिश (Starfish) और सी अर्चिन (Sea Urchin)।
- ये त्रिस्तरीय (Triploblastic) तथा सच्ची देहगुहा (Coelom) वाले जीव होते हैं।
- इनमें जल संवहन तंत्र (Water Vascular System) पाया जाता है जो गति और भोजन ग्रहण में सहायता करता है।
- इनके शरीर में प्रायः पंचरश्मीय सममिति (Pentamerous Radial Symmetry) होती है।

29. Which branch of botany is concerned with the study of photosynthesis?

प्रकाश-संश्लेषण के अध्ययन से संबंधित वनस्पति विज्ञान

की शाखा है

(a) Plant Taxonomy / पादप वर्गिकी
(b) Ecology / पारिस्थितिकी
(c) Plant Physiology / पादप कार्यिकी
(d) More than one of the above / उपर्युक्त में से एक से अधिक
(e) None of the above / उपर्युक्त में से कोई नहीं

Exam: BPSC TRE 2.0 09/12/2023 (Paper-II)

Answer: (c) Plant Physiology / पादप कार्यिकी

Explanation:

- पादप कार्यिकी (Plant Physiology) पौधों में होने वाली जैविक क्रियाओं का अध्ययन करती है।
- इसमें प्रकाश-संश्लेषण (Photosynthesis), श्वसन, वाष्पोत्सर्जन आदि प्रक्रियाएँ शामिल हैं।
- प्रकाश-संश्लेषण में पौधे कार्बन डाइऑक्साइड (CO_2) और जल (H_2O) से भोजन बनाते हैं।
- इस प्रक्रिया में क्लोरोफिल (Chlorophyll) और सूर्य का प्रकाश आवश्यक होता है।

मोनेरा जगत / Kingdom Monera

30. The decomposers of dead organisms is/are

मृत जीवों के अपघटक हैं

(a) Viruses / वायरस
(b) Bacteria / जीवाणु
(c) Fungi / कवक
(d) More than one of the above / उपर्युक्त में से एक से अधिक
(e) None of the above / उपर्युक्त में से कोई नहीं

Exam: BPSC TRE 2.0 07/12/2023 Shift-II (Paper-III)

Answer: (d) More than one of the above / उपर्युक्त में से एक से अधिक

Explanation:

- अपघटक (Decomposers) मृत पौधों और जानवरों को सरल पदार्थों में तोड़ते हैं।
- प्रमुख अपघटक जीवाणु (Bacteria) और कवक (Fungi) होते हैं।
- ये मृत कार्बनिक पदार्थों को खनिज (Minerals) में बदलते हैं।
- इससे पोषक चक्र (Nutrient Cycle) और पारिस्थितिकी तंत्र संतुलित रहता है।

31. Who discovered bacteria?

/ बैक्टीरिया की खोज किसने की?

(a) Leeuwenhoek / ल्यूवेनहॉक
(b) Robert Hooke / रॉबर्ट हुक
(c) Robert Koch / रॉबर्ट कोच
(d) More than one of the above / उपर्युक्त में से एक से अधिक
(e) None of the above / उपर्युक्त में से कोई नहीं

Ncert Class - 11 Chapter 4

Answer: (a) Leeuwenhoek / ल्यूवेनहॉक

Explanation:

- बैक्टीरिया की खोज एंटोनी वॉन ल्यूवेनहॉक (Antonie van Leeuwenhoek) ने की थी।
- उन्होंने साधारण सूक्ष्मदर्शी (microscope) का उपयोग करके सूक्ष्म जीवों को पहली बार देखा।
- उन्होंने इन सूक्ष्म जीवों को "एनिमलक्यूल्स" (Animalcules) कहा था।
- उनकी खोज से सूक्ष्मजीव विज्ञान (Microbiology) के अध्ययन की शुरुआत हुई।
- ल्यूवेनहॉक को सूक्ष्मजीव विज्ञान का जनक भी कहा जाता है।

कवक जगत (Kingdom Fungi)

32. The relationship between algae and fungi in lichens is called as

लाइकेन में शैवाल एवं कवक का रिश्ता क्या कहलाता है

(a) Commensalism / सहभोजिता
(b) Protocooperation / आदान-सहयोग
(c) Mutualism / सहोपकारिता
(d) More than one of the above / उपर्युक्त में से एक से अधिक
(e) None of the above / उपर्युक्त में से कोई नहीं

Exam: BPSC TRE 3.0 (1-5) Re-exam 20/07/2024

Answer: (c) Mutualism / सहोपकारिता

Explanation:

- लाइकेन (Lichen) में शैवाल (Algae) और कवक (Fungi) का सहजीवी संबंध होता है।
- शैवाल प्रकाश-संश्लेषण (Photosynthesis) द्वारा भोजन बनाता है।
- कवक शैवाल को जल (Water) और खनिज (Minerals) प्रदान करता है।
- इसलिए यह संबंध सहोपकारिता (Mutualism) कहलाता है।

33. Ray fungi are called

रे फंगी हैं —

(a) Actinomycetes / एक्टिनोमायसेट्स
(b) Ascomycetes / एस्कोमायसेट्स
(c) Basidiomycetes / बेसिडियोमायसेट्स
(d) More than one of the above / उपर्युक्त में से एक से अधिक
(e) None of the above / उपर्युक्त में से कोई नहीं

Ncert Class - 11 Chapter 4

Answer: (a) Actinomycetes / एक्टिनोमायसेट्स

Explanation:

- रे कवक को एक्टिनोमायसेट्स (Actinomycetes) भी कहा जाता है।
- इनमें कवक और बैक्टीरिया दोनों के लक्षण पाए जाते हैं।
- ये मिट्टी में पाए जाने वाले सूक्ष्मजीव होते हैं।
- इनसे कई महत्वपूर्ण एंटीबायोटिक जैसे स्ट्रेप्टोमाइसिन प्राप्त किए जाते हैं।
- जैव प्रौद्योगिकी और औषधि निर्माण में इनका विशेष महत्व है।

34. 'Khameer', which is used in making bread, is

'खमीर', जिसका प्रयोग ब्रेड बनाने में किया जाता है, है—

(a) Seed / बीज
(b) Bacteria / बैक्टीरिया
(c) Plant / पौधा
(d) More than one of the above / उपर्युक्त में से एक से अधिक
(e) None of the above / उपर्युक्त में से कोई नहीं

Answer: (c) Plant / पौधा

Ncert Class - 11 Chapter 4

Explanation:

- खमीर एक सूक्ष्म जीव है जिसका उपयोग ब्रेड बनाने में किया जाता है।
- यह किण्वन की प्रक्रिया द्वारा शर्करा को अल्कोहल और कार्बन डाइऑक्साइड में बदल देता है।
- कार्बन डाइऑक्साइड के कारण आटा फूल जाता है, जिससे ब्रेड नरम बनती है।
- खमीर का उपयोग बेकरी उत्पादों और किण्वन प्रक्रियाओं में किया जाता है।
- यह भोजन उद्योग में बहुत महत्वपूर्ण सूक्ष्म जीव है।

पादप जगत (Plant Kingdom)

35. Asexual reproduction takes place through budding in ______

अलैंगिक जनन मुकुलन द्वारा होता है______

(a) Yeast / यीस्ट में
(b) Amoeba / अमीबा में
(c) Plasmodium / प्लाज्मोडियम में
(d) More than one of the above / उपर्युक्त में से एक से अधिक
(e) None of the above / उपर्युक्त में से कोई नहीं

Exam: BPSC TRE 3.0 (11-12) Exam 22/07/2024

Answer: (a) Yeast / यीस्ट में

Explanation:

- मुकुलन (Budding) एक प्रकार का अलैंगिक जनन (Asexual Reproduction) है।
- इसमें शरीर पर छोटा उभार मुकुल (Bud) बनता है।
- यह बढ़कर नए जीव में परिवर्तित हो जाता है।
- यीस्ट (Yeast) में यह प्रक्रिया सामान्य रूप से पाई जाती है।

36. What are the characters that make a plant a hydrophyte?

कौन-से लक्षण किसी पादप को जलोद्भिद बनाते हैं?

(a) Absence of mechanical tissue / यांत्रिक ऊतक का अभाव
(b) Presence of aerenchyma / ऐरेनकाइमा की उपस्थिति
(c) Presence of well developed vascular system / सुविकसित संवहन तंत्र की उपस्थिति

(d) More than one of the above / उपर्युक्त में से एक से अधिक

(e) None of the above / उपर्युक्त में से कोई नहीं

Exam: BPSC TRE 3.0 (1-5) Re-exam 20/07/2024

Answer: (d) More than one of the above / उपर्युक्त में से एक से अधिक

Explanation:

- जलीय पौधों (Hydrophytes) में सामान्यतः यांत्रिक ऊतक (Mechanical Tissue) कम या अनुपस्थित होता है।
- इनमें ऐरेनकाइमा (Aerenchyma) ऊतक पाया जाता है जो पौधे को पानी में तैरने में मदद करता है।
- ऐरेनकाइमा में वायु भरी गुहाएँ होती हैं जो वायु संचरण (Air Circulation) में सहायक होती हैं।
- यह पौधों को जलीय वातावरण में जीवित रहने के लिए अनुकूल बनाता है।

37. Which one of the following is a leguminous crop?

/ निम्नलिखित में से कौन-सी एक फलिदार फसल है?

(a) Pulse / दलहन

(b) Jowar / ज्वार

(c) Millet / बाजरा

(d) More than one of the above / उपर्युक्त में से एक से अधिक

(e) None of the above / उपर्युक्त में से कोई नहीं

Exam: BPSC TRE 2.0 08/12/2023 (Paper-III)

Answer: (a) Pulse / दलहन

Explanation:

- दलहन (Pulses) फलिदार फसलें होती हैं जैसे चना, मटर, अरहर, मूंग, उड़द।
- ये पौधे लेग्यूमिनेसी (Leguminosae / Fabaceae) कुल के होते हैं।
- इनकी जड़ों में राइजोबियम (Rhizobium) जीवाणु पाए जाते हैं जो नाइट्रोजन स्थिरीकरण (Nitrogen Fixation) करते हैं।
- इसलिए ये मिट्टी की उर्वरता (Soil Fertility) बढ़ाने में सहायक होते हैं।

38. Which pigment is essential for nitrogen fixation by leguminous plants?

लेग्यूमिनस पौधों में नाइट्रोजन स्थिरीकरण के लिए कौन-सा वर्णक आवश्यक है?

(a) Anthocyanin / एंथोसाइनिन

(b) Leghemoglobin / लेगहीमोग्लोबिन

(c) Phycocyanin / फाइकोसायनिन

(d) More than one of the above / उपर्युक्त में से एक से अधिक

(e) None of the above / उपर्युक्त में से कोई नहीं

Exam: BPSC TRE 2.0 09/12/2023 (Paper-II)

Answer: (b) Leghemoglobin / लेगहीमोग्लोबिन

Explanation:

- लेगहीमोग्लोबिन (Leghemoglobin) दलहनी पौधों की जड़ों की गाँठों (Root Nodules) में पाया जाने वाला लाल रंग का वर्णक है।
- यह राइजोबियम (Rhizobium) जीवाणुओं द्वारा किए जाने वाले नाइट्रोजन स्थिरीकरण (Nitrogen Fixation) में सहायता करता है।
- इसका मुख्य कार्य गाँठों में ऑक्सीजन की मात्रा नियंत्रित (Oxygen Regulation) करना है।
- इससे नाइट्रोजनेज़ एंजाइम सक्रिय रहता है और नाइट्रोजन स्थिरीकरण संभव होता है।

39. The earliest plant pollinators called Tilardembus fossils were found in which country?

दुनिया के पहले पादप परागणक, जिन्हें टिलार्डेम्बस कहा जाता है, के जीवाश्म हाल ही में किस देश में पाए गए थे?

(a) Greece / ग्रीस

(b) India / भारत

(c) Russia / रूस

(d) China / चीन

Exam: 69th BPSC (Pre) 2023

Answer: (c) Russia / रूस

Explanation:

- प्रारंभिक पादप परागणकों के जीवाश्म रूस (Russia) में पाए गए थे।

- इन्हें टिलार्डेम्बस (Tilardembus) नाम दिया गया।
- ये कीट लगभग 280 मिलियन वर्ष (Million Years) पुराने माने जाते हैं।
- यह खोज दर्शाती है कि परागण की प्रक्रिया प्राचीन काल से मौजूद थी।

40. The plant which produces heroin is

'हेरोइन' उत्पादन करने वाले पौधे का नाम है—

(a) Opium poppy / अफीम (पोपी)
(b) Tobacco / तम्बाकू
(c) Datura / धतूरा
(d) More than one of the above / उपर्युक्त में से एक से अधिक
(e) None of the above / उपर्युक्त में से कोई नहीं

Ncert Class - 11 Chapter 3

Answer: (a) Opium poppy / अफीम (पोपी)

Explanation:

- हेरोइन एक मादक पदार्थ है जो अफीम के पौधे से प्राप्त होता है।
- अफीम के पौधे के फूल से प्राप्त लेटेक्स से यह तैयार किया जाता है।
- अफीम में मॉर्फीन और अन्य एल्कलॉइड पाए जाते हैं।
- मॉर्फीन को रासायनिक प्रक्रिया से परिवर्तित करके हेरोइन बनाई जाती है।
- इन पदार्थों का उपयोग औषधि निर्माण तथा दर्द निवारक दवाओं में भी किया जाता है।

41. The malaria drug 'quinine' is obtained from

मलेरिया की दवा 'कुनैन' निम्न में से किससे प्राप्त की जाती है?

(a) Indigo plant / नीलगिरी के पौधे से
(b) Dhatura plant / धतूरा के पौधे से
(c) Cinchona plant / सिनकोना के पौधे से
(d) More than one of the above / उपर्युक्त में से एक से अधिक
(e) None of the above / उपर्युक्त में से कोई नहीं

Ncert Class - 11 Chapter 3

Answer: (c) Cinchona plant / सिनकोना के पौधे से

Explanation:

- कुनैन (Quinine) मलेरिया के उपचार में उपयोग होने वाली महत्वपूर्ण औषधि है।
- यह सिनकोना (Cinchona) वृक्ष की छाल से प्राप्त की जाती है।
- सिनकोना के पौधे में क्विनीन नामक एल्केलॉइड पाया जाता है।
- इसका उपयोग मलेरिया, डेंगू आदि रोगों के उपचार में किया जाता है।
- सिनकोना का पौधा मुख्यतः दक्षिण अमेरिका और दक्षिण एशिया में पाया जाता है।

जन्तु जगत (Animal Kingdom)

42. Which of the following is a warm blooded animal?

निम्नलिखित में से कौन-सा गर्म रक्त का प्राणी है?

(a) Toad / टोड (दादुर)
(b) Crocodile / मगरमच्छ
(c) Fish / मछली
(d) More than one of the above / उपर्युक्त में से एक से अधिक
(e) None of the above / उपर्युक्त में से कोई नहीं

Exam: BPSC TRE 3.0 (1-5) Re-exam 20/07/2024

Answer: (e) None of the above / उपर्युक्त में से कोई नहीं

Explanation:

- गर्म रक्त वाले जीव (Warm-blooded animals / Endotherms) अपने शरीर का तापमान स्थिर रखते हैं।
- इसके उदाहरण स्तनधारी (Mammals) और पक्षी (Birds) हैं।
- मछली (Fish), उभयचर (Amphibians) और सरीसृप (Reptiles) ठंडे रक्त वाले जीव होते हैं।
- इसलिए दिए गए विकल्पों में कोई भी गर्म रक्त वाला नहीं है।

43. Ornithology is the study of

'ऑर्निथोलॉजी' का अध्ययन है

(a) Leaves / पत्तियों का
(b) Bones / हड्डियों का
(c) Birds / पक्षियों का
(d) More than one of the above / उपर्युक्त में से एक से अधिक
(e) None of the above / उपर्युक्त में से कोई नहीं

Exam: BPSC TRE 2.0 07/12/2023 Shift-II (Paper-III)

Answer: (c) Birds / पक्षियों का

Explanation:

- ऑर्निथोलॉजी (Ornithology) जीव विज्ञान की वह शाखा है जिसमें पक्षियों (Birds) का अध्ययन किया जाता है।
- इसमें पक्षियों की संरचना (Structure), व्यवहार (Behavior), प्रवास (Migration) आदि का अध्ययन शामिल है।
- यह शब्द ग्रीक शब्द Ornis (Bird) और Logos (Study) से बना है।
- पक्षियों की विविधता और पारिस्थितिकी में उनकी भूमिका का अध्ययन इसमें किया जाता है।

पादप अकारिकी / Plant Morphology

44. In a food chain, insectivorous plants trophic level is

खाद्य श्रृंखला में कीटभक्षी पौधे के पोषक स्तर का नाम है

(a) Primary consumer / प्राथमिक उपभोक्ता
(b) Secondary consumer / द्वितीयक उपभोक्ता
(c) Producer / उत्पादक
(d) More than one of the above / उपर्युक्त में से एक से अधिक
(e) None of the above / उपर्युक्त में से कोई नहीं

Exam: BPSC TRE 3.0 (1-5) Re-exam 20/07/2024

Answer: (a) Primary consumer / प्राथमिक उपभोक्ता

Explanation:

- खाद्य श्रृंखला (Food Chain) में ऊर्जा का प्रवाह एक जीव से दूसरे जीव तक होता है।
- कीटभक्षी पौधे कीटों को खाते हैं, इसलिए वे उपभोक्ता की भूमिका निभाते हैं।
- इस कारण इन्हें प्राथमिक उपभोक्ता (Primary Consumer) माना जाता है।
- उदाहरण: पिचर प्लांट (Pitcher Plant) और वीनस फ्लाई ट्रैप (Venus Flytrap)।

45. Which one of the following is a plant hormone?

निम्नलिखित में से कौन-सा एक वानस्पतिक हार्मोन है?

(a) Cytokinin / साइटोकाइनिन
(b) Insulin / इंसुलिन
(c) Oestrogen / एस्ट्रोजन
(d) More than one of the above / उपर्युक्त में से एक से अधिक
(e) None of the above / उपर्युक्त में से कोई नहीं

Exam: BPSC TRE 3.0 (1-5) Re-exam 20/07/2024

Answer: (a) Cytokinin / साइटोकाइनिन

Explanation:

- साइटोकाइनिन (Cytokinin) पौधों का एक महत्वपूर्ण वनस्पतिक हार्मोन (Plant Hormone) है।
- यह कोशिका विभाजन (Cell Division) को बढ़ावा देता है।
- अन्य प्रमुख पादप हार्मोन हैं – ऑक्सिन (Auxin), जिबरेलिन (Gibberellin), एथिलीन (Ethylene)।
- इंसुलिन और एस्ट्रोजन पशु हार्मोन हैं।

46. Plant roots get water from soil as

वृक्ष की जड़ों को मिट्टी से पानी कैसे मिलता है?

(a) Hygroscopic water / आर्द्रता जल
(b) Bound water / बंधा जल
(c) Capillary water / कोशिका जल
(d) More than one of the above / उपर्युक्त में से एक से अधिक
(e) None of the above / उपर्युक्त में से कोई नहीं

Exam: BPSC TRE 3.0 Exam 21/07/2024

Answer: (c) Capillary water / कोशिका जल

Explanation:

- पौधों की जड़ें मिट्टी से मुख्यतः केशिकीय जल (Capillary Water) को अवशोषित करती हैं।
- यह जल मिट्टी के कणों के बीच की केशिकाओं (Capillary Spaces) में पाया जाता है।
- आर्द्रता जल (Hygroscopic Water) मिट्टी के कणों से बहुत मजबूती से जुड़ा होता है इसलिए पौधे इसे नहीं ले पाते।
- इसलिए पौधों के लिए उपयोगी जल मुख्यतः केशिकीय जल होता है।

47. The anther contains ______

परागकोष में होते हैं ______

(a) Ovules / अंडाशय
(b) Pollen grains / परागकण
(c) Sepals / बाह्यदल
(d) More than one of the above / उपर्युक्त में से एक से अधिक
(e) None of the above / उपर्युक्त में से कोई नहीं

Exam: BPSC TRE 3.0 (11–12) Exam 22/07/2024

Answer: (b) Pollen grains / परागकण

Explanation:

- परागकोष (Anther) पुंकेसर का ऊपरी भाग होता है जहाँ परागकण (Pollen grains) बनते हैं।
- परागकोष के अंदर पराग थैली (Pollen sacs) होती हैं।
- इन्हीं पराग थैलियों में परागकणों का निर्माण होता है।
- परागकण (Pollen) पौधों के नर जनन कोश (Male gametes) को वहन करते हैं।

48. Stomata are tiny pores on the surface of leaves through which plants take in ______

स्टोमेटा पत्तियों की सतह पर छोटे-छोटे छिद्र होते हैं, जिनके द्वारा पौधे ग्रहण करते हैं ______

(a) Nitrogen / नाइट्रोजन
(b) Carbon dioxide / कार्बन डाइऑक्साइड
(c) Water / पानी
(d) More than one of the above / उपर्युक्त में से एक से अधिक
(e) None of the above / उपर्युक्त में से कोई नहीं

Exam: BPSC TRE 2.0 18/12/2023 (Paper-III)

Answer: (b) Carbon dioxide / कार्बन डाइऑक्साइड

Explanation:

- स्टोमेटा (Stomata) पत्तियों की सतह पर स्थित सूक्ष्म छिद्र होते हैं।
- इनके माध्यम से पौधे कार्बन डाइऑक्साइड (CO_2) ग्रहण करते हैं।
- यह गैस प्रकाश संश्लेषण (Photosynthesis) के लिए आवश्यक होती है।
- स्टोमेटा से वाष्पोत्सर्जन (Transpiration) की प्रक्रिया भी होती है।

49. The pollen grains in water pollinated flowers are ______

जल परागित पुष्पों में परागकण होते हैं ______

(a) Light and smooth / हल्के एवं चिकने
(b) Sticky / चिपचिपे
(c) Dry / सूखे
(d) More than one of the above / उपर्युक्त में से एक से अधिक
(e) None of the above / उपर्युक्त में से कोई नहीं

Exam: BPSC TRE 2.0 07/12/2023 Shift-II (Paper-III)

Answer: (c) Dry / सूखे

Explanation:

- जल परागण (Hydrophily) में परागण जल के माध्यम से होता है।
- ऐसे पौधों के परागकण सामान्यतः सूखे (Dry) होते हैं।
- इन परागकणों पर श्लेष्मा परत (Mucilaginous layer) होती है।
- यह परत उन्हें पानी से सुरक्षित और तैरने योग्य बनाती है।

50. Water enters from soil into root hairs of plants due to ______

पौधों की जड़ों में मृदा से जल प्रवेश का कारण है ______

(a) Atmospheric pressure / वायुदाब
(b) Capillarity / कोशिकात्व
(c) Osmotic pressure / ऑस्मोटिक दबाव
(d) More than one of the above / उपर्युक्त में से एक से अधिक
(e) None of the above / उपर्युक्त में से कोई नहीं

Exam: BPSC TRE 2.0 07/12/2023 Shift-II (Paper-III)

Answer: (c) Osmotic pressure / ऑस्मोटिक दबाव

Explanation:

- जड़ों के रोम (Root hairs) मिट्टी से पानी का अवशोषण करते हैं।
- यह प्रक्रिया परासरण (Osmosis) के कारण होती है।
- मिट्टी का घोल सामान्यतः हाइपोटोनिक (Hypotonic) होता है जबकि जड़ कोशिकाएँ हाइपरटोनिक (Hypertonic) होती हैं।
- इसलिए पानी अर्धपारगम्य झिल्ली (Semi-permeable membrane) से कोशिका के अंदर प्रवेश करता है।

51. Ginger is an underground stem and not a root because ______

अदरक एक भूमिगत तना है एवं जड़ नहीं है, क्योंकि ______

(a) It stores food material / यह खाद्य पदार्थ का भंडारण करता है
(b) It has nodes and internodes / इसमें गाँठ एवं पर्व होते हैं
(c) It lacks chlorophyll / इसमें क्लोरोफिल नहीं होता
(d) More than one of the above / उपर्युक्त में से एक से अधिक
(e) None of the above / उपर्युक्त में से कोई नहीं

Exam: BPSC TRE 2.0 08/12/2023 (Paper-III)

Answer: (d) More than one of the above / उपर्युक्त में से एक से अधिक

Explanation:

- अदरक (Ginger) वास्तव में राइज़ोम (Rhizome) नामक भूमिगत तना है।
- इसमें गाँठ (Nodes) और पर्व (Internodes) पाए जाते हैं।
- इसमें भोजन का संचय (Food storage) भी होता है।
- इसी कारण इसे भूमिगत तना माना जाता है, जड़ नहीं।

52. The part of flower which actually forms a fruit is called ______

पुष्प का वह हिस्सा, जो वास्तव में फल बनाता है, कहलाता है ______

(a) Carpel / कार्पेल
(b) Corolla / कोरोला
(c) Stamen / स्टेमेन
(d) More than one of the above / उपर्युक्त में से एक से अधिक
(e) None of the above / उपर्युक्त में से कोई नहीं

Exam: BPSC TRE 2.0 18/12/2023 (Paper-II)

Answer: (a) Carpel / कार्पेल

Explanation:

- कार्पेल (Carpel) फूल का मादा प्रजनन अंग (Female reproductive part) होता है।
- कार्पेल का निचला भाग अंडाशय (Ovary) होता है।
- निषेचन के बाद अंडाशय फल (Fruit) में परिवर्तित हो जाता है।
- अंडाशय के अंदर स्थित बीजांड (Ovules) बीज बन जाते हैं।

53. 'Himalayan Yew' medicinal plant is found in which states of India?

'हिमालयन यू' नामक औषधीय पौधा भारत के किन राज्यों में पाया जाता है?

(a) Himachal Pradesh and Arunachal Pradesh / हिमाचल प्रदेश तथा अरुणाचल प्रदेश
(b) Uttarakhand and Madhya Pradesh ाखंड तथा मध्य प्रदेश
(c) Jammu & Kashmir and Assam / जम्मू-कश्मीर तथा असम
(d) More than one of the above / उपर्युक्त में से एक से अधिक
(e) None of the above / उपर्युक्त में से कोई नहीं

Exam: BPSC School Teacher 2023 (Paper-II) Shift-2

Answer: (a) Himachal Pradesh and Arunachal Pradesh / हिमाचल प्रदेश तथा अरुणाचल प्रदेश

Explanation:

- हिमालयन यू (Himalayan Yew) एक महत्वपूर्ण औषधीय पौधा है।
- यह मुख्यतः हिमालयी क्षेत्रों में पाया जाता है।
- इसकी छाल और पत्तियों से टैक्सोल (Taxol) नामक औषधि बनती है।
- टैक्सोल का उपयोग कैंसर उपचार (Cancer treatment) में किया जाता है।

54. Saffron is obtained from which part of the plant?

पौधों के किस भाग से केसर प्राप्त होता है—

(a) Whole plant / सम्पूर्ण भाग से
(b) Stigma and style / वर्तिकाग्र व वर्तिका से
(c) Stem and leaves / तने से
(d) More than one of the above / उपर्युक्त में से एक से अधिक
(e) None of the above / उपर्युक्त में से कोई नहीं

Ncert Class - 11 Chapter 6

Answer: (b) Stigma and style / वर्तिकाग्र व वर्तिका से

Explanation:

- केसर केसर पौधे (Crocus sativus) के फूल से प्राप्त होता है।
- यह फूल के वर्तिकाग्र (Stigma) और वर्तिका (Style) से प्राप्त किया जाता है।
- केसर एक बहुत महंगा मसाला है।
- इसका उपयोग खाद्य पदार्थों में रंग और स्वाद बढ़ाने के लिए किया जाता है।
- औषधि और सुगंधित पदार्थों के निर्माण में भी केसर का उपयोग किया जाता है।

55. The pores present in leaves through which exchange of gases occurs during respiration are called

पत्तियों में उपस्थित उन छिद्रों के नाम लिखिए, जिनके द्वारा श्वसन-क्रिया में गैसों का आदान-प्रदान होता है।

(a) Bark / वल्क
(b) Vascular bundle / वाहिकीय बंडल
(c) Stomata / रंध्र
(d) More than one of the above / उपर्युक्त में से एक से अधिक
(e) None of the above / उपर्युक्त में से कोई नहीं

Ncert Class - 11 Chapter 6

Answer: (c) Stomata / रंध्र

Explanation:

- पत्तियों की एपिडर्मिस में छोटे-छोटे छिद्र पाए जाते हैं जिन्हें रंध्र (Stomata) कहा जाता है।
- इन रंध्रों के माध्यम से पौधों में गैसों का आदान-प्रदान होता है।
- रंध्र प्रकाश संश्लेषण और श्वसन दोनों प्रक्रियाओं में महत्वपूर्ण भूमिका निभाते हैं।
- ये पत्तियों से जल वाष्प के उत्सर्जन (Transpiration) में भी सहायक होते हैं।
- रंध्र मुख्यतः पत्तियों की निचली सतह पर अधिक पाए जाते हैं।

56. The part of the seed that develops into a future plant is

बीज के द्वारा भविष्य में पौधा बनाने वाला भाग होता है—

(a) Seed coat / बीजावरण
(b) Seed covering / बीज आवरण
(c) Germ cell / जनन कोशिका
(d) More than one of the above / उपर्युक्त में से एक से अधिक
(e) None of the above / उपर्युक्त में से कोई नहीं

Ncert Class - 11 Chapter 6

Answer: (c) Germ cell / जनन कोशिका

Explanation:

- बीज के अंदर भ्रूण (Embryo) उपस्थित होता है जो भविष्य में नए पौधे में विकसित होता है।
- भ्रूण बीज का जीवित और सक्रिय भाग होता है।
- अंकुरण के समय यही भ्रूण जड़ और तने में विकसित हो जाता है।
- बीजावरण केवल बीज की सुरक्षा का कार्य करता है।
- अंकुरण की प्रक्रिया में भ्रूण का विकास होकर नया पौधा बनता है।

मानव शरीर के तंत्र (Human Body Systems)

57. The change in focal length of human eye is caused due to ______

मानव आँख की फोकस दूरी में परिवर्तन किसके कारण होता है?

(a) Pupil / पुतली
(b) Cornea / कॉर्निया
(c) Ciliary muscles / सिलियरी मांसपेशियाँ
(d) More than one of the above / उपर्युक्त में से एक से अधिक
(e) None of the above / उपर्युक्त में से कोई नहीं

Exam: BPSC TRE 3.0 (1-5) Re-exam 20/07/2024

Answer: (c) Ciliary muscles / सिलियरी मांसपेशियाँ

Explanation:

- आँख की फोकस दूरी (Focal length) को बदलने की प्रक्रिया Accommodation कहलाती है।
- यह कार्य सिलियरी मांसपेशियाँ (Ciliary muscles) करती हैं।
- ये मांसपेशियाँ लेंस की मोटाई (Thickness) बदलती हैं।
- इससे आँख दूर और पास की वस्तुओं को स्पष्ट देख पाती है।

58. Which of the following is not an endocrine gland?

निम्नलिखित में से कौन-सी अंत:स्रावी ग्रंथि नहीं है?

(a) Thyroid / थायरॉइड
(b) Pituitary / पिट्यूटरी
(c) Lacrimal / लैक्रिमल
(d) More than one of the above / उपर्युक्त में से एक से अधिक
(e) None of the above / उपर्युक्त में से कोई नहीं

Exam: BPSC TRE 3.0 (1-5) Re-exam 20/07/2024

Answer: (c) Lacrimal / लैक्रिमल

Explanation:

- अंत:स्रावी ग्रंथियाँ (Endocrine glands) हार्मोन सीधे रक्त में छोड़ती हैं।
- उदाहरण: पिट्यूटरी, थायरॉइड, एड्रिनल।
- लैक्रिमल ग्रंथि (Lacrimal gland) आँसू बनाती है।
- इसलिए यह बहि:स्रावी ग्रंथि (Exocrine gland) है।

59. Which is the liquid medium of blood?

रक्त में कौन-सा तरल माध्यम होता है?

(a) Platelets / प्लेटलेट्स
(b) Plasma / प्लाज्मा
(c) Lymph / लसीका
(d) More than one of the above / उपर्युक्त में से एक से अधिक
(e) None of the above / उपर्युक्त में से कोई नहीं

Exam: BPSC TRE 3.0 (6-8) Exam 2024 (Cancelled)

Answer: (b) Plasma / प्लाज्मा

Explanation:

- प्लाज्मा (Plasma) रक्त का तरल भाग है।
- यह रक्त के कुल आयतन का लगभग 55% होता है।
- इसमें 90% जल तथा शेष प्रोटीन, लवण, हार्मोन आदि होते हैं।
- यह पोषक तत्वों और अपशिष्ट पदार्थों के परिवहन में सहायक होता है।

60. Proteins are converted into ______ after digestion

पाचन के बाद प्रोटीन किसमें परिवर्तित होते हैं?

(a) Amino acids / अमीनो अम्ल
(b) Starch / स्टार्च
(c) Carbohydrates / कार्बोहाइड्रेट
(d) More than one of the above / उपर्युक्त में से एक से अधिक
(e) None of the above / उपर्युक्त में से कोई नहीं

Exam: BPSC TRE 3.0 (6-8) Exam 2024 (Cancelled)

Answer: (a) Amino acids / अमीनो अम्ल

Explanation:

- प्रोटीन (Proteins) जटिल कार्बनिक यौगिक होते हैं।
- पाचन के दौरान ये अमीनो अम्ल (Amino acids) में टूट जाते हैं।
- अमीनो अम्ल शरीर में ऊतकों की वृद्धि (Growth) और मरम्मत (Repair) के लिए आवश्यक होते हैं।
- मानव शरीर में लगभग 20 प्रकार के अमीनो अम्ल पाए जाते हैं।

61. In which disease defective haemoglobin is found?

रक्त में त्रुटिपूर्ण हीमोग्लोबिन किसमें पाया जाता है?

(a) Sickle cell anaemia / द्राण कोशिका अरक्तता
(b) Haematoma / हेमेटोमा
(c) Haemophilia / हीमोफिलिया
(d) More than one of the above / उपर्युक्त में से एक से अधिक
(e) None of the above / उपर्युक्त में से कोई नहीं

Exam: BPSC TRE 3.0 Exam 21/07/2024

Answer: (a) Sickle cell anaemia / द्राण कोशिका अरक्तता

Explanation:

- सिकल सेल एनीमिया (Sickle Cell Anaemia) एक आनुवंशिक रोग है।
- इसमें हीमोग्लोबिन (Haemoglobin) का असामान्य रूप बनता है।
- इससे लाल रक्त कोशिकाएँ दरांती (Sickle) आकार की हो जाती हैं।
- परिणामस्वरूप शरीर में ऑक्सीजन का परिवहन कम हो जाता है।

62. Store house of malarial parasite in human body is ______

हमारे शरीर में मलेरिया परजीवी का भंडारण स्थल है ______

(a) Spleen / प्लीहा
(b) Stomach / पेट
(c) Liver / यकृत
(d) More than one of the above / उपर्युक्त में से एक से अधिक
(e) None of the above / उपर्युक्त में से कोई नहीं

Exam: BPSC TRE 3.0 (6-8) Re-exam 19/07/2024

Answer: (c) Liver / यकृत

Explanation:

- मलेरिया रोग प्लाज्मोडियम (Plasmodium) नामक परजीवी से होता है।
- यह परजीवी सबसे पहले यकृत (Liver) की कोशिकाओं में प्रवेश करता है।
- यहाँ यह कुछ समय तक विकसित और संग्रहीत (Stored) रहता है।
- बाद में यह लाल रक्त कोशिकाओं (RBCs) को संक्रमित करता है।

63. Which of the following organs control body balance?

निम्न में से शरीर का कौन-सा अंग शरीर के संतुलन को नियंत्रित करता है?

(a) Ribs / पसली
(b) Cerebellum / सेरेबेलम
(c) Ear / कान
(d) More than one of the above / उपर्युक्त में से एक से अधिक
(e) None of the above / उपर्युक्त में से कोई नहीं

Exam: BPSC TRE 3.0 (6–8) Re-exam 19/07/2024

Answer: (b) Cerebellum / सेरेबेलम

Explanation:

- सेरेबेलम (Cerebellum) मस्तिष्क (Brain) का भाग है जो शरीर के संतुलन (Balance) को नियंत्रित करता है।
- यह मांसपेशियों की समन्वित गति (Coordination of muscles) को नियंत्रित करता है।
- यह मुद्रा (Posture) और चलने-फिरने (Movement) को संतुलित रखता है।
- सेरेबेलम पश्च मस्तिष्क (Hindbrain) का हिस्सा होता है।

64. Which of the following is not a part of the female reproductive system in human beings?

निम्नलिखित में से कौन-सा मानव मादा जनन तंत्र का भाग नहीं है?

(a) Uterus / गर्भाशय
(b) Ovary / अंडाशय
(c) Vas deferens / शुक्रवाहिका
(d) More than one of the above / उपर्युक्त में से एक से अधिक
(e) None of the above / उपर्युक्त में से कोई नहीं

Exam: BPSC TRE 3.0 (11–12) Exam 22/07/2024

Answer: (c) Vas deferens / शुक्रवाहिका

Explanation:

- शुक्रवाहिका (Vas deferens) नर जनन तंत्र का भाग है।
- यह शुक्राणुओं (Sperms) को वृषण (Testis) से मूत्रमार्ग तक पहुँचाती है।
- गर्भाशय (Uterus) और अंडाशय (Ovary) मादा जनन तंत्र के अंग हैं।
- इसलिए सही उत्तर शुक्रवाहिका है।

65. The contraction and expansion movement of the walls of the food pipe is called

आहार नली की दीवारों के संकुचन और विस्तार की गति कहलाती है

(a) Translocation / स्थानांतरण
(b) Transpiration / वाष्पोत्सर्जन
(c) Peristaltic movement / क्रमाकुंचन
(d) More than one of the above / उपर्युक्त में से एक से अधिक
(e) None of the above / उपर्युक्त में से कोई नहीं

Exam: BPSC TRE 2.0 14/12/2023 Paper-I

Answer: (c) Peristaltic movement / क्रमाकुंचन

Explanation:

- क्रमाकुंचन (Peristalsis) भोजन को आगे बढ़ाने की प्रक्रिया है।
- इसमें भोजन नली की मांसपेशियाँ संकुचन (Contraction) और विस्तार (Relaxation) करती हैं।
- यह गति ग्रासनली (Oesophagus) से लेकर आंत (Intestine) तक होती है।
- इससे भोजन पाचन तंत्र (Digestive tract) में आगे बढ़ता है।

66. Endolymph is a fluid present in

/ एंडोलिम्फ नामक तरल पदार्थ किसमें होता है?

(a) Ascaris / एस्केरिस में
(b) Eye / आँख में
(c) Internal ear / आन्तरिक कर्ण में
(d) More than one of the above / उपर्युक्त में से एक से अधिक
(e) None of the above / उपर्युक्त में से कोई नहीं

Exam: BPSC TRE 2.0 18/12/2023 (Paper-III)

Answer: (c) Internal ear / आन्तरिक कर्ण में

Explanation:

- एंडोलिम्फ (Endolymph) आंतरिक कान का द्रव (Fluid) है।
- यह झिल्लीदार भूलभुलैया (Membranous labyrinth) में पाया जाता है।
- यह संतुलन (Balance) और श्रवण (Hearing) में सहायता करता है।
- यह विशेष रूप से कर्णावर्त (Cochlea) और अर्धवृत्ताकार नलिकाओं (Semicircular canals) में होता है।

67. The enzyme which converts glucose into ethyl alcohol is

/ ग्लूकोज को एथिल अल्कोहल में परिवर्तित करने वाला एंजाइम है

(a) Invertase / इन्वर्टेज
(b) Maltase / माल्टेज
(c) Zymase / जाइमेज
(d) More than one of the above / उपर्युक्त में से एक से अधिक
(e) None of the above / उपर्युक्त में से कोई नहीं

Exam: BPSC TRE 2.0 7/12/2023 Shift-II

Answer: (c) Zymase / जाइमेज

Explanation:

- जाइमेज (Zymase) एक एंजाइम है जो किण्वन (Fermentation) में कार्य करता है।
- यह ग्लूकोज को एथिल अल्कोहल (Ethyl alcohol) और CO_2 में बदलता है।
- यह प्रक्रिया मुख्यतः यीस्ट (Yeast) में होती है।
- इसका उपयोग अल्कोहल उद्योग (Alcohol industry) में होता है।

68. Blood platelets help in

रक्त प्लेटलेट्स मदद करते हैं

(a) Manufacture of RBC / RBC निर्माण
(b) Blood clotting / रक्त का थक्का बनना
(c) Manufacture of WBC / WBC निर्माण
(d) More than one of the above / उपर्युक्त में से एक से अधिक
(e) None of the above / उपर्युक्त में से कोई नहीं

Exam: BPSC TRE 2.0 7/12/2023 Shift-II

Answer: (b) Blood clotting / रक्त का थक्का बनना

Explanation:

- प्लेटलेट्स (Platelets) रक्त के छोटे कण होते हैं।
- इनका मुख्य कार्य रक्त का थक्का बनाना (Blood clotting) है।
- चोट लगने पर प्लेटलेट्स फाइब्रिन (Fibrin) जाल बनाते हैं।
- इससे अत्यधिक रक्तस्राव (Excess bleeding) रुक जाता है।

69. Which gland provides both endocrine and exocrine function?

कौन-सी ग्रंथि अंतःस्रावी तथा बहिःस्रावी दोनों कार्य करती है?

(a) Thyroid / थायरॉइड
(b) Adrenal / एड्रिनल
(c) Pancreas / अग्न्याशय
(d) More than one of the above / उपर्युक्त में से एक से अधिक
(e) None of the above / उपर्युक्त में से कोई नहीं

Exam: BPSC TRE 2.0 7/12/2023

Answer: (c) Pancreas / अग्न्याशय

Explanation:

- अग्न्याशय (Pancreas) एक मिश्रित ग्रंथि (Mixed gland) है।
- यह इंसुलिन (Insulin) और ग्लूकागन (Glucagon) हार्मोन बनाती है।
- साथ ही यह पाचन एंजाइम (Digestive enzymes) भी स्रावित करती है।
- इसलिए यह अंतःस्रावी + बहिःस्रावी दोनों प्रकार की ग्रंथि है।

70. In how many steps CO_2 is released in aerobic respiration?

/ एरोबिक श्वसन में CO_2 कितने चरणों में निकलती है?

(a) One / एक
(b) Six / छह
(c) Three / तीन
(d) More than one of the above / उपर्युक्त में से एक से अधिक
(e) None of the above / उपर्युक्त में से कोई नहीं

Exam: BPSC TRE 2.0 10/12/2023

Answer: (c) Three / तीन

Explanation:

- एरोबिक श्वसन (Aerobic respiration) में ग्लूकोज का ऑक्सीकरण होता है।
- इसके तीन मुख्य चरण हैं:
- ग्लाइकोलाइसिस (Glycolysis)
- क्रेब्स चक्र (Krebs cycle)
- इलेक्ट्रॉन परिवहन श्रृंखला (Electron transport chain)
- CO_2 मुख्यतः क्रेब्स चक्र (Krebs cycle) में निकलती है।

71. The filtration unit in human kidney is called

मानव गुर्दे की निस्यंदन इकाई कहलाती है

(a) Nephron / नेफ्रॉन
(b) Neutron / न्यूट्रॉन
(c) Neuron / न्यूरॉन
(d) More than one of the above / उपर्युक्त में से एक से अधिक
(e) None of the above / उपर्युक्त में से कोई नहीं

Exam: BPSC TRE 2.0 10/12/2023

Answer: (a) Nephron / नेफ्रॉन

Explanation:

- नेफ्रॉन (Nephron) गुर्दे की कार्यात्मक इकाई है।
- प्रत्येक गुर्दे में लगभग 10 लाख नेफ्रॉन होते हैं।
- यह रक्त को फिल्टर (Filter) करके मूत्र बनाता है।
- इसके भाग हैं ग्लोमेरुलस (Glomerulus) और बोमैन कैप्सूल (Bowman's capsule)।

72. In tachycardia, the heart rate becomes

टैकीकार्डिया में हृदय गति हो जाती है

(a) Slow / धीमी
(b) Normal / सामान्य
(c) Fast / तेज
(d) More than one of the above / उपर्युक्त में से एक से अधिक
(e) None of the above / उपर्युक्त में से कोई नहीं

Exam: BPSC TRE 2.0 10/12/2023

Answer: (c) Fast / तेज

Explanation:

- टैकीकार्डिया (Tachycardia) में हृदय की धड़कन सामान्य से अधिक तेज हो जाती है।
- सामान्य हृदय गति लगभग 72 beats/minute होती है।
- टैकीकार्डिया में यह 100 beats/minute से अधिक हो सकती है।
- यह हृदय रोग (Heart disorder) का संकेत हो सकता है।

73. Lacteals are concerned with

/ लैक्टियल्स किससे संबंधित होते हैं?

(a) Production of milk / दूध उत्पादन
(b) Secretion of lactic acid / लैक्टिक अम्ल स्राव
(c) Absorption of fats / वसा अवशोषण
(d) More than one of the above / उपर्युक्त में से एक से अधिक
(e) None of the above / उपर्युक्त में से कोई नहीं

Exam: BPSC TRE 2.0 09/12/2023

Answer: (c) Absorption of fats / वसा अवशोषण

Explanation:

- लैक्टियल्स (Lacteals) छोटी आंत की लसीका नलिकाएँ हैं।
- ये वसा (Fats) का अवशोषण करती हैं।
- वसा को चाइलोमिक्रॉन (Chylomicrons) के रूप में लसीका में भेजती हैं।
- यह प्रक्रिया छोटी आंत (Small intestine) में होती है।

74. Amphibians respire through

उभयचर श्वसन करते हैं

(a) Lungs / फेफड़े
(b) Skin / त्वचा
(c) Gills / गलफड़े
(d) More than one of the above / उपर्युक्त में से एक से अधिक
(e) None of the above / उपर्युक्त में से कोई नहीं

Exam: BPSC TRE 2.0 18/12/2023

Answer: (d) More than one of the above / उपर्युक्त में से एक से अधिक

Explanation:

- उभयचर (Amphibians) जल और स्थल दोनों में रहते हैं।
- वे श्वसन करते हैं
- गलफड़ों (Gills) से (लार्वा अवस्था में)
- त्वचा (Skin) से
- फेफड़ों (Lungs) से
- इसलिए सही उत्तर एक से अधिक है।

75. The function of saliva is to convert

/ लार का मुख्य कार्य है

(a) Protein into amino acid / प्रोटीन → अमीनो अम्ल
(b) Starch into maltose / स्टार्च → माल्टोज
(c) Fat into vitamin / वसा → विटामिन
(d) More than one of the above / उपर्युक्त में से एक से अधिक
(e) None of the above / उपर्युक्त में से कोई नहीं

Exam: BPSC TRE 2.0 18/12/2023

Answer: (b) Starch into maltose / स्टार्च → माल्टोज

Explanation:

- लार में एमाइलेज (Amylase) एंजाइम होता है।
- यह स्टार्च (Starch) को माल्टोज (Maltose) में बदलता है।
- यह प्रक्रिया मुख (Mouth) में ही शुरू हो जाती है।
- इसलिए पाचन की शुरुआत मुँह (Oral cavity) से होती है।

76. The image of an object in a human eye is formed at

मानव आँख में वस्तु का प्रतिबिंब बनता है

(a) Retina / रेटिना
(b) Pupil / पुतली
(c) Iris / परितारिका
(d) More than one of the above / उपर्युक्त में से एक से अधिक
(e) None of the above / उपर्युक्त में से कोई नहीं

Exam: BPSC TRE 2.0 18/12/2023

Answer: (a) Retina / रेटिना

Explanation:

- आँख में वस्तु का प्रतिबिंब रेटिना (Retina) पर बनता है।
- रेटिना में रॉड्स और कोन्स (Rods and cones) नामक प्रकाशग्राही कोशिकाएँ होती हैं।
- यहाँ बना चित्र वास्तविक और उल्टा (Real and inverted) होता है।
- इसके बाद संकेत दृष्टि तंत्रिका (Optic nerve) से मस्तिष्क तक पहुँचते हैं।

77. The filtration unit in human kidney is called

मानव गुर्दे की निस्यंदन इकाई को क्या कहते हैं?

(a) Nephron / नेफ्रॉन
(b) Neutron / न्यूट्रॉन
(c) Neuron / न्यूरॉन
(d) More than one of the above / उपर्युक्त में से एक से अधिक
(e) None of the above / उपर्युक्त में से कोई नहीं

Exam: BPSC TRE 2.0 10/12/2023 (Paper-III)

Answer: (a) Nephron / नेफ्रॉन

Explanation:

- नेफ्रॉन (Nephron) गुर्दे की कार्यात्मक इकाई (Functional unit) है।

- प्रत्येक गुर्दे में लगभग 10 लाख नेफ्रॉन होते हैं।
- नेफ्रॉन का कार्य रक्त का निस्यंदन (Filtration) करके मूत्र बनाना है।
- इसके मुख्य भाग होते हैं:
- ्लोमेरुलस (Glomerulus)
- बोमैन कैप्सूल (Bowman's capsule)
- ट्यूब्यूल (Renal tubule)

78. In Tachycardia, the heart rate becomes

/ टैकीकार्डिया में हृदय गति हो जाती है

(a) Slow / धीमी
(b) Normal / सामान्य
(c) Fast / तेज
(d) More than one of the above / उपर्युक्त में से एक से अधिक
(e) None of the above / उपर्युक्त में से कोई नहीं

Exam: BPSC TRE 2.0 10/12/2023 (Paper-III)

Answer: (c) Fast / तेज

Explanation:

- टैकीकार्डिया (Tachycardia) एक स्थिति है जिसमें हृदय गति सामान्य से अधिक तेज हो जाती है।
- सामान्य हृदय गति लगभग 72 धड़कन प्रति मिनट (Beats per minute) होती है।
- टैकीकार्डिया में हृदय गति 100 bpm से अधिक हो सकती है।
- यह हृदय रोग (Cardiac disorder) या तनाव के कारण भी हो सकता है।

79. Lacteals are concerned with

/ लैक्टियल्स किससे संबंधित होते हैं?

(a) Production of milk / दूध उत्पादन
(b) Secretion of lactic acid / लैक्टिक अम्ल स्राव
(c) Absorption of fats / वसा का अवशोषण
(d) More than one of the above / उपर्युक्त में से एक से अधिक
(e) None of the above / उपर्युक्त में से कोई नहीं

Exam: BPSC TRE 2.0 09/12/2023 (Paper-II)

Answer: (c) Absorption of fats / वसा का अवशोषण

Explanation:

- लैक्टियल्स (Lacteals) छोटी आंत में स्थित लसीका केशिकाएँ (Lymph capillaries) हैं।
- इनका मुख्य कार्य वसा (Fats) का अवशोषण करना है।
- वसा चाइलोमिक्रॉन (Chylomicrons) के रूप में लसीका तंत्र में प्रवेश करती है।
- इसके बाद यह रक्त परिसंचरण में पहुँचती है।

80. Amphibians respire through

उभयचर श्वसन करते हैं

(a) Lungs / फेफड़े
(b) Skin / त्वचा
(c) Gills / गलफड़े
(d) More than one of the above / उपर्युक्त में से एक से अधिक
(e) None of the above / उपर्युक्त में से कोई नहीं

Exam: BPSC TRE 2.0 18/12/2023 (Paper-II)

Answer: (d) More than one of the above / उपर्युक्त में से एक से अधिक

Explanation:

- उभयचर (Amphibians) जल और स्थल दोनों में रहने वाले जीव हैं।
- वे तीन प्रकार से श्वसन करते हैं:
- गलफड़ों (Gills) से — लार्वा अवस्था में
- त्वचा (Skin) से — त्वचा श्वसन (Cutaneous respiration)
- फेफड़ों (Lungs) से — वयस्क अवस्था में
- इसलिए सही उत्तर एक से अधिक है।

81. The function of saliva is to convert

लार का प्रमुख कार्य है

(a) Protein into amino acid / प्रोटीन को अमीनो अम्ल में बदलना
(b) Starch into maltose / स्टार्च को माल्टोज में बदलना
(c) Fat into vitamin / वसा को विटामिन में बदलना
(d) More than one of the above / उपर्युक्त में से एक से अधिक
(e) None of the above / उपर्युक्त में से कोई नहीं

Exam: BPSC TRE 2.0 18/12/2023 (Paper-II)

Answer: (b) Starch into maltose / स्टार्च को माल्टोज में बदलना

Explanation:

- लार (Saliva) में एमाइलेज (Amylase) एंजाइम पाया जाता है।
- यह स्टार्च (Starch) को माल्टोज (Maltose) में परिवर्तित करता है।
- यह प्रक्रिया मुख (Oral cavity) में ही शुरू हो जाती है।
- इसलिए पाचन की पहली अवस्था मुँह में होती है।

82. In which of the following animals the heart pumps only impure blood?

निम्न में से किस जीव में हृदय केवल अशुद्ध रक्त पंप करता है?

(a) Shark / शार्क
(b) Whale / व्हेल
(c) Lizard / छिपकली
(d) More than one of the above / उपर्युक्त में से एक से अधिक
(e) None of the above / उपर्युक्त में से कोई नहीं

Exam: BPSC TRE 2.0 18/12/2023 (Paper-II)

Answer: (a) Shark / शार्क

Explanation:

- शार्क (Shark) मछली वर्ग (Pisces) का जीव है।
- इसमें दो कक्षीय हृदय (Two-chambered heart) होता है।
- हृदय केवल अशुद्ध रक्त (Deoxygenated blood) को गलफड़ों तक भेजता है।
- गलफड़ों में ऑक्सीजन (Oxygen) मिलने के बाद रक्त शरीर में जाता है।

83. Afferent and efferent nerves are found in

आगत तथा निर्गत तंत्रिकाएँ कहाँ मिलती हैं?

(a) Liver / यकृत
(b) Central nervous system / केन्द्रीय तंत्रिका तंत्र
(c) Heart / हृदय
(d) None of the above / उपर्युक्त में से कोई नहीं

Exam: 69th BPSC (Pre) 2023

Answer: (b) Central nervous system / केन्द्रीय तंत्रिका तंत्र

Explanation:

- आगत तंत्रिकाएँ (Afferent nerves) संवेदनाओं को शरीर से मस्तिष्क या मेरुरज्जु (Brain/Spinal cord) तक ले जाती हैं।
- निर्गत तंत्रिकाएँ (Efferent nerves) आदेशों को CNS से अंगों तक ले जाती हैं।
- दोनों तंत्रिकाएँ केन्द्रीय तंत्रिका तंत्र (Central nervous system) से जुड़ी होती हैं।
- CNS के मुख्य भाग मस्तिष्क (Brain) और मेरुरज्जु (Spinal cord) हैं।

84. Which of the following are not tastes of the tongue?

निम्नलिखित में से कौन-से जीभ के स्वाद नहीं हैं?

1. **Sweet / मीठा**
2. **Bitter / कड़वा**
3. **Salty / नमकीन**
4. **Spicy / मसालेदार**
5. **Umami / उमामी**
6. **Sour / खट्टा**
7. **Pungent / तीखा**

(a) 2,5,7
(b) 1,3,4
(c) 4,7
(d) More than one of the above / उपर्युक्त में से एक से अधिक
(e) None of the above / उपर्युक्त में से कोई नहीं

Exam: 69th BPSC (Pre) 2023

Answer: (c) 4,7

Explanation:

- जीभ के मुख्य 5 स्वाद (Five basic tastes) होते हैं:
- मीठा (Sweet)
- नमकीन (Salty)
- खट्टा (Sour)
- कड़वा (Bitter)
- उमामी (Umami)
- मसालेदार (Spicy) और तीखा (Pungent) स्वाद नहीं बल्कि संवेदनाएँ (Sensations) हैं।
- ये ट्राइजेमिनल तंत्रिका (Trigeminal nerve) से संबंधित होते हैं।

85. During normal respiration in mammals, diaphragm becomes

स्तनधारियों में सामान्य श्वसन के दौरान डायफ्राम हो जाता है

(a) Dome-shaped / धनुषाकार
(b) Flat / चपटा
(c) Depressed downward / नीचे धँसा हुआ
(d) More than one of the above / उपर्युक्त में से एक से अधिक
(e) None of the above / उपर्युक्त में से कोई नहीं

Exam: BPSC School Teacher 2023 (Paper-IV)

Answer: (d) More than one of the above / उपर्युक्त में से एक से अधिक

Explanation:

- डायफ्राम (Diaphragm) छाती और पेट के बीच स्थित मांसपेशी है।
- साँस लेते समय (Inhalation) यह संकुचित होकर चपटा (Flat) हो जाता है।
- इससे छाती का आयतन (Thoracic volume) बढ़ता है।
- साँस छोड़ते समय यह फिर गुंबदाकार (Dome-shaped) बन जाता है।

86. Which part of the brain controls blood pressure?

मस्तिष्क का कौन-सा भाग रक्तचाप नियंत्रित करता है?

(a) Spinal cord, skull, hypothalamus / रीढ़ की हड्डी, खोपड़ी, हाइपोथैलेमस
(b) Spinal cord, skull, cerebrum / रीढ़ की हड्डी, खोपड़ी, प्रमस्तिष्क
(c) Pons, medulla, cerebellum / पॉन्स, मेडुला ऑब्लोंगाटा, अनुमस्तिष्क
(d) More than one of the above / उपर्युक्त में से एक से अधिक
(e) None of the above / उपर्युक्त में से कोई नहीं

Exam: BPSC School Teacher 2023 (Paper-II)

Answer: (a) Spinal cord, skull, hypothalamus / रीढ़ की हड्डी, खोपड़ी, हाइपोथैलेमस

Explanation:

- हाइपोथैलेमस (Hypothalamus) मस्तिष्क का महत्वपूर्ण भाग है।
- यह रक्तचाप (Blood pressure) और शरीर तापमान (Body temperature) को नियंत्रित करता है।
- यह अंतःस्रावी तंत्र (Endocrine system) को भी नियंत्रित करता है।
- यह डायएन्सेफेलॉन (Diencephalon) का भाग है।

87. What is the function of the pituitary gland?

पीयूष ग्रंथि का कार्य क्या है?

(a) Development of sex organs in males / पुरुषों में यौन अंगों का विकास
(b) Promote growth of body / शरीर की वृद्धि को प्रोत्साहित करना
(c) Control sugar and salt levels / चीनी और नमक का नियंत्रण
(d) More than one of the above / उपर्युक्त में से एक से अधिक
(e) None of the above / उपर्युक्त में से कोई नहीं

Exam: BPSC School Teacher 2023 (Paper-II)

Answer: (d) More than one of the above / उपर्युक्त में से एक से अधिक

Explanation:

- पीयूष ग्रंथि (Pituitary gland) को मास्टर ग्रंथि (Master gland) कहा जाता है।
- यह Growth hormone (GH) बनाकर शरीर की वृद्धि नियंत्रित करती है।
- यह अन्य ग्रंथियों जैसे थायरॉइड और एड्रिनल को नियंत्रित करती है।
- यह प्रजनन (Reproduction) और हार्मोन संतुलन में भी भूमिका निभाती है।

88. In eye donation, which part of the eye is transplanted? /

नेत्रदान में आँख के किस भाग को प्रतिरोपित किया जाता है?

(a) Lens / लेंस
(b) Cornea / कॉर्निया
(c) Whole eye / पूरी आँख
(d) More than one of the above / उपर्युक्त में से एक से अधिक
(e) None of the above / उपर्युक्त में से कोई नहीं

Exam: BPSC School Teacher 2023 (Paper-II)

Answer: (b) Cornea / कॉर्निया

Explanation:

- कॉर्निया (Cornea) आँख की पारदर्शी बाहरी परत है।
- नेत्रदान में कॉर्निया प्रत्यारोपण (Corneal transplant) किया जाता है।
- इससे कॉर्नियल अंधत्व (Corneal blindness) का इलाज संभव है।
- यह प्रकाश का अपवर्तन (Refraction of light) करता है।

89. What is the function of ovary?

अंडाशय का कार्य क्या है?

(a) Formation of ovum / डिंब का निर्माण
(b) Secretion of progesterone / प्रोजेस्टेरोन का स्राव
(c) Secretion of estrogen / एस्ट्रोजन का स्राव
(d) More than one of the above / उपर्युक्त में से एक से अधिक
(e) None of the above / उपर्युक्त में से कोई नहीं

Exam: BPSC School Teacher 2023 (Paper-II)

Answer: (d) More than one of the above / उपर्युक्त में से एक से अधिक

Explanation:

- अंडाशय (Ovaries) महिला प्रजनन अंग हैं।
- ये डिंब (Ovum) बनाते हैं।
- ये एस्ट्रोजन (Estrogen) और प्रोजेस्टेरोन (Progesterone) हार्मोन बनाते हैं।
- ये मासिक चक्र (Menstrual cycle) और गर्भधारण को नियंत्रित करते हैं।

90. The main use of salt in food is

हार में नमक का मुख्य उपयोग है—

(a) To increase solubility of food substances / खाद्य कणों में घुलनशीलता में वृद्धि
(b) To improve the taste of food / खाने के स्वाद को बेहतर बनाना
(c) To produce hydrochloric acid for digestion / भोजन के पाचन के लिए हाइड्रोक्लोरिक अम्ल का थोड़ी मात्रा में उत्पादन
(d) More than one of the above / उपर्युक्त में से एक से अधिक
(e) None of the above / उपर्युक्त में से कोई नहीं

Ncert Class - 10 Chapter 6

Answer: (a) To increase solubility of food substances / खाद्य कणों में घुलनशीलता में वृद्धि

Explanation:

- आहार में नमक का मुख्य उपयोग खाद्य कणों की घुलनशीलता बढ़ाने के लिए होता है।
- नमक का रासायनिक नाम सोडियम क्लोराइड ($NaCl$) है।
- यह सामान्यतः सफेद क्रिस्टलीय पदार्थ के रूप में पाया जाता है।
- शुद्ध नमक रंगहीन होता है, परंतु अशुद्धियों के कारण हल्का पीला या लाल दिखाई दे सकता है।
- नमक के प्रमुख प्रकार हैं — सेंधा नमक, काला नमक और साधारण (समुद्री) नमक।

91. In cell division, when does chiasma formation occur?

/ अर्धसूत्री विभाजन में चियाज्मा/सिनैप्सिस (डिजाइगोटी गठन) कब होता है?

(a) During zygotene / जाइगोटीन के दौरान
(b) During diplotene / डिप्लोटीन के दौरान
(c) During pachytene / पैकीटीन के दौरान
(d) More than one of the above / उपर्युक्त में से एक से अधिक
(e) None of the above / उपर्युक्त में से कोई नहीं

Ncert Class - 7 Chapter 11

Answer: (a) During zygotene / जाइगोटीन के दौरान

Explanation:

- अर्धसूत्री विभाजन (Meiosis) के प्रोफेज–I में विभिन्न अवस्थाएँ होती हैं।
- जाइगोटीन अवस्था में समजातीय गुणसूत्र आपस में जुड़ने लगते हैं।
- इस जुड़ने की प्रक्रिया को सिनैप्सिस (Synapsis) कहा जाता है।
- इसी चरण में गुणसूत्रों के बीच संयोजन बनना शुरू होता है।
- यह प्रक्रिया आगे चलकर आनुवंशिक पुनर्संयोजन (genetic recombination) में सहायक होती है।

92. _____ connects muscle to bone.

_____ मांसपेशी को हड्डी से जोड़ता है

(a) Periosteum / उपास्थि
(b) Ligament / अस्थिबंधन
(c) Tendon / कण्डरा
(d) More than one of the above / उपर्युक्त में से एक से अधिक
(e) None of the above / उपर्युक्त में से कोई नहीं

Ncert Class - 7 Chapter 11

Answer: (c) Tendon / कण्डरा

Explanation:

- कण्डरा (Tendon) मांसपेशियों को हड्डियों से जोड़ने वाला मजबूत संयोजी ऊतक है।
- यह रेशेदार ऊतक से बना होता है और मांसपेशियों की शक्ति को हड्डियों तक पहुँचाता है।
- कण्डरा लचीला नहीं होता और बहुत मजबूत होता है।
- इसके विपरीत लिगामेंट (Ligament) हड्डी को हड्डी से जोड़ता है।
- इस प्रकार कण्डरा शरीर की गतियों को संभव बनाने में महत्वपूर्ण भूमिका निभाता है।

93. In which organ is bile stored?

निम्नलिखित अंगों में से किसमें पित्त का संचय होता है?

(a) Spleen / प्लीहा
(b) Pancreas / अग्न्याशय
(c) Liver / यकृत
(d) More than one of the above / उपर्युक्त में से एक से अधिक
(e) None of the above / उपर्युक्त में से कोई नहीं

Ncert Class - 7 Chapter 11

Answer: (c) Liver / यकृत

Explanation:

- पित्त (Bile) का निर्माण यकृत (Liver) में होता है।
- यह पाचन प्रक्रिया में वसा के पाचन में सहायता करता है।
- पित्त एक पीला-हरा तरल होता है।
- यह भोजन के साथ आने वाले वसा को छोटे कणों में तोड़ने में सहायक होता है।
- पित्त पाचन तंत्र की महत्वपूर्ण स्रावित पदार्थों में से एक है।

94. Digested food is absorbed through which wall?

पचा हुआ भोजन किस दीवार द्वारा अवशोषित किया जाता है?

(a) Buccal cavity / बक्कल कैविटी
(b) Stomach / जठर
(c) Ileum / इलियम
(d) More than one of the above / उपर्युक्त में से एक से अधिक
(e) None of the above / उपर्युक्त में से कोई नहीं

Ncert Class - 7 Chapter 11

Answer: (c) Ileum / इलियम

Explanation:

- इलियम (छोटी आंत का अंतिम भाग) पचे हुए भोजन के अवशोषण का मुख्य स्थान है।
- इसमें उपस्थित विली (Villi) भोजन के अवशोषण में सहायता करते हैं।
- विली के कारण आंत की अवशोषण सतह बढ़ जाती है।
- यहाँ से पोषक तत्व रक्त और लसीका में पहुँचते हैं।
- इस प्रकार शरीर को आवश्यक ऊर्जा और पोषण प्राप्त होता है।

मानव रोग एवं उपचार

95. If a disease is transmitted from non-human animals to humans, it is called

यदि कोई बीमारी गैर-मानव प्राणी से मनुष्य में पहुँचती है तो उसे क्या कहते हैं?

(a) Zoonotic disease / पशुजन्य बीमारी
(b) Infectious disease / संक्रामक बीमारी
(c) Congenital disease / जन्मजात बीमारी
(d) More than one of the above / उपर्युक्त में से एक से अधिक
(e) None of the above / उपर्युक्त में से कोई नहीं

Exam: BPSC TRE-3.0 (1-5) Exam 2024

Answer: (a) Zoonotic disease / पशुजन्य बीमारी

Explanation:

- जूनोटिक रोग (Zoonotic disease) जानवरों से मनुष्यों में फैलते हैं।

- उदाहरण: रेबीज (Rabies), प्लेग (Plague), बर्ड फ्लू (Bird flu)।
- ये रोग वायरस (Virus), बैक्टीरिया (Bacteria) या परजीवी (Parasite) से हो सकते हैं।
- इनके वाहक को वेक्टर (Vector) कहते हैं।

96. Jaundice spreads through which type of pollution?

पीलिया रोग किस प्रकार के प्रदूषण से फैल सकता है?

(a) Air / वायु
(b) Thermal / तापीय
(c) Water / जल
(d) More than one of the above / उपर्युक्त में से एक से अधिक
(e) None of the above / उपर्युक्त में से कोई नहीं

Exam: BPSC TRE-3.0 (1-5) Exam 2024

Answer: (c) Water / जल

Explanation:

- पीलिया (Jaundice) अक्सर दूषित जल (Contaminated water) से फैलता है।
- इसका मुख्य कारण हेपेटाइटिस वायरस (Hepatitis virus) होता है।
- इसमें शरीर में बिलीरुबिन (Bilirubin) की मात्रा बढ़ जाती है।
- इससे त्वचा और आँखें पीली (Yellow) हो जाती हैं।

97. Hepatitis-A is what type of disease?

/ हेपेटाइटिस-A किस प्रकार की बीमारी है?

(a) Food-borne disease / भोजन जनित रोग
(b) Water-borne disease / जल जनित रोग
(c) Air-borne disease / वायु जनित रोग
(d) More than one of the above / उपर्युक्त में से एक से अधिक
(e) None of the above / उपर्युक्त में से कोई नहीं

Exam: BPSC TRE-3.0 (1-5) Exam 2024

Answer: (d) More than one of the above / उपर्युक्त में से एक से अधिक

Explanation:

- हेपेटाइटिस-A (Hepatitis-A) यकृत की वायरल बीमारी (Viral liver disease) है।
- यह मुख्यतः दूषित भोजन और पानी (Contaminated food & water) से फैलती है।
- यह फीकल-ओरल मार्ग (Fecal-oral route) से संक्रमण करती है।
- स्वच्छता और टीकाकरण (Vaccination) से इससे बचाव किया जा सकता है।

98. Which of the following is a pollution-induced disorder?

निम्नलिखित में से कौन-सा प्रदूषण-जनित विकार है?

(a) Fluorosis / फ्लोरोसिस
(b) Leprosy / कुष्ठ रोग
(c) Pneumoconiosis / न्यूमोकोनियोसिस
(d) More than one of the above / उपर्युक्त में से एक से अधिक
(e) None of the above / उपर्युक्त में से कोई नहीं

Exam: BPSC TRE-3.0 (1-5) Exam-2024 (Cancelled)

Answer: (d) More than one of the above / उपर्युक्त में से एक से अधिक

Explanation:

- फ्लोरोसिस (Fluorosis) पानी में फ्लोराइड (Fluoride) की अधिक मात्रा से होने वाला रोग है।
- इससे दाँत और हड्डियों (Teeth & bones) पर दुष्प्रभाव पड़ता है।
- न्यूमोकोनियोसिस (Pneumoconiosis) कोयले या धूल के कणों को साँस द्वारा लेने से होने वाला फेफड़ों का रोग (Lung disease) है।
- जबकि कुष्ठ रोग (Leprosy) एक जीवाणु जनित रोग (Bacterial disease) है।
- इसलिए प्रदूषण-जनित विकारों में फ्लोरोसिस और न्यूमोकोनियोसिस दोनों आते हैं।

99. Which type of medicine is used for treating indigestion?

अपच के उपचार के लिए किस प्रकार की औषधि का उपयोग किया जाता है?

(a) Antacid / प्रतिअम्ल
(b) Antibiotic / प्रतिजैविक

(c) Analgesic / पीड़ाहारी

(d) More than one of the above / उपर्युक्त में से एक से अधिक

(e) None of the above / उपर्युक्त में से कोई नहीं

Exam: BPSC TRE-3.0 (11-12) Exam 22/07/2024

Answer: (a) Antacid / प्रतिअम्ल

Explanation:

- अपच (Indigestion) आमतौर पर पेट में अधिक अम्ल (Acid) बनने से होता है।
- इसके उपचार के लिए एंटासिड (Antacid) दवाओं का उपयोग किया जाता है।
- एंटासिड पेट के अम्ल को निष्क्रिय (Neutralize) कर देते हैं।
- उदाहरण: Milk of magnesia, Sodium bicarbonate।

100. Black lung disease is associated with

काले फेफड़े का रोग किससे संबंधित है?

(a) Farmers / किसान

(b) Coal miners / कोयला खनिक

(c) Textile industry workers / कपड़ा उद्योग श्रमिक

(d) More than one of the above / उपर्युक्त में से एक से अधिक

(e) None of the above / उपर्युक्त में से कोई नहीं

Exam: BPSC TRE 2.0 14/12/2023 (Paper-I)

Answer: (b) Coal miners / कोयला खनिक

Explanation:

- ब्लैक लंग डिज़ीज़ (Black lung disease) को न्यूमोकोनियोसिस (Pneumoconiosis) भी कहते हैं।
- यह कोयले की धूल (Coal dust) को लंबे समय तक साँस के साथ लेने से होता है।
- यह रोग मुख्यत: कोयला खदानों (Coal mines) में काम करने वाले मजदूरों में पाया जाता है।
- इससे फेफड़ों की श्वसन क्षमता (Respiratory capacity) कम हो जाती है।

101. Which parts of the brain control blood pressure?

/ मस्तिष्क के कौन-से भाग रक्तचाप को नियंत्रित करते हैं?

(a) Spinal cord, skull, hypothalamus / रीढ़ की हड्डी, खोपड़ी, हाइपोथैलेमस

(b) Cord, skull, cerebrum / कॉर्ड, खोपड़ी, सेरेब्रम

(c) Pons, medulla, cerebellum / पोंस, मेडुला, सेरिबेलम

(d) More than one of the above / उपर्युक्त में से एक से अधिक

(e) None of the above / उपर्युक्त में से कोई नहीं

Exam: BPSC TRE 2.0 14/12/2023 (Paper-I)

Answer: (c) Pons, medulla, cerebellum / पोंस, मेडुला, सेरिबेलम

Explanation:

- मानव मस्तिष्क तीन भागों में विभाजित होता है:
- पूर्व मस्तिष्क (Forebrain)
- मध्य मस्तिष्क (Midbrain)
- पश्च मस्तिष्क (Hindbrain)
- पोंस (Pons) और मेडुला (Medulla) पश्च मस्तिष्क के भाग हैं।
- मेडुला ऑब्लोंगाटा (Medulla oblongata) रक्तचाप, हृदय गति और श्वसन जैसी अनैच्छिक क्रियाओं (Involuntary functions) को नियंत्रित करता है।
- सेरिबेलम (Cerebellum) शरीर के संतुलन और समन्वय को नियंत्रित करता है।

102. Trachoma disease is related to

ट्रेकोमा रोग किससे संबंधित है?

(a) Lungs / फेफड़ों से

(b) Ears / कान से

(c) Eyes / आँखों से

(d) More than one of the above / उपर्युक्त में से एक से अधिक

(e) None of the above / उपर्युक्त में से कोई नहीं

Exam: BPSC TRE 2.0 15/12/2023 (Paper-IV)

Answer: (c) Eyes / आँखों से

Explanation:

- ट्रेकोमा (Trachoma) आँखों का एक संक्रामक रोग (Infectious disease) है।
- यह क्लैमाइडिया ट्रेकोमैटिस (Chlamydia trachomatis) नामक जीवाणु से होता है।

- यह रोग प्रायः अस्वच्छता (Poor hygiene) और भीड़भाड़ (Overcrowding) वाले क्षेत्रों में फैलता है।
- संक्रमित व्यक्ति के संपर्क (Contact) या मक्खियों के माध्यम से भी फैल सकता है।
- यह दुनिया में रोकथाम योग्य अंधापन (Preventable blindness) का प्रमुख कारण है।

103. Myopia is a disease in which a person cannot see

मायोपिया वह बीमारी है, जिसमें व्यक्ति देख नहीं पाता है

(a) Distant objects clearly / दूर की वस्तुएँ स्पष्ट रूप से
(b) Nearby objects clearly / पास की वस्तुएँ स्पष्ट रूप से
(c) Nearby as well as distant objects clearly / पास तथा दूर दोनों वस्तुएँ स्पष्ट रूप से
(d) More than one of the above / उपर्युक्त में से एक से अधिक
(e) None of the above / उपर्युक्त में से कोई नहीं

Exam: BPSC TRE 2.0 15/12/2023 (Paper-IV)

Answer: (a) Distant objects clearly / दूर की वस्तुएँ स्पष्ट रूप से

Explanation:

- मायोपिया (Myopia) को निकट दृष्टि दोष (Near-sightedness) कहा जाता है।
- इसमें व्यक्ति पास की वस्तुएँ तो देख सकता है, लेकिन दूर की वस्तुएँ स्पष्ट नहीं देख पाता।
- इस स्थिति में वस्तु का प्रतिबिंब रेटिना (Retina) के आगे बनता है।
- इसे ठीक करने के लिए अवतल लेंस (Concave lens) का प्रयोग किया जाता है।
- सामान्य स्पष्ट दृष्टि की न्यूनतम दूरी 25 सेमी (Least distance of distinct vision) मानी जाती है।

104. How do vector vaccines provide immunity?

वेक्टर टीके प्रतिरोधक शक्ति प्रदान करने के लिए कैसे काम करते हैं?

(a) By introducing a weakened or inactive virus into the body / किसी कमजोर या निष्क्रिय वायरस को शरीर में प्रवेश कराकर
(b) By directly attacking pathogens in the body / शरीर में रोगजनकों पर सीधे हमला करके
(c) By inserting a modified harmless virus carrying genetic material / वायरस को किसी भिन्न वायरस के संशोधित संस्करण में रखकर
(d) By entering cells and producing spike proteins directly / सीधे कोशिकाओं में प्रवेश कर स्पाइक प्रोटीन बनाकर

Exam: 69th BPSC (Pre) 2023

Answer: (c) By inserting a modified harmless virus carrying genetic material / वायरस को किसी भिन्न वायरस के संशोधित संस्करण में रखकर

Explanation:

- वेक्टर वैक्सीन (Vector vaccine) में एक संशोधित वायरस (Modified virus) का उपयोग किया जाता है।
- यह वायरस हानिरहित होता है और इसे वेक्टर (Vector) कहा जाता है।
- इसमें रोगजनक का आनुवंशिक पदार्थ (Genetic material) डाला जाता है।
- यह शरीर की कोशिकाओं को स्पाइक प्रोटीन (Spike protein) बनाने के लिए प्रेरित करता है।
- इससे शरीर की प्रतिरक्षा प्रणाली (Immune system) एंटीबॉडी बनाकर भविष्य के संक्रमण से रक्षा करती है।

105. How do COVID vaccines stimulate the immune response?

कोविड टीकाएँ प्रतिरक्षी प्रतिक्रिया को कैसे उत्तेजित करती हैं?

(a) By introducing a live attenuated SARS-CoV-2 virus / जीवित क्षीण SARS-CoV-2 वायरस प्रवेश कराके
(b) By introducing a real SARS-CoV-2 virus / एक वास्तविक SARS-CoV-2 वायरस प्रवेश कराके
(c) By introducing a harmless part of SARS-CoV-2 virus / SARS-CoV-2 वायरस का एक हानिरहित टुकड़ा प्रवेश कराके
(d) By introducing antibodies against SARS-CoV-2 virus / SARS-CoV-2 वायरस के खिलाफ एंटीबॉडी प्रवेश कराके
(e) None of the above / उपर्युक्त में से कोई नहीं

Exam: 69th BPSC (Pre) 2023

Answer: (a) By introducing a live attenuated SARS-CoV-2 virus / जीवित क्षीण SARS-CoV-2 वायरस प्रवेश कराके

Explanation:

- कोविड-19 वैक्सीन (COVID-19 vaccine) शरीर की प्रतिरक्षा प्रणाली (Immune system) को सक्रिय करती है।
- यह शरीर को वायरस के एंटीजन (Antigen) को पहचानना सिखाती है।
- टीकाकरण के बाद शरीर में बी-लिम्फोसाइट्स (B-lymphocytes) और टी-लिम्फोसाइट्स (T-lymphocytes) बनते हैं।
- ये कोशिकाएँ मेमोरी कोशिकाएँ (Memory cells) बनाकर भविष्य में वायरस से सुरक्षा प्रदान करती हैं।
- इस प्रकार शरीर में प्रतिरक्षा (Immunity) विकसित हो जाती है।

106. Which of the following pairs are correctly matched?

निम्नलिखित में से कौन-से जोड़े सही सुमेलित हैं?

1. **Anorexia – Sleep disorder / एनोरेक्सिया – नींद सम्बन्धी विकार**
2. **Insomnia – Eating disorder / इंसोम्निया – खाने का विकार**
3. **Dyspnea – Difficulty in breathing / डिस्पनिया – साँस की तकलीफ**
4. **Anosmia – Loss of smell / एनोस्मिया – गंध की आंशिक या पूर्ण हानि**

(a) Only 1 and 2 / केवल 1 और 2
(b) Only 2 and 3 / केवल 2 और 3
(c) Only 3 and 4 / केवल 3 और 4
(d) All of the above / उपर्युक्त सभी
(e) None of the above / उपर्युक्त में से कोई नहीं

Exam: 69th BPSC (Pre) 2023

Answer: (c) Only 3 and 4 / केवल 3 और 4

Explanation:

- एनोरेक्सिया (Anorexia) वास्तव में खाने का विकार (Eating disorder) है, न कि नींद का विकार।
- इंसोम्निया (Insomnia) नींद न आने का विकार (Sleep disorder) है।
- डिस्पनिया (Dyspnea) का अर्थ है साँस लेने में कठिनाई (Breathing difficulty)।
- एनोस्मिया (Anosmia) का अर्थ है गंध की क्षमता का खो जाना (Loss of smell)।
- इसलिए सही जोड़े 3 और 4 हैं।

107. Consider the following statements:

निम्नलिखित कथनों पर विचार कीजिए:

1. **Taeniasis is an intestinal infection caused by three species of tapeworms – Taenia solium, Taenia saginata and Taenia asiatica.**

   टेनियासिस एक आंतों का संक्रमण है, जो टेपवर्म की तीन प्रजातियों – टेनिया सोलियम, टेनिया सैजिनाटा और टेनिया एशियाटिका के कारण होता है।

2. **When cysts develop in the brain, the condition is called neurocysticercosis.**

   जब मस्तिष्क में सिस्ट विकसित हो जाते हैं, तो इस स्थिति को न्यूरोसिस्टिसर्कोसिस कहा जाता है।

(a) Only 1 / केवल 1
(b) Only 2 / केवल 2
(c) Both 1 and 2 / 1 और 2 दोनों
(d) None of the above / उपर्युक्त में से कोई नहीं
(e) More than one of the above / उपर्युक्त में से एक से अधिक

Exam: 69th BPSC (Pre) 2023

Answer: (c) Both 1 and 2 / 1 और 2 दोनों

Explanation:

- टेनियासिस (Taeniasis) एक परजीवी संक्रमण (Parasitic infection) है।
- यह टेपवर्म की प्रजातियों Taenia solium, Taenia saginata, Taenia asiatica से होता है।
- ये परजीवी मानव की छोटी आंत (Small intestine) में रहते हैं।
- जब इनके लार्वा (Larvae) मस्तिष्क में सिस्ट बनाते हैं तो उसे न्यूरोसिस्टिसर्कोसिस (Neurocysticercosis) कहा जाता है।
- इसलिए दोनों कथन सही हैं।

109. Which of the following causes eczema?

निम्न में से एक्जिमा बीमारी किसके द्वारा फैलती है?

(a) Virus / विषाणु
(b) Bacteria / जीवाणु
(c) Mycoplasma / माइकोप्लाज्मा
(d) More than one of the above / उपर्युक्त में से एक से अधिक
(e) None of the above / उपर्युक्त में से कोई नहीं

Ncert Class -9 Chapter 13

Answer: (b) Bacteria / जीवाणु

Explanation:

- एक्जिमा त्वचा से संबंधित सूजन और जलन वाला रोग है।
- यह त्वचा पर लाल चकत्ते, खुजली और सूजन उत्पन्न कर सकता है।
- कुछ मामलों में त्वचा में संक्रमण के कारण जीवाणु की भूमिका हो सकती है।
- इस रोग में त्वचा सूखी और संवेदनशील हो जाती है।
- इसके उपचार में त्वचा की देखभाल और औषधियों का उपयोग किया जाता है।

110. Which of the following statements about viruses is incorrect?

विषाणु के बारे में निम्न में से कौन-सा कथन सही नहीं है?

(a) Nucleic acid of viruses is called capsid / विषाणुओं के न्यूक्लिक अम्ल को कैप्सिड कहते हैं।
(b) Viruses are acellular / विषाणु अकोशिकीय होते हैं।
(c) All viruses contain both RNA and DNA / सभी विषाणुओं में RNA और DNA दोनों होते हैं।
(d) More than one of the above / उपर्युक्त में से एक से अधिक
(e) None of the above / उपर्युक्त में से कोई नहीं

Ncert Class -9 Chapter 13

Answer: (c) All viruses contain both RNA and DNA / सभी विषाणुओं में RNA और DNA दोनों होते हैं।

Explanation:

- विषाणु अत्यंत सूक्ष्म अकोशिकीय परजीवी होते हैं।
- इनमें प्रोटीन का आवरण (कैप्सिड) होता है, जिसके अंदर न्यूक्लिक अम्ल पाया जाता है।
- किसी भी विषाणु में केवल एक प्रकार का न्यूक्लिक अम्ल (DNA या RNA) होता है, दोनों एक साथ नहीं होते।
- विषाणु केवल जीवित कोशिकाओं के अंदर ही प्रजनन कर सकते हैं।
- इस कारण RNA और DNA दोनों होने वाला कथन गलत है।

111. The radioactive element used for the treatment of hyperthyroidism is

हाइपरथायरॉयडिज्म के उपचार के लिए उपयोग किया जाने वाला रेडियोसक्रिय तत्व है—

(a) Cobalt-60 / कोबाल्ट-60
(b) Iodine-131 / आयोडीन-131
(c) Iron-59 / आयरन-59
(d) More than one of the above / उपर्युक्त में से एक से अधिक
(e) None of the above / उपर्युक्त में से कोई नहीं

Ncert Class -9 Chapter 13

Answer: (b) Iodine-131 / आयोडीन-131

Explanation:

- हाइपरथायरॉयडिज्म में थायरॉयड ग्रंथि अत्यधिक मात्रा में हार्मोन बनाती है।
- इस रोग के उपचार में रेडियोसक्रिय आयोडीन-131 का उपयोग किया जाता है।
- आयोडीन-131 थायरॉयड ग्रंथि में एकत्र होकर अतिसक्रिय कोशिकाओं को नष्ट करता है।
- इससे थायरॉयड हार्मोन का उत्पादन सामान्य स्तर पर आ जाता है।
- हाइपरथायरॉयडिज्म के लक्षणों में दिल की धड़कन बढ़ना, पसीना आना, वजन घटना और घबराहट शामिल हो सकते हैं।

112. The infective stage of Entamoeba histolytica is

एंटामीबा हिस्टोलिटिका की संक्रामक अवस्था होती है

(a) Trophozoite / ट्रॉफोजोइट
(b) Mature cyst / परिपक्व पुटी
(c) Schizont / माइक्रो-रूप
(d) More than one of the above / उपर्युक्त में से एक से अधिक
(e) None of the above / उपर्युक्त में से कोई नहीं

Ncert Class -9 Chapter 13

Answer: (b) Mature cyst / परिपक्व पुटी

Explanation:

- Entamoeba histolytica एक प्रोटोजोआ परजीवी है जो अमीबायसिस रोग उत्पन्न करता है।
- इसकी संक्रामक अवस्था परिपक्व पुटी (Mature cyst) होती है।
- यह प्रायः दूषित भोजन या पानी के माध्यम से शरीर में प्रवेश करती है।
- संक्रमित व्यक्ति के मल के माध्यम से पुटियाँ बाहर निकलकर वातावरण में फैलती हैं।
- इसके संक्रमण से पेट दर्द, दस्त तथा खूनी दस्त जैसे लक्षण दिखाई दे सकते हैं।

113. The vaccine for smallpox is prepared from

चेचक का टीका कहाँ से बनता है?

(a) Plants / पौधों से
(b) Chemical reaction / रासायनिक अभिक्रिया से
(c) Sheep / भेड़ों से
(d) More than one of the above / उपर्युक्त में से एक से अधिक
(e) None of the above / उपर्युक्त में से कोई नहीं

Ncert Class -9 Chapter 13

Answer: (c) Sheep / भेड़ों से

Explanation:

- चेचक एक अत्यंत संक्रामक रोग है जो वायरस से होता है।
- चेचक का टीका वैक्सीनिया वायरस से तैयार किया जाता है।
- इस वायरस को पहले पशुओं की त्वचा में विकसित किया जाता था।
- इसके बाद तैयार पदार्थ को टीके के रूप में उपयोग किया जाता है।
- चेचक के टीके के विकास का श्रेय एडवर्ड जेनर (1796) को दिया जाता है।

विविध

114. In which of the following medicine production, ethyl alcohol can be used?

/ निम्न में किस प्रकार की दवाई उत्पादन में एथिल अल्कोहल का उपयोग किया जा सकता है?

(a) Antipyretic / एंटी पायरेटिक
(b) Antiseptic / एंटीसेप्टिक
(c) Anti-allergic / एंटी-एलर्जिक
(d) More than one of the above / उपर्युक्त में से एक से अधिक
(e) None of the above / उपर्युक्त में से कोई नहीं

Exam: BPSC TRE 3.0 Exam 21/07/2024

Answer: (d) More than one of the above / उपर्युक्त में से एक से अधिक

Explanation:

- एथिल अल्कोहल (Ethyl alcohol / Ethanol) औषधि निर्माण में घोलक (Solvent) के रूप में उपयोग किया जाता है।
- इसका उपयोग एंटीसेप्टिक (Antiseptic) दवाओं में भी किया जाता है।
- यह कई फार्मास्यूटिकल उत्पादों (Pharmaceutical products) के निर्माण में सहायक होता है।
- इसलिए यह विभिन्न प्रकार की दवाओं के उत्पादन में उपयोगी है।

115. The process in which atmospheric CO_2 is converted into carbohydrates during photosynthesis is

वह प्रक्रिया जिसमें प्रकाश-संश्लेषण के दौरान वायुमंडलीय CO_2 को कार्बोहाइड्रेट में परिवर्तित किया जाता है

(a) Oxidation / ऑक्सीकरण
(b) Reduction / अपचयन
(c) Hydrolysis / जल-विश्लेषण
(d) More than one of the above / उपर्युक्त में से एक से अधिक
(e) None of the above / उपर्युक्त में से कोई नहीं

Exam: BPSC TRE 2.0 15/12/2023 (Paper-IV)

Answer: (b) Reduction / अपचयन

Explanation:

- प्रकाश-संश्लेषण (Photosynthesis) में CO_2 को कार्बोहाइड्रेट (Carbohydrates) में बदला जाता है।
- इस प्रक्रिया में CO_2 का अपचयन (Reduction) होता है।
- वहीं पानी का ऑक्सीकरण (Oxidation) होकर ऑक्सीजन बनती है।

- इस प्रक्रिया के लिए आवश्यक तत्व हैं:
- क्लोरोफिल (Chlorophyll)
- सूर्य का प्रकाश (Sunlight)
- पानी (Water)

116. How many lateral hearts are found in earthworm?

केंचुए में कितने पार्श्व हृदय होते हैं?

(a) 6
(b) 8
(c) 12
(d) More than one of the above / उपर्युक्त में से एक से अधिक
(e) None of the above / उपर्युक्त में से कोई नहीं

Exam: BPSC TRE 2.0 7/12/2023 Shift-II (Paper-III)

Answer: (b) 8

Explanation:

- केंचुआ (Earthworm) में कुल 5 जोड़ी हृदय (Hearts) होते हैं।
- इनमें 1 जोड़ी पृष्ठीय हृदय (Dorsal hearts) और 4 जोड़ी पार्श्व हृदय (Lateral hearts) होते हैं।
- इसलिए पार्श्व हृदयों की कुल संख्या 8 होती है।
- ये हृदय रक्त परिसंचरण (Blood circulation) को बनाए रखते हैं।

117. How many species of flora and fauna are found in India?
भारत में वनस्पति एवं जीवों की कितनी प्रजातियाँ पाई जाती हैं?

(a) 81000 species of fauna and 47000 species of flora / 81000 प्रजाति जीवों की एवं 47000 प्रजाति वनस्पति की
(b) 70000 species of fauna and 50000 species of flora/ 70000 प्रजाति जीवों की एवं 50000 प्रजाति वनस्पति की
(c) 50000 species of fauna and 40000 species of flora/ 50000 प्रजाति जीवों की एवं 40000 प्रजाति वनस्पति की
(d) More than one of the above / उपर्युक्त में से एक से अधिक
(e) None of the above / उपर्युक्त में से कोई नहीं

Exam: BPSC TRE 2.0 8/12/2023 (Paper-III)

Answer: (a) 81000 species of fauna and 47000 species of flora / 81000 प्रजाति जीवों की एवं 47000 प्रजाति वनस्पति की

Explanation:

- भारत विश्व के मेगाडायवर्स देशों (Megadiverse countries) में से एक है।
- भारत में लगभग 81000 जीव प्रजातियाँ (Faunal species) पाई जाती हैं।
- वहीं लगभग 47000 वनस्पति प्रजातियाँ (Floral species) पाई जाती हैं।
- भारत में जैव विविधता (Biodiversity) अत्यधिक समृद्ध है।

118. In medicinal chemistry, classification of drugs is most useful based on

/ मेडिसिनल केमिस्ट्री में दवाओं का वर्गीकरण किस आधार पर सबसे अधिक उपयोगी है?

(a) Pharmacological effect / औषधीय प्रभाव
(b) Molecular target / आण्विक लक्ष्य
(c) Chemical structure / रासायनिक संरचना
(d) None of the above / उपर्युक्त में से कोई नहीं

Exam: 69th BPSC (Pre) 2023

Answer: (b) Molecular target / आण्विक लक्ष्य

Explanation:

- मेडिसिनल केमिस्ट्री (Medicinal chemistry) में दवाओं को अक्सर आण्विक लक्ष्य (Molecular target) के आधार पर वर्गीकृत किया जाता है।
- दवाएँ शरीर के विशिष्ट प्रोटीन या एंजाइम (Proteins/ Enzymes) को लक्ष्य बनाती हैं।
- इससे शरीर में जैविक प्रतिक्रिया (Biological response) उत्पन्न होती है।
- यह वर्गीकरण दवा के कार्य तंत्र (Mechanism of action) को समझने में मदद करता ह

Chemistry
(रसायन विज्ञान)

भौतिक रसायन

1. In comparison to pure water, boiling point of impure water

शुद्ध पानी की तुलना में अशुद्ध पानी का क्वथनांक

(a) Is same / समान रहता है

(b) Increases / बढ़ जाता है

(c) Decreases / घट जाता है

(d) More than one of the above / उपर्युक्त में से एक से अधिक

(e) None of the above / उपर्युक्त में से कोई नहीं

Exam: BPSC TRE 0 14/12/2023 Paper-I

Answer: (b) Increases / बढ़ जाता है

Explanation :

- शुद्ध जल का सामान्य क्वथनांक 100°C होता है।
- जब पानी में अशुद्धियाँ घुल जाती हैं तो वाष्प दाब कम हो जाता है।
- कम वाष्प दाब के कारण पानी को उबलने के लिए अधिक तापमान चाहिए।
- इसलिए अशुद्ध जल का boiling point बढ़ जाता है।

2. The radius of the n-th stationary orbit of hydrogen atom is proportional to

हाइड्रोजन परमाणु के nवें स्थिर कक्षा का अर्धव्यास किसके समानुपाती होता है?

(a) $1/n^2$

(b) $1/n$

(c) n^2

(d) More than one of the above / उपर्युक्त में से एक से अधिक

(e) None of the above / उपर्युक्त में से कोई नहीं

Exam: BPSC TRE 0 10/12/2023 (Paper-III)

Answer: (c) n^2

Explanation :

- Bohr model के अनुसार हाइड्रोजन परमाणु की कक्षा का त्रिज्या
- $r_n = n^2 a_0$
- यहाँ

n = मुख्य क्वांटम संख्या

a_0 = Bohr radius

- इससे स्पष्ट है कि
- $r_n \propto n^2$
- इसलिए n बढ़ने पर कक्षा का अर्धव्यास तेजी से बढ़ता है।

3. The process in which oxidation number decreases is known as

अभिक्रिया जिसमें ऑक्सीकरण संख्या घटती है, उसे क्या कहते हैं?

(a) Reduction / अपचयन

(b) Oxidation / उपचयन

(c) Redox reaction / ऑक्सीकरण-अपचयन अभिक्रिया

(d) More than one of the above / उपर्युक्त में से एक से अधिक

(e) None of the above / उपर्युक्त में से कोई नहीं

Exam: BPSC TRE 0 10/12/2023 (Paper-III)

Answer: (a) Reduction / अपचयन

Explanation :

- Reduction वह प्रक्रिया है जिसमें किसी तत्व की oxidation number कम हो जाती है।
- इसमें पदार्थ इलेक्ट्रॉन ग्रहण करता है।
- उदाहरण
- $Cu^{2+} + 2e^- \rightarrow Cu$
- यहाँ Cu^{2+} की oxidation number +2 से 0 हो जाती है।

4. Which element has the largest atomic radius?

निम्नलिखित में से किस तत्व की परमाणु त्रिज्या सबसे बड़ी है?

(a) Lithium / लिथियम

(b) Beryllium / बेरिलियम

(c) Boron / बोरॉन
(d) More than one of the above / उपर्युक्त में से एक से अधिक
(e) None of the above / उपर्युक्त में से कोई नहीं

Exam: BPSC School Teacher 2023 (Paper-IV)

Answer: (a) Lithium / लिथियम

Explanation :

- एक आवर्त (period) में बाएँ से दाएँ जाने पर परमाणु त्रिज्या घटती है।
- कारण: नाभिक का आकर्षण बढ़ जाता है।
- दिए गए तत्व एक ही आवर्त में हैं।
- इसलिए सबसे बाईं ओर होने के कारण Lithium की atomic radius सबसे अधिक होती है।

5. Which gas is used to ripen fruits artificially?

फलों को जबरदस्ती पकाने के लिए किस गैस का उपयोग किया जाता है?

(a) Ethane / इथेन
(b) Ethylene / एथिलीन
(c) Methane / मीथेन
(d) More than one of the above / उपर्युक्त में से एक से अधिक
(e) None of the above / उपर्युक्त में से कोई नहीं

Exam: BPSC School Teacher 2023 (Paper-III)

Answer: (b) Ethylene / एथिलीन

Explanation :

- Ethylene (C_2H_4) एक प्राकृतिक पौध हार्मोन है।
- यह फलों के पकने की प्रक्रिया को तेज करता है।
- इसका उपयोग आम, केला आदि फलों को जल्दी पकाने के लिए किया जाता है।
- इसलिए कृत्रिम रूप से फल पकाने में ethylene gas प्रयोग की जाती है।

6. Sodium hydroxide reacts with hydrochloric acid to form sodium chloride and water. This reaction is

सोडियम हाइड्रॉक्साइड और हाइड्रोक्लोरिक अम्ल की अभिक्रिया से सोडियम क्लोराइड और जल बनते हैं। यह अभिक्रिया है—

(a) Neutralization reaction / उदासीनीकरण
(b) Decomposition / विघटन
(c) Combination / संयोजन
(d) More than one of the above / उपर्युक्त में से एक से अधिक
(e) None of the above / उपर्युक्त में से कोई नहीं

Exam: BPSC School Teacher 2023 (Paper-II) Shift-2

Answer: (a) Neutralization reaction / उदासीनीकरण

Explanation :

- जब अम्ल और क्षार प्रतिक्रिया करते हैं तो लवण और जल बनते हैं।
- इसे Neutralization reaction कहते हैं।
- उदाहरण
  $NaOH + HCl \rightarrow NaCl + H_2O$
- यहाँ NaOH क्षार और HCl अम्ल है।

7. In tamarind which acid is present?

इमली में कौन-सा अम्ल होता है?

(a) Malonic acid / मैलोनिक अम्ल
(b) Tartaric acid / टार्टरिक अम्ल
(c) Lactic acid / लैक्टिक अम्ल
(d) More than one of the above / उपर्युक्त में से एक से अधिक
(e) None of the above / उपर्युक्त में से कोई नहीं

Exam: BPSC School Teacher 2023 (Paper-II) Shift-1

Answer: (b) Tartaric acid

Explanation :

- इमली का खट्टा स्वाद tartaric acid के कारण होता है।
- यह एक कार्बनिक अम्ल है।
- अन्य उदाहरण
  * सिरका → Acetic acid
  * नींबू → Citric acid
- इसलिए इमली में मुख्य अम्ल tartaric acid होता है।

8. What happens when dilute hydrochloric acid is added to iron filings?

लोहे के बुरादे में तनु हाइड्रोक्लोरिक अम्ल डालने से क्या होता है?

(a) Hydrogen gas and iron chloride are formed / हाइड्रोजन गैस और आयरन क्लोराइड बनते हैं
(b) Chlorine gas and iron hydroxide are formed / क्लोरीन गैस और आयरन हाइड्रॉक्साइड

बनते हैं

(c) No reaction occurs / कोई अभिक्रिया नहीं होती

(d) More than one of the above / उपर्युक्त में से एक से अधिक

(e) None of the above / उपर्युक्त में से कोई नहीं

Exam: BPSC School Teacher 2023 (Paper-II) Shift-1

Answer: (a) Hydrogen gas and iron chloride are formed / हाइड्रोजन गैस और आयरन क्लोराइड बनते हैं

Explanation :

- धातु और अम्ल की अभिक्रिया से लवण और हाइड्रोजन गैस बनती है।
- लोहे और HCl की अभिक्रिया
- $Fe + 2HCl \rightarrow FeCl_2 + H_2$
- यहाँ $FeCl_2$ = Iron chloride
- और H_2 गैस निकलती है।

9. Which of the following has pH greater than 7?

निम्नलिखित में से किसका pH, 7 से अधिक है?

(a) Gastric juice / गैस्ट्रिक जूस

(b) Blood plasma / रक्त प्लाज्मा

(c) Vinegar / सिरका

(d) More than one of the above / उपर्युक्त में से एक से अधिक

(e) None of the above / उपर्युक्त में से कोई नहीं

Exam: BPSC School Teacher 2023 (Paper-II) Shift-1

BPSC TRE 0 18-12-2023 (Paper-III)

Answer: (b) Blood plasma / रक्त प्लाज्मा

Explanation :

- pH स्केल 0 से 14 तक होता है।
- pH = 7 $\rightarrow$ तटस्थ (neutral)
- pH > 7 $\rightarrow$ क्षारीय (basic)
- रक्त प्लाज्मा का pH लगभग
- pH $\rightleftharpoons$ 4
- इसलिए यह 7 से अधिक होता है।

10. When water freezes, its density

जब पानी जम जाता है, उसका घनत्व

(a) Becomes zero / शून्य हो जाता है

(b) Decreases / कम हो जाता है

(c) Increases / बढ़ जाता है

(d) More than one of the above / उपर्युक्त में से एक से अधिक

(e) None of the above / उपर्युक्त में से कोई नहीं

Ncert Class - 9 Chapter 1

Answer: (b) Decreases / कम हो जाता है

Explanation:

- जब पानी जमकर बर्फ बनता है, तो उसका घनत्व कम हो जाता है।
- जमने पर पानी के अणुओं की संरचना खुली (open structure) हो जाती है।
- इस कारण बर्फ का आयतन बढ़ जाता है और घनत्व कम हो जाता है।
- इसी कारण बर्फ पानी पर तैरती है।
- पानी का अधिकतम घनत्व 4°C तापमान पर पाया जाता है।

11. Which solution is the most concentrated?

कौन-सा घोल सबसे अधिक सान्द्र है?

(a) 2 ml solution containing 6 g solute / 2 मि.ली. घोल में 6 ग्राम विलेय

(b) 10 ml solution containing 6 g solute / 10 मि.ली. घोल में 6 ग्राम विलेय

(c) 50 ml solution containing 5 g solute / 50 मि.ली. घोल में 5 ग्राम विलेय

(d) More than one of the above / उपर्युक्त में से एक से अधिक

(e) None of the above / उपर्युक्त में से कोई नहीं

Ncert Class - 9 Chapter 1

Answer: (a) 2 ml solution containing 6 g solute / 2 मि.ली. घोल में 6 ग्राम विलेय

Explanation:

- घोल की सान्द्रता विलेय की मात्रा और घोल के आयतन पर निर्भर करती है।
- कम आयतन में अधिक विलेय होने पर घोल अधिक सान्द्र होता है।
- 2 मि.ली. घोल में 6 ग्राम विलेय होने के कारण इसकी सान्द्रता सबसे अधिक है।
- अन्य विकल्पों में आयतन अधिक है, इसलिए उनकी सान्द्रता कम होती है।
- इस कारण 2 मि.ली. घोल वाला विकल्प सबसे अधिक सान्द्र है।

12. When water freezes, its density

जब पानी जम जाता है, उसका घनत्व

(a) Becomes zero / शून्य हो जाता है
(b) Decreases / कम हो जाता है
(c) Increases / बढ़ जाता है
(d) More than one of the above / उपर्युक्त में से एक से अधिक
(e) None of the above / उपर्युक्त में से कोई नहीं

Ncert Class - 9 Chapter 1

Answer: (b) Decreases / कम हो जाता है

Explanation:

- जब पानी जमकर बर्फ बनता है, तो उसका घनत्व कम हो जाता है।
- जमने पर पानी के अणुओं की संरचना खुली (open structure) हो जाती है।
- इस कारण बर्फ का आयतन बढ़ जाता है और घनत्व कम हो जाता है।
- इसी कारण बर्फ पानी पर तैरती है।
- पानी का अधिकतम घनत्व 4°C तापमान पर पाया जाता है।

13. Which solution is the most concentrated?

कौन-सा घोल सबसे अधिक सान्द्र है?

(a) 2 ml solution containing 6 g solute / 2 मि.ली. घोल में 6 ग्राम विलेय
(b) 10 ml solution containing 6 g solute / 10 मि.ली. घोल में 6 ग्राम विलेय
(c) 50 ml solution containing 5 g solute / 50 मि.ली. घोल में 5 ग्राम विलेय
(d) More than one of the above / उपर्युक्त में से एक से अधिक
(e) None of the above / उपर्युक्त में से कोई नहीं

Ncert Class - 9 Chapter 1

Answer: (a) 2 ml solution containing 6 g solute / 2 मि.ली. घोल में 6 ग्राम विलेय

Explanation:

- घोल की सान्द्रता विलेय की मात्रा और घोल के आयतन पर निर्भर करती है।
- कम आयतन में अधिक विलेय होने पर घोल अधिक सान्द्र होता है।
- 2 मि.ली. घोल में 6 ग्राम विलेय होने के कारण इसकी सान्द्रता सबसे अधिक है।
- अन्य विकल्पों में आयतन अधिक है, इसलिए उनकी सान्द्रता कम होती है।
- इस कारण 2 मि.ली. घोल वाला विकल्प सबसे अधिक सान्द्र है।

14. Motion of the needle of a sewing machine is

किसी सिलाई मशीन की सुई की गति होती है

(a) Oscillatory / आवर्ती
(b) Rectilinear / सरल-रेखीय
(c) Circular / वर्तुल
(d) More than one of the above / उपर्युक्त में से एक से अधिक
(e) None of the above / उपर्युक्त में से कोई नहीं

Ncert Class - 9 Chapter 1

Answer: (a) Oscillatory / आवर्ती

Explanation:

- सिलाई मशीन की सुई ऊपर और नीचे बार-बार चलती है।
- यह गति एक निश्चित समय के बाद दोहराई जाती है।
- ऐसी गति को आवर्ती (Periodic/Oscillatory) गति कहा जाता है।
- आवर्ती गति में वस्तु एक ही पथ पर आगे-पीछे चलती रहती है।
- सिलाई मशीन की सुई इसी प्रकार की गति करती है।

15. The process of change from liquid to solid state is called

गैसीय से तरल या ठोस अवस्था में परिवर्तन की प्रक्रिया को कहते हैं

(a) Evaporation / वाष्पीकरण
(b) Condensation / संघनन
(c) Frost formation / ओस गठन
(d) More than one of the above / उपर्युक्त में से एक से अधिक
(e) None of the above / उपर्युक्त में से कोई नहीं

Ncert Class - 9 Chapter 1

Answer: (b) Condensation / संघनन

Explanation:

- संघनन वह प्रक्रिया है जिसमें गैस ऊष्मा खोकर तरल अवस्था में बदल जाती है।
- इस प्रक्रिया में गैस के अणु धीरे-धीरे पास आ जाते हैं और तरल बनाते हैं।
- वातावरण में जलवाष्प के ठंडा होने पर पानी की बूंदें बनने की प्रक्रिया संघनन है।
- बादल, ओस और कोहरा बनने में संघनन की भूमिका होती है।
- संघनन में गैस की अवस्था तरल अवस्था में परिवर्तित होती है।

16. The nature of chemical bond in HCl is

HCl में रासायनिक बंध की प्रकृति होती है

(a) Covalent / सहसंयोजी
(b) Electrovalent / वैद्युत संयोजी
(c) Symmetric / सममित
(d) More than one of the above / उपर्युक्त में से एक से अधिक
(e) None of the above / उपर्युक्त में से कोई नहीं

Ncert Class - 9 Chapter 1

Answer: (a) Covalent / सहसंयोजी

Explanation:

- HCl में हाइड्रोजन और क्लोरीन के बीच इलेक्ट्रॉनों की साझेदारी होती है।
- इलेक्ट्रॉनों की साझेदारी से बनने वाले बंध को सहसंयोजी बंध (Covalent bond) कहा जाता है।
- सहसंयोजी यौगिक सामान्यतः ठोस या गैसीय अवस्था में पाए जाते हैं।
- ये सामान्यतः विद्युत के अच्छे चालक नहीं होते।
- HCl का जलीय विलयन आयनों में विघटित होकर विद्युत का संचालन कर सकता है।

17. Soda water formed by passing carbon dioxide through water is

जल में कार्बन डाइऑक्साइड प्रवाहित करने पर बना सोडा वाटर

(a) A reducing agent / एक अपचायक है
(b) Basic in nature / क्षारीय प्रकृति का है
(c) Acidic in nature / अम्लीय प्रकृति का है
(d) More than one of the above / उपर्युक्त में से एक से अधिक
(e) None of the above / उपर्युक्त में से कोई नहीं

Ncert Class - 9 Chapter 1

Answer: (c) Acidic in nature / अम्लीय प्रकृति का है

Explanation:

- जब कार्बन डाइऑक्साइड (CO_2) को जल में प्रवाहित किया जाता है, तो कार्बोनिक अम्ल (H_2CO_3) बनता है।
- कार्बोनिक अम्ल बनने के कारण घोल अम्लीय प्रकृति का हो जाता है।
- इसी कारण सोडा वाटर का pH मान 7 से कम होता है।
- यह एक कमज़ोर अम्ल होता है।
- सोडा वाटर में उपस्थित कार्बोनिक अम्ल हल्की अम्लीयता प्रदान करता है।

18. Which of the following is a combustion process?

निम्नलिखित में से कौन-सा एक दहन प्रक्रिया है?

(a) Melting of wax / मोम का पिघलना
(b) Burning of petrol / पेट्रोल का जलना
(c) Boiling of water / पानी का उबलना
(d) More than one of the above / उपर्युक्त में से एक से अधिक
(e) None of the above / उपर्युक्त में से कोई नहीं

Ncert Class - 9 Chapter 1

Answer: (b) Burning of petrol / पेट्रोल का जलना

Explanation:

- दहन एक रासायनिक प्रक्रिया है जिसमें पदार्थ ऑक्सीजन के साथ अभिक्रिया करता है।
- इस प्रक्रिया में ऊष्मा और प्रकाश उत्पन्न होते हैं।
- पेट्रोल का जलना दहन प्रक्रिया का उदाहरण है।
- मोम का पिघलना और पानी का उबलना भौतिक परिवर्तन हैं।
- दहन में पदार्थ की रासायनिक संरचना में परिवर्तन होता है।

अकार्बनिक रसायन

19. Which substance is used for making pencil lead?

पेंसिल लेड बनाने के लिए किस पदार्थ का उपयोग किया जाता है?

(a) Sulphur / सल्फर
(b) Silicon / सिलिकॉन
(c) Graphite / ग्रेफाइट
(d) More than one of the above / उपर्युक्त में से एक से अधिक
(e) None of the above / उपर्युक्त में से कोई नहीं

Exam: BPSC TRE 0 14/12/2023 Paper-I

Answer: (c) Graphite / ग्रेफाइट

Explanation :

- Graphite कार्बन का एक अपरूप (allotrope) है।
- इसकी संरचना परतदार (layered structure) होती है।
- परतें आसानी से फिसलती हैं, इसलिए यह मुलायम होता है।
- इसी कारण इसे pencil lead बनाने में उपयोग किया जाता है।

20. Which of the following is suitable for alcoholic beverages?

निम्नलिखित में से कौन-सा एल्कोहॉल पेय के लिए उपयुक्त है?

(a) Methanol / मेथनॉल
(b) Hexenol / हेक्सेनॉल
(c) Ethanol / एथेनॉल
(d) More than one of the above / उपर्युक्त में से एक से अधिक
(e) None of the above / उपर्युक्त में से कोई नहीं

Exam: BPSC TRE 0 14/12/2023 Paper-I

Answer: (c) Ethanol / एथेनॉल

Explanation :

- Ethanol (C_2H_5OH) ही पीने योग्य एल्कोहॉल है।
- यह किण्वन (fermentation) द्वारा शर्करा, गन्ना, गेहूँ आदि से बनाया जाता है।
- Methanol (CH_3OH) अत्यधिक विषैला होता है और पीने योग्य नहीं है।
- इसलिए शराब तथा अन्य पेयों में ethanol का उपयोग किया जाता है।

21. The compound which on dissolution in water makes it hard is

पानी में घुलने पर उसे कठोर बनाने वाला यौगिक है

(a) $CaCO_3$
(b) $MgSO_4$
(c) $Ca(HCO_3)_2$
(d) More than one of the above / उपर्युक्त में से एक से अधिक
(e) None of the above / उपर्युक्त में से कोई नहीं

Exam: BPSC TRE 0 7/12/2023 Shift-II (Paper-III)

Answer: (c) $Ca(HCO_3)_2$

Explanation :

- पानी की कठोरता मुख्यतः कैल्शियम और मैग्नीशियम के लवणों के कारण होती है।
- $Ca(HCO_3)_2$ पानी में घुलकर temporary hardness उत्पन्न करता है।
- इसे उबालने पर $CaCO_3$ अवक्षेपित हो जाता है और कठोरता कम हो जाती है।
- इसलिए यह पानी को कठोर बनाता है।

22. The acid which can destroy the colour of acidic $KMnO_4$ is

अम्ल जो अम्लीय $KMnO_4$ का रंग नष्ट कर सकता है

(a) CH_3COOH
(b) $C_6H_8O_7$
(c) CH_3CH_2COOH
(d) More than one of the above / उपर्युक्त में से एक से अधिक
(e) None of the above / उपर्युक्त में से कोई नहीं

Exam: BPSC TRE 0 8/12/2023 (Paper-III)

Answer: (b) $C_6H_8O_7$ (Citric acid)

Explanation :

- Potassium permanganate ($KMnO_4$) बैंगनी रंग का प्रबल ऑक्सीकारक है।
- Citric acid ($C_6H_8O_7$) एक reducing agent की तरह कार्य कर सकता है।
- यह $KMnO_4$ को Mn^{2+} में परिवर्तित कर देता है।
- इसलिए इसका बैंगनी रंग समाप्त हो जाता है।

23. The speed of an electron in the orbit of hydrogen atom in the ground state is

निम्नतम अवस्था में हाइड्रोजन परमाणु की कक्षा में एक इलेक्ट्रॉन की चाल होती है

(a) c
(b) c/2

(c) c/137
(d) More than one of the above / उपर्युक्त में से एक से अधिक
(e) None of the above / उपर्युक्त में से कोई नहीं

Exam: BPSC TRE 0 8/12/2023 (Paper-III)

Answer: (c) c/137

Explanation :

- Bohr मॉडल के अनुसार इलेक्ट्रॉन की चाल
- $v_n = (Z\alpha c) / n$
- हाइड्रोजन के लिए Z=1Z = 1Z=1 और n=1n = 1n=1
- इसलिए
- v = c / 137
- जहाँ c = प्रकाश की चाल।

24. $Al_2O_3 \cdot 2SiO_2 \cdot 2H_2O$ is the chemical formula for

$Al_2O_3 \cdot 2SiO_2 \cdot 2H_2O$ किसका रासायनिक सूत्र है?

(a) Monazite / मोनाजाइट
(b) China clay / चीनी मिट्टी
(c) Sand / रेत
(d) More than one of the above / उपर्युक्त में से एक से अधिक
(e) None of the above / उपर्युक्त में से कोई नहीं

Exam: BPSC TRE 0 09/12/2023 (Paper-II)

Answer: (b) China clay / चीनी मिट्टी

Explanation :

- China clay को Kaolinite भी कहा जाता है।
- इसका रासायनिक सूत्र
- $1_2O_3 \cdot 2SiO_2 \cdot 2H_2O$
- यह मुख्यतः एलुमिनियम सिलिकेट से बना होता है।
- इसका उपयोग मिट्टी के बर्तन और चीनी मिट्टी के सामान बनाने में होता है।

25. If a piece of ice is put in a vessel filled with mustard oil, the level of oil after melting of ice will

मिट्टी के तेल (या सरसों के तेल) के बर्तन में बर्फ डालने पर पिघलने के बाद तेल की सतह

(a) Rise / उठेगी
(b) Fall / गिरेगी
(c) Remain same / वैसी ही बनी रहेगी
(d) More than one of the above / उपर्युक्त में से एक से अधिक
(e) None of the above / उपर्युक्त में से कोई नहीं

Exam: BPSC School Teacher 2023 (Paper-II) Shift-1

Answer: (b) Fall / गिरेगी

Explanation :

- तेल और पानी अमिश्रणीय (immiscible) पदार्थ हैं।
- बर्फ तेल में तैरती है और कुछ तेल को विस्थापित करती है।
- पिघलने के बाद वह पानी में बदल जाती है जो तेल से भारी होता है।
- इसलिए तेल की सतह नीचे गिर जाती है।

26. German silver consists of

जर्मन सिल्वर में सम्मिलित है —

(a) Cu and Zn / Cu एवं Zn
(b) Cu, Fe and Zn / Cu, Fe एवं Zn
(c) Cu, Zn and Ni / Cu, Zn एवं Ni
(d) More than one of the above / उपर्युक्त में से एक से अधिक
(e) None of the above / उपर्युक्त में से कोई नहीं

Ncert Class - 10 Chapter 3

Answer: (c) Cu, Zn and Ni / Cu, Zn एवं Ni

Explanation:

- जर्मन सिल्वर तांबा, जस्ता और निकल की मिश्रधातु है।
- इसमें सामान्यतः 60% तांबा, 20% निकल और 20% जस्ता होता है।
- इसे निकेल सिल्वर भी कहा जाता है।
- इसमें चाँदी नहीं होती, फिर भी इसका रंग चाँदी जैसा चमकीला होता है।
- इसका उपयोग बर्तन, सजावटी वस्तुएँ और मूर्तियाँ बनाने में किया जाता है।

27. Brass is an alloy of

तांबे की मिश्रधातु है —

(a) Aluminium / एल्युमिनियम
(b) Zinc / जस्ता
(c) Magnesium / मैग्नीशियम
(d) More than one of the above / उपर्युक्त में से एक से अधिक

(e) None of the above / उपर्युक्त में से कोई नहीं

Ncert Class - 10 Chapter 3

Answer: (b) Zinc / जस्ता

Explanation:

- पीतल (Brass) तांबा और जस्ता की मिश्रधातु है।
- प्रकृति में तांबा मुख्यतः सल्फाइड, ऑक्साइड और कार्बोनेट अयस्कों के रूप में पाया जाता है।
- पीतल में जस्ता मिलाने से धातु की मजबूती और टिकाऊपन बढ़ता है।
- पीतल का उपयोग बर्तन, सजावटी वस्तुएँ और मशीन के पुर्जे बनाने में किया जाता है।
- तांबे की अन्य मिश्रधातुओं में कांसा और गन मेटल भी शामिल हैं।

28. What is produced from uranium?

यूरेनियम से क्या बनता है?

(a) Spoon / चम्मच

(b) Medicines / दवाइयाँ

(c) Electricity / बिजली

(d) More than one of the above / उपर्युक्त में से एक से अधिक

(e) None of the above / उपर्युक्त में से कोई नहीं

Ncert Class - 10 Chapter 3

Answer: (c) Electricity / बिजली

Explanation:

- यूरेनियम एक रेडियोधर्मी तत्व है जिसका उपयोग परमाणु ऊर्जा उत्पादन में किया जाता है।
- परमाणु रिएक्टर में यूरेनियम के नाभिकीय विखंडन (nuclear fission) से बहुत अधिक ऊर्जा उत्पन्न होती है।
- इस ऊर्जा का उपयोग भाप उत्पन्न करने और टरबाइन घुमाने के लिए किया जाता है।
- टरबाइन के घूमने से जनरेटर के माध्यम से बिजली उत्पन्न होती है।
- यूरेनियम को "आशा धातु" (Metal of Hope) भी कहा जाता है।

29. The chief ore of mercury is

पारे का मुख्य अयस्क होता है —

(a) Cinnabar / सिनेबार

(b) Pyrite / पाइराइट

(c) Limestone / लाइमस्टोन

(d) More than one of the above / उपर्युक्त में से एक से अधिक

(e) None of the above / उपर्युक्त में से कोई नहीं

Ncert Class - 10 Chapter 3

Answer: (a) Cinnabar / सिनेबार

Explanation:

- पारे (Mercury) का मुख्य अयस्क सिनेबार (Cinnabar) होता है।
- सिनेबार का रासायनिक सूत्र HgS (Mercury Sulphide) है।
- इसे गर्म करने पर पारा धातु प्राप्त होती है।
- पाइराइट मुख्यतः लौह (Iron) का अयस्क होता है।
- लाइमस्टोन मुख्यतः कैल्शियम कार्बोनेट ($CaCO_3$) से बना होता है।

30. Which of the following is chemically the most reactive?

निम्न में से कौन-सा रासायनिक रूप से सर्वाधिक सक्रिय है?

(a) Chlorine / क्लोरीन

(b) Fluorine / फ्लुओरीन

(c) Lithium / लिथियम

(d) More than one of the above / उपर्युक्त में से एक से अधिक

(e) None of the above / उपर्युक्त में से कोई नहीं

Ncert Class - 10 Chapter 3

Answer: (b) Fluorine / फ्लुओरीन

Explanation:

- फ्लुओरीन (Fluorine) रासायनिक रूप से सबसे अधिक सक्रिय तत्वों में से एक है।
- यह हैलोजन समूह का तत्व है और इसकी विद्युतऋणात्मकता बहुत अधिक होती है।
- इसकी उच्च क्रियाशीलता के कारण यह अन्य तत्वों के साथ आसानी से अभिक्रिया करता है।
- फ्लुओरीन की क्रियाशीलता क्लोरीन और लिथियम से अधिक होती है।
- इसी कारण फ्लुओरीन को सबसे अधिक क्रियाशील अधातु माना जाता है।

31. The powder or paste used for cleaning teeth should be

दाँतों को साफ करने के लिए उपयोग में आने वाला पाउडर या पेस्ट कैसा होना चाहिए—

(a) Acidic / अम्लीय
(b) Basic / क्षारीय
(c) Neutral / उदासीन
(d) More than one of the above / उपर्युक्त में से एक से अधिक
(e) None of the above / उपर्युक्त में से कोई नहीं

Ncert Class - 10 Chapter 3

Answer: (b) Basic / क्षारीय

Explanation:

- दाँत साफ करने वाला पाउडर या पेस्ट क्षारीय प्रकृति का होता है।
- इसका निर्माण सामान्यतः कैल्शियम कार्बोनेट या कैल्शियम फॉस्फेट जैसे पदार्थों से किया जाता है।
- भोजन के बाद मुँह में अम्लीय पदार्थ बनते हैं, जो दाँतों को नुकसान पहुँचा सकते हैं।
- क्षारीय पेस्ट इन अम्लों को निष्क्रिय (neutralize) कर देता है।
- इस प्रक्रिया से दाँतों की सुरक्षा और सफाई बनी रहती है।

कार्बनिक रसायन

32. Lewis theory of acids explains the behaviour of

लुईस की अम्ल-क्षार अवधारणा किसके व्यवहार को समझाती है?

(a) Base / क्षार
(b) Salt / लवण
(c) Organic acids / कार्बनिक अम्ल
(d) More than one of the above / उपर्युक्त में से एक से अधिक
(e) None of the above / उपर्युक्त में से कोई नहीं

Exam: BPSC TRE-0 (1-5) Exam-2024 (Cancelled)

Answer: (a) Base/ क्षार

Explanation :

- Lewis theory के अनुसार

Lewis acid → electron pair acceptor
Lewis base → electron pair donor

- यह सिद्धांत अम्ल-क्षार की इलेक्ट्रॉन जोड़ी के आदान-प्रदान से व्याख्या करता है।
- इस प्रकार यह bases के व्यवहार को भी स्पष्ट करता है।
- इसलिए सही उत्तर base है।

33. What is the by-product of the neutralization reaction?

उदासीनीकरण प्रक्रिया का उप-उत्पाद क्या है?

(a) Formation / फॉर्मेशन
(b) Splitting / स्प्लिटिंग
(c) Hydrolysis / हाइड्रोलिसिस
(d) More than one of the above / उपर्युक्त में से एक से अधिक
(e) None of the above / उपर्युक्त में से कोई नहीं

Exam: BPSC TRE-0 (1-5) Exam-2024 (Cancelled)

Answer: (c) Hydrolysis / हाइड्रोलिसिस

Explanation :

- Neutralization में अम्ल और क्षार मिलकर लवण और जल बनाते हैं।
- कई लवण जल में घुलकर hydrolysis reaction दिखाते हैं।
- उदाहरण

  * $NaOH + HCl \rightarrow NaCl + H_2O$
- इसलिए neutralization के बाद hydrolysis की प्रक्रिया संभव होती है।

34. Which one of the following is not a colloid?

निम्न में कौन-सा कोलॉइड नहीं है?

(a) Blood / रक्त
(b) Vinegar / सिरका
(c) Smoke / धुआँ
(d) More than one of the above / उपर्युक्त में से एक से अधिक
(e) None of the above / उपर्युक्त में से कोई नहीं

Exam: BPSC TRE 0 (6–8) Re-exam 19/07/2024

Answer: (b) Vinegar / सिरका

Explanation :

- Colloid वह मिश्रण है जिसमें कणों का आकार 1–1000 nm के बीच होता है।
- Blood और smoke कोलॉइडल प्रणाली के उदाहरण हैं।
- Vinegar (CH_3COOH + water) एक true solution है।
- इसलिए vinegar colloid नहीं है।

35. What is the main chemical component present on the rubbing surface of a matchbox?

माचिस की डिब्बी की रगड़ने वाली सतह पर मुख्य रासायनिक घटक क्या होता है?

(a) Potassium chlorate / पोटैशियम क्लोरेट
(b) Phosphorus / फॉस्फोरस
(c) Graphite / ग्रेफाइट
(d) More than one of the above / उपर्युक्त में से एक से अधिक
(e) None of the above / उपर्युक्त में से कोई नहीं

Exam: BPSC TRE 0 14/12/2023 Paper-I

Answer: (b) Phosphorus / फॉस्फोरस

Explanation :

- माचिस की रगड़ने वाली सतह पर लाल फॉस्फोरस (Red phosphorus) होता है।
- माचिस की तीली में potassium chlorate आदि रसायन होते हैं।
- रगड़ने पर घर्षण से ताप उत्पन्न होता है।
- इससे फॉस्फोरस प्रतिक्रिया कर आग उत्पन्न करता है।

36. In preparing hybrid seeds in laboratory, which chemical is used?

प्रयोगशाला में विकसित बीज (हाइब्रिड बीज) तैयार करने में किसका उपयोग किया जाता है?

(a) Copper sulphate / ताम्र सल्फेट
(b) Monazite / मोनाजाइट
(c) Graphite / ग्रेफाइट
(d) Urea / यूरिया
(e) None of the above / उपर्युक्त में से कोई नहीं

Exam: 69th BPSC (Pre) 2023

Answer: (c) Graphite/ ग्रेफाइट

Explanation :

- प्रयोगशाला में बीजों के कृत्रिम उत्पादन में ग्रेफाइट का उपयोग किया जाता है।
- यह बीजों को उच्च तापमान और दाब में सुरक्षित रखने में सहायक होता है।
- ग्रेफाइट उच्च ताप सहनशील पदार्थ है।
- इसलिए हाइब्रिड बीज तैयार करने में इसका प्रयोग किया जाता है।

37. The commercial name of basic lead carbonate is

क्षारीय (बेसिक) लेड कार्बोनेट का व्यापारिक नाम है

(a) White lead / सफेद सीसा
(b) Red lead / सिंदूर
(c) Litharge / लिथार्ज
(d) More than one of the above / उपर्युक्त में से एक से अधिक
(e) None of the above / उपर्युक्त में से कोई नहीं

Exam: BPSC School Teacher 2023 (Paper-IV)

Answer: (a) White lead / सफेद सीसा

Explanation :

- Basic lead carbonate का सूत्र
- $Pb(OH)_2 \cdot 2PbCO_3$
- इसका व्यापारिक नाम White lead है।
- यह पहले पेंट बनाने में प्रयोग किया जाता था।
- विषैला होने के कारण अब इसका उपयोग कम हो गया है।

38. The pH of salt formed from a strong acid and weak base is

प्रबल अम्ल और दुर्बल क्षार से बने लवण का pH क्या होगा?

(a) Greater than 7 / 7 से अधिक
(b) Less than 7 / 7 से कम
(c) Between 10 and 14 / 10 और 14 के बीच
(d) More than one of the above / उपर्युक्त में से एक से अधिक
(e) None of the above / उपर्युक्त में से कोई नहीं

Exam: BPSC School Teacher 2023 (Paper-II) Shift-2

Answer: (b) Less than 7 7 से कम

Explanation :

- प्रबल अम्ल + दुर्बल क्षार → अम्लीय लवण बनता है।
- ऐसे लवण का विलयन acidic nature का होता है।
- इसलिए उसका pH

- pH < 7
- उदाहरण: NH_4Cl।

39. Which of the following is an acid-base indicator?

निम्नलिखित में कौन-सा अम्ल-क्षार का संकेतक है?

(a) Vinegar / सिरका
(b) Turmeric / हल्दी
(c) Baking soda / खाने वाला सोडा
(d) More than one of the above / उपर्युक्त में से एक से अधिक
(e) None of the above / उपर्युक्त में से कोई नहीं

Exam: BPSC School Teacher 2023 (Paper-II) Shift-2

Answer: (b) Turmeric / हल्दी

Explanation :

- Indicators वे पदार्थ हैं जो अम्ल या क्षार में रंग बदलते हैं।
- हल्दी अम्लीय माध्यम में पीली रहती है।
- क्षारीय माध्यम में यह लाल-भूरी हो जाती है।
- इसलिए हल्दी एक प्राकृतिक acid-base indicator है।

40. When chlorine gas reacts with dry slaked lime, which compound is formed?

शुष्क बुझा हुआ चूना और क्लोरीन गैस की क्रिया से कौन-सा पदार्थ बनता है?

(a) Calcium chloride / कैल्शियम क्लोराइड
(b) Bleaching powder / विरंजक चूर्ण
(c) Hydrochloric acid / हाइड्रोक्लोरिक अम्ल
(d) More than one of the above / उपर्युक्त में से एक से अधिक
(e) None of the above / उपर्युक्त में से कोई नहीं

Exam: BPSC School Teacher 2023 (Paper-II) Shift-1

Answer: (b) Bleaching powder / विरंजक चूर्ण

Explanation :

- शुष्क बुझा हुआ चूना
- $Ca(OH)_2$
- क्लोरीन गैस से प्रतिक्रिया करता है
- $Ca(OH)_2 + Cl_2 \rightarrow CaOCl_2 + H_2O$
- यहाँ $CaOCl_2$ = Bleaching powder बनता है।
- इसका उपयोग कीटाणुनाशक और कपड़े ब्लीच करने में होता है।

41. The ore found in large quantity in India is

भारत में प्रमुख मात्रा में पाया जाने वाला अयस्क है

(a) Magnesite / मैग्नेसाइट
(b) Manganese / मैंगनीज
(c) Bauxite / बॉक्साइट
(d) More than one of the above / उपर्युक्त में से एक से अधिक
(e) None of the above / उपर्युक्त में से कोई नहीं

Ncert Class - 10 Chapter 4

Answer: (c) Bauxite / बॉक्साइट

Explanation:

- भारत में बॉक्साइट का भंडार पर्याप्त मात्रा में पाया जाता है।
- बॉक्साइट एल्युमिनियम का मुख्य अयस्क है।
- भारत में इसके प्रमुख भंडार ओडिशा, झारखंड, गुजरात और आंध्र प्रदेश में पाए जाते हैं।
- ओडिशा देश का सबसे बड़ा बॉक्साइट उत्पादक राज्य है।
- बॉक्साइट से एल्युमिनियम धातु का उत्पादन किया जाता है।

42. Acetic acid is called a weak acid because

एसिटिक अम्ल एक दुर्बल अम्ल है, क्योंकि—

(a) It is a covalent compound / यह एक सहसंयोजक यौगिक है
(b) It dissociates partially / इसका विघटन कम है
(c) It is soluble in water / यह जल में घुलनशील है
(d) More than one of the above / उपर्युक्त में से एक से अधिक
(e) None of the above / उपर्युक्त में से कोई नहीं

Ncert Class - 10 Chapter 4

Answer: (b) It dissociates partially / इसका विघटन कम है

Explanation:

- एसिटिक अम्ल को एथेनोइक अम्ल भी कहा जाता है।
- इसका रासायनिक सूत्र CH_3COOH होता है।
- दुर्बल अम्ल वे होते हैं जो जल में आंशिक रूप से आयनीकृत होते हैं।
- एसिटिक अम्ल जल में पूरी तरह आयनीकृत नहीं होता, केवल आंशिक आयनीकरण करता है।
- इस कारण एसिटिक अम्ल को दुर्बल अम्ल कहा जाता है।

43. Which of the following is a sedative drug?

निम्नलिखित में से कौन-सा सम्मोहक ड्रग है?

(a) Luminal / ल्यूमिनाल
(b) Salol / सैलोल
(c) Catechol / कैटेकोल
(d) More than one of the above / उपर्युक्त में से एक से अधिक
(e) None of the above / उपर्युक्त में से कोई नहीं

Ncert Class - 10 Chapter 4

Answer: (a) Luminal / ल्यूमिनाल

Explanation:

- ऐसी दवाएँ जो कृत्रिम नींद लाने में सहायक होती हैं, उन्हें सम्मोहक या सेडेटिव दवाएँ कहा जाता है।
- ल्यूमिनाल (Luminal) एक प्रमुख सम्मोहक दवा है।
- इसका उपयोग नींद लाने और तंत्रिका तंत्र को शांत करने के लिए किया जाता है।
- यह दवा मस्तिष्क की गतिविधि को धीमा करने में सहायता करती है।
- कुछ परिस्थितियों में चिंता और अनिद्रा के उपचार में इसका उपयोग किया जाता है।

44. The main component of antifreeze used in automobiles is

ऑटोमोबाइल में उपयोग किए जाने वाले एंटीफ्रीज में मुख्य रूप से होता है

(a) Water / जल
(b) Acetone / एसीटोन
(c) Ethylene glycol / एथिलीन ग्लाइकोल
(d) More than one of the above / उपर्युक्त में से एक से अधिक
(e) None of the above / उपर्युक्त में से कोई नहीं

Ncert Class - 10 Chapter 4

Answer: (c) Ethylene glycol / एथिलीन ग्लाइकोल

Explanation:

- ऑटोमोबाइल के रेडिएटर में उपयोग होने वाले एंटीफ्रीज का मुख्य घटक एथिलीन ग्लाइकोल होता है।
- एथिलीन ग्लाइकोल एक कार्बनिक यौगिक है।
- यह रंगहीन, गंधहीन और स्वाद में हल्का मीठा होता है।
- यह द्रव के जमने के तापमान को कम कर देता है।
- इसी कारण इसका उपयोग वाहनों के रेडिएटर में एंटीफ्रीज के रूप में किया जाता है।

45. Which of the following is also called wood spirit?

निम्न में से किसे 'वुड स्पिरिट' भी कहा जाता है?

(a) Grain alcohol / ग्रेन एल्कोहल
(b) Power alcohol / पावर एल्कोहल
(c) Methyl alcohol / मिथाइल एल्कोहल
(d) More than one of the above / उपर्युक्त में से एक से अधिक
(e) None of the above / उपर्युक्त में से कोई नहीं

Ncert Class - 10 Chapter 4

Answer: (c) Methyl alcohol / मिथाइल एल्कोहल

Explanation:

- मिथाइल एल्कोहल को वुड स्पिरिट (Wood Spirit) भी कहा जाता है।
- इसे पहले लकड़ी के शुष्क आसवन (destructive distillation) से प्राप्त किया जाता था।
- इसी कारण इसका नाम वुड स्पिरिट या वुड एल्कोहल पड़ा।
- इसका रासायनिक सूत्र CH_3OH है।
- मिथाइल एल्कोहल अत्यंत विषैला (toxic) होता है और पीने योग्य नहीं होता।

46. The main preservative used in organic compounds is

जैविक परिरक्षकों में मुख्यतः होता है

(a) Ethyl alcohol / एथिल एल्कोहल
(b) Formaldehyde / फॉर्मल्डिहाइड
(c) Ammonia / अमोनिया
(d) More than one of the above / उपर्युक्त में से एक से अधिक
(e) None of the above / उपर्युक्त में से कोई नहीं

Ncert Class - 10 Chapter 4

Answer: (b) Formaldehyde / फॉर्मल्डिहाइड

Explanation:

- जैविक परिरक्षकों में फॉर्मल्डिहाइड का व्यापक रूप से उपयोग किया जाता है।

- इसका उपयोग खाद्य पदार्थों तथा अन्य जैविक नमूनों को सुरक्षित रखने के लिए किया जाता है।
- यह सूक्ष्मजीवों की वृद्धि को रोकने में सहायक होता है।
- एथिल एल्कोहल का उपयोग सामान्यतः मादक पेय और विलायक के रूप में किया जाता है।
- अमोनिया का उपयोग अमोनियम लवण, उर्वरक तथा कुछ दवाओं के निर्माण में किया जाता है।

विविध

47. Which of the following will turn blue litmus red?

निम्नलिखित में से कौन नीले लिटमस को लाल करेगा?

(a) Washing soda solution / वाशिंग सोडा का घोल
(b) Vinegar / सिरका
(c) Baking soda solution / बेकिंग सोडा का घोल
(d) More than one of the above / उपर्युक्त में से एक से अधिक
(e) None of the above / उपर्युक्त में से कोई नहीं

Exam: BPSC TRE 0 (1–5) Re-exam 20/07/2024

Answer: (b) Vinegar

Explanation :

- Acidic substances नीले लिटमस को लाल कर देते हैं।
- Vinegar में acetic acid (CH_3COOH) होता है।
- Washing soda और baking soda basic होते हैं।
- इसलिए सही उत्तर vinegar है।

48. Chemically rust is

रासायनिक भाषा में जंग क्या है?

(a) Hydrated ferric oxide / हाइड्रेटेड फेरिक ऑक्साइड
(b) Hydrated ferrous oxide / हाइड्रेटेड फेरस ऑक्साइड
(c) Only ferric oxide / केवल फेरिक ऑक्साइड
(d) More than one of the above / उपर्युक्त में से एक से अधिक
(e) None of the above / उपर्युक्त में से कोई नहीं

Exam: BPSC TRE 0 (1–5) Re-exam 20/07/2024

Answer: (a) Hydrated ferric oxide

Explanation :

- जंग का रासायनिक सूत्र
- $Fe_2O_3 \cdot xH_2O$
- बह hydrated ferric oxide होता है।
- यह लोहे की ऑक्सीकरण प्रक्रिया से बनता है।
- नमी और ऑक्सीजन की उपस्थिति में यह तेजी से बनता है।

49. Dry ice is

सूखी बर्फ है

(a) Solid nitrogen / ठोस नाइट्रोजन
(b) Solid oxygen / ठोस ऑक्सीजन
(c) Solid carbon dioxide / ठोस कार्बन डाइऑक्साइड
(d) More than one of the above / उपर्युक्त में से एक से अधिक
(e) None of the above / उपर्युक्त में से कोई नहीं

Exam: BPSC TRE 0 (1–5) Re-exam 20/07/2024

Answer: (c) Solid carbon dioxide

Explanation :

- Dry ice = Solid CO_2 होता है।
- इसका तापमान लगभग
- −5 °C
- यह सीधे sublimation द्वारा गैस में बदल जाता है।
- इसलिए इसे refrigeration और fog effect में उपयोग किया जाता है।

50. Which of the following oxides is soluble in water?

निम्न ऑक्साइडों में कौन-सा जल में घुलनशील है?

(a) CaO
(b) FeO
(c) ZnO
(d) More than one of the above / उपर्युक्त में से एक से अधिक
(e) None of the above / उपर्युक्त में से कोई नहीं

Exam: BPSC TRE 0 (6–8) Re-exam 19/07/2024

Answer: (a) CaO

Explanation :

- CaO (Quick lime) पानी में घुलकर

- $CaO + H_2O \rightarrow Ca(OH)_2$
- Slaked lime बनाता है।
- FeO और ZnO पानी में घुलनशील नहीं होते।
- इसलिए सही उत्तर CaO है।

51. What is the by-product of the soap industry?

साबुन उद्योग का उपउत्पाद क्या है?

(a) Naphthalene / नैफ्थलीन
(b) Caustic soda / कॉस्टिक सोडा
(c) Glycerol / ग्लिसरॉल
(d) More than one of the above / उपर्युक्त में से एक से अधिक
(e) None of the above / उपर्युक्त में से कोई नहीं

Exam: BPSC TRE-0 (6–8) Exam-2024 (Cancelled)

Answer: (c) Glycerol

Explanation :

- साबुन निर्माण प्रक्रिया को Saponification कहते हैं।
- इसमें वसा या तेल NaOH / KOH के साथ प्रतिक्रिया करते हैं।
- इस अभिक्रिया से साबुन और ग्लिसरॉल बनते हैं।
- अभिक्रिया का सामान्य रूप
- Fat/Oil + NaOH $\rightarrow$ Soap + Glycerol

52. Which of the following is amphoteric?

निम्नलिखित में से कौन एम्फोटेरिक है?

(a) Citric acid / साइट्रिक अम्ल
(b) Malic acid / मैलेक अम्ल
(c) Water / जल
(d) More than one of the above / उपर्युक्त में से एक से अधिक
(e) None of the above / उपर्युक्त में से कोई नहीं

Exam: BPSC TRE-0 (1–5) Exam-2024 (Cancelled)

Answer: (c) Water

Explanation :

- Amphoteric substances अम्ल और क्षार दोनों की तरह व्यवहार करते हैं।
- Water (H_2O) अम्ल और क्षार दोनों की तरह कार्य कर सकता है।
- उदाहरण

  ✻ $HCl + H_2O \rightarrow H_3O^+ + Cl^-$

  ✻ $NH_3 + H_2O \rightarrow NH^{4+} + OH_2$
- इसलिए जल amphoteric nature दिखाता है।

53. If camphor is kept in an open vessel, its amount gradually decreases. This phenomenon is called

यदि कपूर को खुले बर्तन में रखें तो उसकी मात्रा घटती रहती है, इस घटना को कहते हैं

(a) Sublimation / उर्ध्वपातन
(b) Precipitation / अवक्षेपण
(c) Combination / संयोजन
(d) More than one of the above / उपर्युक्त में से एक से अधिक
(e) None of the above / उपर्युक्त में से कोई नहीं

Exam: BPSC TRE-0 (1–5) Exam-2024 (Cancelled)

Answer: (a) Sublimation

Explanation :

- Sublimation वह प्रक्रिया है जिसमें ठोस पदार्थ सीधे गैस में बदल जाता है।
- कपूर, नाफ्थलीन और ड्राई आइस ऐसे पदार्थ हैं।
- इसमें पदार्थ ठोस $\rightarrow$ गैस में परिवर्तित होता है।
- इसलिए कपूर की मात्रा धीरे-धीरे कम हो जाती है।

54. The metal which is liquid at room temperature is

कमरे के ताप पर द्रव अवस्था में रहने वाली धातु है

(a) Mercury / पारा
(b) Bromine / ब्रोमीन
(c) Sodium / सोडियम
(d) More than one of the above / उपर्युक्त में से एक से अधिक
(e) None of the above / उपर्युक्त में से कोई नहीं

Exam: BPSC TRE-0 (1–5) Exam-2024 (Cancelled)

Answer: (a) Mercury

Explanation :

- Mercury (Hg) एकमात्र धातु है जो कमरे के तापमान पर द्रव अवस्था में रहती है।
- इसका गलनांक
- −39°C

- इसलिए सामान्य तापमान पर यह तरल रहता है।
- Bromine तरल है पर धातु नहीं है।

55. Zinc oxide is normally used in the manufacture of

जिंक ऑक्साइड का सामान्य रूप से किसके निर्माण में उपयोग होता है?

(a) Explosives / विस्फोटक
(b) Paints / पेंट
(c) Solvents / विलायक
(d) More than one of the above / उपर्युक्त में से एक से अधिक
(e) None of the above / उपर्युक्त में से कोई नहीं

Exam: BPSC TRE-0 Exam 21/07/2024

Answer: (b) Paints

Explanation :

- Zinc oxide (ZnO) एक श्वेत रंग का यौगिक है।
- इसका उपयोग white pigment के रूप में किया जाता है।
- इसलिए यह पेंट उद्योग में उपयोग होता है।
- इसके अन्य उपयोग – **औषधियों में – रबर उद्योग में।**

56. The efficiency of a fuel is expressed in terms of its

किसी ईंधन की दक्षता किसके संदर्भ में व्यक्त की जाती है?

(a) Density / घनत्व
(b) Calorific value / कैलोरी मान
(c) Volume / आयतन
(d) More than one of the above / उपर्युक्त में से एक से अधिक
(e) None of the above / उपर्युक्त में से कोई नहीं

Exam: BPSC TRE 0 14/12/2023 Paper-I

Answer: (b) Calorific value

Explanation :

- Calorific value वह ऊष्मा है जो 1 kg ईंधन के पूर्ण दहन से प्राप्त होती है।
- इसे मापा जाता है
- kJ/kg
- जितना अधिक कैलोरी मान होगा उतना ईंधन अधिक प्रभावी होगा।
- इसलिए ईंधन की दक्षता calorific value से व्यक्त की जाती है।

57. Which of the following is used in metal extraction?

धातु निष्कर्षण में निम्नलिखित में से किसका उपयोग किया जाता है?

(a) Coke / कोक
(b) Petroleum / पेट्रोलियम
(c) Coal tar / कोल टार
(d) More than one of the above / उपर्युक्त में से एक से अधिक
(e) None of the above / उपर्युक्त में से कोई नहीं

Exam: BPSC TRE 0 14/12/2023 Paper-I

Answer: (a) Coke

Explanation :

- Coke लगभग शुद्ध कार्बन होता है।
- इसका उपयोग धातु निष्कर्षण में reducing agent के रूप में होता है।
- उदाहरण $Fe_2O_3 + 3C \rightarrow 2Fe + 3CO$
- इसलिए धातु उद्योग में coke महत्वपूर्ण ईंधन है।

58. The translation termination triplet is

अनुवाद (Translation) का समापन त्रिक है

(a) UAA
(b) UAU
(c) UGC
(d) More than one of the above / उपर्युक्त में से एक से अधिक
(e) None of the above / उपर्युक्त में से कोई नहीं

Exam: BPSC TRE 0 7/12/2023 Shift-II (Paper-III)

Answer: (a) UAA

Explanation :

- Stop codons प्रोटीन संश्लेषण को समाप्त करते हैं।
- तीन stop codons होते हैं UAA , UAG , UGA
- ये किसी अमीनो अम्ल को encode नहीं करते।
- इसलिए UAA एक termination codon है।

59. The chief source of aromatic compounds is

एरोमैटिक यौगिकों का मुख्य स्रोत है

(a) Fruits / फल
(b) Oil of wintergreen / विंटरग्रीन का तेल
(c) Petroleum / पेट्रोलियम
(d) More than one of the above / उपर्युक्त में से एक से अधिक
(e) None of the above / उपर्युक्त में से कोई नहीं

Exam: BPSC TRE 0 7/12/2023 Shift-II (Paper-III)

Answer: (c) Petroleum

Explanation :

- Aromatic compounds में benzene ring होती है।
- ये मुख्यत: petroleum और coal tar से प्राप्त होते हैं।
- पेट्रोलियम रिफाइनिंग से benzene, toluene, xylene प्राप्त होते हैं।
- इसलिए aromatic compounds का मुख्य स्रोत petroleum है।

60. Match the following

सूची-I को सूची-II से मिलाइए

List-I (Colour) / सूची-I (रंग)

a. Magenta / मैजेंटा
b. Teal / टीएल
c. Mauve / मोव
d. Cyan / सियान

List-II (Combination) / सूची-II (संयोजन)
Green and Blue / हरा और नीला
Red and Blue / लाल और नीला
Blue, Green and White / नीला, हरा और सफेद
Blue, Red and White / नीला, लाल और सफेद

(a) 2 3 4 1
(b) 2 4 3 1
(c) 4 2 1 3
(d) 3 4 2 1

Exam: 69th BPSC (Pre) 2023

Answer: (a) 2 3 4 1

Explanation:

- मैजेंटा (Magenta) लाल और नीले रंग के मिश्रण से बनने वाला रंग है (Red + Blue colour combination)।
- टील (Teal) नीले, हरे और हल्के सफेद मिश्रण से बनने वाला रंग है (Blue + Green + White colour shade)।
- मॉव (Mauve) नीले, लाल और सफेद रंग के मिश्रण से बनने वाला हल्का बैंगनी रंग है (Blue + Red + White colour mixture)।
- सियान (Cyan) हरे और नीले रंग के मिश्रण से बनने वाला रंग है (Green + Blue colour combination)।

61. Which of the following catalyst increases the rate of reaction?

निम्नलिखित में से कौन-सा उत्प्रेरक प्रतिक्रिया की दर को बढ़ाता है?

(a) Positive catalyst / उत्प्रेरक वर्धक
(b) Negative catalyst / संगामी उत्प्रेरक
(c) Inhibitor / विषमांगी उत्प्रेरक
(d) More than one of the above / उपर्युक्त में से एक से अधिक
(e) None of the above / उपर्युक्त में से कोई नहीं

Exam: 69th BPSC (Pre) 2023

Answer: (a) Positive catalyst

Explanation :

- Catalyst वह पदार्थ है जो प्रतिक्रिया की दर को बदलता है।
- Positive catalyst प्रतिक्रिया की दर बढ़ाता है।
- यह activation energy कम कर देता है।
- इसलिए प्रतिक्रिया तेजी से होने लगती है।

62. Which of the following is a conductor of liquid electricity?

निम्नलिखित में से कौन-सा तरल बिजली का कुचालक है?

(a) Salt water / नमकीन पानी
(b) Sugar solution / संतरे का रस
(c) Lemon juice / नींबू का रस
(d) More than one of the above / उपर्युक्त में से एक से अधिक
(e) None of the above / उपर्युक्त में से कोई नहीं

Exam: 69th BPSC (Pre) 2023

Answer: (e) None of the above / उपर्युक्त में से कोई नहीं

Explanation :

- नमकीन पानी, संतरे का रस और नींबू का रस विद्युत के अच्छे चालक होते हैं।

- इनमें आयन (ions) उपस्थित होते हैं जो विद्युत धारा का प्रवाह संभव बनाते हैं।
- अम्ल, क्षार और लवण के विलयन सामान्यतः electrolytes होते हैं।
- इसलिए दिए गए विकल्पों में कोई भी कुचालक नहीं है।

63. The amount of solute present per unit volume or mass of solution is called

विलयन/विलायक के प्रति इकाई आयतन या प्रति इकाई द्रव्यमान में उपस्थित विलेय की मात्रा को क्या कहते हैं?

(a) Composition of solute / विलेय का संघटन
(b) Concentration of solvent / विलायक की सान्द्रता
(c) Concentration of solution / विलयन की सान्द्रता
(d) More than one of the above / उपर्युक्त में से एक से अधिक
(e) None of the above / उपर्युक्त में से कोई नहीं

Exam: 69th BPSC (Pre) 2023

Answer: (c) Concentration of solution / विलयन की सान्द्रता

Explanation :

- Concentration (सान्द्रता) किसी विलयन में घुले विलेय की मात्रा को दर्शाती है।
- यह प्रति इकाई आयतन या द्रव्यमान में विलेय की मात्रा होती है।
- सान्द्रता का सामान्य रूप
- Concentration = Amount of solute / Volume of solution
- इससे विलयन की मजबूती या घनत्व का पता चलता है।

64. The fibre used to make bullet-proof jackets is
बुलेट-प्रूफ जैकेट बनाने के लिए उपयोग किया जाने वाला फाइबर क्या है?

(a) Nylon / नायलॉन
(b) Terylene / टेरीलीन
(c) Kevlar / केवलर
(d) More than one of the above / उपर्युक्त में से एक से अधिक
(e) None of the above / उपर्युक्त में से कोई नहीं

Exam: 69th BPSC (Pre) 2023

Answer: (c) Kevlar / केवलर

Explanation :

- Kevlar एक बहुत मजबूत synthetic fibre है।
- इसकी tensile strength बहुत अधिक होती है।
- यह गर्मी और झटकों के प्रति अत्यधिक प्रतिरोधी होता है।
- इसलिए इसका उपयोग bullet-proof jackets और helmets बनाने में किया जाता है।

65. Which of the following has zero octane number?
निम्नलिखित में से किसकी ऑक्टेन संख्या शून्य है?

(a) Iso-octane / आइसो-ऑक्टेन
(b) n-octane / एन-ऑक्टेन
(c) n-heptane / एन-हेप्टेन
(d) More than one of the above / उपर्युक्त में से एक से अधिक
(e) None of the above / उपर्युक्त में से कोई नहीं

Exam: BPSC School Teacher 2023 (Paper-III)

Answer: (c) n-heptane

Explanation :

- Octane number पेट्रोल की गुणवत्ता का माप है।
- मानक पैमाने पर
- Iso-octane = 100
- n-heptane = 0
- जितनी अधिक octane number होगी, knocking उतनी कम होगी।
- इसलिए n heptane की octane number = 0 होती है।

66. The increase in concentration of toxic substances in organisms at successive trophic levels is called

क्रमिक पोषी स्तर पर विषाक्त पदार्थों की सांद्रता में वृद्धि को क्या कहते हैं?

(a) Biomagnification / जैव आवर्धन
(b) Bioaccumulation / जैव संचय
(c) Biological amplification / जैव संवर्धन
(d) More than one of the above / उपर्युक्त में से एक से अधिक
(e) None of the above / उपर्युक्त में से कोई नहीं

Exam: BPSC School Teacher 2023 (Paper-II) Shift-2

Answer: (a) Biomagnification

Explanation :

- Biomagnification में खाद्य श्रृंखला के उच्च स्तर पर विषैले पदार्थों की मात्रा बढ़ती जाती है।
- उदाहरण: DDT, Mercury आदि।
- ये पदार्थ जीवों के शरीर में अपघटित नहीं होते।
- इसलिए हर अगले trophic level पर इनकी मात्रा अधिक हो जाती है।

67. Coliform bacteria are

कोलीफॉर्म बैक्टीरिया क्या होते हैं?

(a) Bacteria present in digestive tract of animals/ प्राणियों के पाचन तंत्र में पाए जाने वाले बैक्टीरिया

(b) Bacteria found in hot springs/ गरम झरनों में पाए जाने वाले बैक्टीरिया

(c) Bacteria found in extremely cold environment/ अत्यंत ठंडे वातावरण में पाए जाने वाले बैक्टीरिया

(d) More than one of the above / उपर्युक्त में से एक से अधिक

(e) None of the above / उपर्युक्त में से कोई नहीं

Exam: BPSC School Teacher 2023 (Paper-II) Shift-1

Answer: (a) Bacteria present in digestive tract of animals प्राणियों के पाचन तंत्र में पाए जाने वाले बैक्टीरिया

Explanation :

- Coliform bacteria मुख्यतः आंतों (intestine) में पाए जाते हैं।
- उदाहरण: Escherichia coli (E. coli)।
- ये पानी के fecal contamination के सूचक होते हैं।
- इसलिए पानी की शुद्धता जांचने में इनका उपयोग होता है।

68. Food cans are coated with tin instead of zinc because

खाने के डिब्बों पर जिंक के बजाय टिन की परत चढ़ाई जाती है, क्योंकि

(a) Zinc is costlier than tin / जिंक टिन से महँगा है

(b) Zinc has higher melting point than tin / जिंक का गलनांक टिन से अधिक है

(c) Zinc is more reactive than tin / जिंक टिन से अधिक प्रतिक्रियाशील है

(d) More than one of the above / उपर्युक्त में से एक से अधिक

(e) None of the above / उपर्युक्त में से कोई नहीं

Exam: BPSC School Teacher 2023 (Paper-II) Shift-1 / BPSC TRE 0 Paper-I

Answer: (c) Zinc is more reactive than tin / जिंक टिन से अधिक प्रतिक्रियाशील है

Explanation :

- Zinc टिन की तुलना में अधिक reactive metal है।
- यह भोजन के अम्लों के साथ प्रतिक्रिया कर सकता है।
- इससे भोजन दूषित या खराब हो सकता है।
- इसलिए खाद्य डिब्बों पर Tin coating की जाती है।

69. What is the correct name of the compound K_2O?

यौगिक K_2O का सही नाम क्या है?

(a) Potassium oxide / पोटेशियम ऑक्साइड

(b) Potassium oxygen / पोटेशियम ऑक्सीजन

(c) Dipotassium oxygen / डाइपोटेशियम ऑक्सीजन

(d) More than one of the above / उपर्युक्त में से एक से अधिक

(e) None of the above / उपर्युक्त में से कोई नहीं

Ncert Class - 12 Chapter 15

Answer: (a) Potassium oxide / पोटेशियम ऑक्साइड

Explanation:

- K_2O का सही नाम पोटेशियम ऑक्साइड है।
- यह पोटेशियम और ऑक्सीजन के संयोजन से बनने वाला आयनिक यौगिक है।
- यह सफेद रंग का और अत्यधिक क्रियाशील क्षारीय पदार्थ होता है।
- इसका उपयोग काँच निर्माण, उर्वरक उत्पादन और सीमेंट उद्योग में किया जाता है।
- यह पानी के साथ अभिक्रिया कर पोटेशियम हाइड्रॉक्साइड बनाता है।

70. What is the oxidation number of N in NH_3?

NH_3 की ऑक्सीकरण संख्या क्या है?

(a) –3
(b) –1
(c) +1
(d) More than one of the above / उपर्युक्त में से एक से अधिक
(e) None of the above / उपर्युक्त में से कोई नहीं

Ncert Class - 12 Chapter 15

Answer: (a) –3

Explanation:

- NH_3 में हाइड्रोजन की ऑक्सीकरण संख्या +1 होती है।
- तीन हाइड्रोजन परमाणुओं का कुल मान +3 होता है।
- अणु का कुल आवेश शून्य होने के कारण नाइट्रोजन की ऑक्सीकरण संख्या –3 होती है।
- अमोनिया एक महत्वपूर्ण रासायनिक यौगिक है।
- इसका उपयोग उर्वरक, नाइट्रिक अम्ल और विभिन्न रसायनों के निर्माण में किया जाता है।

71. When concentrated HNO_3 reacts with phosphorus, what is formed?

जब सघन HNO_3 फॉस्फोरस के साथ अभिक्रिया करता है, तो क्या बनता है?

(a) PH_3
(b) HPO_3
(c) H_3PO_4
(d) More than one of the above / उपर्युक्त में से एक से अधिक
(e) None of the above / उपर्युक्त में से कोई नहीं

Ncert Class - 12 Chapter 15

Answer: (c) H_3PO_4

Explanation:

- सघन नाइट्रिक अम्ल फॉस्फोरस के साथ अभिक्रिया करके फॉस्फोरिक अम्ल (H_3PO_4) बनाता है।
- यह अभिक्रिया ऑक्सीकरण अभिक्रिया का उदाहरण है।
- फॉस्फोरिक अम्ल एक महत्वपूर्ण अकार्बनिक अम्ल है।
- इसका उपयोग उर्वरक, खाद्य पदार्थों और रासायनिक उद्योग में किया जाता है।
- दंत चिकित्सा में इसका उपयोग दाँतों की सफाई के लिए भी किया जाता है।

72. The working of quartz crystal in a watch is based on

घड़ी में क्वार्ट्ज क्रिस्टल का कार्य करना किस पर आधारित है?

(a) Piezoelectric effect / पीजोइलेक्ट्रिक प्रभाव
(b) Edison effect / एडिसन प्रभाव
(c) Photoelectric effect / फोटोइलेक्ट्रिक प्रभाव
(d) More than one of the above / उपर्युक्त में से एक से अधिक
(e) None of the above / उपर्युक्त में से कोई नहीं

Ncert Class - 12 Chapter 15

Answer: (a) Piezoelectric effect / पीजोइलेक्ट्रिक प्रभाव

Explanation:

- क्वार्ट्ज क्रिस्टल घड़ी में पीजोइलेक्ट्रिक प्रभाव के सिद्धांत पर कार्य करता है।
- इस प्रभाव में कुछ क्रिस्टलों पर यांत्रिक दबाव डालने पर विद्युत आवेश उत्पन्न होता है।
- इसी प्रकार विद्युत क्षेत्र देने पर क्रिस्टल कंपन करने लगता है।
- क्वार्ट्ज क्रिस्टल का कंपन बहुत नियमित और स्थिर आवृत्ति का होता है।
- इसी स्थिर कंपन के कारण क्वार्ट्ज घड़ियाँ अत्यंत सटीक समय बताती हैं।

73. Which of the following liquids will cool a ½ inch thick steel piece most rapidly?

निम्नलिखित में से कौन-सा तरल पदार्थ ½ इंच मोटे स्टील के टुकड़े को सबसे अधिक शीघ्रता से ठंडा करेगा?

(a) Motor oil / मोटर का तेल
(b) 25% salt solution in water / 25 प्रतिशत नमक तथा पानी का घोल
(c) 5% salt solution in water / 5% नमक तथा पानी का घोल
(d) More than one of the above / उपर्युक्त में से एक से अधिक
(e) None of the above / उपर्युक्त में से कोई नहीं

Ncert Class - 12 Chapter 15

Answer: (b) 25% salt solution in water / 25 प्रतिशत नमक तथा पानी का घोल

Explanation:

- नमक और पानी का घोल धातुओं को तेजी से ठंडा करने में उपयोगी होता है।
- नमक की अधिक सांद्रता होने पर ऊष्मा का स्थानांतरण तेजी से होता है।
- 25% नमक वाले घोल में शीतलन क्षमता अधिक होती है।
- मोटर तेल की तुलना में नमक का घोल तेजी से ताप को बाहर निकालता है।
- इस कारण स्टील का टुकड़ा सबसे तेजी से ठंडा होता है।

74. In tear gas mainly used for riot control, the main component is

मिर्च बम, एक दंगा-नियंत्रण अश्रुगैस, में मुख्यतः होता है—

(a) Capsaicin / कैप्सेसिन
(b) Black pepper / काली मिर्च
(c) Sulphur dioxide / सल्फर डाइऑक्साइड
(d) More than one of the above / उपर्युक्त में से एक से अधिक
(e) None of the above / उपर्युक्त में से कोई नहीं

Ncert Class - 12 Chapter 15

Answer: (a) Capsaicin / कैप्सेसिन

Explanation:

- मिर्च में पाया जाने वाला यौगिक कैप्सेसिन (Capsaicin) तीव्र जलन और तीखी गंध उत्पन्न करता है।
- यही यौगिक आँखों और त्वचा में जलन पैदा करता है।
- इस कारण इसका उपयोग दंगा नियंत्रण (riot control) के लिए किया जाता है।
- कैप्सेसिन मिर्च से प्राप्त होने वाला सक्रिय रासायनिक पदार्थ है।
- इसके प्रभाव से व्यक्ति की आँखों में आँसू और जलन होने लगती है।

भौतिक विज्ञान – भौतिक राशियाँ / मात्रक मापन
(Physics – Physical Quantities & Measurement)

भौतिक राशियाँ एवं मापन
Physical Quantities & Measurement

1. Which instrument is used to measure electric current in a circuit?
निम्नलिखित में से वह कौन-सा यंत्र है जिसके द्वारा विद्युत परिपथ में बहने वाली धारा की पहचान/मापन होता है?

(a) Galvanometer / गैल्वेनोमीटर
(b) Generator / जेनरेटर (c) Ammeter / अमीटर
(d) More than one of the above / उपर्युक्त में से एक से अधिक
(e) None of the above / उपर्युक्त में से कोई नहीं

Exam : BPSC TRE-3.0 1-5 Exam-2024 (Cancelled)

Answer: (c) Ammeter / अमीटर

Explanation:
- **अमीटर (Ammeter)** का उपयोग विद्युत परिपथ में प्रवाहित **विद्युत धारा (Electric Current)** को मापने के लिए किया जाता है।
- विद्युत धारा की **SI इकाई एम्पियर (Ampere)** होती है।
- अमीटर को हमेशा परिपथ में **श्रेणीक्रम (Series)** में जोड़ा जाता है।
- **गैल्वेनोमीटर** बहुत छोटी विद्युत धारा का पता लगाने के लिए प्रयोग किया जाता है।
- **जेनरेटर** विद्युत धारा मापने का नहीं बल्कि **यांत्रिक ऊर्जा को विद्युत ऊर्जा में बदलने** का उपकरण है।

2. Choose the correct unit of Relative Density
निम्नलिखित में से आपेक्षिक घनत्व (Relative Density) के लिए सही इकाई चुनिए

(a) kg/cm^3 / कि.ग्रा./से.मी^{3}
(b) Standard unit / मानक इकाई
(c) kg/m^3 / कि.ग्रा./घन मीटर
(d) More than one of the above / उपर्युक्त में से एक से अधिक
(e) None of the above / उपर्युक्त में से कोई नहीं

Exam : BPSC TRE-3.0 1-5 Exam-2024 (Cancelled)

Answer: (e) None of the above / उपर्युक्त में से कोई नहीं

Explanation:
- **आपेक्षिक घनत्व (Relative Density)** किसी पदार्थ के घनत्व और पानी के घनत्व का अनुपात होता है।
- यह **दो समान राशियों का अनुपात** होने के कारण **आयामहीन (Dimensionless)** होता है।
- इसलिए इसकी **कोई इकाई नहीं होती।**
- विकल्प (a) और (c) **घनत्व (Density)** की इकाइयाँ हैं, न कि आपेक्षिक घनत्व की।
- इसलिए सही उत्तर **उपर्युक्त में से कोई नहीं है।**

3. The unit used to measure sound is
ध्वनि के मापन की इकाई को कहा जाता है

(a) Volt / वोल्ट (b) Watt / वाट
(c) Ampere / एम्पियर
(d) More than one of the above / उपर्युक्त में से एक से अधिक
(e) None of the above / उपर्युक्त में से कोई नहीं

Exam : BPSC TRE-3.0 1-5 Exam-2024 (Cancelled)

Answer: (e) None of the above / उपर्युक्त में से कोई नहीं

Explanation:
- ध्वनि की तीव्रता (Sound Intensity Level) की माप **डेसीबल (Decibel – dB)** में की जाती है।
- **वोल्ट (Volt)** विद्युत विभव (Electric Potential) की इकाई है।
- **वाट (Watt)** शक्ति (Power) की SI इकाई है।
- **एम्पियर (Ampere)** विद्युत धारा की SI इकाई है।
- इसलिए दिए गए विकल्पों में **कोई भी सही इकाई नहीं है।**

4. Which instrument is used to measure humidity in the air?
हवा में नमी मापने के लिए किस उपकरण का उपयोग किया जाता है?

(a) Aerometer / एयरोमीटर
(b) Hydrometer / हाइड्रोमीटर
(c) Hygrometer / हाइग्रोमीटर
(d) More than one of the above / उपर्युक्त में से एक से अधिक
(e) None of the above / उपर्युक्त में से कोई नहीं

Exam : BPSC TRE 2.0 09/12/2023 (Paper-II)

Answer: (c) Hygrometer / हाइग्रोमीटर

Explanation:
- **हाइग्रोमीटर (Hygrometer)** हवा में मौजूद **नमी (Humidity)** को मापने वाला उपकरण है।
- **मौसम विज्ञान (Meteorology)** में इसका उपयोग **वायुमंडलीय आर्द्रता** जानने के लिए किया जाता है।
- **हाइड्रोमीटर** तरल पदार्थों का विशिष्ट गुरुत्व **(Specific Gravity)** मापता है।
- **एयरोमीटर** गैसों का **घनत्व या भार** मापने के लिए प्रयोग किया जाता है।
- इसलिए हवा की नमी मापने के लिए सही उपकरण **हाइग्रोमीटर** है।

5. Current density is
धारा घनत्व होता है

(a) Scalar quantity / एक अदिश राशि
(b) Vector quantity / एक सदिश राशि
(c) Dimensionless / विमाहीन
(d) More than one of the above / उपर्युक्त में से एक से अधिक
(e) None of the above / उपर्युक्त में से कोई नहीं

Exam : 69th BPSC (Pre) 2023

Answer: (b) Vector quantity / एक सदिश राशि

Explanation:
- **धारा घनत्व (Current Density)** किसी चालक के **इकाई अनुप्रस्थ क्षेत्रफल से प्रवाहित धारा** को दर्शाता है।
- इसे J ($J = I/A$) से व्यक्त किया जाता है।
- इसकी दिशा वही होती है **जिस दिशा में धारा प्रवाहित होती है,** इसलिए यह **सदिश राशि (Vector Quantity)** है।
- इसकी SI इकाई **Ampere per square meter (A/m^2)** होती है।
- विद्युतचुंबकीय सिद्धांतों में इसका महत्वपूर्ण उपयोग होता है।

6. Magnetic field is
चुंबकीय क्षेत्र है

(a) Scalar quantity / अदिश राशि
(b) Vector quantity / सदिश राशि
(c) Dimensionless quantity / आयाम-रहित राशि
(d) More than one of the above / उपर्युक्त में से एक से अधिक
(e) None of the above / उपर्युक्त में से कोई नहीं

Exam : BPSC School Teacher 2023 (Paper II) Shift-1

Answer: (b) Vector quantity / सदिश राशि

Explanation:
- **चुंबकीय क्षेत्र (Magnetic Field)** एक **सदिश राशि है** क्योंकि इसमें **परिमाण और दिशा दोनों** होते हैं।
- इसका प्रतीक B होता है।
- इसकी SI इकाई **टेस्ला (Tesla)** है।
- चुंबकीय क्षेत्र का प्रभाव **विद्युत धारा और चुंबकीय पदार्थों** पर पड़ता है।
- इसका वर्णन **मैक्सवेल के विद्युत-चुंबकीय सिद्धांतों** में किया गया है।

7. Which of the following is a scalar quantity?
निम्नलिखित में से कौन-सी राशि अदिश है?

(a) Power / सामर्थ्य
(b) Velocity / वेग
(c) Force / बल
(d) More than one of the above / उपर्युक्त में से एक से अधिक
(e) None of the above / उपर्युक्त में से कोई नहीं

Ncert Class - 11 Chapter 2

Answer: (a) Power / सामर्थ्य

Explanation :
- अदिश राशियाँ वे भौतिक राशियाँ होती हैं जिनमें **केवल परिमाण होता है, दिशा नहीं होती।**

- अदिश राशियों के उदाहरण हैं – **सामर्थ्य, चाल, दूरी, आयतन, समय आदि।**
- सदिश राशियों में **परिमाण के साथ दिशा भी होती है।**
- **वेग (Velocity), बल (Force)** और **संवेग (Momentum)** सदिश राशियाँ हैं क्योंकि इनमें दिशा भी होती है।
- इसलिए दिए गए विकल्पों में **सामर्थ्य (Power)** एक अदिश राशि है।

8. Twining of pea tendrils around any nearby support is an example of what?
मटर के तने का कुंडलन किसी भी आस-पास की संरचना के चारों ओर किसका उदाहरण है?

(a) Phototropism / प्रकाशानुवर्तन
(b) Thigmonasty / स्पर्शानुवर्तन
(c) Thigmotropism / थिग्मोट्रोपिज़्म
(d) More than one of the above / उपर्युक्त में से एक से अधिक
(e) None of the above / उपर्युक्त में से कोई नहीं

Ncert Class - 11 Chapter 2

Answer: (c) Thigmotropism / थिग्मोट्रोपिज़्म

Explanation :
- मटर के पौधे की **लताएँ या तने सहारे के चारों ओर लिपटते हैं**, जो स्पर्श के कारण होने वाली वृद्धि प्रतिक्रिया है।
- इस प्रकार की वृद्धि को **थिग्मोट्रोपिज़्म (Thigmotropism)** कहा जाता है।
- इसका शाब्दिक अर्थ **स्पर्श द्वारा प्रेरित वृद्धि** है।
- इसमें पौधे का भाग **सहारे को छूने पर उसी दिशा में बढ़ने लगता है।**
- यह पौधों में होने वाली **ट्रोपिक (दिशात्मक) गति** का एक उदाहरण है।

9. Unit of electric potential difference is
विद्युत विभवान्तर की इकाई है

(a) Coulomb / कूलॉम
(b) Watt / वाट
(c) Volt / वोल्ट
(d) More than one of the above / उपर्युक्त में से एक से अधिक
(e) None of the above / उपर्युक्त में से कोई नहीं

Ncert Class - 11 Chapter 2

Answer: (c) Volt / वोल्ट

Explanation :
- विद्युत विभवान्तर (Electric Potential Difference) की SI इकाई **वोल्ट (Volt)** होती है।
- **वोल्ट** किसी परिपथ में दो बिंदुओं के बीच विद्युत विभवान्तर को मापने की इकाई है।
- **कूलॉम (Coulomb)** विद्युत आवेश (Electric Charge) की इकाई है।
- **ओम (Ohm)** विद्युत प्रतिरोध (Electric Resistance) की इकाई है।
- **वाट (Watt)** विद्युत शक्ति (Electric Power) की इकाई है।

Mechanics / यांत्रिकी

10. Which of the following produces the least friction?
निम्नलिखित में से कौन-सा सबसे कम घर्षण उत्पन्न करता है?

(a) Sliding friction / फिसलन घर्षण
(b) Rolling friction / रोलिंग घर्षण
(c) Static friction / स्थैतिक घर्षण
(d) More than one of the above / उपर्युक्त में से एक से अधिक
(e) None of the above / उपर्युक्त में से कोई नहीं

Answer: (b) Rolling friction / रोलिंग घर्षण

Explanation:
- घर्षण के तीन प्रमुख प्रकार होते हैं – **स्थैतिक, फिसलन और रोलिंग घर्षण।**
- इनके परिमाण का क्रम सामान्यतः होता है:
  स्थैतिक घर्षण > फिसलन घर्षण > रोलिंग घर्षण।
- रोलिंग घर्षण सबसे कम होता है क्योंकि वस्तु लुढ़कते हुए चलती है।

- इसी कारण **वाहनों में पहियों और बॉल-बेयरिंग** का उपयोग किया जाता है।
- इससे ऊर्जा की हानि कम होती है और गति अधिक सुचारु होती है।

11. Which of the following makes use of Newton's third law of motion?
निम्नलिखित में से कौन-सा न्यूटन के गति के तीसरे नियम का उपयोग करता है?

(a) Archery / तीरंदाजी
(b) Space rocket / अंतरिक्ष रॉकेट
(c) Venturimeter / वेंचुरीमीटर
(d) More than one of the above / उपर्युक्त में से एक से अधिक
(e) None of the above / उपर्युक्त में से कोई नहीं

Exam : BPSC TRE 2.0 15/12/2023 (Paper-IV)

Answer : (b) Space rocket / अंतरिक्ष रॉकेट

Explanation :
- **न्यूटन का तीसरा नियम (Newton's Third Law of Motion)** कहता है कि प्रत्येक क्रिया (Action) के बराबर तथा विपरीत दिशा में प्रतिक्रिया (Reaction) होती है।
- **रॉकेट का प्रक्षेपण (Rocket Propulsion)** इसी सिद्धांत पर आधारित होता है।
- जब रॉकेट से गैसें **उच्च वेग (High Velocity)** से नीचे की ओर निकलती हैं, तो प्रतिक्रिया बल (Reaction Force) रॉकेट को ऊपर की ओर धकेलता है।
- इस प्रक्रिया में **प्रणोदन (Propulsion)** उत्पन्न होता है जिससे रॉकेट आगे बढ़ता है।
- इसलिए अंतरिक्ष रॉकेट न्यूटन के तीसरे नियम का प्रमुख उदाहरण है।

12. How is AC current generated?
AC करंट को कैसे उत्पन्न करते हैं? /

(a) Choke coil / चोक कुंडली
(b) Dynamo / डायनमो
(c) Transformer / ट्रांसफॉर्मर
(d) More than one of the above / उपर्युक्त में से एक से अधिक
(e) None of the above / उपर्युक्त में से कोई नहीं

Exam : 69th BPSC (Pre) 2023

Answer : (b) Dynamo / डायनमो

Explanation :
- **डायनमो (Dynamo)** या **ए.सी. जनरेटर (AC Generator)** प्रत्यावर्ती धारा (Alternating Current) उत्पन्न करता है।
- यह **विद्युत चुंबकीय प्रेरण (Electromagnetic Induction)** के सिद्धांत पर कार्य करता है।
- जब चालक कुंडली (Conducting Coil) को **चुंबकीय क्षेत्र (Magnetic Field)** में घुमाया जाता है, तो उसमें प्रेरित विद्युत धारा (Induced Current) उत्पन्न होती है।
- यही प्रेरित धारा बाहरी परिपथ (External Circuit) में **ए.सी. करंट** के रूप में प्रवाहित होती है।
- **ट्रांसफॉर्मर (Transformer)** केवल वोल्टेज (Voltage) को बढ़ाने या घटाने का कार्य करता है, वह धारा उत्पन्न नहीं करता।

13. Why are raindrops spherical in shape?
वर्षा की बूंदें गोलाकार होने का कारण होता है?

(a) Atmospheric pressure / वायुमंडलीय दाब
(b) Gravity / गुरुत्वाकर्षण
(c) Surface tension / पृष्ठ तनाव
(d) More than one of the above / उपर्युक्त में से एक से अधिक
(e) None of the above / उपर्युक्त में से कोई नहीं

Ncert Class - 9 Chapter 8

Answer: (c) Surface tension / पृष्ठ तनाव

Explanation :
- वर्षा की बूंदों के **गोलाकार होने का मुख्य कारण पृष्ठ तनाव** होता है।
- पृष्ठ तनाव द्रव की सतह पर कार्य करने वाला बल है, जो **सतह क्षेत्रफल को न्यूनतम करने की प्रवृत्ति रखता है।**
- गोलाकार आकृति में सतह क्षेत्रफल सबसे कम होता है, इसलिए बूंदें गोलाकार बनती हैं।
- पृष्ठ तनाव का सूत्र $T = F / L$ होता है।

- पृष्ठ तनाव का **SI मात्रक न्यूटन/मीटर (N/m)** है।
- पृष्ठ तनाव के कारण ही **पानी की बूंदों का बनना, कीटों का पानी की सतह पर चलना और डिटर्जेंट द्वारा गंदगी हटाना** जैसे प्रभाव देखे जाते हैं।

14. When a moving bus suddenly applies brakes, passengers tend to fall forward. This problem can be explained by which law?
चलती बस में जब चालक अचानक ब्रेक लगाता है, तो यात्री आगे की ओर गिरने लगते हैं। इसकी व्याख्या किससे की जा सकती है?

(a) Newton's second law / न्यूटन की गति का दूसरा नियम
(b) Law of conservation of momentum / संवेग संरक्षण का सिद्धांत
(c) Newton's first law of motion / न्यूटन की गति का पहला नियम
(d) More than one of the above / उपर्युक्त में से एक से अधिक
(e) None of the above / उपर्युक्त में से कोई नहीं

Ncert Class - 9 Chapter 8

Answer: (c) Newton's first law of motion / न्यूटन की गति का पहला नियम

Explanation :
- जब चलती बस अचानक ब्रेक लगाती है, तो बस रुक जाती है लेकिन **यात्रियों का शरीर जड़त्व के कारण आगे की ओर चलता रहता है।**
- यह **जड़त्व (Inertia)** के कारण होता है।
- **न्यूटन के प्रथम गति नियम** के अनुसार, कोई वस्तु अपनी **विराम या समान वेग की अवस्था में बनी रहती है,** जब तक उस पर कोई बाहरी बल कार्य न करे।
- बस के रुकने पर भी शरीर का निचला भाग बस के साथ रुक जाता है, लेकिन **ऊपरी भाग जड़त्व के कारण आगे बढ़ता है,** जिससे यात्री आगे की ओर झुक जाते हैं।
- इसलिए यह घटना **न्यूटन के प्रथम गति नियम** द्वारा समझाई जाती है।

ध्वनि / तरंग गति (Sound / Wave Motion)

15. The sonar technique is used to determine
सोनार तकनीक का उपयोग होता है

(a) To locate underwater hills / पानी के नीचे पहाड़ियों का पता लगाने में
(b) To locate icebergs / हिम-शैल (Iceberg) का पता लगाने में
(c) The depth of the sea / समुद्र की गहराई का पता लगाने में
(d) More than one of the above / उपर्युक्त में से एक से अधिक
(e) None of the above / उपर्युक्त में से कोई नहीं

Exam : BPSC TRE 3.0 (1-5) Re-exam 20/07/2024

Answer : (d) More than one of the above / उपर्युक्त में से एक से अधिक

Explanation :
- **SONAR (Sound Navigation and Ranging)** एक तकनीक है जिसमें **ध्वनि तरंगों (Sound Waves)** का उपयोग किया जाता है।
- यह **प्रतिध्वनि सिद्धांत (Echo Principle)** पर आधारित होती है, जिसमें ध्वनि तरंग किसी वस्तु से टकराकर वापस आती है।
- इसका उपयोग **समुद्र की गहराई (Depth of Sea)** मापने के लिए किया जाता है।
- इसके माध्यम से **पानी के नीचे पहाड़, चट्टानें और पनडुब्बियाँ (Submarines)** का पता लगाया जाता है।
- साथ ही **हिम-शैल (Icebergs)** और अन्य समुद्री अवरोधों (Obstacles) का पता लगाने में भी इसका उपयोग होता है।

16. The hearing range of human ear is
मानव कान की श्रवण परास क्या है?

(a) 20 Hz to 20000 Hz / 20 हर्ट्ज से 20000 हर्ट्ज
(b) Less than 20 Hz / 20 हर्ट्ज से कम
(c) More than 20000 Hz / 20000 हर्ट्ज से अधिक
(d) More than one of the above / उपर्युक्त में से एक से अधिक
(e) None of the above / उपर्युक्त में से कोई नहीं

Exam : BPSC TRE 2.0 14/12/2023 Paper-I

Answer : (a) 20 Hz to 20000 Hz / 20 हर्ट्ज से 20000 हर्ट्ज

Explanation :
- ध्वनि एक प्रकार की **यांत्रिक तरंग (Mechanical Wave)** है जो **कंपन (Vibration)** से उत्पन्न होती है।
- मानव कान सामान्यतः **20 Hz से 20000 Hz** तक की आवृत्ति (Frequency) वाली ध्वनियों को सुन सकता है।
- **20 Hz से कम आवृत्ति** वाली ध्वनियों को **अधश्रव्य तरंगें (Infrasonic Waves)** कहा जाता है।
- **20000 Hz से अधिक आवृत्ति** वाली ध्वनियों को **पराश्रव्य तरंगें (Ultrasonic Waves)** कहा जाता है।
- इसलिए मानव कान की **श्रवण सीमा (Hearing Range)** 20-20000 Hz होती है।

17. If a seconds pendulum is mounted in a rocket, its time period will increase if the rocket moves where?
एक सेकण्ड पेंडुलम को रॉकेट में माउंट किया गया है। इसका दोलनकाल बढ़ेगा यदि रॉकेट –

(a) Moves downward with uniform acceleration / समान त्वरण से नीचे आता है
(b) Revolves around the Earth in a geostationary orbit / जियोस्टेशनरी कक्षा में पृथ्वी के चारों ओर चक्कर लगाता है
(c) Moves upward with uniform acceleration / ऊपर की ओर समान त्वरण से बढ़ता है
(d) More than one of the above / उपर्युक्त में से एक से अधिक
(e) None of the above / उपर्युक्त में से कोई नहीं

Ncert Class - 11 Chapter 15

Answer: (c) Moves upward with uniform acceleration / ऊपर की ओर समान त्वरण से बढ़ता है

Explanation :
- साधारण पेंडुलम का समयकाल का सूत्र है: $T = 2\pi\sqrt{(L/g)}$ ।
- जब रॉकेट **ऊपर की ओर समान त्वरण से चलता है**, तो प्रभावी गुरुत्वीय त्वरण $g + a$ हो जाता है।
- गुरुत्वीय त्वरण बढ़ने पर **पेंडुलम के दोलनकाल में परिवर्तन होता है।**
- पेंडुलम का समयकाल **लंबाई (L)** और गुरुत्वीय त्वरण **(g)** पर निर्भर करता है।
- इसलिए रॉकेट की ऊपर की ओर गति के कारण प्रभावी गुरुत्वीय प्रभाव बदलता है और **दोलनकाल में वृद्धि देखी जाती है।**

18. When sound travels in the form of waves, then
जब ध्वनि तरंग के रूप में चलती है, तो

(a) Particles of the medium move from source to listener / माध्यम के कण स्रोत से श्रोता की ओर बढ़ते हैं
(b) Particles of the medium remain stationary / माध्यम के कण स्थिर रहते हैं
(c) Particles of the medium transfer energy without leaving their mean position / माध्यम के कण अपनी औसत स्थिति को छोड़े बिना ऊर्जा का स्थानांतरण करते हैं
(d) More than one of the above / उपर्युक्त में से एक से अधिक
(e) None of the above / उपर्युक्त में से कोई नहीं

Ncert Class - 11 Chapter 15

Answer: (c) Particles of the medium transfer energy without leaving their mean position / माध्यम के कण अपनी औसत स्थिति को छोड़े बिना ऊर्जा का स्थानांतरण करते हैं

Explanation :
- जब तरंग किसी माध्यम में चलती है, तो माध्यम के कणों में **दोलन या कंपन उत्पन्न हो जाता है।**
- इन दोलनों या कंपन के कारण **ऊर्जा का स्थानांतरण होता है।**
- वास्तव में माध्यम के कण **एक स्थान से दूसरे स्थान तक नहीं जाते।**
- कण अपनी **संतुलन (औसत) स्थिति** के आसपास **कंपन करते हैं।**
- इस प्रकार ध्वनि तरंग के संचरण में **कण अपनी स्थिति को छोड़े बिना ऊर्जा का संचार करते हैं।**

19. Which principle is used by bats for navigation?
निम्नलिखित में से किस सिद्धांत का उपयोग चमगादड़ द्वारा पथनिर्धारण के लिए किया जाता है?

(a) SONAR / सोनार (b) Radar / राडार
(c) Law of reflection / परावर्तन का नियम
(d) More than one of the above / उपर्युक्त में से एक से अधिक
(e) None of the above / उपर्युक्त में से कोई नहीं

Ncert Class - 11 Chapter 15

Answer: (a) SONAR / सोनार

Explanation :
- चमगादड़ उड़ते समय **उच्च आवृत्ति की ध्वनि तरंगें (ultrasonic waves)** उत्पन्न करते हैं।
- ये ध्वनि तरंगें सामने की **वस्तुओं से टकराकर परावर्तित होकर वापस आती हैं।**
- लौटने वाली तरंगों के आधार पर चमगादड़ **वस्तुओं की दूरी, दिशा और आकार का अनुमान लगाते हैं।**
- इस प्रक्रिया को **इकोलोकेशन (Echolocation)** कहा जाता है।
- इसी सिद्धांत का उपयोग **SONAR (Sound Navigation and Ranging)** तकनीक में भी किया जाता है, जिससे जल के भीतर वस्तुओं का पता लगाया जाता है।

प्रकाश / विद्युत-चुंबकीय तरंगें (Light / Electromagnetic Waves)

20. Which of the following is not electromagnetic?
निम्नलिखित में से कौन-सी विद्युत-चुंबकीय नहीं है?
(a) Gamma rays / गामा किरणें
(b) Alpha rays / अल्फा किरणें
(c) X-rays / एक्स-किरणें
(d) More than one of the above / उपर्युक्त में से एक से अधिक
(e) None of the above / उपर्युक्त में से कोई नहीं

Exam : BPSC TRE 2.0 10/12/2023 (Paper-III)

Answer : (b) Alpha rays / अल्फा किरणें

Explanation :
- **विद्युत-चुंबकीय तरंगें (Electromagnetic Waves)** वे तरंगें हैं जिन्हें **संचरण (Propagation)** के लिए माध्यम की आवश्यकता नहीं होती।
- इन तरंगों की कल्पना सबसे पहले **मैक्सवेल (Maxwell)** ने की थी।
- **गामा किरणें (Gamma Rays)** और **एक्स-किरणें (X-Rays)** विद्युत-चुंबकीय स्पेक्ट्रम (Electromagnetic Spectrum) का भाग हैं।
- **अल्फा किरणें (Alpha Rays)** वास्तव में **हीलियम नाभिक (Helium Nucleus)** से बने कण होते हैं, इसलिए ये तरंगें नहीं हैं।
- इसलिए अल्फा किरणें **विद्युत-चुंबकीय विकिरण (Electromagnetic Radiation)** नहीं हैं।

21. Light waves are which type of waves?
प्रकाश तरंगें किस प्रकार की तरंगें होती हैं?
(a) अनुप्रस्थ तरंगें / Transverse waves
(b) अनुदैर्ध्य तरंगें / Longitudinal waves
(c) विद्युत-चुंबकीय तरंगें / Electromagnetic waves
(d) More than one of the above / उपर्युक्त में से एक से अधिक
(e) None of the above / उपर्युक्त में से कोई नहीं

Exam : BPSC School Teacher 2023 (Paper- II) Shift-2

Answer : (d) More than one of the above / उपर्युक्त में से एक से अधिक

Explanation :
- प्रकाश **ऊर्जा (Energy)** का एक रूप है जो **विद्युत-चुंबकीय तरंगों (Electromagnetic Waves)** के रूप में चलता है।
- विद्युत-चुंबकीय तरंगें स्वभाव से **अनुप्रस्थ तरंगें (Transverse Waves)** होती हैं।
- अनुप्रस्थ तरंगों में माध्यम के कण **तरंग के प्रसार की दिशा के लंबवत (Perpendicular)** कंपन करते हैं।
- इसलिए प्रकाश **अनुप्रस्थ तथा विद्युत-चुंबकीय दोनों प्रकार की तरंग** है।
- इस कारण सही उत्तर **एक से अधिक विकल्प** है।

22. Which of the following has higher energy and shorter wavelength?
निम्नलिखित में से किसके पास उच्च ऊर्जा स्तर और छोटा तरंगदैर्घ्य होता है?

(a) Infrared Radiation / अवरक्त विकिरण

(b) Ultraviolet Radiation / पराबैंगनी विकिरण

(c) Visible Light / दृश्य प्रकाश

(d) More than one of the above / उपर्युक्त में से एक से अधिक

(e) None of the above / उपर्युक्त में से कोई नहीं

Exam : BPSC School Teacher 2023 (Paper II) Shift-1

Answer : (b) Ultraviolet Radiation / पराबैंगनी विकिरण

Explanation :

- **पराबैंगनी विकिरण (Ultraviolet Radiation)** विद्युत-चुंबकीय स्पेक्ट्रम का एक भाग है।
- इसमें **दृश्य प्रकाश (Visible Light)** की तुलना में **अधिक ऊर्जा (Higher Energy)** होती है।
- इसका **तरंगदैर्घ्य (Wavelength)** दृश्य प्रकाश से कम होता है।
- यह स्पेक्ट्रम में **एक्स-रे (X-Rays)** और दृश्य प्रकाश के बीच स्थित होता है।
  सूर्य से आने वाली UV किरणें **त्वचा पर प्रभाव (Skin Effect)** डाल सकती हैं।

23. An electric motor converts /
बिजली की मोटर परिवर्तित करती है –

(a) Mechanical energy into heat energy / यांत्रिक ऊर्जा को तापीय ऊर्जा में

(b) Electrical energy into mechanical energy / विद्युत ऊर्जा को यांत्रिक ऊर्जा में

(c) Mechanical energy into electrical energy / यांत्रिक ऊर्जा को विद्युत ऊर्जा में

(d) More than one of the above / उपर्युक्त में से एक से अधिक

(e) None of the above / उपर्युक्त में से कोई नहीं

Ncert Class - 8 Chapter 16

Answer: (b) Electrical energy into mechanical energy / विद्युत ऊर्जा को यांत्रिक ऊर्जा में

Explanation :

- बिजली की मोटर **विद्युत ऊर्जा को यांत्रिक ऊर्जा में परिवर्तित** करती है।
- यह **विद्युत धारा के चुंबकीय प्रभाव (magnetic effect of electric current)** के सिद्धांत पर कार्य करती है।
- जब किसी चालक कुंडली में विद्युत धारा प्रवाहित की जाती है और उसे **चुंबकीय क्षेत्र में रखा जाता है**, तो उस पर बल लगता है।
- इस बल के कारण कुंडली **घूमने लगती है**, जिससे यांत्रिक गति उत्पन्न होती है।
- इसी सिद्धांत के आधार पर **पंखा, मिक्सर, वॉशिंग मशीन आदि उपकरणों में मोटर का उपयोग किया जाता है।**

24. Optical fiber works on which principle?
ऑप्टिकल फाइबर किस सिद्धांत पर कार्य करता है?

(a) Reflection / परावर्तन

(b) Scattering / प्रकीर्णन

(c) Total internal reflection / पूर्ण आंतरिक परावर्तन

(d) More than one of the above / उपर्युक्त में से एक से अधिक

(e) None of the above / उपर्युक्त में से कोई नहीं

Ncert Class - 8 Chapter 16

Answer: (c) Total internal reflection / पूर्ण आंतरिक परावर्तन

Explanation :

- ऑप्टिकल फाइबर **पूर्ण आंतरिक परावर्तन (Total Internal Reflection)** के सिद्धांत पर कार्य करता है।
- जब प्रकाश सघन माध्यम से विरल माध्यम में **क्रांतिक कोण से अधिक कोण पर गिरता है**, तो वह पूर्णतः परावर्तित हो जाता है।
- इस कारण प्रकाश किरणें **फाइबर के अंदर बार-बार परावर्तित होती हुई आगे बढ़ती रहती हैं।**
- इससे प्रकाश संकेत **लंबी दूरी तक बहुत कम ऊर्जा हानि के साथ संचारित किए जा सकते हैं।**
- ऑप्टिकल फाइबर का उपयोग **दूरसंचार, इंटरनेट, चिकित्सा परीक्षण (एंडोस्कोपी) तथा प्रकाश संकेतों के संचार** में किया जाता है।

25. Cause of mirage is
मृग-मरीचिका का कारण है

(a) Presence of ozone layer in the atmosphere / वायुमंडल में ओजोन परत का वास
(b) Uniform temperature in the atmosphere / वायुमंडल के विभिन्न हिस्सों का समान ताप
(c) Unequal temperature of different layers of the atmosphere / वायुमंडल के विभिन्न हिस्सों का असमान ताप
(d) More than one of the above / उपर्युक्त में से एक से अधिक
(e) None of the above / उपर्युक्त में से कोई नहीं

Ncert Class - 8 Chapter 16

Answer: (c) Unequal temperature of different layers of the atmosphere / वायुमंडल के विभिन्न हिस्सों का असमान ताप

Explanation :

- मृग-मरीचिका का कारण **वायुमंडल की विभिन्न परतों का असमान तापमान** होता है।
- पृथ्वी की सतह के पास की हवा **अधिक गर्म और कम घनत्व वाली** होती है, जबकि ऊपर की हवा अपेक्षाकृत ठंडी होती है।
- इस तापमान अंतर के कारण प्रकाश किरणें **बार-बार अपवर्तित होती हुई मुड़ जाती हैं।**
- परिणामस्वरूप दूर की वस्तुओं या आकाश का प्रकाश **भूमि पर पानी जैसा चमकता हुआ दिखाई देता है।**
- इसलिए रेगिस्तान या गर्म सड़कों पर **पानी जैसा भ्रम दिखाई देता है,** जिसे मृग-मरीचिका कहा जाता है।

ऊष्मा एवं तापमान / Heat and Temperature

26. Drinking hot tea in a porcelain mug is convenient compared to a steel glass because
पोर्सलीन मग में गरम चाय पीना सुविधाजनक है, स्टील के गिलास की तुलना में, क्योंकि

(a) पोर्सलीन मग में हैंडल होता है / Porcelain mug has a handle
(b) पोर्सलीन ऊष्मा का कुचालक है / Porcelain is a poor conductor of heat
(c) स्टील के गिलास में चाय तेजी से ठंडी हो जाएगी / Tea cools faster in steel glass
(d) More than one of the above / उपर्युक्त में से एक से अधिक
(e) None of the above / उपर्युक्त में से कोई नहीं

Exam : BPSC TRE-3.0 1-5 Exam-2024 (Cancelled)

Answer : (b) Porcelain is a poor conductor of heat / पोर्सलीन ऊष्मा का कुचालक है

Explanation :

- **पोर्सलीन (Porcelain)** ऊष्मा का **कुचालक (Poor Conductor of Heat)** होता है।
- कुचालक पदार्थों में **ऊष्मा का संचरण (Heat Transfer)** बहुत धीमा होता है।
- इसलिए पोर्सलीन मग का बाहरी भाग जल्दी गर्म नहीं होता।
- **स्टील (Steel)** ऊष्मा का अच्छा चालक (Good Conductor) है, इसलिए वह जल्दी गर्म हो जाता है।
- इसी कारण पोर्सलीन मग में चाय पीना अधिक **सुविधाजनक (Convenient)** होता है।

27. Lenz's law is derived from the law of conservation of
लेन्ज के नियम की व्युत्पत्ति के लिए निम्न में किसके संरक्षण नियम का उपयोग होता है?

(a) Momentum / संवेग
(b) Magnetism / चुम्बकत्व
(c) Charge / आवेश
(d) More than one of the above / उपर्युक्त में से एक से अधिक
(e) None of the above / उपर्युक्त में से कोई नहीं

Exam : BPSC TRE 3.0 Exam 21/07/2024

Answer : (e) None of the above / उपर्युक्त में से कोई नहीं

Explanation :

- **लेन्ज का नियम (Lenz's Law)** वास्तव में **ऊर्जा संरक्षण के नियम (Law of Conservation of Energy)** पर आधारित होता है।

- इस नियम के अनुसार प्रेरित धारा (Induced Current) की दिशा ऐसी होती है कि वह उस परिवर्तन का **विरोध (Oppose)** करती है जिससे वह उत्पन्न हुई है।
- यह घटना **विद्युत-चुंबकीय प्रेरण (Electromagnetic Induction)** में देखी जाती है।
- यदि लेन्ज का नियम न हो, तो बिना ऊर्जा खर्च किए ऊर्जा उत्पन्न हो सकती थी, जो **ऊर्जा संरक्षण के सिद्धांत (Principle of Energy Conservation)** का उल्लंघन होगा।
- इसलिए दिए गए विकल्पों में सही उत्तर **कोई नहीं** है।

28. The main reason why vegetables take longer to cook in boiling water at high altitudes, is
अधिक ऊँचाई पर उबलते हुए पानी में सब्जियाँ पकने में अधिक समय लेती हैं, क्योंकि

(a) Water boils at a higher temperature at high altitude / ऊँचे स्थान पर पानी ज्यादा तापक्रम पर उबलता है

(b) The temperature of boiling water decreases with increasing altitude / ऊँचाई बढ़ने पर उबलते पानी का तापमान घट जाता है

(c) There is less oxygen in the air at high altitude / ऊँचे स्थानों पर हवा में ऑक्सीजन कम होती है

(d) More than one of the above / उपर्युक्त में से एक से अधिक

(e) None of the above / उपर्युक्त में से कोई नहीं

Exam : BPSC TRE 2.0 14/12/2023 Paper-I

Answer : (b) The temperature of boiling water decreases with increasing altitude / ऊँचाई बढ़ने पर उबलते पानी का तापमान घट जाता है

Explanation :

- ऊँचाई बढ़ने पर **वायुदाब (Atmospheric Pressure)** कम हो जाता है।
- वायुदाब कम होने से पानी का **क्वथनांक (Boiling Point)** कम हो जाता है।
- इसलिए पानी **100°C से कम तापमान** पर ही उबलने लगता है।
- कम तापमान पर उबलने के कारण भोजन को पर्याप्त ऊष्मा नहीं मिलती।
- इसलिए सब्जियाँ पकने में अधिक समय **(More Cooking Time)** लेती हैं।

29. On a rainy day
एक बरसाती दिन में

(a) Dry and wet bulb thermometers show identical readings / शुष्क एवं आर्द्र बल्ब तापमापी समान माप दर्शाते हैं

(b) Dry bulb thermometer shows lower reading than wet bulb thermometer / शुष्क बल्ब तापमापी, आर्द्र बल्ब तापमापी से कम माप दर्शाता है

(c) Dry bulb thermometer shows higher reading than wet bulb thermometer / शुष्क बल्ब तापमापी, आर्द्र बल्ब तापमापी से अधिक माप दर्शाता है

(d) More than one of the above / उपर्युक्त में से एक से अधिक

(e) None of the above / उपर्युक्त में से कोई नहीं

Exam : BPSC TRE 2.0 10/12/2023 (Paper-III)

Answer : (c) Dry bulb thermometer shows higher reading than wet bulb thermometer / शुष्क बल्ब तापमापी, आर्द्र बल्ब तापमापी से अधिक माप दर्शाता है

Explanation :

- **शुष्क बल्ब तापमापी (Dry Bulb Thermometer)** सामान्य वायु का तापमान मापता है।
- **आर्द्र बल्ब तापमापी (Wet Bulb Thermometer)** वाष्पीकरण (Evaporation) के कारण कम तापमान दिखाता है।
- बरसात के दिन हवा में **आर्द्रता (Humidity)** अधिक होती है।
- अधिक आर्द्रता होने पर भी शुष्क बल्ब का तापमान सामान्यतः **आर्द्र बल्ब से अधिक (Higher Reading)** रहता है।
- दोनों का उपयोग **सापेक्ष आर्द्रता (Relative Humidity)** ज्ञात करने के लिए किया जाता है।

30. A blackbody radiates energy at the rate of E watt per metre² at temperature T K. When the temperature is reduced to T/3 K, the radiant energy (in watt per metre²) will be:

एक कृष्णिका T K तापमान पर E वॉट प्रति वर्ग मीटर की दर से ऊर्जा का विकिरण करती है। जब तापमान T/3 K कर दिया जाए, तो विकिरित ऊर्जा (वॉट प्रति वर्ग मीटर) कितनी होगी?

(a) E/16 / E/16

(b) E/27 / E/27

(c) E/81 / E/81

(d) More than one of the above / उपर्युक्त में से एक से अधिक

(e) None of the above / उपर्युक्त में से कोई नहीं

Exam : BPSC TRE 2.0, 8 Dec 2023 (Paper-III)

Answer : (c) E/81

Explanation :

- **Stefan-Boltzmann Law** के अनुसार किसी Blackbody द्वारा उत्सर्जित ऊर्जा तापमान की चौथी घात TT (T^4) के समानुपाती होती है।
- प्रारम्भ में ऊर्जा E μ T^4 है। यदि तापमान $\frac{T}{3}$ कर दिया जाए तो ऊर्जा $\left(\frac{T}{3}\right)^4$ के समानुपाती होगी।
- $\left(\frac{1}{3}\right)^4 = \frac{t^4}{81}$ इसलिए नई ऊर्जा $\frac{E}{81}$ हो जाएगी।
- इसलिए तापमान को $\frac{1}{3}$ करने पर विकिरित ऊर्जा **81 गुना कम** होकर $\frac{E}{81}$ रह जाती है।

31. The base of glacier melts but not its top because

एक हिमानी का आधार पिघलता है पर उसका शीर्ष नहीं, क्योंकि

(a) The base of glacier remains in warm surroundings / ग्लेशियर का आधार गर्म परिस्थितियों में रहता है

(b) Impurities are present in the ice at the base of glacier / हिमानी के आधार पर बर्फ में अशुद्धियाँ होती हैं

(c) Pressure at the base is high to decrease the melting point / आधार पर दबाव अधिक होने से गलनांक कम हो जाता है

(d) More than one of the above / उपर्युक्त में से एक से अधिक

(e) None of the above / उपर्युक्त में से कोई नहीं

Exam : BPSC TRE 2.0 18/12/2023 (Paper-II)

Answer : (c) Pressure at the base is high to decrease the melting point / आधार पर दबाव अधिक होने से गलनांक कम हो जाता है

Explanation :

- ग्लेशियर के निचले भाग पर **अधिक दबाव (High Pressure)** होता है।
- दबाव बढ़ने से बर्फ का **गलनांक (Melting Point)** कम हो जाता है।
- इस प्रक्रिया को **दाब गलन (Pressure Melting)** कहा जाता है।
- इसलिए ग्लेशियर का **आधार (Base)** पिघल सकता है जबकि ऊपर का भाग ठोस रहता है।
- यही कारण है कि ग्लेशियर धीरे-धीरे **ढलान पर बहता (Glacial Flow)** है।

32. What is the value of absolute zero on the Fahrenheit scale?

फॉरेनहाइट पैमाने पर परम शून्य (Absolute Zero) का मान कितना होता है?

(a) 0°F / 0°F

(b) −22°F / −22°F

(c) −459.4°F / −459.4°F

(d) More than one of the above / उपर्युक्त में से एक से अधिक

(e) None of the above / उपर्युक्त में से कोई नहीं

Exam : BPSC School Teacher 2023 (Paper-II) Shift-2

Answer : (c) −459.4°F

Explanation :

- **Absolute Zero (परम शून्य)** वह न्यूनतम तापमान है जहाँ पदार्थ के कणों की ऊष्मीय गति लगभग समाप्त हो जाती है।

- Kelvin पैमाने पर **Absolute Zero = 0 K** होता है।
- Celsius पैमाने पर यह **−273.15°C** के बराबर होता है।
- Fahrenheit में परिवर्तन करने पर इसका मान लगभग **−459.4°F** आता है, इसलिए सही उत्तर **−459.4°F** है।

33. The instrument used to measure high temperature from a distance is
उच्च तापमान को अधिक दूरी से मापने के लिए उपयोग किया जाने वाला उपकरण है

(a) Pyrometer / पाइरोमीटर
(b) Thermometer / थर्मामीटर
(c) Spectrometer / स्पेक्ट्रोमीटर
(d) More than one of the above / उपर्युक्त में से एक से अधिक
(e) None of the above / उपर्युक्त में से कोई नहीं

Ncert Class - 7 Chapter 4

Answer: (a) Pyrometer / पाइरोमीटर

Explanation :
- **पाइरोमीटर (Pyrometer)** का उपयोग बहुत अधिक तापमान को **दूरी से मापने** के लिए किया जाता है।
- यह उन परिस्थितियों में प्रयोग किया जाता है **जहाँ तापमान को सीधे संपर्क से मापना संभव नहीं होता।**
- पाइरोमीटर सामान्यतः **भट्टियों, धातु उद्योग और उच्च तापमान वाली प्रक्रियाओं** में उपयोग किया जाता है।
- इसका उपयोग लगभग **3000°C तक के तापमान को मापने** के लिए किया जा सकता है।
- यह **तापीय विकिरण (thermal radiation)** के आधार पर तापमान का निर्धारण करता है।

34. When a hot liquid is poured into a thick glass tumbler, it cracks because
जब गरम द्रव को एक मोटे काँच के गिलास में डाला जाता है, तो गिलास चटक जाता है, क्योंकि काँच

(a) has low specific heat / की विशिष्ट ऊष्मा बहुत कम है
(b) has low coefficient of thermal expansion / के विस्तार का तापमान गुणांक कम है
(c) due to heat conduction only the inner surface expands / ताप के चालन के कारण काँच के गिलास की केवल आंतरिक सतह फैलती है
(d) More than one of the above / उपर्युक्त में से एक से अधिक
(e) None of the above / उपर्युक्त में से कोई नहीं

Ncert Class - 7 Chapter 4

Answer: (c) due to heat conduction only the inner surface expands / ताप के चालन के कारण काँच के गिलास की केवल आंतरिक सतह फैलती है

Explanation :
- जब गरम द्रव मोटे काँच के गिलास में डाला जाता है, तो **गिलास की भीतरी सतह पहले गर्म हो जाती है।**
- बाहरी सतह अपेक्षाकृत **ठंडी रहती है** क्योंकि ऊष्मा का संचरण धीरे-धीरे होता है।
- इससे काँच की **भीतरी सतह अधिक फैलती है**, जबकि बाहरी सतह कम फैलती है।
- दोनों सतहों के **असमान प्रसार (unequal expansion)** के कारण काँच में तनाव उत्पन्न हो जाता है।
- यही तनाव बढ़ने पर **काँच चटक जाता है।**

35. Why does cooling occur in a desert cooler?
वातानुकूलन यंत्र से किस कारण ठंडक होती है?

(a) Due to evaporation of water / जल के वाष्पीकरण के कारण
(b) Due to boiling of water / जल के वाष्पन के कारण
(c) Due to pressure of water / जल के दबाव से
(d) More than one of the above / उपर्युक्त में से एक से अधिक
(e) None of the above / उपर्युक्त में से कोई नहीं

Ncert Class - 7 Chapter 4

Answer: (a) Due to evaporation of water / जल के वाष्पीकरण के कारण

Explanation :
- जब पानी वाष्पित होता है, तो वह **अपने आसपास से ऊष्मा को अवशोषित करता है।**
- इस प्रक्रिया में हवा का तापमान **कम हो जाता है**, जिससे ठंडक महसूस होती है।
- कूलर में पानी से भीगे हुए पैड पर से **हवा गुज़रती है,** जिससे पानी का वाष्पीकरण होता है।

- वाष्पीकरण के दौरान हवा की **ऊष्मा कम हो जाती है और ठंडी हवा प्राप्त होती है।**
- इसी कारण कूलर **गर्म और शुष्क क्षेत्रों में अधिक प्रभावी** होता है।

प्रकाश / LIGHT

36. The type of mirror used in vehicles to see the traffic on the rear side is
वाहनों के साइड में ट्रैफिक देखने के लिए किस प्रकार के दर्पण का प्रयोग होता है?

(a) Concave / अवतल

(b) Plane / समतल

(c) Convex / उत्तल

(d) More than one of the above / उपर्युक्त में से एक से अधिक

(e) None of the above / उपर्युक्त में से कोई नहीं

Exam : BPSC TRE 3.0 (1–5) Re-exam 20/07/2024

Answer : (c) Convex / उत्तल

Explanation :
- **Convex mirror (उत्तल दर्पण)** बाहर की ओर मुड़ा हुआ होता है, इसलिए यह **विस्तृत क्षेत्र (Wide field of view)** दिखाता है।
- इस दर्पण में बनने वाला प्रतिबिंब **आभासी (Virtual), सीधा (Erect)** और **छोटा (Diminished)** होता है।
- अधिक क्षेत्र दिखने के कारण चालक पीछे आने वाले वाहनों को आसानी से देख सकता है।
- इसलिए **वाहनों के साइड मिरर में उत्तल दर्पण (Convex mirror)** का प्रयोग किया जाता है।

37. Which substance is generally used in a fluorescent tube?
प्रतिदीप्त (Fluorescent) ट्यूब में प्राय: किस पदार्थ का उपयोग किया जाता है?

(a) Mercury vapour and Argon / मरकरी (पारा) वाष्प तथा आर्गन

(b) Sodium oxide and Argon / सोडियम ऑक्साइड तथा आर्गन

(c) Sodium vapour and Neon / सोडियम वाष्प तथा नियोन

(d) More than one of the above / उपर्युक्त में से एक से अधिक

(e) None of the above / उपर्युक्त में से कोई नहीं

Exam : BPSC TRE 3.0 (6–8) Exam-2024 (Cancelled)

Answer : (a)Mercury vapour and Argon / मरकरी वाष्प तथा आर्गन

Explanation :
- **Fluorescent tube** एक काँच की लम्बी ट्यूब होती है जिसके अंदर **पारे (Mercury) की थोड़ी मात्रा और आर्गन गैस** भरी होती है।
- जब ट्यूब में विद्युत धारा प्रवाहित होती है तो **Mercury vapour से पराबैंगनी (UV) किरणें** उत्पन्न होती हैं।
- ट्यूब की अंदरूनी सतह पर लगी **फॉस्फोरस (Phosphor)** परत इन UV किरणों को **दृश्य प्रकाश (Visible light)** में बदल देती है।
- इसी कारण फ्लोरोसेंट ट्यूब **कम ऊर्जा खर्च करके अधिक प्रकाश** देती है और इसकी दक्षता साधारण बल्ब से अधिक होती है।

38. The twinkling of stars is due to which of the following phenomena?
सितारों के चमकने (टिमटिमाने) की प्रक्रिया निम्नलिखित में से किसके कारण होती है?

(a) Atmospheric refraction / वायुमंडलीय अपवर्तन

(b) Atmospheric refraction / वायुमंडलीय अपवर्तन

(c) Total internal reflection / पूर्ण आंतरिक परावर्तन

(d) More than one of the above / उपर्युक्त में से एक से अधिक

(e) None of the above / उपर्युक्त में से कोई नहीं

Exam : BPSC TRE-3.0 (1–5) Exam-2024 (Cancelled)

Answer : (b) Atmospheric refraction / वायुमंडलीय अपवर्तन

Explanation :
- पृथ्वी का वायुमंडल विभिन्न घनत्व की परतों से बना होता है।
- जब तारे से आने वाला प्रकाश इन परतों से गुजरता है तो वह बार-बार **अपवर्तित (Refraction)** होता है।

- इस कारण तारे की स्थिति और चमक थोड़ी-थोड़ी बदलती रहती है।
- इसलिए हमें तारे **टिमटिमाते हुए (Twinkling)** दिखाई देते हैं।

39. The image formed by a concave mirror
अवतल दर्पण द्वारा बनाया गया प्रतिबिंब

(a) Always real if object is virtual / निश्चित रूप से वास्तविक होगा यदि वस्तु आभासी हो
(b) Always virtual / हमेशा आभासी होता है
(c) Always real / हमेशा वास्तविक होता है
(d) More than one of the above / उपर्युक्त में से एक से अधिक
(e) None of the above / उपर्युक्त में से कोई नहीं

Exam : BPSC TRE-3.0 (1–5) Exam-2024 (Cancelled)

Answer : (e) None of the above / उपर्युक्त में से कोई नहीं

Explanation :
- अवतल दर्पण द्वारा बना प्रतिबिंब **वस्तु की स्थिति** पर निर्भर करता है।
- यदि वस्तु **फोकस और ध्रुव के बीच** हो तो प्रतिबिंब **आभासी, सीधा और बड़ा** होता है।
- यदि वस्तु फोकस से बाहर हो तो प्रतिबिंब **वास्तविक और उल्टा** बनता है।
- इसलिए कोई भी कथन हमेशा सही नहीं है।

40. Which lens would you prefer to use while reading small letters in a dictionary?
किसी शब्दकोश में लिखे छोटे अक्षरों को पढ़ते समय आप निम्न में से कौन-सा लेंस पसंद करेंगे?

(a) A convex lens of 50 cm focal length / 50 सेमी फोकस दूरी का उत्तल लेंस
(b) A concave lens of 50 cm focal length / 50 सेमी फोकस दूरी का अवतल लेंस
(c) A convex lens of 5 cm focal length / 5 सेमी फोकस दूरी का उत्तल लेंस
(d) More than one of the above / उपर्युक्त में से एक से अधिक
(e) None of the above / उपर्युक्त में से कोई नहीं

Exam : BPSC TRE-3.0 (11–12) Exam 22/07/2024

Answer : (c) A convex lens of 5 cm focal length / 5 सेमी फोकस दूरी का उत्तल लेंस

Explanation :
- छोटे अक्षरों को पढ़ने के लिए **आवर्धक काँच (Magnifying glass)** का उपयोग किया जाता है।
- आवर्धक काँच वास्तव में **छोटी फोकस दूरी वाला उत्तल लेंस** होता है।
- कम फोकस दूरी होने से **आवर्धन (Magnification)** अधिक मिलता है।
- इसलिए **5 cm focal length का convex lens** सबसे उपयुक्त होता है।

41. The human eye forms the image of an object at its
मानव नेत्र किसी वस्तु का प्रतिबिंब किस भाग पर बनाता है?

(a) Cornea / परितारिका
(b) Iris / कॉर्निया
(c) Retina / रेटिना (दृष्टिपटल)
(d) More than one of the above / उपर्युक्त में से एक से अधिक
(e) None of the above / उपर्युक्त में से कोई नहीं

Exam : BPSC TRE-3.0 (11–12) Exam 22/07/2024

Answer : (c) Retina / रेटिना

Explanation :
- मानव आँख में वस्तु का प्रतिबिंब **रेटिना (Retina)** पर बनता है।
- रेटिना में **प्रकाश संवेदनशील कोशिकाएँ (Rods और Cones)** होती हैं।
- ये कोशिकाएँ प्रकाश को **तंत्रिका संकेत (Nerve signals)** में बदल देती हैं।
- ये संकेत **ऑप्टिक नर्व** द्वारा मस्तिष्क तक पहुँचते हैं, जिससे हमें वस्तु दिखाई देती है।

42. A ray of light is incident at an angle of 30° on a mirror. The angle between the normal and reflected ray is
प्रकाश की एक किरण दर्पण पर 30° के कोण से आपतित होती है। अभिलंब और परावर्तित किरण के बीच का कोण क्या होगा?

(a) 30°

(b) 60°

(c) 45°

(d) More than one of the above / उपर्युक्त में से एक से अधिक

(e) None of the above / उपर्युक्त में से कोई नहीं

Exam : BPSC TRE 2.0 14/12/2023 Paper-I

Answer : (a) 30°

Explanation :

- **Law of reflection** के अनुसार आपतन कोण = परावर्तन कोण।
- यहाँ आपतन कोण **30°** दिया गया है।
- इसलिए परावर्तन कोण भी **30°** होगा।
- अभिलंब (Normal) और परावर्तित किरण के बीच का कोण भी **30°** होगा।

43. Which of the following has the highest energy?

निम्नलिखित में से किसमें उच्चतम ऊर्जा होती है?

(a) Blue light / नीला प्रकाश

(b) Red light / लाल प्रकाश

(c) Yellow light / पीला प्रकाश

(d) More than one of the above / उपर्युक्त में से एक से अधिक

(e) None of the above / उपर्युक्त में से कोई नहीं

Exam : BPSC TRE 2.0 14/12/2023 Paper-I

Answer : (a) Blue light / नीला प्रकाश

Explanation :

- प्रकाश की ऊर्जा का सूत्र $E = h\nu = \frac{hc}{\lambda}$ होता है।
- ऊर्जा **आवृत्ति (frequency)** के समानुपाती और **तरंगदैर्घ्य (wavelength)** के व्युत्क्रमानुपाती होती है।
- नीले प्रकाश की तरंगदैर्घ्य लाल और पीले प्रकाश से कम होती है।
- इसलिए **नीले प्रकाश की ऊर्जा सबसे अधिक होती है।**

44. The focal length of a convex lens is $f_1 = 10$ cm. On immersing it in water, it will act as

एक उत्तल लेंस की फोकस दूरी $f_1 = 10$ सेमी है। पानी में डुबाने पर यह किस प्रकार कार्य करेगा?

(a) Convex lens of f_1 =10 cm / 10 सेमी फोकस दूरी के उत्तल लेंस की तरह

(b) Concave lens of f_1 = 10 cm / 10 सेमी फोकस दूरी के अवतल लेंस की तरह

(c) Convex lens of f_1 > 10 cm / 10 सेमी से अधिक फोकस दूरी वाले उत्तल लेंस की तरह

(d) More than one of the above / उपर्युक्त में से एक से अधिक

(e) None of the above / उपर्युक्त में से कोई नहीं

Exam : BPSC TRE 2.0 8/12/2023 Paper-III

Answer : (c) Convex lens of f_1 > 10 cm / 10 सेमी से अधिक फोकस दूरी वाले उत्तल लेंस की तरह

Explanation :

- किसी लेंस की शक्ति **माध्यम के अपवर्तनांक पर निर्भर करती है।**
- पानी में रखने पर लेंस और माध्यम के अपवर्तनांक का अंतर कम हो जाता है।
- इससे लेंस की **अपवर्तन शक्ति घट जाती है।**
- इसलिए उसकी **फोकस दूरी बढ़ जाती है (f > 10 cm)।**

45. Though water is transparent to visible light, it is not possible to see distant objects in fog because

हालांकि दृश्य प्रकाश के लिए जल पारदर्शी होता है, फिर भी जल की महीन बूंदों से बने कोहरे में दूर की वस्तुएँ दिखाई नहीं देतीं, क्योंकि–

(a) Fine drops of water are opaque / जल की महीन बूंदें अपारदर्शी होती हैं

(b) Most of the light is scattered / अधिकांश प्रकाश का प्रकीर्णन हो जाता है

(c) Light suffers total internal reflection / प्रकाश पूर्ण आंतरिक परावर्तन करता है

(d) More than one of the above / उपर्युक्त में से एक से अधिक

(e) None of the above / उपर्युक्त में से कोई नहीं

Exam : BPSC TRE 2.0 8/12/2023 Paper-III

Answer : (b) Most of the light is scattered / प्रकाश का प्रकीर्णन

Explanation :
- कोहरा हवा में उपस्थित **जल की बहुत छोटी बूंदों** से बना होता है।
- जब प्रकाश इन बूंदों से टकराता है तो उसका **प्रकीर्णन (Scattering)** हो जाता है।
- प्रकीर्णन के कारण प्रकाश की दिशा बदल जाती है।
- इसलिए दूर की वस्तुएँ **स्पष्ट दिखाई नहीं देतीं।**

46. Monochromatic light enters from one medium to another. Which property does not change?
एकवर्णी प्रकाश एक माध्यम से दूसरे माध्यम में प्रवेश करता है। निम्नलिखित में से कौन-सा गुण नहीं बदलता है?

(a) Frequency / आवृत्ति
(b) Amplitude / आयाम
(c) Velocity / वेग
(d) More than one of the above / उपर्युक्त में से एक से अधिक
(e) None of the above / उपर्युक्त में से कोई नहीं

Exam : BPSC TRE 2.0 8/12/2023 Paper-III

Answer : (a) Frequency / आवृत्ति

Explanation :
- जब प्रकाश एक माध्यम से दूसरे माध्यम में जाता है तो **वेग बदल जाता है।**
- वेग बदलने से **तरंगदैर्घ्य भी बदल जाता है।**
- लेकिन प्रकाश स्रोत से निर्धारित होने के कारण **आवृत्ति नहीं बदलती।**
- इसलिए माध्यम बदलने पर भी **frequency स्थिर** रहती है।

47. A photovoltaic cell is a device which
फोटोवोल्टाइक सेल एक ऐसा उपकरण है, जो–

(a) Converts light energy into electrical energy / प्रकाश ऊर्जा को विद्युत ऊर्जा में बदलता है
(b) Converts electrical energy into light energy / विद्युत ऊर्जा को प्रकाश ऊर्जा में बदलता है
(c) Stores light energy / प्रकाश ऊर्जा का भंडारण करता है
(d) More than one of the above / उपर्युक्त में से एक से अधिक
(e) None of the above / उपर्युक्त में से कोई नहीं

Exam : 69th BPSC (Pre) 2023

Answer : (a) Converts light energy into electrical energy / प्रकाश ऊर्जा को विद्युत ऊर्जा में बदलता है

Explanation :
- **Photovoltaic cell** को सामान्यतः **solar cell** भी कहा जाता है।
- यह **photoelectric effect** के सिद्धांत पर कार्य करता है।
- इसमें प्रकाश पड़ने पर **विद्युत धारा उत्पन्न** होती है।
- इसका उपयोग **सौर ऊर्जा उपकरणों** में किया जाता है।

48. The image formed by a concave mirror is real, inverted and of the same size as the object. The object must be placed
अवतल दर्पण द्वारा बना प्रतिबिंब वास्तविक, उल्टा और वस्तु के समान आकार का होता है। वस्तु की स्थिति क्या होगी?

(a) At focus / फोकस पर
(b) At centre of curvature / वक्रता केन्द्र पर
(c) Between focus and centre of curvature / फोकस और वक्रता केन्द्र के बीच
(d) More than one of the above / उपर्युक्त में से एक से अधिक
(e) None of the above / उपर्युक्त में से कोई नहीं

Exam : 69th BPSC (Pre) 2023

Answer : (b) At centre of curvature / वक्रता केन्द्र पर

Explanation :
- जब वस्तु **वक्रता केन्द्र (c)** पर रखी जाती है तो प्रतिबिंब **वक्रता केन्द्र पर ही** बनता है।
- यह प्रतिबिंब **वास्तविक (Real)** और **उल्टा (Inverted)** होता है।
- इसका आकार **वस्तु के बराबर** होता है।
- इसलिए सही उत्तर **Centre of Curvature** है।

49. A source of 2 candela produces total luminous flux equal to
2 कैंडेला का एक समदिश (isotropic) स्रोत जितना प्रकाश फ्लक्स उत्पन्न करता है, वह है

(a) 2p lumen / 2p ल्यूमेन
(b) 4p lumen / 4p ल्यूमेन
(c) 8p lumen / 8p ल्यूमेन
(d) More than one of the above / उपर्युक्त में से एक से अधिक
(e) None of the above / उपर्युक्त में से कोई नहीं

Exam : BPSC School Teacher 2023 (Paper-IV)

Answer : (c) 8p lumen / 8p ल्यूमेन

Explanation :
- **Luminous flux (j)** किसी स्रोत से प्रति सेकंड निकलने वाली कुल प्रकाश ऊर्जा को दर्शाता है। इसकी इकाई **lumen (lm)** होती है।
- **समदिश (isotropic)** स्रोत के लिए कुल प्रकाश फ्लक्स का सूत्र होता है:
  - j = 4p*I*
- जहाँ
  I = luminous intensity (candela)
- प्रश्न में दिया है
  - *I* = 2 *cd*
- सूत्र में मान रखने पर
  - j = 4p × 1
  - j = 4p × 2
  - j = 8p lumen

50. Which colour deviates the most in the dispersion of white light through a prism?
प्रिज्म द्वारा सफेद प्रकाश के परिक्षेपण में कौन-सा रंग अधिकतम विचलित होता है?

(a) Green / हरा (b) Red / लाल
(c) Violet / बैंगनी
(d) More than one of the above / उपर्युक्त में से एक से अधिक
(e) None of the above / उपर्युक्त में से कोई नहीं

Exam : BPSC School Teacher 2023 (Paper-II) Shift-2

Answer : (c) Violet / बैंगनी

Explanation :
- जब **white light prism से गुजरती है** तो वह अपने सात रंगों (VIBGYOR) में विभाजित हो जाती है, इसे **dispersion of light** कहते हैं।
- प्रिज्म में विचलन तरंगदैर्घ्य पर निर्भर करता है – **तरंगदैर्घ्य जितना कम, विचलन उतना अधिक।**
- **Violet light** का wavelength सबसे कम होता है, इसलिए उसका अपवर्तनांक अधिक होता है।
- इसलिए प्रिज्म में **बैंगनी प्रकाश का विचलन अधिकतम** और **लाल प्रकाश का न्यूनतम** होता है।

51. The focal length of the lens of a normal human eye is approximately
एक सामान्य मानव नेत्र के लेंस की फोकस दूरी लगभग कितनी होती है?

(a) 1 mm / 1 मि.मी. (b) 25 cm / 25 से.मी.
(c) 2 cm / 2 से.मी.
(d) More than one of the above / उपर्युक्त में से एक से अधिक
(e) None of the above / उपर्युक्त में से कोई नहीं

Exam : BPSC School Teacher 2023 (Paper-II) Shift-1

Answer : (c) 2 cm / 2 से.मी.

Explanation :
- मानव आँख में लेंस और रेटिना के बीच की दूरी लगभग **2 cm** होती है।
- दूर की वस्तुओं के लिए आँख का लेंस **फोकस को रेटिना पर बनाता है।**
- इसलिए सामान्य अवस्था में आँख के लेंस की **फोकस दूरी लगभग 2 cm** होती है।
- यह दूरी **ciliary muscles** द्वारा थोड़ी-बहुत बदल सकती है।

52. The colour which is refracted the most while passing through a prism is
प्रिज्म से गुजरने पर सबसे अधिक अपवर्तित होने वाला रंग कौन-सा है?

(a) Yellow / पीला (b) Violet / बैंगनी

(c) Blue / नीला

(d) More than one of the above / उपर्युक्त में से एक से अधिक

(e) None of the above / उपर्युक्त में से कोई नहीं

Exam : BPSC School Teacher 2023 (Paper-II) Shift-1 / BPSC TRE 2.0, 2023 (Paper-I)

Answer : (b) Violet / बैंगनी

Explanation :

- अपवर्तन की मात्रा **तरंगदैर्घ्य (wavelength)** पर निर्भर करती है।
- **बैंगनी प्रकाश का wavelength सबसे कम** होता है।
- कम wavelength होने के कारण उसका **अपवर्तनांक अधिक** होता है।
  इसलिए प्रिज्म से गुजरने पर **बैंगनी प्रकाश सबसे अधिक मुड़ता है (maximum refraction)**।

53. Clear sky appears blue due to
साफ आसमान ______ के कारण नीला दिखता है।

(a) Reflection of light / प्रकाश का परावर्तन

(b) Scattering of light / प्रकाश का प्रकीर्णन

(c) Refraction of light / प्रकाश का अपवर्तन

(d) More than one of the above / उपर्युक्त में से एक से अधिक

(e) None of the above / उपर्युक्त में से कोई नहीं

Ncert Class - 8 Chapter 16

Answer: (b) Scattering of light / प्रकाश का प्रकीर्णन

Explanation :

- सूर्य का प्रकाश विभिन्न रंगों के मिश्रण से बना होता है।
- जब यह प्रकाश वायुमंडल से गुजरता है, तो **वायु के अणुओं, धूल और जलवाष्प के कणों द्वारा प्रकीर्णित (scattered)** हो जाता है।
- छोटी तरंगदैर्ध्य वाली किरणें, विशेषकर **नीली किरणें**, अधिक प्रकीर्णित होती हैं।
- इसलिए दिन के समय हमें आकाश में **नीला रंग अधिक दिखाई देता है।**
- इस प्रक्रिया को **रेले प्रकीर्णन (Rayleigh scattering)** कहा जाता है।

54. The twinkling of stars is caused due to
सितारों के चमकने की प्रकाशीय प्रक्रिया निम्नलिखित में से किसके कारण होती है?

(a) Atmospheric reflection / वायुमंडलीय परावर्तन

(b) Total reflection / पूर्ण परावर्तन

(c) Atmospheric refraction / वायुमंडलीय अपवर्तन

(d) More than one of the above / उपर्युक्त में से एक से अधिक

(e) None of the above / उपर्युक्त में से कोई नहीं

Ncert Class - 8 Chapter 16

Answer: (c) Atmospheric refraction / वायुमंडलीय अपवर्तन

Explanation:

- जब तारों से आने वाला प्रकाश पृथ्वी के वायुमंडल में प्रवेश करता है, तो वह **विभिन्न घनत्व वाली वायु परतों से गुजरता है।**
- इन परतों के कारण प्रकाश की दिशा **लगातार बदलती** रहती है।
- इस कारण तारे की **प्रकाश की तीव्रता और स्थिति थोड़ी-थोड़ी बदलती रहती है।**
- परिणामस्वरूप तारे **टिमटिमाते हुए दिखाई देते हैं।**
- इस घटना को **वायुमंडलीय अपवर्तन** कहा जाता है।

55. When light passes through the edge of an obstacle and bends into the geometrical shadow region, this phenomenon is called ______
किसी बाधा के ऊपर से गुजरते समय प्रकाश की किरण बाधा के किनारों से अंधकार क्षेत्र में थोड़ी झुक जाती है। इस घटना को ______ के रूप में जाना जाता है।

(a) Diffraction / विवर्तन (b) Refraction / अपवर्तन

(c) Scattering / प्रकीर्णन

(d) More than one of the above / उपर्युक्त में से एक से अधिक

(e) None of the above / उपर्युक्त में से कोई नहीं

Ncert Class - 8 Chapter 16

Answer: (a) Diffraction / विवर्तन

Explanation :
- जब प्रकाश या ध्वनि तरंगें किसी अवरोध या संकीर्ण छिद्र के पास से गुजरती हैं, तो वे अपने **सीधे मार्ग से मुड़ जाती हैं।**
- इस प्रक्रिया में तरंगें **अवरोध के किनारों के पास मुड़कर ज्यामितीय छाया क्षेत्र में प्रवेश कर जाती हैं।**
- इस घटना को **विवर्तन (Diffraction)** कहा जाता है।
- विवर्तन का प्रभाव तब अधिक स्पष्ट होता है जब **अवरोध या छिद्र का आकार तरंगदैर्ध्य के लगभग बराबर होता है।**
- यह घटना प्रकाश तथा ध्वनि दोनों प्रकार की तरंगों में देखी जाती है।

56. When light passes from one medium to another, which of the following does not change?
जब प्रकाश एक माध्यम से दूसरे में जाता है, तो निम्न में से कौन-सा नहीं बदलता (बदलता नहीं)?

(a) Velocity / चाल-गति
(b) Wavelength / तरंगदैर्घ्य
(c) Frequency / आवृत्ति
(d) More than one of the above / उपर्युक्त में से एक से अधिक
(e) None of the above / उपर्युक्त में से कोई नहीं

Ncert Class - 8 Chapter 16

Answer: (c) Frequency / आवृत्ति

Explanation :
- आवृत्ति किसी तरंग के **एक सेकंड में होने वाले दोलनों की संख्या** होती है।
- जब प्रकाश एक माध्यम से दूसरे माध्यम में प्रवेश करता है, तो **उसकी चाल और तरंगदैर्ध्य बदल सकते हैं।**
- माध्यम बदलने पर भी **प्रकाश की आवृत्ति स्थिर रहती है।**
- आवृत्ति स्रोत पर निर्भर करती है, माध्यम पर नहीं।
- इसी कारण प्रकाश के दूसरे माध्यम में जाने पर **आवृत्ति में परिवर्तन नहीं होता।**

विद्युत / इलेक्ट्रॉनिक्स

57. Tungsten is used in which of the following?
निम्नलिखित में से किसमें टंग्स्टन का प्रयोग किया जाता है?

(a) Metal extraction / धातु निष्कर्षण
(b) Electric bulb / विद्युत बल्ब
(c) Insulator / कुचालक
(d) More than one of the above / उपर्युक्त में से एक से अधिक
(e) None of the above / उपर्युक्त में से कोई नहीं

Exam : BPSC TRE 3.0 (1–5) Re-exam 20/07/2024

Answer : (b) Electric bulb / विद्युत बल्ब

Explanation :
- **Tungsten** का गलनांक बहुत अधिक (» 3422°C) होता है।
- उच्च तापमान पर भी **यह जल्दी पिघलता नहीं है।**
- इसलिए इसे **electric bulb के filament** बनाने में उपयोग किया जाता है।
- इससे बल्ब में **उच्च तापमान पर तेज प्रकाश** उत्पन्न होता है।

58. The electric fuse works on the
विद्युत फ्यूज किस प्रभाव पर कार्य करता है?

(a) Chemical effect of current / विद्युत धारा का रासायनिक प्रभाव
(b) Magnetic effect of current / विद्युत धारा का चुंबकीय प्रभाव
(c) Heating effect of current / विद्युत धारा का तापीय प्रभाव
(d) More than one of the above / उपर्युक्त में से एक से अधिक
(e) None of the above / उपर्युक्त में से कोई नहीं

Exam : BPSC TRE 3.0 (1–5) Re-exam 20/07/2024

Answer : (c) Heating effect of current / तापीय प्रभाव

Explanation :
- जब विद्युत धारा किसी चालक से गुजरती है तो उसमें **ऊष्मा उत्पन्न होती है।**
- इसे **Heating effect of electric current** कहते हैं।
- फ्यूज तार का गलनांक कम होता है, इसलिए अधिक धारा प्रवाहित होने पर वह **पिघल जाता है।**
- इससे परिपथ टूट जाता है और **उपकरण सुरक्षित हो जाते हैं।**

59. In an electric circuit, which does NOT represent electric power?
किसी परिपथ में कौन-सा पद विद्युत शक्ति को प्रदर्शित नहीं करता?

(a) IR^2 / IR^2 (b) VI / VI
(c) I^2R / I^2R
(d) More than one of the above / उपर्युक्त में से एक से अधिक
(e) None of the above / उपर्युक्त में से कोई नहीं

Exam : BPSC TRE 3.0 (6–8) Exam-2024 (Cancelled)

Answer : (a) IR^2

Explanation :
- विद्युत शक्ति का मूल सूत्र है:
  - $P = VI$
- ओम के नियम $V = IRV = IRV = IR$ लगाने पर:
  - $P = I^2R$
- तथा
  - $P = V^2 / R$

इसलिए ***IR^2* शक्ति का सही सूत्र नहीं है,** इसलिए यह विद्युत शक्ति को प्रदर्शित नहीं करता।

60. The flow of electrons is called
इलेक्ट्रॉनों का प्रवाह क्या कहलाता है?

(a) Current / विद्युत धारा
(b) Potential difference / विभवांतर
(c) Voltage / वोल्टेज
(d) More than one of the above / उपर्युक्त में से एक से अधिक
(e) None of the above / उपर्युक्त में से कोई नहीं

Exam : BPSC TRE 3.0 (1–5) Exam-2024 (Cancelled)

Answer : (a) Current / विद्युत धारा

Explanation :
- किसी चालक में **इलेक्ट्रॉनों के प्रवाह को विद्युत धारा (Electric current)** कहते हैं।
- धारा का सूत्र होता है:
  - $I = Q / t$
- जहाँ Q = **आवेश** और t = **समय।**
- धारा की SI इकाई **Ampere (A)** होती है।

61. Lamps used in street lighting are connected in
सड़क प्रकाश में उपयोग आने वाले बल्बों को किस प्रकार जोड़ा जाता है?

(a) Series / श्रृंखला क्रम
(b) Both series and parallel / दोनों क्रम
(c) Parallel / समानांतर क्रम
(d) More than one of the above / उपर्युक्त में से एक से अधिक
(e) None of the above / उपर्युक्त में से कोई नहीं

Exam : BPSC TRE 3.0 (6–8) Re-exam 19/07/2024

Answer : (c) Parallel / समानांतर

Explanation :
- सड़क प्रकाश में सभी बल्ब **parallel connection** में लगाए जाते हैं।
- इससे प्रत्येक बल्ब को **समान वोल्टेज** प्राप्त होता है।
- यदि एक बल्ब खराब हो जाए तो **अन्य बल्ब प्रभावित नहीं होते।**
- इसलिए स्ट्रीट लाइटिंग में **parallel connection सबसे उपयुक्त** होता है।

62. Which of the following represents non-ohmic resistance?
निम्न में कौन-सा ओह्मिक प्रतिरोध का प्रतितिधित्व नहीं करता है?

(a) Nichrome / नाइक्रोम (b) Copper / ताँबा
(c) Torch bulb / टॉर्च बल्ब
(d) More than one of the above / उपर्युक्त में से एक से अधिक
(e) None of the above / उपर्युक्त में से कोई नहीं

Exam : BPSC TRE 3.0 (6–8) Re-exam 19/07/2024

Answer : (c) Torch bulb / टॉर्च बल्ब

Explanation :
- **Ohm's law** के अनुसार V µ IV µ IV µ I होने पर चालक को **Ohmic conductor** कहते हैं।
- Nichrome और copper लगभग **Ohmic behaviour** दिखाते हैं।
- **Torch bulb filament** का प्रतिरोध तापमान के साथ बदलता है।
- इसलिए यह **Non-ohmic device** माना जाता है।

63. Particles which can be added to the nucleus of an atom without changing its chemical properties are
रासायनिक गुणों को अपरिवर्तित रखते हुए एक परमाणु के नाभिक में जोड़े जाने वाले कण कौन-से हैं?

(a) Neutrons / न्यूट्रॉन (b) Electrons / इलेक्ट्रॉन
(c) Protons / प्रोटॉन
(d) More than one of the above / उपर्युक्त में से एक से अधिक
(e) None of the above / उपर्युक्त में से कोई नहीं

Exam : BPSC TRE 2.0 15/12/2023 (Paper-IV)

Answer : (a) Neutrons / न्यूट्रॉन

Explanation :
- परमाणु के **रासायनिक गुण मुख्यत: प्रोटॉन संख्या (atomic number)** पर निर्भर करते हैं।
- यदि नाभिक में **न्यूट्रॉन जोड़े जाएँ** तो प्रोटॉन संख्या नहीं बदलती।
- इससे परमाणु का **आइसोटोप (Isotope)** बनता है।
- इसलिए न्यूट्रॉन जोड़ने पर **रासायनिक गुण लगभग समान रहते हैं।**

64. The diode is used as
डायोड को प्रयोग में लाया जाता है

(a) An amplifier / प्रवर्धक के रूप में
(b) A rectifier / दिष्टकारी के रूप में
(c) An oscillator / दोलित्र के रूप में
(d) More than one of the above / उपर्युक्त में से एक से अधिक
(e) None of the above / उपर्युक्त में से कोई नहीं

Exam : BPSC TRE 2.0 7/12/2023 Shift-II (Paper-III)

Answer : (b) A rectifier / दिष्टकारी

Explanation :
- **Diode** एक ऐसा अर्धचालक (semiconductor) उपकरण है जिसमें धारा केवल **एक दिशा में** प्रवाहित होती है।
- यह **AC (alternating current)** को **DC (direct current)** में बदलने के लिए प्रयोग किया जाता है।
- इस प्रक्रिया को **Rectification** कहते हैं।
- इसलिए डायोड का मुख्य उपयोग **Rectifier circuit** में होता है।

65. In verifying Ohm's law, the correct arrangement is
ओम के नियम के सत्यापन के लिए ध्यान रखने वाली बात है–

(a) Ammeter and voltmeter both in series / एमीटर और वोल्टमीटर को श्रृंखला में जोड़ना चाहिए
(b) Ammeter in series and voltmeter in parallel / एमीटर को श्रृंखला में और वोल्टमीटर को समानांतर में जोड़ना चाहिए
(c) Ammeter in parallel and voltmeter in series / एमीटर को समानांतर और वोल्टमीटर को श्रृंखला में जोड़ना चाहिए
(d) More than one of the above / उपर्युक्त में से एक से अधिक
(e) None of the above / उपर्युक्त में से कोई नहीं

Exam : BPSC School Teacher 2023 (Paper-II) Shift-1

Answer : (b) Ammeter in series and voltmeter in parallel / एमीटर को श्रृंखला में और वोल्टमीटर को समानांतर में जोड़ना चाहिए

Explanation :
- **Ohm's Law** का सूत्र है
  - $V = IR$
- धारा मापने के लिए **ammeter को series** में जोड़ा जाता है।
- विभवांतर मापने के लिए **voltmeter को parallel** में जोड़ा जाता है।
- इस व्यवस्था से चालक के सिरों के बीच सही V और I प्राप्त होते हैं।

66. Which instrument is used to measure electric potential?
विद्युत विभव को मापने के लिए किस उपकरण का उपयोग किया जाता है?

(a) Potentiometer / पोटेंशियोमीटर
(b) Galvanometer / गैल्वेनोमीटर
(c) Voltmeter / वोल्टमीटर
(d) More than one of the above / उपर्युक्त में से एक से अधिक
(e) None of the above / उपर्युक्त में से कोई नहीं

Exam : BPSC School Teacher 2023 (Paper-II) Shift-1

Answer : (d) More than one of the above / उपर्युक्त में से एक से अधिक

Explanation :
- **Electric potential difference** मापने के लिए सामान्यतः **Voltmeter** प्रयोग किया जाता है।
- **Potentiometer** का उपयोग भी विभवांतर की सटीक माप के लिए किया जाता है।
- **Galvanometer** धारा मापने का यंत्र है, पर इसे संशोधित कर **voltmeter** बनाया जा सकता है।
- इसलिए दिए गए विकल्पों में **एक से अधिक उपकरण उपयोगी हैं।**

67. Kilohertz is a unit that measures
किलोहर्ट्ज एक इकाई है, जो मापती है।

(a) Power generated by one ampere current / एक एम्पियर की धारा द्वारा उत्पन्न की जाने वाली शक्ति
(b) Electromagnetic radio wave frequencies / विद्युतचुम्बकीय रेडियो तरंग आवृत्तियाँ
(c) Electrical resistance / विद्युत प्रतिरोध
(d) More than one of the above / उपर्युक्त में से एक से अधिक
(e) None of the above / उपर्युक्त में से कोई नहीं

Ncert Class - 10 Chapter 12

Answer: (b) Electromagnetic radio wave frequencies / विद्युतचुम्बकीय रेडियो तरंग आवृत्तियाँ

Explanation :
- **किलोहर्ट्ज (kHz)** आवृत्ति (frequency) की इकाई है।
- 1 किलोहर्ट्ज = **1000 हर्ट्ज (Hz)** होता है।
- इसका उपयोग सामान्यतः **रेडियो तरंगों और विद्युतचुम्बकीय तरंगों की आवृत्ति मापने** के लिए किया जाता है।
- रेडियो प्रसारण, संचार प्रणाली और इलेक्ट्रॉनिक उपकरणों में **आवृत्ति को किलोहर्ट्ज में व्यक्त किया जाता है।**
- इसलिए किलोहर्ट्ज का संबंध **तरंगों की आवृत्ति के मापन** से है।

68. Which of the following is not based on the heating effect of electric current?
निम्नलिखित में से कौन-सा धारा के ऊष्मीय प्रभाव पर आधारित नहीं है?

(a) Electric fuse / विद्युत फ्यूज
(b) Tube light / ट्यूबलाइट
(c) Electric heater / विद्युत हीटर
(d) More than one of the above / उपर्युक्त में से एक से अधिक
(e) None of the above / उपर्युक्त में से कोई नहीं

Ncert Class - 10 Chapter 12

Answer: (b) Tube light / ट्यूबलाइट

Explanation :
- ट्यूबलाइट **धारा के ऊष्मीय प्रभाव पर आधारित नहीं होती।**
- यह मुख्यतः **गैस के आयनीकरण और विद्युत निर्वहन** के सिद्धांत पर कार्य करती है।
- विद्युत फ्यूज और विद्युत हीटर **धारा के ऊष्मीय प्रभाव** पर आधारित उपकरण हैं।
- ऊष्मीय प्रभाव के कारण चालक में **ऊष्मा उत्पन्न होती है,** जिसका उपयोग हीटर और फ्यूज में किया जाता है।
- इसलिए ट्यूबलाइट **इस सिद्धांत पर कार्य नहीं करती।**

69. The resistance of a conductor is directly proportional to
एक कंडक्टर का प्रतिरोध सीधे आनुपातिक होता है –

(a) Its length / उसकी लंबाई के

(b) Its density / उसके घनत्व के

(c) Its melting point / उसके गलनांक के

(d) More than one of the above / उपर्युक्त में से एक से अधिक

(e) None of the above / उपर्युक्त में से कोई नहीं

Ncert Class - 10 Chapter 12

Answer: (a) Its length / उसकी लंबाई के

Explanation :
- किसी चालक का प्रतिरोध उसकी **लंबाई के सीधे आनुपातिक** होता है।
- इसका संबंध सूत्र $R = \rho L/A$ से व्यक्त किया जाता है।
- यहाँ **R = प्रतिरोध, ρ = विशिष्ट प्रतिरोध, L = चालक की लंबाई, A = अनुप्रस्थ क्षेत्रफल** होता है।
- जब चालक की लंबाई **बढ़ती है,** तो प्रतिरोध भी **बढ़ जाता है।**
- इसलिए चालक का प्रतिरोध **उसकी लंबाई पर सीधे निर्भर** करता है।

70. A device used to protect an electric circuit is called
एक युक्ति, जो विद्युत परिपथ के संरक्षण के लिए उपयोग की जाती है, कहलाती है –

(a) Fuse / फ्यूज

(b) Switch / स्विच

(c) Filament / फिलामेंट

(d) More than one of the above / उपर्युक्त में से एक से अधिक

(e) None of the above / उपर्युक्त में से कोई नहीं

Ncert Class - 10 Chapter 12

Answer: (a) Fuse / फ्यूज

Explanation :
- विद्युत परिपथ की सुरक्षा के लिए **फ्यूज का उपयोग किया जाता है।**
- फ्यूज एक सुरक्षा युक्ति है, जो **शॉर्ट-सर्किट अथवा ओवरलोड** की स्थिति में कार्य करती है।
- ऐसी स्थिति में फ्यूज का **पतला तार पिघल जाता है** और परिपथ टूट जाता है।
- इससे उपकरणों को **अत्यधिक धारा से होने वाले नुकसान से बचाया जाता है।**
- फ्यूज सामान्यतः **कम गलनांक वाली धातु से बना होता है।**

71. Which device is used to convert AC into DC?
AC को DC में रूपान्तरित करने के लिए निम्न युक्ति काम में ली जाती है –

(a) Transformer / ट्रांसफॉर्मर

(b) Rectifier / दिष्टकारी

(c) Induction coil / प्रेरण कुण्डली

(d) More than one of the above / उपर्युक्त में से एक से अधिक

(e) None of the above / उपर्युक्त में से कोई नहीं

Ncert Class - 10 Chapter 12

Answer: (b) Rectifier / दिष्टकारी

Explanation :
- **AC (Alternating Current)** को **DC (Direct Current)** में बदलने के लिए **दिष्टकारी (Rectifier)** का उपयोग किया जाता है।
- दिष्टकारी विद्युत धारा को **केवल एक दिशा में प्रवाहित होने देता है।**
- यह सामान्यतः **डायोड** की सहायता से बनाया जाता है।
- ट्रांसफॉर्मर केवल **वोल्टेज को बढ़ाने या घटाने** का कार्य करता है, AC को DC में नहीं बदलता।
- इसलिए AC को DC में बदलने के लिए **Rectifier का उपयोग किया जाता है।**

चुम्बकत्व

72. At what temperature a ferromagnetic material becomes paramagnetic?
लोहमैग्नेटिक पदार्थ अनुचुंबकीय कब बन जाता है?

(a) Melting temperature / गलन तापमान

(b) Curie temperature / क्यूरी तापमान

(c) Neel temperature / नील तापमान

(d) More than one of the above / उपर्युक्त में से एक से अधिक

(e) None of the above / उपर्युक्त में से कोई नहीं

Exam : BPSC TRE 2.0 18/12/2023 (Paper-III)

Answer : (b) Curie temperature / क्यूरी तापमान

Explanation :

- **Curie temperature (Tc)** वह तापमान है जिस पर **ferromagnetic पदार्थ paramagnetic बन जाता** है।
- इस तापमान पर पदार्थ की **आंतरिक चुम्बकीय व्यवस्था टूट जाती है।**
- ताप बढ़ने से **thermal agitation** बढ़ती है जिससे चुम्बकीय क्रम समाप्त हो जाता है।
- इसलिए Curie तापमान के ऊपर पदार्थ **paramagnetic behaviour** दिखाता है।

73. Which of the following interactions is weakest?
निम्नलिखित में से कौन-सी अन्योन्यक्रिया सबसे क्षीण है?

(a) Electromagnetic / विद्युत-चुंबकीय
(b) Electrostatic / स्थिर-वैद्युत
(c) Gravitational / गुरुत्वीय
(d) More than one of the above / उपर्युक्त में से एक से अधिक
(e) None of the above / उपर्युक्त में से कोई नहीं

Exam : BPSC TRE 2.0 18/12/2023 (Paper-III)

Answer : (c) Gravitational / गुरुत्वीय

Explanation :

- प्रकृति में चार मूलभूत बल होते हैं।
- उनकी शक्ति का क्रम:
- Strong nuclear > Electromagnetic > Weak nuclear > Gravitational
- **Gravitational force** सबसे कमजोर होता है।
- यह द्रव्यमान वाले सभी पिंडों के बीच कार्य करता है।

74. The material normally used to make the core of an electromagnet is
विद्युत चुंबक का कोर बनाने के लिए सामान्यतः किस सामग्री का उपयोग किया जाता है?

(a) Soft iron / नरम लोहा
(b) Stainless steel / स्टेनलेस स्टील
(c) Aluminium / एल्युमिनियम
(d) More than one of the above / उपर्युक्त में से एक से अधिक
(e) None of the above / उपर्युक्त में से कोई नहीं

Exam : BPSC TRE 2.0 7/12/2023 Shift-II (Paper-III)

Answer : (a) Soft iron / नरम लोहा

Explanation :

- **Soft iron** की चुम्बकीय पारगम्यता (magnetic permeability) बहुत अधिक होती है।
- इसमें **अस्थायी चुम्बकत्व** आसानी से उत्पन्न और समाप्त हो जाता है।
- इसलिए यह **electromagnet core** के लिए उपयुक्त होता है।
- स्टेनलेस स्टील में चुम्बकीय गुण अपेक्षाकृत कम होते हैं।

75. If J is joule, C is coulomb and A is ampere, the SI unit of potential difference is
यदि J जूल, C कूलॉम्ब और A एम्पियर है, तो विभवान्तर की SI इकाई क्या होगी?

(a) JC^{-1} / JC^{-1}
(b) Volt / वोल्ट
(c) $JA^{-1} s^{-1}$ / $JA^{-1} s^{-1}$
(d) More than one of the above / उपर्युक्त में से एक से अधिक
(e) None of the above / उपर्युक्त में से कोई नहीं

Exam : BPSC TRE 2.0 18/12/2023 (Paper-II)

Answer : (d) More than one of the above / उपर्युक्त में से एक से अधिक

Explanation :

- विभवान्तर का मूल सूत्र है
  - $V = W / Q$
- जहाँ
  - W = Work (Joule)
  - Q = Charge (Coulomb)
- इसलिए
  - V = J/C
- विभवान्तर की SI इकाई **Volt (V)** होती है।

अतः **Volt = Joule/Coulomb** ।

76. Two bodies of different masses falling freely near the surface of the Moon will

अलग-अलग द्रव्यमान की दो वस्तुएँ चन्द्रमा की सतह के पास स्वतंत्र रूप से गिरें तो क्या होगा?

(a) They will have different accelerations / अलग-अलग त्वरण होगा

(b) Their masses will change / उनके द्रव्यमान में परिवर्तन होगा

(c) They will have the same velocity at any instant / किसी भी क्षण उनका वेग समान होगा

(d) Equal magnitude of force will act / समान परिमाण का बल कार्य करेगा

(e) None of the above / उपर्युक्त में से कोई नहीं

Exam : 69th BPSC (Pre) 2023

Answer : (c) They will have the same velocity at any instant / किसी भी क्षण उनका वेग समान होगा

Explanation :

- चन्द्रमा पर गुरुत्वीय त्वरण (g) सभी वस्तुओं के लिए समान होता है।
- इसलिए अलग-अलग द्रव्यमान की वस्तुएँ एक ही त्वरण से गिरती हैं।
- यदि दोनों एक ही समय पर छोड़ी जाएँ तो किसी भी क्षण उनका वेग समान होगा।
- यह सिद्धांत गैलीलियो के मुक्त पतन नियम पर आधारित है।

77. Which of the following compounds is ferrimagnetic and ferromagnetic?

निम्नलिखित में से कौन-सा यौगिक आंशिक और फेरोमैग्नेटिक है?

(a) TiO_2

(b) CrO_2

(c) VO_2

(d) More than one of the above / उपर्युक्त में से एक से अधिक

(e) None of the above / उपर्युक्त में से कोई नहीं

Ncert Class - 10 Chapter 13

Answer: (b) CrO_2

Explanation :

- **लौहचुंबकीय (Ferromagnetic)** पदार्थ वे होते हैं जिन्हें स्थायी चुंबक में बदला जा सकता है।
- ऐसे पदार्थों में **मजबूत चुंबकीय गुण** पाए जाते हैं।
- **क्रोमियम डाइऑक्साइड (CrO_2)** एक यौगिक है जिसमें **फेरोमैग्नेटिक गुण** उपस्थित होते हैं।
- इस कारण इसका उपयोग **मैग्नेटिक टेप तथा रिकॉर्डिंग उपकरणों** में किया जाता है।
- CrO_2 को **चुंबकीय पदार्थ** के रूप में प्रयोग किया जाता है।

78. Magnetic susceptibility does not depend on temperature in which of the following?

चुंबकीय संवेदनशीलता निम्नलिखित में से किसमें तापमान पर निर्भर नहीं करती है?

(a) Diamagnetic materials / प्रतिचुंबकीय सामग्री (पदार्थ)

(b) Paramagnetic materials / अनुचुंबकीय सामग्री (पदार्थ)

(c) Ferromagnetic materials / लौह-चुंबकीय सामग्री (पदार्थ)

(d) More than one of the above / उपर्युक्त में से एक से अधिक

(e) None of the above / उपर्युक्त में से कोई नहीं

Ncert Class - 10 Chapter 13

Answer: (a) Diamagnetic materials / प्रतिचुंबकीय सामग्री (पदार्थ)

Explanation :

- प्रतिचुंबकीय (Diamagnetic) पदार्थों की चुंबकीय संवेदनशीलता तापमान से लगभग प्रभावित नहीं होती।
- इन पदार्थों में चुंबकीय क्षेत्र के प्रभाव से कमजोर प्रतिकर्षण (repulsion) उत्पन्न होता है।
- प्रतिचुंबकीय पदार्थों में इलेक्ट्रॉनों के युग्मित होने के कारण शुद्ध चुंबकीय आघूर्ण नहीं बनता।
- प्रतिचुंबकीय पदार्थों के उदाहरण हैं – बिस्मथ, एंटीमनी, चाँदी, ताँबा, जिंक, सोना, जल और अल्कोहल।
- इन पदार्थों में चुंबकीय गुण तापमान से लगभग स्वतंत्र रहते हैं।

आधुनिक एवं परमाणु भौतिकी

79. Which of the following is a positively charged particle emitted by a radioactive element?
रेडियोधर्मी तत्व द्वारा उत्सर्जित निम्नलिखित में से कौन-सा धनात्मक कण है?

(a) Beta ray / बीटा किरण
(b) Alpha ray / अल्फा किरण
(c) Cathode ray / कैथोड किरण
(d) More than one of the above / उपर्युक्त में से एक से अधिक
(e) None of the above / उपर्युक्त में से कोई नहीं

Exam : BPSC TRE 2.0 18/12/2023 (Paper-III)

Answer : (b) Alpha ray / अल्फा किरण

Explanation :
- **Alpha particles** हीलियम नाभिक $(He_2^+)(He\{_2^+\})$ (He_2^+) होते हैं।
- इनमें **दो प्रोटॉन और दो न्यूट्रॉन** होते हैं।
- दो प्रोटॉन के कारण इन पर **धनात्मक आवेश (+2*e*)** होता है।
- इसलिए रेडियोधर्मी क्षय में उत्सर्जित धनात्मक कण अल्फा कण होते हैं।

80. In nuclear reactors, D_2O is used as
नाभिकीय रिएक्टरों में D_2O का उपयोग किस रूप में होता है?

(a) Fuel / ईंधन
(b) Source of deuterons / ड्यूटेरॉन का स्रोत
(c) Moderator / मंदक
(d) More than one of the above / उपर्युक्त में से एक से अधिक
(e) None of the above / उपर्युक्त में से कोई नहीं

Exam : BPSC TRE 2.0 09/12/2023 (Paper-II)

Answer : (c) Moderator / मंदक

Explanation :
- **D_2O (Heavy water)** ड्यूटेरियम और ऑक्सीजन से बना होता है।
- यह रिएक्टर में **तेज़ न्यूट्रॉनों की गति कम करता है।**
- न्यूट्रॉन की गति कम होने से **नाभिकीय विखंडन प्रभावी हो जाता है।**
- इसलिए D_2O को **Moderator (मंदक)** के रूप में प्रयोग किया जाता है।

81. Critical mass of a fissile material is
किसी विखंडनीय द्रव्य का क्रांतिक द्रव्यमान होता है

(a) One kilogram equivalent mass / एक किलोग्राम समतुल्य
(b) Minimum mass required for chain reaction / श्रृंखला अभिक्रिया हेतु आवश्यक न्यूनतम व्यमान
(c) Mass equivalent of 1010^1010joule / 1010^1010 जूल के समतुल्य द्रव्यमान
(d) More than one of the above / उपर्युक्त में से एक से अधिक
(e) None of the above / उपर्युक्त में से कोई नहीं

Exam : BPSC School Teacher 2023 (Paper-III)

Answer : (b) Minimum mass required for chain reaction / श्रृंखला अभिक्रिया हेतु आवश्यक न्यूनतम व्यमान

Explanation :
- Critical mass वह न्यूनतम द्रव्यमान है जिससे नाभिकीय श्रृंखला अभिक्रिया लगातार चल सके।
- यदि द्रव्यमान इससे कम हो तो न्यूट्रॉन बाहर निकल जाते हैं। पर्याप्त द्रव्यमान होने पर न्यूट्रॉन अन्य नाभिकों को विभाजित करते रहते हैं।
- इसलिए इसे chain reaction का न्यूनतम द्रव्यमान कहा जाता है।

खगोलिकी / गुरुत्वाकर्षण

82. Total energy of a body freely falling towards Earth
स्वतंत्र रूप से पृथ्वी की ओर गिरते हुए पिंड की कुल ऊर्जा

(a) Decreases / घटती है
(b) Increases / बढ़ती है
(c) Remains constant / स्थिर रहती है

(d) More than one of the above / उपर्युक्त में से एक से अधिक

(e) None of the above / उपर्युक्त में से कोई नहीं

Exam : BPSC School Teacher 2023 (Paper-II) Shift-2

Answer : (c) Remains constant / स्थिर रहती है

Explanation :

- गिरते समय **स्थितिज ऊर्जा (PE)** घटती है।
- उसी अनुपात में **गतिज ऊर्जा (KE)** बढ़ती है।
- कुल ऊर्जा का सूत्र:
- Total Energy = PE + KE
- इसलिए **ऊर्जा संरक्षण के नियम** के अनुसार कुल ऊर्जा **स्थिर रहती है।**

83. Geostationary satellite is placed
भू-स्थिर उपग्रह होता है

(a) Above any height of Earth / पृथ्वी के ऊपर किसी भी ऊँचाई पर

(b) At fixed height / स्थिर ऊँचाई पर

(c) At height depending on mass and speed / द्रव्यमान व गति पर निर्भर ऊँचाई पर

(d) More than one of the above / उपर्युक्त में से एक से अधिक

(e) None of the above / उपर्युक्त में से कोई नहीं

Exam : BPSC School Teacher 2023 (Paper-II) Shift-2

Answer : (b) At fixed height / स्थिर ऊँचाई पर

Explanation :

- Geostationary satellite पृथ्वी के साथ **उसी कोणीय वेग से घूमता है।**
- इसलिए यह पृथ्वी के सापेक्ष **एक ही स्थान पर स्थिर दिखाई देता है।**
- इसकी ऊँचाई लगभग
- h » 36,000 km
- इसलिए इसे **स्थिर ऊँचाई पर रखा जाता है।**

विविध

84. The resistance of a conductor is directly proportional to its
किसी चालक का प्रतिरोध समानुपाती होता है

(a) Area of cross-section / अनुप्रस्थ काट के क्षेत्रफल

(b) Density / घनत्व

(c) Length / लंबाई

(d) More than one of the above / उपर्युक्त में से एक से अधिक

(e) None of the above / उपर्युक्त में से कोई नहीं

Exam : BPSC TRE 2.0 14/12/2023 Paper-I

Answer : (c) Length / लंबाई

Explanation :

- चालक के प्रतिरोध का सूत्र है
- $R = \mathrm{r}\, l / A$
- यहाँ
  - r = विशिष्ट प्रतिरोध
  - l = चालक की लंबाई
  - A = अनुप्रस्थ क्षेत्रफल
- इससे स्पष्ट है कि ***R*** µ ***l*** ।
- इसलिए प्रतिरोध **लंबाई के समानुपाती** होता है।

85. Venturimeter works on the principle of
वेंटुरीमीटर किस सिद्धांत पर कार्य करता है?

(a) Capillary action / केशिका क्रिया

(b) Bernoulli's principle / बर्नोली का सिद्धांत

(c) Pascal's law / पास्कल का नियम

(d) More than one of the above / उपर्युक्त में से एक से अधिक

(e) None of the above / उपर्युक्त में से कोई नहीं

Exam : BPSC School Teacher 2023 (Paper-IV)

Answer : (b) Bernoulli's principle / बर्नोली का सिद्धांत

Explanation :

- Venturimeter द्रव के **प्रवाह की दर (flow rate)** मापने का उपकरण है।
- यह **Bernoulli's theorem** पर आधारित है।
- बर्नोली सिद्धांत के अनुसार
- $P + \frac{1}{2}\rho v^2 + \rho g h = \text{constant}$
- जब द्रव का वेग बढ़ता है तो दाब कम हो जाता है, इसी सिद्धांत से प्रवाह मापा जाता है।

Science & Technology (विज्ञान और प्रौद्योगिकी)

1. **Consider the following statements about Aditya-L1 mission:**

   आदित्य-L1 मिशन के संबंध में निम्नलिखित कथनों पर विचार कीजिए:

   1. **Aditya-L1 reached Lagrange Point-1 on 6 January 2024. / आदित्य-एल1 'लैग्रेंज पॉइंट-1' पर 6 जनवरी 2024 को पहुँच गया।**
   2. **Seven payloads are installed on it. / इसमें सात पेलोड लगे हुए हैं।**
   3. **A magnetometer is installed on the deck of the spacecraft. / आदित्य-एल1 में यान के डेक पर एक मैग्नेटोमीटर लगा हुआ है।**
   4. **The Visible Emission Line Coronagraph will send about 1440 photos daily to Earth. / विजिबल एमिशन लाइन कोरोनाग्राफ प्रतिदिन लगभग 1440 फोटो पृथ्वी पर भेजेगा।**

   Which of the above is correct? / उपर्युक्त में से कौन-सा सत्य है?

   (a) Only 2 / केवल 2
   (b) Only 3 / केवल 3
   (c) Only 1 / केवल 1
   (d) More than one of the above / उपर्युक्त में से एक से अधिक
   (e) None of the above / उपर्युक्त में से कोई नहीं

Exam: BPSC TRE 3.0 (1–5) Re-exam 20/07/2024

Answer:(d) More than one of the above / उपर्युक्त में से एक से अधिक

Explanation :

आदित्य-L1 (Aditya-L1) भारत का पहला सौर अध्ययन मिशन (Solar observation mission) है।

इसे ISRO (Indian Space Research Organisation) ने 2 सितम्बर 2023 को लॉन्च किया था।

यह लैग्रेंज बिंदु-1 (Lagrange Point-1) पर स्थित है, जो पृथ्वी और सूर्य के बीच गुरुत्वाकर्षण संतुलन बिंदु है।

इस मिशन में कुल 7 वैज्ञानिक उपकरण (Scientific payloads) लगे हैं।

इनमें VELC (Visible Emission Line Coronagraph) सूर्य के कोरोना का अध्ययन करता है और प्रतिदिन लगभग 1440 चित्र (Images) पृथ्वी पर भेज सकता है।

2. **INSAT-3DS satellite launched from Sriharikota on 18 February 2024 will be used for**

   18 फरवरी 2024 को श्रीहरिकोटा से प्रक्षेपित INSAT-3DS उपग्रह का उपयोग किसके लिए किया जाएगा?

   (a) Telecommunications / दूरसंचार के लिए
   (b) Monitoring military activities of neighbouring countries / पड़ोसी देशों की सैन्य गतिविधियों की जानकारी के लिए
   (c) Meteorology / मौसम विज्ञान के क्षेत्र में
   (d) More than one of the above / उपर्युक्त में से एक से अधिक
   (e) None of the above / उपर्युक्त में से कोई नहीं

Exam: BPSC TRE 3.0 (1–5) Re-exam 20/07/2024

Answer:(c) Meteorology / मौसम विज्ञान के क्षेत्र में

Explanation : INSAT-3DS भारत का एक मौसम संबंधी उपग्रह (Meteorological satellite) है।

इसे GSLV-F14 रॉकेट (Geosynchronous Satellite Launch Vehicle) से लॉन्च किया गया।

इसका उद्देश्य मौसम पूर्वानुमान (Weather forecasting) और जलवायु अध्ययन करना है।

यह चक्रवात (Cyclone), बादल (Clouds) और तापमान (Temperature) से संबंधित डेटा प्रदान करता है।t

यह भारत के मौसम विभाग (IMD – India Meteorological Department) को सटीक जानकारी देने में मदद करता है।

3. **At what approximate altitude are geostationary satellites located?**

जियोस्टेशनरी उपग्रह अनुमानतः किस ऊँचाई पर होते हैं?

(a) 15000 km / 15000 कि.मी.
(b) 35000 km / 35000 कि.मी.
(c) 981 km / 981 कि.मी.
(d) More than one of the above / उपर्युक्त में से एक से अधिक
(e) None of the above / उपर्युक्त में से कोई नहीं

Exam: BPSC TRE-3.0 (6–8) Exam-2024 (Cancelled)

Answer:(e) None of the above / उपर्युक्त में से कोई नहीं

Explanation : जियोस्टेशनरी उपग्रह (Geostationary satellites) पृथ्वी के भूमध्य रेखा के ऊपर लगभग 35,786 km की ऊँचाई पर स्थित होते हैं।

यह ऊँचाई पृथ्वी की घूर्णन अवधि (Rotation period) के बराबर कक्षीय अवधि देती है।

इसलिए उपग्रह पृथ्वी के एक ही स्थान के ऊपर स्थिर दिखाई देता है।

इनका उपयोग दूरसंचार (Telecommunication), मौसम पूर्वानुमान (Weather forecasting) और प्रसारण (Broadcasting) में होता है।

4. **CAR-T cell therapy, recently approved in India, is an advanced treatment used to fight which disease?**

सी.ए.आर.टी. सेल थेरेपी किस बीमारी से लड़ने के लिए एक उन्नत उपचार है?

(a) Cancer / कैंसर
(b) Alzheimer's disease / अल्जाइमर
(c) AIDS / एड्स
(d) More than one of the above / उपर्युक्त में से एक से अधिक
(e) None of the above / उपर्युक्त में से कोई नहीं

Exam: BPSC TRE-3.0 (6–8) Exam-2024 (Cancelled)

Answer: (a) Cancer / कैंसर

Explanation : CAR-T therapy (Chimeric Antigen Receptor T-cell therapy) एक प्रकार की इम्यूनोथेरेपी (Immunotherapy) है।

इसमें रोगी के T-cells (टी-कोशिकाएँ) को प्रयोगशाला में संशोधित किया जाता है।

ये संशोधित कोशिकाएँ कैंसर कोशिकाओं को पहचानकर नष्ट करती हैं।

यह तकनीक विशेष रूप से रक्त कैंसर (Blood cancer) जैसे ल्यूकेमिया (Leukemia) के उपचार में उपयोगी है।

5. **When did India's Chandrayaan-3 land on the Moon?**

भारत का 'चंद्रयान-3' चंद्रमा की सतह पर कब उतरा?

(a) 10 August 2023 / 10 अगस्त 2023
(b) 15 August 2023 / 15 अगस्त 2023
(c) 23 August 2023 / 23 अगस्त 2023
(d) More than one of the above / उपर्युक्त में से एक से अधिक
(e) None of the above / उपर्युक्त में से कोई नहीं

Exam: BPSC TRE-3.0 (1–5) Exam-2024 (Cancelled)

Answer:(c) 23 August 2023 / 23 अगस्त 2023

Explanation : चंद्रयान-3 (Chandrayaan-3) का सफल लैंडिंग 23 अगस्त 2023 को हुआ।

यह चंद्रमा के दक्षिणी ध्रुव (South pole) क्षेत्र में उतरा।

भारत ऐसा करने वाला दुनिया का पहला देश (First country) बना।

मिशन के लैंडर का नाम विक्रम (Vikram) और रोवर का नाम प्रज्ञान (Pragyan) था।

6. **The 'Rashtriya Vigyan Puraskar' awards are announced on which day?**

'राष्ट्रीय विज्ञान पुरस्कार' की घोषणा किस दिन की जाती है?

(a) 11 May – National Technology Day / 11 मई – राष्ट्रीय प्रौद्योगिकी दिवस
(b) 23 August – National Space Day / 23 अगस्त – राष्ट्रीय अंतरिक्ष दिवस

(c) 28 February – National Science Day / 28 फरवरी – राष्ट्रीय विज्ञान दिवस
(d) More than one of the above / उपर्युक्त में से एक से अधिक
(e) None of the above / उपर्युक्त में से कोई नहीं

Exam: BPSC TRE-3.0 (6–8) Re-exam 19/07/2024

Answer: (a) 11 May – National Technology Day / 11 मई – राष्ट्रीय प्रौद्योगिकी दिवस

Explanation : राष्ट्रीय विज्ञान पुरस्कार (Rashtriya Vigyan Puraskar) विज्ञान, तकनीक और नवाचार के क्षेत्र के सर्वोच्च पुरस्कार हैं।

इनकी घोषणा 11 मई (National Technology Day) को की जाती है।

पुरस्कार समारोह 23 अगस्त (National Space Day) को आयोजित किया जाता है।

इन पुरस्कारों में विज्ञान रत्न, विज्ञान श्री, विज्ञान युवा और विज्ञान टीम पुरस्कार शामिल हैं।

7. What is the name of India's human space mission?

भारत के मानव अंतरिक्ष मिशन का नाम क्या है?

(a) Gaganyaan / गगनयान
(b) Akashyaan / आकाशयान
(c) Bhramyan / भ्रमयान
(d) More than one of the above / उपर्युक्त में से एक से अधिक
(e) None of the above / उपर्युक्त में से कोई नहीं

Exam: BPSC TRE-3.0 (11–12) Exam 22/07/2024

Answer: (a) Gaganyaan / गगनयान

Explanation : गगनयान (Gaganyaan) भारत का पहला मानव अंतरिक्ष मिशन (Human spaceflight mission) है।

इसे ISRO द्वारा विकसित किया जा रहा है।

इस मिशन में भारतीय अंतरिक्ष यात्री गगनयात्री (Vyomnauts) पृथ्वी की कक्षा में भेजे जाएंगे।

यह भारत को मानव अंतरिक्ष उड़ान करने वाले देशों (Human spaceflight nations) की सूची में शामिल करेगा।

8. The process used to produce green hydrogen is

हरित हाइड्रोजन प्राप्त करने की प्रक्रिया है

(a) Dehydrogenesis / डिहाइड्रोजेनेसिस
(b) Electrolysis / इलेक्ट्रोलाइसिस
(c) Dehydration / निर्जलीकरण
(d) More than one of the above / उपर्युक्त में से एक से अधिक
(e) None of the above / उपर्युक्त में से कोई नहीं

Exam: BPSC TRE-3.0 (11–12) Exam 22/07/2024

Answer:(b) Electrolysis / इलेक्ट्रोलाइसिस

Explanation : ग्रीन हाइड्रोजन (Green hydrogen) पानी के इलेक्ट्रोलाइसिस (Electrolysis) द्वारा बनाया जाता है।

इस प्रक्रिया में बिजली (Electricity) से पानी को हाइड्रोजन और ऑक्सीजन में विभाजित किया जाता है।

जब बिजली नवीकरणीय ऊर्जा (Renewable energy) जैसे सौर या पवन से आती है, तो इसे ग्रीन हाइड्रोजन कहते हैं।

यह स्वच्छ ईंधन (Clean fuel) माना जाता है।

9. Which technology can recreate deceased individuals digitally?

कौन-सी तकनीक मृत व्यक्ति को डिजिटल रूप में पुनर्जीवित कर सकती है?

(a) AI / एआई
(b) Deepfake / डीपफेक
(c) Chatbot / चैटबॉट
(d) More than one of the above / उपर्युक्त में से एक से अधिक
(e) None of the above / उपर्युक्त में से कोई नहीं

Exam: BPSC TRE-3.0 (11–12) Exam 22/07/2024

Answer: (a) AI / एआई

Explanation : AI (Artificial Intelligence) की सहायता से किसी व्यक्ति की आवाज़, चेहरा और

व्यवहार का डिजिटल मॉडल (Digital model) बनाया जा सकता है।

इससे मृत व्यक्ति जैसा आभासी संवाद (Virtual interaction) संभव हो जाता है।

इसमें डीपफेक तकनीक (Deepfake technology) और मशीन लर्निंग (Machine learning) का उपयोग किया जाता है।

यह तकनीक नैतिक मुद्दों (Ethical issues) से भी जुड़ी हुई है।

10. The quality of a printer is measured in

प्रिंटर की गुणवत्ता किससे मापी जाती है

(a) Words per inch / शब्द प्रति इंच
(b) Strike per inch / प्रहार प्रति इंच
(c) Dots per inch / बिंदु प्रति इंच
(d) More than one of the above / उपर्युक्त में से एक से अधिक
(e) None of the above / उपर्युक्त में से कोई नहीं

Exam: BPSC TRE 2.0 15/12/2023 (Paper-IV)

Answer:(c) Dots per inch / बिंदु प्रति इंच

Explanation : प्रिंटर की गुणवत्ता DPI (Dots Per Inch) से मापी जाती है।

DPI का अर्थ है प्रति इंच कितने स्याही बिंदु (Ink dots) छपते हैं।

DPI जितना अधिक होगा, प्रिंट उतना स्पष्ट (Clear) होगा।

आधुनिक प्रिंटर में 600–1200 DPI या उससे अधिक रिज़ॉल्यूशन होता है।

11. The cans in which food is packed are coated with tin and not zinc because

जिन डिब्बों में भोजन पैक किया जाता है, उन पर जिंक की नहीं बल्कि टिन की परत चढ़ाई जाती है, क्योंकि

(a) Tin is more reactive than zinc / टिन, जिंक की तुलना में अधिक प्रतिक्रियाशील है
(b) Zinc is more reactive than tin / जिंक, टिन की तुलना में अधिक प्रतिक्रियाशील है
(c) Zinc is costlier than tin / जिंक, टिन से महँगा है
(d) More than one of the above / उपर्युक्त में से एक से अधिक
(e) None of the above / उपर्युक्त में से कोई नहीं

Exam: BPSC TRE 2.0 15/12/2023 (Paper-IV)

Answer:(b) Zinc is more reactive than tin / जिंक, टिन की तुलना में अधिक प्रतिक्रियाशील है

Explanation :

जिंक टिन की तुलना में अधिक प्रतिक्रियाशील (Reactive) धातु है।

यदि जिंक की परत लगाई जाए तो वह भोजन में उपस्थित अम्ल (Acids) के साथ प्रतिक्रिया कर सकता है।

इससे भोजन विषैला (Toxic) हो सकता है।

टिन अपेक्षाकृत कम प्रतिक्रियाशील (Less reactive) होता है, इसलिए खाद्य डिब्बों पर टिन की परत चढ़ाई जाती है।

12. The Sun observation point of Aditya-L1 satellite is

आदित्य-L1 उपग्रह का सूर्य अवलोकन बिंदु है

(a) L1 / एल-1
(b) L2 / एल-2
(c) L3 / एल-3
(d) More than one of the above / उपर्युक्त में से एक से अधिक
(e) None of the above / उपर्युक्त में से कोई नहीं

Exam: BPSC TRE 2.0 8/12/2023 (Paper-III)

Answer: (a) L1 / एल-1

Explanation : Lagrange Point-1 (L1) पृथ्वी और सूर्य के बीच स्थित गुरुत्वीय संतुलन बिंदु है।

इस स्थान से सूर्य का लगातार अवलोकन (Continuous observation) किया जा सकता है।

Aditya-L1 भारत का पहला सौर अध्ययन मिशन (Solar observation mission) है।

इसका उद्देश्य सौर कोरोना (Solar corona), सौर पवन (Solar wind) और चुंबकीय तूफान (Magnetic storms) का अध्ययन करना है।

13. What is the Manhattan Project?

'मैनहट्टन परियोजना' क्या है?

(a) A research and development project that produced the first nuclear weapons / एक अनुसंधान और विकास उपक्रम, जिसने पहले परमाणु हथियार का उत्पादन किया

(b) One of the world's largest art auctions / दुनिया की सबसे बड़ी कला-नीलामी में से एक

(c) A real estate project in New York City / न्यूयॉर्क सिटी में एक रियल एस्टेट परियोजना

(d) More than one of the above / उपर्युक्त में से एक से अधिक

(e) None of the above / उपर्युक्त में से कोई नहीं

Exam: 69th BPSC (Pre) 2023

Answer: (a) A research and development project that produced the first nuclear weapons / एक अनुसंधान और विकास उपक्रम, जिसने पहले परमाणु हथियार का उत्पादन किया

Explanation : मैनहट्टन परियोजना (Manhattan Project) द्वितीय विश्व युद्ध के समय शुरू किया गया एक गुप्त वैज्ञानिक कार्यक्रम (Secret scientific program) था।

इसे मुख्य रूप से अमेरिका (USA) ने ब्रिटेन (UK) और कनाडा (Canada) के सहयोग से चलाया।

इसका उद्देश्य परमाणु बम (Atomic bomb) का विकास करना था।

इसी परियोजना के तहत पहला परमाणु परीक्षण ट्रिनिटी टेस्ट (Trinity Test) किया गया।

14. What is the name of the humanoid robot launched by Tesla in October 2022?

अक्टूबर 2022 में लॉन्च किए गए टेस्ला के ह्यूमनॉइड रोबोट का नाम क्या है?

(a) Sophia / सोफिया

(b) Atlas / एटलस

(c) Optimus / ऑप्टिमस

(d) More than one of the above / उपर्युक्त में से एक से अधिक

(e) None of the above / उपर्युक्त में से कोई नहीं

Exam: 69th BPSC (Pre) 2023

Answer:(c)

Optimus / ऑप्टिमस

Explanation : ऑप्टिमस (Optimus) टेस्ला कंपनी द्वारा विकसित एक ह्यूमनॉइड रोबोट (Humanoid robot) है।

इसे एलन मस्क (Elon Musk) ने Tesla AI Day में प्रस्तुत किया।

इसका उद्देश्य मानव के खतरनाक और दोहराव वाले कार्यों को करना है।

इसे कृत्रिम बुद्धिमत्ता (Artificial Intelligence) और रोबोटिक्स (Robotics) तकनीक से बनाया गया है।

15. What is the full form of HMX?

एच.एम.एक्स. का पूर्ण रूप क्या है?

High Melting Explosive / हाई मेल्टिंग एक्सप्लोसिव

High Density Mononitronic Xenon / हाई-डेंसिटी मोनोनाइट्रोनिक ज़ेनॉन

Hexamethylenetetramine Nitrate / हेक्सामेथिलीनटेट्रामीन नाइट्रेट

Her Majesty's Explosive / हर मेजेस्टीज़ एक्सप्लोसिव

(a) 1 and 2 / 1 और 2

(b) 2 and 3 / 2 और 3

(c) Only 1 / केवल 1

(d) More than one of the above / उपर्युक्त में से एक से अधिक

(e) None of the above / उपर्युक्त में से कोई नहीं

Exam: 69th BPSC (Pre) 2023

Answer:(c) Only 1 / केवल 1

Explanation : HMX (High Melting Explosive) एक शक्तिशाली विस्फोटक पदार्थ (High explosive) है।

इसका उपयोग रॉकेट ईंधन (Rocket propellant) और सैन्य विस्फोटकों (Military explosives) में किया जाता है।

यह RDX से भी अधिक शक्तिशाली विस्फोटक माना जाता है।

इसका रासायनिक नाम Octogen भी है।

16. What is the full form of GPT in ChatGPT?

हाल ही में समाचारों में देखी गई चैट-जीपीटी में GPT का पूर्ण रूप क्या है?

(a) Glutamic Pyruvic Transaminase / ग्लूटामिक पाइरुविक ट्रांसएमिनेज
(b) GUID Partition Table / जी.यू.आई.डी. पार्टिशन टेबल
(c) Generative Pre-trained Transformer / जेनरेटिव प्री-ट्रेंड ट्रांसफॉर्मर
(d) More than one of the above / उपर्युक्त में से एक से अधिक
(e) None of the above / उपर्युक्त में से कोई नहीं

Exam: 69th BPSC (Pre) 2023

Answer:(c) Generative Pre-trained Transformer / जेनरेटिव प्री-ट्रेंड ट्रांसफॉर्मर

Explanation : GPT (Generative Pre-trained Transformer) एक प्रकार का भाषा मॉडल (Language model) है।

इसे OpenAI द्वारा विकसित किया गया है।

यह मशीन लर्निंग (Machine Learning) और डीप लर्निंग (Deep Learning) तकनीक का उपयोग करता है।

इसका उपयोग टेक्स्ट जनरेशन (Text generation), अनुवाद और प्रश्न-उत्तर के लिए किया जाता है।

17. Which of the following are computer programming languages?

निम्नलिखित में से कौन-सी कंप्यूटर प्रोग्रामिंग भाषाएँ हैं?

COBOL / कोबोल

Python / पाइथन

SQL / स्क्वेल

Java / जावा

(a) Only 1 and 2 / केवल 1 और 2
(b) Only 3 and 4 / केवल 3 और 4
(c) Only 1, 2 and 3 / केवल 1, 2 और 3
(d) More than one of the above / उपर्युक्त में से एक से अधिक
(e) None of the above / उपर्युक्त में से कोई नहीं

Exam: 69th BPSC (Pre) 2023

Answer:(d) More than one of the above / उपर्युक्त में से एक से अधिक

Explanation : COBOL, Python, SQL और Java सभी कंप्यूटर भाषाएँ हैं।

ये प्रोग्रामिंग (Programming) और डेटा प्रबंधन (Data management) के लिए प्रयोग होती हैं।

Python और Java का उपयोग सॉफ्टवेयर विकास (Software development) में होता है।

SQL का उपयोग डेटाबेस प्रबंधन (Database management system) में किया जाता है।

18. Which technologies will be enabled by the 5G mobile communication network?

निम्नलिखित में से कौन-सी तकनीकें 5G मोबाइल संचार नेटवर्क द्वारा सक्षम की जाएँगी?

Internet of Things / इंटरनेट ऑफ थिंग्स

Edge Computing / एज कंप्यूटिंग

Network Slicing / नेटवर्क स्लाइसिंग

(a) Only 1 and 2 / केवल 1 और 2
(b) Only 2 and 3 / केवल 2 और 3
(c) 1, 2 and 3 / 1, 2 और 3
(d) More than one of the above / उपर्युक्त में से एक से अधिक
(e) None of the above / उपर्युक्त में से कोई नहीं

Exam: 69th BPSC (Pre) 2023

Answer:(c) 1, 2 and 3 / 1, 2 और 3

Explanation : 5G नेटवर्क (5G network) पाँचवीं पीढ़ी की मोबाइल संचार तकनीक (Mobile communication technology) है।

यह Internet of Things (IoT) को सक्षम बनाता है जिससे उपकरण आपस में जुड़े रहते हैं।

Edge computing डेटा को उपयोगकर्ता के नजदीक प्रोसेस करने की सुविधा देता है।

Network slicing एक ही नेटवर्क को अलग-अलग वर्चुअल नेटवर्क में विभाजित करने की तकनीक है।

19. One gigabyte (GB) is equal to

एक गीगाबाइट (GB) बराबर होता है

(a) 1024 KB / 1024 किलोबाइट
(b) 1024 MB / 1024 मेगाबाइट
(c) 1024 GB / 1024 गीगाबाइट
(d) More than one of the above / उपर्युक्त में से एक से अधिक
(e) None of the above / उपर्युक्त में से कोई नहीं

Exam: BPSC School Teacher 2023 (Paper-II) Shift-2

Answer:(b) 1024 MB / 1024 मेगाबाइट

Explanation :

1 किलोबाइट (KB) = 1024 बाइट्स (Bytes)

1 मेगाबाइट (MB) = 1024 किलोबाइट

1 गीगाबाइट (GB) = 1024 मेगाबाइट

1 टेराबाइट (TB) = 1024 गीगाबाइट

20. Which of the following photo-electric devices is most suitable for digital applications?

निम्नलिखित में से कौन-सा फोटो-इलेक्ट्रिक उपकरण डिजिटल अनुप्रयोगों के लिए सबसे उपयुक्त है?

(a) Photovoltaic cell / फोटो-वोल्टाइक सेल
(b) Photo-emissive cell / फोटो-उत्सर्जक सेल
(c) Photodiode / फोटो-डायोड
(d) More than one of the above / उपर्युक्त में से एक से अधिक
(e) None of the above / उपर्युक्त में से कोई नहीं

Exam: BPSC School Teacher 2023 (Paper-III)

Answer: (a)

Photovoltaic cell / फोटो-वोल्टाइक सेल

Explanation :

फोटो-वोल्टाइक सेल (Photovoltaic cell) प्रकाश ऊर्जा को सीधे विद्युत ऊर्जा (Electrical energy) में परिवर्तित करता है।

इसे सामान्यतः सौर सेल (Solar cell) कहा जाता है।

इसका उपयोग डिजिटल उपकरणों और ऊर्जा उत्पादन में किया जाता है।

यह प्रकाश संकेत (Optical signal) को ऊर्जा में बदलने में सक्षम होता है।

PRACTICE SET-1

1. **An object is sliding on a rough horizontal surface with a constant velocity. Which of the following statements correctly identifies the nature and direction of the force applied to maintain this motion? / एक वस्तु एक खुरदरी क्षैतिज सतह पर स्थिर वेग से फिसल रही है। निम्नलिखित में से कौन सा कथन इस गति को बनाए रखने के लिए लगाए गए बल की प्रकृति और दिशा को सही ढंग से पहचानता है?**
   (a) A net force is acting opposite to the direction of motion to balance inertia./ जड़त्व को संतुलित करने के लिए गति की दिशा के विपरीत एक शुद्ध बल कार्य कर रहा है।
   (b) An applied force equal in magnitude and opposite in direction to the frictional force is required to maintain constant velocity./ निरंतर वेग बनाए रखने के लिए घर्षण बल के बराबर परिमाण और विपरीत दिशा में लगाया गया बल आवश्यक है।
   (c) The gravitational force provides the horizontal acceleration needed./गुरुत्वाकर्षण बल आवश्यक क्षैतिज त्वरण प्रदान करता है।
   (d) More than one of the above/उपरोक्त में से एक से अधिक
   (e) None of the above/उपरोक्त में से कोई नहीं

2. **Which of the following compounds can be classified as an unsaturated hydrocarbon on the basis of its structural properties? / निम्न में से कौन-सा यौगिक अपने संरचनात्मक गुणों के आधार पर एक असंतृप्त हाइड्रोकार्बन के रूप में वर्गीकृत किया जा सकता है?**
   (a) A hydrocarbon that contains only single bonds./एक ऐसा हाइड्रोकार्बन जिसमें केवल एकल बंध पाई जाती हैं।
   (b) A hydrocarbon having the general formula C_nH_{2n} and can decolorize bromine water./ एक ऐसा हाइड्रोकार्बन जिसका सामान्य सूत्र C_nH_{2n} है और जो ब्रोमीन जल को विकृत कर सकता है।
   (c) A hydrocarbon that is fully hydrogenated and is low in reactivity./एक ऐसा हाइड्रोकार्बन जो पूर्ण रूप से हाइड्रोजनीकृत है और अभिक्रियाशीलता में कम होता है।
   (d) More than one of the above/उपरोक्त में से एक से अधिक
   (e) None of the above/उपरोक्त में से कोई नहीं

3. **Which of the following best describes the selectively permeable membrane that encloses the contents of both plant and animal cells?/ निम्नलिखित में से कौन सा चयनात्मक रूप से पारगम्य झिल्ली का सबसे अच्छा वर्णन करता है जो पौधे और पशु कोशिकाओं दोनों की सामग्री को घेरता है?**
   (a) Cell wall, which allows only gases to pass through / कोशिका भित्ति, जो केवल गैसों को गुजरने देती है
   (b) Plasma membrane, which controls the movement of substances in and out of the cell / प्लाज्मा झिल्ली, जो कोशिका के अंदर और बाहर पदार्थों की आवाजाही को नियंत्रित करती है
   (c) Cytoplasm, which surrounds the nucleus and supports cell organelles/कोशिका द्रव्य, जो नाभिक को घेरता है और कोशिकांगों को सहारा देता है
   (d) More than one of the above/उपरोक्त में से एक से अधिक
   (e) None of the above/उपरोक्त में से कोई नहीं

4. **In a pedigree chart, if a trait skips generations and affects males more than females, it is most likely:/वंशावली चार्ट में, यदि कोई लक्षण पीढ़ियों को छोड़ देता है और महिलाओं की तुलना में पुरुषों को अधिक प्रभावित करता है, तो यह सबसे अधिक संभावना है:**

(a) Autosomal dominant/ऑटोसोमल डोमिनेंट
(b) Autosomal recessive/ऑटोसोमल रिसेसिव
(c) X-linked recessive/एक्स-लिंक्ड रिसेसिव
(d) More than one of the above/उपरोक्त में से एक से अधिक
(e) None of the above/उपरोक्त में से कोई नहीं

5. Which of the following subatomic particles is considered to have negligible rest mass in comparison to nucleons, and significantly influences the atom's charge but not its mass?/ निम्नलिखित में से किस उपपरमाण्विक कण का शेष द्रव्यमान न्यूक्लिऑन की तुलना में नगण्य माना जाता है, तथा यह परमाणु के आवेश को महत्वपूर्ण रूप से प्रभावित करता है, लेकिन उसके द्रव्यमान को नहीं?

(A) Proton, which is positively charged and located in the nucleus/प्रोटॉन, जो धनात्मक आवेशित होता है तथा नाभिक में स्थित होता है
(b) Neutron, which is neutral and has a mass nearly equal to that of a proton/न्यूट्रॉन, जो उदासीन होता है तथा इसका द्रव्यमान लगभग प्रोटॉन के बराबर होता है
(c) Electron, which is negatively charged and contributes in significantly to the atomic mass/इलेक्ट्रॉन, जो ऋणात्मक आवेशित होता है तथा परमाणु द्रव्यमान में नगण्य योगदान देता है
(d) More than one of the above/उपरोक्त में से एक से अधिक
(e) None of the above/उपरोक्त में से कोई नहीं

6. If γ (specific heat ratio) is increased for a gas, while molar mass and temperature remain constant, what will be the effect on the speed of sound?/यदि किसी गैस के लिए γ (विशिष्ट ऊष्मा का अनुपात) बढ़ा दिया जाए, जबकि मोलर द्रव्यमान एवं तापमान स्थिर रहे, तो ध्वनि की गति पर क्या प्रभाव पड़ेगा?

(A) Increase/बढ़ेगी
(b) Decrease/ घटेगी
(c) Remain constant/स्थिर रहेगी
(d) More than one of the above/उपरोक्त में से एक से अधिक
(e) None of the above/उपरोक्त में से कोई नहीं

7. Why are food containers coated with tin instead of zinc?/खाद्य डिब्बों को जिंक की जगह टिन की परत से क्यों ढका जाता है?

(a) Tin is less reactive than iron and does not react with food./टिन लोहे की तुलना में कम अभिक्रियाशील होता है और भोजन के साथ प्रतिक्रिया नहीं करता।
(b) Zinc reacts rapidly with acids present in food and can contaminate food./जिंक खाद्य पदार्थों में मौजूद अम्ल के साथ तेजी से अभिक्रिया करता है और भोजन को प्रदूषित कर सकता है।
(c) Tin does not let the metallic taste or smell get into food, while zinc can do so./टिन धातु का स्वाद या गंध भोजन में नहीं आने देता, जबकि जिंक ऐसा कर सकता है।
(d) More than one of the above/उपरोक्त में से एक से अधिक
(e) None of the above/उपरोक्त में से कोई नहीं

8. Which of the following statements correctly describe the role of meristematic tissues in plants?/निम्नलिखित में से कौन सा कथन पौधों में मेरिस्टेमेटिक ऊतकों की भूमिका का सही वर्णन करता है?

(a) They are responsible for the formation of new cells through continuous cell division./वे निरंतर कोशिका विभाजन के माध्यम से नई कोशिकाओं के निर्माण के लिए जिम्मेदार हैं।
(b) They help in increasing the length and girth of the plant./वे पौधे की लंबाई और परिधि बढ़ाने में मदद करते हैं।
(c) They provide mechanical strength to mature plant parts./वे परिपक्व पौधे के भागों को यांत्रिक शक्ति प्रदान करते हैं।
(d) More than one of the above/उपरोक्त में से एक से अधिक
(e) None of the above/उपरोक्त में से कोई नहीं

9. A container has 1600 mL of pure acid. 160 mL of the solution is removed from the container and replaced with the same amount of water. This process is repeated two more times. What is the amount of pure acid left in the container?

/एक बर्तन में 1600 मिली शुद्ध अम्ल है। इस बर्तन से 160 मिली घोल निकाला जाता है और उसके स्थान पर उतनी ही मात्रा में पानी डाला जाता है। इस प्रक्रिया को दो बार और दोहराया जाता है। बर्तन में शुद्ध अम्ल की मात्रा कितनी है?

(a) 1166.4 mL / 1166.4 मि.ली
(b) 1156.8 mL / 1156.8 मि.ली
(c) 1145.6 mL / 1145.6 मि.ली
(d) More than one of the above / उपर्युक्त में से एक से अधिक
(e) None of the above / उपर्युक्त में से कोई नहीं

10. 8 men together can finish a work in 40 days. If 2 more men join them, in how many days will the work be finished?/ 8 आदमी मिलकर एक काम को 40 दिन में समाप्त कर सकते हैं। यदि 2 आदमी और जुड़ जाएँ, तो कार्य कितने दिन में समाप्त होगा?

(a) 30 days / दिन
(b) 32 days / दिन
(c) 36 days / दिन
(d) More than one of the above / उपर्युक्त में से एक से अधिक
(e) None of the above / उपर्युक्त में से कोई नहीं

11. Two wheels of diameters 7 cm and 14 cm start rolling towards each other from two points 1980 cm apart. They roll with the same number of rotations per second. If they meet after 10 seconds, what is the speed of the larger wheel? / 7 cm और 14 cm व्यास के दो पहिये 1980 cm दूर स्थित दो बिन्दुओं से विपरीत दिशा में एक-दूसरे की ओर लुढ़कते हैं। दोनों प्रति सेकण्ड समान संख्या में फेरे लेते हैं। यदि वे 10 सेकण्ड बाद मिलते हैं, तो बड़े पहिये की चाल क्या है?

(a) 88 cm/s / 88 सेमी/सेकण्ड
(b) 110 cm/s / 110 सेमी/सेकण्ड
(c) 132 cm/s / 132 सेमी/सेकण्ड
(d) More than one of the above / उपर्युक्त में से एक से अधिक
(e) None of the above / उपर्युक्त में से कोई नहीं

12. A gold brick of size 18 cm × 48 cm × 16 cm is melted and converted into the shape of a cube. What is the length of the edge (a) of this new cube? / किसी 18 cm × 48 cm × 16 cm वाले आकार की सोने की ईंट को पिघलाकर घन की आकृति में परिवर्तित किया गया है। इस नयी आकृति की एक भुजा (a) किसके बराबर है?

(a) 18 cm / 18 सेमी.
(b) 48 cm / 48 सेमी.
(c) 24 cm / 24 सेमी.
(d) More than one of the above / उपर्युक्त में से एक से अधिक
(e) None of the above / उपर्युक्त में से कोई नहीं

13. 3, 9, 15, ... in this sequence what will be the 21st term? / 3, 9, 15, ... की शृंखला में 21वाँ पद क्या होगा?

(a) 117
(b) 121
(c) 123
(d) More than one of the above / उपर्युक्त में से एक से अधिक
(e) None of the above / उपर्युक्त में से कोई नहीं

14. How many times does the digit 3 appear in all numbers from 0 to 99? / 0 से लेकर 99 तक की सभी संख्याओं में 3 अंक कितनी बार आएगा?

(a) 18
(b) 19
(c) 20
(d) More than one of the above / उपर्युक्त में से एक से अधिक
(e) None of the above / उपर्युक्त में से कोई नहीं

15. If 20% of 50% of x is double of 50% of 25% of y, then by what percent is x more or less than y? / यदि x के 50% का 20%, y के 25% का 50% का दोगुना है, तो x, y कितने प्रतिशत अधिक या कम है?

(a) 100% अधिक / more
(b) 150% अधिक / more
(c) 125% अधिक / more
(d) More than one of the above / उपर्युक्त में से एक से अधिक
(e) None of the above / उपर्युक्त में से कोई नहीं

16. Find the type of angle if

$$\theta = (340^\circ - 60^\circ) - (40^\circ - 20^\circ)$$

(a) 260° – Reflex angle
(b) 180° – Straight angle
(c) 120° – Obtuse angle
(d) More than one of the above / उपर्युक्त में से एक से अधिक
(e) None of the above / उपर्युक्त में से कोई नहीं

17. Which of the following statements about Indian mountain peaks is factually incorrect? / भारतीय पर्वत शिखरों के संबंध में निम्न में से कौन-सा कथन तथ्यात्मक रूप से गलत है?

(a) Nun is the highest peak in the Indian-administered part of the Kashmir Himalayas. / नुन जम्मू-कश्मीर हिमालय के भारतीय नियंत्रित क्षेत्र की सबसे ऊँची चोटी है।
(b) Reo Purgyil, located in Himachal Pradesh, lies close to the Tibet border and is part of the Zanskar range. / रिओ पुर्ग्यिल हिमाचल प्रदेश में तिब्बत सीमा के पास स्थित है और ज़ांस्कर पर्वतमाला का हिस्सा है।
(c) Doddabetta is the highest peak in the Nilgiri Hills and lies in the tri-junction of Kerala, Karnataka, and Tamil Nadu. / डोड्डाबेट्टा नीलगिरि पहाड़ियों की सबसे ऊँची चोटी है और केरल, कर्नाटक, तमिलनाडु के त्रिसंधि बिंदु पर स्थित है।
(d) More than one of the above / उपरोक्त में से एक से अधिक
(e) None of the above / उपरोक्त में से कोई नहीं

18. Which mountain pass in India connects the Kashmir Valley to Ladakh and is known for being one of the highest motorable mountain roads, playing a strategic role in the Kargil War? / भारत का कौन-सा पर्वतीय दर्रा कश्मीर घाटी को लद्दाख से जोड़ता है, जो दुनिया की सबसे ऊँची मोटरेबल सड़कों में से एक मानी जाती है और कारगिल युद्ध में इसकी सामरिक भूमिका महत्वपूर्ण रही?

(a) Banihal Pass / बनिहाल दर्रा
(b) Rohtang Pass / रोहतांग दर्रा
(c) Zoji La / ज़ोजिला दर्रा
(d) More than one of the above / उपरोक्त में से एक से अधिक
(e) None of the above / उपरोक्त में से कोई नहीं

19. Identify the correct pairing between the mineral resource and its leading producing Indian state, where the resource significantly contributes to both domestic industries and export markets. / निम्नलिखित में से किस खनिज संसाधन और उसके प्रमुख उत्पादक राज्य का युग्म भारत में घरेलू उद्योगों और निर्यात बाजार दोनों में महत्त्वपूर्ण योगदान करता है?

(a) Mica – Jharkhand / अभ्रक – झारखंड
(b) Chromite – Odisha / क्रोमाइट – ओडिशा
(c) Copper – Madhya Pradesh / तांबा – मध्य प्रदेश
(d) More than one of the above / उपरोक्त में से एक से अधिक
(e) None of the above / उपरोक्त में से कोई नहीं

20. Which of the following river(s) defy the general slope of the Indian Peninsula and flow in a direction opposite to the majority of peninsular rivers? / निम्नलिखित में से कौन-सी नदी/नदियाँ प्रायद्वीपीय भारत की सामान्य ढाल का उल्लंघन करती हैं और अधिकांश नदियों की विपरीत दिशा में बहती हैं?

(a) Mahi / माही
(b) Sabarmati / साबरमती
(c) Vaigai / वैगई
(d) More than one of the above / उपरोक्त में से एक से अधिक
(e) None of the above / उपरोक्त में से कोई नहीं

21. Which of the following transport corridors has been specifically developed to integrate inland water transport with rail and road logistics under India's multimodal connectivity initiative? / भारत की बहु-माध्यम परिवहन संपर्क योजना के अंतर्गत, निम्नलिखित में से किस परिवहन कॉरिडोर को विशेष रूप से अंतर्देशीय जल परिवहन को रेल और सड़क लॉजिस्टिक्स से जोड़ने के लिए विकसित किया गया है?

(a) Eastern Peripheral Expressway / ईस्टर्न पेरिफेरल एक्सप्रेसवे
(b) Sagarmala Corridor / सागरमाला कॉरिडोर
(c) Bharatmala Corridor / भारतमाला कॉरिडोर
(d) More than one of the above / उपरोक्त में से एक से अधिक
(e) None of the above / उपरोक्त में से कोई नहीं

22. Which of the following rail routes plays a critical role in connecting India's mineral-rich eastern region with the industrial and port hubs of the western coast, and is considered vital for the country's freight corridor development? / निम्नलिखित में से कौन-सा रेल मार्ग भारत के खनिज-समृद्ध पूर्वी क्षेत्र को पश्चिमी तट के औद्योगिक और बंदरगाह केंद्रों से जोड़ने में महत्वपूर्ण भूमिका निभाता है तथा देश के माल ढुलाई गलियारे के विकास के लिए अत्यंत आवश्यक माना जाता है?

(a) Howrah–Mumbai via Nagpur route / हावड़ा–मुंबई (नागपुर मार्ग के माध्यम से)
(b) Delhi–Chennai via Bhopal route / दिल्ली–चेन्नई (भोपाल मार्ग के माध्यम से)
(c) Kharagpur–Visakhapatnam–Chennai route / खड़गपुर–विशाखापत्तनम–चेन्नई मार्ग
(d) More than one of the above / उपरोक्त में से एक से अधिक
(e) None of the above / उपरोक्त में से कोई नहीं

23. Which of the following major ports of India plays a critical role in handling both oil imports and container traffic, and is uniquely located away from river mouths or estuaries unlike most other major ports? / भारत के निम्नलिखित प्रमुख बंदरगाहों में से कौन-सा बंदरगाह तेल आयात और कंटेनर यातायात दोनों को संभालने में महत्वपूर्ण भूमिका निभाता है, और अधिकांश अन्य प्रमुख बंदरगाहों के विपरीत, नदी के मुहानों या ज्वारीय नदियों के पास स्थित नहीं है?

(a) Kandla Port / कांडला बंदरगाह
(b) Jawaharlal Nehru Port / जवाहरलाल नेहरू बंदरगाह
(c) Visakhapatnam Port / विशाखापत्तनम बंदरगाह
(d) More than one of the above / उपरोक्त में से एक से अधिक
(e) None of the above / उपरोक्त में से कोई नहीं

24. Which British-era committee submitted a report against the Partition of Bengal (1905) and emphasized the need to reunify Bengal? / ब्रिटिश भारत में गठित वह समिति कौन-सी थी जिसने बंगाल विभाजन (1905) के विरुद्ध रिपोर्ट प्रस्तुत करते हुए इसे निरस्त करने की सिफारिश की थी?

(a) Arundel Committee / अरुंडेल समिति
(b) Simon Commission / साइमन आयोग
(c) Hunter Commission / हंटर आयोग
(d) More than one of the above / उपरोक्त में से एक से अधिक
(e) None of the above / उपरोक्त में से कोई नहीं

25. Which Delhi Durbar was the only one attended in person by the British monarch on Indian soil? / ऐसा कौन-सा दिल्ली दरबार था जिसमें पहली बार ब्रिटेन के सम्राट ने भारत की भूमि पर स्वयं उपस्थित होकर दरबार में भाग लिया?

(a) Delhi Durbar of 1877 / 1877 का दिल्ली दरबार
(b) Delhi Durbar of 1903 / 1903 का दिल्ली दरबार
(c) Delhi Durbar of 1911 / 1911 का दिल्ली दरबार
(d) More than one of the above / उपरोक्त में से एक से अधिक
(e) None of the above / उपरोक्त में से कोई नहीं

26. Identify the organization established in London that laid the foundation of revolutionary activities like 'India House' and 'The Indian Sociologist' to promote self-rule for India on the global stage: / लंदन में स्थापित उस संस्था की पहचान कीजिए, जिसने 'इंडिया हाउस' और 'भारतीय समाजशास्त्री' जैसी क्रांतिकारी गतिविधियों की नींव रखी:

(a) Indian Home Rule Society / भारतीय स्वशासन सभा
(b) Ghadar Party / गदर पार्टी
(c) Abhinav Bharat / अभिनव भारत
(d) More than one of the above / उपरोक्त में से एक से अधिक
(e) None of the above / उपरोक्त में से कोई नहीं

27. Identify the movement that opposed the Tinkathia system and involved Gandhi along with leaders like Brijkishore, Mahadev Desai, and J.B. Kripalani: / उस आंदोलन की पहचान कीजिए, जो तीनकठिया व्यवस्था के विरुद्ध था और जिसमें गांधीजी के साथ अन्य नेता भी शामिल थे:

(a) Champaran Satyagraha / चंपारण सत्याग्रह
(b) Kheda Movement / खेड़ा आंदोलन
(c) Bardoli Satyagraha / बारदोली आंदोलन
(d) More than one of the above / उपरोक्त में से एक से अधिक
(e) None of the above / उपरोक्त में से कोई नहीं

28. Identify the committee formed on 10 December 1917 whose recommendations led to the "Black Act": / उस समिति की पहचान कीजिए जिसकी सिफारिशों के आधार पर 'काला क़ानून' लागू किया गया:

(a) Hunter Committee / हंटर समिति
(b) Simon Commission / साइमन आयोग
(c) Rowlatt Committee / रोलेट समिति
(d) More than one of the above / उपरोक्त में से एक से अधिक
(e) None of the above / उपरोक्त में से कोई नहीं

29. According to the Wavell Plan (1945), what was a major provision regarding the composition of the Viceroy's Executive Council? / वेवेल योजना (1945) के अनुसार कार्यकारिणी परिषद के गठन से संबंधित प्रमुख प्रावधान क्या था?

(a) All members except the Viceroy and Commander-in-Chief would be Indians / वायसराय और सेनाध्यक्ष को छोड़कर सभी सदस्य भारतीय होंगे
(b) Congress would be granted complete independence / कांग्रेस को पूर्ण स्वतंत्रता दी जाएगी
(c) India would be divided into two Constitutions / भारत का विभाजन कर दो संविधान बनाए जाएंगे
(d) More than one of the above / उपरोक्त में से एक से अधिक
(e) None of the above / उपरोक्त में से कोई नहीं

30. In response to a constitutional challenge, which committee chaired by Motilal Nehru drafted a constitution for Indians? / मोतीलाल नेहरू की अध्यक्षता में गठित उस समिति की पहचान कीजिए जिसने भारतीयों के लिए संविधान का प्रारूप तैयार किया:

(a) Simon Commission Committee / साइमन आयोग समिति
(b) Nehru Report Committee / नेहरू प्रतिवेदन समिति
(c) Hind Swaraj Committee / हिन्द स्वराज समिति
(d) More than one of the above / उपरोक्त में से एक से अधिक
(e) None of the above / उपरोक्त में से कोई नहीं

31. Under which case did the Supreme Court of India describe the Preamble as the 'Key to open the mind of the makers'? / किस मामले के तहत भारत के सर्वोच्च न्यायालय ने प्रस्तावना को 'निर्माताओं के दिमाग को खोलने की कुंजी' के रूप में वर्णित किया था?

(a) Berubari Union Case (1960) / बेरुबारी यूनियन मामला (1960)
(b) Kesavananda Bharati Case (1973) / केशवानंद भारती मामला (1973)
(c) LIC of India Case (1995) / भारत का एलआईसी मामला (1995)
(d) More than one of the above / उपरोक्त में से एक से अधिक
(e) None of the above / उपरोक्त में से कोई नहीं

32. Which constitutional expert called the Directive Principles of State Policy as 'Cheque on a bank, payable only when the resources of the bank permit'? / किस संवैधानिक विशेषज्ञ ने राज्य के नीति निर्देशक सिद्धांतों को 'बैंक पर एक चेक, जिसका भुगतान बैंक के संसाधन अनुमति देने पर ही संभव है' कहा था?

(a) B.N. Rau / बी.एन. राव
(b) K.T. Shah / के.टी. शाह
(c) Dr. B.R. Ambedkar / डॉ. बी.आर. अम्बेडकर
(d) More than one of the above / उपरोक्त में से एक से अधिक
(e) None of the above / उपरोक्त में से कोई नहीं

33. Which sector of the Indian economy contributes the most to the Gross Domestic Product (GDP)? / भारतीय अर्थव्यवस्था का कौन सा क्षेत्र सकल घरेलू उत्पाद (GDP) में सर्वाधिक योगदान देता है?

(a) Primary Sector / प्राथमिक क्षेत्र
(b) Secondary Sector / द्वितीयक क्षेत्र
(c) Tertiary Sector / तृतीयक क्षेत्र
(d) More than one of the above / उपरोक्त में से एक से अधिक
(e) None of the above / उपरोक्त में से कोई नहीं

34. Which of the following statements about the Nalanda Mahavihara during the reign of Harshavardhana are correct? / हर्षवर्धन के शासनकाल के दौरान नालंदा महाविहार के बारे में निम्नलिखित में से कौन-से कथन सही हैं?

(a) Harshavardhana himself visited Nalanda and granted regular endowments to the university. / हर्षवर्धन ने स्वयं नालंदा का दौरा किया और विश्वविद्यालय को नियमित दान दिया।
(b) The Chinese traveler Fa-Hien gave a detailed account of Nalanda during Harsha's reign. / चीनी यात्री फाह्यान ने हर्ष के शासनकाल में नालंदा का विस्तृत वर्णन किया।
(c) Nalanda's decline began immediately after the end of Harshavardhana's rule. / नालंदा का पतन हर्षवर्धन के शासन के तुरंत बाद शुरू हो गया।
(d) More than one of the above / उपरोक्त में से एक से अधिक
(e) None of the above / उपरोक्त में से कोई नहीं

35. Which of the following statements regarding the physiographic divisions and soil types of Bihar is/are correct? / बिहार के भू-आकृतिक विभाजनों एवं मृदा प्रकारों के संबंध में निम्नलिखित में से कौन-सा/से कथन सही है/हैं?

(a) The Southern Plateau Region of Bihar is rich in laterite and red soils. / बिहार का दक्षिणी पठारी क्षेत्र लेटराइट एवं लाल मृदाओं से समृद्ध है।
(b) The Northern Bihar Plain is more flood-prone than the Southern Bihar Plain. / उत्तरी बिहार का मैदान दक्षिणी बिहार के मैदान की तुलना में अधिक बाढ़-प्रवण है।
(c) The Kaimur Hills lie in the northeastern part of Bihar. / कैमूर की पहाड़ियाँ बिहार के उत्तर-पूर्वी भाग में स्थित हैं।
(d) More than one of the above / उपरोक्त में से एक से अधिक
(e) None of the above / उपरोक्त में से कोई नहीं

36. In the context of Bihar's economic development plans and regional economic characteristics, which of the following statements is/are correct? / बिहार की आर्थिक विकास योजनाओं एवं क्षेत्रीय आर्थिक विशेषताओं के संदर्भ में निम्न में से कौन-सा/से कथन सही है/हैं?

(a) The "Saat Nischay Yojana" focuses solely on women self-help groups and the promotion of the textile industry. / "सात निश्चय योजना" केवल महिला स्वयं सहायता समूहों और वस्त्र उद्योग के प्रोत्साहन पर केंद्रित है।
(b) Due to the abundance of inland water resources, Bihar makes a significant contribution to India's total fish production. / आंतरिक जल संसाधनों की प्रचुरता के कारण बिहार भारत के कुल मत्स्य उत्पादन में महत्वपूर्ण योगदान देता है।
(c) Barauni and Hajipur have been developed as major industrial hubs under the Bihar Industrial Investment Promotion Policy, 2016. / बरौनी और हाजीपुर को बिहार की औद्योगिक निवेश प्रोत्साहन नीति, 2016 के तहत प्रमुख औद्योगिक केंद्रों के रूप में विकसित किया गया है।
(d) More than one of the above / उपरोक्त में से एक से अधिक
(e) None of the above / उपरोक्त में से कोई नहीं

37. In the context of the Bihar Panchayati Raj Act enacted after the 73rd Constitutional Amendment, which of the following statements are factually accurate regarding its key provisions? / 73वें संविधान संशोधन के बाद लागू किए गए बिहार पंचायती राज अधिनियम के संदर्भ में निम्नलिखित में से कौन-से कथन सही हैं?

(a) It mandated 33% reservation for women in all tiers of Panchayati Raj Institutions. / इसने सभी स्तरों पर महिलाओं के लिए 33% आरक्षण अनिवार्य किया।

(b) It introduced the three-tier system: Gram Panchayat, Panchayat Samiti, and Zila Parishad. / इसने त्रिस्तरीय प्रणाली लागू की।

(c) It transferred financial and administrative powers through State Finance Commissions. / राज्य वित्त आयोग के माध्यम से वित्तीय एवं प्रशासनिक शक्तियाँ हस्तांतरित की गई।

(d) More than one of the above / उपरोक्त में से एक से अधिक

(e) None of the above / उपरोक्त में से कोई नहीं

38. Which of the following art forms or traditions of Bihar is correctly matched with its primary region or cultural context? / निम्नलिखित में से बिहार की कौन-सी कला या परंपरा अपने क्षेत्र या संदर्भ के साथ सही सुमेलित है?

(a) Tikuli Art – Gaya and Nalanda; famous for wooden sculptures / टिकुली कला – गया और नालंदा; लकड़ी की मूर्तियाँ

(b) Manjusha Art – Bhagalpur; related to the folklore of Bihula-Bishahari / मंजूषा कला – भागलपुर; बिहुला–बिषहरी से संबंधित

(c) Jat-Jatin Dance – Mithila; performed by tribal groups during Holi / जट-जटिन नृत्य – मिथिला; आदिवासी समूहों द्वारा होली पर

(d) More than one of the above / उपरोक्त में से एक से अधिक

(e) None of the above / उपरोक्त में से कोई नहीं

39. In the last two decades, the Government of Bihar launched several schemes to promote girls' education and reduce social inequality. Which of the following scheme–objective pairs is correctly matched? / बिहार सरकार की योजनाओं में से कौन-सी योजना अपने उद्देश्य के साथ सही सुमेलित है?

(a) Mukhyamantri Balika Poshak Yojana – Free tablets for Class 11–12 girls / पोशाक योजना – टैबलेट वितरण

(b) Akshar Anchal Yojana – Female literacy mission for Mahadalit women / अक्षर आंचल – महादलित महिलाओं की साक्षरता

(c) Jal-Jeevan-Hariyali Abhiyan – Rural sanitation under SSA / जल-जीवन-हरियाली – स्वच्छता योजना

(d) More than one of the above / उपरोक्त में से एक से अधिक

(e) None of the above / उपरोक्त में से कोई नहीं

40. Which of the following statements about Dr. Rajendra Prasad's political career are correct? / डॉ. राजेन्द्र प्रसाद के राजनीतिक जीवन के संबंध में निम्नलिखित में से कौन-से कथन सही हैं?

(a) He was elected President of the Indian National Congress multiple times. / वे भारतीय राष्ट्रीय कांग्रेस के अध्यक्ष कई बार चुने गए थे।

(b) He served as India's first Minister of Food and Agriculture before Independence. / स्वतंत्रता से पूर्व वे भारत के पहले खाद्य और कृषि मंत्री रहे।

(c) He was the Vice-Chancellor of Patna University before joining national politics. / राष्ट्रीय राजनीति में आने से पहले वे पटना विश्वविद्यालय के कुलपति थे।

(d) More than one of the above / उपरोक्त में से एक से अधिक

(e) None of the above / उपरोक्त में से कोई नहीं

Answers Key

1	(b)	2	(b)	3	(b)	4	(c)
5	(c)	6	(a)	7	(d)	8	(d)
9	(a)	10	(b)	11	(c)	12	(c)
13	(c)	14	(c)	15	(b)	16	(a)
17	(c)	18	(c)	19	(d)	20	(d)
21	(b)	22	(a)	23	(b)	24	(a)
25	(c)	26	(a)	27	(a)	28	(c)
29	(a)	30	(b)	31	(a)	32	(b)
33	(c)	34	(a)	35	(d)	36	(d)
37	(d)	38	(b)	39	(b)	40	(d)

PRACTICE SET-2

1. **Which of the following pairs of physical quantities and its SI unit is not correctly matched? / निम्नलिखित में से कौन-सा भौतिक राशि और उसकी SI इकाई का युग्म सही रूप से सुमेलित नहीं है?**
   - (a) Angular momentum – Kilogram metre per second / कोणीय संवेग – किलोग्राम मीटर प्रति सेकंड
   - (b) Heat capacity – Joule per Kelvin / उष्मा क्षमता – जूल प्रति केल्विन
   - (c) Torque – Newton metre / बलाघूर्ण – न्यूटन-मीटर
   - (d) More than one of the above / उपरोक्त में से एक से अधिक
   - (e) None of the above / उपरोक्त में से कोई नहीं

2. **Which of the following best explains the action of soap as a cleansing agent at the molecular level? / निम्न में से कौन-सा कथन आणविक स्तर पर साबुन की सफाई क्रिया को सर्वश्रेष्ठ रूप से स्पष्ट करता है?**
   - (a) Soap molecules form micelles that trap oily particles within their hydrophobic cores, allowing them to be rinsed away with water / साबुन अणु माइसेल बनाते हैं, जो तेलीय कणों को अपने जलविकर्षी भागों में फँसाकर उन्हें पानी से धोने योग्य बनाते हैं
   - (b) Soap reacts chemically with dirt to convert it into soluble compounds / साबुन गंदगी से रासायनिक अभिक्रिया कर उसे घुलनशील यौगिक में बदल देता है
   - (c) Soap increases the cohesion between water molecules, thereby lifting dirt more effectively / साबुन जल अणुओं के बीच आकर्षण को बढ़ाता है जिससे गंदगी बेहतर तरीके से हटती है
   - (d) More than one of the above / उपरोक्त में से एक से अधिक
   - (e) None of the above / उपरोक्त में से कोई नहीं

3. **Which blood plasma protein is essential for maintaining osmotic pressure and preventing excessive fluid loss from blood vessels? /** रक्त प्लाज्मा का कौन-सा प्रोटीन ऑस्मोटिक दबाव बनाए रखने और रक्त वाहिकाओं से अत्यधिक द्रव के नुकसान को रोकने में आवश्यक है?
   - (a) Albumin / एल्ब्यूमिन
   - (b) Fibrinogen / फाइब्रिनोजेन
   - (c) Hemoglobin / हीमोग्लोबिन
   - (d) More than one of the above / उपरोक्त में से एक से अधिक
   - (e) None of the above / उपरोक्त में से कोई नहीं

4. **Which structure in the eye is responsible for maintaining its shape and providing nutrients to the retina? / आंख की कौन-सी संरचना इसकी आकृति बनाए रखने और रेटिना को पोषण प्रदान करने के लिए जिम्मेदार है?**
   - (a) Cornea / कॉर्निया
   - (b) Vitreous humor / विट्रियस ह्यूमर
   - (c) Optic nerve / ऑप्टिक नर्व
   - (d) More than one of the above / उपरोक्त में से एक से अधिक
   - (e) None of the above / उपरोक्त में से कोई नहीं

5. **If a constant net torque is applied to a uniform solid disk initially at rest, and it rotates about its central axis without slipping on a horizontal surface, then which of the following is definitely true? / यदि एक समान ठोस चक्र पर एक निरंतर परिणामी बलाघूर्ण लगाया जाता है और वह अपने केंद्रीय अक्ष के चारों ओर बिना फिसले एक क्षैतिज सतह पर घूमता है, तो निम्नलिखित में से कौन-सा कथन निश्चित रूप से सही है?**
   - (a) Its angular velocity increases linearly with time / उसका कोणीय वेग समय के साथ रेखीय रूप से बढ़ता है

(b) Its moment of inertia increases with time / उसका जड़त्व आघूर्ण समय के साथ बढ़ता है
(c) Its angular momentum remains constant / उसका कोणीय संवेग अपरिवर्तित रहता है
(d) More than one of the above / उपरोक्त में से एक से अधिक
(e) None of the above / उपरोक्त में से कोई नहीं

6. A rocket engine expels exhaust gases at high velocity in the vacuum of space. Which of the following best explains how the rocket moves forward despite the absence of air? / एक रॉकेट इंजन शून्य में उच्च वेग से गैसों को बाहर फेंकता है। वायुमंडल के अभाव में भी रॉकेट कैसे आगे बढ़ता है, इसे कौन-सा सिद्धांत सबसे उपयुक्त रूप से समझाता है?

(a) Reaction force due to conservation of linear momentum / रैखिक संवेग संरक्षण के कारण उत्पन्न अभिक्रिया बल
(b) Pressure difference between front and rear of rocket / रॉकेट के अगले और पिछले हिस्से के बीच दबाव में अंतर
(c) Gravitational pull of planets acting on exhaust / गैसों पर ग्रहों का गुरुत्वाकर्षण बल
(d) More than one of the above / उपरोक्त में से एक से अधिक
(e) None of the above / उपरोक्त में से कोई नहीं

7. Which of the following physical processes is primarily responsible for the liquefaction of gases at low temperatures in industrial applications? / औद्योगिक अनुप्रयोगों में गैसों के द्रवीकरण के लिए निम्न तापमान प्राप्त करने की प्रक्रिया मुख्यत: किस पर आधारित होती है?

(a) Adiabatic expansion through a throttle (Joule–Thomson effect) / थ्रॉटल द्वारा ऐडियाबेटिक प्रसार (जूल-थॉमसन प्रभाव)
(b) Use of superconducting materials to reduce thermal conductivity / ऊष्मीय चालकता कम करने हेतु अतिचालक पदार्थों का उपयोग
(c) Thermionic emission in a vacuum / निर्वात में थर्मायोनिक उत्सर्जन
(d) More than one of the above / उपरोक्त में से एक से अधिक
(e) None of the above / उपरोक्त में से कोई नहीं

8. When we go down to the depths of the sea, which colour disappears first and why? / जब हम समुद्र की गहराई में नीचे जाते हैं, तो सबसे पहले कौन-सा रंग अदृश्य हो जाता है और क्यों?

(a) Red colour, because it has the longest wavelength and is absorbed first / लाल रंग, क्योंकि उसकी तरंग दैर्ध्य सबसे अधिक होती है और वह पहले अवशोषित हो जाता है
(b) Blue colour, because it is reflected back to the surface / नीला रंग, क्योंकि वह सतह पर ही प्रतिबिंबित हो जाता है
(c) Green colour, because it has less energy / हरा रंग, क्योंकि उसकी ऊर्जा कम होती है
(d) More than one of the above / उपरोक्त में से एक से अधिक
(e) None of the above / उपरोक्त में से कोई नहीं

9. In a 60-liter mixture, the ratio of milk to water is 2 : 1. To make the ratio of milk to water 1 : 2, how much water must be added? / 60 लीटर के मिश्रण में दूध और पानी का अनुपात 2 : 1 है, दूध और पानी का अनुपात 1 : 2 करने के लिए पानी की कितनी मात्रा मिलाई जानी चाहिए?

(a) 42 litres/लीटर
(b) 56 litres/लीटर
(c) 60 litres/लीटर
(d) More than one of the above / उपर्युक्त में से एक से अधिक
(e) None of the above / उपर्युक्त में से कोई नहीं

10. The cost of one pen is 5 times the cost of one pencil. I bought 8 pens and 4 pencils for 132. Find the cost of 5 pens and 5 pencils— / एक पेन की कीमत पेंसिल की कीमत का 5 गुना है। मैंने 8 पेन और 4 पेंसिल ₹132 में खरीदे। 5 पेन और 5 पेंसिलों की कीमत बताइए—

(a) ₹120
(b) ₹105

(c) ₹100

(d) More than one of the above / उपर्युक्त में से एक से अधिक

(e) None of the above / उपर्युक्त में से कोई नहीं

11. 15% of 15 + 16% of 16 – 17% of 17 = ? / 15 का 15 प्रतिशत + 16 का 16 प्रतिशत – 17 का 17 प्रतिशत = ?

(a) 1.92

(b) 2.25

(c) 2.56

(d) More than one of the above / उपर्युक्त में से एक से अधिक

(e) None of the above / उपर्युक्त में से कोई नहीं

12. One of the factors of $x^3 - 3x^2 + 3x - 2$ is—

$x^3 - 3x^2 + 3x - 2$ के गुणनखंडों में एक गुणनखंड है—

(a) $x^2 + x + 1$

(b) $x^2 - x + 1$

(c) $x^2 - x + 1$

(d) More than one of the above / उपर्युक्त में से एक से अधिक

(e) None of the above / उपर्युक्त में से कोई नहीं

13. A, B and C invested ₹40,000, ₹48,000 and ₹80,000 respectively at the start of a year. After six months, for the remaining time of the year A added ₹4,000, B added ₹4,000 while C withdrew ₹4,000 every month. If the total profit for the year is ₹6,72,000, then what is C's share? / A, B और C ने साल की शुरुआत में क्रमशः ₹40,000, ₹48,000 और ₹80,000 निवेश किए। छह महीने के बाद, साल के बाकी समय के लिए A ने ₹4,000 और B ने ₹4,000 जोड़ दिए, जबकि C हर महीने ₹4,000 निकालता रहा। यदि साल का कुल लाभ ₹6,72,000 है, तो C का भाग कितना होगा?

(a) ₹1,96,750

(b) ₹1,80,480

(c) ₹2,11,200

(d) More than one of the above / उपर्युक्त में से एक से अधिक

(e) None of the above / उपर्युक्त में से कोई नहीं

14. A bag contains 6 red shirts, 6 green shirts and 8 blue shirts. One shirt is drawn randomly. The probability that this shirt is not green is: / एक थैले में 6 लाल, 6 हरी तथा 8 नीली कमीज़ें हैं। एक कमीज़ यादृच्छया से निकाली गई। प्रायिकता ज्ञात कीजिए कि निकाली गई कमीज़ हरे रंग की नहीं है:

(a) 9/20

(b) 3/5

(c) 7/10

(d) More than one of the above / उपर्युक्त में से एक से अधिक

(e) None of the above / उपर्युक्त में से कोई नहीं

15. A sum becomes ₹37,632 after 2 years at compound interest compounded annually at 12% per annum. What will be the simple interest on the same sum for double that time at the same rate? / एक राशि 12% वार्षिक चक्रवृद्धि ब्याज (प्रति वर्ष संयोजित) पर 2 वर्षों में ₹37,632 हो जाती है। उसी राशि पर उसी दर से दोगुने समय (यानी 4 वर्ष) के लिए साधारण ब्याज कितना होगा?

(a) ₹7,200

(b) ₹8,000

(c) ₹14,400

(d) More than one of the above / उपर्युक्त में से एक से अधिक

(e) None of the above / उपर्युक्त में से कोई नहीं

16. If three exterior angles of a quadrilateral are 50°, 100°, and 150° respectively, then the corresponding interior angle of the fourth exterior angle is:

(a) 60°

(b) 80°

(c) 120°

(d) More than one of the above / उपर्युक्त में से एक से अधिक

(e) None of the above / उपर्युक्त में से कोई नहीं

17. Identify the national park that lies entirely within a UNESCO World Heritage Site, is located in a region affected by tectonic instability, and supports endemic species from both the Palearctic and Indo-Malayan realms. / उस राष्ट्रीय उद्यान की पहचान करें जो पूरी तरह एक यूनेस्को विश्व धरोहर स्थल के अंतर्गत आता है, भूकंपीय अस्थिरता से प्रभावित क्षेत्र में स्थित है, और जहाँ पलियरक्टिक तथा इंडो-मलयन दोनों जैविक क्षेत्रों की स्थानिक प्रजातियाँ पाई जाती हैं।

(a) Namdapha National Park / नामदफा राष्ट्रीय उद्यान
(b) Nanda Devi National Park / नंदा देवी राष्ट्रीय उद्यान
(c) Silent Valley National Park / साइलेंट वैली राष्ट्रीय उद्यान
(d) More than one of the above / उपरोक्त में से एक से अधिक
(e) None of the above / उपरोक्त में से कोई नहीं

18. Which of the following volcanoes, located near India, is the only active volcano in South Asia and is part of one of the world's smallest volcanic island chains situated north of the equator? / भारत के निकट स्थित निम्नलिखित में से कौन-सा सक्रिय ज्वालामुखी विश्व की सबसे छोटी ज्वालामुखीय द्वीप श्रृंखलाओं में से एक का हिस्सा है और भूमध्य रेखा के उत्तर में स्थित है?

(a) Narcondam Volcano / नारकोंडम ज्वालामुखी
(b) Barren Island Volcano / बारन द्वीप ज्वालामुखी
(c) Krakatoa Volcano / क्रकटाऊ ज्वालामुखी
(d) More than one of the above / उपरोक्त में से एक से अधिक
(e) None of the above / उपरोक्त में से कोई नहीं

19. Identify the colour revolution in India which was initiated to boost the production of edible oil, was supported by the Technology Mission launched in the 1980s, and had significant contributions from the National Dairy Development Board (NDDB). / भारत में उस रंग क्रांति की पहचान करें जो खाद्य तेलों के उत्पादन को बढ़ाने हेतु आरंभ की गई थी, 1980 के दशक में शुरू की गई टेक्नोलॉजी मिशन द्वारा समर्थित थी, और जिसमें नेशनल डेयरी डेवलपमेंट बोर्ड का महत्वपूर्ण योगदान रहा था।

(a) Yellow Revolution / पीली क्रांति
(b) White Revolution / श्वेत क्रांति
(c) Golden Revolution / स्वर्ण क्रांति
(d) More than one of the above / उपरोक्त में से एक से अधिक
(e) None of the above / उपरोक्त में से कोई नहीं

20. Identify the Indian state or union territory that meets all of the following criteria as of the latest constitutional and administrative structure: It has no official state language despite having multiple linguistic groups; it was formed after independence through linguistic reorganization but the dominant language does not belong to the Indo-Aryan family; it shares an international border with more than two countries. / भारत के उस राज्य या केंद्रशासित प्रदेश की पहचान करें जो निम्न सभी शर्तों को पूरा करता है: इसकी कोई आधिकारिक राज्यभाषा नहीं है; यह स्वतंत्रता के बाद भाषायी पुनर्गठन के आधार पर बना; प्रमुख भाषा हिंदी-आर्य परिवार से नहीं है; और इसकी सीमा दो से अधिक देशों से लगती है।

(a) Nagaland / नागालैंड
(b) Arunachal Pradesh / अरुणाचल प्रदेश
(c) Sikkim / सिक्किम
(d) More than one of the above / उपरोक्त में से एक से अधिक
(e) None of the above / उपरोक्त में से कोई नहीं

21. Which of the following is true regarding the strategic significance of the Ten Degree Channel? / टेन डिग्री चैनल की सामरिक महत्ता के संदर्भ में निम्न में से कौन-सा कथन सत्य है?

(a) It serves as the international maritime boundary between India and Indonesia / यह भारत और इंडोनेशिया के बीच अंतरराष्ट्रीय समुद्री सीमा का कार्य करता है
(b) It divides the Andaman Sea from the Bay of Bengal / यह अंडमान सागर को बंगाल की खाड़ी से अलग करता है

(c) It separates the Andaman Islands from the Nicobar Islands and is crucial for naval logistics / यह अंडमान द्वीपों को निकोबार द्वीपों से अलग करता है और नौसैनिक रसद हेतु अत्यंत महत्वपूर्ण है

(d) More than one of the above / उपरोक्त में से एक से अधिक

(e) None of the above / उपरोक्त में से कोई नहीं

22. Which of the following statements about Indian physiographic divisions is most accurate? / भारत के भौगोलिक स्वरूपों के संदर्भ में निम्न में से कौन-सा कथन सर्वाधिक सटीक है?

(a) The Malwa Plateau lies between the Aravallis and the Western Ghats and is of glacial origin / मालवा पठार अरावली और पश्चिमी घाट के मध्य स्थित है तथा यह हिमानी उद्गम का है

(b) The Purvanchal Hills are part of the Peninsular Block and formed by volcanic activity / पूर्वांचल पर्वतमाला प्रायद्वीपीय खंड का हिस्सा है और ज्वालामुखीय क्रिया से बनी है

(c) The Chotanagpur Plateau is rich in mineral resources and is primarily composed of Archean granite gneiss / छोटानागपुर पठार खनिजों से भरपूर है और मुख्यतः आर्कियन ग्रेनाइट ग्नाइस से बना है

(d) More than one of the above / उपरोक्त में से एक से अधिक

(e) None of the above / उपरोक्त में से कोई नहीं

23. Consider the following facts about the Krishna River and choose the correct combination: / कृष्णा नदी से संबंधित निम्न तथ्यों पर विचार करें और सही संयोजन चुनें:

1. It is a seasonal river originating near Mahabaleshwar and flows through basaltic lava terrain/यह एक मौसमी नदी है जिसका उद्गम महाबलेश्वर के पास होता है और यह बेसाल्टिक लावा क्षेत्र से होकर बहती है

2. its tributary Bhima River drains the rain-shadow region of Western Ghats/ इसकी सहायक नदी भीमा वर्षा-छाया क्षेत्र को अपवाहित करती है

3. Prakasam Barrage built on it facilitates both irrigation and navigation/ प्रकाशम् बैराज सिंचाई और नौपरिवहन में सहायक है

4. the river forms an estuary before joining the Bay of Bengal./यह बंगाल की खाड़ी में मिलने से पूर्व मुहाना बनाती है।

Which of the above statements are correct? /

(a) 1, 2 and 3 only / केवल 1, 2 और 3

(b) 2 and 3 only / केवल 2 और 3

(c) 1 and 4 only / केवल 1 और 4

(d) More than one of the above / उपरोक्त में से एक से अधिक

(e) None of the above / उपरोक्त में से कोई नहीं

24. Which armed revolutionary operation involved the seizure of a government armory under Surya Sen's leadership and saw major participation of women like Pritilata Waddedar and Kalpana Dutt? / वह सशस्त्र क्रांतिकारी अभियान किस घटना से संबंधित है जिसमें सूर्यसेन के नेतृत्व में क्रांतिकारियों ने शस्त्रागार पर अधिकार किया और प्रीतिलता वाडेकर तथा कल्पना दत्त जैसी महिला क्रांतिकारियों की भूमिका प्रमुख रही?

(a) Jhansi Conspiracy Case / झाँसी षड्यंत्र प्रकरण

(b) Chittagong Armoury Raid / चटगांव शस्त्रागार अभियान

(c) Kakori Train Robbery / काकोरी शस्त्र लूट

(d) More than one of the above / उपरोक्त में से एक से अधिक

(e) None of the above / उपरोक्त में से कोई नहीं

25. During which critical event of the Quit India Movement were all top Congress leaders, including Mahatma Gandhi, arrested simultaneously? / भारत छोड़ो आंदोलन के दौरान किस घटनाक्रम में शीर्ष नेताओं को एक साथ गिरफ्तार किया गया था?

(a) Operation Zero Hour / ऑपरेशन शून्य काल

(b) August Offer / अगस्त प्रस्ताव

(c) Royal Indian Navy Revolt / रॉयल भारतीय नौसेना विद्रोह
(d) More than one of the above / उपरोक्त में से एक से अधिक
(e) None of the above / उपरोक्त में से कोई नहीं

26. What was the main declaration made by British Prime Minister Clement Attlee on 20 February 1947? / 20 फ़रवरी 1947 की घोषणा का प्रमुख निष्कर्ष क्या था?

(a) Power would be transferred to Indians before 30 June 1948 / 30 जून 1948 से पहले सत्ता हस्तांतरण
(b) India would be granted complete independence immediately / तत्काल पूर्ण स्वतंत्रता
(c) India would be divided into two sovereign nations / दो राष्ट्रों में विभाजन
(d) More than one of the above / उपरोक्त में से एक से अधिक
(e) None of the above / उपरोक्त में से कोई नहीं

27. According to the Cabinet Mission Plan (1946), which statement about the Constituent Assembly is incorrect? / कैबिनेट मिशन योजना के अनुसार कौन-सा कथन असत्य है?

(a) Members elected indirectly by provincial assemblies / अप्रत्यक्ष चुनाव
(b) One representative per 10 lakh population / 10 लाख पर एक प्रतिनिधि
(c) Only nominees of British Parliament / केवल ब्रिटिश संसद द्वारा नामित
(d) More than one of the above / उपरोक्त में से एक से अधिक
(e) None of the above / उपरोक्त में से कोई नहीं

28. If the Rajya Sabha rejects a Constitutional Amendment Bill passed by Lok Sabha, what happens? / यदि राज्यसभा संशोधन विधेयक अस्वीकार करे तो क्या होगा?

(a) Joint sitting can be called / संयुक्त बैठक
(b) Bill lapses and must be reintroduced / विधेयक समाप्त
(c) Lok Sabha can override / लोकसभा निरस्त कर सकती है
(d) More than one of the above / उपरोक्त में से एक से अधिक
(e) None of the above / उपरोक्त में से कोई नहीं

29. Which of the following pair(s) is/are correctly matched? / कौन-सा जोड़ा सही सुमेलित है?

(a) Ghasidas — Self-respect movement / घासीदास — स्वाभिमान आंदोलन
(b) Periyar — Self-respect movement / पेरियार — स्वाभिमान आंदोलन
(c) Derozio — Satnami movement / डेरोजियो — सतनामी आंदोलन
(d) More than one of the above / उपरोक्त में से एक से अधिक
(e) None of the above / उपरोक्त में से कोई नहीं

30. In the Lucknow Session of INC (1916), it was presided over by ________. / 1916 के लखनऊ अधिवेशन की अध्यक्षता किसने की?

(a) Jawaharlal Nehru / जवाहरलाल नेहरू
(b) Ambika Charan Majumdar / अंबिका चरण मजूमदार
(c) C. R. Das / सी. आर. दास
(d) More than one of the above / उपरोक्त में से एक से अधिक
(e) None of the above / उपरोक्त में से कोई नहीं

31. The concept of 'Negative Liberty' emphasizes which of the following? / 'नकारात्मक स्वतंत्रता' की अवधारणा निम्नलिखित में से किस पर जोर देती है?

(a) Freedom as self-mastery / आत्म-निपुणता के रूप में स्वतंत्रता
(b) Absence of external constraints / बाहरी बाधाओं की अनुपस्थिति
(c) State intervention for equality / समानता के लिए राज्य का हस्तक्षेप
(d) More than one of the above / उपरोक्त में से एक से अधिक
(e) None of the above / उपरोक्त में से कोई नहीं

32. Which Article of the Indian Constitution empowers the Parliament to restrict or abrogate the fundamental rights of the members of armed forces? / भारतीय संविधान का कौन सा अनुच्छेद संसद को सशस्त्र बलों के सदस्यों के मौलिक अधिकारों को प्रतिबंधित या निरस्त करने का अधिकार देता है?

(a) Article 32 / अनुच्छेद 32
(b) Article 33 / अनुच्छेद 33
(c) Article 34 / अनुच्छेद 34
(d) More than one of the above / उपरोक्त में से एक से अधिक
(e) None of the above / उपरोक्त में से कोई नहीं

33. Which organization in India is responsible for printing currency notes (except one rupee note)? / भारत में मुद्रा नोट (एक रुपये के नोट को छोड़कर) छापने के लिए कौन सा संगठन जिम्मेदार है?

(a) Ministry of Finance / वित्त मंत्रालय
(b) State Bank of India / भारतीय स्टेट बैंक
(c) Reserve Bank of India / भारतीय रिजर्व बैंक
(d) More than one of the above / उपरोक्त में से एक से अधिक
(e) None of the above / उपरोक्त में से कोई नहीं

34. Match the following Bihar-related events with their correct dates and historical contexts. Which of the following is/are correctly matched? / निम्नलिखित बिहार से संबंधित घटनाओं का उनके सही तिथियों एवं ऐतिहासिक संदर्भों से मिलान कीजिए। निम्न में से कौन-सा/से युग्म सही सुमेलित है/हैं?

(a) Establishment of Patna High Court – 3 February 1916 / पटना उच्च न्यायालय की स्थापना – 3 फरवरी 1916
(b) Arrival of Gandhi in Champaran – 10 April 1917 / गांधीजी का चंपारण आगमन – 10 अप्रैल 1917
(c) Battle of Jagdishpur (1857) led by Kunwar Singh – 23 April / जगदीशपुर का युद्ध – 23 अप्रैल
(d) More than one of the above / उपरोक्त में से एक से अधिक
(e) None of the above / उपरोक्त में से कोई नहीं

35. Which of the following pairs of authors from Bihar and their literary works is correctly matched with the theme or genre of the work? / निम्नलिखित में से कौन-सा लेखक और उनकी कृति का युग्म उनके साहित्यिक विषय या विधा के अनुसार सही रूप से संगत है?

(a) Ramdhari Singh Dinkar – Urvashi – A historical narrative on India's independence struggle / दिनकर – उर्वशी – स्वतंत्रता संग्राम पर आधारित
(b) Phanishwar Nath Renu – Maila Aanchal – A pioneering example of Anchalik realism / रेणु – मैला आँचल – आंचलिक यथार्थवाद
(c) Acharya Shivpujan Sahay – Dehati Duniya – Patriotic speeches during Quit India Movement / शिवपूजन सहाय – देहाती दुनिया – राष्ट्रभक्ति भाषण
(d) More than one of the above / उपरोक्त में से एक से अधिक
(e) None of the above / उपरोक्त में से कोई नहीं

36. During the Non-Cooperation Movement in Bihar, which leader publicly demanded Purna Swaraj (Complete Independence) for the first time? / असहयोग आंदोलन के दौरान किस नेता ने पहली बार पूर्ण स्वराज की मांग की?

(a) Mazharul Haque / मजहरुल हक
(b) Brajkishore Prasad / ब्रजकिशोर प्रसाद
(c) Shrikrishna Singh / श्रीकृष्ण सिंह
(d) More than one of the above / उपर्युक्त में से एक से अधिक
(e) None of the above / उपर्युक्त में से कोई नहीं

37. During the Quit India Movement in 1942, who played the key role in helping Jayaprakash Narayan escape from Hazaribagh Central Jail? / 1942 में जयप्रकाश नारायण को हजारीबाग जेल से भागने में किसने मुख्य भूमिका निभाई?

(a) Ramanand Tiwari / रामानंद तिवारी
(b) Sher Ali / शेर अली
(c) Shivnarayan Mishra / शिवनारायण मिश्र

(d) More than one of the above / उपर्युक्त में से एक से अधिक

(e) None of the above / उपर्युक्त में से कोई नहीं

38. During the Revolt of 1857, which place in Bihar witnessed the first outbreak of the rebellion? / 1857 के विद्रोह की शुरुआत बिहार में सबसे पहले कहाँ हुई?

(a) Danapur / दानापुर

(b) Arrah / आरा

(c) Patna / पटना

(d) More than one of the above / उपर्युक्त में से एक से अधिक

(e) None of the above / उपर्युक्त में से कोई नहीं

39. Which district of Bihar is popularly known as the 'Silk City'? / बिहार का कौन-सा जिला 'सिल्क सिटी' कहलाता है?

(a) Madhepura / मधेपुरा

(b) Purnia / पूर्णिया

(c) Katihar / कटिहार

(d) More than one of the above / उपर्युक्त में से एक से अधिक

(e) None of the above / उपर्युक्त में से कोई नहीं

40. In Bihar, the 'Sohari' festival is primarily associated with which purpose? / बिहार में 'सोहारी' पर्व किस उद्देश्य से जुड़ा है?

(a) To appease the rain god / वर्षा के देवता को प्रसन्न करने हेतु

(b) To thank after harvest / फसल के बाद धन्यवाद देने हेतु

(c) To pledge forest conservation / वनों की रक्षा हेतु

(d) More than one of the above / उपर्युक्त में से एक से अधिक

(e) None of the above / उपर्युक्त में से कोई नहीं

Answers Key

1	(a)	2	(a)	3	(a)	4	(b)
5	(a)	6	(a)	7	(a)	8	(a)
9	(c)	10	(d)	11	(a)	12	(b)
13	(d)	14	(c)	15	(c)	16	(c)
17	(b)	18	(b)	19	(a)	20	(a)
21	(c)	22	(c)	23	(a)	24	(b)
25	(a)	26	(a)	27	(c)	28	(b)
29	(b)	30	(b)	31	(b)	32	(b)
33	(c)	34	(d)	35	(b)	36	(e)
37	(d)	38	(e)	39	(e)	40	(b)

PRACTICE SET-3

1. Pascal's Law is applicable in which of the following devices? / पास्कल का नियम निम्नलिखित में से किस उपकरण पर लागू होता है?

(a) Vacuum pump / वैक्यूम पंप
(b) Hydraulic lift / हाइड्रोलिक लिफ्ट
(c) Bicycle pump / साइकिल पंप
(d) More than one of the above / उपरोक्त में से एक से अधिक
(e) None of the above / उपरोक्त में से कोई नहीं

2. Which gas has the highest global warming potential (GWP) over a 100-year period? / 100 वर्ष की अवधि में किस गैस की ग्लोबल वार्मिंग क्षमता (GWP) सबसे अधिक है?

(a) Methane / मीथेन
(b) Nitrous oxide / नाइट्रस ऑक्साइड
(c) Sulphur hexafluoride / सल्फर हेक्साफ्लोराइड
(d) More than one of the above / उपरोक्त में से एक से अधिक
(e) None of the above / उपरोक्त में से कोई नहीं

3. Which of the following requires direct expenditure of ATP by the cell? /निम्नलिखित में से किसके लिए कोशिका द्वारा ATP के प्रत्यक्ष व्यय की आवश्यकता होती है?

(a) Osmosis / परासरण
(b) Facilitated diffusion / सुगम विसरण
(c) Active transport via sodium-potassium pump / सोडियम-पोटेशियम पंप के माध्यम से सक्रिय परिवहन
(d) More than one of the above / उपरोक्त में से एक से अधिक
(e) None of the above / उपरोक्त में से कोई नहीं

4. Which of the following statements about enzymes is false? / एंजाइमों के बारे में निम्नलिखित में से कौन सा कथन गलत है?

(a) Enzymes lower the activation energy of a reaction. / एंजाइम किसी प्रतिक्रिया की सक्रियण ऊर्जा को कम करते हैं।
(b) Enzymes are consumed in the reaction they catalyze. / एंजाइम उस प्रतिक्रिया में खपत हो जाते हैं जिसे वे उत्प्रेरित करते हैं।
(c) Enzymes are specific in action. / एंजाइम क्रिया में विशिष्ट होते हैं।
(d) More than one of the above / उपरोक्त में से एक से अधिक
(e) None of the above / उपरोक्त में से कोई नहीं

5. In the case of a light particle (such as a photon), what happens to its mass according to Einstein's special theory of relativity? / किसी प्रकाश कण (जैसे फोटॉन) के संदर्भ में आइंस्टीन के विशेष सापेक्षता सिद्धांत के अनुसार उसका द्रव्यमान क्या होता है?

(a) Mass becomes zero / द्रव्यमान शून्य हो जाता है
(b) Mass decreases / द्रव्यमान घट जाता है
(c) Mass remains constant / द्रव्यमान स्थिर रहता है
(d) More than one of the above / उपरोक्त में से एक से अधिक
(e) None of the above / उपरोक्त में से कोई नहीं

6. Which of the following phenomena can be best explained by quantum tunneling? / निम्नलिखित में से कौन सी घटना क्वांटम टनलिंग द्वारा सबसे अच्छी तरह से समझाई जा सकती है?

(a) Photoelectric effect / फोटोइलेक्ट्रिक प्रभाव
(b) Interference of light / प्रकाश का व्यतिकरण
(c) Alpha decay / अल्फा क्षय
(d) More than one of the above / उपरोक्त में से एक से अधिक
(e) None of the above / उपरोक्त में से कोई नहीं

7. Which of the following reactions has a positive enthalpy change ($\Delta H > 0$)? /निम्नलिखित में से किस अभिक्रिया में धनात्मक एन्थैल्पी परिवर्तन ($\Delta H > 0$) होता है?

(a) Combustion of methane / मीथेन का दहन
(b) Formation of water from H_2 and O_2 / H_2 और O_2 से जल का निर्माण
(c) Evaporation of water / जल का वाष्पीकरण
(d) More than one of the above / उपरोक्त में से एक से अधिक
(e) None of the above / उपरोक्त में से कोई नहीं

8. Which of the following statements is correct about entropy in a closed system? / बंद प्रणाली में एन्ट्रॉपी के बारे में निम्नलिखित में से कौन सा कथन सही है?

(a) Entropy always decreases. / एन्ट्रॉपी हमेशा घटती है।
(b) Entropy remains constant regardless of any process. / किसी भी प्रक्रिया की परवाह किए बिना एन्ट्रॉपी स्थिर रहती है।
(c) Entropy can only remain constant in a reversible process. / एन्ट्रॉपी केवल प्रतिवर्ती प्रक्रिया में स्थिर रह सकती है।
(d) More than one of the above / उपरोक्त में से एक से अधिक
(e) None of the above / उपरोक्त में से कोई नहीं

9. The cost of 4 cups of tea and 7 cups of coffee is ₹135. The cost of one cup of coffee is double the cost of one cup of tea. What is the cost of 2 cups of tea and 1 cup of coffee? / प्याले चाय तथा 7 प्याले कॉफी का मूल्य ₹135 है। कॉफी के एक कप का मूल्य चाय के एक कप के मूल्य का दुगुना है। 2 प्याले चाय तथा 1 प्याला कॉफी का मूल्य क्या है?

(a) ₹35
(b) ₹37.50
(c) ₹30
(d) More than one of the above / उपर्युक्त में से एक से अधिक
(e) None of the above / उपर्युक्त में से कोई नहीं

10. In an exam, 20% of students failed in Mathematics and 15% of students failed in English. If 10% students failed in both subjects and 300 students passed in both subjects, then how many students appeared for the exam? / किसी परीक्षा में 20% छात्र गणित में फेल हुए और 15% छात्र अंग्रेजी में फेल हुए। यदि 10% छात्र दोनों विषयों में फेल हुए और दोनों विषयों में 300 छात्र पास हुए, तो कुल कितने छात्र परीक्षा में बैठे?

(a) 350
(b) 400
(c) 450
(d) More than one of the above / उपर्युक्त में से एक से अधिक
(e) None of the above / उपर्युक्त में से कोई नहीं

11. The ratio of the curved surface area and the total surface area of a right circular cylinder is 2 : 3. What is the ratio of the radius to the height of the cylinder? / एक बेलन के वक्र पृष्ठीय क्षेत्रफल तथा कुल पृष्ठीय क्षेत्रफल का अनुपात 2 : 3 है। बेलन की त्रिज्या तथा ऊँचाई में क्या अनुपात है?

(a) 1 : 2
(b) 2 : 1
(c) 2 : 3
(d) More than one of the above / उपर्युक्त में से एक से अधिक
(e) None of the above / उपर्युक्त में से कोई नहीं

12. Two adjacent sides of a rectangle are $3a^2$-$6ab$ and $2a^2$+b^2 . Its perimeter is: / एक आयत की दो संलग्न भुजाएँ $3a^2$-$6ab$ तथा $2a^2$+b^2 हैं। इसका परिमाप क्या है?

(a) $2a^2 + 2b^2 - 6ab$
(b) $10a^2 - 12ab + 2b^2$
(c) $8a^2 + 2b^2 - 10ab$
(d) More than one of the above / उपर्युक्त में से एक से अधिक
(e) None of the above / उपर्युक्त में से कोई नहीं

13. If $\sqrt{73-40\sqrt{3}} = a + b\sqrt{3}$, then the value of (3*a* + 2*b*) is equal to which of the following? / यदि $\sqrt{73-40\sqrt{3}} = a + b\sqrt{3}$ हो, तो (3*a* + 2*b*) का मान निम्नलिखित में से किसके बराबर है?

(a) –2
(b) -7
(c) 2
(d) More than one of the above / उपर्युक्त में से एक से अधिक
(e) None of the above / उपर्युक्त में से कोई नहीं

14. The LCM of two numbers is equal to 340 times their HCF. If their HCF is 26 and one number is 442, then the other number is: / दो संख्याओं का ल.स. (LCM) उनके म.स. (HCF) के 340 गुने के बराबर है। यदि उनका म.स. 26 है और एक संख्या 442 है, तो दूसरी संख्या क्या है?

(a) 260
(b) 390
(c) 520
(d) More than one of the above / उपर्युक्त में से एक से अधिक
(e) None of the above / उपर्युक्त में से कोई नहीं

15. In two containers A and B, the ratio of acid and water is 4 : 5 and 11 : 7 respectively. They are mixed in the ratio 5 : 6. To prepare a 50% purity solution from 198 mL of this mixture, how much water must be added? / दो बर्तनों A और B में अम्ल और जल का अनुपात क्रमशः 4 : 5 और 11 : 7 है। इन्हें 5 : 6 के अनुपात में मिलाया जाता है। 198 mL मिश्रण से 50% शुद्धि प्राप्त करने हेतु कितना जल मिलाना होगा?

(a) 21 mL / 21 मि.ली.
(b) 7 mL / 7 मि.ली.
(c) 14 mL / 14 मि.ली.
(d) More than one of the above / उपर्युक्त में से एक से अधिक
(e) None of the above / उपर्युक्त में से कोई नहीं

16. **ΔABC ~ ΔEDF, Area of ΔABC : Area of ΔDEF = 49 : 4. If AB = 10 cm, AC = 14 cm, BC = 21 cm, then what is the length of EF? / यदि ΔABC ~ ΔEDF हो तथा ΔABC और ΔDEF के क्षेत्रफलों का अनुपात 49 : 4 है। यदि AB = 10 सेमी, AC = 14 सेमी, BC = 21 सेमी हों, तो EF की लंबाई (सेमी में) क्या होगी?**

(a) 4 cm / 4 सेमी
(b) 4.5 cm / 4.5 सेमी
(c) 3.5 cm / 4.5 सेमी
(d) More than one of the above / उपर्युक्त में से एक से अधिक
(e) None of the above / उपर्युक्त में से कोई नहीं

17. Which Indian coastal location lies closest to a tectonic subduction zone and is most vulnerable to deep-focus earthquakes? / भारत का वह तटीय क्षेत्र कौन-सा है जो एक विवर्तनिक उपचयन क्षेत्र के सबसे निकट स्थित है और गहरे केन्द्र वाले भूकम्पों के लिए सर्वाधिक संवेदनशील है?

(a) Visakhapatnam / विशाखापत्तनम
(b) Rameswaram / रामेश्वरम
(c) Port Blair / पोर्ट ब्लेयर
(d) More than one of the above / उपरोक्त में एक से अधिक
(e) None of the above / उपरोक्त में कोई नहीं

18. Which of the following waterfalls is formed over a river that flows through the scenic Kanger Valley and is known for its underground limestone caves? / निम्नलिखित में से कौन-सा जलप्रपात उस नदी पर स्थित है जो सुरम्य कांगेर घाटी से होकर बहती है और अपने भूमिगत चूना-पत्थर की गुफाओं के लिए जानी जाती है?

(a) Barehipani Falls / बरेहीपानी जलप्रपात
(b) Jog Falls / जोग जलप्रपात
(c) Tirathgarh Falls / तीर्थगढ़ जलप्रपात
(d) More than one of the above / उपरोक्त में एक से अधिक
(e) None of the above / उपरोक्त में कोई नहीं

19. Which mountain pass has historically served as a gateway for trade and invasions into the Indian subcontinent, yet is not located in the Himalayas? / निम्नलिखित में से कौन-सा पर्वतीय दर्रा ऐतिहासिक रूप से भारतीय उपमहाद्वीप में व्यापार और

आक्रमणों के लिए प्रवेशद्वार रहा है, परन्तु हिमालय क्षेत्र में स्थित नहीं है?

(a) Nathu La / नाथू ला
(b) Bomdila / बोमडिला
(c) Bolan Pass / बोलान दर्रा
(d) More than one of the above / उपरोक्त में एक से अधिक
(e) None of the above / उपरोक्त में कोई नहीं

20. Which climatic sub-region of India receives its maximum annual rainfall during the retreating monsoon, rather than the southwest monsoon? / भारत का कौन-सा जलवायविक उप-क्षेत्र वर्षभर में अधिकतम वर्षा प्रतिगामी मानसून के दौरान प्राप्त करता है, न कि दक्षिण-पश्चिम मानसून के समय?

(a) Western Rajasthan / पश्चिमी राजस्थान
(b) Coromandel Coast / कोरोमण्डल तट
(c) Malwa Plateau / मालवा पठार
(d) More than one of the above / उपरोक्त में एक से अधिक
(e) None of the above / उपरोक्त में कोई नहीं

21. Which forest type of India is most likely to support the growth of epiphytic orchids, tree ferns, and abundant mosses, due to its high humidity, dense canopy, and minimum seasonal variation? / भारत का कौन-सा वन प्रकार उच्च आर्द्रता, सघन पर्णावली तथा ऋतुजनित विविधता की न्यूनता के कारण एपिफाइटिक ऑर्किड, ट्री फर्न तथा मॉस की प्रचुरता को सहारा देने की सर्वाधिक संभावना रखता है?

(a) Tropical Evergreen Forest / उष्णकटिबंधीय सदाबहार वन
(b) Tropical Semi-Evergreen Forest / उष्णकटिबंधीय अर्ध-सदाबहार वन
(c) Subtropical Broadleaf Hill Forest / उपोष्णकटिबंधीय चौड़ी-पत्ती वाले पर्वतीय वन
(d) More than one of the above / उपरोक्त में एक से अधिक
(e) None of the above / उपरोक्त में कोई नहीं

22. Identify the Indian mineral belt where simultaneous tectonic uplift, Archaean craton stability, and Proterozoic sedimentation have led to the co-localization of uranium in quartzite, copper in phyllites, and lead-zinc in dolomitic limestones, forming a geologically rare polymetallic sequence. / भारत के किस खनिज क्षेत्र में टेक्टोनिक उत्थान, आर्कियन क्रेटॉन की स्थिरता, और प्रोटेरोज़ोइक अवसादन की संयुक्त क्रियाओं के फलस्वरूप क्वार्ट्ज़ाइट में यूरेनियम, फायलाइट में तांबा, तथा डोलोमाइट चूनापत्थर में सीसा-जस्ता एक ही क्षेत्र में पाए जाते हैं, जिससे यह क्षेत्र एक दुर्लभ बहु-धात्विक खनिज अनुक्रम बनाता है?

(a) Singhbhum–North Orissa belt / सिंहभूम–उत्तर ओडिशा पट्टी
(b) Aravalli–Delhi belt (Rajasthan) / अरावली–दिल्ली पट्टी (राजस्थान)
(c) Bastar Craton (Chhattisgarh region) / बस्तर क्रेटॉन (छत्तीसगढ़ क्षेत्र)
(d) More than one of the above / उपरोक्त में एक से अधिक
(e) None of the above / उपरोक्त में कोई नहीं

23. Which Indian region has recently emerged as a rare convergence zone for solar insolation surplus, thorium-bearing monazite sand reserves, and lithium exploration potential, making it a focal point for multi-fuel clean energy innovation? / भारत का कौन-सा क्षेत्र हाल ही में सौर विकिरण अधिशेष, थोरियम युक्त मोनाज़ाइट बालू तथा लिथियम अन्वेषण संभाव्यता के दुर्लभ संगम क्षेत्र के रूप में उभरा है, जो इसे बहु-ईंधन स्वच्छ ऊर्जा नवाचार का केंद्र बनाता है?

(a) Northern Karnataka – Bellary region / उत्तरी कर्नाटक – बेल्लारी क्षेत्र
(b) Western Rajasthan – Barmer region / पश्चिमी राजस्थान – बाड़मेर क्षेत्र
(c) Southern Tamil Nadu – Tirunelveli region / दक्षिणी तमिलनाडु – तिरुनेलवेली क्षेत्र
(d) More than one of the above / उपरोक्त में एक से अधिक
(e) None of the above / उपरोक्त में कोई नहीं

24. Which of the following statement(s) is/are correct regarding the Home Rule League Movement of 1916? / 1916 के होम रूल लीग आंदोलन के संबंध में निम्नलिखित में से कौन सा कथन सही है?

(a) The Home Rule League was launched by Jawaharlal Nehru to demand immediate independence from the British Empire. / होम रूल लीग की शुरुआत जवाहरलाल नेहरू ने तत्काल स्वतंत्रता की मांग के लिए की थी।

(b) Annie Besant launched the Home Rule League in Maharashtra and focused on western India. / एनी बेसेंट ने महाराष्ट्र में होम रूल लीग शुरू की और पश्चिमी भारत पर ध्यान केंद्रित किया।

(c) Bal Gangadhar Tilak founded a Home Rule League in April 1916 in Maharashtra, focusing on western India. / बाल गंगाधर तिलक ने अप्रैल 1916 में महाराष्ट्र में होम रूल लीग की स्थापना की, जिसका ध्यान पश्चिमी भारत पर था।

(d) More than one of the above / उपरोक्त में से एक से अधिक

(e) None of the above / उपरोक्त में से कोई नहीं

25. Which act of Lord Curzon led to the uprising of revolutionaries in the Indian National Congress? / लॉर्ड कर्जन के किस कृत्य के कारण कांग्रेस में क्रांतिकारियों का विद्रोह हुआ?

(a) Partition of Bengal / बंगाल का विभाजन

(b) Government of India Act 1919 / 1919 का भारत सरकार अधिनियम

(c) Abolition order of INC / कांग्रेस समाप्ति आदेश

(d) More than one of the above / उपरोक्त में से एक से अधिक

(e) None of the above / उपरोक्त में से कोई नहीं

26. Which of the following statement(s) is/are correct regarding the Morley-Minto Reforms (1909)? / मॉर्ले-मिंटो सुधार (1909) के संबंध में कौन-सा कथन सही है?

(a) Introduced separate electorates for Muslims / मुस्लिमों के लिए पृथक निर्वाचन क्षेत्र

(b) Introduced by Lord Morley and Lord Minto / लॉर्ड मॉर्ले और लॉर्ड मिंटो द्वारा

(c) Abolished legislative councils / विधान परिषद समाप्त

(d) More than one of the above / उपरोक्त में से एक से अधिक

(e) None of the above / उपरोक्त में से कोई नहीं

27. Which of the following statement(s) is/are correct? / निम्नलिखित में से कौन सा कथन सही है?

(a) INA led by Subhash Chandra Bose / INA का नेतृत्व सुभाष चंद्र बोस ने किया

(b) Ghadar Party by V.D. Savarkar / गदर पार्टी सावरकर द्वारा

(c) Mitra Mela by Lala Hardayal / मित्र मेला लाला हरदयाल द्वारा

(d) More than one of the above / उपरोक्त में से एक से अधिक

(e) None of the above / उपरोक्त में से कोई नहीं

28. Which British officer ordered firing in the Jallianwala Bagh massacre? / जलियांवाला बाग में गोली चलाने का आदेश किसने दिया?

(a) Charles Cornwallis / चार्ल्स कॉर्नवालिस

(b) Charles Metcalfe / चार्ल्स मेटकाफ

(c) Reginald Dyer / रेजिनाल्ड डायर

(d) More than one of the above / उपरोक्त में से एक से अधिक

(e) None of the above / उपरोक्त में से कोई नहीं

29. 29. Which of the following statement(s) is/are correct regarding Champaran Satyagraha? / चंपारण सत्याग्रह के संबंध में कौन-सा कथन सही है?

(a) Tinkathia system forced indigo cultivation and was later abolished / तिनकठिया प्रथा समाप्त हुई

(b) Took place in 1920 / 1920 में हुआ

(c) Supported indigo system / नील प्रणाली का समर्थन

(d) More than one of the above / उपरोक्त में से एक से अधिक

(e) None of the above / उपरोक्त में से कोई नहीं

30. Chittaranjan Das and Motilal Nehru formed which party within Congress? / दास और नेहरू ने कौन-सी पार्टी बनाई?

(a) Indian League / इंडियन लीग
(b) Swaraj Party / स्वराज पार्टी
(c) HSRA / HSRA
(d) More than one of the above / उपरोक्त में से एक से अधिक
(e) None of the above / उपरोक्त में से कोई नहीं

31. Who among the following used the term 'Congress System' to describe the nature of the Indian party system in the 1960s? / 1960 के दशक में भारतीय दलीय प्रणाली की प्रकृति का वर्णन करने के लिए निम्नलिखित में से किसने 'कांग्रेस प्रणाली' शब्द का प्रयोग किया था?

(a) Myron Weiner / मायरन वेनर
(b) Rajni Kothari / रजनी कोठारी
(c) Yogendra Yadav / योगेन्द्र यादव
(d) More than one of the above / उपरोक्त में से एक से अधिक
(e) None of the above / उपरोक्त में से कोई नहीं

32. Under the 73rd Constitutional Amendment Act, the minimum population for a state to not constitute Panchayats at the intermediate level is: / 73वें संवैधानिक संशोधन अधिनियम के तहत, मध्यवर्ती स्तर पर पंचायतें गठित न करने के लिए किसी राज्य की न्यूनतम जनसंख्या कितनी होनी चाहिए?

(a) 10 Lakh / 10 लाख
(b) 20 Lakh / 20 लाख
(c) 30 Lakh / 30 लाख
(d) More than one of the above / उपरोक्त में से एक से अधिक
(e) None of the above / उपरोक्त में से कोई नहीं

33. In economics, 'Inflation' refers to a situation where: / अर्थशास्त्र में, 'मुद्रास्फीति' (Inflation) उस स्थिति को संदर्भित करती है जहाँ:

(a) Prices of goods and services decrease / वस्तुओं और सेवाओं की कीमतें कम हो जाती हैं
(b) There is a general increase in the price level / मूल्य स्तर में सामान्य वृद्धि होती है
(c) Money supply decreases / मुद्रा की आपूर्ति कम हो जाती है
(d) More than one of the above / उपरोक्त में से एक से अधिक
(e) None of the above / उपरोक्त में से कोई नहीं

34. To become a member of the Bihar Legislative Council from the Graduate Constituency, which of the following qualifications must be fulfilled by the candidate? / बिहार विधान परिषद में स्नातक निर्वाचन क्षेत्र से सदस्य बनने के लिए उम्मीदवार को निम्न में से कौन-सी योग्यताएँ पूरी करनी होती हैं?

(a) Minimum age 21 and a graduate degree / कम-से-कम 21 वर्ष की आयु और स्नातक की डिग्री
(b) Minimum age 25 and a graduate degree / कम-से-कम 25 वर्ष की आयु और स्नातक की डिग्री
(c) Minimum age 30, graduate degree, and registered as a graduate voter / कम-से-कम 30 वर्ष की आयु, स्नातक डिग्री और स्नातक मतदाता के रूप में पंजीकरण
(d) More than one of the above / उपर्युक्त में से एक से अधिक
(e) None of the above / उपर्युक्त में से कोई नहीं

35. According to Census 2011, what was the percentage of Scheduled Tribe (ST) population in Bihar? / जनगणना 2011 के अनुसार बिहार में अनुसूचित जनजाति (ST) की जनसंख्या का प्रतिशत कितना था?

(a) 0.5% / 0.5%
(b) 1.3% / 1.3%
(c) 2.8% / 2.8%
(d) More than one of the above / उपर्युक्त में से एक से अधिक
(e) None of the above / उपर्युक्त में से कोई नहीं

36. Which constitutional amendment made the Panchayati Raj system a three-tier system in Bihar, and when was it implemented in the state? / किस संविधान संशोधन ने बिहार में पंचायती राज

व्यवस्था को त्रि-स्तरीय बनाया और इसे कब लागू किया गया?

(a) 73rd Amendment, implemented in 2001 / 73वां संशोधन, 2001 में लागू

(b) 73rd Amendment, implemented in 2006 / 73वां संशोधन, 2006 में लागू

(c) 74th Amendment, implemented in 2001 / 74वां संशोधन, 2001 में लागू

(d) More than one of the above / उपर्युक्त में से एक से अधिक

(e) None of the above / उपर्युक्त में से कोई नहीं

37. Which of the following Buddhist heritage sites in Bihar is also recognized as a UNESCO World Heritage Site? / निम्नलिखित में से बिहार का कौन-सा बौद्ध विरासत स्थल यूनेस्को विश्व धरोहर स्थल के रूप में भी मान्यता प्राप्त है?

(a) Mahabodhi Temple, Bodh Gaya / महाबोधि मंदिर, बोधगया

(b) Nalanda University ruins / नालंदा विश्वविद्यालय के खंडहर

(c) Vikramshila Mahavihara / विक्रमशिला महाविहार

(d) More than one of the above / उपर्युक्त में से एक से अधिक

(e) None of the above / उपर्युक्त में से कोई नहीं

38. 38. Which thermal power plant in Bihar is operated by NTPC (National Thermal Power Corporation)? / बिहार में कौन-सा ताप विद्युत संयंत्र NTPC द्वारा संचालित है?

(a) Barauni Thermal Power Station / बरौनी ताप विद्युत स्टेशन

(b) Kahalgaon Super Thermal Power Station / कहलगांव सुपर ताप विद्युत स्टेशन

(c) Muzaffarpur Thermal Power Station / मुजफ्फरपुर ताप विद्युत स्टेशन

(d) More than one of the above / उपर्युक्त में से एक से अधिक

(e) None of the above / उपर्युक्त में से कोई नहीं

39. Which of the following minerals is found in significant quantity in Rohtas and Gaya districts of Bihar? / निम्नलिखित में से कौन-सा खनिज रोहतास और गया जिलों में पर्याप्त मात्रा में पाया जाता है?

(a) Limestone / चूना पत्थर

(b) Mica / अभ्रक

(c) Bauxite / बॉक्साइट

(d) More than one of the above / उपर्युक्त में से एक से अधिक

(e) None of the above / उपर्युक्त में से कोई नहीं

40. Which latitude line approximately passes through the middle of Bihar? / निम्नलिखित में से कौन-सी अक्षांश रेखा बिहार के मध्य भाग से होकर गुजरती है?

(a) 25°18′ N / 25°18′ उत्तर

(b) 24°00′ N / 24°00′ उत्तर

(c) 26°45′ N / 26°45′ उत्तर

(d) More than one of the above / उपर्युक्त में से एक से अधिक

(e) None of the above / उपर्युक्त में से कोई नहीं

Answers Key

1	(b)	**2**	(c)	**3**	(c)	**4**	(b)
5	(a)	**6**	(c)	**7**	(c)	**8**	(c)
9	(c)	**10**	(b)	**11**	(a)	**12**	(b)
13	(b)	**14**	(c)	**15**	(c)	**16**	(a)
17	(c)	**18**	(c)	**19**	(c)	**20**	(b)
21	(a)	**22**	(b)	**23**	(c)	**24**	(c)
25	(a)	**26**	(d)	**27**	(a)	**28**	(c)
29	(a)	**30**	(b)	**31**	(b)	**32**	(b)
33	(b)	**34**	(c)	**35**	(b)	**36**	(b)
37	(d)	**38**	(b)	**39**	(a)	**40**	(a)

PRACTICE SET-4

1. **What is the total number of bones present in the human skull? / मानव खोपड़ी में कुल कितनी हड्डियाँ पाई जाती हैं?**
   (a) 22
   (b) 26
   (c) 28
   (d) More than one of the above / उपर्युक्त में से एक से अधिक
   (e) None of the above / उपर्युक्त में से कोई नहीं

2. **In which of the following forms do plants primarily absorb nitrogen from the soil? / निम्नलिखित में से पौधे मुख्यत: किस रूप में मिट्टी से नाइट्रोजन ग्रहण करते हैं?**
   (a) Nitric oxide (NO) / नाइट्रिक ऑक्साइड (NO)
   (b) Nitrous oxide (N_2O) / नाइट्रस ऑक्साइड (N_2O)
   (c) Nitrate and ammonium ions (NO_3^- and NH_4^+) / नाइट्रेट एवं अमोनियम आयन (NO_3^- और NH_4^+)
   (d) More than one of the above / उपर्युक्त में से एक से अधिक
   (e) None of the above / उपर्युक्त में से कोई नहीं

3. **Which of the following acids is responsible for the rancid smell of spoiled (rancid) butter? / निम्नलिखित में से कौन-सा अम्ल खराब (रैंसिड) मक्खन की दुर्गंध के लिए उत्तरदायी होता है?**
   (a) Acetic acid / एसीटिक अम्ल
   (b) Lactic acid / लैक्टिक अम्ल
   (c) Butyric acid / ब्यूटिरिक अम्ल
   (d) More than one of the above / उपर्युक्त में से एक से अधिक
   (e) None of the above / उपर्युक्त में से कोई नहीं

4. **Which of the following devices is used to convert Alternating Current (AC) to Direct Current (DC)? / निम्न में से कौन-सा उपकरण प्रत्यावर्ती धारा को स्थायी धारा में बदलने के लिए उपयोग किया जाता है?**
   (a) Transformer / ट्रांसफार्मर
   (b) Inductor / इंडक्टर
   (c) Rectifier / रेक्टिफायर
   (d) More than one of the above / उपर्युक्त में से एक से अधिक
   (e) None of the above / उपर्युक्त में से कोई नहीं

5. **What is the primary reason that raindrops take a spherical shape as they fall through the atmosphere? / वर्षा की बूँदें वायुमंडल में गिरते समय गोलाकार आकार क्यों लेती हैं?**
   (a) Gravity / गुरुत्वाकर्षण
   (b) Surface tension / पृष्ठ तनाव
   (c) Air resistance / वायु प्रतिरोध
   (d) More than one of the above / उपर्युक्त में से एक से अधिक
   (e) None of the above / उपर्युक्त में से कोई नहीं

6. **Which of the following vitamins is/are correctly matched with their chemical names? / निम्नलिखित में से कौन-से विटामिन उनके रासायनिक नामों के साथ सही सुमेलित हैं?**
   (a) Vitamin A – Retinol / विटामिन A – रेटिनॉल
   (b) Vitamin C – Ascorbic Acid / विटामिन C – एस्कॉर्बिक अम्ल
   (c) Vitamin B1 – Thiamine / विटामिन B1 – थायमिन
   (d) More than one of the above / उपर्युक्त में से एक से अधिक
   (e) None of the above / उपर्युक्त में से कोई नहीं

7. **Which of the following organs primarily stores extra glucose in the form of glycogen? / निम्नलिखित में से कौन-सा अंग अतिरिक्त ग्लूकोज को ग्लाइकोजन के रूप में संग्रहित करता है?**

(a) Liver / यकृत
(b) Stomach / आमाशय
(c) Kidney / वृक्क
(d) More than one of the above / उपर्युक्त में से एक से अधिक
(e) None of the above / उपर्युक्त में से कोई नहीं

8. Which of the following statements about the working principle of an atomic bomb is/are correct? / परमाणु बम के कार्य सिद्धांत के बारे में निम्न में से कौन-सा कथन सही है/हैं?

(a) It is based on uncontrolled nuclear fission of heavy isotopes like U-235 or Pu-239. / यह U-235 या Pu-239 जैसे भारी समस्थानिकों के अनियंत्रित नाभिकीय विखंडन पर आधारित होता है।
(b) It involves a chain reaction where each fission event releases multiple neutrons. / इसमें श्रृंखला प्रतिक्रिया होती है जिसमें प्रत्येक विखंडन से अनेक न्यूट्रॉन निकलते हैं।
(c) The energy released is due to mass defect, as explained by Einstein's $E = mc^2$. / इसमें ऊर्जा द्रव्यमान दोष के कारण उत्पन्न होती है, जैसा कि आइंस्टीन के $E = mc^2$ द्वारा बताया गया है।
(d) More than one of the above / उपर्युक्त में से एक से अधिक
(e) None of the above / उपर्युक्त में से कोई नहीं

9. A sum of ₹312 was distributed among 100 boys and girls in such a way that each boy received ₹3.60 and each girl received ₹2.40. Find the number of girls. / ₹312 की राशि को 100 लड़कों और लड़कियों में इस प्रकार बाँटा गया कि प्रत्येक लड़के को ₹3.60 तथा प्रत्येक लड़की को ₹2.40 मिले। लड़कियों की संख्या ज्ञात कीजिए।

(a) 35
(b) 40
(c) 60
(d) More than one of the above / उपर्युक्त में से एक से अधिक
(e) None of the above / उपर्युक्त में से कोई नहीं

10. If 480's p% + 400's 10% = 160, then the value of p is: / यदि 480 का p% + 400 का 10% = 160, तो p का मान क्या है?

(a) 20
(b) 10
(c) 30
(d) More than one of the above / उपर्युक्त में से एक से अधिक
(e) None of the above / उपर्युक्त में से कोई नहीं

11. A square whose diagonal is 2a units, and an equilateral triangle whose side is 2a units — the ratio of their areas is: / भुजा 2a इकाई वाले एक समबाहु त्रिभुज के क्षेत्रफल का एक वर्ग, जिसका विकर्ण 2a इकाई है, क्षेत्रफल से अनुपात क्या है?

(a) $\sqrt{3} : 1$
(b) $\sqrt{3} : 4$
(c) $\sqrt{3} : 2$
(d) More than one of the above / उपर्युक्त में से एक से अधिक
(e) None of the above / उपर्युक्त में से कोई नहीं

12. A solid cube of volume 46656 cm^3 is cut into 8 cubes of equal volume. What is the ratio of the surface area of the original cube to the total surface area of the 8 smaller cubes? / आयतन 46656 सेमी³ वाले एक ठोस घन को 8 बराबर आयतन वाले घनों में काटा जाता है। मूल घन के पृष्ठीय क्षेत्रफल का छोटे 8 घनों के कुल पृष्ठीय क्षेत्रफल से अनुपात क्या है?

(a) 1 : 2
(b) 2 : 3
(c) 1 : 3
(d) More than one of the above / उपर्युक्त में से एक से अधिक
(e) None of the above / उपर्युक्त में से कोई नहीं

13. If $2x + y = 5$, then $4x + 2y = ?$ / यदि $2x + y = 5$, तो $4x + 2y$ का मान कितना होगा?

(a) 5
(b) 8
(c) 10

(d) More than one of the above / उपर्युक्त में से एक से अधिक

(e) None of the above / उपर्युक्त में से कोई नहीं

14. An amount is divided among A, B, C and D in the ratio 3 : 4 : 8 : 6. If C's share is ₹2820 more than B's share, then what will be the sum of the shares of A and D? / कोई राशि A, B, C और D में 3 : 4 : 8 : 6 के अनुपात में बाँटी जाती है। यदि C का भाग B के भाग से ₹2820 अधिक है, तो A और D के भागों का योग क्या होगा?

(a) ₹ 5,460

(b) ₹ 5,640

(c) ₹ 3,564

(d) More than one of the above / उपर्युक्त में से एक से अधिक

(e) None of the above / उपर्युक्त में से कोई नहीं

15. Raman sold an article at 8% profit. If it were sold for ₹150 more, the profit would be 14%. If Raman sells it for ₹2650, what will be the profit percent? / रमन ने एक वस्तु को 8% लाभ पर बेचा। यदि इसे ₹150 अधिक में बेचा जाता, तो लाभ 14% होता। यदि वह इसे ₹2650 में बेचता है, तो लाभ प्रतिशत क्या होगा?

(a) 4%

(b) 5.5%

(c) 6%

(d) More than one of the above / उपर्युक्त में से एक से अधिक

(e) None of the above / उपर्युक्त में से कोई नहीं

16. **ΔPQR is inscribed in a circle. The bisector of ∠P cuts QR at S and the circle at T. If PR = 5 cm, PS = 6 cm and ST = 4 cm, then find the length (in cm) of PQ. / ΔPQR एक वृत्त में अंकित है। ∠P का समद्विभाजक QR को S पर तथा वृत्त को T पर काटता है। यदि PR = 5 सेमी, PS = 6 सेमी और ST = 4 सेमी हो, तो PQ की लंबाई (सेमी में) ज्ञात कीजिए।**

(a) 13

(b) 12

(c) 10

(d) More than one of the above / उपर्युक्त में से एक से अधिक

(e) None of the above / उपर्युक्त में से कोई नहीं

17. Which of the following statements about Kaziranga National Park is correct? / निम्नलिखित में से कौन सा कथन काज़ीरंगा राष्ट्रीय उद्यान के बारे में सही है?

(a) It is famous for the Bengal tiger conservation only. / यह केवल बंगाल टाइगर संरक्षण के लिए प्रसिद्ध है।

(b) It is a UNESCO World Heritage Site known primarily for its population of one-horned rhinoceroses. / यह एक यूनेस्को विश्व धरोहर स्थल है, जो मुख्यतः एक सींग वाले गैंडे की आबादी के लिए प्रसिद्ध है।

(c) It is located in West Bengal. / यह पश्चिम बंगाल में स्थित है।

(d) More than one of the above. / उपरोक्त में से एक से अधिक।

(e) None of the above. / उपरोक्त में से कोई नहीं।

18. Which of the following Indian islands is not of volcanic origin? / निम्नलिखित में से कौन-सा भारतीय द्वीप ज्वालामुखीय उत्पत्ति का नहीं है?

(a) Barren Island / बैरन द्वीप

(b) Narcondam Island / नारकोंडम द्वीप

(c) Lakshadweep Islands / लक्षद्वीप द्वीपसमूह

(d) More than one of the above / उपरोक्त में से एक से अधिक

(e) None of the above / उपरोक्त में से कोई नहीं

19. Which of the following modes of transportation is most affected by seasonal flooding in the Indian subcontinent? / भारतीय उपमहाद्वीप में मौसमी बाढ़ से सबसे अधिक प्रभावित कौन-सा परिवहन माध्यम होता है?

(a) Road transport / सड़क परिवहन

(b) Rail transport / रेल परिवहन

(c) Inland waterways transport / आंतरिक जलमार्ग परिवहन

(d) More than one of the above / उपरोक्त में से एक से अधिक

(e) None of the above / उपरोक्त में से कोई नहीं

20. In which Indian state is "Purple Soil" predominantly found? / भारत में "पर्पल सोइल" (बैंगनी मिट्टी) मुख्य रूप से किस राज्य में पाई जाती है?

(a) Tamil Nadu / तमिलनाडु
(b) Rajasthan / राजस्थान
(c) Madhya Pradesh / मध्य प्रदेश
(d) More than one of the above / उपरोक्त में से एक से अधिक
(e) None of the above / उपरोक्त में से कोई नहीं

21. Which of the following rivers does not flow into the Arabian Sea? / निम्नलिखित में से कौन सी नदी अरब सागर में नहीं मिलती है?

(a) Narmada / नर्मदा
(b) Godavari / गोदावरी
(c) Tapi / तापी
(d) More than one of the above / उपरोक्त में से एक से अधिक
(e) None of the above / उपरोक्त में से कोई नहीं

22. Which of the following mountain ranges is not part of the Himalayan mountain system? / निम्नलिखित में से कौन सा पर्वत श्रृंखला हिमालय पर्वत प्रणाली का हिस्सा नहीं है?

(a) Pir Panjal / पिर पंजाल
(b) Karakoram / काराकोरम
(c) Aravalli / अरावली
(d) More than one of the above / उपरोक्त में से एक से अधिक
(e) None of the above / उपरोक्त में से कोई नहीं

23. Which of the following Indian states shares its border with the maximum number of other Indian states? / निम्नलिखित में से कौन-सा भारतीय राज्य सबसे अधिक अन्य भारतीय राज्यों के साथ अपनी सीमा साझा करता है?

(a) Madhya Pradesh / मध्य प्रदेश
(b) Uttar Pradesh / उत्तर प्रदेश
(c) Chhattisgarh / छत्तीसगढ़
(d) More than one of the above / उपरोक्त में से एक से अधिक
(e) None of the above / उपरोक्त में से कोई नहीं

24. Which of the following statement(s) is/are correct regarding the Harijan Sevak Sangh? / हरिजन सेवक संघ के संबंध में निम्नलिखित में से कौन सा कथन सही है?

(a) It was founded by Mahatma Gandhi in 1932 to eliminate untouchability and promote social equality. / इसकी स्थापना महात्मा गांधी ने 1932 में अस्पृश्यता को खत्म करने और सामाजिक समानता को बढ़ावा देने के लिए की थी।
(b) It was founded by B.R. Ambedkar to demand separate electorates for Dalits. / इसकी स्थापना बी.आर. अंबेडकर ने अलग निर्वाचन क्षेत्र की मांग के लिए की थी।
(c) It promoted economic equality but avoided caste issues. / इसने जाति भेदभाव से परहेज किया।
(d) More than one of the above / उपरोक्त में से एक से अधिक
(e) None of the above / उपरोक्त में से कोई नहीं

25. What was the main objective of the Cripps Mission (1942) in India? / क्रिप्स मिशन (1942) का मुख्य उद्देश्य क्या था?

(a) Complete Independence / पूर्ण स्वतंत्रता
(b) Dominion status after World War II / युद्ध के बाद डोमिनियन स्टेटस
(c) Separate electorates / अलग निर्वाचन क्षेत्र
(d) More than one of the above / उपरोक्त में से एक से अधिक
(e) None of the above / उपरोक्त में से कोई नहीं

26. Who founded the 'Tiger Legion' or 'Free India Legion'? / 'फ्री इंडिया लीजन' का संस्थापक कौन था?

(a) V.D. Savarkar / सावरकर
(b) Subhas Chandra Bose / सुभाष चंद्र बोस
(c) Sohan Singh Bhakna / सोहन सिंह भखना
(d) More than one of the above / उपरोक्त में से एक से अधिक
(e) None of the above / उपरोक्त में से कोई नहीं

27. Which statement about early INC history is correct? / INC के प्रारंभिक इतिहास पर सही कथन कौन सा है?

(a) Founded in Surat in 1885 / सूरत में स्थापना
(b) W.C. Bonnerjee presided in Bombay / बॉम्बे में अध्यक्षता
(c) 1907 Surat split Moderates & Extremists / सूरत विभाजन
(d) More than one of the above / उपरोक्त में से एक से अधिक
(e) None of the above / उपरोक्त में से कोई नहीं

28. Which statement about Partition of Bengal (1905) is correct? / बंगाल विभाजन पर सही कथन कौन सा है?

(a) Done by Lord Hardinge / हार्डिंग द्वारा
(b) Divided into West Bengal (with Bihar & Orissa) and East Bengal with Assam / विभाजन संरचना
(c) To reduce religious tensions / धार्मिक तनाव कम करना
(d) More than one of the above / उपरोक्त में से एक से अधिक
(e) None of the above / उपरोक्त में से कोई नहीं

29. Which statement about Home Rule Movement (1916) is correct? / होम रूल आंदोलन पर सही कथन कौन सा है?

(a) Annie Besant founded it and became INC President / एनी बेसेंट और बाद में अध्यक्ष
(b) Aim was complete independence / पूर्ण स्वतंत्रता लक्ष्य
(c) Tilak in Madras, Besant in Maharashtra / स्थान उल्टा
(d) More than one of the above / उपरोक्त में से एक से अधिक
(e) None of the above / उपरोक्त में से कोई नहीं

30. Which statement describes Non-Cooperation Movement (1920–22)? / असहयोग आंदोलन का सही वर्णन कौन सा है?

(a) Began immediately after Jallianwala Bagh / तुरंत बाद शुरू
(b) Launched jointly with Muslim League / संयुक्त शुरुआत
(c) Withdrawn after Chauri Chaura / चौरी चौरा के बाद समाप्त
(d) More than one of the above / उपरोक्त में से एक से अधिक
(e) None of the above / उपरोक्त में से कोई नहीं

31. The 'Proportional Representation' system is not used in the election of: / 'आनुपातिक प्रतिनिधित्व' प्रणाली का प्रयोग किसके चुनाव में नहीं किया जाता है?

(a) President of India / भारत के राष्ट्रपति
(b) Members of Rajya Sabha / राज्यसभा के सदस्य
(c) Members of Legislative Assembly / विधानसभा के सदस्य
(d) More than one of the above / उपरोक्त में से एक से अधिक
(e) None of the above / उपरोक्त में से कोई नहीं

32. Who was the Chairman of the 'States Committee' (Committee for negotiating with states) of the Constituent Assembly? / संविधान सभा की 'राज्य समिति' (राज्यों के साथ बातचीत करने वाली समिति) के अध्यक्ष कौन थे?

(a) Sardar Patel / सरदार पटेल
(b) Dr. Rajendra Prasad / डॉ. राजेंद्र प्रसाद
(c) Jawaharlal Nehru / जवाहरलाल नेहरू
(d) More than one of the above / उपरोक्त में से एक से अधिक
(e) None of the above / उपरोक्त में से कोई नहीं

33. Which of the following is considered a 'Direct Tax' in India? / निम्नलिखित में से किसे भारत में 'प्रत्यक्ष कर' माना जाता है?

(a) Goods and Services Tax (GST) / वस्तु एवं सेवा कर (GST)
(b) Income Tax / आयकर
(c) Customs Duty / सीमा शुल्क
(d) More than one of the above / उपरोक्त में से एक से अधिक
(e) None of the above / उपरोक्त में से कोई नहीं

34. Which of the following Bihar-based leaders was not imprisoned during the Quit India Movement? / भारत छोड़ो आंदोलन के दौरान निम्नलिखित में से किस बिहार नेता को जेल नहीं हुई थी?

(a) Rajendra Prasad / राजेन्द्र प्रसाद
(b) Sri Krishna Singh / श्रीकृष्ण सिंह
(c) Anugrah Narayan Sinha / अनुग्रह नारायण सिन्हा
(d) More than one of the above / उपर्युक्त में से एक से अधिक
(e) None of the above / उपर्युक्त में से कोई नहीं

35. In which region of Bihar was the Indigo Rebellion (Neel Vidroh) particularly intense before the Champaran Satyagraha? / चंपारण सत्याग्रह से पूर्व बिहार के किस क्षेत्र में नील विद्रोह विशेष रूप से तीव्र था?

(a) Purnea / पूर्णिया
(b) Darbhanga / दरभंगा
(c) Champaran / चंपारण
(d) More than one of the above / उपर्युक्त में से एक से अधिक
(e) None of the above / उपर्युक्त में से कोई नहीं

36. Which major river passes through the Kaimur district of Bihar? / बिहार के कैमूर जिले से निम्नलिखित में से कौन-सी प्रमुख नदी बहती है?

(a) Ganga / गंगा
(b) Son / सोन
(c) Kosi / कोसी
(d) More than one of the above / उपर्युक्त में से एक से अधिक
(e) None of the above / उपर्युक्त में से कोई नहीं

37. The ancient capital of the Videha Kingdom, Mithila, is believed to be located near which present-day district? / विदेह राज्य की प्राचीन राजधानी मिथिला वर्तमान में बिहार के किस जिले के आसपास मानी जाती है?

(a) Madhubani / मधुबनी
(b) Sitamarhi / सीतामढ़ी
(c) Darbhanga / दरभंगा
(d) More than one of the above / उपर्युक्त में से एक से अधिक
(e) None of the above / उपर्युक्त में से कोई नहीं

38. Which Vedic scholar from Bihar is believed to have debated Adi Shankaracharya in ancient times? / प्राचीन काल में बिहार के किस वैदिक विद्वान ने आदि शंकराचार्य से शास्त्रार्थ किया था?

(a) Yajnavalkya / याज्ञवल्क्य
(b) Mandan Mishra / मंडन मिश्र
(c) Udayanacharya / उदयनाचार्य
(d) More than one of the above / उपरोक्त में एक से अधिक
(e) None of the above / उपरोक्त में कोई नहीं

39. The Barabar Caves of Bihar are associated with which ancient sect? / बिहार की बाराबर गुफाएँ किस प्राचीन संप्रदाय से संबंधित मानी जाती हैं?

(a) Buddhism / बौद्ध
(b) Jainism / जैन
(c) Ajivika / आजीवक
(d) More than one of the above / उपरोक्त में एक से अधिक
(e) None of the above / उपरोक्त में कोई नहीं

40. Which of the following statements regarding ancient Nalanda University is/are correct? / प्राचीन नालंदा विश्वविद्यालय के संदर्भ में निम्न में से कौन-सा/से कथन सही है/हैं?

(a) It was supported by both Gupta and Pala rulers / इसे गुप्त और पाल दोनों शासकों का संरक्षण प्राप्त था
(b) Chinese traveler Fa-Hien gave a detailed account of Nalanda / फाह्यान ने नालंदा का विस्तृत विवरण दिया
(c) It was destroyed by Bakhtiyar Khilji in the 12th century / इसे 12वीं शताब्दी में बख्तियार खिलजी ने नष्ट किया
(d) More than one of the above / उपर्युक्त में से एक से अधिक
(e) None of the above / उपर्युक्त में से कोई नहीं

Answers Key

1	(a)	**2**	(c)	**3**	(c)	**4**	(c)
5	(b)	**6**	(d)	**7**	(a)	**8**	(d)
9	(b)	**10**	(d)	**11**	(c)	**12**	(a)
13	(d)	**14**	(d)	**15**	(c)	**16**	(b)
17	(b)	**18**	(c)	**19**	(c)	**20**	(e)
21	(b)	**22**	(c)	**23**	(b)	**24**	(a)
25	(b)	**26**	(b)	**27**	(d)	**28**	(b)
29	(a)	**30**	(d)	**31**	(c)	**32**	(c)
33	(b)	**34**	(e)	**35**	(c)	**36**	(b)
37	(d)	**38**	(b)	**39**	(c)	**40**	(d)

PRACTICE SET-5

1. **Which of the following affects the speed of sound in a medium? / किस कारक से किसी माध्यम में ध्वनि की गति प्रभावित होती है?**
   (a) Temperature of the medium / माध्यम का तापमान
   (b) Density of the medium / माध्यम का घनत्व
   (c) Frequency of the sound / ध्वनि की आवृत्ति
   (d) More than one of the above / उपरोक्त में से एक से अधिक
   (e) None of the above / उपरोक्त में से कोई नहीं

2. **Which of the following is correct regarding the role of enzymes in digestion? / पाचन में एंजाइम की भूमिका के संदर्भ में निम्न में से कौन-सा कथन सही है?**
   (a) Pepsin works best in an acidic medium. / पेप्सिन अम्लीय माध्यम में सर्वाधिक क्रियाशील होता है।
   (b) Trypsin is active in the stomach. / ट्रिप्सिन अमाशय में सक्रिय होता है।
   (c) Amylase breaks down proteins. / ऐमाइलेज प्रोटीन को तोड़ता है।
   (d) More than one of the above / उपरोक्त में से एक से अधिक
   (e) None of the above / उपरोक्त में से कोई नहीं

3. **Which of the following statements is correct about cell organelles? /निम्न में से कौन-सा कथन कोशिकांगों के बारे में सही है?**
   (a) Mitochondria have their own DNA and ribosomes. / माइटोकॉन्ड्रिया में स्वयं का डीएनए और राइबोसोम होते हैं।
   (b) Lysosomes are involved in protein synthesis. / लाइसोसोम प्रोटीन संश्लेषण में भाग लेते हैं।
   (c) Golgi apparatus is the site of aerobic respiration. / गोल्जी उपकरण ऐरोबिक श्वसन का स्थल होता है।
   (d) More than one of the above / उपरोक्त में से एक से अधिक
   (e) None of the above / उपरोक्त में से कोई नहीं

4. **Which of the following indicators turns colorless in acidic medium and pink in basic medium? / निम्न में से कौन-सा संकेतक अम्लीय माध्यम में रंगहीन तथा क्षारीय माध्यम में गुलाबी हो जाता है?**
   (a) Phenolphthalein / फिनॉलफ्थेलीन
   (b) Methyl orange / मिथाइल ऑरेंज
   (c) Litmus / लिटमस
   (d) More than one of the above / उपरोक्त में से एक से अधिक
   (e) None of the above / उपरोक्त में से कोई नहीं

5. **Which of the following correctly describes the function of the retina in the human eye? / मानव नेत्र में रेटिना का कार्य निम्न में से किस प्रकार सही रूप में वर्णित है?**
   (a) It converts light into electrical signals using photoreceptor cells. / यह प्रकाश को प्रकाश-संवेदी कोशिकाओं की सहायता से विद्युत संकेतों में बदलता है।
   (b) It controls the amount of light entering the eye. / यह आँख में प्रवेश करने वाले प्रकाश की मात्रा को नियंत्रित करता है।
   (c) It adjusts the focal length of the lens. / यह लेंस की फोकल लंबाई को समायोजित करता है।
   (d) More than one of the above / उपरोक्त में से एक से अधिक
   (e) None of the above / उपरोक्त में से कोई नहीं

6. **Which of the following is true in the redox reaction: $Cu + 2AgNO_3 \rightarrow Cu(NO_3)_2 + 2Ag$? / निम्नलिखित रिडॉक्स अभिक्रिया में क्या सत्य है: $Cu + 2AgNO_3 \rightarrow Cu(NO_3)_2 + 2Ag$?**

(a) Cu is oxidized / Cu का ऑक्सीकरण हो रहा है
(b) Ag^+ is reduced / Ag^+ का अपचयन हो रहा है
(c) Cu acts as a reducing agent / Cu एक रिड्यूसिंग एजेंट के रूप में कार्य कर रहा है
(d) More than one of the above / उपरोक्त में से एक से अधिक
(e) None of the above / उपरोक्त में से कोई नहीं

7. Which of the following statements is true regarding Archimedes' Principle? /आर्किमिडीज़ के सिद्धांत के संदर्भ में निम्न में से कौन-सा कथन सही है?

(a) The buoyant force is equal to the weight of the fluid displaced by the object. / अपवर्जन बल उस तरल के भार के बराबर होता है जो वस्तु द्वारा विस्थापित किया गया हो।
(b) It applies only to objects that are fully submerged in the fluid. / यह सिद्धांत केवल उन्हीं वस्तुओं पर लागू होता है जो पूरी तरह तरल में डूबी हों।
(c) An object floats only when the buoyant force is less than its weight. / वस्तु तभी तैरती है जब अपवर्जन बल उसके भार से कम हो।
(d) More than one of the above / उपरोक्त में से एक से अधिक
(e) None of the above / उपरोक्त में से कोई नहीं

8. Which of the following deficiency symptoms are specifically related to vitamin A? / निम्न में से कौन-से लक्षण विशेष रूप से विटामिन A की कमी से संबंधित होते हैं?

(a) Night blindness and dryness of eyes / रतौंधी और आँखों का सूखापन
(b) Brittle bones and muscle cramps / हड्डियों का भुरभुरा होना और मांसपेशियों में ऐंठन
(c) Bleeding gums and delayed wound healing / मसूड़ों से खून आना और घाव का धीरे भरना
(d) More than one of the above / उपरोक्त में से एक से अधिक
(e) None of the above / उपरोक्त में से कोई नहीं

9. In a two-digit number, the unit digit is twice the tens digit. If 27 is added to that number, the digits interchange their places. The number is: / एक द्विअंकीय संख्या में इकाई अंक, दहाई अंक का दो गुना है। यदि उस संख्या में 27 जोड़ दिया जाए, तो अंक आपस में बदल जाते हैं। वह संख्या क्या है?

(a) 48
(b) 36
(c) 24
(d) More than one of the above / उपर्युक्त में से एक से अधिक
(e) None of the above / उपर्युक्त में से कोई नहीं

10. In a class of 80 students, 35% are girls and the remaining are boys. The average marks of girls is 75 and the average marks of boys is 65. What is the average mark of the whole class? / 80 छात्रों की एक कक्षा में 35% लड़कियाँ हैं और बाकी लड़के हैं। लड़कियों के औसत अंक 75 और लड़कों के औसत अंक 65 हैं। पूरी कक्षा का औसत अंक कितना है?

(a) 69.5
(b) 67.5
(c) 70.5
(d) More than one of the above / उपर्युक्त में से एक से अधिक
(e) None of the above / उपर्युक्त में से कोई नहीं

11. The area of a trapezium-shaped field is 400 sq. m. The distance between the two parallel sides is 20 m, and one of the parallel sides is 16 m. Find the other parallel side? / एक समलम्ब के आकार के खेत का क्षेत्रफल 400 sq. m है, दो समान्तर भुजाओं के बीच की दूरी 20 m है और समान्तर भुजाओं में से एक 16 m है। दूसरी समान्तर भुजा ज्ञात करें?

(a) 20 m
(b) 18 m
(c) 24 m
(d) More than one of the above / उपर्युक्त में से एक से अधिक
(e) None of the above / उपर्युक्त में से कोई नहीं

12. The radius of a circular field is equal to the side of a square field. If the difference between their areas is 105 sq. m, then what is the perimeter of the circular field? / वृत्ताकार मैदान की त्रिज्या एक वर्गाकार मैदान की भुजा के बराबर है। यदि दोनों के क्षेत्रफलों का अंतर 105 वर्ग मीटर है, तो वृत्त का परिमाप (मीटर में) क्या है?

(a) 176
(b) 132
(c) 44
(d) More than one of the above / उपर्युक्त में से एक से अधिक
(e) None of the above / उपर्युक्त में से कोई नहीं

13. If $^{n}C_6 : ^{n-3}C_3 = 33:4$ then n = ? / यदि $^{n}C_6 : ^{n-3}C_3 = 33:4$, तो n का मान क्या होगा?

(a) 10
(b) 11
(c) 12
(d) More than one of the above / उपर्युक्त में से एक से अधिक
(e) None of the above / उपर्युक्त में से कोई नहीं

14. Find the value of the following—

$$\frac{147\times147+147\times147+143\times143}{147\times147\times147-143\times143\times143}$$

निम्नलिखित का मान ज्ञात कीजिए–

$$\frac{147\times147+147\times147+143\times143}{147\times147\times147-143\times143\times143}$$

(a) $\frac{1}{290}$
(b) 290
(c) $\frac{1}{4}$
(d) More than one of the above / उपर्युक्त में से एक से अधिक
(e) None of the above / उपर्युक्त में से कोई नहीं

15. Renu deposited some money in a bank for 2 years. The rate was 10% p.a. for the first year and 15% p.a. for the second year (compound interest). She received ₹106 as interest. How much did she deposit? / रेनू ने 2 वर्ष के लिए धन जमा किया। पहले वर्ष पर 10% और दूसरे वर्ष पर 15% चक्रवृद्धि। कुल ब्याज = ₹106। प्रधान कितना?

(a) ₹500
(b) ₹350
(c) ₹400
(d) More than one of the above / उपर्युक्त में से एक से अधिक
(e) None of the above / उपर्युक्त में से कोई नहीं

16. If each interior angle of a regular polygon is 144°, how many sides does it have? / यदि किसी समबहुभुज का प्रत्येक आंतरिक कोण 144° है, तो उसकी भुजाओं की संख्या कितनी होगी?

(a) 15
(b) 12
(c) 10
(d) More than one of the above / उपर्युक्त में से एक से अधिक
(e) None of the above / उपर्युक्त में से कोई नहीं

17. Which of the following factors is the most significant in causing extremely high population density in the fertile river valleys of South Asia (e.g., Ganges-Brahmaputra Delta)? / निम्नलिखित में से कौन-सा कारण दक्षिण एशिया (जैसे गंगा-ब्रह्मपुत्र डेल्टा) के उपजाऊ नदी घाटियों में अत्यधिक जनसंख्या घनत्व के लिए सबसे महत्वपूर्ण है?

(a) Highly productive alluvial soil supporting intensive agriculture / अत्यधिक उपजाऊ जलोढ़ मिट्टी जो गहन कृषि को संभव बनाती है
(b) Presence of major industrial hubs and urban centers / प्रमुख औद्योगिक केंद्रों और शहरीकरण की उपस्थिति
(c) Government policies promoting concentrated settlements / सरकारी नीतियाँ जो सघन बस्तियों को प्रोत्साहित करती हैं
(d) More than one of the above / उपर्युक्त में से एक से अधिक
(e) None of the above / उपर्युक्त में से कोई नहीं

18. Which of the following minerals is primarily extracted from the Bauxite ore and is a major source of aluminum? / निम्नलिखित में से कौन सा खनिज मुख्यतः बॉक्साइट अयस्क से प्राप्त होता है और एल्यूमिनियम का प्रमुख स्रोत है?

(a) Hematite / हीमाटाइट
(b) Gibbsite / गिब्साइट
(c) Chalcopyrite / कालकोपिराइट
(d) More than one of the above / उपरोक्त में से एक से अधिक
(e) None of the above / उपरोक्त में से कोई नहीं

19. Which of the following dams is correctly matched with the river it is built on? / निम्नलिखित में से कौन सा बाँध क्रमशः उसकी नदी के साथ सही तरीके से जोड़ा गया है?

(a) Nagarjuna Sagar Dam – Godavari River / नागार्जुनसागर बाँध – गोदावरी नदी
(b) Bhakra Nangal Dam – Sutlej River / भाखड़ा नांगल बाँध – सतलुज नदी
(c) Hirakud Dam – Mahanadi River / हीराकुंड बाँध – महानदी
(d) More than one of the above / उपरोक्त में से एक से अधिक
(e) None of the above / उपरोक्त में से कोई नहीं

20. Which of the following is the most widely used traditional irrigation method in India? / भारत में सबसे व्यापक रूप से प्रयुक्त पारंपरिक सिंचाई विधि कौन-सी है?

(a) Drip Irrigation / ड्रिप सिंचाई
(b) Canal Irrigation / नहर सिंचाई
(c) Tank Irrigation / टैंक सिंचाई
(d) More than one of the above / उपरोक्त में से एक से अधिक
(e) None of the above / उपरोक्त में से कोई नहीं

21. According to the 2011 Census, what was the approximate population density of Bihar? / 2011 की जनगणना के अनुसार, बिहार का लगभग जनसंख्या घनत्व कितना था?

(a) 382 persons per sq km./ 382 व्यक्ति प्रति वर्ग किमी
(b) 550 persons per sq km / 550 व्यक्ति प्रति वर्ग किमी
(c) 1,100 persons per sq km / 1,100 व्यक्ति प्रति वर्ग किमी
(d) 900 persons per sq km / 900 व्यक्ति प्रति वर्ग किमी
(e) None of the above / उपरोक्त में से कोई नहीं

22. The Chotanagpur Plateau is famously rich in which of the following mineral resources? / छोटानागपुर पठार किस प्रकार के खनिज संसाधनों के लिए प्रसिद्ध है?

(a) Gold and Silver / सोना और चांदी
(b) Coal and Iron Ore / कोयला और लौह अयस्क
(c) Diamond and Bauxite / हीरा और बॉक्साइट
(d) More than one of the above / उपरोक्त में से एक से अधिक
(e) None of the above / उपरोक्त में से कोई नहीं

23. The Jhelum River originates from which of the following places? / झेलम नदी निम्नलिखित में से किस स्थान से निकलती है?

(a) Lake Manasarovar / मानसरोवर झील
(b) Wular Lake / वूलर झील
(c) Verinag Spring / वेरीनाग झरना
(d) More than one of the above / उपरोक्त में से एक से अधिक
(e) None of the above / उपरोक्त में से कोई नहीं

24. Which of the following statements correctly relates to the Nehru Report (1928) and its connection to subsequent constitutional developments in India? / निम्नलिखित में से कौन सा कथन नेहरू रिपोर्ट (1928) और भारत में बाद के संवैधानिक विकास से इसके संबंध को सही ढंग से दर्शाता है?

(a) The Nehru Report demanded complete independence from British rule. / नेहरू रिपोर्ट ने पूर्ण स्वतंत्रता की मांग की।
(b) It supported separate communal electorates for minorities. / इसने अलग निर्वाचन क्षेत्रों का

समर्थन किया।

(c) It proposed dominion status within the British Commonwealth and rejected communal representation. / इसने डोमिनियन स्टेटस का प्रस्ताव रखा और सांप्रदायिक प्रतिनिधित्व को अस्वीकार किया।

(d) More than one of the above / उपरोक्त में से एक से अधिक

(e) None of the above / उपरोक्त में से कोई नहीं

25. Which of the following demands was not made in the Delhi Declaration (1929)? / दिल्ली घोषणापत्र (1929) में कौन-सी मांग नहीं की गई थी?

(a) Immediate Dominion Status / तत्काल डोमिनियन स्टेटस

(b) Abolition of communal constituencies / सांप्रदायिक निर्वाचन समाप्त

(c) Release of political prisoners / राजनीतिक कैदियों की रिहाई

(d) More than one of the above / उपरोक्त में से एक से अधिक

(e) None of the above / उपरोक्त में से कोई नहीं

26. Which of the following statements regarding the Round Table Conferences (1930–32) is correct? / गोलमेज सम्मेलनों के बारे में सही कथन कौन सा है?

(a) Gandhi attended all three / गांधी तीनों में शामिल

(b) First RTC boycotted by INC / प्रथम सम्मेलन का बहिष्कार

(c) Poona Pact during Second RTC / पूना समझौता उसी दौरान

(d) More than one of the above / उपरोक्त में से एक से अधिक

(e) None of the above / उपरोक्त में से कोई नहीं

27. In which jail did Bhagat Singh, Sukhdev, and Rajguru spend their final days? / अंतिम दिन किस जेल में बिताए?

(a) Cellular Jail / सेलुलर जेल

(b) Mandalay Jail / मांडले जेल

(c) Lahore Central Jail / लाहौर सेंट्रल जेल

(d) More than one of the above / उपरोक्त में से एक से अधिक

(e) None of the above / उपरोक्त में से कोई नहीं

28. The Sedition Committee of 1918 was headed by: / 1918 की राजद्रोह समिति के अध्यक्ष कौन थे?

(a) Sidney Rowlatt / सिडनी रॉलेट

(b) Lord Hardinge / लॉर्ड हार्डिंग

(c) Lord Reading / लॉर्ड रीडिंग

(d) More than one of the above / उपरोक्त में से एक से अधिक

(e) None of the above / उपरोक्त में से कोई नहीं

29. Which provisions were introduced under the Government of India Act, 1935? / 1935 अधिनियम के प्रावधान कौन से हैं?

(a) Dyarchy removed in provinces, introduced at Centre / प्रांतों में समाप्त, केंद्र में लागू

(b) Bicameral legislature at Centre / केंद्र में द्विसदनीय व्यवस्था

(c) Provincial autonomy / प्रांतीय स्वायत्तता

(d) More than one of the above / उपरोक्त में से एक से अधिक

(e) None of the above / उपरोक्त में से कोई नहीं

30. Which of the following pair(s) is/are correctly matched? / कौन-सा जोड़ा सही है?

(a) Dayanand Saraswati — Brahmo Samaj / दयानंद — ब्रह्म समाज

(b) Raja Ram Mohan Roy — Arya Samaj / राजा राम मोहन राय — आर्य समाज

(c) Jyotirao Phule — Satyashodhak Samaj / ज्योतिराव फुले — सत्यशोधक समाज

(d) More than one of the above / उपरोक्त में से एक से अधिक

(e) None of the above / उपरोक्त में से कोई नहीं

31. Which theory of Sovereignty is associated with the name of John Austin? / संप्रभुता का कौन सा सिद्धांत जॉन ऑस्टिन के नाम से जुड़ा है?

(a) Pluralistic Theory / बहुलवादी सिद्धांत
(b) Monistic Theory / अद्वैतवादी (एकलवादी) सिद्धांत
(c) Popular Sovereignty / लोकप्रिय संप्रभुता
(d) More than one of the above / उपरोक्त में से एक से अधिक
(e) None of the above / उपरोक्त में से कोई नहीं

32. The 'Doctrine of Pleasure' regarding Civil Servants is mentioned in which Article? / सिविल सेवकों के संबंध में 'प्रसाद का सिद्धांत' (Doctrine of Pleasure) किस अनुच्छेद में उल्लिखित है?

(a) Article 310 / अनुच्छेद 310
(b) Article 311 / अनुच्छेद 311
(c) Article 312 / अनुच्छेद 312
(d) More than one of the above / उपरोक्त में से एक से अधिक
(e) None of the above / उपरोक्त में से कोई नहीं

33. The 'Green Revolution' in India was primarily focused on increasing the production of: / भारत में 'हरित क्रांति' मुख्य रूप से किसके उत्पादन को बढ़ाने पर केंद्रित थी?

(a) Pulses and Oilseeds / दालें और तिलहन
(b) Wheat and Rice / गेहूँ और चावल
(c) Cotton and Jute / कपास और जूट
(d) More than one of the above / उपरोक्त में से एक से अधिक
(e) None of the above / उपरोक्त में से कोई नहीं

34. Which movement in Bihar is considered the precursor to the JP Movement of 1974? / बिहार में कौन-सा आंदोलन 1974 के जेपी आंदोलन का पूर्ववर्ती (precursor) माना जाता है?

(a) Quit India Movement / भारत छोड़ो आंदोलन
(b) Champaran Satyagraha / चंपारण सत्याग्रह
(c) Students' Movement in Patna (1973) / 1973 का पटना छात्र आंदोलन
(d) More than one of the above / उपरोक्त में एक से अधिक
(e) None of the above / उपरोक्त में कोई नहीं

35. Which Bihar-born personality served as the first Indian to become President of the UN General Assembly? / बिहार में जन्मे किस व्यक्ति ने संयुक्त राष्ट्र महासभा के पहले भारतीय अध्यक्ष के रूप में कार्य किया?

(a) Rajendra Prasad / राजेन्द्र प्रसाद
(b) Shashi Tharoor / शशि थरूर
(c) Vijaya Lakshmi Pandit / विजयलक्ष्मी पंडित
(d) More than one of the above / उपरोक्त में एक से अधिक
(e) None of the above / उपरोक्त में कोई नहीं

36. What is the official second language of Bihar, apart from Hindi? / हिंदी के अलावा बिहार की दूसरी राजभाषा कौन-सी है?

(a) Maithili / मैथिली
(b) Bhojpuri / भोजपुरी
(c) Urdu / उर्दू
(d) More than one of the above / उपरोक्त में एक से अधिक
(e) None of the above / उपरोक्त में कोई नहीं

37. Which district of Bihar is known as the "Rice Bowl of Bihar"? / बिहार का कौन-सा जिला "बिहार का चावल कटोरा" (Rice Bowl of Bihar) कहलाता है?

(a) Purnia / पूर्णिया
(b) Muzaffarpur / मुजफ्फरपुर
(c) Rohtas / रोहतास
(d) More than one of the above / उपरोक्त में एक से अधिक
(e) None of the above / उपरोक्त में कोई नहीं

38. Which of the following Bihar-based universities was established during the British period before 1920? / निम्नलिखित में से कौन-सा बिहार स्थित विश्वविद्यालय ब्रिटिश काल में 1920 से पहले स्थापित किया गया था?

(a) Patna University / पटना विश्वविद्यालय
(b) Bihar University / बिहार विश्वविद्यालय
(c) Nalanda Open University / नालंदा मुक्त विश्वविद्यालय

(d) More than one of the above / उपरोक्त में एक से अधिक

(e) None of the above / उपरोक्त में कोई नहीं

39. Which of the following Bihar districts does not share a boundary with Nepal? / निम्नलिखित में से कौन-सा बिहार जिला नेपाल की सीमा से नहीं जुड़ा हुआ है?

(a) Sitamarhi / सीतामढ़ी

(b) Kishanganj / किशनगंज

(c) Araria / अररिया

(d) More than one of the above / उपरोक्त में एक से अधिक

(e) None of the above / उपरोक्त में कोई नहीं

40. Which highway is also known as the Buddha Circuit Highway in Bihar? / बिहार में किस राजमार्ग को बुद्ध सर्किट हाइवे के नाम से जाना जाता है?

(a) NH-139 / एनएच-139

(b) NH-83 / एनएच-83

(c) NH-110 / एनएच-110

(d) More than one of the above / उपरोक्त में एक से अधिक

(e) None of the above / उपरोक्त में कोई नहीं

Answers Key

1	(d)	**2**	(a)	**3**	(a)	**4**	(a)
5	(a)	**6**	(d)	**7**	(a)	**8**	(a)
9	(b)	**10**	(d)	**11**	(c)	**12**	(c)
13	(b)	**14**	(c)	**15**	(c)	**16**	(c)
17	(a)	**18**	(b)	**19**	(d)	**20**	(b)
21	(c)	**22**	(b)	**23**	(c)	**24**	(c)
25	(b)	**26**	(b)	**27**	(c)	**28**	(a)
29	(d)	**30**	(c)	**31**	(b)	**32**	(a)
33	(b)	**34**	(e)	**35**	(e)	**36**	(c)
37	(c)	**38**	(a)	**39**	(e)	**40**	(b)

PRACTICE SET-6

1. **Which of the following compounds does not exhibit resonance? / निम्न में से कौन-सा यौगिक अनुनाद नहीं दिखाता है?**

   (a) Carbonate ion (CO_3^{2-}) / कार्बोनेट आयन (CO_3^{2-})
   (b) Ethene (C_2H_4) / एथीन (C_2H_4)
   (c) Benzene (C_6H_6) / बेंजीन (C_6H_6)
   (d) More than one of the above / उपरोक्त में से एक से अधिक
   (e) None of the above / उपरोक्त में से कोई नहीं

2. **Which of the following oxides is amphoteric in nature? / निम्नलिखित में से कौन सा ऑक्साइड उभयधर्मी प्रकृति का है?**

   (a) Al_2O_3
   (b) CO_2
   (c) Na_2O
   (d) More than one of the above / उपरोक्त में से एक से अधिक
   (e) None of the above / उपरोक्त में से कोई नहीं

3. **Which of the following is true about DNA? / डीएनए के बारे में निम्नलिखित में से कौन सा सत्य है?**

   (a) DNA is made up of amino acids arranged in a double helix. / डीएनए डबल हेलिक्स में व्यवस्थित अमीनो एसिड से बना होता है।
   (b) DNA carries genetic information in the form of nitrogenous bases: Adenine, Thymine, Guanine, and Cytosine. / डीएनए नाइट्रोजनस बेस के रूप में आनुवंशिक जानकारी ले जाता है: एडेनिन, थाइमिन, गुआनिन और साइटोसिन।
   (c) In DNA, Adenine pairs with Guanine and Thymine pairs with Cytosine. / डीएनए में, एडेनिन गुआनिन के साथ और थाइमिन साइटोसिन के साथ जोड़ा जाता है।
   (d) More than one of the above / उपरोक्त में से एक से अधिक
   (e) None of the above / उपरोक्त में से कोई नहीं

4. **What is arsenic commonly used for or associated with? / आर्सेनिक का आमतौर पर क्या उपयोग किया जाता है या यह किससे संबंधित है?**

   (a) As a wood preservative and pesticide / लकड़ी के संरक्षक और कीटनाशक के रूप में
   (b) As a medicine for treating diabetes / मधुमेह के उपचार के लिए दवा के रूप में
   (c) As an essential nutrient for plant growth / पौधों की वृद्धि के लिए आवश्यक पोषक तत्व के रूप में
   (d) More than one of the above / उपरोक्त में से एक से अधिक
   (e) None of the above / उपरोक्त में से कोई नहीं

5. **Which part of the brain is primarily responsible for regulating body temperature, hunger, thirst, and emotions? / मस्तिष्क का कौन सा भाग मुख्य रूप से शरीर के तापमान, भूख, प्यास और भावनाओं को नियंत्रित करने के लिए जिम्मेदार है?**

   (a) Cerebrum / सेरेब्रम
   (b) Cerebellum / सेरिबैलम
   (c) Hypothalamus / हाइपोथैलेमस
   (d) More than one of the above / उपरोक्त में से एक से अधिक
   (e) None of the above / उपरोक्त में से कोई नहीं

6. **Which of the following organs is primarily affected by tuberculosis (TB) in humans? / मनुष्यों में तपेदिक (टीबी) से मुख्य रूप से कौन सा अंग प्रभावित होता है?**

   (a) Liver / यकृत
   (b) Lungs / फेफड़े
   (c) Heart / हृदय

(d) More than one of the above / उपरोक्त में से एक से अधिक

(e) None of the above / उपरोक्त में से कोई नहीं

7. At what point on Earth is the value of acceleration due to gravity (g) the highest? / पृथ्वी पर किस बिंदु पर गुरुत्वाकर्षण के कारण त्वरण (g) का मान सबसे अधिक होता है?

(a) At the equator / भूमध्य रेखा पर

(b) At the poles / ध्रुवों पर

(c) At the center of the Earth / पृथ्वी के केंद्र पर

(d) More than one of the above / उपरोक्त में से एक से अधिक

(e) None of the above / उपरोक्त में से कोई नहीं

8. A light ray enters obliquely from air into a denser medium like water or glass. Which of the following statements is correct regarding its path? / प्रकाश की किरण वायु से तिरछी दिशा में पानी या कांच जैसे सघन माध्यम में प्रवेश करती है। इसके पथ के संबंध में निम्नलिखित में से कौन सा कथन सही है?

(a) The light ray bends towards the normal due to decrease in speed / गति में कमी के कारण प्रकाश की किरण अभिलम्ब की ओर झुकती है

(b) The light ray bends away from the normal due to increase in speed / गति में वृद्धि के कारण प्रकाश की किरण अभिलम्ब से दूर झुकती है

(c) The frequency of light increases as it enters the denser medium / सघन माध्यम में प्रवेश करते ही प्रकाश की आवृत्ति बढ़ जाती है

(d) More than one of the above / उपरोक्त में से एक से अधिक

(e) None of the above / उपरोक्त में से कोई नहीं

9. If the interest is 1 paisa per rupee per month, what will be the annual rate of interest? / यदि किसी धन पर ब्याज 1 पैसा प्रति रुपये प्रति माह हो, तो वार्षिक ब्याज दर कितनी होगी?

(a) 10%

(b) $10\frac{1}{2}\%$

(c) 12%

(d) More than one of the above / उपरोक्त में से एक से अधिक

(e) None of the above / उपरोक्त में से कोई नहीं

10. The maximum product of two numbers whose sum is 12 is— / दो संख्याओं का योग 12 है। उनका अधिकतम गुणनफल क्या होगा?

(a) 32

(b) 35

(c) 36

(d) More than one of the above / उपर्युक्त में से एक से अधिक

(e) None of the above / उपर्युक्त में से कोई नहीं

11. 6. y's x% + x's y% will be equal to what? / y का x% + x का y% किसके बराबर होगा ?

(a) 3 of xy% / 3 का xy%

(b) xy of 2% / xy का 2%

(c) x of y% / x का y%

(d) More than one of the above / उपर्युक्त में से एक से अधिक

(e) None of the above / उपर्युक्त में से कोई नहीं

12. A sheet of metal measuring 7 cm long, 8 cm wide, and 1 cm thick is melted to form a cube. The surface area of this cube is: / 7 सेमी लंबी, 8 सेमी चौड़ी और 1 सेमी मोटी धातु की शीट को पिघलाकर एक घन बनाया गया। इस घन का पृष्ठीय क्षेत्रफल क्या होगा?

(a) 384 cm^2 / 384 वर्ग सेमी

(b) 216 cm^2 / 216 वर्ग सेमी

(c) 294 cm^2 / 294 वर्ग सेमी

(d) More than one of the above / उपर्युक्त में से एक से अधिक

(e) None of the above / उपर्युक्त में से कोई नहीं

13. If each side of an equilateral triangle is increased by 2 cm, and the area increases by $2\sqrt{3}$ cm^2, then find the length of each side of the triangle. / यदि किसी समबाहु त्रिभुज की प्रत्येक भुजा को दो-दो सेमी. बढ़ा दिया जाए, तो इसके क्षेत्रफल में $2\sqrt{3}$ सेमी^{2} की वृद्धि हो जाती है, बताइए इस त्रिभुज की प्रत्येक भुजा कितनी लम्बी है?

(a) 1 सेमी
(b) $\sqrt{3}$ सेमी
(c) 3 सेमी
(d) More than one of the above / उपर्युक्त में से एक से अधिक
(e) None of the above / उपर्युक्त में से कोई नहीं

14. If $x+8=\frac{-15}{x}$, then the value of x is:

यदि $x+8=\frac{-15}{x}$, तो x का मूल्य होगा -

(a) -5 or -3 /-5 या -3
(b) -5 or 3 / -5 या 3
(c) -3 or 5 / -3 या 5
(d) More than one of the above / उपर्युक्त में से एक से अधिक
(e) None of the above / उपर्युक्त में से कोई नहीं

15. 12 carpenters working 6 hours/day make 460 chairs in 24 days.How many chairs will 18 carpenters, working 8 hours/day for 36 days, make? / 12 बढ़ई प्रतिदिन 6 घंटे कार्य करके 24 दिनों में 460 कुर्सियाँ बनाते हैं। 18 बढ़ई 8 घंटे प्रतिदिन, 36 दिनों में कितनी कुर्सियाँ बनाएँगे?

(a) 1260
(b) 1320
(c) 1380
(d) More than one of the above / उपर्युक्त में से एक से अधिक
(e) None of the above / उपर्युक्त में से कोई नहीं

16. What is the sum of the interior angles of a 200-sided polygon? / 200 भुजाओं वाले बहुभुज के अंत: कोणों का योग क्या होगा?

(a) 36,604
(b) 35,640
(c) 35,460
(d) More than one of the above / उपर्युक्त में से एक से अधिक
(e) None of the above / उपर्युक्त में से कोई नहीं

17. Which region of India receives the highest average rainfall during the Southwest Monsoon season? / दक्षिण-पश्चिम मानसून के दौरान भारत के किस क्षेत्र में सबसे अधिक औसत वर्षा होती है?

(a) Western Ghats / पश्चिमी घाट
(b) Thar Desert / थार मरुस्थल
(c) Indo-Gangetic Plains / इंडो-गंगा मैदान
(d) More than one of the above / उपरोक्त में से एक से अधिक
(e) None of the above / उपरोक्त में से कोई नहीं

18. Which of the following is a Ramsar site located in India? / निम्नलिखित में से कौन-सा भारत में स्थित एक रामसर स्थल है?

(a) Chilika Lake / चिल्का झील
(b) Sundarbans Mangrove Forest / सुंदरबन मैंग्रोव वन
(c) Keoladeo National Park / केवलादेव राष्ट्रीय उद्यान
(d) More than one of the above / उपरोक्त में से एक से अधिक
(e) None of the above / उपरोक्त में से कोई नहीं

19. Which type of soil is most suitable for cotton cultivation in India? / भारत में कपास की खेती के लिए निम्नलिखित में से कौन सी मिट्टी सबसे उपयुक्त है?

(a) Alluvial soil / जलोढ़ मिट्टी
(b) Red soil / लाल मिट्टी
(c) Black soil / काली मिट्टी
(d) More than one of the above / उपरोक्त में एक से अधिक
(e) None of the above / उपरोक्त में से कोई नहीं

20. Which of the following is the first Elephant Reserve established in India? / भारत का पहला हाथी अभ्यारण्य निम्नलिखित में से कौन-सा है?

(a) Nilgiri Elephant Reserve / नीलगिरि हाथी अभ्यारण्य
(b) Singhbhum Elephant Reserve / सिंहभूम हाथी अभ्यारण्य

(a) 1 – 2 – 3 – 4
(b) 1 – 3 – 2 – 4
(c) 2 – 1 – 3 – 4
(d) More than one of the above / उपर्युक्त में से एक से अधिक
(e) None of the above / उपर्युक्त में से कोई नहीं

30. Which of the following statements regarding the Quit India Movement is not correct? / भारत छोड़ो आंदोलन के संबंध में निम्न में से कौन-सा कथन असत्य है?

(a) It was launched in 1942 after the failure of the Cripps Mission. / इसकी शुरुआत 1942 में क्रिप्स मिशन की असफलता के बाद हुई थी।
(b) Gandhi gave the slogan "Do or Die". / गांधीजी ने "करो या मरो" का नारा दिया था।
(c) The movement witnessed mass violence throughout the country. / यह आंदोलन पूरे देश में व्यापक हिंसा का गवाह बना।
(d) More than one of the above / उपर्युक्त में से एक से अधिक
(e) None of the above / उपर्युक्त में से कोई नहीं

31. In which year was the 'National Commission for Scheduled Castes and Scheduled Tribes' bifurcated into two separate commissions? / किस वर्ष 'राष्ट्रीय अनुसूचित जाति और अनुसूचित जनजाति आयोग' को दो अलग-अलग आयोगों में विभाजित किया गया था?

(a) 2003
(b) 2004
(c) 2005
(d) More than one of the above / उपरोक्त में से एक से अधिक
(e) None of the above / उपरोक्त में से कोई नहीं

32. The concept of 'Social Justice' was most prominently advocated in the 20th century by: / 20वीं शताब्दी में 'सामाजिक न्याय' की अवधारणा का सबसे प्रमुख समर्थन किसके द्वारा किया गया था?

(a) Friedrich Hayek / फ्रेडरिक हायेक
(b) John Rawls / जॉन रॉल्स
(c) Robert Nozick / रॉबर्ट नोज़िक
(d) More than one of the above / उपरोक्त में से एक से अधिक
(e) None of the above / उपरोक्त में से कोई नहीं

33. The 'LPG' reforms of 1991 in India stand for: / भारत में 1991 के 'LPG' सुधारों का अर्थ है:

(a) Liberalization, Privatization, Globalization / उदारीकरण, निजीकरण, वैश्वीकरण
(b) Liquified Petroleum Gas / द्रवीकृत पेट्रोलियम गैस
(c) Licensing, Planning, Growth / लाइसेंसिंग, योजना, विकास
(d) More than one of the above / उपरोक्त में से एक से अधिक
(e) None of the above / उपरोक्त में से कोई नहीं

34. In which year was the 'Bihar Provincial Kisan Sabha' formed by Swami Sahajanand Saraswati? / स्वामी सहजानंद सरस्वती द्वारा 'बिहार प्रांतीय किसान सभा' का गठन किस वर्ष किया गया था?

(a) 1927
(b) 1928
(c) 1929
(d) More than one of the above / उपरोक्त में से एक से अधिक
(e) None of the above / उपरोक्त में से कोई नहीं

35. Who was the first Muslim conqueror of Bihar? / बिहार का प्रथम मुस्लिम विजेता कौन था?

(a) Malik Ibrahim / मलिक इब्राहिम
(b) Iltutmish / इल्तुतमिश
(c) Bakhtiyar Khilji / बख्तियार खिलजी
(d) More than one of the above / उपरोक्त में से एक से अधिक
(e) None of the above / उपरोक्त में से कोई नहीं

36. Which district of Bihar has the lowest female literacy rate according to the 2011 Census? / 2011 की जनगणना के अनुसार बिहार के किस जिले में महिला साक्षरता दर सबसे कम है?

(a) Saharsa / सहरसा
(b) Madhepura / मधेपुरा

(c) Purnia / पूर्णिया
(d) More than one of the above / उपरोक्त में से एक से अधिक
(e) None of the above / उपरोक्त में से कोई नहीं

37. The 'Barahiya Tal' resistance (Bakasht Land Movement) in Bihar was led by which leader? / बिहार में 'बरहिया ताल' प्रतिरोध (बकाश्त भूमि आंदोलन) का नेतृत्व किस नेता ने किया था?

(a) Karyanand Sharma / कार्यानंद शर्मा
(b) Yadunandan Sharma / यदुनंदन शर्मा
(c) Rahul Sankrityayan / राहुल सांकृत्यायन
(d) More than one of the above / उपरोक्त में से एक से अधिक
(e) None of the above / उपरोक्त में से कोई नहीं

38. Which part of Bihar is topographically dominated by the 'Someshwar Range'? / भौगोलिक रूप से बिहार का कौन सा भाग 'सोमेश्वर श्रेणी' के प्रभुत्व में है?

(a) North-West Bihar / उत्तर-पश्चिम बिहार
(b) South-East Bihar / दक्षिण-पूर्व बिहार
(c) Central Bihar / मध्य बिहार
(d) More than one of the above / उपरोक्त में से एक से अधिक
(e) None of the above / उपरोक्त में से कोई नहीं

39. Under whose presidency was the first session of the 'Bihar Provincial Conference' held in 1908? / 1908 में 'बिहार प्रांतीय सम्मेलन' का पहला सत्र किसकी अध्यक्षता में आयोजित किया गया था?

(a) Mazharul Haque / मज़हरुल हक
(b) Sir Ali Imam / सर अली इमाम
(c) Hasan Imam / हसन इमाम
(d) More than one of the above / उपरोक्त में से एक से अधिक
(e) None of the above / उपरोक्त में से कोई नहीं

40. The 'Triveni Canal' in Bihar receives its water supply from which river? / बिहार की 'त्रिवेणी नहर' को किस नदी से जल की आपूर्ति होती है?

(a) Son River / सोन नदी
(b) Kosi River / कोसी नदी
(c) Gandak River / गंडक नदी
(d) More than one of the above / उपरोक्त में से एक से अधिक
(e) None of the above / उपरोक्त में से कोई नहीं

Answers Key

1	(b)	2	(a)	3	(d)	4	(c)
5	(d)	6	(b)	7	(b)	8	(a)
9	(c)	10	(b)	11	(a)	12	(b)
13	(a)	14	(b)	15	(b)	16	(a)
17	(a)	18	(b)	19	(b)	20	(b)
21	(a)	22	(b)	23	(a)	24	(d)
25	(d)	26	(c)	27	(b)	28	(a)
29	(a)	30	(e)	31	(b)	32	(b)
33	(a)	34	(c)	35	(c)	36	(a)
37	(a)	38	(a)	39	(b)	40	(c)

PRACTICE SET-9

1. A microwave oven uses electromagnetic waves to heat food. Which property of these waves helps in heating? / माइक्रोवेव ओवन भोजन को गर्म करने के लिए विद्युत चुम्बकीय तरंगों का उपयोग करता है। इन तरंगों का कौन सा गुण भोजन को गर्म करने में मदद करता है?

(a) Microwaves have high frequency and can penetrate food particles to excite water molecules. / माइक्रोवेव में उच्च आवृत्ति होती है और यह भोजन के कणों में प्रवेश करके पानी के अणुओं को उत्तेजित कर सकती है।

(b) Microwaves carry charge and directly transfer heat. / माइक्रोवेव में आवेश होता है और यह सीधे ऊष्मा स्थानांतरित करता है।

(c) Microwaves reflect off all food surfaces to create heat. / माइक्रोवेव सभी खाद्य सतहों से परावर्तित होकर ऊष्मा उत्पन्न करता है।

(d) More than one of the above / उपरोक्त में से एक से अधिक

(e) None of the above / उपरोक्त में से कोई नहीं

2. If an element X has high ionization enthalpy, high electronegativity, and a small atomic radius, which of the following is most likely? / यदि किसी तत्व X की आयनन एन्थैल्पी उच्च, विद्युत ऋणात्मकता उच्च तथा परमाणु त्रिज्या छोटी है, तो निम्न में से कौन सा सबसे अधिक संभावित है?

(a) It exists as X^{2+} in most of its compounds. / यह अपने अधिकांश यौगिकों में X^{2+} के रूप में पाया जाता है।

(b) It forms covalent compounds and exists in diatomic form. / यह सहसंयोजक यौगिक बनाता है तथा द्विपरमाणुक रूप में पाया जाता है।

(c) It is a metal in the p-block. / यह p-ब्लॉक में एक धातु है।

(d) More than one of the above / उपरोक्त में से एक से अधिक

(e) None of the above / उपरोक्त में से कोई नहीं

3. An observer hears multiple echoes after shouting in a large canyon. This phenomenon is primarily due to which condition being satisfied? / एक पर्यवेक्षक एक बड़ी घाटी में चिल्लाने के बाद कई प्रतिध्वनियाँ सुनता है। यह घटना मुख्य रूप से किस शर्त के संतुष्ट होने के कारण होती है?

(a) The sound waves undergo constructive interference at specific intervals. / ध्वनि तरंगें विशिष्ट अंतराल पर रचनात्मक हस्तक्षेप से गुजरती हैं।

(b) The reflected sound waves return after a time interval of at least 0.1 seconds. / परावर्तित ध्वनि तरंगें कम से कम 0.1 सेकंड के समय अंतराल के बाद वापस आती हैं।

(c) The intensity of the refracted wave exceeds that of the incident wave. / अपवर्तित तरंग की तीव्रता घटना तरंग की तीव्रता से अधिक होती है।

(d) More than one of the above / उपरोक्त में से एक से अधिक

(e) None of the above / उपरोक्त में से कोई नहीं

4. A rocket moves forward by expelling exhaust gases at high speed in the opposite direction. This works on which principle? / एक रॉकेट विपरीत दिशा में तेज़ गति से निकास गैसों को बाहर निकालकर आगे बढ़ता है। यह किस सिद्धांत पर काम करता है?

(a) Newton's Third Law of Motion / न्यूटन का गति का तीसरा नियम

(b) Conservation of Energy / ऊर्जा का संरक्षण

(c) Conservation of Angular Momentum / कोणीय संवेग का संरक्षण

(d) More than one of the above / उपरोक्त में से एक से अधिक

(e) None of the above / उपरोक्त में से कोई नहीं

5. In synaptic transmission between two neurons, which of the following is correct? / दो न्यूरॉन्स के बीच सिनैप्टिक ट्रांसमिशन में निम्नलिखित में से कौन सा सही है?

(a) Neurotransmitters travel through axons via saltatory conduction. / न्यूरोट्रांसमीटर सॉल्टेटरी कंडक्शन के माध्यम से एक्सॉन के माध्यम से यात्रा करते हैं।

(b) Electrical impulses convert to chemical signals at synaptic clefts. / विद्युत आवेग सिनैप्टिक क्लीफ्ट पर रासायनिक संकेतों में परिवर्तित हो जाते हैं।

(c) Synaptic delay occurs due to action potential propagation. / सिनैप्टिक देरी एक्शन पोटेंशिअल प्रोपेगेशन के कारण होती है।

(d) More than one of the above / उपरोक्त में से एक से अधिक

(e) None of the above / उपरोक्त में से कोई नहीं

6. Which one of the following is the correct sequence of organs that occur in the path of urine flow in the human body? / मानव शरीर में मूत्र प्रवाह के मार्ग में आने वाले अंगों का सही क्रम निम्नलिखित में से कौन सा है?

(a) Kidney, ureter, urinary bladder, urethra / गुर्दा, मूत्रवाहिनी, मूत्राशय, मूत्रमार्ग

(b) Kidney, urinary bladder, ureter, urethra / गुर्दा, मूत्राशय, मूत्रवाहिनी, मूत्रमार्ग

(c) Kidney, ureter, urethra, urinary bladder / गुर्दा, मूत्रवाहिनी, मूत्रमार्ग, मूत्राशय

(d) More than one of the above / उपरोक्त में से एक से अधिक

(e) None of the above / उपरोक्त में से कोई नहीं

7. Which of the following is an example of codominance? / निम्नलिखित में से कौन सहप्रभुत्व का उदाहरण है?

(a) ABO blood group / ABO रक्त समूह

(b) Sickle cell anemia / सिकल सेल एनीमिया

(c) Eye color in fruit flies / फल मक्खियों में आंखों का रंग

(d) More than one of the above / उपरोक्त में से एक से अधिक

(e) None of the above / उपरोक्त में से कोई नहीं

8. Which of the following deviations is NOT explained by van der Waals equation? / निम्नलिखित में से कौन सा विचलन वैन डेर वाल्स समीकरण द्वारा स्पष्ट नहीं किया गया है?

(a) Real gases liquefy at low temperature and high pressure. / वास्तविक गैसें कम तापमान और उच्च दबाव पर द्रवीभूत होती हैं।

(b) Intermolecular attractions reduce observed pressure. / अंतर-आणविक आकर्षण प्रेक्षित दबाव को कम करते हैं।

(c) Gases obey Boyle's law exactly at all temperatures. / गैसें सभी तापमानों पर बॉयल के नियम का ठीक-ठीक पालन करती हैं।

(d) More than one of the above / उपरोक्त में से एक से अधिक

(e) None of the above / उपरोक्त में से कोई नहीं

9. PQRS is a cyclic quadrilateral. If ∠P is 4 times ∠R, and ∠S is 3 times ∠Q, then the average of ∠Q and ∠R is: / PQRS एक चक्रीय चतुर्भुज है। यदि ∠P, ∠R का 4 गुना है और ∠S, ∠Q का 3 गुना है, तो ∠Q और ∠R का औसत क्या होगा?

(a) 45.7°

(b) 81°

(c) 40.5°

(d) More than one of the above / उपरोक्त में से एक से अधिक

(e) None of the above / उपरोक्त में से कोई नहीं

10. The number of boys in a class is 4 times the number of girls. Which of the following numbers represents the total number of students in the class? / एक कक्षा में लड़कों की संख्या लड़कियों की संख्या से 4 गुना है। निम्नलिखित में से कौन-सी संख्या कुल छात्रों की संख्या को दर्शाती है?

(a) 65

(b) 66

(c) 54

(d) More than one of the above / उपरोक्त में से एक से अधिक

(e) None of the above / उपरोक्त में से कोई नहीं

11. In the first bunch of bananas, there are 1/4 more bananas than in the second bunch. If the second bunch has 5 fewer bananas than the first bunch, find the number of bananas in the first bunch. / पहले गुच्छे में दूसरे गुच्छे की तुलना में 1/4 अधिक केले हैं। यदि दूसरे गुच्छे में पहले से 5 केले कम हैं, तो पहले गुच्छे में केलों की संख्या ज्ञात करें।

(a) 25
(b) 24
(c) 28
(d) More than one of the above / उपरोक्त में से एक से अधिक
(e) None of the above / उपरोक्त में से कोई नहीं

12. An amount is divided among A, B, C and D in the ratio 2 : 3 : 7 : 11. If C's share is ₹2755 more than A's share, then the total of B and D is: / एक राशि A, B, C तथा D में 2 : 3 : 7 : 11 के अनुपात में बाँटी गई। यदि C का भाग A से ₹2755 अधिक है, तो B और D की कुल राशि क्या होगी?

(a) ₹ 5510
(b) ₹ 6612
(c) ₹ 4408
(d) More than one of the above / उपरोक्त में से एक से अधिक
(e) None of the above / उपरोक्त में से कोई नहीं

13. Vaachaa donated 10% of her salary and then gave 20% of the remaining amount as a loan to her friend. Now she is left with ₹7200. What is her salary? / वाच्या ने अपने वेतन का 10% दान किया और फिर शेष राशि का 20% अपनी दोस्त को दे दिया। अब उसके पास ₹7200 बचे हैं। उसका वेतन कितना है?

(a) ₹12000
(b) ₹10000
(c) ₹10200
(d) More than one of the above / उपरोक्त में से एक से अधिक
(e) None of the above / उपरोक्त में से कोई नहीं

14. The radius of a hemisphere is 21 cm. The numerical value of its volume is 4 times the numerical value of the area of a rectangle. The length of the rectangle is 11 times its breadth. What is the perimeter of the rectangle? / एक अर्धगोले की त्रिज्या 21 सेमी है। अर्धगोले के आयतन का संख्यात्मक मान आयत के क्षेत्रफल के संख्यात्मक मान का 4 गुना है। आयत की लंबाई, चौड़ाई की 11 गुना है। आयत का परिमाप क्या है?

(a) 504 cm / 504 सेमी
(b) 420 cm / 420 सेमी
(c) 210 cm / 210 सेमी
(d) More than one of the above / उपरोक्त में से एक से अधिक
(e) None of the above / उपरोक्त में से कोई नहीं

15. The length of the longest rod that can be placed in a room of dimensions 10 m × 10 m × 10 m is— / एक कक्ष का आयाम 10 m × 10 m × 10 m है। उसमें रखी जा सकने वाली सबसे लंबी छड़ी की लंबाई क्या होगी?

(a) 30 m / 30 मीटर
(b) 17 m / 17 मीटर
(c) 17.32 m / 17.32 मीटर
(d) More than one of the above / उपरोक्त में से एक से अधिक
(e) None of the above / उपरोक्त में से कोई नहीं

16. The value of a(b – c) + b(c – a) + c(a – b) is: / a(b – c) + b(c – a) + c(a – b) का मान क्या है?

(a) 0
(b) 1
(c) a + b + c
(d) More than one of the above / उपरोक्त में से एक से अधिक
(e) None of the above / उपरोक्त में से कोई नहीं

17. Which of the following is an example of an inland drainage basin in India? / निम्न में से कौन-सा भारत में आंतरिक अपवाह क्षेत्र (inland drainage) का उदाहरण है?

(a) Luni Basin / लूणी बेसिन
(b) Mahanadi Basin / महानदी बेसिन
(c) Krishna Basin / कृष्णा बेसिन
(d) More than one of the above / उपर्युक्त में से एक से अधिक
(e) None of the above / उपर्युक्त में से कोई नहीं

18. Which of the following is the correct sequence of mountain ranges from north to south? / उत्तर से दक्षिण की दिशा में पर्वतमालाओं का सही क्रम क्या है?

(a) Zanskar – Pir Panjal – Dhauladhar / ज़ांस्कर – पीर पंजाल – धौलाधार
(b) Dhauladhar – Pir Panjal – Zanskar / धौलाधार – पीर पंजाल – ज़ांस्कर
(c) Pir Panjal – Dhauladhar – Zanskar / पीर पंजाल – धौलाधार – ज़ांस्कर
(d) More than one of the above / उपर्युक्त में से एक से अधिक
(e) None of the above / उपर्युक्त में से कोई नहीं

19. Which of the following mountain passes connects India with Tibet and has strategic military importance? / निम्नलिखित में से कौन-सा पर्वतीय दर्रा भारत को तिब्बत से जोड़ता है और रणनीतिक दृष्टि से महत्वपूर्ण है?

(a) Rohtang Pass / रोहतांग दर्रा
(b) Nathu La Pass / नाथू ला दर्रा
(c) Zojila Pass / ज़ोजिला दर्रा
(d) More than one of the above / उपर्युक्त में से एक से अधिक
(e) None of the above / उपर्युक्त में से कोई नहीं

20. Which of the following hill ranges is not correctly matched with its location? / निम्नलिखित में से कौन-सी पर्वतमाला अपने स्थान के साथ सही रूप से सुमेलित नहीं है?

(a) Nallamala Hills – Andhra Pradesh / नल्लमला पहाड़ियाँ – आंध्र प्रदेश
(b) Javadi Hills – Tamil Nadu / जावड़ी पहाड़ियाँ – तमिलनाडु
(c) Lushai Hills – Arunachal Pradesh / लुशाई पहाड़ियाँ – अरुणाचल प्रदेश
(d) More than one of the above / उपर्युक्त में से एक से अधिक
(e) None of the above / उपर्युक्त में से कोई नहीं

21. Which of the following mountain systems is not correctly matched with its type or location? / निम्नलिखित में से कौन-सा पर्वत तंत्र उसके प्रकार या स्थान के साथ सही रूप से सुमेलित नहीं है?

(a) Aravalli Range – Residual Mountain / अरावली श्रृंखला – अवशिष्ट पर्वत
(b) Western Ghats – Block Mountain / पश्चिमी घाट – भ्रंश पर्वत
(c) Himalayas – Fold Mountain / हिमालय – वलित पर्वत
(d) More than one of the above / उपर्युक्त में से एक से अधिक
(e) None of the above / उपर्युक्त में से कोई नहीं

22. Which of the following hills are part of the Purvanchal mountain system? / निम्नलिखित में से कौन-सी पहाड़ियाँ पूर्वांचल पर्वत तंत्र का हिस्सा हैं?

(a) Patkai Hills / पटकै पहाड़ियाँ
(b) Naga Hills / नागा पहाड़ियाँ
(c) Khasi Hills / खासी पहाड़ियाँ
(d) More than one of the above / उपर्युक्त में से एक से अधिक
(e) None of the above / उपर्युक्त में से कोई नहीं

23. Which of the following statements about Indian Standard Time (IST) are correct? / भारतीय मानक समय (IST) के संबंध में निम्न में से कौन-से कथन सही हैं?

(a) IST is based on 82.5° E longitude passing near Mirzapur, Uttar Pradesh. / IST 82.5° पूर्व देशांतर पर आधारित है, जो मिर्जापुर (उत्तर प्रदेश) के पास से गुजरता है।
(b) India follows two standard time zones: IST and Northeast Time. / भारत दो मानक समय क्षेत्रों का पालन करता है: IST और पूर्वोत्तर समय।
(c) IST is +5:30 hours ahead of GMT. / IST ग्रीनविच मीन टाइम (GMT) से 5 घंटे 30 मिनट आगे है।

(d) More than one of the above / उपर्युक्त में से एक से अधिक

(e) None of the above / उपर्युक्त में से कोई नहीं

24. Who gave the title of "Desh Nayak" to Subhash Chandra Bose? / सुभाष चंद्र बोस को "देशनायक" की उपाधि किसने दी थी?

(a) Mahatma Gandhi / महात्मा गांधी

(b) Jawaharlal Nehru / जवाहरलाल नेहरू

(c) Rabindranath Tagore / रवींद्रनाथ ठाकुर

(d) More than one of the above / उपर्युक्त में से एक से अधिक

(e) None of the above / उपर्युक्त में से कोई नहीं

25. Who among the following was not a member of the Cabinet Mission of 1946? / निम्नलिखित में से कौन 1946 के कैबिनेट मिशन का सदस्य नहीं था?

(a) Stafford Cripps / स्टैफोर्ड क्रिप्स

(b) Lord Pethick-Lawrence / लॉर्ड पेथिक-लॉरेंस

(c) Clement Attlee / क्लेमेंट एटली

(d) More than one of the above / उपर्युक्त में से एक से अधिक

(e) None of the above / उपर्युक्त में से कोई नहीं

26. Who among the following wrote the famous biography of Mahatma Gandhi titled "The Life of Mahatma Gandhi"? / निम्नलिखित में से किसने महात्मा गांधी की प्रसिद्ध जीवनी "The Life of Mahatma Gandhi" लिखी थी?

(a) Louis Fischer / लुई फिशर

(b) Dominique Lapierre / डॉमिनिक लापियरे

(c) Romain Rolland / रोमैने रोलैंड

(d) More than one of the above / उपर्युक्त में से एक से अधिक

(e) None of the above / उपर्युक्त में से कोई नहीं

27. Who among the following gave up the title of "Sir" in protest against the Jallianwala Bagh massacre? / निम्नलिखित में से किसने जलियांवाला बाग हत्याकांड के विरोध में "सर" की उपाधि त्याग दी थी?

(a) Mahatma Gandhi / महात्मा गांधी

(b) Rabindranath Tagore / रवीन्द्रनाथ टैगोर

(c) Motilal Nehru / मोतीलाल नेहरू

(d) More than one of the above / उपर्युक्त में से एक से अधिक

(e) None of the above / उपर्युक्त में से कोई नहीं

28. Arrange the following events in chronological order: / निम्नलिखित घटनाओं को कालानुक्रम में सही क्रम में लगाएं:

1. Cripps Mission / क्रिप्स मिशन

2. Rajagopalachari Formula / राजगोपालाचारी फ़ॉर्मूला

3. Wavell Plan / वेवेल योजना

4. Cabinet Mission / कैबिनेट मिशन

(a) 1 – 2 – 3 – 4

(b) 2 – 1 – 3 – 4

(c) 1 – 3 – 2 – 4

(d) More than one of the above / उपर्युक्त में से एक से अधिक

(e) None of the above / उपर्युक्त में से कोई नहीं

29. Which of the following women challenged the British by participating in the Salt Movement? / निम्न में से किस महिला ने नमक आंदोलन में भाग लेकर अंग्रेज़ों को चुनौती दी?

(a) Vijaya Lakshmi Pandit / विजयलक्ष्मी पंडित

(b) Annie Besant / ऐनी बेसेंट

(c) Sarojini Naidu / सरोजिनी नायडू

(d) More than one of the above / उपर्युक्त में से एक से अधिक

(e) None of the above / उपर्युक्त में से कोई नहीं

30. Which Congress session was significant in the background of the Civil Disobedience Movement? / सविनय अवज्ञा आंदोलन की पृष्ठभूमि में कौन-सा कांग्रेस अधिवेशन महत्वपूर्ण था?

(a) Calcutta Session 1928 / कलकत्ता अधिवेशन 1928

(b) Karachi Session 1931 / कराची अधिवेशन 1931

(c) Lahore Session 1929 / लाहौर अधिवेशन 1929
(d) More than one of the above / उपर्युक्त में से एक से अधिक
(e) None of the above / उपर्युक्त में से कोई नहीं

31. Which Article describes the process of 'Impeachment of the President'? / कौन सा अनुच्छेद 'राष्ट्रपति पर महाभियोग' की प्रक्रिया का वर्णन करता है?

(a) Article 56 / अनुच्छेद 56
(b) Article 61 / अनुच्छेद 61
(c) Article 72 / अनुच्छेद 72
(d) More than one of the above / उपरोक्त में से एक से अधिक
(e) None of the above / उपरोक्त में से कोई नहीं

32. The 'Santhanam Committee' report (1964) is associated with the establishment of: / 'संथानम समिति' की रिपोर्ट (1964) किसकी स्थापना से संबंधित है?

(a) Central Bureau of Investigation / केंद्रीय जांच ब्यूरो (CBI)
(b) Central Vigilance Commission / केंद्रीय सतर्कता आयोग (CVC)
(c) Lokpal / लोकपाल
(d) More than one of the above / उपरोक्त में से एक से अधिक
(e) None of the above / उपरोक्त में से कोई नहीं

33. What is the duration of a 'Financial Year' in India? / भारत में एक 'वित्तीय वर्ष' की अवधि क्या होती है?

(a) 1st January to 31st December / 1 जनवरी से 31 दिसंबर
(b) 1st April to 31st March / 1 अप्रैल से 31 मार्च
(c) 1st July to 30th June / 1 जुलाई से 30 जून
(d) More than one of the above / उपरोक्त में से एक से अधिक
(e) None of the above / उपरोक्त में से कोई नहीं

34. During the 1857 Revolt, who led the movement in the 'Saran' district of Bihar? / 1857 के विद्रोह के दौरान बिहार के 'सारण' जिले में आंदोलन का नेतृत्व किसने किया था?

(a) Peer Ali / पीर अली
(b) Mohammad Hussain Khan / मोहम्मद हुसैन खान
(c) Kunwar Singh / कुंवर सिंह
(d) More than one of the above / उपरोक्त में से एक से अधिक
(e) None of the above / उपरोक्त में से कोई नहीं

35. Which rock system is primarily found in the southern districts of Munger and Jamui? / मुंगेर और जमुई के दक्षिणी जिलों में मुख्य रूप से कौन सी शैल प्रणाली (Rock System) पाई जाती है?

(a) Dharwar System / धारवाड़ प्रणाली
(b) Vindhyan System / विंध्यन प्रणाली
(c) Tertiary System / टर्शियरी प्रणाली
(d) More than one of the above / उपरोक्त में से एक से अधिक
(e) None of the above / उपरोक्त में से कोई नहीं

36. Who was the first Governor of Bihar after it became a separate province in 1912? / 1912 में बिहार के एक अलग प्रांत बनने के बाद इसके पहले राज्यपाल कौन थे?

(a) Sir James David Sifton / सर जेम्स डेविड सिफ्टन
(b) Sir Charles Stuart Bayley / सर चार्ल्स स्टुअर्ट बेली
(c) Satyendra Prasanna Sinha / सत्येंद्र प्रसन्न सिन्हा
(d) More than one of the above / उपरोक्त में से एक से अधिक
(e) None of the above / उपरोक्त में से कोई नहीं

37. In which ancient text is the word 'Kikat' used to refer to the region of Bihar? / किस प्राचीन ग्रंथ में बिहार क्षेत्र के लिए 'कीकट' शब्द का प्रयोग किया गया है?

(a) Rigveda / ऋग्वेद
(b) Atharvaveda / अथर्ववेद
(c) Satapatha Brahmana / शतपथ ब्राह्मण

(d) More than one of the above / उपरोक्त में से एक से अधिक
(e) None of the above / उपरोक्त में से कोई नहीं

38. The 'Sadaqat Ashram' in Patna was established by which freedom fighter? / पटना में 'सदाकत आश्रम' की स्थापना किस स्वतंत्रता सेनानी ने की थी?

(a) Dr. Rajendra Prasad / डॉ. राजेंद्र प्रसाद
(b) Mazharul Haque / मज़हरुल हक
(c) Brajkishore Prasad / ब्रजकिशोर प्रसाद
(d) More than one of the above / उपरोक्त में से एक से अधिक
(e) None of the above / उपरोक्त में से कोई नहीं

39. Which of the following waterfalls is located on the 'Kanakane' river in Bihar? / निम्नलिखित में से कौन सा जलप्रपात बिहार की 'कनकाने' नदी पर स्थित है?

(a) Kakolat / ककोलत
(b) Telhar Kund / तेलहर कुंड
(c) Dhua Kund / धुआं कुंड
(d) More than one of the above / उपरोक्त में से एक से अधिक
(e) None of the above / उपरोक्त में से कोई नहीं

40. Who among the following was the first Chief Justice of the Patna High Court? / निम्नलिखित में से कौन पटना उच्च न्यायालय के प्रथम मुख्य न्यायाधीश थे?

(a) Sir Edward Maynard Des Champs Chamier / सर एडवर्ड मेनार्ड डेस चैंप्स चमियर
(b) Sir Courtney Terrell / सर कोर्टनी टेरेल
(c) Sir Dawson Miller / सर डॉसन मिलर
(d) More than one of the above / उपरोक्त में से एक से अधिक
(e) None of the above / उपरोक्त में से कोई नहीं

Answers Key

1	(a)	**2**	(b)	**3**	(b)	**4**	(a)
5	(b)	**6**	(a)	**7**	(a)	**8**	(c)
9	(c)	**10**	(a)	**11**	(a)	**12**	(d)
13	(b)	**14**	(a)	**15**	(c)	**16**	(a)
17	(a)	**18**	(a)	**19**	(b)	**20**	(c)
21	(e)	**22**	(d)	**23**	(d)	**24**	(c)
25	(c)	**26**	(a)	**27**	(b)	**28**	(a)
29	(d)	**30**	(c)	**31**	(b)	**32**	(b)
33	(b)	**34**	(b)	**35**	(a)	**36**	(b)
37	(a)	**38**	(b)	**39**	(e)	**40**	(a)

PRACTICE SET-10

1. **Which of the following salts will form an alkaline solution when dissolved in water? / निम्न में से कौन-सा लवण पानी में घुलकर क्षारीय घोल बनाएगा?**
   (a) Ammonium chloride (NH_4Cl) / अमोनियम क्लोराइड (NH_4Cl)
   (b) Sodium carbonate (Na_2CO_3) / सोडियम कार्बोनेट (Na_2CO_3)
   (c) Copper(II) sulfate ($CuSO_4$) / कॉपर (II) सल्फेट ($CuSO_4$)
   (d) More than one of the above / उपरोक्त में से एक से अधिक
   (e) None of the above / उपरोक्त में से कोई नहीं

2. **$Zn + H_2SO_4 \rightarrow ZnSO_4 + H_2$ Which of the following is correct in this reaction? / $Zn + H_2SO_4 \rightarrow ZnSO_4 + H_2$ इस प्रतिक्रिया में निम्न में से क्या सही है?**
   (a) Zn is getting oxidised / Zn ऑक्सीकरण हो रहा है
   (b) H^+ ion is getting reduced / H^+ आयन का रिडक्शन हो रहा है
   (c) Zn is acting as reducing agent / Zn रिड्यूसिंग एजेंट की तरह कार्य कर रहा है
   (d) More than one of the above / उपरोक्त में से एक से अधिक
   (e) None of the above / उपरोक्त में से कोई नहीं

3. **A child puts his toy boat in a tub filled with water. The boat has no weight at first and is floating easily. Now the child puts some small stones in it, due to which the boat sinks a little but is still floating. Which of the following is correct in this situation? / एक बच्चा अपने खिलौना नाव को पानी से भरे टब में रखता है। नाव में पहले कोई भार नहीं है और वह आसानी से तैर रही है। अब बच्चा उसमें कुछ छोटे पत्थर डालता है, जिससे नाव कुछ नीचे डूब जाती है लेकिन फिर भी तैर रही है। इस स्थिति में निम्न में से क्या सही है?**
   (a) The buoyant force acting on the boat has increased. / नाव पर लगने वाला अपवर्जन बल (buoyant force) बढ़ गया है।
   (b) The amount of fluid displaced in the water has become more than before. / पानी में विस्थापित द्रव की मात्रा पहले से अधिक हो गई है।
   (c) The exclusion force has become equal to the weight of the stones to prevent the boat from sinking. / नाव को डूबने से रोकने के लिए अपवर्जन बल पत्थरों के भार के बराबर हो गया है।
   (d) More than one of the above / उपरोक्त में से एक से अधिक
   (e) None of the above / उपरोक्त में से कोई नहीं

4. **When a battery is connected to a series connected resistor and inductor, why does the current increase slowly initially? / जब बैटरी को एक श्रेणीक्रम में जुड़े रोधक और प्रेरक से जोड़ा जाता है, तो प्रारंभ में धारा क्यों धीरे-धीरे बढ़ती है?**
   (a) Because the inductor opposes the change in current. / क्योंकि प्रेरक धारा में परिवर्तन का विरोध करता है।
   (b) Because the resistor blocks the current. / क्योंकि रोधक धारा का अवरोध करता है।
   (c) Because the EMF of the battery is insufficient. / क्योंकि बैटरी की EMF अपर्याप्त होती है।
   (d) More than one of the above / उपरोक्त में से एक से अधिक
   (e) None of the above / उपरोक्त में से कोई नहीं

5. **Which of the following is correct with reference to the digestive system? / पाचन तंत्र के संदर्भ में निम्न में से क्या सही है?**
   (a) Bile juice is secreted in the stomach. / अमाशय में पित्त रस स्रावित होता है।

(b) Absorption of nutrients takes place in the small intestine. / छोटी आँत में पोषक तत्वों का अवशोषण होता है।

(c) Saliva contains acidic enzymes. / लार में अम्लीय एंजाइम होते हैं।

(d) More than one of the above / उपरोक्त में से एक से अधिक

(e) None of the above / उपरोक्त में से कोई नहीं

6. Which of the following is correct with reference to a cell? / कोशिका के संदर्भ में निम्न में से क्या सही है?

(a) The cell membrane is mainly composed of proteins and carbohydrates. / कोशिका झिल्ली मुख्यतः प्रोटीन और कार्बोहाइड्रेट से बनी होती है।

(b) The largest cell is found in bacteria. / सबसे बड़ी कोशिका बैक्टीरिया में पाई जाती है।

(c) Amoeba obtains food by the process of endocytosis. / अमीबा एंडोसाइटोसिस की प्रक्रिया से भोजन प्राप्त करता है।

(d) More than one of the above / उपरोक्त में से एक से अधिक

(e) None of the above / उपरोक्त में से कोई नहीं

7. What type of image is formed in the eye? / आँख में बनने वाला प्रतिबिंब किस प्रकार का होता है?

(a) Erect and virtual / सीधा और आभासी

(b) Inverted and virtual / उल्टा और आभासी

(c) Inverted and real / उल्टा और वास्तविक

(d) More than one of the above / उपरोक्त में से एक से अधिक

(e) None of the above / उपरोक्त में से कोई नहीं

8. Which of the following is true about vitamin K? / विटामिन K के बारे में निम्न में से क्या सही है?

(a) It helps in blood clotting and prevents excessive bleeding. / यह रक्त का थक्का बनने में मदद करता है और अत्यधिक रक्तस्राव को रोकता है।

(b) Its major sources are green leafy vegetables and soybeans. / इसका प्रमुख स्रोत हरी पत्तेदार सब्जियाँ और सोयाबीन हैं।

(c) Inside the body it can also be produced by bacteria present in the large intestine. / शरीर के अंदर यह बड़ी आँत में मौजूद जीवाणुओं द्वारा भी उत्पादित हो सकता है।

(d) More than one of the above / उपरोक्त में से एक से अधिक

(e) None of the above / उपरोक्त में से कोई नहीं

9. What is the minimum value of x for which the 6-digit number 783x52 is divisible by 12? / x का न्यूनतम मान क्या है जिससे 6 अंकों की संख्या 783x52, 12 से विभाज्य हो?

(a) 0

(b) 5

(c) 2

(d) More than one of the above / उपरोक्त में से एक से अधिक

(e) None of the above / उपरोक्त में से कोई नहीं

10. If a : b = 4 : 5 and c : b = 2 : 3, then what is the value of a : b : c? / यदि a : b = 4 : 5 और c : b = 2 : 3 हो, तो a : b : c क्या होगा?

(a) 15 : 10 : 8

(b) 12 : 5 : 10

(c) 12 : 15 : 10

(d) More than one of the above / उपरोक्त में से एक से अधिक

(e) None of the above / उपरोक्त में से कोई नहीं

11. Two numbers are such that they are 40% and 50% of a third number. The first number is what percent of the second number? / दो संख्याएँ ऐसी हैं जो तीसरी संख्या का 40% और 50% हैं। पहली संख्या, दूसरी संख्या का कितना प्रतिशत है?

(a) 80%

(b) 40%

(c) 25%

(d) More than one of the above / उपरोक्त में से एक से अधिक

(e) None of the above / उपरोक्त में से कोई नहीं

12. Gopal sells an article at 5% profit. If he had bought it at 5% less and sold it for ₹1 less, he would have made 10% profit. Find the cost price. / गोपाल एक वस्तु को 5% लाभ पर बेचता है। यदि वह इसे 5% कम कीमत पर खरीदता और ₹1 कम में बेचता, तो उसे 10% लाभ होता। लागत मूल्य क्या है?

(a) 180
(b) 200
(c) 195
(d) More than one of the above / उपरोक्त में से एक से अधिक
(e) None of the above / उपरोक्त में से कोई नहीं

13. 5 kg rice priced at ₹6 per kg is mixed with 4 kg rice to prepare a mixture worth ₹7 per kg. What is the price per kg of the costlier rice? / ₹6 प्रति किग्रा के 5 किग्रा चावल को 4 किग्रा चावल के साथ मिलाकर ₹7 प्रति किग्रा का मिश्रण बनाया गया। महंगे चावल की प्रति किग्रा कीमत क्या है?

(a) ₹8.50
(b) ₹8.25
(c) ₹9.50
(d) More than one of the above / उपरोक्त में से एक से अधिक
(e) None of the above / उपरोक्त में से कोई नहीं

14. The base and height of a cylindrical vessel are equal to those of a conical vessel. How many times must the conical vessel be filled to fill the cylindrical vessel completely? / एक बेलन और एक शंकु के आधार और ऊँचाई समान हैं। बेलन को पूरा भरने के लिए शंकु को कितनी बार भरना पड़ेगा?

(a) 4
(b) 3⅓
(c) 3
(d) More than one of the above / उपरोक्त में से एक से अधिक
(e) None of the above / उपरोक्त में से कोई नहीं

15. The arithmetic mean and harmonic mean between two numbers are 144 and 1/9 respectively. Find the geometric mean between the two numbers. / दो संख्याओं के बीच का अंकगणितीय माध्य 144 और हार्मोनिक माध्य 1/9 है। ज्यामितीय माध्य ज्ञात करें।

(a) 4
(b) 5
(c) 6
(d) More than one of the above / उपरोक्त में से एक से अधिक
(e) None of the above / उपरोक्त में से कोई नहीं

16. If the lengths of the diagonals of a rhombus are 24 cm and 18 cm, then what is the area of the rhombus? / यदि किसी समचतुर्भुज (Rhombus) के विकर्ण 24 सेमी और 18 सेमी हैं, तो उसका क्षेत्रफल क्या होगा?

(a) 196 cm^2
(b) 188 cm^2
(c) 216 cm^2
(d) More than one of the above / उपरोक्त में से एक से अधिक
(e) None of the above / उपरोक्त में से कोई नहीं

17. Which of the following rivers is/are correctly matched with its tributary system? / निम्नलिखित में से कौन-सी नदियाँ उनके सहायक नदी तंत्र के साथ सही सुमेलित हैं?

(a) Ghaghara – Tributary of Yamuna / घाघरा – यमुना की सहायक नदी
(b) Betwa – Tributary of Narmada / बेतवा – नर्मदा की सहायक नदी
(c) Chambal – Tributary of Yamuna / चंबल – यमुना की सहायक नदी
(d) More than one of the above / उपर्युक्त में से एक से अधिक
(e) None of the above / उपर्युक्त में से कोई नहीं

18. Which of the following coastal regions of India is correctly matched with its characteristic? / भारत के निम्नलिखित तटीय क्षेत्रों में से कौन-सा अपने विशेष लक्षण के साथ सही सुमेलित है?

(a) Konkan Coast – Found in Tamil Nadu, known for lagoons / कोंकण तट – तमिलनाडु में

स्थित, लैगून के लिए प्रसिद्ध

(b) Coromandel Coast – Experiences more rainfall during Northeast monsoon / कोरोमंडल तट – उत्तर-पूर्व मानसून के दौरान अधिक वर्षा प्राप्त करता है

(c) Malabar Coast – Located on eastern India / मालाबार तट – भारत के पूर्वी भाग में स्थित

(d) More than one of the above / उपर्युक्त में से एक से अधिक

(e) None of the above / उपर्युक्त में से कोई नहीं

19. Which of the following regions is known for tidal or littoral forests? / निम्नलिखित में से किस क्षेत्र में ज्वारीय या लिटोरल वन पाए जाते हैं?

(a) Thar Desert / थार मरुस्थल

(b) Sundarbans / सुंदरबन

(c) Western Himalayas / पश्चिमी हिमालय

(d) More than one of the above / उपर्युक्त में से एक से अधिक

(e) None of the above / उपर्युक्त में से कोई नहीं

20. Which of the following forest types in India is most favourable for supporting cloud forest species like epiphytes, lichens, and ferns due to persistent mist and limited sunlight? / भारत का कौन-सा वन प्रकार धुंधयुक्त वातावरण, सीमित धूप और लगातार नमी के कारण क्लाउड फॉरेस्ट (Cloud Forest) प्रजातियों जैसे एपिफाइट्स, लाइकेन और फर्न के लिए सबसे अनुकूल माना जाता है?

(a) Montane Wet Temperate Forest / पर्वतीय आर्द्र समशीतोष्ण वन

(b) Tropical Moist Deciduous Forest / उष्णकटिबंधीय आर्द्र पर्णपाती वन

(c) Dry Thorn Forest / शुष्क काँटेदार वन

(d) More than one of the above / उपरोक्त में एक से अधिक

(e) None of the above / उपरोक्त में कोई नहीं

21. Which of the following crops is not typically classified as a Kharif crop in India? / भारत में निम्नलिखित में से कौन-सी फसल सामान्यतः खरीफ फसल के रूप में वर्गीकृत नहीं की जाती है?

(a) Maize / मक्का

(b) Groundnut / मूँगफली

(c) Mustard / सरसों

(d) More than one of the above / उपर्युक्त में से एक से अधिक

(e) None of the above / उपर्युक्त में से कोई नहीं

22. Which of the following statements about Indian rivers and their characteristics is most accurate? / भारतीय नदियों और उनकी विशेषताओं के संदर्भ में निम्न में से कौन-सा कथन सर्वाधिक सटीक है?

(a) The Narmada and Tapi rivers originate in the Western Ghats and flow eastward / नर्मदा और तापी नदियाँ पश्चिमी घाट से उत्पन्न होकर पूर्व की ओर बहती हैं

(b) The Ganga river system is mainly fed by glaciers and is non-perennial / गंगा नदी तंत्र मुख्यतः हिमनदों से पोषित होता है और अविरल नहीं है

(c) The Brahmaputra river carries more sediment than any other river in India / ब्रह्मपुत्र नदी भारत की अन्य सभी नदियों की तुलना में अधिक अवसाद लाती है

(d) More than one of the above / उपर्युक्त में से एक से अधिक

(e) None of the above / उपर्युक्त में से कोई नहीं

23. Which of the following waterfalls is located in a biosphere reserve and flows over a river known for passing through underground limestone caves and rich biodiversity? / निम्न में से कौन-सा जलप्रपात एक जैवमंडलीय संरक्षित क्षेत्र में स्थित है और उस नदी पर बना है जो भूमिगत चूना-पत्थर की गुफाओं तथा जैव विविधता से समृद्ध क्षेत्र से होकर बहती है?

(a) Chitrakote Falls / चित्रकोट जलप्रपात

(b) Tirathgarh Falls / तीर्थगढ़ जलप्रपात

(c) Hogenakkal Falls / होगेनक्कल जलप्रपात

(d) More than one of the above / उपर्युक्त में एक से अधिक

(e) None of the above / उपर्युक्त में से कोई नहीं

24. Before the year 1857, in which year did the Vellore Mutiny take place? / 1857 ई. से पूर्व वेल्लोर विद्रोह किस वर्ष हुआ था?

(a) 1800

(b) 1806

(c) 1810

(d) More than one of the above / उपर्युक्त में से एक से अधिक

(e) None of the above / उपर्युक्त में से कोई नहीं

25. Who led the "Shuddhi Movement"? / "शुद्धि आंदोलन" किसके नेतृत्व में शुरू किया गया था?

(a) Swami Vivekananda / स्वामी विवेकानंद

(b) Swami Shraddhanand / स्वामी श्रद्धानंद

(c) Swami Dayanand Saraswati / स्वामी दयानंद सरस्वती

(d) More than one of the above / उपर्युक्त में से एक से अधिक

(e) None of the above / उपर्युक्त में से कोई नहीं

26. Which of the following statements regarding organizations/institutions formed during the Swadeshi Movement after Bengal's partition are correct? / बंगाल विभाजन के बाद स्वदेशी आंदोलन के दौरान गठित संगठनों एवं संस्थाओं के बारे में निम्न में से कौन-से कथन सही हैं?

(a) Banga Bhakti Sabha was founded by Ashwini Kumar Dutt / बंगा भक्ति सभा की स्थापना अश्विनी कुमार दत्त ने की

(b) The National Council of Education played a key role in the Swadeshi Movement / राष्ट्रीय शिक्षा परिषद की भूमिका महत्वपूर्ण रही

(c) The Anushilan Samiti was linked to the movement's revolutionary stream / अनुशीलन समिति का संबंध क्रांतिकारी धारा से था

(d) More than one of the above / उपर्युक्त में से एक से अधिक

(e) None of the above / उपर्युक्त में से कोई नहीं

27. Who were the key founding members of the Ghadar Party? / ग़दर पार्टी के प्रमुख संस्थापक सदस्य कौन थे?

(a) Lala Hardayal / लाला हरदयाल

(b) Sohan Singh Bhakna / सोहन सिंह भाकना

(c) Bhagat Singh / भगत सिंह

(d) More than one of the above / उपर्युक्त में से एक से अधिक

(e) None of the above / उपर्युक्त में से कोई नहीं

28. Which of the following statements regarding the Central Legislature under the Government of India Act 1919 is correct? / भारत सरकार अधिनियम 1919 के अंतर्गत केंद्रीय विधानमंडल के संबंध में कौन-सा कथन सही है?

(a) It provided for a bicameral legislature / इसमें द्विसदनीय विधानमंडल की व्यवस्था की गई

(b) All members were directly elected / सभी सदस्य प्रत्यक्ष रूप से चुने गए

(c) The Viceroy was its President / वायसराय इसका अध्यक्ष था

(d) More than one of the above / उपर्युक्त में से एक से अधिक

(e) None of the above / उपर्युक्त में से कोई नहीं

29. Which of the following is the correct chronological order of events around the Gandhi-Irwin Pact? / गांधी-इरविन समझौते से संबंधित घटनाओं का सही कालानुक्रम क्या है?

(a) Civil Disobedience Movement → Gandhi-Irwin Pact → Second Round Table Conference / सविनय अवज्ञा आंदोलन → गांधी-इरविन समझौता → द्वितीय गोलमेज सम्मेलन

(b) First Round Table Conference → Gandhi-Irwin Pact → Civil Disobedience Movement / प्रथम गोलमेज सम्मेलन → गांधी-इरविन समझौता → सविनय अवज्ञा आंदोलन

(c) Second Round Table Conference → Gandhi-Irwin Pact → Quit India Movement / द्वितीय गोलमेज सम्मेलन → गांधी-इरविन समझौता → भारत छोड़ो आंदोलन

(d) More than one of the above / उपर्युक्त में से एक से अधिक

(e) None of the above / उपर्युक्त में से कोई नहीं

30. Which leader led the Quit India Movement from underground? / भारत छोड़ो आंदोलन के दौरान किस नेता ने भूमिगत रहकर आंदोलन का नेतृत्व किया?

(a) Subhas Chandra Bose / सुभाष चंद्र बोस
(b) Jayaprakash Narayan / जयप्रकाश नारायण
(c) Sardar Vallabhbhai Patel / सरदार पटेल
(d) More than one of the above / उपर्युक्त में से एक से अधिक
(e) None of the above / उपर्युक्त में से कोई नहीं

31. Who gave the call for 'Total Revolution' (Sampoorna Kranti)? / 'संपूर्ण क्रांति' का आह्वान किसने किया था?

(a) Ram Manohar Lohia / राम मनोहर लोहिया
(b) Jayaprakash Narayan / जयप्रकाश नारायण
(c) Vinoba Bhave / विनोबा भावे
(d) More than one of the above / उपरोक्त में से एक से अधिक
(e) None of the above / उपरोक्त में से कोई नहीं

32. Which Greek philosopher is known as the 'Father of Political Science'? / किस यूनानी दार्शनिक को 'राजनीति विज्ञान का जनक' कहा जाता है?

(a) Socrates / सुकरात
(b) Plato / प्लेटो
(c) Aristotle / अरस्तू
(d) More than one of the above / उपरोक्त में से एक से अधिक
(e) None of the above / उपरोक्त में से कोई नहीं

33. Which of the following is an example of 'Human Capital'? / निम्नलिखित में से कौन सा 'मानव पूंजी' का एक उदाहरण है?

(a) Machines and Buildings / मशीनें और इमारतें
(b) Education and Health / शिक्षा और स्वास्थ्य
(c) Cash and Gold / नकद और सोना
(d) More than one of the above / उपरोक्त में से एक से अधिक
(e) None of the above / उपरोक्त में से कोई नहीं

34. Which ruler of the Slave Dynasty was the first to establish a military campaign and administrative control over Bihar? / गुलाम वंश के किस शासक ने सबसे पहले बिहार पर सैन्य अभियान और प्रशासनिक नियंत्रण स्थापित किया था?

(a) Qutubuddin Aibak / कुतुबुद्दीन ऐबक
(b) Iltutmish / इल्तुतमिश
(c) Ghiyasuddin Balban / गयासुद्दीन बलबन
(d) More than one of the above / उपरोक्त में से एक से अधिक
(e) None of the above / उपरोक्त में से कोई नहीं

35. The 'Kharwar Movement' (1874) in the Santhal Parganas of Bihar (now partly in Jharkhand) was led by whom? / बिहार के संथाल परगना में 'खरवार आंदोलन' (1874) का नेतृत्व किसके द्वारा किया गया था?

(a) Bhagirath Manjhi / भागीरथ मांझी
(b) Sidhu Murmu / सिद्धू मुर्मू
(c) Jatra Bhagat / जतरा भगत
(d) More than one of the above / उपरोक्त में से एक से अधिक
(e) None of the above / उपरोक्त में से कोई नहीं

36. In which district of Bihar is the 'Udaypur Wildlife Sanctuary' located? / बिहार के किस जिले में 'उदयपुर वन्यजीव अभयारण्य' स्थित है?

(a) West Champaran / पश्चिम चंपारण
(b) East Champaran / पूर्वी चंपारण
(c) Rohtas / रोहतास
(d) More than one of the above / उपरोक्त में से एक से अधिक
(e) None of the above / उपरोक्त में से कोई नहीं

37. Who was the editor of the famous newspaper 'The Bihar Herald', which started in 1875? / 1875 में शुरू हुए प्रसिद्ध समाचार पत्र 'द बिहार हेराल्ड' के संपादक कौन थे?

(a) Mahesh Narayan / महेश नारायण
(b) Guru Prasad Sen / गुरु प्रसाद सेन
(c) Sachchidanand Sinha / सच्चिदानंद सिन्हा

(d) More than one of the above / उपरोक्त में से एक से अधिक

(e) None of the above / उपरोक्त में से कोई नहीं

38. During the Quit India Movement of 1942, in which district was a 'parallel government' established in the Sultanpur area? / 1942 के भारत छोड़ो आंदोलन के दौरान, सुल्तानपुर क्षेत्र में किस जिले में 'समानांतर सरकार' स्थापित की गई थी?

(a) Bhagalpur / भागलपुर

(b) Monghyr (Munger) / मुंगेर

(c) Gaya / गया

(d) More than one of the above / उपरोक्त में से एक से अधिक

(e) None of the above / उपरोक्त में से कोई नहीं

39. Which Buddhist Council was held at Vaishali under the patronage of King Kalasoka? / राजा कालासोक के संरक्षण में वैशाली में कौन सी बौद्ध संगीति आयोजित की गई थी?

(a) First Buddhist Council / प्रथम बौद्ध संगीति

(b) Second Buddhist Council / द्वितीय बौद्ध संगीति

(c) Third Buddhist Council / तृतीय बौद्ध संगीति

(d) More than one of the above / उपरोक्त में से एक से अधिक

(e) None of the above / उपरोक्त में से कोई नहीं

40. The 'Karmanasa' river, considered inauspicious by some, joins the Ganges near which place in Bihar? / 'कर्मनाशा' नदी, जिसे कुछ लोगों द्वारा अशुभ माना जाता है, बिहार में किस स्थान के पास गंगा में मिलती है?

(a) Chausa / चौसा

(b) Maner / मनेर

(c) Fatwa / फतुहा

(d) More than one of the above / उपरोक्त में से एक से अधिक

(e) None of the above / उपरोक्त में से कोई नहीं

Answers Key

1	(b)	**2**	(d)	**3**	(d)	**4**	(a)
5	(b)	**6**	(c)	**7**	(c)	**8**	(d)
9	(c)	**10**	(c)	**11**	(a)	**12**	(b)
13	(b)	**14**	(c)	**15**	(a)	**16**	(c)
17	(c)	**18**	(b)	**19**	(b)	**20**	(a)
21	(c)	**22**	(c)	**23**	(b)	**24**	(b)
25	(d)	**26**	(d)	**27**	(d)	**28**	(a)
29	(a)	**30**	(b)	**31**	(b)	**32**	(c)
33	(b)	**34**	(b)	**35**	(a)	**36**	(a)
37	(b)	**38**	(b)	**39**	(b)	**40**	(a)